Mensajeros de un Glorioso Porvenir

Spanish—*Prophets and Kings*

Dibujos a lápiz por J. L. Converse

Elena G. de White

Autora de las siguientes obras de gran difusión:
*Patriarcas y profetas, El Deseado de todas las gentes, El camino
a Cristo, La educación, Héroes y mártires del cristianismo
apostólico, Palabras de vida del gran Maestro, El hogar cristiano,
El triunfo del amor de Dios,* y muchas más.

Mensajeros de un Glorioso Porvenir

Historias de la Cautividad y Restauración del Pueblo de Dios

Esta obra ha sido publicada también con el título
Profetas y reyes

PUBLICACIONES INTERAMERICANAS
PACIFIC PRESS PUBLISHING ASSOCIATION
Boise — Buenos Aires — Madrid
Miami — Oshawa

Título de este libro en inglés:
Prophets and Kings

Editado e impreso por
PUBLICACIONES INTERAMERICANAS
División Hispana de la Pacific Press Publishing Association:
P. O. Box 7000, Boise, Idaho 83707, EE. UU. de N. A.

Primera edición en este formato: 1.ª reimpresión, 1989
14.000 ejemplares en circulación

Offset in U.S.A.
ISBN 0-8163-0572-2

Prefacio

La historia del antiguo pueblo de Israel encierra un interés vasto y vital, principalmente porque revela aspectos esenciales del carácter sublime de Dios: su infinita compasión, su perfecta justicia, su ilimitada sabiduría, su poder sin medida y su eterno amor.

Mensajeros de un glorioso porvenir analiza el período más dramático y significativo de dicha historia, o sea la época comprendida entre dos momentos opuestos: desde el período de mayor gloria y poderío del reino bajo Salomón, hasta su cautiverio y los penosos comienzos de la restauración.

Este libro no se propone presentar una crónica detallada de esa época, sino destacar lo más importante y decisivo, señalando las grandes lecciones morales que se desprenden de los triunfos, derrotas, apostasías y reformas de ese pueblo escogido por Dios.

La obra estudia el carácter de grandes personajes del Antiguo Testamento: Salomón, cuya sabiduría no fue suficiente para evitar que naufragara en la desobediencia; Jeroboam, el político cuyas decisiones dieron resultados tan funestos; Elías, el profeta que cumplió una gran misión y comunicó un gran mensaje; Eliseo, su sucesor, que trajo paz y curación al pueblo; Acaz, rey temeroso y perverso; Ezequías, monarca tímido, pero bueno; Daniel, el extraordinario profeta de la corte de Babilonia; Jeremías, el profeta de las lamentaciones; Hageo, Zacarías y Malaquías, mensajeros de la restauración.

Y más allá de todos ellos se perfila la gloria sobrenatural del Cordero de Dios, el Mesías prometido, en quien todos los símbolos del Antiguo Testamento encontrarían su cumplimiento.

Pasamos así de las figuras, a la realidad; de los gobernantes que perecen, al Rey eterno; de las glorias pasajeras, a las que son eternas; del pueblo mortal, pecador y transitorio, al pueblo justificado por la fe en Cristo, y que hereda la inmortalidad.

Este volumen forma parte de una serie de cinco tomos que abarcan la historia sagrada. *Líderes que inspiraron al mundo* cubre el período que va desde la creación del mundo hasta el fin del reinado de David. *El Deseado de todas las gentes* estudia en detalle la vida y el ministerio de Nuestro Señor Jesucristo. *Mensajeros de un glorioso porvenir* abarca, precisamente, los acontecimientos que ocurren entre esos dos momentos históricos. *Héroes y mártires del cristianismo apostólico* analiza el rápido avance del Evangelio durante el primer siglo de nuestra era. Por último, *El triunfo del amor de Dios* examina las alternativas del conflicto entre el bien y el mal a lo largo del resto de la era cristiana, para luego proyectarse proféticamente hacia la Tierra Nueva.

Que este libro, cuyos capítulos fueron escritos por su autora al final de su vida, y que ha alcanzado amplia difusión en diversos idiomas, sea un medio poderoso para que muchos lectores lleguen a conocer y amar mejor al Dios verdadero, es el anhelo profundo y sincero de

LOS EDITORES

Indice

PREFACIO 5

INTRODUCCION — LA VIÑA DEL SEÑOR 11

1. SALOMON 19

2. EL TEMPLO Y SU DEDICACION 29

3. EL ORGULLO DE LA PROSPERIDAD 47

4. RESULTADOS DE LA TRANSGRESION 59

5. EL ARREPENTIMIENTO DE SALOMON 73

6. LA DIVISION DEL REINO 85

7. JEROBOAM 97

8. LA APOSTASIA NACIONAL 107

9. ELIAS EL TISBITA 116

10. UNA SEVERA REPRENSION 127

11. SOBRE EL MONTE CARMELO 143

12. DE JEZREEL A HOREB 154

13. "¿QUE HACES AQUI?" 167

14. "EN EL ESPIRITU Y PODER DE ELIAS" 177

15. JOSAFAT 191

16. CAIDA DE LA CASA DE ACAB 205

17. EL LLAMAMIENTO DE ELISEO 219

18. LA PURIFICACION DE LAS AGUAS 233

19. UN PROFETA DE PAZ 241

20. NAAMAN 251

21. TERMINA EL MINISTERIO DE ELISEO 261

22. "NINIVE, CIUDAD GRANDE EN EXTREMO" 273

23. EL CAUTIVERIO ASIRIO 287

24. "DESTRUIDO POR FALTA DE CONOCIMIENTO" 302

25. EL LLAMAMIENTO DE ISAIAS 311

26. "HE AHI A VUESTRO DIOS" 319

27. ACAZ 329

28. EZEQUIAS 338

29. LOS EMBAJADORES DE BABILONIA 347

30. LIBRADOS DE ASIRIA 357

31. ESPERANZA PARA LOS PAGANOS 377

32. MANASES Y JOSIAS 389

33. EL LIBRO DE LA LEY 401

34. JEREMIAS 415

35. LA CONDENACION INMINENTE 431

36. EL ULTIMO REY DE JUDA 448

37. LLEVADOS CAUTIVOS A BABILONIA 461

38. LUZ A TRAVES DE LAS TINIEBLAS 474

39. EN LA CORTE DE BABILONIA 487

40. EL SUEÑO DE NABUCODONOSOR 500

41. EL HORNO DE FUEGO 515

42. LA VERDADERA GRANDEZA 527

43. EL VIGIA INVISIBLE 537

44. EN EL FOSO DE LOS LEONES 555

45. EL RETORNO DE LOS DESTERRADOS 567

46. "LOS PROFETAS DE DIOS QUE LES AYUDABAN" 583

47. JOSUE Y EL ANGEL 600

48. "NO CON EJERCITO, NI CON FUERZA" 611

49. EN TIEMPOS DE LA REINA ESTER 617

50. ESDRAS, SACERDOTE Y ESCRIBA 625

51. UN DESPERTAMIENTO ESPIRITUAL 636

52. UN HOMBRE OPORTUNO 647

53. LOS EDIFICADORES DE LA MURALLA 655

54. REPROCHES CONTRA LA EXTORSION 667

55. INTRIGAS PAGANAS 675

56. INSTRUIDOS EN LA LEY DE DIOS 683

57. UNA REFORMA 691

58. LA VENIDA DEL LIBERTADOR 701

59. "LA CASA DE ISRAEL" 725

60. VISIONES DE LA GLORIA FUTURA 745

INDICE DE REFERENCIAS BIBLICAS 758

INDICE GENERAL ALFABETICO 767

La Viña del Señor

CUANDO Dios llamó a Abrahán para que saliese de entre su parentela idólatra, y lo invitó a que viviera en la tierra de Canaán, lo hizo con el fin de dar los más ricos dones del cielo a todos los pueblos de la tierra. "Haré de ti —le dijo— una nación grande, y te bendeciré, y engrandeceré tu nombre, y serás bendición" (Génesis 12: 2).* Abrahán recibió la alta distinción de ser padre del pueblo que durante siglos habría de custodiar y conservar la verdad de Dios para el mundo, el pueblo por medio del cual todas las naciones serían bendecidas con el advenimiento del Mesías prometido.

Los hombres casi habían perdido el conocimiento del Dios verdadero. Sus intelectos estaban entenebrecidos por la idolatría. En lugar de los estatutos divinos, cada uno de los cuales es "santo, justo y bueno" (Romanos 7: 12), procuraban establecer leyes en armonía con los pensamientos de sus propios corazones crueles y egoístas. Sin embargo, en su misericordia, Dios no les quitó la existencia. Quería

---

*En esta edición los pasajes bíblicos se transcriben de la versión Reina-Valera 1960, porque es la más difundida en los países de habla castellana.

darles la oportunidad de conocerle mediante su iglesia, y que los principios revelados por su pueblo fuesen el medio de restaurar la imagen moral de Dios en el hombre.

La ley de Dios debía ser exaltada y su autoridad mantenida; y esta obra grande y noble fue confiada a la casa de Israel. Dios la separó del mundo para poder entregarle un encargo sagrado. La hizo depositaria de su ley y quiso conservar por su medio el conocimiento de él entre los hombres. Así debía brillar la luz del cielo sobre un mundo envuelto en tinieblas, y debía oírse una voz que suplicara a todos los pueblos para que se apartaran de la idolatría y sirvieran al Dios viviente.

"Con gran poder y con mano fuerte" (Exodo 32: 11), Dios sacó a su pueblo elegido de la tierra de Egipto. "Envió a su siervo Moisés, y a Aarón, al cual escogió. Puso en ellos las palabras de sus señales, y sus prodigios en la tierra de Cam". "Reprendió al Mar Rojo y lo secó, y les hizo ir por el abismo" (Salmos 105: 26, 27; 106: 9). El los libró de su esclavitud para poder llevarlos a una buena tierra, una tierra que había preparado en su providencia para que les sirviese de refugio protector contra sus enemigos. Quería atraerlos a sí, y rodearlos con sus brazos eternos; y como reconocimiento a su bondad y misericordia, ellos debían proclamar su nombre y hacerlo glorioso en la tierra.

"Porque la porción de Jehová es su pueblo; Jacob la heredad que le tocó. Le halló en tierra de desierto, y en yermo de horrible soledad; lo trajo alrededor, lo instruyó, lo guardó como a la niña de su ojo. Como el águila que excita su nidada, revolotea sobre sus pollos, extiende sus alas, los toma, los lleva sobre sus plumas, Jehová solo le guió, y con él no hubo dios extraño" (Deuteronomio 32: 9-12). De este modo acercó a él a los israelitas, para que vivieran a la sombra del Altísimo. Milagrosamente protegidos de los peligros que enfrentaron en su peregrinación por el desierto, quedaron finalmente establecidos en la tierra prometida como nación favorecida.

Mediante una parábola, Isaías relató patéticamente cómo Dios llamó y preparó a Israel para que sus hijos se destacaran en el mundo como representantes de Jehová, fructíferos en toda buena obra:

"Ahora cantaré por mi amado el cantar de mi amado a su viña. Tenía mi amado una viña en una ladera fértil. La había cercado y despedregado y plantado de vides escogidas; había edificado en medio de ella una torre, y hecho también en ella un lagar; y esperaba que diese uvas" (Isaías 5: 1, 2).

Mediante la nación escogida, Dios había querido impartir bendiciones a toda la humanidad. "La viña de Jehová de los ejércitos —declaró el profeta— es la casa de Israel, y los hombres de Judá planta deliciosa suya" (Isaías 5: 7).

A este pueblo fueron confiados los oráculos de Dios. Estaba cercado por los preceptos de su ley, los principios eternos de la verdad, la justicia y la pureza. La obediencia a estos principios debía ser su protección, pues le impediría autodestruirse con prácticas pecaminosas. Dios puso su santo templo en medio de la tierra como torre del viñedo.

Cristo era su instructor. Como había estado con ellos en el desierto, seguiría siendo su maestro y guía. En el tabernáculo y el templo, su gloria moraba en la santa *shekina** sobre el propiciatorio. El manifestaba constantemente en su favor las riquezas de su amor y paciencia.

El propósito de Dios les fue manifestado por Moisés y fueron aclaradas las condiciones de su prosperidad. "Porque tú eres pueblo santo para Jehová tu Dios —les dijo—; Jehová tu Dios te ha escogido para serle un pueblo especial, más que todos los pueblos que están sobre la tierra".

"Has declarado solemnemente hoy que Jehová es tu Dios, y que andarás en sus caminos, y guardarás sus estatutos, sus mandamientos y sus decretos, y que escucharás su voz. Y Jehová ha declarado hoy que tú eres pueblo suyo, de su exclusiva posesión, como te lo ha prometido, para que guardes todos sus mandamientos; a fin de exaltarte sobre todas las naciones que hizo, para loor y fama y gloria, y para que seas un pueblo santo a Jehová tu Dios, como él ha dicho" (Deuteronomio 7: 6; 26: 17-19).

Los hijos de Israel debían ocupar todo el territorio que Dios les había señalado. Las naciones que habían rehusado adorar y servir al Dios verdadero, debían ser despojadas. Pero Dios quería que mediante la revelación de su carácter por Israel, los hombres fuesen atraídos a él. La invitación del Evangelio debía ser dada a todo el mundo. Cristo debía ser ensalzado ante las naciones por medio de la enseñanza del sistema de sacrificios, y así vivirían todos los que lo contemplaran. Se unirían con su pueblo escogido todos los que, como Rahab la cananea y Rut la moabita, se apartaran de la idolatría para adorar al Dios verdadero. A medida que aumentase el número de los israelitas, debían ensanchar sus fronteras, hasta que su reino abarcara el mundo entero.

Pero el Israel antiguo no cumplió el propósito de Dios. El Señor declaró: "Te planté de vid escogida, simiente verdadera toda ella; ¿cómo, pues, te me has vuelto sarmiento de vid extraña?" "Israel es una frondosa viña, que da abundante fruto para sí". "Ahora, pues, vecinos de Jerusalén y varones de Judá, juzgad ahora entre mí y mi viña. ¿Qué más se podía hacer a mi viña, que yo no haya hecho en ella? ¿Cómo, esperando yo que diese uvas, ha dado uvas silvestres? Os mostraré, pues, ahora lo que haré yo a mi viña: Le quitaré su vallado, y será consumida; aportillaré su cerca, y será hollada. Haré que quede desierta; no será podada ni cavada, y crecerán el cardo y los espinos; y aun a las nubes mandaré que no derramen lluvia sobre ella... Esperaba juicio, y he aquí vileza; justicia, y he aquí clamor" (Jeremías 2: 21; Oseas 10: 1; Isaías 5: 3-7).

Por medio de Moisés Dios había presentado a su pueblo los resultados de la infidelidad. Al negarse a cumplir su pacto, se separaría de la vida de Dios; y la bendición de él ya no podría descansar sobre ese pueblo. A veces estas amonestaciones fueron escuchadas, y ricas bendiciones fueron dadas a la nación judía y por su medio a los pueblos que la rodeaban. Pero su historia muestra que fue más frecuente que sus hijos se olvidaran de Dios y perdieran de vista el gran privilegio que tenían como representantes suyos. Le negaron el servicio que exigía de ellos, y privaron a sus semejantes de la dirección religiosa y del ejemplo santo que debían darles. Desearon apropiarse de los frutos del viñedo sobre el cual habían sido puestos como mayordomos. Su codicia hizo que los despreciaran aun los paganos; y el mundo gentil fue inducido a interpretar erróneamente el carácter de Dios y las leyes de su reino.

Dios soportó a su pueblo con corazón paternal. Trató de convencerlo mediante las misericordias que le concedía y con las que le retiraba. Con paciencia le señaló sus pecados, y esperó que le reconociesen. Envió profetas y mensajeros para instar a los labradores a que reconociesen los derechos de su Señor; pero en vez de dar la bienvenida a aquellos hombres de discernimiento y poder espirituales, fueron tratados como enemigos. Los labradores los persiguieron y mataron. Dios mandó otros mensajeros, pero recibieron el mismo trato que los primeros, y los labradores fueron aún más resueltos en su odio.

El hecho de que el favor divino le fuera retirado a Israel durante el destierro, indujo a muchos a arrepentirse. Sin embargo, después de regresar a la tierra prometida, el pueblo judío repitió los errores de generaciones anteriores, y entró en conflictos políticos con las naciones circundantes. Los profetas a quienes Dios envió para corregir los males prevalecientes, fueron recibidos con la misma sospecha y el mismo desprecio que habían sufrido los mensajeros de tiempos anteriores; y así, de siglo en siglo, los guardianes de la viña fueron aumentando su culpabilidad.

La buena viña sembrada por Dios en las colinas de Palestina fue despreciada por los hombres de Israel, y finalmente arrojada por encima de la cerca; la estropearon y pisotearon, y hasta alentaron la esperanza de haberla destruido para siempre. El Viñatero sacó la vid y la ocultó de los ojos de ellos. Volvió a plantarla, pero fuera de la cerca, de modo que ya no fuese visible. Las ramas colgaban por encima de la cerca, y podían hacérsele injertos, pero el tronco fue puesto donde el poder de los hombres no pudiese alcanzarlo ni dañarlo.

Para la iglesia de Dios, que custodia ahora su viña en la

tierra, resultan de un valor especial los mensajes de consejo y admonición dados por los profetas que presentaron claramente el propósito eterno del Señor en favor de la humanidad. El amor de Dios hacia la raza perdida y el plan que trazó para salvarla quedan claramente revelados en las enseñanzas de los profetas. El tema de los mensajeros que Dios envió a su iglesia a través de los siglos ya transcurridos, fue la historia del llamamiento dirigido a Israel, sus éxitos y fracasos, cómo recobró el favor divino, cómo rechazó al Señor de la viña y cómo el plan divino será llevado a cabo por un remanente piadoso en favor del cual se cumplirán todas las promesas del pacto. Y hoy el mensaje de Dios a su iglesia, a aquellos que se ocupan en su viña como fieles labradores, no es otro que el que dio el antiguo profeta: "En aquel día cantad acerca de la viña del vino rojo. Yo Jehová la guardo, cada momento la regaré; la guardaré de noche y de día, para que nadie la dañe" (Isaías 27: 2, 3).

Espere Israel en Dios. El Señor de la viña está ahora mismo juntando de entre los hombres de todas las naciones y de todos los pueblos los preciosos frutos que ha estado aguardando desde hace mucho. Pronto vendrá a los suyos; y en aquel alegre día se cumplirá finalmente su eterno propósito para la casa de Israel. "Días vendrán cuando Jacob echará raíces, florecerá y echará renuevos Israel, y la faz del mundo llenará de fruto" (Isaías 27: 6).

---

*La gloria de Dios se revelaba "entre los querubines" que estaban sobre el propiciatorio o cubierta del arca, y desde allí le "hablaba" a Moisés (Exodo 25: 18-22; Salmo 80: 1; Isaías 37: 16; Números 7: 89). Posteriormente Dios se manifestó por medio de la *shekina* o gloria simbólica de su presencia divina (Exodo 40: 34, 35). *Shekina*, término rabínico que no se encuentra en la Biblia, deriva de *shakan*, "lugar para vivir", y se la usaba para expresar la cercanía solemne de Dios. Esta presencia se amplía al máximo en el Nuevo Testamento con la aparición de Jesús: "Y aquel Verbo [Cristo] fue hecho carne, y habitó entre nosotros y vimos su gloria, gloria como del unigénito del Padre, lleno de gracia y de verdad" (S. Juan 1: 14).

17

CAPITULO 1

Salomón

DURANTE el reinado de David y Salomón, Israel se hizo fuerte entre las naciones y tuvo muchas oportunidades de ejercer una influencia poderosa en favor de la verdad y de la justicia. El nombre de Jehová fue ensalzado y honrado, y el propósito con que los israelitas habían sido establecidos en la tierra de promisión parecía estar en vías de cumplirse. Las barreras fueron quebrantadas, y los paganos que buscaban la verdad no eran despedidos sin haber recibido satisfacción. Se producían conversiones, y la iglesia de Dios en la tierra era ensanchada y prosperada.

Salomón fue ungido y proclamado rey durante los últimos años de su padre David, quien abdicó en su favor. La primera parte de su vida fue muy promisoria y Dios quería que progresase en fuerza y en gloria, para que su carácter se asemejase cada vez más al carácter de Dios e inspirase a su pueblo el deseo de desempeñar su cometido sagrado como depositario de la verdad divina.

El rey David procuró, durante los últimos años de su vida, inculcar a su hijo Salomón las lecciones que Dios le había enseñado a él.

David sabía que el alto propósito de Dios en favor de Israel sólo podría cumplirse si los príncipes y el pueblo procuraban con incesante vigilancia alcanzar la norma que se les proponía. Sabía que para desempeñar el cometido con el cual Dios se había complacido en honrar a su hijo Salomón, era necesario que el joven gobernante no fuese simplemente un guerrero, un estadista y un soberano, sino un hombre fuerte y bueno, que enseñase la justicia y fuese ejemplo de fidelidad.

Con tierno fervor David instó a Salomón a que fuese viril y noble, a que demostrase misericordia y bondad hacia sus súbditos, y que en todo su trato con las naciones de la tierra honrase y glorificase el nombre de Dios y manifestase la hermosura de la santidad. Las muchas incidencias penosas y notables por las cuales David había pasado durante su vida le habían enseñado el valor de las virtudes más nobles y le indujeron a declarar a Salomón mientras, moribundo, le transmitía su exhortación final: "Habrá un justo que gobierne entre los hombres, que gobierne en el temor de Dios. Será como la luz de la mañana, como el resplandor del sol en una mañana sin nubes, como la lluvia que hace brotar la hierba de la tierra" (2 Samuel 23: 3, 4).

¡Qué oportunidad tuvo Salomón! Si hubiese seguido la instrucción divinamente inspirada de su padre, el suyo habría sido un reinado de justicia, como el descrito en el Salmo 72:

"Oh Dios, da tus juicios al rey,
y tu justicia al hijo del rey.
El juzgará a tu pueblo con justicia,

y a tus afligidos con juicio...
Descenderá como la lluvia sobre la hierba cortada;
como el rocío que destila sobre la tierra.
Florecerá en sus días justicia,
y muchedumbre de paz, hasta que no haya luna.
Dominará de mar a mar,
y desde el río hasta los confines de la tierra...
Los reyes de Tarsis y de las costas traerán presentes;
los reyes de Sabá y de Seba ofrecerán dones.
Todos los reyes se postrarán delante de él;
todas las naciones le servirán.
Porque él librará al menesteroso que clamare,
y al afligido que no tuviere quien le socorra...
Y se orará por él continuamente;
todo el día se le bendecirá...
Será su nombre para siempre,
se perpetuará su nombre mientras dure el sol.
Benditas serán en él todas las naciones;
lo llamarán bienaventurado.
Bendito Jehová Dios, el Dios de Israel,
el único que hace maravillas.
Bendito su nombre glorioso para siempre,
y toda la tierra sea llena de su gloria".

En su juventud Salomón hizo la misma decisión que David, y durante muchos años anduvo con integridad y rindió estricta obediencia a los mandamientos de Dios. Al principio de su reinado fue con sus consejeros de Estado a Gabaón, donde estaba todavía el tabernáculo que había sido construido en el desierto, y allí, juntamente con los consejeros que se había escogido, "a jefes de millares y de centenas, a jueces, y a todos los príncipes de todo Israel, jefes de familias" (2 Crónicas 1: 2), participó en el ofrecimiento de sacrificios para adorar a Dios y para consagrarse plenamente a su servicio. Comprendió algo de la magnitud de los deberes relacionados con el cargo real, y se dio cuenta que quienes llevan pesadas responsabilidades deben recurrir a la Fuente de sabiduría para obtener dirección, si quieren desempeñar esas responsabilidades en forma aceptable. Esto lo indujo a alentar a sus consejeros para que junto con él procuraran estar seguros de que eran aceptados por Dios.

Sobre todos los bienes terrenales, el rey deseaba sabiduría y entendimiento para realizar la obra que Dios le había encomendado. Anhelaba tener una mente despierta, un corazón grande y un espíritu tierno. Esa noche el Señor se apareció a Salomón en un sueño y le dijo: "Pide lo que quieras que yo te dé". Como respuesta, el joven e inexperto gobernante expresó su sentimiento de incapacidad y su deseo de ayuda. Dijo: "Tú hiciste gran misericordia a tu siervo David mi padre, porque él anduvo delante de ti en verdad, en justicia, y con rectitud de corazón para contigo; y tú le has reservado esta tu gran misericordia, en que le diste hijo que se sentase en su trono, como sucede en este día.

"Ahora pues, Jehová Dios mío, tú me has puesto a mí tu siervo por rey en lugar de David mi padre; y yo soy joven, y no sé cómo entrar ni salir. Y tu siervo está en medio de tu pueblo al cual tú escogiste; un pueblo grande, que no se puede contar ni numerar por su multitud. Da, pues, a tu siervo corazón entendido para juzgar a tu pueblo, y para discernir entre lo bueno y lo malo; porque ¿quién podrá gobernar este tu pueblo tan grande?

"Y agradó delante del Señor que Salomón pidiese esto… Por cuanto hubo esto en tu corazón —dijo Dios a Salomón—, y no pediste riquezas, bienes o gloria, ni la vida de los que te quieren mal, ni pediste muchos días, sino que has pedido para ti sabiduría y ciencia para gobernar a mi pueblo, … he aquí lo he hecho conforme a tus palabras; he aquí que te he dado corazón sabio y entendido, tanto que no ha habido antes de ti otro como tú, ni después de ti se levantará otro como tú. Y aun también te he dado las cosas que no pediste, riquezas y gloria", "como nunca tuvieron los reyes que han sido antes de ti, ni tendrán los que vengan después de ti".

"Y si anduvieres en mis caminos, guardando mis estatutos y mis mandamientos, como anduvo David tu padre, yo alargaré tus días" (1 Reyes 3: 5-14; 2 Crónicas 1: 7-12).

Dios prometió que así como había acompañado a David, estaría con Salomón. Si el rey andaba en integridad delante de Jehová, si hacía lo que Dios le había ordenado, su trono quedaría establecido y su reinado sería el medio de exaltar a Israel como "pueblo sabio y entendido" (Deuteronomio 4: 6), la luz de las naciones circundantes.

El lenguaje de Salomón al orar a Dios ante el antiguo altar de Gabaón, revela su humildad y su intenso deseo de honrar a Dios. Comprendía que sin la ayuda divina, estaba tan desamparado como un niñito para llevar las responsabilidades que le incumbían. Sabía que carecía de discernimiento, y el sentido de su gran necesidad le indujo a solicitar sabiduría a Dios. No había en su corazón aspiración egoísta por un conocimiento que le ensalzase sobre los demás. Deseaba desempeñar fielmente los deberes que le incumbían, y eligió el don por medio del cual su reinado habría de glorificar a Dios. Salomón no tuvo nunca más riqueza ni más sabiduría o verdadera grandeza que cuando confesó: "Yo soy joven, y no sé cómo entrar ni salir".

Los que hoy ocupan puestos de confianza deben procurar aprender la lección enseñada por la oración de Salomón. Cuanto más elevado sea el cargo que ocupe un hombre y mayor sea la responsabilidad que ha de llevar, más amplia será la influencia que ejerza y tanto más necesario será que confíe en Dios. Debe recordar siempre que junto con el llamamiento a trabajar le llega la invitación a andar con prudencia delante de sus semejantes. Debe conservar delante de Dios la actitud del que aprende. Los cargos no dan santidad de carácter. Honrando a Dios y obedeciendo sus mandamientos es como un hombre llega a ser realmente grande.

El Dios a quien servimos no hace acepción de personas. El que dio a Salomón el espíritu de sabio discernimiento está dispuesto a impartir la misma bendición a sus hijos hoy. Su palabra declara: "Si alguno de vosotros tiene falta de sabiduría, pídala a Dios, el cual da a todos abundantemente y sin reproche, y le será dada" (Santiago 1: 5). Cuando el que lleva responsabilidad desee sabiduría más que riqueza, poder o fama, no quedará chasqueado. El tal aprenderá del gran Maestro no sólo lo que debe hacer, sino también el modo de hacerlo para recibir la aprobación divina.

Mientras permanezca consagrado, el hombre a quien Dios dotó de discernimiento y capacidad no manifestará codicia por los cargos elevados ni procurará gobernar o dominar. Es necesario que haya hombres que lleven responsabilidad; pero en vez de contender por la supremacía, el verdadero conductor pedirá en oración un corazón comprensivo, para discernir entre el bien y el mal.

La senda de los hombres que han sido puestos como dirigentes no es fácil; pero ellos han de ver en cada dificultad una invitación a orar. Nunca dejarán de consultar a la gran Fuente de toda sabiduría. Fortalecidos e iluminados por el Artífice maestro, se verán capacitados para resistir firmemente las influencias profanas y para discernir entre lo correcto y lo erróneo, entre el bien y el mal. Aprobarán lo que Dios aprueba y lucharán ardorosamente contra la introducción de principios erróneos en su causa.

Dios le dio a Salomón la sabiduría que él deseaba más que las riquezas, los honores o la larga vida. Le concedió lo que había pedido: una mente despierta, un corazón grande y un espíritu tierno. "Y Dios dio a Salomón sabiduría y prudencia muy grandes, y anchura de corazón como la arena que está a la orilla del mar. Era mayor la sabiduría de Salomón que la de todos los orientales, y que toda la sabiduría de los egipcios. Aun fue más sabio que todos los hombres, … y fue conocido entre todas las naciones de alrededor" (1 Reyes 4: 29-31).

Todos los israelitas "temieron al rey, porque vieron que había en él sabiduría de Dios para juzgar" (1 Reyes 3: 28). Los corazones del pueblo se volvieron hacia Salomón, como habían seguido a David, y le obedecían en todo. "Salomón … fue afirmado en su reino, y Jehová su Dios estaba con él, y lo engrandeció sobremanera" (2 Crónicas 1: 1).

Durante muchos años la vida de Salomón se caracterizó por su devoción a Dios, su integridad y sus principios firmes, así como por su estricta obediencia a los mandamientos de Dios. Era él quien encabezaba toda empresa importante y manejaba sabiamente los negocios relacionados con el reino. Su riqueza y sabiduría; los magníficos edificios y obras públicas que construyó durante los primeros años de su reinado; la energía, piedad, justicia y magnanimidad que manifestaba en sus palabras y hechos, le conquistaron la lealtad de sus súbditos y la admiración y el homenaje de los gobernantes de muchas tierras.

El nombre de Jehová fue grandemente honrado durante la primera parte del reinado de Salomón. La sabiduría y la justicia reveladas por el rey atestiguaban ante todas las naciones la excelencia de los atributos del Dios a quien servía. Durante un tiempo Israel fue como la luz del mundo y puso de manifiesto la grandeza de Jehová. La gloria verdadera de Salomón durante la primera parte de su reinado no estribaba en su sabiduría sobresaliente, sus riquezas fabulosas o su extenso poder y fama, sino en la honra que reportaba al

nombre del Dios de Israel mediante el uso sabio que hacía de los dones del cielo.

A medida que transcurrían los años y aumentaba la fama de Salomón, procuró él honrar a Dios incrementando su fortaleza mental y espiritual e impartiendo de continuo a otros las bendiciones que recibía. Nadie comprendía mejor que él que el favor de Jehová le había dado poder, sabiduría y comprensión, y que esos dones le eran otorgados para que pudiese comunicar al mundo el conocimiento del Rey de reyes.

Salomón se interesó especialmente en la historia natural, pero sus investigaciones no se limitaron a un solo ramo del saber. Mediante un estudio diligente de todas las cosas creadas, animadas e inanimadas, obtuvo un concepto claro del Creador. En las fuerzas de la naturaleza, en el mundo mineral y animal, y en todo árbol, arbusto y flor, veía una revelación de la sabiduría de Dios, a quien conocía y amaba cada vez más a medida que se esforzaba por aprender.

La sabiduría que Dios inspiraba a Salomón se expresaba en cantos de alabanza y en muchos proverbios. "Y compuso tres mil proverbios, y sus cantares fueron mil cinco. También disertó sobre los árboles, desde el cedro del Líbano hasta el hisopo que nace en la pared. Asimismo disertó sobre los animales, sobre las aves, sobre los reptiles y sobre los peces" (1 Reyes 4: 32, 33).

En los proverbios de Salomón se expresan principios de de una vida santa e intentos elevados; principios nacidos del cielo que llevan a la piedad; principios que deben regir cada acto de la vida. Fue la amplia difusión de estos principios y el reconocimiento de Dios como Aquel a quien pertenece toda alabanza y honor, lo que hizo de los comienzos del reinado de Salomón una época tanto de elevación moral como de prosperidad material.

Escribió él: "Bienaventurado el hombre que halla la sabiduría, y que obtiene la inteligencia; porque su ganancia es mejor que la ganancia de la plata, y sus frutos más que el oro fino. Más preciosa es que las piedras preciosas; y todo lo que puedes desear, no se puede comparar a ella. Largura de días está en su mano derecha; en su izquierda, riquezas y honra. Sus caminos son caminos deleitosos, y todas sus veredas paz. Ella es árbol de vida a los que de ella echan mano, y bienaventurados son los que la retienen" (Proverbios 3: 13-18).

"Sabiduría ante todo; adquiere sabiduría; y sobre todas tus posesiones adquiere inteligencia" (Proverbios 4: 7). "El principio de la sabiduría es el temor de Jehová" (Salmo 111: 10). "El temor de Jehová es aborrecer el mal; la soberbia y la arrogancia, el mal camino, y la boca perversa, aborrezco" (Proverbios 8: 13).

¡Ojalá que en sus años ulteriores Salomón hubiese prestado atención a esas maravillosas palabras de sabiduría! ¡Ojalá que quien había declarado: "La boca de los sabios esparce sabiduría" (Proverbios 15: 7) y había enseñado a los reyes de la tierra a tributar al Rey de reyes la alabanza que deseaban dar a un gobernante terrenal, no se hubiese atribuido con "boca perversa" y con "soberbia y ... arrogancia" la gloria que pertenece sólo a Dios!

CAPITULO 2

El Templo
y su Dedicación

SALOMON ejecutó sabiamente el plan de construir un templo para el Señor, como David lo había deseado durante mucho tiempo. Durante siete años Jerusalén se vio llena de obreros activamente ocupados en nivelar el sitio escogido, construir grandes paredes de contención, echar amplios cimientos de "piedras grandes, piedras costosas, ... y piedras labradas" (1 Reyes 5: 17), dar forma a las pesadas maderas traídas de los bosques del Líbano y levantar el magnífico santuario.

La preparación de la madera y de las piedras, a la cual muchos miles dedicaban sus energías, progresaba simultánea y constantemente con la construcción de los muebles para el templo, bajo la dirección de Hiram, de Tiro, "un hombre hábil y entendido, ... el cual" sabía "trabajar en oro, plata, bronce y hierro, en piedra y en madera, en púrpura y en azul, en lino y en carmesí" (2 Crónicas 2: 13, 14).

Mientras el edificio se iba levantando silenciosamente en el monte Moriah con "piedras que traían ya acabadas, de tal manera que cuando ... edificaban, ni martillos ni hachas se oyeron en la casa, ni ningún otro instrumento de hierro" (1 Reyes 6: 7), se confeccionaban los hermosos adornos de acuerdo con los modelos entregados por David a su hijo, "todos los utensilios para la casa de Dios". Estas cosas incluían el altar del incienso, la mesa para los panes de la proposición, el candelero y sus lámparas, así como los vasos e instrumentos relacionados con el ministerio de los sacerdotes en el lugar santo, todo "de oro, de oro finísimo" (2 Crónicas 4: 19, 21). Los enseres de bronce: el altar de los holocaustos, el "mar" o gran recipiente sostenido por doce bueyes, las fuentes de menor tamaño, los muchos otros vasos, "los fundió el rey en los llanos del Jordán, en tierra arcillosa, entre Sucot y Seredata" (2 Crónicas 4: 2-17). Esos utensilios fueron provistos en abundancia, para que no se careciese de ellos.

El palacio que Salomón y quienes le ayudaban erigieron para Dios y su culto, era de una belleza insuperable y esplendor sin rival. El templo, adornado de piedras preciosas, rodeado por atrios espaciosos y recintos magníficos, forrado de cedro esculpido y de oro bruñido, con sus cortinas bordadas y muebles preciosos, era un símbolo adecuado de la iglesia viva de Dios en la tierra que, a través de los siglos, ha estado formándose de acuerdo con el modelo divino, con materiales comparados a "oro, plata, piedras preciosas", "labradas como las de un palacio" (1 Corintios 3: 12; Salmo 144: 12). De este templo espiritual, "Jesucristo mismo" es "la principal piedra del ángulo, en quien todo el edificio,

Las piedras para el templo ya labradas y preparadas en las canteras, fueron transportadas y puestas en su sitio por obreros diligentes.

bien coordinado, va creciendo para ser un templo santo en el Señor" (Efesios 2: 20, 21).

Por fin quedó terminado el templo proyectado por el rey David y construido por su hijo Salomón. "Y todo lo que Salomón se propuso hacer en la casa de Jehová, y en su propia casa, fue prosperado" (2 Crónicas 7: 11). Entonces, a fin de que el palacio que coronaba las alturas del monte Moriah fuese en verdad, como tanto lo había deseado David, una morada no destinada al "hombre, sino para Jehová Dios" (1 Crónicas 29: 1), quedaba por realizarse la solemne ceremonia de dedicarlo formalmente a Jehová y su culto.

El sitio en que se construyó el templo se venía considerando desde largo tiempo atrás como lugar consagrado. Allí era donde Abrahán, padre de los fieles, se había demostrado dispuesto a sacrificar a su hijo en obediencia a la orden de Jehová. Allí Dios había renovado con Abrahán el pacto de la bendición, que incluía la gloriosa promesa mesiánica de que la familia humana sería liberada por el sacrificio del Hijo del Altísimo. Allí era donde, por medio del fuego celestial, Dios había contestado a David cuando éste ofreciera holocaustos y sacrificios pacíficos a fin de detener la espada vengadora del ángel destructor. Y nuevamente los adoradores de Jehová volvían a presentarse allí delante de su Dios para repetir sus votos de fidelidad a él.

El momento escogido para la dedicación era muy favorable: el séptimo mes, cuando el pueblo de todas partes del reino solía reunirse en Jerusalén para celebrar la fiesta de las cabañas, que era preeminentemente una ocasión de regocijo. Las labores de la cosecha habían terminado, no habían empezado todavía los trabajos del nuevo año; la gente estaba libre de cuidados y podía entregarse a las influencias sagradas y placenteras del momento.

A la hora señalada, las huestes de Israel, con representantes ricamente ataviados de muchas naciones extranjeras, se congregaron en los atrios del templo. Era una escena de esplendor inusitado. Salomón, con los ancianos de Israel y los hombres de más influencia entre el pueblo, había regresado de otra parte de la ciudad, de donde habían traído el arca del testamento. De las alturas de Gabaón había sido transferido el antiguo "tabernáculo de reunión, y todos los utensilios del santuario que estaban en el tabernáculo" (2 Crónicas 5: 5); y estos preciosos recuerdos de los tiempos en que los hijos de Israel habían peregrinado en el desierto y conquistado Canaán hallaron albergue permanente en el magnífico edificio erigido para reemplazar la estructura portátil.

Cuando llevó al templo el arca sagrada que contenía las dos tablas de piedra sobre las cuales el dedo de Dios había escrito los preceptos del Decálogo, Salomón siguió el ejemplo de su padre David. A cada intervalo de seis pasos ofreció un sacrificio. Con cantos, música y gran pompa, "los sacerdotes metieron el arca del pacto de Jehová en su lugar, en el santuario de la casa, en el lugar santísimo" (2 Crónicas 5: 7). Al salir del santuario interior, se colocaron en los lugares que les habían sido asignados. Los cantores, que eran levitas ataviados de lino blanco y equipados con címbalos, salterios y arpas, se hallaban en el extremo situado al oriente del altar, y con ellos había 120 sacerdotes que tocaban las trompetas (2 Crónicas 5: 12).

"Sonaban, pues, las trompetas, y cantaban todos a una,

para alabar y dar gracias a Jehová, y a medida que alzaban la voz con trompetas y címbalos y otros instrumentos de música, y alababan a Jehová, diciendo: Porque él es bueno, porque su misericordia es para siempre; entonces la casa se llenó de una nube, la casa de Jehová. Y no podían los sacerdotes estar allí para ministrar, por causa de la nube; porque la gloria de Jehová había llenado la casa de Dios" (2 Crónicas 5: 13, 14).

Salomón comprendió el significado de esta nube, y declaró: "Jehová ha dicho que él habitaría en la oscuridad. Yo, pues, he edificado una casa de morada para ti, y una habitación en que mores para siempre" (2 Crónicas 6: 1, 2).

> "Jehová reina; temblarán los pueblos.
> El está sentado sobre los querubines,
> se conmoverá la tierra.
>
> Jehová en Sión es grande,
> y exaltado sobre todos los pueblos.
> Alaben tu nombre grande y temible;
> él es santo...
>
> Exaltad a Jehová nuestro Dios,
> y postraos ante el estrado de sus pies;
> él es santo"
>
> (Salmo 99: 1-5).

"En medio del atrio" del templo se había erigido "un estrado de bronce", o plataforma de "cinco codos de largo, de cinco codos de ancho y de altura de tres codos". Sobre esta plataforma se hallaba Salomón, quien, con las manos alzadas, bendecía a la vasta multitud delante de él. "Y toda la congregación de Israel estaba en pie" (2 Crónicas 6: 13, 3).

Exclamó Salomón: "Bendito sea Jehová Dios de Israel, quien con su mano ha cumplido lo que prometió con su boca a David mi padre, diciendo: ... A Jerusalén he elegido para que en ella esté mi nombre" (2 Crónicas 6: 4, 6).

Luego Salomón se arrodilló sobre la plataforma, y a oídos de todo el pueblo, elevó la oración dedicatoria. Alzando las manos hacia el cielo, mientras la congregación se postraba a tierra sobre sus rostros, el rey rogó: "Jehová Dios de Israel, no hay Dios semejante a ti en el cielo ni en la tierra, que guardas el pacto y la misericordia con tus siervos que caminan delante de ti de todo su corazón... ¿Es verdad que Dios habitará con el hombre en la tierra? He aquí, los cielos y los cielos de los cielos no te pueden contener; ¿cuánto menos esta casa que he edificado? Mas tú mirarás a la oración de tu siervo, y a su ruego, oh Jehová Dios mío, para oír el clamor y la oración con que tu siervo ora delante de ti. Que tus ojos estén abiertos sobre esta casa de día y de noche, sobre el lugar del cual dijiste: Mi nombre estará allí; que oigas la oración con que tu siervo ora en este lugar. Asimismo que oigas el ruego de tu siervo, y de tu pueblo Israel, cuando en este lugar hicieren oración, que tú oirás desde los cielos, desde el lugar de tu morada; que oigas y perdones...

"Si tu pueblo Israel fuere derrotado delante del enemigo por haber prevaricado contra ti, y se convirtiere, y confesare tu nombre, y rogare delante de ti en esta casa, tú oirás desde los cielos, y perdonarás el pecado de tu pueblo Israel, y les harás volver a la tierra que diste a ellos y a sus padres.

Si los cielos se cerraren y no hubiere lluvias, por haber pecado contra ti, si oraren a ti hacia este lugar, y confesaren tu nombre, y se convirtieren de sus pecados, cuando los afligieres, tú los oirás en los cielos, y perdonarás el pecado de tus siervos y de tu pueblo Israel, y les enseñarás el buen camino para que anden en él, y darás lluvia sobre tu tierra, que diste por heredad a tu pueblo. Si hubiere hambre en la tierra, o si hubiere pestilencia, si hubiere tizoncillo o añublo, langosta o pulgón; o si los sitiaren sus enemigos en la tierra en donde moren; cualquiera plaga o enfermedad que sea; toda oración y todo ruego que hiciere cualquier hombre, o todo tu pueblo Israel, cualquiera que conociere su llaga y su dolor en su corazón, si extendiere sus manos hacia esta casa, tú oirás desde los cielos, desde el lugar de tu morada, y perdonarás, y darás a cada uno conforme a sus caminos, habiendo conocido su corazón; … para que te teman y anden en tus caminos, todos los días que vivieren sobre la faz de la tierra que tú diste a nuestros padres.

"Y también al extranjero que no fuere de tu pueblo Israel, que hubiere venido de lejanas tierras a causa de tu gran nombre y de tu mano poderosa, y de tu brazo extendido, si viniere y orare hacia esta casa, tú oirás desde los cielos, desde el lugar de tu morada, y harás conforme a todas las cosas por las cuales hubiera clamado a ti el extranjero; para que todos los pueblos de la tierra conozcan tu nombre, y te teman así como tu pueblo Israel, y sepan que tu nombre es invocado sobre esta casa que yo he edificado. Si tu pueblo saliere a la guerra contra sus enemigos por el camino que tú le enviares, y oraren a ti hacia esta ciudad que tú elegiste, hacia la casa que he edificado a tu nombre, tú oirás desde los cielos su oración y su ruego, y ampararás su causa. Si pecaren contra ti (pues no hay hombre que no peque), y te enojares contra ellos, y los entregares delante de sus enemigos, para que los que los tomaren los lleven cautivos a tierra de enemigos, lejos o cerca, y ellos volvieren en sí en la tierra donde fueren llevados cautivos; si se convirtieren, y oraren a ti en la tierra de su cautividad, y dijeren: Pecamos, hemos hecho inicuamente, impíamente hemos hecho; si se convirtieren a ti de todo su corazón y de toda su alma en la tierra de su cautividad, donde los hubieren llevado cautivos, y oraren hacia la tierra que tú diste a sus padres, hacia la ciudad que tú elegiste, y hacia la casa que he edificado a tu nombre; tú oirás desde los cielos, desde el lugar de tu morada, su oración y su ruego, y ampararás su causa, y perdonarás a tu pueblo que pecó contra ti.

"Ahora, pues, oh Dios mío, te ruego que estén abiertos tus ojos y atentos tus oídos a la oración en este lugar. Oh Jehová Dios, levántate ahora para habitar en tu reposo, tú y el arca de tu poder; oh Jehová Dios, sean vestidos de salvación tus sacerdotes, y tus santos se regocijen en tu bondad. Jehová Dios, no rechaces a tu ungido; acuérdate de tus misericordias para con David tu siervo" (2 Crónicas 6: 14-42).

Cuando Salomón terminó su oración, "descendió fuego de los cielos, y consumió el holocausto y las víctimas". Los sacerdotes no podían entrar en el templo, porque "la gloria de Jehová había llenado la casa". "Cuando vieron todos los hijos de Israel … la gloria de Jehová sobre la casa, se postraron sobre sus rostros en el pavimento y adoraron, y alabaron a Jehová, diciendo: Porque él es bueno, y su misericordia es para siempre".

Entonces el rey y el pueblo ofrecieron sacrificios delante de Jehová. "Así dedicaron la casa de Dios el rey y todo el pueblo" (2 Crónicas 7: 1-5). Durante siete días las multitudes de todas partes del reino, desde los confines "de Hamat hasta el arroyo de Egipto", "una gran congregación", celebraron un alegre festín. La semana siguiente fue dedicada por la muchedumbre feliz a observar la fiesta de las cabañas. Al fin del plazo de reconsagración y regocijo, todos regresaron a sus hogares, "alegres y gozosos de corazón por los beneficios que Jehová había hecho a David y a Salomón, y a su pueblo Israel" (2 Crónicas 7: 8, 10).

El rey había hecho cuanto estaba en su poder por alentar al pueblo a entregarse por completo a Dios y a su servicio y a magnificar su santo nombre. Y nuevamente, como sucediera en Gabaón al principio de su reinado, recibió el gobernante de Israel una evidencia de la aceptación y la bendición divinas. En una visión nocturna, el Señor se le apareció y le dio este mensaje: "Yo he oído tu oración, y he elegido para mí este lugar por casa de sacrificio. Si yo cerrare los cielos para que no haya lluvia, y si mandare a la langosta que consuma la tierra, o si enviare pestilencia a mi pueblo; si se humillare mi pueblo, sobre el cual mi nombre es invocado, y oraren, y buscaren mi rostro, y se convirtieren de sus malos caminos; entonces yo oiré desde los cielos, y perdonaré sus pecados, y sanaré su tierra. Ahora estarán abiertos mis ojos y atentos mis oídos a la oración en este lugar; porque ahora he elegido y santificado esta casa, para que esté en ella mi nombre para siempre; y mis ojos y mi corazón estarán ahí para siempre" (2 Crónicas 7: 12-16).

Si Israel hubiese permanecido fiel a Dios, aquel edificio

Cuando Salomón terminó su oración para la dedicación del templo, "descendió fuego de los cielos, y consumió el holocausto y las víctimas".

glorioso habría perdurado para siempre, como señal perpetua del favor especial de Dios hacia su pueblo escogido. Dios declaró: "Y a los hijos de los extranjeros que sigan a Jehová para servirle, y que amen el nombre de Jehová para ser sus siervos; a todos los que guarden el día de reposo para no profanarlo, y abracen mi pacto, yo los llevaré a mi santo monte, y los recrearé en mi casa de oración; sus holocaustos y sus sacrificios serán aceptos sobre mi altar; porque mi casa será llamada casa de oración para todos los pueblos" (Isaías 56: 6, 7).

En relación con esta promesa de aceptación, el Señor indicó claramente el deber que le incumbía al rey. "Y si tú —le dijo— anduvieres delante de mí como anduvo David tu padre, e hicieres todas las cosas que yo te he mandado, y guardares mis estatutos y mis decretos, yo confirmaré el trono de tu reino, como pacté con David tu padre, diciendo: No te faltará varón que gobierne en Israel" (2 Crónicas 7: 17, 18).

Si Salomón hubiese continuado sirviendo al Señor con humildad, todo su reinado habría ejercido una poderosa influencia para el bien sobre las naciones circundantes, que habían recibido una impresión tan favorable del reinado de David su padre y de las sabias palabras y obras magníficas realizadas durante los primeros años de su propio reinado. Previendo las terribles tentaciones que acompañarían la prosperidad y los honores mundanales, Dios dio a Salomón una advertencia contra el mal de la apostasía, y predijo los espantosos resultados del pecado. Aun el hermoso templo que acababa de dedicarse, declaró, llegaría a ser "burla y escarnio de todos los pueblos", si los israelitas dejaban "a

Jehová Dios de sus padres" (2 Crónicas 7: 20, 22), y persistían en la idolatría.

Fortalecido en su corazón y muy alentado por el aviso celestial de que su oración en favor de Israel había sido oída, Salomón inició el período más glorioso de su reinado, durante el cual "todos los reyes de la tierra" procuraban acercársele, para "oír la sabiduría que Dios le había dado" (2 Crónicas 9: 23). Muchos venían para ver cómo gobernaba y para recibir instrucciones acerca de cómo manejar asuntos difíciles.

Cuando esas personas visitaban a Salomón, les enseñaba lo referente al Dios Creador de todas las cosas, y regresaban a sus hogares con un concepto más claro del Dios de Israel, así como de su amor por la familia humana. En las obras de la naturaleza contemplaban entonces una expresión del amor de Dios, una revelación de su carácter; y muchos eran inducidos a adorarle como Dios suyo.

La humildad manifestada por Salomón cuando comenzó

a llevar las cargas del Estado, al reconocer delante de Dios: "Yo soy joven" (1 Reyes 3: 7); su notable amor a Dios, su profunda reverencia por las cosas divinas, su desconfianza de sí mismo y su ensalzamiento del Creador infinito, todos estos rasgos de carácter, tan dignos de emulación, se revelaron durante los servicios relacionados con la terminación del templo, cuando al elevar su oración dedicatoria lo hizo de rodillas, en la humilde posición de quien ofrece una petición. Los discípulos de Cristo deben precaverse hoy contra la tendencia a perder el espíritu de reverencia y temor piadoso. Las Escrituras enseñan a los hombres cómo deben acercarse a su Hacedor, a saber con humildad y reverencia, por la fe en un Mediador divino. El salmista declaró:

"Porque Jehová es Dios grande,
y Rey grande sobre todos los dioses...
Venid, adoremos y postrémonos;
arrodillémonos delante de Jehová nuestro Hacedor"
(Salmo 95: 3, 6).

Tanto en el culto público como en el privado, nos incumbe inclinarnos de rodillas delante de Dios cuando le dirigimos nuestras peticiones. Jesús, nuestro ejemplo, "puesto de rodillas oró" (S. Lucas 22: 41). Acerca de sus discípulos quedó registrado que también "Pedro se puso de rodillas y oró" (Hechos 9: 40). Pablo declaró: "Doblo mis rodillas ante el Padre de nuestro Señor Jesucristo" (Efesios 3: 14). Cuando Esdras confesó delante de Dios los pecados de Israel, se arrodilló (Esdras 9: 5). Daniel "se arrodillaba tres veces al día, y oraba y daba gracias delante de su Dios" (Daniel 6: 10).

La verdadera reverencia hacia Dios nos es inspirada por un sentido de su infinita grandeza y un reconocimiento de su presencia. Este sentido del Invisible debe impresionar profundamente todo corazón. La presencia de Dios hace que tanto el lugar como la hora de la oración sean sagrados. Y al manifestar reverencia por nuestra actitud y conducta, se profundiza en nosotros el sentimiento que la inspira. "Santo y temible es su nombre" (Salmo 111: 9), declara el salmista. Los ángeles se velan el rostro cuando pronuncian ese nombre. ¡Con qué reverencia debieran pronunciarlo nuestros labios, puesto que somos seres caídos y pecaminosos!

¡Cuán apropiado sería que jóvenes y ancianos ponderasen las palabras de la Escritura que demuestran cómo debe considerarse el lugar señalado por la presencia especial de Dios! El ordenó a Moisés, al lado de la zarza ardiente: "Quita tu calzado de tus pies, porque el lugar en que tú estás, tierra santa es" (Exodo 3: 5).

Jacob, después de contemplar la visión del ángel, exclamó: "Ciertamente Jehová está en este lugar, y yo no lo sabía... No es otra cosa que casa de Dios, y puerta del cielo" (Génesis 28: 16, 17).

Con lo que dijo durante el servicio de dedicación, Salomón había procurado eliminar del ánimo de los presentes las supersticiones relativas al Creador que habían confundido a los paganos. El Dios del cielo no está encerrado en templos hechos por manos humanas, como los dioses de los paganos; y sin embargo puede reunirse con sus hijos por su Espíritu cuando ellos se congregan en la casa dedicada a su culto.

Siglos más tarde, Pablo enseñó la misma verdad en estas palabras: "El Dios que hizo el mundo y todas las cosas que en él hay, siendo Señor del cielo y de la tierra, no habita en templos hechos por manos humanas, ni es honrado por manos de hombres, como si necesitase de algo; pues él es quien da a todos vida y aliento y todas las cosas...; para que busquen a Dios, si en alguna manera, palpando, puedan hallarle, aunque ciertamente no está lejos de cada uno de nosotros. Porque en él vivimos, y nos movemos, y somos" (Hechos 17: 24-28).

"Bienaventurada la nación cuyo Dios es Jehová,
el pueblo que él escogió como heredad para sí.
Desde los cielos miró Jehová;
vio a todos los hijos de los hombres;
desde el lugar de su morada miró
sobre todos los moradores de la tierra".

"Jehová estableció en los cielos su trono,
y su reino domina sobre todos".

"Oh Dios, santo es tu camino;
¿qué dios es grande como nuestro Dios?
Tú eres el Dios que hace maravillas;
hiciste notorio en los pueblos tu poder"
(Salmos 33: 12-14; 103: 19; 77: 13, 14).

Aunque Dios no mora en templos hechos por manos humanas, honra con su presencia las asambleas de sus hijos. Prometió que cuando se reuniesen para buscarle, para reconocer sus pecados, y orar unos por otros, él los acompañaría por su Espíritu. Pero los que se congregan para adorarle deben desechar todo lo malo. A menos que le adoren en espíritu y en verdad, así como en hermosura de santidad, de nada valdrá que se congreguen. Acerca de tales ocasiones el Señor declara: "Este pueblo de labios me honra; mas su corazón está lejos de mí. Pues en vano me honran" (S. Mateo 15: 8, 9). Los que adoran a Dios deben adorarle "en espíritu y en verdad; porque también el Padre tales adoradores busca que le adoren" (S. Juan 4: 23).

"Mas Jehová está en su santo templo; calle delante de él toda la tierra" (Habacuc 2: 20).

CAPITULO 3

El Orgullo
de la Prosperidad

MIENTRAS Salomón exaltó la ley del cielo, Dios estuvo con él, y le dio sabiduría para gobernar a Israel con imparcialidad y misericordia. Al principio, aun cuando obtenía riquezas y honores mundanales, permaneció humilde, y grande fue el alcance de su influencia. "Y Salomón señoreaba sobre todos los reinos desde el Eufrates hasta la tierra de los filisteos y el límite con Egipto". "Tuvo paz por todos lados alrededor. Y Judá e Israel vivían seguros, cada uno debajo de su parra y debajo de su higuera, ... todos los días de Salomón" (1 Reyes 4: 21, 24, 25).

Pero después de un amanecer muy promisorio, su vida quedó oscurecida por la apostasía. La historia registra el triste hecho de que el que había sido llamado Jedidías, "Amado de Jehová" (2 Samuel 12: 25), el que había sido honrado por Dios con manifestaciones de favor divino tan

La apostasía de Salomón —muy pequeña al comienzo— lo llevó finalmente a unirse en un culto cruel y degradante a los ídolos.

notables que su sabiduría e integridad le dieron fama mundial; el que había inducido a otros a loar al Dios de Israel, se desvió del culto de Jehová para postrarse ante los ídolos de los paganos.

Centenares de años antes que Salomón llegase al trono, el Señor, previendo los peligros que asediarían a los que fuesen escogidos príncipes de Israel, dio a Moisés instrucciones para guiarlos. El que hubiese de sentarse en el trono de Israel debía escribir "para sí en un libro una copia de esta ley, del original que está al cuidado de los sacerdotes levitas; y —dijo el Señor— lo tendrá consigo, y leerá en él todos los días de su vida, para que aprenda a temer a Jehová su Dios, para guardar todas las palabras de esta ley y estos estatutos, para ponerlos por obra; para que no se eleve su corazón sobre sus hermanos, ni se aparte del mandamiento a diestra ni a siniestra; a fin de que prolongue sus días en su reino, él y sus hijos, en medio de Israel".

En relación con estas instrucciones, el Señor previno en forma especial al que fuese ungido rey, y recomendó: "Ni tomará para sí muchas mujeres, para que su corazón no se desvíe; ni plata ni oro amontonará para sí en abundancia" (Deuteronomio 17: 18-20, 17).

Salomón conocía bien estas advertencias, y durante cierto tiempo les prestó atención. Su mayor deseo era vivir y gobernar de acuerdo con los estatutos dados en el Sinaí. Su manera de dirigir los asuntos del reino contrastaba en forma sorprendente con las costumbres de las naciones de su tiempo, que no temían a Dios, y cuyos gobernantes pisoteaban su santa ley.

Al procurar fortalecer sus relaciones con el poderoso

reino situado al sur de Israel, Salomón penetró en terreno prohibido. Satanás conocía los resultados que acompañarían la obediencia; y durante los primeros años del reinado de Salomón, que fueron gloriosos por la sabiduría, la beneficencia y la integridad del rey, procuró introducir influencias que minasen insidiosamente la lealtad de Salomón a los buenos principios, y le indujesen a separarse de Dios. Por el relato bíblico sabemos que el enemigo tuvo éxito en ese esfuerzo: "Salomón hizo parentesco con Faraón rey de Egipto, pues tomó la hija de Faraón, y la trajo a la ciudad de David" (1 Reyes 3: 1).

Desde el punto de vista humano este casamiento, aunque contrariaba las enseñanzas de la ley de Dios, pareció resultar en una bendición, pues la esposa de Salomón se convirtió a Dios y participaba con él en el culto del verdadero Dios. Además, Faraón prestó un destacado servicio a Israel al conquistar a Gezer, matar a "los cananeos que habitaban la ciudad", y darla "en dote a su hija la mujer de Salomón" (1 Reyes 9: 16). Salomón reedificó esa ciudad, y con ello fortaleció aparentemente su reino a lo largo de la costa del Mediterráneo. Pero al formar alianza con una nación pagana, y al sellar esa alianza por su casamiento con una princesa idólatra, Salomón despreció temerariamente la sabia provisión hecha por Dios para conservar la pureza de su pueblo. La esperanza de que su esposa egipcia se convirtiese era una excusa muy débil para pecar.

Dios, en su misericordia compasiva, durante un tiempo, pasó por alto esta terrible equivocación; y el rey, por medio de una conducta prudente podría haber frenado, por lo menos en gran medida, las fuerzas malignas que su imprudencia había desatado. Pero Salomón había comenzado a perder de vista la Fuente de su poder y gloria. A medida que sus inclinaciones cobraban ascendiente sobre la razón, aumentaba su confianza propia, y procuraba cumplir a su manera el propósito del Señor. Razonaba que las alianzas políticas y comerciales con las naciones circundantes comunicarían a esas naciones un conocimiento del verdadero Dios; y pactó alianzas profanas con una nación tras otra. Con frecuencia estas alianzas quedaban selladas por casamientos con princesas paganas. Los mandamientos de Jehová fueron puestos a un lado en favor de las costumbres de aquellos otros pueblos.

Salomón se hizo la ilusión de que su sabiduría y el poder de su ejemplo desviarían a sus esposas de la idolatría al culto del verdadero Dios, y que las alianzas así contraídas atraerían a las naciones vecinas al lado de Israel. ¡Vana esperanza! El error cometido por Salomón al considerarse bastante fuerte para resistir la influencia de asociaciones paganas, fue fatal. Lo fue también el engaño que le indujo a esperar que no obstante haber despreciado la ley de Dios, otros podrían ser inducidos a reverenciar y obedecer sus sagrados preceptos.

Las alianzas y relaciones comerciales del rey con las naciones paganas le dieron fama, honores y riquezas de este mundo. Pudo traer oro de Ofir y plata de Tarsis en gran abundancia. "Y acumuló el rey plata y oro en Jerusalén como piedras, y cedro como cabrahigos de la Sefela en abundancia" (2 Crónicas 1: 15). En el tiempo de Salomón, era cada vez mayor el número de personas que obtenían riquezas, con todas las tentaciones acompañantes; pero el oro fino del carácter quedaba empañado y contaminado.

Tan gradual fue la apostasía de Salomón que antes de que él se diera cuenta de ello, se había extraviado lejos de Dios. Casi imperceptiblemente comenzó a confiar cada vez menos en la dirección y bendición divinas, y cada vez más en su propia fuerza. Poco a poco fue rehusando a Dios la obediencia inquebrantable que debía hacer de Israel un pueblo peculiar, y conformándose cada vez más estrechamente a las costumbres de las naciones circundantes. Cediendo a las tentaciones que acompañaban sus éxitos y sus honores, se olvidó de la Fuente de su prosperidad. La ambición de superar a todas las demás naciones en poder y grandeza le indujo a pervertir con fines egoístas los dones celestiales que hasta entonces había empleado para glorificar a Dios. El dinero que debería haber considerado como un cometido sagrado para beneficio de los pobres dignos de ayuda y para difundir en todo el mundo los principios del santo vivir, se gastó egoístamente en proyectos ambiciosos.

Embargado por un deseo avasallador de superar en ostentación a las demás naciones, el rey pasó por alto la necesidad de adquirir belleza y perfección de carácter. Cuando procuró glorificarse delante del mundo, perdió su honor e integridad. Las enormes rentas adquiridas al comerciar con muchos países, fueron complementadas con exorbitantes impuestos. Así el orgullo, la ambición, el despilfarro y la sensualidad dieron frutos de crueldad y extorsiones. El espíritu de equidad y consideración que había señalado su trato con el pueblo durante la primera parte de su reinado, había cambiado. Después de haber sido el gobernante más sabio y más misericordioso, degeneró en un tirano. Antes había sido para el pueblo un guardián compasivo y temeroso de Dios; pero se convirtió en opresor y déspota. Cobraba al pueblo un impuesto tras otro, para que hubiese recursos con qué sostener una corte lujosa. El pueblo empezó quejarse. El respeto y la admiración que antes tributara a su rey se trocaron en desafecto y aborrecimiento.

A fin de crear una salvaguardia contra la tendencia a confiar en el brazo de la carne, el Señor había advertido a los que hubieran de gobernar a Israel que no debían multiplicar el número de los caballos que poseyeran. Sin embargo, en completo desprecio de esta orden, "compraban por contrato caballos … de Egipto… Traían también caballos para Salomón, de Egipto y de todos los países… Y juntó Salomón carros y gente de a caballo; y tenía mil cuatrocientos carros, y doce mil jinetes, los cuales puso en las ciudades de los carros, y con el rey en Jerusalén" (2 Crónicas 1: 16; 9: 28; 1 Reyes 10: 26).

Cada vez más el rey llegó a considerar los lujos, la sen-

sualidad y el favor del mundo como indicios de grandeza. Hizo traer mujeres hermosas y atractivas de Egipto, Fenicia, Edom, Moab, y muchos otros lugares. Esas mujeres se contaban por centenares. Su religión se basaba en el culto de los ídolos, y se les había enseñado a practicar ritos crueles y degradantes. Hechizado por su belleza, el rey descuidaba sus deberes hacia Dios y su reino.

Sus mujeres ejercieron una influencia poderosa sobre él, y gradualmente lo indujeron a participar de su culto. Salomón despreció las instrucciones que Dios había dado para que sirviesen como barrera contra la apostasía, y se entregó al culto de los dioses falsos. "Y cuando Salomón era ya viejo, sus mujeres inclinaron su corazón tras dioses ajenos, y su corazón no era perfecto con Jehová su Dios, como el corazón de su padre David. Porque Salomón siguió a Astoret, diosa de los sidonios, y a Milcom, ídolo abominable de los amonitas" (1 Reyes 11: 4, 5).

En la elevación del sur del monte de los Olivos, frente al monte Moriah, donde estaba el hermoso templo de Jehová, Salomón construyó una imponente cantidad de edificios destinados a servir como centro de idolatría. A fin de agradar a sus esposas colocó enormes ídolos, abominables imágenes de madera y piedra, entre los huertos de mirtos y olivos. Allí, delante de los altares de las divinidades paganas, "Quemos, ídolo abominable de Moab" y "Moloc, ídolo abominable de los hijos de Amón" (1 Reyes 11: 7), se practicaban los ritos más degradantes del paganismo.

La conducta de Salomón atrajo su inevitable castigo. Al separarse de Dios para relacionarse con los idólatras se acarreó la ruina. Al ser infiel a Dios, perdió el dominio propio.

Desapareció su eficiencia moral. Sus sensibilidades delicadas se embotaron, su conciencia se cauterizó. El que durante la primera parte de su reinado había manifestado tanta sabiduría y simpatía al devolver un niño desamparado a su madre infortunada (1 Reyes 3: 16-28), degeneró al punto de consentir en que se erigiese un ídolo al cual se sacrificaban niños vivos. El que en su juventud había sido dotado de discreción y entendimiento, el que en pleno vigor de su edad adulta se había sentido inspirado para escribir: "Hay camino que al hombre le parece derecho; pero su fin es camino de muerte" (Proverbios 14: 12), se apartó tanto de la pureza en años ulteriores que toleraba los ritos licenciosos y repugnantes relacionados con el culto de Quemos y Astoret, o Astarté. El mismo que en ocasión de la dedicación del templo había dicho a su pueblo: "Sea, pues, perfecto vuestro corazón para con Jehová nuestro Dios" (1 Reyes 8: 61), se convirtió en un transgresor y negó sus propias palabras en su corazón y en su vida. Consideró erróneamente la libertad como licencia. Procuró, pero ¡a qué costo!, unir la luz con las tinieblas, el bien con el mal, la pureza con la impureza, Cristo con Belial.

Después de haber sido uno de los mejores reyes que hayan empuñado un cetro, Salomón se transformó en licencioso, en instrumento y esclavo de otros. Su carácter, una vez noble y viril, se trocó en débil y afeminado. Su fe en el Dios viviente quedó suplantada por dudas ateas. La incredulidad destruía su felicidad, debilitaba sus principios y degradaba su vida. La justicia y la magnanimidad de la primera parte de su reinado se transformaron en despotismo y tiranía. ¡Pobre y frágil naturaleza humana! Poco puede hacer Dios en favor de los hombres que pierden el sentido de cuánto dependen de él.

Durante aquellos años de apostasía progresó de continuo la decadencia espiritual de Israel. ¿Cómo podría haber sido de otra manera cuando su rey había unido sus intereses con los agentes satánicos? Mediante estos agentes, el enemigo obraba para confundir a los israelitas acerca del culto verdadero y del falso; y ellos resultaron una presa fácil. El comercio con las demás naciones los ponía en relación estrecha con aquellos que no amaban a Dios, y disminuyó enormemente el amor que ellos mismos le profesaban. Se amortiguó su agudo sentido del carácter elevado y santo de Dios. Rehusando seguir en la senda de la obediencia, transfirieron su reconocimiento al enemigo de la justicia. Vino a ser práctica común el casamiento entre idólatras e israelitas, y éstos perdieron pronto su aborrecimiento por el culto de los ídolos. Se toleraba la poligamia. Las madres idólatras enseñaban a sus hijos a observar los ritos paganos. En algu-

nas vidas, una idolatría de la peor índole reemplazó el servicio religioso puro instituido por Dios.

Los cristianos deben mantenerse distintos y separados del mundo, de su espíritu y de su influencia. Dios tiene pleno poder para guardarnos del mundo, pero no debemos formar parte de él. El amor de Dios no es incierto ni fluctuante. El vela siempre sobre sus hijos con un cuidado sin límites. Pero requiere una fidelidad indivisa. "Ninguno puede servir a dos señores; porque o aborrecerá al uno y amará al otro, o estimará al uno y menospreciará al otro. No podéis servir a Dios y a las riquezas" (S. Mateo 6: 24).

Salomón había sido dotado de sabiduría admirable; pero el mundo lo atrajo y lo desvió de Dios. Los hombres de hoy no son más fuertes que él; tienden, tanto como él, a ceder a las influencias que ocasionaron su caída. Así como Dios advirtió a Salomón el peligro que corría, hoy amonesta a sus hijos para que no pongan sus almas en peligro por la afinidad con el mundo. Les ruega: "Por lo cual, salid de en medio de ellos, y apartaos, … no toquéis lo inmundo; y yo os recibiré, y seré para vosotros por Padre, y vosotros me seréis hijos e hijas, dice el Señor Todopoderoso" (2 Corintios 6: 17, 18).

El peligro acecha en medio de la prosperidad. Las riquezas y los honores han hecho peligrar la humanidad y la espiritualidad a través de los siglos. No es la copa vacía la que nos cuesta llevar; la que rebosa es la que debe ser llevada con cuidado. La aflicción y la adversidad pueden ocasionar pesar; pero es la prosperidad la que resulta más peligrosa para la vida espiritual. A menos que el súbdito humano esté constantemente sometido a la voluntad de Dios, a menos que esté santificado por la verdad, la prosperidad despertará la inclinación natural a la presunción.

En el valle de la humillación, donde los hombres dependen de que Dios les enseñe y guíe cada uno de sus pasos, están comparativamente seguros. Pero los hombres que están, por así decirlo, en la cumbre, y quienes, a causa de su posición, son considerados como poseedores de gran sabiduría, éstos son los que arrostran el peligro mayor. A menos que tales hombres confíen en Dios, caerán.

Cuando quiera que se entreguen al orgullo y la ambición, su vida se mancilla; porque el orgulloso, no sintiendo necesidad alguna, cierra su corazón a las bendiciones infinitas del cielo. El que procura glorificarse a sí mismo se encontrará destituido de la gracia de Dios, mediante cuya eficiencia se adquieren las riquezas más reales y los goces más satisfactorios. Pero el que lo da todo y lo hace todo para Cristo, conocerá el cumplimiento de la promesa: "La bendición de Jehová es la que enriquece, y no añade tristeza con ella" (Proverbios 10: 22). Con el toque suave de la gracia, el Salvador destierra del alma la inquietud y ambición profanas, y trueca la enemistad en amor y la incredulidad en confianza. Cuando habla al alma, diciéndole: "Sígueme", queda roto el hechizo del mundo. Al sonido de su voz, el espíritu de codicia y ambición huye del corazón, y los hombres, emancipados, se levantan para seguirle.

CAPITULO 4

Resultados de la Transgresión

ENTRE las causas básicas que indujeron a Salomón a practicar el despilfarro y la opresión, se destacaba el hecho de que no conservó ni fomentó el espíritu de abnegación.

Cuando, al pie del Sinaí, Moisés habló al pueblo de la orden divina: "Harán un santuario para mí, y habitaré en medio de ellos", la respuesta de los israelitas fue acompañada por ofrendas apropiadas. "Y vino todo varón a quien su corazón estimuló, y todo aquel a quien su espíritu le dio voluntad" (Exodo 25: 8; 35: 21), y trajeron ofrendas. Fueron necesarios grandes y extensos preparativos para la construcción del santuario; se necesitaban grandes cantidades de materiales preciosos, pero el Señor aceptó tan sólo las ofrendas voluntarias. "De todo varón que la diere de su voluntad, de corazón, tomaréis mi ofrenda" (Exodo 25: 2), fue la orden repetida por Moisés a la congregación. La de-

Las riquezas y el honor hicieron que Salomón perdiera de vista el propósito de Dios para él y se gloriara en el esplendor de su reino.

voción a Dios y un espíritu de sacrificio eran los primeros requisitos para preparar una morada destinada al Altísimo.

Otra invitación similar, a manifestar abnegación, fue hecha cuando David entregó a Salomón la responsabilidad de construir el templo. David preguntó a la multitud congregada: "¿Y quién quiere hacer hoy ofrenda voluntaria a Jehová?" (1 Crónicas 29: 5). Esta invitación a consagrarse y prestar un servicio voluntario debían recordarla siempre los que tenían algo que ver con la edificación del templo.

Ciertos hombres escogidos fueron dotados por Dios de una habilidad y sabiduría especiales para la construcción del tabernáculo en el desierto. "Y dijo Moisés a los hijos de Israel: Mirad, Jehová ha nombrado a Bezaleel…, de la tribu de Judá; y lo ha llenado del Espíritu de Dios, en sabiduría, en inteligencia, en ciencia y en todo arte… Y ha puesto en su corazón el que pueda enseñar, así él como Aholiab…, de la tribu de Dan; y los ha llenado de sabiduría de corazón, para que hagan toda obra de arte y de invención, y de bordado en azul, en púrpura, en carmesí, en lino fino y en telar para que hagan toda labor, e inventen todo diseño. Así, pues, Bezaleel y Aholiab, y todo hombre sabio de corazón a quien Jehová dio sabiduría e inteligencia … harán todas las cosas que ha mandado Jehová" (Exodo 35: 30-35; 36: 1). Los seres celestiales cooperaron con los obreros a quienes Dios mismo había escogido.

Los descendientes de estos artesanos heredaron en gran medida los talentos conferidos a sus antepasados. Durante un tiempo, esos hombres de Judá y de Dan permanecieron humildes y abnegados; pero gradual y casi imperceptiblemente, dejaron de relacionarse con Dios y perdieron su deseo de servirle desinteresadamente. Basándose en su habilidad superior como artesanos, pedían salarios más elevados por sus servicios. En algunos casos les fueron concedidos, pero con mayor frecuencia hallaban empleo entre las naciones vecinas. En lugar del noble espíritu de abnegación que había llenado el corazón de sus ilustres antecesores, albergaron un espíritu de codicia y fueron cada vez más exigentes. Para que sus deseos egoístas fueran complacidos, dedicaron al servicio de los reyes paganos la habilidad que Dios les había dado, y sus talentos a la ejecución de obras que deshonraban a su Hacedor.

Entre esos hombres Salomón buscó al artífice maestro que debía dirigir la construcción del templo sobre el monte Moriah. Habían sido confiadas al rey especificaciones minuciosas, por escrito, acerca de toda porción de la estructura sagrada; y él podría haber solicitado con fe a Dios que le diese ayudantes consagrados, a quienes se habría dotado de habilidad especial para hacer con exactitud el trabajo requerido. Pero Salomón no percibió esta oportunidad de ejercer la fe en Dios, y solicitó al rey de Tiro "un hombre hábil que sepa trabajar en oro, en plata, en bronce, en hierro, en púrpura, en grana y en azul, y que sepa esculpir con los maestros que están conmigo en Judá y en Jerusalén" (2 Crónicas 2: 7).

El rey fenicio contestó enviando a Hiram, "hijo de una mujer de las hijas de Dan, mas su padre fue de Tiro" (2 Crónicas 2: 14). Hiram era por parte de su madre descendiente de Aholiab a quien, centenares de años antes, Dios había dado sabiduría especial para la construcción del tabernáculo.

De manera que se puso a la cabeza de los artesanos que trabajaban para Salomón a un hombre cuyos esfuerzos no eran impulsados por un deseo abnegado de servir a Dios, sino que servía al dios de este mundo, a Mamón [*dios de las riquezas*]. Los principios del egoísmo estaban entretejidos con las mismas fibras de su ser.

Hiram, considerando su habilidad extraordinaria, exigió un salario elevado. Gradualmente los principios erróneos que él seguía llegaron a ser aceptados por sus asociados. Mientras trabajaban día tras día con él, hacían comparaciones entre el salario que él recibía y el propio, y empezaron a olvidar el carácter santo de su trabajo. Perdieron el espíritu de abnegación, que fue reemplazado por el de codicia. Como resultado pidieron más salario, y éste les fue pagado.

Estas influencias funestas así creadas penetraron en todos los ramos del servicio del Señor, y se extendieron por todo el reino. Los altos salarios exigidos y recibidos daban a muchos oportunidad de vivir en el lujo y el despilfarro. Los pobres eran oprimidos por los ricos; casi se perdió el espíritu de abnegación. En los efectos abarcantes de estas influencias puede encontrarse una de las causas principales de la terrible apostasía en la cual cayó el que se contó una vez entre los más sabios de los mortales.

El agudo contraste entre el espíritu y los motivos del pueblo que había construido el tabernáculo en el desierto y los que impulsaron a quienes erigían el templo de Salomón, encierra una lección de profundo significado. El egoísmo que caracterizó a quienes trabajaban en el templo halla hoy su contraparte en el egoísmo que existe en el mundo.

Abunda el espíritu de codicia que impulsa a buscar los puestos y los sueldos más altos. Muy rara vez se ve el servicio voluntario y la gozosa abnegación manifestada por los que construían el tabernáculo. Pero un espíritu tal es el único que debiera impulsar a quienes siguen a Jesús. Nuestro divino Maestro nos ha dado un ejemplo de cómo deben trabajar sus discípulos. A aquellos a quienes invitó así: "Venid en pos de mí, y os haré pescadores de hombres" (S. Mateo 4: 19), no ofreció ninguna suma definida como recompensa por sus servicios. Debían compartir su abnegación y sacrificio.

Al trabajar no debemos hacerlo por el salario que recibimos. El motivo que nos impulsa a trabajar para Dios no debe tener nada que se asemeje al egoísmo. La devoción abnegada y un espíritu de sacrificio han sido siempre y seguirán siendo el primer requisito de un servicio aceptable. Nuestro Señor y Maestro quiere que no haya una sola fibra de egoísmo entretejida con su obra. Debemos dedicar a nuestros esfuerzos el tacto y la habilidad, la exactitud y la sabiduría, que el Dios de perfección exigió de los constructores del tabernáculo terrenal; y sin embargo en todas nuestras labores debemos recordar que los mayores talentos o los servicios más brillantes son aceptables tan sólo cuando el yo se coloca sobre el altar, como un holocausto vivo.

Otra de las desviaciones de los principios correctos que condujeron finalmente a la caída del rey de Israel, se produjo cuando éste cedió a la tentación de atribuirse a sí mismo la gloria que pertenece sólo a Dios.

Desde el día en que fue confiada a Salomón la obra de edificar el templo hasta el momento en que se terminó, su propósito abierto fue "edificar casa al nombre de Jehová Dios de Israel" (2 Crónicas 6: 7). Este propósito lo confesó ampliamente delante de las huestes de Israel congregadas cuando fue dedicado el templo. En su oración el rey reconoció que Jehová había dicho: "Mi nombre estará allí" (1 Reyes 8: 29).

Uno de los pasajes más conmovedores de la oración elevada por Salomón es aquel en que suplica a Dios en favor de los extranjeros que viniesen de países lejanos a aprender más de Aquel cuya fama se había difundido entre las naciones. Dijo el rey: "Pues oirán de tu gran nombre, de tu mano fuerte y de tu brazo extendido". Y elevó esta petición en favor de cada uno de esos adoradores extranjeros: "Tú oirás…, y harás conforme a todo aquello por lo cual el extranjero hubiere clamado a ti, para que todos los pueblos de la tierra conozcan tu nombre y te teman, como tu pueblo Israel, y entiendan que tu nombre es invocado sobre esta casa que yo edifiqué" (1 Reyes 8: 42, 43).

Al final del servicio, Salomón había exhortado a Israel a que fuese fiel a Dios, para que, dijo él, "todos los pueblos de la tierra sepan que Jehová es Dios, y que no hay otro" (1 Reyes 8: 60).

Uno mayor que Salomón había diseñado el templo, y en ese diseño se revelaron la sabiduría y la gloria de Dios. Los que no sabían esto admiraban y alababan naturalmente a Salomón como arquitecto y constructor; pero el rey no se atribuyó ningún mérito por la concepción ni por la construcción.

Así sucedió cuando la reina de Sabá vino a visitar a Salomón. Habiendo oído hablar de su sabiduría y del magnífico templo que había construido, resolvió "probarle con preguntas difíciles" y conocer por su cuenta sus renombradas obras. Acompañada por un séquito de sirvientes y de camellos que llevaban "especias, y oro en gran abundancia, y piedras preciosas", hizo el largo viaje a Jerusalén. "Y cuando vino a Salomón, le expuso todo lo que en su corazón tenía". Conversó con él de los misterios de la naturaleza; y Salomón la instruyó acerca del Dios de la naturaleza, del gran Creador, que mora en lo más alto de los cielos, y lo rige todo. "Salomón le respondió a todas sus preguntas, y nada hubo que Salomón no le contestase" (1 Reyes 10: 1-3; 2 Crónicas 9: 1, 2).

"Y cuando la reina de Sabá vio toda la sabiduría de Salomón, y la casa que había edificado, ... se quedó asombrada". Reconoció: "Verdad es lo que había oído en mi tierra acerca de tus cosas y de tu sabiduría; pero yo no creía las palabras de ellos, hasta que he venido, y mis ojos han visto; y he aquí que ni aun la mitad de la grandeza de tu sabiduría

65

me había sido dicha; porque tú superas la fama que yo había oído. Bienaventurados tus hombres, y dichosos estos siervos tuyos que están siempre delante de ti, y oyen tu sabiduría" (1 Reyes 10: 4-8; 2 Crónicas 9: 3-7).

Al llegar al fin de su visita, la reina había sido cabalmente enseñada por Salomón con respecto a la fuente de su sabiduría y prosperidad, y ella se sintió constreñida, no a ensalzar al agente humano, sino a exclamar: "Jehová tu Dios sea bendito, que se agradó de ti para ponerte en el trono de Israel; porque Jehová ha amado siempre a Israel, te ha puesto por rey, para que hagas derecho y justicia" (1 Reyes 10: 9). Tal era la impresión que Dios quería que recibieran todos los pueblos. Y cuando "todos los reyes de la tierra procuraban ver el rostro de Salomón, para oír la sabiduría que Dios le había dado" (2 Crónicas 9: 23), Salomón honró a Dios durante un tiempo llamándoles la atención al Creador de los cielos y la tierra, gobernante omnisciente del universo.

Si con humildad Salomón hubiese continuado desviando de sí mismo la atención de los hombres para dirigirla hacia Aquel que le había dado sabiduría, riquezas y honores, ¡cuán diferente habría sido su historia! Pero así como la pluma inspirada relata sus virtudes, también registra fielmente su caída. Salomón, elevado a la cima de la grandeza y rodeado por los dones de la fortuna, se dejó marear, perdió el equilibrio, y cayó. Constantemente alabado por los hombres del mundo, no pudo a la larga resistir la adulación. La sabiduría que se le había dado para que glorificase al Dador, lo llenó de orgullo. Permitió finalmente que los hombres hablasen de él como del ser más digno de alabanza debido al esplendor sin paralelo del edificio proyectado y construido para honrar el "nombre de Jehová Dios de Israel".

Y así fue cómo el templo de Jehová llegó a ser conocido entre las naciones: como "el templo de Salomón". El agente humano se atribuyó la gloria que pertenecía a Aquel que "más alto está sobre ellos" (Eclesiastés 5: 8). El templo del cual Salomón declaró: "Tu nombre es invocado sobre esta casa que yo he edificado" (2 Crónicas 6: 33), se designa más a menudo, hasta el día de hoy como "templo de Salomón" que como templo de Jehová.

Un hombre no puede manifestar mayor debilidad que la de permitir a los hombres que le tributen honores por los dones que el cielo le concedió. El verdadero cristiano dará a Dios el primer lugar, el último, y el mejor en todo. Ningún motivo ambicioso enfriará su amor hacia Dios, sino que con perseverancia y firmeza honrará a su Padre celestial. Cuando exaltamos fielmente el nombre de Dios, nuestros impulsos están bajo la dirección divina y somos capacitados para desarrollar poder espiritual e intelectual.

Jesús, el divino Maestro, ensalzó siempre el nombre de su Padre celestial. Enseñó a sus discípulos a orar: "Padre nuestro que estás en los cielos, santificado sea tu nombre" (S. Mateo 6: 9). No debían olvidarse de reconocer: "Tuya es ... la gloria" (S. Mateo 6: 13). Tanto cuidado ponía el gran Médico en desviar la atención de sí mismo a la Fuente de su poder, que la multitud asombrada, "viendo a los mudos hablar, a los mancos sanados, a los cojos andar, y a los ciegos ver", no le glorificó a él, sino que "glorificaban al Dios de Israel" (S. Mateo 15: 31). En la admirable oración que Cristo elevó precisamente antes de su crucifixión, declaró: "Yo te he glorificado en la tierra... Glorifica a tu Hijo —rogó—, para que también tu Hijo te glorifique a ti... Padre justo, el mundo no te ha conocido, pero yo te he conocido, y éstos han conocido que tú me enviaste. Y les he dado a conocer tu nombre, y lo daré a conocer aún, para que el amor con que me has amado, esté en ellos, y yo en ellos" (S. Juan 17: 4, 1, 25, 26).

"Así dijo Jehová: No se alabe el sabio en su sabiduría, ni en su valentía se alabe el valiente, ni el rico se alabe en sus riquezas. Mas alábese en esto el que se hubiere de alabar: en entenderme y conocerme, que yo soy Jehová, que hago misericordia, juicio y justicia en la tierra; porque estas cosas quiero, dice Jehová" (Jeremías 9: 23, 24).

> "Alabaré yo el nombre de Dios...,
> lo exaltaré con alabanza".

> "Señor, digno eres de recibir la gloria y la honra y el
> poder".

> "Te alabaré, oh Jehová Dios mío, con todo mi
> corazón,
> y glorificaré tu nombre para siempre".

> "Engrandeced a Jehová conmigo,
> y exaltemos a una su nombre".

> (Salmo 69: 30; Apocalipsis 4: 11;
> Salmos 86: 12; 34: 3).

La introducción de principios que apartaban a la gente de un espíritu de sacrificio y la inducían a glorificarse a sí misma, iba acompañada de otra grosera perversión del plan divino para Israel. Dios quería que su pueblo fuese la luz del mundo; de él debía resplandecer la gloria de su ley mientras la revelaba en la práctica de su vida. Para que este designio se cumpliese, había dispuesto que la nación escogida ocupase una posición estratégica entre las naciones de la tierra.

En los tiempos de Salomón, el reino de Israel se extendía desde Hamat en el norte hasta Egipto en el sur, y desde el mar Mediterráneo hasta el río Eufrates. Por este territorio cruzaban muchos caminos naturales para el comercio del mundo, y las caravanas provenientes de tierras lejanas pasaban constantemente en una y otra dirección. Esto daba a Salomón y a su pueblo oportunidades favorables para revelar a hombres de todas las naciones el carácter del Rey de reyes y para enseñarles a reverenciarle y obedecerle. Este conocimiento debía comunicarse a todo el mundo. Mediante la enseñanza de los sacrificios y ofrendas, Cristo debía ser ensalzado delante de las naciones, para que todos pudiesen vivir.

Salomón fue puesto a la cabeza de una nación que había sido establecida como faro para las naciones circundantes, y debía haber usado la sabiduría que Dios le dio y el poder de su influencia para organizar y dirigir un gran movimiento destinado a iluminar a los que no conocían a Dios ni su verdad. Se habría obtenido así que multitudes obedeciesen los preceptos divinos, Israel habría quedado protegido de los males practicados por los paganos, y el Señor de gloria habría sido honrado en gran manera. Pero Salomón perdió de vista este elevado propósito. No aprovechó sus magníficas oportunidades para iluminar a los que pasaban continuamente por su territorio o se detenían en las ciudades principales.

El espíritu misionero que Dios había implantado en el corazón de Salomón y en el de todos los verdaderos israelitas fue reemplazado por un espíritu de mercantilismo. Las oportunidades ofrecidas por el trato con muchas naciones fueron utilizadas para el engrandecimiento personal. Salomón procuró fortalecer su situación políticamente edificando ciudades fortificadas en las cabeceras de los caminos dedicados al comercio. Cerca de Jope, reedificó Gezer, que estaba sobre la ruta entre Egipto y Siria; al oeste de Jerusalén, Bet-horón, que dominaba los pasos del camino que conducía desde el corazón de Judea a Gezer y a la costa; Meguido, situada sobre el camino de las caravanas que iban de Damasco a Egipto y de Jerusalén al norte; así como "Tadmor en el desierto" (2 Crónicas 8: 4), sobre el camino que seguían las caravanas del Oriente. Todas esas ciudades fueron fortificadas poderosamente. Las ventajas comerciales de una salida en el extremo del mar Rojo fueron desarrolladas por la construcción de "naves en Ezión-geber, que está junto a ... la ribera del Mar Rojo, en la tierra de Edom". Adiestrados marineros de Tiro, "con los siervos de Salomón", tripulaban estos navíos en los viajes "a Ofir", y sacaban de allí oro y "mucha madera de sándalo, y piedras preciosas" (2 Crónicas 8: 18; 1 Reyes 9: 26, 28; 10: 11).

Las rentas del rey y de muchos de sus súbditos aumentaron enormemente, pero ¡a qué costo! Debido a la codicia y a la falta de visión de aquellos a quienes habían sido confiados los oráculos de Dios, las innumerables multitudes que recorrían los caminos fueron dejadas en la ignorancia en cuanto a lo que concernía a Jehová.

¡Cuán sorprendente contraste hay entre la conducta de Salomón y la que siguió Cristo cuando estuvo en la tierra! Aunque el Salvador poseía "toda potestad", nunca hizo uso de ella para engrandecerse a sí mismo. Ningún sueño de conquistas terrenales ni de grandezas mundanales manchó la perfección de su servicio en favor de la humanidad. Dijo: "Las zorras tienen guaridas, y las aves del cielo nidos; mas el Hijo del Hombre no tiene dónde recostar su cabeza" (S. Mateo 8: 20). Los que en respuesta al llamamiento del momento han comenzado a servir al Artífice maestro, deben estudiar sus métodos. El aprovechaba las oportunidades que encontraba en las grandes arterias de tránsito.

Jesús vivía en Capernaúm durante los intervalos de sus viajes de un lado a otro, y llegó a conocerse como "su ciudad". Situada en el camino que llevaba de Damasco a Jerusalén, así como a Egipto y al Mediterráneo, se prestaba para ser el centro de la obra que hacía el Salvador. Por ella pasaban, o se detenían para descansar, personas de muchos países. Jesús se encontraba allí con habitantes de todas las naciones y de todas las jerarquías, de modo que sus enseñanzas eran llevadas a otros países y a muchas familias. De esta manera se despertaba el interés en las profecías que anunciaban al Mesías, la atención se dirigía hacia el Salvador, y su misión era presentada al mundo.

Las oportunidades para tratar con hombres y mujeres de todas clases y de muchas nacionalidades son aún mayores en esta época nuestra que en los días de Israel. Las facilidades de transporte se han multiplicado mil veces.

Como Cristo, los mensajeros del Altísimo deben situarse hoy en esas grandes avenidas, donde pueden encontrarse con las multitudes que pasan de todas partes del mundo. Ocultándose en Dios, como lo hacía él, deben sembrar la semilla del Evangelio, presentar a otros las verdades preciosas de la Santa Escritura, que echarán raíces profundas en las mentes y los corazones y brotarán para vida eterna.

Solemnes son las lecciones que nos enseña el fracaso que sufrió Israel en aquellos años durante los cuales tanto el gobernante como el pueblo se apartaron del alto propósito que habían sido llamados a cumplir. El moderno Israel de Dios, los representantes del cielo, que constituyen la verdadera iglesia de Cristo, deben ser fuertes precisamente en aquello en que los judíos fueron débiles y fracasaron; porque a éstos les incumbe la tarea de terminar la obra confiada a los hombres y de apresurar el día de las recompensas finales. Sin embargo, es necesario hacer frente a las mismas influencias que prevalecieron contra Israel cuando reinaba Salomón. Las fuerzas del enemigo de toda justicia están poderosamente atrincheradas, y sólo por el poder de Dios puede obtenerse la victoria. El conflicto que nos espera exige que ejerzamos un espíritu de abnegación, que desconfiemos de nosotros mismos y dependamos sólo de Dios para saber aprovechar sabiamente toda oportunidad de salvar almas. La bendición del Señor acompañará a su iglesia mientras sus miembros avancen unidos, revelando a un mundo postrado en las tinieblas del error la belleza de la santidad según se manifiesta en un espíritu abnegado como el de Cristo, en el ensalzamiento de lo divino más que de lo humano, y sirviendo con amor e incansablemente a aquellos que tanto necesitan las bendiciones del Evangelio.

CAPITULO 5

El Arrepentimiento de Salomón

DURANTE el reinado de Salomón, el Señor se le apareció dos veces, y le dirigió palabras de aprobación y consejo, a saber: en la visión nocturna de Gabaón, cuando la promesa de darle sabiduría, riquezas y honores fue acompañada de una exhortación a permanecer humilde y obediente, y después de la dedicación del templo, cuando una vez más el Señor lo alentó a ser fiel. Fueron claras las amonestaciones que se dieron a Salomón, y maravillosas las promesas que se le hicieron; sin embargo, quedó registrado acerca de aquel que, por sus circunstancias, parecía abundantemente preparado en su carácter y en su vida para prestar atención a la exhortación y cumplir con lo que el cielo esperaba de él: "Mas él no guardó lo que le mandó Jehová". "Su corazón se había apartado de Jehová Dios de Israel, que se le había aparecido dos veces, y le había mandado acerca de esto, que no siguiese a dioses ajenos" (1 Reyes 11: 9, 10). Y tan completa fue su apostasía, tanto se endureció su corazón en la transgresión, que su caso parecía casi sin remedio.

Salomón se desvió del goce de la comunión divina para hallar satisfacción en los placeres de los sentidos. Acerca de lo que experimentó dice:

"Engrandecí mis obras, edifiqué para mí casas, planté para mí viñas; me hice huertos y jardines, ... compré siervos y siervas, ... me amontoné también plata y oro, y tesoros preciados de reyes y de provincias; me hice de cantores y cantoras, de los deleites de los hijos de los hombres, y de toda clase de instrumentos de música. Y fui engrandecido y aumentado más que todos los que fueron antes de mí en Jerusalén...

"No negué a mis ojos ninguna cosa que desearan, ni aparté mi corazón de placer alguno, porque mi corazón gozó de todo mi trabajo... Miré yo luego todas las obras que habían hecho mis manos, y el trabajo que tomé para hacerlas; y he aquí, todo era vanidad y aflicción de espíritu, y sin provecho debajo del sol.

"Después volví yo a mirar para ver la sabiduría y los desvaríos y la necedad; porque ¿qué podrá hacer el hombre que venga después del rey?... Aborrecí, por tanto, la vida... Asimismo aborrecí todo mi trabajo que había hecho debajo del sol" (Eclesiastés 2: 4-18).

Por su propia amarga experiencia, Salomón aprendió cuán vacía es una vida dedicada a buscar las cosas terrenales como el bien más elevado. Construyó altares a los dioses paganos, pero fue tan sólo para comprobar cuán vana es su promesa de dar descanso al espíritu. Pensamientos lóbregos le acosaban día y noche. Para él ya no había gozo ni paz espiritual, y el futuro se le anunciaba sombrío y desesperado.

Sin embargo, el Señor no le abandonó. Mediante mensajes de represión y castigos severos procuró despertar al rey y hacerle comprender cuán pecaminosa era su conducta. Le privó de su cuidado protector, y permitió que los adversarios le atacaran y debilitasen el reino. "Y Jehová suscitó un adversario a Salomón: Hadad edomita... Dios también levantó por adversario contra Salomón a Rezón..., capitán de una compañía", quien "aborreció a Israel, y reinó sobre Siria. También Jeroboam..., siervo de Salomón", y hombre "valiente", "alzó su mano contra el rey" (1 Reyes 11: 14-28).

Finalmente el Señor envió a Salomón, mediante un profeta, este mensaje sorprendente: "Por cuanto ha habido esto en ti, y no has guardado mi pacto y mis estatutos que yo te mandé, romperé de ti el reino, y lo entregaré a tu siervo. Sin embargo, no lo haré en tus días, por amor a David tu padre; lo romperé de la mano de tu hijo" (1 Reyes 11: 11, 12).

Salomón despertó como de un sueño al oír esta sentencia de juicio pronunciada contra él y su casa, sintió los reproches de su conciencia y empezó a ver lo que verdaderamente significaba su locura. Afligido en su espíritu, y teniendo la mente y el cuerpo debilitados, se apartó cansado y sediento de las cisternas rotas de la tierra, para beber nuevamente en la fuente de la vida. Al fin la disciplina del sufrimiento realizó su obra en su favor. Durante mucho tiempo le había acosado el temor de la ruina absoluta que experimentaría si no podía apartarse de su locura; pero discernió finalmente un rayo de esperanza en el mensaje que se le había dado. Dios no le había cortado por completo, sino que estaba dispuesto a librarle de una servidumbre más cruel que la tumba, de la cual él mismo no podía librarse.

Con gratitud Salomón reconoció el poder y la bondad de

Aquel que es el más "alto" sobre los altos (Eclesiastés 5: 8); y con arrepentimiento comenzó a desandar su camino para volver al exaltado nivel de pureza y santidad del cual había caído. No podía esperar que escaparía a los resultados agostadores del pecado; no podría nunca librar su espíritu de todo recuerdo de la conducta egoísta que había seguido; pero se esforzaría fervientemente por disuadir a otros de entregarse a la insensatez. Confesaría humildemente el error de sus caminos, y alzaría su voz para amonestar a otros, no fuese que se perdiesen irremisiblemente por causa de las malas influencias que él había desencadenado.

El que se arrepiente de verdad no se olvida de sus pecados pasados. No se deja embargar, tan pronto como ha obtenido paz, por la despreocupación acerca de los errores que cometió. Piensa en aquellos que fueron inducidos al mal por su conducta, y procura de toda manera posible hacerlos volver a la senda de la verdad. Cuanto mayor sea la claridad de la luz en la cual entró, tanto más intenso es su deseo de encauzar los pies de los demás en el camino recto. No se espacia en su conducta errónea ni considera livianamente lo malo, sino que recalca las señales de peligro, a fin de que otros puedan precaverse.

Salomón reconoció que "el corazón de los hijos de los hombres está lleno de mal y de insensatez ... durante su vida" (Eclesiastés 9: 3). "Por cuanto no se ejecuta luego sentencia sobre la mala obra, el corazón de los hijos de los hombres está en ellos dispuesto para hacer el mal. Aunque el pecador haga mal cien veces, y prolongue sus días, con todo yo también sé que les irá bien a los que a Dios temen, los que temen ante su presencia; y que no le irá bien al impío, ni le serán prolongados los días, que son como som-

En su vejez Salomón meditó en sus años de
lujuria, fama y riquezas, y exclamó: "¡Vanidad
de vanidades, todo es vanidad!"

bra; por cuanto no teme delante de la presencia de Dios"
(Eclesiastés 8: 11-13).

Por inspiración divina el rey escribió para las generaciones posteriores lo referente a los años que perdió, así como las lecciones de amonestación. Y así, aunque su pueblo cosechó lo que él había sembrado y soportó malignas tempestades, la obra realizada por Salomón en su vida no se perdió por completo. Con mansedumbre y humildad, "enseñó", durante la última parte de su vida, "sabiduría al pueblo; e hizo escuchar, e hizo escudriñar, y compuso muchos proverbios. Procuró ... hallar palabras agradables, y escribir rectamente palabras de verdad".

Escribió: "Las palabras de los sabios son como aguijones; y como clavos hincados son las de los maestros de las congregaciones, dadas por un Pastor. Ahora, hijo mío, a más de esto, sé amonestado... El fin de todo el discurso oído es éste: Teme a Dios, y guarda sus mandamientos; porque esto es el todo del hombre. Porque Dios traerá toda obra a juicio, juntamente con toda cosa encubierta, sea buena o sea mala" (Eclesiastés 12: 9-14).

Los últimos escritos de Salomón revelan que él fue comprendiendo cada vez mejor cuán mala había sido su conducta, y dedicó atención especial a exhortar a la juventud acerca de la posibilidad de caer en los errores que le habían hecho malgastar inútilmente los dones más preciosos del cielo. Con pesar y vergüenza, confesó que en la flor de la vida, cuando debiera haber hallado en Dios consuelo, apoyo y vida, se apartó de la luz del cielo y de la sabiduría de Dios y reemplazó el culto de Jehová por la idolatría. Al fin, habiendo aprendido por triste experiencia cuán insensata es una vida tal, su anhelo y deseo era evitar que otros pasasen por la amarga experiencia por la cual él había pasado...

Patéticamente, escribió acerca de los privilegios y responsabilidades que el servicio de Dios otorga a la juventud:

"Suave ciertamente es la luz, y agradable a los ojos ver el sol; pero aunque un hombre viva muchos años, y en todos ellos tenga gozo, acuérdese sin embargo que los días de las tinieblas serán muchos. Todo cuanto viene es vanidad. Alégrate, joven, en tu juventud, y tome placer tu corazón en los días de tu adolescencia; y anda en los caminos de tu corazón y en la vista de tus ojos; pero sabe, que sobre todas estas cosas te juzgará Dios. Quita, pues, de tu corazón el enojo, y aparta de tu carne el mal; porque la adolescencia y la juventud son vanidad" (Eclesiastés 11: 7-10).

> "Acuérdate de tu Creador en los días de tu juventud,
> antes que vengan los días malos,
> y lleguen los años de los cuales digas:
> No tengo en ellos contentamiento;
> antes que se oscurezca el sol,
> y la luz, y la luna y las estrellas,
> y vuelvan las nubes tras la lluvia;
> cuando temblarán los guardas de la casa,
> y se encorvarán los hombres fuertes,
> y cesarán las muelas porque han disminuido,
> y se oscurecerán los que miran por las ventanas;
> y las puertas de afuera se cerrarán,
> por lo bajo del ruido de la muela;
> cuando se levantará a la voz del ave,
> y todas las hijas del canto serán abatidas;
> cuando también temerán de lo que es alto,
> y habrá terrores en el camino;

y florecerá el almendro,
y la langosta será una carga,
y se perderá el apetito;
porque el hombre va a su morada eterna,
y los endechadores andarán alrededor por las calles;
antes que la cadena de plata se quiebre,
y se rompa el cuenco de oro,
y el cántaro se quiebre junto a la fuente,
y la rueda sea rota sobre el pozo;
y el polvo vuelva a la tierra, como era,
y el espíritu vuelva a Dios que lo dio"

(Eclesiastés 12: 1-7).

La vida de Salomón rebosa de advertencias, no sólo para los jóvenes sino también para los de edad madura y para los que van descendiendo por la vertiente de la vida hacia su ocaso. Oímos hablar de la inestabilidad de los jóvenes que vacilan entre el bien y el mal, así como de las corrientes de las malas pasiones que los vencen. En los de edad más madura, no esperamos ver esta inestabilidad e infidelidad; contamos con que su carácter se habrá establecido y arraigado firmemente en los buenos principios. Pero no siempre sucede así. Cuando Salomón debiera haber tenido un carácter fuerte como un roble, perdió su firmeza y cayó bajo el poder de la tentación. Cuando su fortaleza debiera haber sido inconmovible, fue cuando resultó más endeble.

De tales ejemplos debemos aprender que en la vigilancia y la oración se halla la única seguridad para jóvenes y ancianos. Esta seguridad no se encuentra en los altos cargos ni en los grandes privilegios. Uno puede haber disfrutado durante muchos años de una experiencia cristiana genuina, y seguir, sin embargo, expuesto a los ataques de Satanás. En la batalla con el pecado íntimo y las tentaciones de afuera, aun el sabio y poderoso Salomón fue vencido. Su fracaso nos enseña que, cualesquiera que sean las cualidades intelectuales de un hombre, y por fielmente que haya servido a Dios en lo pasado, no puede nunca confiar en su propia sabiduría e integridad.

En toda generación y en todo país, se tuvo siempre el mismo verdadero fundamento y modelo para edificar el carácter. La ley divina que ordena: "Amarás al Señor tu Dios con todo tu corazón, ... y a tu prójimo como a ti mismo" (S. Lucas 10: 27), el gran principio manifestado en el carácter y la vida de nuestro Salvador, es el único fundamento seguro, la única guía fidedigna. "Y reinarán en tus tiempos la sabiduría y la ciencia, y abundancia de salvación" (Isaías 33: 6), la sabiduría, el conocimiento que sólo puede impartir la palabra de Dios.

Estas palabras dirigidas a Israel acerca de la obediencia a los mandamientos de Dios: "Esta es vuestra sabiduría y vuestra inteligencia ante los ojos de los pueblos" (Deuteronomio 4: 6), encierran tanta verdad hoy como cuando fueron pronunciadas. Encierran la única salvaguardia para la integridad individual, la pureza del hogar, el bienestar de la sociedad, o la estabilidad de la nación. En medio de todas las perplejidades y los peligros de la vida, así como de las afirmaciones contradictorias, la única regla segura consiste en hacer lo que Dios dice. "Los mandamientos de Jehová son rectos" (Salmo 19: 8), y "el que hace estas cosas, no resbalará jamás" (Salmo 15: 5).

Los que escuchen la amonestación que encierra la apostasía de Salomón evitarán el primer paso hacia los pecados que lo vencieron. Unicamente la obediencia a los requerimientos del cielo guardará de la apostasía a los hombres. Dios les concedió mucha luz y muchas bendiciones; pero a menos que acepten esa luz y esas bendiciones, ellas no les darán seguridad contra la desobediencia y la apostasía. Cuando aquellos a quienes Dios exalta a cargos de gran confianza se apartan de él para depender de la sabiduría humana, su luz se cambia en tinieblas. La capacidad que les fuera dada llega a ser una trampa...

Necesitamos preguntar a cada paso: "¿Es éste el camino del Señor?" Mientras dure la vida, habrá necesidad de guardar los afectos y las pasiones con propósito firme. Ni un solo momento podemos estar seguros, a no ser que confiemos en Dios y tengamos nuestra vida escondida en Cristo. La vigilancia y la oración son la salvaguardia de la pureza.

Todos los que entren en la ciudad de Dios lo harán por la puerta estrecha, con esfuerzo y agonía; porque "no entrará en ella ninguna cosa inmunda, o que hace abominación" (Apocalipsis 21: 27). Pero nadie que haya caído necesita desesperar. Hombres de edad, que fueron una vez honrados por Dios, pueden haber manchado sus almas y sacrificado la virtud sobre el altar de la concupiscencia; pero si se arrepienten, abandonan el pecado y se vuelven a su Dios, sigue habiendo esperanza para ellos. El que declara: "Sé fiel hasta la muerte, y yo te daré la corona de la vida" (Apocalipsis 2: 10), formula también esta invitación: "Deje el impío su camino, y el hombre inicuo sus pensamientos, y vuélvase a Jehová, el cual tendrá de él misericordia, y al Dios nuestro, el cual será amplio en perdonar" (Isaías 55: 7). Dios aborrece el pecado, pero ama al pecador. Declara: "Yo sanaré su rebelión, los amaré de pura gracia" (Oseas 14: 4).

El arrepentimiento de Salomón fue sincero; pero el daño que había hecho su ejemplo al obrar mal, no podía ser deshecho. Durante su apostasía, hubo en el reino hombres que permanecieron fieles a su cometido, y conservaron su pureza y lealtad. Pero muchos fueron extraviados; y las fuerzas del mal desencadenadas por la introducción de la idolatría y de las prácticas mundanales, no las pudo detener fácilmente el rey penitente. Su influencia en favor del bien quedó grandemente debilitada. Muchos vacilaban cuando se trataba de confiar plenamente en su dirección. Aunque el rey confesó su pecado y escribió, para beneficio de las generaciones ulteriores, el relato de su insensatez y arrepentimiento, no podía esperar que fuese completamente destruida la influencia funesta de sus malas acciones. Envalentonados por su apostasía, muchos continuaron obrando mal, y solamente mal. Y en la conducta descendente de muchos de los príncipes que le siguieron, puede rastrearse la triste influencia que ejerció al corromper las facultades que Dios le había dado.

En la angustia de sus amargas reflexiones sobre lo malo de su conducta, Salomón se sintió constreñido a declarar: "Mejor es la sabiduría que las armas de guerra; pero un pecador destruye mucho bien... Hay un mal que he visto debajo del sol, a manera de error emanado del príncipe: la necedad está colocada en grandes alturas...

"Las moscas muertas hacen heder y dar mal olor al perfume del perfumista; así una pequeña locura, al que es estimado como sabio y honorable" (Eclesiastés 9: 18; 10: 5, 6, 1).

Entre las muchas lecciones enseñadas por la vida de Salomón, ninguna se recalca tanto como la referente al poder de la influencia para el bien o para el mal. Por limitada que sea nuestra esfera, ejercemos una influencia benéfica o maléfica. Sin que lo sepamos y sin que podamos evitarlo, ella se ejerce sobre los demás en bendición o maldición. Puede ir acompañada de la lobreguez del descontento y del egoísmo, o del veneno mortal de algún pecado que hayamos conservado; o puede estar cargada del poder vivificante de la fe, el valor y la esperanza, así como de la suave fragancia del amor. Pero lo seguro es que manifestará su potencia para el bien o para el mal.

Puede llenarnos de pavor el pensar que nuestra influencia pueda tener sabor de muerte para muerte; y sin embargo es así. Un alma extraviada, que pierde la bienaventuranza eterna, es una pérdida inestimable. Y sin embargo un acto temerario o una palabra irreflexiva de nuestra parte, puede ejercer una influencia tan profunda sobre la vida de otra persona, que resulte en la ruina de su alma. Una sola mancha en nuestro carácter puede desviar a muchos de Cristo.

A medida que la semilla sembrada produce una cosecha, y ésta a su vez se siembra, la mies se multiplica. Esta ley se cumple en nuestras relaciones con los demás. Cada acto, cada palabra, constituye una semilla que dará fruto. Cada acto de bondad reflexiva, de obediencia, de abnegación, se reproducirá en los demás, y por ellos en otros aún. Así también cada acto de envidia, malicia y disensión, es una semilla que producirá una "raíz de amargura" (Hebreos 12: 15), por la cual muchos serán contaminados. ¡Y cuánto mayor aún será el número de los que serán envenenados por esos muchos! Así prosigue para este tiempo y para la eternidad la siembra del bien y del mal.

CAPITULO 6

La División del Reino

Y DURMIO Salomón con sus padres, y fue sepultado en la ciudad de su padre David; y reinó en su lugar Roboam su hijo" (1 Reyes 11: 43).

Poco después de ascender al trono, Roboam fue a Siquem, donde esperaba recibir el reconocimiento formal de todas las tribus. "En Siquem se había reunido todo Israel para hacerlo rey" (2 Crónicas 10: 1).

Entre los presentes se contaba Jeroboam, hijo de Nabat, el mismo Jeroboam que durante el reinado de Salomón había sido conocido como "valiente y esforzado", y a quien el profeta silonita Ahías había dado este mensaje sorprendente: "He aquí que yo rompo el reino de la mano de Salomón, y a ti te daré diez tribus" (1 Reyes 11: 28, 31).

Por medio de su mensajero, el Señor había hablado claramente a Jeroboam acerca de la necesidad de dividir el reino. Esta división debía realizarse, había declarado: "por cuanto me han dejado, y han adorado a Astoret diosa de los sidonios, a Quemos dios de Moab, y a Moloc dios de los hijos de Amón; y no han andado en mis caminos para hacer lo recto delante de mis ojos, y mis estatutos y mis decretos, como hizo David su padre" (1 Reyes 11: 33).

Se le había indicado, además, a Jeroboam que el reino no debía dividirse antes que terminase el reinado de Salomón. El Señor había añadido: "Pero no quitaré nada del reino de sus manos, sino que lo retendré por rey todos los días de su vida, por amor a David mi siervo, al cual yo elegí, y quien guardó mis mandamientos y mis estatutos. Pero quitaré el reino de la mano de su hijo, y lo daré a ti, las diez tribus" (1 Reyes 11: 34, 35).

Aunque Salomón había anhelado preparar el ánimo de Roboam, elegido como sucesor suyo, para que pudiera afrontar con sabiduría la crisis predicha por el profeta de Dios, nunca había podido ejercer una influencia enérgica que modelara en favor del bien la mente de su hijo, cuya educación primera había sido muy descuidada. Roboam había recibido de su madre amonita la estampa de un carácter vacilante. Hubo veces cuando procuró servir a Dios, y se le otorgó cierta medida de prosperidad; pero no era firme, y al fin cedió a las influencias del mal que le habían rodeado desde la infancia. Los errores que cometió Roboam en su vida y su apostasía final revelan el resultado funesto que tuvo la unión de Salomón con mujeres idólatras.

Las tribus habían sufrido durante mucho tiempo graves perjuicios bajo las medidas opresivas de su gobernante anterior. El despilfarro cometido por Salomón durante su apostasía le había inducido a imponer al pueblo contribuciones gravosas y a exigirle muchos servicios. Antes de coronar a un nuevo gobernante, los dirigentes de las tribus resolvieron averiguar si el hijo de Salomón tenía o no el propósito de aliviar esas cargas. "Vino, pues, Jeroboam, y todo Israel, y hablaron a Roboam, diciendo: Tu padre agravó nuestro yugo; ahora alivia algo de la dura servidumbre y del pesado yugo con que tu padre nos apremió, y te serviremos".

Roboam quiso consultar a sus consejeros antes de trazar su conducta, y contestó: "Volved a mí de aquí a tres días. Y el pueblo se fue.

"Entonces el rey Roboam tomó consejo con los ancianos que habían estado delante de Salomón su padre cuando vivía, y les dijo: ¿Cómo aconsejáis vosotros que responda a este pueblo? Y ellos le contestaron diciendo: Si te condujeres humanamente con este pueblo, y les agradares, y les hablares buenas palabras, ellos te servirán siempre" (2 Crónicas 10: 3-7).

Desconforme, Roboam se volvió hacia los jóvenes con quienes había estado asociado durante su juventud y les preguntó: "¿Cómo aconsejáis vosotros que respondamos a este pueblo, que me ha hablado diciendo: Disminuye algo del yugo que tu padre puso sobre nosotros?" (1 Reyes 12: 9). Los jóvenes le aconsejaron que tratara severamente a los súbditos de su reino, y les hiciera comprender claramente desde el mismo principio que no estaba dispuesto a tolerar oposición alguna a sus deseos personales.

Halagado por la perspectiva de ejercer una autoridad suprema, Roboam decidió pasar por alto el consejo de los ancianos de su reino, y seguir el de los jóvenes. Así aconteció que el día señalado, cuando "vino Jeroboam con todo el pueblo a Roboam" para que les declarara qué conducta se proponía seguir, Roboam "respondió al pueblo duramente, ... diciendo: Mi padre agravó vuestro yugo, pero yo añadiré a vuestro yugo; mi padre os castigó con azotes, mas yo os castigaré con escorpiones" (1 Reyes 12: 12-14).

Si Roboam y sus inexpertos consejeros hubiesen comprendido la voluntad divina con referencia a Israel, habrían escuchado al pueblo cuando pidió reformas decididas en la administración del gobierno. Pero durante la hora oportuna, en la asamblea de Siquem, no razonaron de la causa al efecto, y así debilitaron para siempre su influencia sobre gran número del pueblo. La resolución que expresaron de perpetuar e intensificar la opresión iniciada durante el reinado de Salomón, estaba en conflicto directo con el plan de Dios para Israel, y dio al pueblo amplia ocasión de dudar de la sinceridad de sus motivos. En esa tentativa imprudente y cruel de ejercer el poder, el rey y los consejeros que eligió revelaron el orgullo que sentían por su puesto y su autoridad.

El Señor no permitió a Roboam que llevase a cabo su política. Entre las tribus había muchos millares a quienes habían irritado las medidas opresivas tomadas durante el reinado de Salomón, y les pareció que no podían hacer otra cosa que rebelarse contra la casa de David. "Cuando todo el pueblo vio que el rey no les había oído, le respondió estas palabras, diciendo: ¿Qué parte tenemos nosotros con David? No tenemos heredad en el hijo de Isaí. ¡Israel, a tus tiendas! ¡Provee ahora en tu casa, David! Entonces Israel se fue a sus tiendas" (1 Reyes 12: 16).

La brecha creada por el discurso temerario de Roboam resultó irreparable. Desde entonces las doce tribus de Israel quedaron divididas. La de Judá y la de Benjamín constituyeron el reino del sur, llamado de Judá, bajo el gobierno de Roboam; mientras que las diez tribus del norte formaron y sostuvieron un gobierno separado, conocido como reino de Israel, regido por Jeroboam. Así se cumplió la predicción del profeta concerniente a la división del reino. "Era designio de Jehová" (1 Reyes 12: 15).

Cuando Roboam vio que las diez tribus le negaban su obediencia, se sintió impulsado a actuar. Por medio de uno de los hombres influyentes de su reino, "Adoram, que estaba sobre los tributos", hizo un esfuerzo para reconciliarse con ellos. Pero el embajador de paz fue tratado en tal forma que demostró los sentimientos de quienes se oponían a Roboam. "Lo apedreó todo Israel, y murió". "El rey Roboam", asombrado por esta evidencia de lo grande que era la rebelión, "se apresuró a subirse en un carro y huir a Jerusalén" (1 Reyes 12: 18).

En Jerusalén, "Roboam ... reunió a toda la casa de Judá y a la tribu de Benjamín, ciento ochenta mil hombres, guerreros escogidos, con el fin de hacer guerra a la casa de Israel, y hacer volver el reino a Roboam hijo de Salomón. Pero vino palabra de Jehová a Semaías varón de Dios, diciendo: Habla a Roboam hijo de Salomón, rey de Judá, y a toda la casa de Judá y de Benjamín, y a los demás del pueblo, diciendo: Así ha dicho Jehová: No vayáis, ni peleéis contra vuestros hermanos los hijos de Israel; volveos cada uno a su casa, porque esto lo he hecho yo. Y ellos oyeron la palabra de Dios, y volvieron y se fueron, conforme a la palabra de Jehová" (1 Reyes 12: 21-24).

Durante tres años Roboam procuró sacar provecho del

triste experimento con que inició su reinado; y fue prosperado en este esfuerzo. "Edificó ciudades para fortificar a Judá… Reforzó también las fortalezas, y puso en ellas capitanes, y provisiones, vino y aceite… Las fortificó, pues, en gran manera" (2 Crónicas 11: 5, 11, 12). Pero el secreto de la prosperidad de Judá durante los primeros años del reinado de Roboam no estribaba en estas medidas. Se debía a que el pueblo reconocía a Dios como el Gobernante supremo, y esto ponía en terreno ventajoso a las tribus de Judá y Benjamín. A ellas se unieron muchos hombres temerosos de Dios que provenían de las tribus septentrionales. Nos dice el relato: "Tras aquéllos acudieron también de todas las tribus de Israel los que habían puesto su corazón en buscar a Jehová Dios de Israel; y vinieron a Jerusalén para ofrecer sacrificios a Jehová, el Dios de sus padres. Así fortalecieron el reino de Judá, y confirmaron a Roboam hijo de Salomón, por tres años; porque tres años anduvieron en el camino de David y de Salomón" (2 Crónicas 11: 16, 17).

En la continuación de esta política residía la oportunidad que tenía Roboam para redimir en gran medida los errores pasados y restaurar la confianza en su capacidad de gobernar con discreción. Pero la pluma inspirada nos ha dejado la triste constancia de que el sucesor de Salomón no ejerció una influencia enérgica en favor de la lealtad a Jehová. A pesar de ser por naturaleza de una voluntad fuerte y egoísta, lleno de fe en sí mismo y propenso a la idolatría, si hubiese puesto toda su confianza en Dios habría adquirido fuerza de carácter, fe constante y sumisión a los requerimientos divinos. Pero con el transcurso del tiempo, el rey puso su confianza en el poder de su cargo y en las fortalezas que había hecho. Poco a poco fue cediendo a las debilidades que había heredado, hasta poner su influencia por completo del lado de la idolatría. "Cuando Roboam había consolidado el reino, dejó la ley de Jehová, y todo Israel con él" (2 Crónicas 12: 1).

¡Cuán tristes y rebosantes de significado son las palabras "y todo Israel con él"! El pueblo al cual Dios había escogido para que se destacase como luz de las naciones circundantes, se apartaba de la Fuente de su fuerza y procuraba ser como las naciones que le rodeaban. Así como con Salomón, sucedió con Roboam: la influencia del mal ejemplo extravió a muchos. Y lo mismo sucede hoy en mayor o menor grado con todo aquel que se dedica a hacer el mal: no se limita al tal la influencia del mal proceder. Nadie vive para sí. Nadie perece solo en su iniquidad. Toda vida es una luz que alumbra y alegra la senda ajena, o una influencia sombría y desoladora que lleva hacia la desesperación y la ruina. Conducimos a otros hacia arriba, a la felicidad y la vida inmortal, o hacia abajo, a la tristeza y a la muerte eterna. Y si por nuestras acciones fortalecemos o ponemos en actividad las potencias que tienen para el mal los que nos rodean, compartimos su pecado.

Dios no permitió que la apostasía del gobernante de Judá quedase sin castigo. "En el quinto año del rey Roboam subió Sisac rey de Egipto contra Jerusalén, con mil doscientos carros, y con sesenta mil hombres de a caballo; mas el pueblo que venía con él de Egipto, … no tenía número. Y tomó las ciudades fortificadas de Judá, y llegó hasta Jerusalén.

"Entonces vino el profeta Semaías a Roboam y a los

príncipes de Judá, que estaban reunidos en Jerusalén por causa de Sisac, y les dijo: Así ha dicho Jehová: Vosotros me habéis dejado, y yo también os he dejado en manos de Sisac" (2 Crónicas 12: 2-5).

El pueblo no había llegado todavía a tales extremos de apostasía que despreciase los juicios de Dios. En las pérdidas ocasionadas por la invasión de Sisac, reconoció la mano de Dios, y por un tiempo se humilló. Declaró: "Justo es Jehová.

"Y cuando Jehová vio que se habían humillado, vino palabra de Jehová a Semaías, diciendo: Se han humillado; no los destruiré; antes los salvaré en breve, y no se derramará mi ira contra Jerusalén por mano de Sisac. Pero serán sus siervos, para que sepan lo que es servirme a mí, y qué es servir a los reinos de las naciones.

"Subió, pues, Sisac rey de Egipto a Jerusalén, y tomó los tesoros de la casa de Jehová, y los tesoros de la casa del rey; todo lo llevó, y tomó los escudos de oro que Salomón había hecho. Y en lugar de ellos hizo el rey Roboam escudos de bronce, y los entregó a los jefes de la guardia, los cuales custodiaban la entrada de la casa del rey... Y cuando él se humilló, la ira de Jehová se apartó de él, para no destruirlo del todo; y también en Judá las cosas fueron bien" (2 Crónicas 12: 6-12).

Pero cuando cesó la aflicción, y la nación volvió a prosperar, muchos olvidaron sus temores y cayeron de nuevo en la idolatría. Entre ellos se contaba el rey Roboam mismo. Aunque humillado por la calamidad que había caído sobre él, no hizo de ella un punto de retorno decisivo en su vida. Olvidando la lección que Dios había procurado enseñarle, volvió a caer en los pecados que habían atraído castigos sobre la nación. Después de algunos años sin gloria, durante los cuales el rey "hizo lo malo, porque no dispuso su corazón para buscar a Jehová, ... durmió Roboam con sus padres, y fue sepultado en la ciudad de David; y reinó en su lugar Abías su hijo" (2 Crónicas 12: 14, 16).

Con la división del reino al principio del reinado de Roboam, la gloria de Israel empezó a desvanecerse, y nunca se recobró plenamente. A veces, durante los siglos que siguieron, el trono de David fue ocupado por hombres dotados de valor moral y previsión, y bajo la dirección de estos soberanos las bendiciones que descendían sobre los hombres de Judá se extendían a las naciones circundantes. A veces el nombre de Jehová quedaba exaltado sobre todos los dioses falsos, y su ley era reverenciada. De vez en cuando, se levantaban profetas poderosos, para fortalecer las manos de los gobernantes, y alentar al pueblo a mantenerse fiel. Pero las semillas del mal que ya estaban brotando cuando Roboam ascendió al trono, no fueron nunca desarraigadas por completo; y hubo momentos cuando el pueblo que una vez fuera favorecido por Dios cayó tan bajo que llegó a ser ludibrio entre los paganos.

Sin embargo, a pesar de la perversidad de aquellos que se inclinaban a las prácticas idólatras, Dios estaba dispuesto en su misericordia a hacer cuanto estaba en su poder para salvar de la ruina completa al reino dividido. Y a medida que transcurrían los años, y su propósito concerniente a Israel parecía destinado a quedar completamente frustrado por los ardides de hombres inspirados por los agentes satánicos, siguió manifestando sus designios benéficos mediante el cautiverio y la restauración de la nación escogida.

La división del reino fue tan sólo el comienzo de una historia admirable, en la cual se revelan la longanimidad y la tierna misericordia de Dios. Desde el crisol de aflicción por el cual debían pasar por causa de sus tendencias al mal hereditarias y cultivadas, aquellos a quienes Dios estaba tratando de purificar para sí como pueblo propio, celoso para las buenas obras, iban a reconocer finalmente: "No hay semejante a ti, oh Jehová; grande eres tú, y grande tu nombre en poderío. ¿Quién no te temerá, oh Rey de las naciones?... Porque entre todos los sabios de las naciones y en todos sus reinos, no hay semejante a ti... Mas Jehová es el Dios verdadero; él es Dios vivo y Rey eterno" (Jeremías 10: 6, 7, 10).

Los adoradores de los ídolos aprenderían finalmente la lección de que los falsos dioses son impotentes para elevar y salvar a los seres humanos. "Los dioses que no hicieron los cielos ni la tierra, desaparezcan de la tierra y de debajo de los cielos" (vers. 11). Unicamente siendo fiel al Dios vivo, Creador y Gobernante de todos, es como puede el hombre hallar descanso y paz.

De común acuerdo, Israel y Judá, castigados y penitentes, iban a renovar al fin su pacto con Jehová de los ejércitos, el Dios de sus padres; acerca del cual iban a declarar:

> "El que hizo la tierra con su poder,
> el que puso en orden el mundo con su saber,
> y extendió los cielos con su sabiduría;
> a su voz se produce muchedumbre de aguas en el
> cielo,

y hace subir las nubes de lo postrero de la tierra;
hace relámpagos con la lluvia,
y saca el viento de sus depósitos.

"Todo hombre se embrutece, y le falta ciencia;
se avergüenza de su ídolo todo fundidor,
porque mentirosa es su obra de fundición,
y no hay espíritu en ella.
Vanidad son, obra vana;
al tiempo de su castigo perecerán.

"No es así la porción de Jacob;
porque él es el Hacedor de todo,
e Israel es la vara de su heredad;
Jehová de los ejércitos es su nombre"
(vers. 12-16).

CAPITULO 7

Jeroboam

JEROBOAM, quien antes fuera siervo de Salomón, después de que fue colocado sobre el trono por las diez tribus de Israel que se habían rebelado contra la casa de David, estuvo en capacidad de llevar a cabo sabias reformas en asuntos civiles y religiosos. En el gobierno de Salomón había demostrado buenas aptitudes y juicio seguro, de manera que el conocimiento que había adquirido durante los años de servicio fiel le habían preparado para gobernar con discreción. Pero Jeroboam no confió en Dios.

Su mayor temor era que en algún tiempo futuro los corazones de sus súbditos fuesen reconquistados por el gobernante que ocupaba el trono de David. Razonaba que si permitía a las diez tribus que visitaran a menudo la antigua sede de la monarquía judía, donde los servicios del templo se celebraban todavía como durante el reinado de Salomón, muchos se sentirían inclinados a renovar su lealtad al gobierno cuyo centro estaba en Jerusalén. Jeroboam consultó

Cuando el profeta se presentó delante de los adoradores paganos y condenó la idolatría, inmediatamente el altar "se rompió y se derramó la ceniza".

JOHN STEEL © PPPA

a sus consejeros, y resolvió reducir hasta donde fuese posible por un acto atrevido la probabilidad de una rebelión contra su gobierno. Lo iba a obtener creando dentro de los límites del nuevo reino dos centros de culto, uno en Bet-el y el otro en Dan. Se invitaría a las diez tribus a que se congregasen para adorar a Dios en esos lugares, en vez de hacerlo en Jerusalén.

Al ordenar este cambio, Jeroboam pensó apelar a la imaginación de los israelitas poniendo delante de ellos alguna representación visible que simbolizase la presencia del Dios invisible. Mandó, pues, hacer dos becerros de oro y los colocó en santuarios situados en los centros designados para el culto. Con este esfuerzo por representar la Divinidad, Jeroboam violó el claro mandamiento de Jehová: "No te harás imagen… No te inclinarás a ellas, ni las honrarás" (Exodo 20: 4, 5).

Tan intenso era el deseo que tenía Jeroboam de mantener a las diez tribus alejadas de Jerusalén, que no percibió la debilidad fundamental de su plan. No consideró el gran peligro al cual exponía a los israelitas cuando puso delante de ellos el símbolo idólatra de la Divinidad con que se habían familiarizado sus antepasados durante los siglos de servidumbre en Egipto. La estada reciente de Jeroboam en Egipto debiera haberle enseñado cuán insensato era poner delante del pueblo tales representaciones paganas. Pero su propósito firme de inducir a las tribus septentrionales a interrumpir sus visitas anuales a la ciudad santa, le impulsó a adoptar la más imprudente de las medidas. Declaró con insistencia: "Bastante habéis subido a Jerusalén; he aquí tus dioses, oh Israel, los cuales te hicieron subir de la tierra de

Egipto" (1 Reyes 12: 28). Así fue invitado el pueblo a postrarse delante de las imágenes de oro, y a adoptar formas extrañas de culto.

El rey procuró persuadir a los levitas, algunos de los cuales vivían dentro de su reino, a que sirviesen como sacerdotes de los recién erigidos altares de Bet-el y Dan; pero este esfuerzo suyo fracasó. Se vio, por lo tanto, obligado a elevar al sacerdocio hombres "de entre el pueblo" (1 Reyes 12: 31). Alarmados por las perspectivas, muchos de los fieles, inclusive un gran número de levitas, huyeron a Jerusalén, donde podían adorar en armonía con los requerimientos divinos.

"Entonces instituyó Jeroboam fiesta solemne en el mes octavo, a los quince días del mes, conforme a la fiesta solemne que se celebraba en Judá; y sacrificó sobre un altar. Así hizo en Bet-el, ofreciendo sacrificios a los becerros que había hecho. Ordenó también en Bet-el sacerdotes para los lugares altos que él había fabricado" (1 Reyes 12: 32).

El atrevido desafío que el rey dirigió a Dios al poner a un lado las instituciones divinamente establecidas, no quedó sin represión. Aun mientras oficiaba y quemaba incienso durante la dedicación del extraño altar que había levantado en Bet-el, se presentó ante él un hombre de Dios del reino de Judá, enviado para condenarle por su intento de introducir nuevas formas de culto. El profeta "clamó contra el altar ... y dijo: Altar, altar, así ha dicho Jehová: He aquí que a la casa de David nacerá un hijo llamado Josías, el cual sacrificará sobre ti a los sacerdotes de los lugares altos que queman sobre ti incienso, y sobre ti quemarán huesos de hombres.

99

"Y aquel mismo día dio una señal, diciendo: Esta es la señal de que Jehová ha hablado: he aquí que el altar se quebrará, y la ceniza que sobre él está se derramará". E inmediatamente el altar "se rompió, y se derramó la ceniza del altar, conforme a la señal que el varón de Dios había dado por palabra de Jehová" (1 Reyes 13: 2, 3, 5).

Al ver esto, Jeroboam se llenó de un espíritu de desafío contra Dios, e intentó hacer violencia a aquel que había comunicado el mensaje. "Extendiendo su mano desde el altar", clamó con ira: "¡Prendedle!" Su acto impetuoso fue castigado con presteza. La mano extendida contra el mensajero de Jehová quedó repentinamente inerte y desecada, de modo que no pudo retraerla.

Aterrorizado, el rey suplicó al profeta que intercediera con Dios en favor suyo. Solicitó: "Te pido que ruegues ante la presencia de Jehová tu Dios, y ores por mí, para que mi mano me sea restaurada. Y el varón de Dios oró a Jehová, y

la mano del rey se le restauró, y quedó como era antes" (1 Reyes 13: 4, 6).

Vano había sido el esfuerzo de Jeroboam por impartir solemnidad a la dedicación de un altar extraño, cuyo respeto habría hecho despreciar el culto de Jehová en el templo de Jerusalén. El mensaje del profeta debiera haber inducido al rey de Israel a arrepentirse y a renunciar a sus malos propósitos, que desviaban al pueblo de la adoración que debía tributar al Dios verdadero. Pero el rey endureció su corazón, y resolvió cumplir su propia voluntad.

Cuando se celebró aquella fiesta en Bet-el, el corazón de los israelitas no se había endurecido por completo. Muchos eran todavía susceptibles a la influencia del Espíritu Santo. El Señor quería que aquellos que se deslizaban rápidamente hacia la apostasía, fuesen detenidos en su carrera antes que fuese demasiado tarde. Envió a su mensajero para interrumpir el proceder idólatra y revelar al rey y al pueblo lo que sería el resultado de esta apostasía. La partición del altar indicó cuánto desagradaba a Dios la abominación que se estaba cometiendo en Israel.

El Señor procura salvar, no destruir. Se deleita en rescatar a los pecadores. "Vivo yo, dice Jehová el Señor, que no quiero la muerte del impío" (Ezequiel 33: 11). Mediante amonestaciones y súplicas, ruega a los extraviados que cesen de obrar mal, para retornar a él y vivir. Da a sus mensajeros escogidos una santa osadía, para que quienes los oigan teman y sean inducidos a arrepentirse. ¡Con cuánta firmeza reprendió al rey el hombre de Dios! Y esta firmeza era esencial; ya que de ninguna otra manera podían encararse los males existentes. El Señor dio audacia a su siervo, para que hiciese una impresión permanente en quienes le oyesen. Los mensajeros del Señor nunca deben temer los rostros humanos, sino que han de destacarse sin vacilar en apoyo de lo justo. Mientras ponen su confianza en Dios, no necesitan temer; porque el que los comisiona les asegura también su cuidado protector.

Habiendo entregado su mensaje, el profeta estaba por volverse, cuando Jeroboam le dijo: "Ven conmigo a casa, y comerás, y yo te daré un presente". El profeta contestó: "Aunque me dieras la mitad de tu casa, no iría contigo, ni comería pan ni bebería agua en este lugar. Porque así me está ordenado por palabra de Jehová, diciendo: No comas pan, ni bebas agua, ni regreses por el camino que fueres" (1 Reyes 13: 7-9).

Habría convenido al profeta perseverar en su propósito de regresar a Judea sin dilación. Mientras viajaba hacia su casa por otro camino, fue alcanzado por un anciano que se presentó como profeta y, mintiendo al varón de Dios, le declaró: "Yo también soy profeta como tú, y un ángel me ha hablado por palabra de Jehová, diciendo: Tráele contigo a tu casa, para que coma pan y beba agua". El hombre repitió su mentira una y otra vez e insistió en su invitación hasta persuadir al varón de Dios a que volviese.

Por el hecho de que el profeta verdadero se dejó inducir a seguir una conducta contraria a su deber, Dios permitió que sufriera el castigo de su transgresión. Mientras él y el hombre que le había invitado a regresar a Bet-el estaban sentados juntos a la mesa, la inspiración del Todopoderoso embargó al falso profeta, "y clamó al varón de Dios que había venido de Judá, diciendo: Así dijo Jehová: Por cuanto has sido rebelde al mandato de Jehová, y no guardaste el mandamiento que Jehová tu Dios te había prescrito, ... no entrará tu cuerpo en el sepulcro de tus padres" (1 Reyes 13: 18-22).

Esta profecía condenatoria no tardó en cumplirse literalmente. "Cuando había comido pan y bebido, el que le había hecho volver le ensilló el asno. Y yéndose, le topó un león en el camino, y le mató; y su cuerpo estaba echado en el camino, y el asno junto a él, y el león también junto al cuerpo. Y he aquí unos que pasaban, y vieron el cuerpo que estaba echado en el camino, ... y vinieron y lo dijeron en la ciudad donde el viejo profeta habitaba. Oyéndolo el profeta que le había hecho volver del camino, dijo: El varón de Dios es, que fue rebelde al mandato de Jehová" (1 Reyes 13: 23-26).

El castigo que sobrecogió al mensajero infiel fue una evidencia adicional de la verdad contenida en la profecía pronunciada contra el altar. Si, después que desobedeciera

a la palabra del Señor, se hubiese dejado al profeta seguir su viaje sano y salvo, el rey habría basado en este hecho una tentativa de justificar su propia desobediencia. En el altar partido, en el brazo paralizado, y en la terrible suerte de aquel que se había atrevido a desobedecer una orden expresa de Jehová, Jeroboam debiera haber discernido prestas manifestaciones del desagrado de un Dios ofendido, y estos castigos debieran haberle advertido que no debía persistir en su mal proceder. Pero, lejos de arrepentirse, Jeroboam "volvió a hacer sacerdotes de los lugares altos de entre el pueblo, y a quien quería lo consagraba para que fuese de los sacerdotes de los lugares altos". No sólo cometió así él mismo un pecado gravoso, sino que hizo "pecar a Israel", "y esto fue causa de pecado a la casa de Jeroboam, por lo cual fue cortada y raída de sobre la faz de la tierra" (1 Reyes 13: 33, 34; 14: 16).

Hacia el final de un reinado perturbado de veintidós años, Jeroboam sufrió una derrota desastrosa en la guerra con Abías, sucesor de Roboam. "Y nunca más tuvo Jeroboam poder en los días de Abías; y Jehová lo hirió, y murió" (2 Crónicas 13: 20).

La apostasía introducida durante el reinado de Jeroboam se fue haciendo cada vez más pronunciada, hasta que finalmente resultó en la destrucción completa del reino de Israel. Aun antes de la muerte de Jeroboam, Ahías, anciano profeta de Silo que muchos años antes había predicho la elevación de Jeroboam al trono, declaró: "Jehová sacudirá a Israel al modo que la caña se agita en las aguas; y él arrancará a Israel de esta buena tierra que había dado a sus padres, y los esparcirá más allá del Eufrates, por cuanto han hecho sus imágenes de Asera, enojando a Jehová. Y él entregará a Israel por los pecados de Jeroboam, el cual pecó, y ha hecho pecar a Israel" (1 Reyes 14: 15, 16).

Sin embargo, el Señor no abandonó a Israel sin hacer primero todo lo que podía hacerse para que volviera a serle fiel. A través de los largos y oscuros años durante los cuales un gobernante tras otro se destacaba en atrevido desafío del cielo y hundía cada vez más a Israel en la idolatría, Dios mandó mensaje tras mensaje a su pueblo apóstata. Mediante sus profetas, le dio toda oportunidad de detener la marea de la apostasía, y de regresar a él. Durante los años ulteriores a la división del reino, Elías y Eliseo iban a aparecer y trabajar, e iban a oírse en la tierra las tiernas súplicas de Oseas, Amós y Abdías. Nunca iba a ser dejado el reino de Israel sin nobles testigos del gran poder de Dios para salvar a los hombres del pecado. Aun en las horas más sombrías, algunos iban a permanecer fieles a su Gobernante divino, y en medio de la idolatría vivirían sin mancha a la vista de un Dios santo. Esos fieles se contaron entre el residuo de los buenos por medio de quienes iba a cumplirse finalmente el eterno propósito de Jehová.

CAPITULO 8

La Apostasía Nacional

DESDE la muerte de Jeroboam hasta el momento en que Elías compareció ante Acab, el pueblo de Israel sufrió una constante decadencia espiritual. Gobernada la nación por hombres que no temían a Jehová y que alentaban extrañas formas de culto, la mayor parte de ese pueblo fue olvidando rápidamente su deber de servir al Dios vivo, y adoptó muchas de las prácticas idólatras.

Nadab, hijo de Jeroboam, ocupó el trono de Israel tan sólo durante algunos meses. Su carrera dedicada al mal quedó repentinamente tronchada por una conspiración encabezada por Baasa, uno de sus generales, para alcanzar el dominio. Mataron a Nadab, con toda la parentela que podría haberle sucedido, "conforme a la palabra que Jehová habló por su siervo Ahías silonita; por los pecados que Jeroboam había cometido, y con los cuales hizo pecar a Israel" (1 Reyes 15: 29, 30).

Así pereció la casa de Jeroboam. El culto idólatra intro-

Acab, bajo la influencia y dirección de Jezabel, introdujo el culto a Baal en todo el reino de Israel.

107

ducido por él atrajo sobre los culpables ofensores los juicios retributivos del cielo; y sin embargo los gobernantes que siguieron: Baasa, Ela, Zimri y Omri, durante un plazo de casi cuarenta años, continuaron con la misma mala conducta fatal.

Durante la mayor parte de este tiempo de apostasía en Israel, Asa gobernaba en el reino de Judá. Durante muchos años "hizo Asa lo bueno y lo recto ante los ojos de Jehová su Dios. Porque quitó los altares del culto extraño, y los lugares altos; quebró las imágenes, y destruyó los símbolos de Asera; y mandó a Judá que buscase a Jehová el Dios de sus padres, y pusiese por obra la ley y sus mandamientos. Quitó asimismo de todas las ciudades de Judá los lugares altos y las imágenes; y estuvo el reino en paz bajo su reinado" (2 Crónicas 14: 2-5).

La fe de Asa se vio muy probada cuando "Zera etíope con un ejército de un millón de hombres y trescientos carros" (2 Crónicas 14: 9) invadió su reino. En esa crisis, Asa no confió en las "ciudades fortificadas" que había construido en Judá, con muros dotados de "torres, puertas y barras", ni en los "hombres diestros" (vers. 6-8). El rey confiaba en Jehová de los ejércitos, en cuyo nombre Israel había obtenido en tiempos pasados maravillosas liberaciones. Mientras disponía a sus fuerzas en orden de batalla, solicitó la ayuda de Dios.

Los ejércitos oponentes se hallaban frente a frente. Era un momento de prueba para los que servían al Señor. ¿Habían confesado todo pecado? ¿Tenían los hombres de Judá plena confianza en que el poder de Dios podía librarlos? En esto pensaban los caudillos. Desde todo punto de vista humano, el gran ejército de Egipto habría de arrasar cuanto se le opusiera. Pero en tiempo de paz, Asa no se había dedicado a las diversiones y al placer, sino que se había preparado para cualquier emergencia. Tenía un ejército adiestrado para el conflicto. Se había esforzado por inducir a su pueblo a hacer la paz con Dios, y llegado el momento, su fe en Aquel en quien confiaba no vaciló, aun cuando tenía menos soldados que el enemigo.

Habiendo buscado al Señor en los días de prosperidad, el rey podía confiar en él en el día de la adversidad. Sus peticiones demostraron que no desconocía el poder admirable de Dios. Dijo en su oración: "¡Oh Jehová, para ti no hay diferencia alguna en dar ayuda al poderoso o al que no tiene fuerzas! Ayúdanos, oh Jehová Dios nuestro, porque en ti nos apoyamos, y en tu nombre venimos contra este ejército. Oh Jehová, tú eres nuestro Dios; no prevalezca contra ti el hombre" (vers. 11).

La de Asa es una oración que bien puede elevar todo creyente cristiano. Estamos empeñados en una guerra, no contra carne ni sangre, sino contra principados y potestades, y contra malicias espirituales en lo alto. En el conflicto de la vida, debemos hacer frente a los agentes malos que se han desplegado contra la justicia. Nuestra esperanza no se concentra en el hombre, sino en el Dios vivo. Con la plena seguridad de la fe, podemos contar con que él unirá su omnipotencia a los esfuerzos de los instrumentos humanos, para gloria de su nombre. Revestidos de la armadura de su justicia, podemos obtener la victoria contra todo enemigo.

La fe del rey Asa quedó señaladamente recompensada. "Y Jehová deshizo a los etíopes delante de Asa y delante de

Judá; y huyeron los etíopes. Y Asa, y el pueblo que con él estaba, los persiguieron hasta Gerar; y cayeron los etíopes hasta no quedar en ellos aliento, porque fueron deshechos delante de Jehová y de su ejército" (vers. 12, 13).

Mientras los victoriosos ejércitos de Judá y Benjamín regresaban a Jerusalén, "vino el Espíritu de Dios sobre Azarías hijo de Obed, y salió al encuentro de Asa, y le dijo: Oídme, Asa y todo Judá y Benjamín: Jehová estará con vosotros, si vosotros estuviereis con él; y si le buscareis, será hallado de vosotros; mas si le dejareis, él también os dejará... Pero esforzaos vosotros, y no desfallezcan vuestras manos, pues hay recompensa para vuestra obra" (2 Crónicas 15: 1, 2, 7).

Muy alentado por estas palabras, Asa no tardó en iniciar una segunda reforma en Judá. "Quitó los ídolos abominables de toda la tierra de Judá y de Benjamín, y de las ciudades que él había tomado en la parte montañosa de Efraín; y reparó el altar de Jehová que estaba delante del pórtico de Jehová.

"Después reunió a todo Judá y Benjamín, y con ellos los forasteros de Efraín, de Manasés y de Simeón; porque muchos de Israel se habían pasado a él, viendo que Jehová su Dios estaba con él. Se reunieron, pues, en Jerusalén, en el mes tercero del año decimoquinto del reinado de Asa. Y en aquel mismo día sacrificaron para Jehová, del botín que habían traído, setecientos bueyes y siete mil ovejas. Entonces prometieron solemnemente que buscarían a Jehová el Dios de sus padres, de todo su corazón y de toda su alma... Y fue hallado de ellos; y Jehová les dio paz por todas partes" (vers. 8-12, 15).

Los largos anales de un servicio fiel prestado por Asa quedaron manchados por algunos errores cometidos en ocasiones en que no puso toda su confianza en Dios. Cuando, en cierta ocasión, el rey de Israel invadió el reino de Judá y se apoderó de Ramá, ciudad fortificada situada a tan sólo ocho kilómetros de Jerusalén, Asa procuró su liberación mediante una alianza con Ben-adad, rey de Siria. Esta falta de confianza en Dios solo en un momento de necesidad fue reprendida severamente por el profeta Hanani, quien se presentó delante de Asa con este mensaje:

"Por cuanto te has apoyado en el rey de Siria, y no te apoyaste en Jehová tu Dios, por eso el ejército del rey de Siria ha escapado de tus manos. Los etíopes y los libios, ¿no eran un ejército numerosísimo, con carros y mucha gente de a caballo? Con todo, porque te apoyaste en Jehová, él los entregó en tus manos. Porque los ojos de Jehová contem-

plan toda la tierra, para mostrar su poder a favor de los que tienen corazón perfecto para con él. Locamente has hecho en esto; porque de aquí en adelante habrá más guerra contra ti" (2 Crónicas 16: 7-9).

En vez de humillarse delante de Dios por haber cometido este error, "se enojó Asa contra el vidente y lo echó en la cárcel, porque se encolerizó grandemente a causa de esto. Y oprimió Asa en aquel tiempo a algunos del pueblo" (vers. 10).

"En el año treinta y nueve de su reinado, Asa enfermó gravemente de los pies, y en su enfermedad no buscó a Jehová, sino a los médicos" (vers. 12). El rey murió el cuadragésimo primer año de su reinado y le sucedió Josafat, su hijo.

Dos años antes de la muerte de Asa, Acab comenzó a gobernar en el reino de Israel. Desde el principio, su reinado quedó señalado por una apostasía extraña y terrible. Su padre, Omri, fundador de Samaria, "hizo lo malo ante los ojos de Jehová, e hizo peor que todos los que habían reinado antes de él" (1 Reyes 16: 25); pero los pecados de Acab fueron aún mayores. El hizo "más que todos los reyes de Israel que reinaron antes que él, para provocar la ira de Jehová Dios de Israel". Actuó como si le fuera "ligera cosa andar en los pecados de Jeroboam hijo de Nabat" (vers. 33, 31). No conformándose con el aliento que daba a las formas de culto religioso que se seguían en Bet-el y Dan, encabezó temerariamente al pueblo en el paganismo más grosero, y reemplazó el culto de Jehová por el de Baal.

Habiendo tomado por esposa a Jezabel, "hija de Et-baal rey de los sidonios" y sumo sacerdote de Baal, Acab "sirvió a

Baal, y lo adoró. E hizo altar a Baal, en el templo de Baal que él edificó en Samaria" (vers. 31, 32).

No sólo introdujo Acab el culto de Baal en la capital, sino que bajo la dirección de Jezabel erigió altares paganos en muchos "altos", donde, a la sombra de los bosquecillos circundantes, los sacerdotes y otros personajes relacionados con esta forma seductora de la idolatría ejercían su influencia funesta, hasta que casi todo Israel seguía en pos de Baal. "A la verdad ninguno fue como Acab, que se vendió para hacer lo malo ante los ojos de Jehová; porque Jezabel su mujer lo incitaba. El fue en gran manera abominable, caminando en pos de los ídolos, conforme a todo lo que hicieron los amorreos, a los cuales lanzó Jehová de delante de los hijos de Israel" (1 Reyes 21: 25, 26).

Acab carecía de fuerza moral. Su casamiento con una mujer idólatra, de un carácter decidido y temperamento positivo, fue desastroso para él y para la nación. Como no tenía principios ni elevada norma de conducta, su carácter fue modelado con facilidad por el espíritu resuelto de Jezabel. Su naturaleza egoísta no le permitía apreciar las misericordias de Dios para con Israel ni sus propias obligaciones como guardián y conductor del pueblo escogido.

Bajo la influencia agostadora del gobierno de Acab, Israel se alejó mucho del Dios vivo, y corrompió sus caminos delante de él. Durante muchos años, había estado perdiendo su sentido de reverencia y piadoso temor; y ahora parecía que no hubiese nadie capaz de exponer la vida en una oposición destacada a las blasfemias prevalecientes. La oscura sombra de la apostasía cubría todo el país. Por todas partes podían verse imágenes de Baal y Astarté. Se multiplicaban

113

los templos y los bosquecillos consagrados a los ídolos, y en ellos se adoraban las obras de manos humanas. El aire estaba contaminado por el humo de los sacrificios ofrecidos a los dioses falsos. Las colinas y los valles repercutían con los clamores de embriaguez emitidos por un sacerdocio pagano que ofrecía sacrificios al sol, la luna y las estrellas.

Mediante la influencia de Jezabel y sus sacerdotes impíos, se enseñaba al pueblo que los ídolos que se habían levantado eran divinidades que gobernaban por su poder místico los elementos de la tierra, el fuego y el agua. Todas las bendiciones del cielo: los arroyos y corrientes de aguas vivas, el suave rocío, las lluvias que refrescaban la tierra y hacían fructificar abundantemente los campos, se atribuían al favor de Baal y Astarté, en vez de atribuirse al Dador de todo don perfecto. El pueblo olvidaba que las colinas y los valles, los ríos y los manantiales, estaban en las manos del Dios vivo; y que éste regía el sol, las nubes del cielo y todos los poderes de la naturaleza.

Mediante mensajeros fieles, el Señor mandó repetidas amonestaciones al rey y al pueblo apóstatas; pero esas palabras de reprensión fueron inútiles. En vano insistieron los mensajeros inspirados en el derecho de Jehová como único Dios de Israel; en vano exaltaron las leyes que les había confiado. Cautivando por la ostentación de lujo y los ritos fascinantes de la idolatría, el pueblo seguía el ejemplo del rey y de su corte, y se entregaba a los placeres intoxicantes y degradantes de un culto sensual. En su ciega locura, prefirió rechazar a Dios y su culto. La luz que le había sido dada con tanta misericordia se había vuelto tinieblas. El oro fino se había empañado.

¡Ay! ¡Cuánto se había alejado la gloria de Israel! Nunca había caído tan bajo en la apostasía el pueblo escogido de Dios. Los "profetas de Baal" eran "cuatrocientos cincuenta", además de los "cuatrocientos profetas de Asera". Nada que no fuese el poder prodigioso de Dios podía preservar a la nación de una ruina absoluta. Israel se había separado voluntariamente de Jehová. Sin embargo, los anhelos compasivos del Señor seguían manifestándose en favor de aquellos que habían sido inducidos a pecar, y estaba él por mandarles uno de los más poderosos de sus profetas, uno por medio de quien muchos iban a ser reconquistados e inducidos a renovar su fidelidad al Dios de sus padres.

CAPITULO 9

Este capítulo está basado en 1 Reyes 17: 1-17.

Elías el Tisbita

ENTRE las montañas de Galaad, al oriente del Jordán, moraba en los días de Acab un hombre de fe y oración cuyo ministerio intrépido estaba destinado a detener la rápida extensión de la apostasía en Israel. Alejado de toda ciudad de renombre y sin ocupar un puesto elevado en la vida, Elías el tisbita inició sin embargo su misión confiando en el propósito que Dios tenía de preparar el camino delante de él y darle abundante éxito. La palabra de fe y de poder estaba en sus labios, y consagraba toda su vida a la obra de reforma. La suya era la voz de quien clama en el desierto para reprender el pecado y rechazar la marea del mal. Y aunque se presentó al pueblo para reprender el pecado, su mensaje ofrecía el bálsamo de Galaad a las almas enfermas de pecado que deseaban ser sanadas.

Mientras Elías veía a Israel hundirse cada vez más en la idolatría, su alma se angustiaba y se despertó su indignación. Dios había hecho grandes cosas para su pueblo. Lo había libertado de la esclavitud y le había dado "las tierras de las naciones, ... para que guardasen sus estatutos, y cumpliesen sus leyes" (Salmo 105: 44, 45). Pero los designios benéficos de Jehová habían quedado casi olvidados. La incredulidad iba separando rápidamente a la nación escogida de la Fuente de su fortaleza. Mientras consideraba esta apostasía desde su retiro en las montañas, Elías se sentía abrumado de pesar. Con angustia en el alma rogaba a Dios que detuviese en su impía carrera al pueblo una vez favorecido, que le enviase castigos si era necesario, para inducirlo a ver lo que realmente significaba su separación del cielo. Anhelaba verlo inducido al arrepentimiento antes de llegar en su mal proceder al punto de provocar tanto al Señor que lo destruyese por completo.

La oración de Elías fue contestada. Las súplicas, reprensiones y amonestaciones que habían sido repetidas a menudo no habían inducido a Israel a arrepentirse. Había llegado el momento en que Dios debía hablarle por medio de los castigos. Por cuanto los adoradores de Baal aseveraban que los tesoros del cielo, el rocío y la lluvia, no provenían de Jehová, sino de las fuerzas que regían la naturaleza, y que la tierra era enriquecida y hecha abundantemente fructífera mediante la energía creadora del sol, la maldición de Dios iba a descansar gravosamente sobre la tierra contaminada. Se iba a demostrar a las tribus apóstatas de Israel cuán insensato era confiar en el poder de Baal para obtener bendiciones temporales. Hasta que dichas tribus se volviesen a Dios arrepentidas y le reconociesen como fuente de toda bendición, no descendería rocío ni lluvia sobre la tierra.

A Elías fue confiada la misión de comunicar a Acab el mensaje relativo al juicio del cielo. El no procuró ser mensajero del Señor; la palabra del Señor le fue confiada. Y lleno de celo por el honor de la causa de Dios, no vaciló en obedecer la orden divina aun cuando obedecer era como buscar una presta destrucción a manos del rey impío. El profeta partió en seguida, y viajó día y noche hasta llegar a Samaria. No solicitó ser admitido en el palacio, ni aguardó que se le anunciara formalmente. Arropado con la burda vestimenta que solía cubrir a los profetas de aquel tiempo, pasó frente a la guardia, que aparentemente no se fijó en él, y se quedó un momento de pie frente al asombrado rey.

Elías no pidió disculpas por su abrupta aparición. Uno mayor que el gobernante de Israel le había comisionado para que hablase; y, alzando la mano hacia el cielo, afirmó solemnemente por el Dios viviente que los castigos del Altísimo estaban por caer sobre Israel. Declaró: "Vive Jehová Dios de Israel, en cuya presencia estoy, que no habrá lluvia ni rocío en estos años, sino por mi palabra".

Fue tan sólo por su fe poderosa en el poder infalible de la palabra de Dios como Elías entregó su mensaje. Si no le hubiese dominado una confianza implícita en Aquel a quien servía, nunca habría comparecido ante Acab. Mientras se dirigía a Samaria, Elías había pasado al lado de arroyos inagotables, colinas verdeantes, bosques imponentes que parecían inalcanzables para la sequía. Todo lo que veía estaba revestido de belleza. El profeta podría haberse preguntado cómo iban a secarse los arroyos que nunca habían cesado de fluir, y cómo podrían ser quemados por la sequía aquellos valles y colinas. Pero no dio cabida a la increduli-

A Elías, intrépido profeta de Jehová, le fue confiada la misión de entregar el mensaje celestial de condenación contra Acab.

dad. Creía firmemente que Dios iba a humillar al apóstata Israel, y que los castigos inducirían a éste a arrepentirse. El decreto del cielo había sido dado; la palabra de Dios no podía dejar de cumplirse; y con riesgo de su vida Elías cumplió valientemente su comisión. El anuncio del castigo inminente llegó a los oídos del rey impío como un rayo que cayera del cielo pero antes de que Acab se recobrase de su asombro o pronunciara una respuesta, Elías desapareció tan rápidamente como se había presentado, sin aguardar para ver el efecto de su mensaje. Y el Señor fue delante de él, allanándole el camino. Se le ordenó al profeta: "Apártate de aquí, y vuélvete al oriente, y escóndete en el arroyo de Querit, que está frente al Jordán. Beberás del arroyo; y yo he mandado a los cuervos que te den allí de comer".

El rey realizó diligentes investigaciones, pero no se pudo encontrar al profeta. La reina Jezabel, airada por el mensaje que los privaba a todos de los tesoros del cielo, consultó inmediatamente a los sacerdotes de Baal, quienes se unieron a ella para maldecir al profeta y para desafiar la ira de Jehová. Pero por mucho que desearan encontrar al que había anunciado la desgracia, estaban destinados a quedar burlados. Ni tampoco pudieron evitar que otros supieran de la sentencia pronunciada contra la apostasía. Se difundieron prestamente por todo el país las noticias de cómo Elías había denunciado los pecados de Israel y profetizado un castigo inminente. Algunos empezaron a temer, pero en general el mensaje celestial fue recibido con escarnio y ridículo.

Las palabras del profeta entraron en vigencia inmediatamente. Los que al principio se inclinaban a burlarse del pensamiento de que pudiese acaecer una calamidad, tuvieron pronto ocasión de reflexionar seriamente; porque después de algunos meses la tierra, al no ser refrigerada por el rocío ni la lluvia, se resecó y la vegetación se marchitó. Con el transcurso del tiempo empezó a reducirse el cauce de corrientes que nunca se habían agotado, y los arroyos comenzaron a secarse. Pero los caudillos instaron al pueblo a tener confianza en el poder de Baal, y a desechar las palabras ociosas de la profecía hecha por Elías. Los sacerdotes seguían insistiendo en que las lluvias caían por el poder de Baal. Recomendaban que no se temiese al Dios de Elías ni se temblase a su palabra, ya que Baal era quien producía las mieses en sazón, y proveía sustento para los hombres y los animales.

El mensaje que Dios mandó a Acab dio a Jezabel, a sus sacerdotes y a todos los adoradores de Baal y Astarté la oportunidad de probar el poder de sus dioses y demostrar, si ello era posible, que las palabras de Elías eran falsas. La profecía de éste se oponía sola a las palabras de seguridad que decían centenares de sacerdotes idólatras. Si, a pesar de la declaración del profeta, Baal podía seguir dando rocío y lluvia, para que los arroyos continuasen fluyendo y la vegetación floreciese, entonces el rey de Israel debía adorarlo y el pueblo declararle Dios.

Resueltos a mantener al pueblo engañado, los sacerdotes de Baal continuaron ofreciendo sacrificios a sus dioses, y a rogarles noche y día que refrescasen la tierra. Con costosas ofrendas, los sacerdotes procuraban apaciguar la ira de sus dioses; con una perseverancia y un celo dignos de una causa mejor, pasaban mucho tiempo en derredor de sus altares paganos y oraban fervorosamente por lluvia. Sus clamores y ruegos se oían noche tras noche por toda la tierra sentenciada. Pero no aparecían nubes en el cielo para interceptar de día los rayos ardientes del sol. No había lluvia ni rocío que refrescasen la tierra sedienta. Nada de lo que los sacerdotes de Baal pudiesen hacer cambiaba la palabra de Jehová.

Pasó un año, y aún no había llovido. La tierra parecía quemada como por fuego. El calor abrasador del sol destruyó la poca vegetación que había sobrevivido. Los arroyos se secaron, y los rebaños vagaban angustiados, mugiendo y balando. Campos que antes fueran florecientes quedaron como las ardientes arenas del desierto y ofrecían un aspecto desolador. Los bosquecillos dedicados al culto de los ídolos ya no tenían hojas; los árboles de los bosques, como lúgubres esqueletos de la naturaleza, ya no proporcionaban sombra. El aire reseco y sofocante levantaba a veces remolinos de polvo que enceguecían y casi cortaban el aliento. Ciudades y aldeas antes prósperas se habían transformado en lugares de luto y lamentos. El hambre y la sed hacían sus

estragos con terrible mortandad entre hombres y bestias. El hambre, con todos sus horrores, apretaba cada vez más.

Sin embargo, aun frente a estas evidencias del poder de Dios, Israel no se arrepentía, ni aprendía la lección que Dios quería que aprendiese. No veía que el que había creado la naturaleza controla sus leyes, y puede hacerlas instrumentos de bendición o de destrucción. Dominada por un corazón orgulloso y enamorada de su culto falso, la gente no quería humillarse bajo la poderosa mano de Dios, y empezó a buscar alguna otra causa a la cual pudiese atribuir sus sufrimientos.

Jezabel se negó en absoluto a reconocer la sequía como castigo enviado por Jehová. Inexorable en su resolución de desafiar al Dios del cielo, y acompañada en ello por casi todo Israel, denunció a Elías como causa de todos los sufrimientos. ¿No había testificado contra sus formas de culto? Sostenía que si se le pudiese eliminar, la ira de sus dioses quedaría apaciguada, y terminarían las dificultades.

Instado por la reina, Acab organizó una búsqueda muy diligente para descubrir el escondite del profeta. Envió mensajeros a las naciones circundantes, cercanas y lejanas, para encontrar al hombre a quien odiaba y temía. Y en su ansiedad porque la búsqueda fuese tan cabal como se pudiese hacerla, exigió a esos reinos y naciones que jurasen que no conocían el paradero del profeta. Pero la búsqueda fue en vano. El profeta estaba a salvo de la malicia del rey cuyos pecados habían atraído sobre la tierra el castigo de un Dios ofendido.

Frustrada en sus esfuerzos contra Elías, Jezabel resolvió vengarse matando a todos los profetas de Jehová que había en Israel. No debía dejarse a uno solo con vida. La mujer enfurecida hizo morir a muchos hijos de Dios; pero no perecieron todos. Abdías, gobernador de la casa de Acab, seguía fiel a Dios. "Tomó a cien profetas", y arriesgando su propia vida, los "escondió de cincuenta en cincuenta en cuevas, y los sustentó con pan y agua" (1 Reyes 18: 4).

Transcurrió el segundo año de escasez, y los cielos sin misericordia no daban señal de lluvia. La sequía y el hambre continuaban devastando todo el reino. Padres y madres, incapaces de aliviar los sufrimientos de sus hijos, se veían obligados a verlos morir. Sin embargo, los israelitas apóstatas se negaban a humillar su corazón delante de Dios, y continuaban murmurando contra el hombre cuya palabra había atraído sobre ellos estos juicios terribles. Parecían incapaces de discernir en su sufrimiento y angustia un llamamiento al arrepentimiento, una intervención divina para evitar que diesen el paso fatal que los pusiera fuera del alcance del perdón celestial.

La apostasía de Israel era un mal más espantoso que todos los multiplicados horrores del hambre. Dios estaba procurando librar al pueblo del engaño que sufría e inducirlo a comprender su responsabilidad ante Aquel a quien debía la vida y todas las cosas. Estaba procurando ayudarle a recobrar la fe que había perdido, y necesitaba imponerle una gran aflicción.

"¿Quiero yo la muerte del impío? dice Jehová el Señor. ¿No vivirá, si se apartare de sus caminos?... Echad de vosotros todas vuestras transgresiones con que habéis pecado, y haceos un corazón nuevo y un espíritu nuevo. ¿Por qué moriréis, casa de Israel? Porque no quiero la muerte del que muere, dice Jehová el Señor; convertíos, pues, y viviréis". "Volveos, volveos de vuestros malos caminos; ¿por qué moriréis, oh casa de Israel?" (Ezequiel 18: 23, 31, 32; 33: 11).

Dios había mandado a Israel mensajeros para suplicarle que volviese a su obediencia. Si hubiese escuchado estos llamamientos, si se hubiese apartado de Baal y regresado al Dios viviente, Elías no habría anunciado castigos. Pero las advertencias que podrían haber sido un sabor de vida para vida, habían resultado para ellos un sabor de muerte para muerte. Su orgullo había quedado herido; su ira despertada contra los mensajeros; y ahora consideraban con odio intenso al profeta Elías. Si hubiese caído en sus manos, con gusto lo habrían entregado a Jezabel, como si al silenciar su voz pudieran impedir que sus palabras se cumpliesen. Frente a la calamidad, se obstinaron en su idolatría. Así aumentaron la culpa que había atraído sobre la tierra los juicios del cielo.

Sólo había un remedio para el castigado Israel, y consistía en que se apartase de los pecados que habían atraído sobre él la mano castigadora del Todopoderoso, y que se volviese al Señor de todo su corazón. Se le había hecho esta promesa: "Si yo cerrare los cielos para que no haya lluvia, y si mandare a la langosta que consuma la tierra, o si enviare pestilencia a mi pueblo; si se humillare mi pueblo, sobre el cual mi nombre es invocado, y oraren, y buscaren mi rostro, y se convirtieren de sus malos caminos; entonces yo oiré desde los cielos, y perdonaré sus pecados, y sanaré su tierra" (2 Crónicas 7: 13, 14). Con el fin de obtener este resultado bienaventurado, Dios continuaba privándolos de rocío y lluvia hasta que se produjese una reforma decidida.

CAPITULO 10

Este capítulo está basado en 1 Reyes 17: 8-24; 18: 1-19.

Una Severa Reprensión

ELIAS permaneció escondido por un tiempo en las montañas donde corría el arroyo Querit. Durante muchos meses se le proveyó milagrosamente de alimento. Más tarde, cuando, debido a la prolongada sequía, se secó el arroyo, Dios ordenó a su siervo que hallase refugio en una tierra pagana. Le dijo: "Levántate, vete a Sarepta de Sidón, y mora allí; he aquí yo he dado orden allí a una mujer viuda que te sustente".

Esa mujer no era israelita. Nunca había gozado de los privilegios y bendiciones que había disfrutado el pueblo escogido por Dios; pero creía en el verdadero Dios, y había andado en toda la luz que resplandecía sobre su senda. De modo que cuando no hubo seguridad para Elías en la tierra de Israel, Dios le envió a aquella mujer para que hallase asilo en su casa.

"Entonces él se levantó y se fue a Sarepta. Y cuando llegó a la puerta de la ciudad, he aquí una mujer viuda que estaba allí recogiendo leña; y él la llamó, y le dijo: Te ruego

El rey y el profeta se encontraron frente a frente. Los devastadores efectos de la prolongada sequía se veían por todo el reino de Israel.

127

que me traigas un poco de agua en un vaso, para que beba. Y yendo ella para traérsela, él la volvió a llamar, y le dijo: Te ruego que me traigas también un bocado de pan en tu mano".

En ese hogar azotado por la pobreza, el hambre apremiaba; y la escasa pitanza parecía a punto de agotarse. La llegada de Elías en el mismo día en que la viuda temía verse obligada a renunciar a la lucha para sustentar su vida, probó hasta lo sumo la fe de ella en el poder del Dios viviente para proveerle lo que necesitaba. Pero aun en su extrema necesidad, reveló su fe cumpliendo la petición del forastero que solicitaba compartir con ella su último bocado.

En respuesta a la petición que le hacía Elías, de que le diera de comer y beber, la mujer dijo: "Vive Jehová tu Dios, que no tengo pan cocido; solamente un puñado de harina tengo en la tinaja, y un poco de aceite en una vasija; y ahora recogía dos leños, para entrar y prepararlo para mí y para mi hijo, para que lo comamos, y nos dejemos morir". Elías le contestó: "No tengas temor; ve, haz como has dicho; pero hazme a mí primero de ello una pequeña torta cocida debajo de la ceniza, y tráemela; y después harás para ti y para tu hijo. Porque Jehová Dios de Israel ha dicho así: La harina de la tinaja no escaseará, ni el aceite de la vasija disminuirá, hasta el día en que Jehová haga llover sobre la faz de la tierra".

No podría haberse exigido mayor prueba de fe. Hasta entonces la viuda había tratado a todos los forasteros con bondad y generosidad. En ese momento, sin tener en cuenta los sufrimientos que pudiesen resultar para ella y su hijo, y confiando en que el Dios de Israel supliría todas sus necesidades, dio esta prueba suprema de hospitalidad obrando "como le dijo Elías".

Admirable fue la hospitalidad manifestada al profeta de Dios por esta mujer fenicia, y admirablemente fueron recompensados su fe y generosidad. "Y comió él, y ella, y su casa, muchos días. Y la harina de la tinaja no escaseó, ni el aceite de la vasija menguó, conforme a la palabra que Jehová había dicho por Elías.

"Después de estas cosas aconteció que cayó enfermo el hijo del ama de la casa; y la enfermedad fue tan grave que no quedó en él aliento. Y ella dijo a Elías: ¿Qué tengo yo contigo, varón de Dios? ¿Has venido a mí para traer memoria mis iniquidades, y para hacer morir a mi hijo?

"El le dijo: Dame acá tu hijo. Entonces él lo tomó de su regazo, y lo llevó al aposento donde él estaba, y lo puso sobre su cama... Y se tendió sobre el niño tres veces, y clamó a Jehová... Y Jehová oyó la voz de Elías, y el alma del niño volvió a él, y revivió.

"Tomando luego Elías al niño, lo trajo del aposento a la casa, y lo dio a su madre, y le dijo Elías: Mira, tu hijo vive. Entonces la mujer dijo a Elías: Ahora conozco que tú eres varón de Dios, y que la palabra de Jehová es verdad en tu boca".

La viuda de Sarepta compartió su poco alimento con Elías; y en pago, fue preservada su vida y la de su hijo. Y a todos los que, en tiempo de prueba y escasez, dan simpatía y ayuda a otros más menesterosos, Dios ha prometido una gran bendición. El no ha cambiado. Su poder no es menor hoy que en los días de Elías. No es menos segura que cuando fue pronunciada por nuestro Salvador esta promesa: "El

129

que recibe a un profeta por cuanto es profeta, recompensa de profeta recibirá" (S. Mateo 10: 41).

"No os olvidéis de la hospitalidad, porque por ella algunos, sin saberlo, hospedaron ángeles" (Hebreos 13: 2). Estas palabras no han perdido fuerza con el transcurso del tiempo. Nuestro Padre celestial continúa poniendo en la senda de sus hijos oportunidades que son bendiciones disfrazadas; y aquellos que aprovechan esas oportunidades encuentran mucho gozo. "Si dieres tu pan al hambriento, y saciares al alma afligida, en las tinieblas nacerá tu luz, y tu oscuridad será como el mediodía. Jehová te pastoreará siempre, y en las sequías saciará tu alma, y dará vigor a tus huesos; y serás como huerto de riego, y como manantial de aguas, cuyas aguas nunca faltan" (Isaías 58: 10, 11).

A sus siervos fieles de hoy dice Cristo: "El que a vosotros recibe, a mí me recibe; y el que me recibe a mí, recibe al que me envió". Ningún acto de bondad realizado en su nombre dejará de ser reconocido y recompensado. En el mismo tierno reconocimiento incluye Cristo hasta los más humildes y débiles miembros de la familia de Dios. Dice él: "Cualquiera que dé a uno de estos pequeñitos un vaso de agua fría solamente —a los que son como niños en su fe y conocimiento de Cristo—, por cuanto es discípulo, de cierto os digo que no perderá su recompensa" (S. Mateo 10: 40, 42).

Durante los largos años de sequía y hambre, Elías rogó fervientemente que el corazón de Israel se tornase de la idolatría a la obediencia a Dios. Pacientemente aguardaba el profeta mientras que la mano del Señor apremiaba gravosamente la tierra castigada. Mientras veía multiplicarse por todos lados las manifestaciones de sufrimiento y escasez, su corazón se agobiaba de pena y suspiraba por el poder de provocar una presta reforma. Pero Dios mismo estaba cumpliendo su plan, y todo lo que su siervo podía hacer era seguir orando con fe y aguardar el momento de una acción decidida.

La apostasía que prevalecía en el tiempo de Acab era resultado de muchos años de mal proceder. Poco a poco, año tras año, Israel se había estado apartando del buen camino. Una generación tras otra había rehusado enderezar sus pasos, y al fin la gran mayoría del pueblo se había entregado a la dirección de las potestades de las tinieblas.

Había transcurrido más o menos un siglo desde que, bajo el gobierno del rey David, Israel había unido gozosamente sus voces para elevar himnos de alabanza al Altísimo en reconocimiento de las formas absolutas en que dependía de Dios por sus mercedes diarias. Podemos escuchar sus palabras de adoración mientras cantaban:

"Oh Dios de nuestra salvación, ...
tú haces alegrar las salidas de la mañana y de la
    tarde.
Visitas la tierra, y la riegas;
en gran manera la enriqueces;
con el río de Dios, lleno de aguas,
preparas el grano de ellos, cuando así la dispones.
Haces que se empapen sus surcos,
haces descender sus canales;
la ablandas con lluvias,
bendices sus renuevos.
Tú coronas el año con tus bienes,

y tus nubes destilan grosura.
Destilan sobre los pastizales del desierto,
y los collados se ciñen de alegría.
Se visten de manadas los llanos,
y los valles se cubren de grano;
dan voces de júbilo, y aun cantan"
(Salmo 65: 5, 8-13).

Israel había reconocido entonces a Dios como el que "fundó la tierra sobre sus cimientos". Al expresar su fe había elevado este canto:

"Con el abismo, como con vestido, la cubriste;
sobre los montes estaban las aguas.
A tu reprensión huyeron;
al sonido de tu trueno se apresuraron;
subieron los montes, descendieron los valles,
al lugar que tú les fundaste.
Les pusiste término, el cual no traspasarán,
ni volverán a cubrir la tierra" (Salmo 104: 6-9).

Es el gran poder del ser Infinito el que mantiene dentro de sus límites los elementos de la naturaleza en la tierra, el mar y el cielo. Y él usa estos elementos para dar felicidad a sus criaturas. Emplea liberalmente "su buen tesoro, el cielo, para enviar la lluvia" a la "tierra en su tiempo, y para bendecir toda obra" de las manos de los hombres (Deuteronomio 28: 12).

"Tú eres el que envía las fuentes por los arroyos;
van entre los montes;
dan de beber a todas las bestias del campo;
mitigan su sed los asnos monteses.

A sus orillas habitan las aves de los cielos;
cantan entre las ramas...
El hace producir el heno para las bestias,
y la hierba para el servicio del hombre,
sacando el pan de la tierra,
y el vino que alegra el corazón del hombre,
el aceite que hace brillar el rostro,
y el pan que sustenta la vida del hombre...

¡Cuán innumerables son tus obras, oh Jehová!
Hiciste todas ellas con sabiduría;
la tierra está llena de tus beneficios.
He allí el grande y anchuroso mar,
en donde se mueven seres innumerables,
seres pequeños y grandes...
Todos ellos esperan en ti,
para que les des su comida a su tiempo.
Les das, recogen;
abres tu mano, se sacian de bien"
(Salmo 104: 10-15, 24-28).

Israel había tenido abundantes ocasiones de regocijarse. La tierra a la cual el Señor le había llevado fluía leche y miel. Durante las peregrinaciones por el desierto, Dios le había asegurado que lo conducía a un país donde nunca necesitaría sufrir por falta de lluvia.

Esto era lo que le había dicho: "La tierra a la cual entras para tomarla no es como la tierra de Egipto de donde habéis salido, donde sembrabas tu semilla, y regabas con tu pie, como huerto de hortaliza. La tierra a la cual pasáis para tomarla es tierra de montes y de vegas, que bebe las aguas de la lluvia del cielo; tierra de la cual Jehová tu Dios cuida; siempre están sobre ella los ojos de Jehová tu Dios, desde el principio del año hasta el fin".

La promesa de una abundancia de lluvia les había sido dada a condición de que obedeciesen. El Señor había declarado: "Si obedeciereis cuidadosamente a mis mandamientos que yo os prescribo hoy, amando a Jehová vuestro Dios, y sirviéndole con todo vuestro corazón, y con toda vuestra alma, yo daré la lluvia de vuestra tierra a su tiempo, la temprana y la tardía; y recogerás tu grano, tu vino y tu aceite. Daré también hierba en tu campo para tus ganados; y comerás, y te saciarás.

"Guardaos, pues, que vuestro corazón no se infatúe, y os apartéis y sirváis a dioses ajenos, y os inclinéis a ellos; y se encienda el furor de Jehová sobre vosotros, y cierre los cielos, y no haya lluvia, ni la tierra dé su fruto, y perezcáis pronto de la buena tierra que os da Jehová" (Deuteronomio 11: 10-17).

Se había amonestado así a los israelitas:

"Pero acontecerá, si no oyeres la voz de Jehová tu Dios, para procurar cumplir todos sus mandamientos y sus estatutos…, los cielos que están sobre tu cabeza serán de bronce, y la tierra que está debajo de ti, de hierro. Dará Jehová por lluvia a tu tierra polvo y ceniza; de los cielos descenderán sobre ti hasta que perezcas" (Deuteronomio 28: 15, 23, 24).

Tales eran algunos de los sabios consejos que había dado Jehová al antiguo Israel. Había ordenado a su pueblo escogido: "Por tanto, pondréis estas mis palabras en vuestro corazón y en vuestra alma, y las ataréis por señal en vuestra mano, y serán por frontales entre vuestros ojos. Y las enseñaréis a vuestros hijos, hablando de ellas cuando te sientes en tu casa, cuando andes por el camino, cuando te acuestes, y cuando te levantes" (Deuteronomio 11: 18, 19).

Estas órdenes eran claras; sin embargo con el transcurso de los siglos, mientras una generación tras otra olvidaba las medidas tomadas para su bienestar espiritual, las influencias ruinosas de la apostasía amenazaban con arrasar toda barrera de la gracia divina.

Así era cómo había llegado a acontecer que Dios hiciera caer sobre su pueblo sus castigos más severos. La predicción de Elías recibía un cumplimiento terrible. Durante tres años, el mensajero que había anunciado la desgracia fue buscado de ciudad en ciudad y de nación en nación. A la orden de Acab, muchos gobernantes habían jurado por su honor que no podían encontrar en sus dominios al extraño profeta. Sin embargo, la búsqueda había continuado; porque Jezabel y los profetas de Baal aborrecían a Elías con odio mortal, y no escatimaban esfuerzo para apoderarse de él. Y mientras tanto no llovía.

Al fin, "pasados muchos días", esta palabra del Señor fue dirigida a Elías: "Ve, muéstrate a Acab, y yo haré llover sobre la faz de la tierra".

Obedeciendo a la orden, "fue, pues, Elías a mostrarse a Acab". Más o menos cuando el profeta emprendió su viaje a Samaria, Acab había propuesto a Abdías, gobernador de su casa, que hiciesen una cuidadosa búsqueda de los manantiales y arroyos, con la esperanza de hallar pasto para sus rebaños hambrientos. Aun en la corte real se hacía sentir agudamente el efecto de la larga sequía. El rey, muy preocupado por lo que esperaba a su casa, decidió unirse personalmente a su siervo en busca de algunos lugares favorecidos donde pudiese obtenerse pasto. "Y dividieron entre sí el país para recorrerlo; Acab fue por un camino, y Abdías fue separadamente por otro.

"Y yendo Abdías por el camino, se encontró con Elías; y cuando lo reconoció, se postró sobre su rostro y dijo: ¿No eres tú mi señor Elías?"

Durante la apostasía de Israel, Abdías había permanecido fiel. El rey, su señor, no había podido apartarle de su fidelidad al Dios viviente. Ahora fue honrado por la comisión que le dio Elías: "Ve, di a tu amo: Aquí está Elías".

Aterrorizado, Abdías exclamó: "¿En qué he pecado, para que entregues a tu siervo en mano de Acab para que me mate?" Llevar un mensaje tal a Acab era buscar una muerte segura. Explicó al profeta: "Vive Jehová tu Dios, que no ha habido nación ni reino adonde mi señor no haya enviado a buscarte, y todos han respondido: No está aquí; y a reinos y a naciones él ha hecho jurar que no te han hallado. ¿Y ahora tú dices: Ve, di a tu amo: Aquí está Elías?

Acontecerá que luego que yo me haya ido, el Espíritu de Jehová te llevará adonde yo no sepa, y al venir yo y dar las nuevas a Acab, al no hallarte él, me matará".

Con intenso fervor Abdías rogó al profeta que no le apremiara. Dijo: "Tu siervo teme a Jehová desde su juventud. ¿No ha sido dicho a mi señor lo que hice, cuando Jezabel mataba a los profetas de Jehová; que escondí a cien varones de los profetas de Jehová de cincuenta en cincuenta en cuevas, y los mantuve con pan y agua? ¿Y ahora dices tú: Ve, di a tu amo: Aquí está Elías; para que él me mate?"

Con solemne juramento Elías prometió a Abdías que su diligencia no sería en vano. Declaró: "Vive Jehová de los ejércitos, en cuya presencia estoy, que hoy me mostraré a él". Con esta seguridad, "Abdías fue a encontrarse con Acab, y le dio el aviso".

Con asombro mezclado de terror, el rey oyó el mensaje

enviado por el hombre a quién temía y aborrecía, a quien había buscado tan incansablemente. Bien sabía que Elías no expondría su vida con el simple propósito de encontrarse con él. ¿Sería posible que el profeta estuviese por proclamar otra desgracia contra Israel? El corazón del rey se sobrecogió de espanto. Recordó cómo se había desecado el brazo de Jeroboam. Acab no podía dejar de obedecer a la orden, ni se atrevía a alzar la mano contra el mensajero de Dios. De manera que, acompañado por una guardia de soldados, el tembloroso monarca se fue al encuentro del profeta.

Este y el rey se hallan por fin frente a frente. Aunque Acab rebosa de odio apasionado, en la presencia de Elías parece carecer de virilidad y de poder. En las primeras palabras que alcanza a balbucir: "¿Eres tú el que turbas a Israel?" revela inconscientemente los sentimientos más íntimos de su corazón. Acab sabía que se debía a la palabra de Dios que los cielos se hubiesen vuelto como bronce, y sin embargo procuraba culpar al profeta de los gravosos castigos que apremiaban la tierra.

Es natural que el que obra mal tenga a los mensajeros de Dios por responsables de las calamidades que son el seguro resultado que produce el desviarse del camino de la justicia. Los que se colocan bajo el poder de Satanás no pueden ver las cosas como Dios las ve. Cuando se los confronta con el espejo de la verdad, se indignan al pensar que son reprendidos. Cegados por el pecado, se niegan a arrepentirse; consideran que los siervos de Dios se han vuelto contra ellos, y que merecen la censura más severa.

De pie, y consciente de su inocencia delante de Acab, Elías no intenta disculparse ni halagar al rey. Tampoco procura eludir la ira del rey dándole la buena noticia de que la sequía casi terminó. No tiene por qué disculparse. Lleno de indignación y del ardiente anhelo de ver honrar a Dios, devuelve a Acab su imputación, declarando intrépidamente al rey que son *sus* pecados y los de *sus* padres, lo que atrajo sobre Israel esta terrible calamidad. "Yo no he turbado a Israel —asevera audazmente Elías—, sino tú y la casa de tu padre, dejando los mandamientos de Jehová, y siguiendo a los baales".

Hoy también es necesario que se eleve una reprensión severa; porque graves pecados han separado al pueblo de su Dios. La incredulidad se está poniendo de moda aceleradamente. Millares declaran: "No queremos que éste reine sobre nosotros" (S. Lucas 19: 14). Los suaves sermones que se predican con tanta frecuencia no hacen impresión duradera; la trompeta no deja oír un sonido certero. Los corazones de los hombres no son conmovidos por las claras y agudas verdades de la Palabra de Dios.

Muchos que aparentan que son cristianos dirían, si expresasen sus sentimientos verdaderos: ¿Qué necesidad hay de hablar con tanta claridad? Podrían preguntar también: ¿Qué necesidad tenía Juan el Bautista de decir a los fariseos: "¡Oh generación de víboras! ¿Quién os enseñó a huir de la ira venidera?" (S. Lucas 3: 7).

¿Había acaso alguna necesidad de que provocase la ira de Herodías diciendo a Herodes que era ilícito de su parte vivir con la esposa de su hermano? El precursor de Cristo perdió la vida por hablar con claridad. ¿Por qué no podría haber seguido él por su camino sin incurrir en el desagrado de los que vivían en el pecado?

Así han argüido hombres que debieran haberse destacado como fieles guardianes de la ley de Dios, hasta que la política de conveniencia reemplazó la fidelidad, y se dejó sin represión al pecado. ¿Cuándo volverá a oírse en la iglesia la voz de las represiones fieles?

"Tú eres aquel hombre" (2 Samuel 12: 7). Es muy raro que se oigan en los púlpitos modernos, o que se lean en la prensa pública, palabras tan inequívocas y claras como las dirigidas por Natán a David. Si no escasearan tanto, veríamos con más frecuencia manifestaciones del poder de Dios entre los hombres. Los mensajeros del Señor no deben quejarse de que sus esfuerzos permanecen sin fruto, si ellos mismos no se arrepienten de su amor por la aprobación, de su deseo de agradar a los hombres, que los induce a suprimir la verdad.

Los ministros que procuran agradar a los hombres, y claman: Paz, paz, cuando Dios no ha hablado de paz, debieran humillar su corazón delante del Señor, y pedirle perdón por su falta de sinceridad y de valor moral. No es el amor a su prójimo lo que los induce a suavizar el mensaje que se les ha confiado, sino el hecho de que procuran complacerse a sí mismos y aman su comodidad.

El verdadero amor se esfuerza en primer lugar por honrar a Dios y salvar las almas. Los que tengan este amor no eludirán la verdad para ahorrarse los resultados desagradables que pueda tener el hablar claro. Cuando las almas están en peligro, los ministros de Dios no se tendrán en cuenta a sí mismos, sino que pronunciarán las palabras que se les ordenó pronunciar, y se negarán a excusar el mal o hallarle paliativos.

¡Ojalá que cada ministro comprendiese cuán sagrado es su cargo y santa su obra, y revelase el mismo valor que manifestó Elías! Como mensajeros designados por Dios, los ministros ocupan puestos de tremenda responsabilidad. A cada uno de ellos le toca cumplir este consejo: "Reprende, exhorta con toda paciencia y doctrina" (2 Timoteo 4: 2). Deben trabajar en lugar de Cristo como dispensadores de los misterios del cielo, animando a los obedientes y amonestando a los desobedientes. Las políticas del mundo no deben tener peso para ellos. No deben desviarse de la senda por la cual Jesús les ha ordenado andar. Deben ir adelante con fe, recordando que los rodea una nube de testigos. No les toca pronunciar sus propias palabras, sino las que les ordenó decir Uno mayor que los potentados de la tierra. Su mensaje debe ser: "Así dijo Jehová". Dios llama a hombres como Elías, Natán y Juan el Bautista, hombres que darán su mensaje con fidelidad, sin tener en cuenta las consecuencias; hombres que dirán la verdad con valor, aun cuando ello exija el sacrificio de todo lo que tienen.

Dios no puede usar hombres que, en tiempo de peligro, cuando se necesita la fortaleza, el valor y la influencia de todos, temen decidirse firmemente por lo recto. Llama a hombres que pelearán fielmente contra lo malo, contra principados y potestades, contra los gobernantes de las tinieblas de este mundo, contra la impiedad espiritual de los encumbrados. A los tales dirigirá las palabras: "Bien, buen siervo y fiel; ... entra en el gozo de tu Señor" (S. Mateo 25: 23).

CAPITULO 11

Este capítulo está basado en 1 Reyes 18: 19-40.

Sobre el Monte Carmelo

ELIAS, de pie delante de Acab, exigió que todo Israel fuese congregado para presenciar su encuentro con los profetas de Baal y Astarté sobre el monte Carmelo. Ordenó: "Envía, pues, ahora y congrégame a todo Israel en el monte Carmelo, y los cuatrocientos cincuenta profetas de Baal, y los cuatrocientos profetas de Asera, que comen de la mesa de Jezabel".

La orden fue dada por alguien que parecía estar en la misma presencia de Jehová; y Acab obedeció en seguida, como si el profeta fuese el monarca, y el rey un súbdito. Se mandaron veloces mensajeros a todo el reino para ordenar a la gente que se encontrase con Elías y los profetas de Baal y Astarté. En toda ciudad y aldea, el pueblo se preparó para congregarse a la hora señalada. Mientras viajaban hacia el lugar designado, había en el corazón de muchos presentimientos extraños. Iba a suceder algo extraordinario; de lo contrario, ¿por qué se los convocaría en el Carmelo? ¿Qué nueva calamidad iba a caer sobre el pueblo y la tierra?

Antes de la sequía, el monte Carmelo había sido un lugar hermoso, cuyos arroyos eran alimentados por manantia-

Delante de la muchedumbre y de los sacerdotes de Baal, Elías exclamó con gran voz: "¿Hasta cuándo claudicaréis... entre dos pensamientos?"

143

les inagotables, y cuyas vertientes fértiles estaban cubiertas de hermosas flores y lozanos vergeles. Pero ahora su belleza languidecía bajo la maldición agostadora. Los altares erigidos para el culto de Baal y Astarté se destacaban ahora en bosquecillos deshojados. En la cumbre de una de las sierras más altas, en agudo contraste con aquéllos, se veía el derruido altar de Jehová.

El Carmelo dominaba una vasta extensión del país; sus alturas eran visibles desde muchos lugares del reino de Israel. Al pie de la montaña, había sitios ventajosos desde los cuales se podía ver mucho de lo que sucedía en las alturas. Dios había sido señaladamente deshonrado por el culto idólatra que se desarrollaba a la sombra de las laderas boscosas; y Elías eligió esta elevación como el lugar más adecuado para que se manifestase el poder de Dios y se vindicase el honor de su nombre.

El día fijado, temprano, las huestes del apóstata Israel, dominadas por la expectación, se reunieron cerca de la cumbre. Los profetas de Jezabel desfilaron imponentemente. El rey apareció con toda pompa, y ocupó su puesto a la cabeza de los sacerdotes entre los clamores de los idólatras que le daban la bienvenida. Estaban seguros de que se acercaba una gran crisis. Los dioses en que confiaban no habían podido demostrar que Elías era un falso profeta. Esos ídolos habían sido extrañamente indiferentes a sus gritos..., sus oraciones, sus lágrimas, su humillación, sus ceremonias repugnantes y sus sacrificios costosos y continuos.

Frente al rey Acab y a los falsos profetas, y rodeado por las huestes congregadas de Israel, estaba Elías de pie, el único que se había presentado para vindicar el honor de Jehová. Aquel a quien todo el reino culpaba de su desgracia se encontraba ahora delante de ellos, aparentemente indefenso en presencia del monarca de Israel, de los profetas de Baal, los hombres de guerra y los millares que le rodeaban. Pero Elías no estaba solo. Junto a él y en derredor de él estaban las huestes del cielo que le protegían, ángeles excelsos en fortaleza.

Sin avergonzarse ni aterrorizarse, el profeta permanecía de pie delante de la multitud, reconociendo plenamente el mandato que había recibido de ejecutar la orden divina. Iluminaba su rostro una pavorosa solemnidad. Con ansiosa expectación el pueblo aguardaba su palabra. Mirando primero el altar de Jehová, que estaba derribado, y luego a la multitud, Elías clamó con los tonos claros de una trompeta: "¿Hasta cuándo claudicaréis vosotros entre dos pensamientos? Si Jehová es Dios, seguidle; y si Baal, id en pos de él".

El pueblo no le respondió una sola palabra. Ni uno de la vasta asamblea se atrevió a manifestarse leal a Jehová. El engaño y la ceguera cubrían a Israel como oscura nube. Esta apostasía fatal no los había dominado repentina sino gradualmente, a medida que, en diversas ocasiones, habían desoído las palabras de amonestación y reproche que el Señor les enviaba. Cada apartamiento del bien hacer y cada negativa a arrepentirse, habían ahondado su culpa y apartado aún más del cielo. Y ahora, en esta crisis, persistían en no decidirse por Dios.

El Señor aborrece la indiferencia y la deslealtad en tiempo de crisis para su obra. Todo el universo contempla con interés indecible las escenas finales de la gran controversia entre el bien y el mal. Los hijos de Dios se están

145

acercando a las fronteras del mundo eterno; ¿qué podría resultar de más importancia para ellos que el ser leales al Dios del cielo? A través de los siglos, Dios ha tenido héroes morales; y los tiene ahora en aquellos que, como José, Elías y Daniel, no se avergüenzan de que se los reconozca como parte de su pueblo particular. La bendición especial de Dios acompaña las labores de los hombres de acción que no se dejan desviar de la línea recta ni del deber, sino que con energía divina preguntan: "¿Quién está por Jehová?" (Exodo 32: 26). Son hombres que no se conforman con hacer la pregunta, sino que piden a quienes decidan identificarse con el pueblo de Dios que se adelanten y revelen inequívocamente su fidelidad al Rey de reyes y Señor de señores. Tales hombres subordinan su voluntad y sus planes a la ley de Dios. Por amor hacia él, no consideran preciosa su vida. Su obra consiste en recibir la luz de la Palabra y dejarla resplandecer sobre el mundo en rayos claros y constantes. Su lema es ser fieles a Dios.

En el Carmelo, mientras Israel dudaba y vacilaba, la voz de Elías rompió de nuevo el silencio: "Sólo yo he quedado profeta de Jehová; mas de los profetas de Baal hay cuatrocientos cincuenta hombres. Dénsenos, pues, dos bueyes, y escojan ellos uno, y córtenlo en pedazos, y pónganlo sobre leña, pero no pongan fuego debajo; y yo prepararé el otro buey, y lo pondré sobre leña, y ningún fuego pondré debajo. Invocad luego vosotros el nombre de vuestros dioses, y yo invocaré el nombre de Jehová; y el Dios que respondiere por medio de fuego, ése sea Dios".

La propuesta de Elías era tan razonable que el pueblo no podía eludirla, de modo que tuvo valor para responder:

"Bien dicho". Los profetas de Baal no se atrevían a elevar la voz para disentir; y dirigiéndose a ellos, Elías les indicó: "Escogeos un buey, y preparadlo vosotros primero, pues que sois los más; e invocad el nombre de vuestros dioses, mas no pongáis fuego debajo".

Con apariencia de audacia y desafío, pero con terror en su corazón culpable, los falsos sacerdotes prepararon su altar, pusieron sobre él la leña y la víctima; y luego iniciaron sus encantamientos. Sus agudos clamores repercutían por los bosques y las alturas circunvecinas, mientras invocaban el nombre de su dios, diciendo: "¡Baal, respóndenos!" Los sacerdotes se reunieron en derredor del altar, y con saltos, contorsiones y gritos, tirándose el cabello e hiriéndose la carne, suplicaban a su dios que les ayudase.

Transcurrió la mañana, llegaron las doce, y todavía no se notaba que Baal oyera los clamores de sus seducidos

adeptos. Ninguna voz respondía a sus frenéticas oraciones. El sacrificio no era consumido.

Mientras continuaban sus frenéticas devociones, los astutos sacerdotes procuraban de continuo idear algún modo de encender fuego sobre el altar y de inducir al pueblo a creer que ese fuego provenía directamente de Baal. Pero Elías vigilaba cada uno de sus movimientos; y los sacerdotes, esperando contra toda esperanza que se les presentase alguna oportunidad de engañar a la gente, continuaban ejecutando sus ceremonias sin sentido.

"Y aconteció al mediodía, que Elías se burlaba de ellos, diciendo: Gritad en alta voz, porque dios es; quizá está meditando, o tiene algún trabajo, o va de camino; tal vez duerme, y hay que despertarle. Y ellos clamaban a grandes voces, y se sajaban con cuchillos y con lancetas conforme a su costumbre, hasta chorrear la sangre sobre ellos. Pasó el mediodía", y aunque "ellos siguieron gritando frenéticamente hasta la hora de ofrecerse el sacrificio,... no hubo ninguna voz, ni quien respondiese ni escuchase".

Gustosamente habría acudido Satanás en auxilio de aquellos a quienes había engañado, y que se consagraban a su servicio. Gustosamente habría mandado un relámpago para encender su sacrificio. Pero Jehová había puesto límites y restricciones a su poder, y ni aun todas las artimañas del enemigo podían hacer llegar una chispa al altar de Baal.

Por fin, enronquecidos por sus gritos, con ropas manchadas de sangre por las heridas que se habían infligido, los sacerdotes cayeron presa de la desesperación. Perseverando en su frenesí, empezaron a mezclar con sus súplicas terribles maldiciones para su dios, el sol, mientras Elías continuaba velando atentamente; porque sabía que si mediante cualquier ardid los sacerdotes lograban encender fuego sobre su altar, lo habrían desgarrado inmediatamente.

La tarde seguía avanzando. Los sacerdotes de Baal estaban ya cansados y confusos. Uno sugería una cosa, y otro sugería otra, hasta que finalmente cesaron en sus esfuerzos. Sus gritos y maldiciones ya no repercutían en el Carmelo. Desesperados, se retiraron de la contienda.

Durante todo el día el pueblo había presenciado las demostraciones de los sacerdotes frustrados. Había contemplado cómo saltaban desenfrenadamente en derredor del altar, como si quisieran asir los rayos ardientes del sol a fin de cumplir su propósito. Había mirado con horror las espantosas mutilaciones que se infligían, y había tenido oportunidad de reflexionar en las insensateces del culto a los ídolos. Muchos de los que formaban parte de la multitud estaban cansados de las manifestaciones demoníacas, y aguardaban ahora con el más profundo interés lo que iba a hacer Elías.

Ya era la hora del sacrificio de la tarde, y Elías invitó así al pueblo: "Acercaos a mí". Mientras se acercaban temblorosamente, se puso a reparar el altar frente al cual hubo una vez hombres que adoraban al Dios del cielo. Para él este montón de ruinas era más precioso que todos los magníficos altares del paganismo.

En la reconstrucción del viejo altar, Elías reveló su respeto por el pacto que el Señor había hecho con Israel cuando cruzó el Jordán para entrar en la tierra prometida. Escogiendo "Elías doce piedras, conforme al número de las tribus de los hijos de Jacob,... edificó con las piedras un altar en el nombre de Jehová".

Los derrotados sacerdotes de Baal, agotados por sus vanos esfuerzos, aguardaban para ver lo que iba a hacer Elías. Sentían odio hacia el profeta por haber propuesto una prueba que había revelado la debilidad e ineficacia de sus dioses; pero al mismo tiempo temían su poder. El pueblo, también temeroso, y en suspenso por la expectación, observaba mientras Elías continuaba sus preparativos. La calma del profeta resaltaba en agudo contraste con el frenético e insensato fanatismo de los partidarios de Baal.

Una vez reparado el altar, el profeta cavó una trinchera en derredor de él, y habiendo puesto la leña en orden y preparado el novillo, puso esa víctima sobre el altar, y ordenó al pueblo que regase con agua el sacrificio y el altar. Sus indicaciones fueron: "Llenad cuatro cántaros de agua, y derramadla sobre el holocausto y sobre la leña. Y dijo: Hacedlo otra vez; y otra vez lo hicieron. Dijo aún: Hacedlo la tercera vez; y lo hicieron la tercera vez, de manera que el agua corría alrededor del altar, y también se había llenado de agua la zanja".

Recordando al pueblo la larga apostasía que había despertado la ira de Jehová, Elías le invitó a humillar su corazón y a retornar al Dios de sus padres, a fin de que pudiese borrarse la maldición que descansaba sobre la tierra. Luego, postrándose reverentemente delante del Dios invisible, elevó las manos hacia el cielo y pronunció una sencilla oración. Desde temprano por la mañana hasta el atardecer, los sacerdotes de Baal habían lanzado gritos y espumarajos mientras daban saltos; pero mientras Elías oraba, no repercutieron gritos sobre las alturas del Carmelo. Oró como quien sabía que Jehová estaba allí, presenciando la escena y

Elías, el valiente profeta, vio su fe recompensada en medio de la crisis cuando Dios hizo descender fuego sobre el altar.

JOHN STEEL © PPPA

escuchando sus súplicas. Los profetas de Baal habían orado desenfrenada e incoherentemente. Elías rogó con sencillez y fervor a Dios que manifestase su superioridad sobre Baal, a fin de que Israel fuese inducido a regresar hacia él.

Dijo el profeta en su súplica: "Jehová Dios de Abrahán, de Isaac y de Israel, sea hoy manifiesto que tú eres Dios en Israel, y que yo soy tu siervo, y que por mandato tuyo he hecho todas estas cosas. Respóndeme, Jehová, respóndeme, para que conozca este pueblo que tú, oh Jehová, eres el Dios, y que tú vuelves a ti el corazón de ellos".

Sobre todos ... pesaba un silencio opresivo, solemne. Los sacerdotes de Baal temblaban de terror. Conscientes de su culpabilidad, veían llegar una presta retribución.

Apenas acabó Elías su oración, bajaron del cielo sobre el altar llamas de fuego, como brillantes relámpagos, y consumieron el sacrificio, evaporaron el agua de la trinchera y devoraron hasta las piedras del altar. El resplandor del fuego iluminó la montaña y deslumbró a la multitud. En los valles que se extendían más abajo, donde muchos observaban, suspensos de ansiedad, los movimientos de los que estaban en la altura, se vio claramente el descenso del fuego, y todos se quedaron asombrados por lo que veían. Era algo semejante a la columna de fuego que al lado del mar Rojo separó a los hijos de Israel de la hueste egipcia.

La gente que estaba sobre el monte se postró llena de pavor delante del Dios invisible. No se atrevía a continuar mirando el fuego enviado del cielo. Temía verse consumida. Convencidos de que era su deber reconocer al Dios de Elías como Dios de sus padres, al cual debían obedecer, gritaron a una voz: "¡Jehová es el Dios, Jehová es el Dios!" Con sorprendente claridad el clamor resonó por la montaña y repercutió por la llanura. Por fin Israel se despertaba, desengañado y penitente. Por fin el pueblo veía cuánto había deshonrado a Dios. Quedaba plenamente revelado el carácter del culto de Baal, en contraste con el culto racional exigido por el Dios verdadero. El pueblo reconoció la justicia y la misericordia que había manifestado Dios al privarlo de rocío y de lluvia hasta que confesara su nombre. Estaba ahora dispuesto a admitir que el Dios de Elías era superior a todo ídolo.

Los sacerdotes de Baal presenciaban consternados la maravillosa revelación del poder de Jehová. Sin embargo, aun en su derrota y en presencia de la gloria divina, rehusaron arrepentirse de su mal proceder. Querían seguir siendo los sacerdotes de Baal. Demostraron así que merecían ser destruidos. A fin de que el arrepentido pueblo de Israel se viese protegido de las seducciones de aquellos que le habían enseñado a adorar a Baal, el Señor indicó a Elías que destruyese a esos falsos maestros. La ira del pueblo ya había sido despertada contra los caudillos de la transgresión; y cuando Elías dio la orden: "Prended a los profetas de Baal, para que no escape ninguno", el pueblo estuvo listo para obedecer. Se apoderó de los sacerdotes, los llevó al arroyo Cisón y allí, antes que terminara el día que señalaba el comienzo de una reforma decidida, se dio muerte a los ministros de Baal. No se perdonó la vida a uno solo.

CAPITULO 12

De Jezreel a Horeb

UNA vez muertos los profetas de Baal, quedaba preparado el camino para realizar una poderosa reforma espiritual entre las diez tribus del reino del norte. Elías había presentado al pueblo su apostasía; lo había invitado a humillar su corazón y a volverse al Señor. Los juicios del cielo habían sido ejecutados; el pueblo había confesado sus pecados y había reconocido al Dios de sus padres como el Dios viviente; y ahora iba a retirarse la maldición del cielo y se renovarían las bendiciones temporales de la vida. La tierra iba a ser refrigerada por la lluvia. Elías dijo a Acab: "Sube, come y bebe; porque una lluvia grande se oye". Luego el profeta se fue a la cumbre del monte para orar.

El que Elías pudiese invitar confiadamente a Acab a que se preparase para la lluvia no se debía a que hubiese evidencias externas de que estaba por llover. El profeta no veía nubes en los cielos; ni oía truenos. Expresó simplemente las palabras que el Espíritu del Señor le movía a decir en respuesta a su propia fe poderosa. Durante todo el día había cumplido sin vacilar la voluntad de Dios, y había revelado su confianza implícita en las profecías de la palabra de Dios; y ahora, habiendo hecho todo lo que estaba a su alcance, sabía que el cielo otorgaría libremente las bendiciones predichas. El mismo Dios que había mandado la sequía había prometido abundancia de lluvia como recompensa del proceder correcto; y ahora Elías aguardaba que se derramase la lluvia prometida. En actitud humilde, "su rostro entre las rodillas", suplicó a Dios en favor del arrepentido Israel.

Vez tras vez, Elías mandó a su siervo a un lugar que dominaba el Mediterráneo, para saber si había alguna señal visible de que Dios había oído su oración. Cada vez volvió el siervo con la contestación: "No hay nada". El profeta no se impacientó ni perdió la fe, sino que continuó intercediendo con fervor. Seis veces el siervo volvió diciendo que no había señal de lluvia en los cielos que parecían de bronce. Sin desanimarse, Elías lo envió nuevamente; y esta vez el siervo regresó con la noticia: "Yo veo una pequeña nube como la palma de la mano de un hombre, que sube del mar".

Esto bastaba. Elías no aguardó que los cielos se ennegreciesen. En esa pequeña nube, vio por fe una lluvia abundante y de acuerdo a esa fe obró: mandó a su siervo que fuese prestamente a Acab con el mensaje: "Unce tu carro y desciende, para que la lluvia no te ataje".

Por el hecho de que Elías era hombre de mucha fe, Dios pudo usarlo en esta grave crisis de la historia de Israel. Mientras oraba, su fe se aferraba a las promesas del cielo; y perseveró en su oración hasta que sus peticiones fueron contestadas. No aguardó hasta tener la plena evidencia de que Dios le había oído, sino que estaba dispuesto a aventurarlo todo al notar la menor señal del favor divino. Y sin embargo lo que él pudo hacer bajo la dirección de Dios, todos pueden hacerlo en su esfera de actividad mientras sirven a Dios; porque acerca de ese profeta de las montañas de Galaad está escrito: "Elías era hombre sujeto a pasiones semejantes a las nuestras, y oró fervientemente para que no lloviese, y no llovió sobre la tierra por tres años y seis meses" (Santiago 5: 17).

Una fe tal es lo que se necesita en el mundo hoy, una fe que se aferre a las promesas de la palabra de Dios, y se niegue a renunciar a ellas antes que el cielo responda. Una fe tal nos relaciona estrechamente con el cielo, y nos imparte fuerza para luchar con las potestades de las tinieblas. Por la fe los hijos de Dios "conquistaron reinos, hicieron justicia, alcanzaron promesas, taparon bocas de leones, apagaron fuegos impetuosos, evitaron filo de espada, sacaron fuerzas de debilidad, se hicieron fuertes en batallas, pusieron en fuga ejércitos extranjeros" (Hebreos 11: 33, 34). Y por la fe hemos de llegar hoy a las alturas del propósito que Dios tiene para nosotros. "Si puedes creer, al que cree todo le es posible" (S. Marcos 9: 23).

La fe es un elemento esencial de la oración que prevalece. "Porque es necesario que el que se acerca a Dios crea que le hay, y que es galardonador de los que le buscan". "Si pedimos alguna cosa conforme a su voluntad, él nos oye. Y si sabemos que él nos oye en cualquiera cosa que pidamos, sabemos que tenemos las peticiones que le hayamos hecho" (Hebreos 11: 6; 1 Juan 5: 14, 15). Con la fe perseverante de

Jacob, con la persistencia inflexible de Elías, podemos presentar nuestras peticiones al Padre, solicitando todo lo que ha prometido. El honor de su trono está empeñado en el cumplimiento de su palabra.

Las sombras de la noche se estaban asentando en derredor del monte Carmelo cuando Acab se preparó para el descenso. "Y aconteció, estando en esto, que los cielos se oscurecieron con nubes y viento, y hubo una gran lluvia. Y subiendo Acab, vino a Jezreel". Mientras viajaba hacia la ciudad real a través de las tinieblas y de la lluvia enceguecedora, Acab no podía ver el camino delante de sí. Elías, quien, como profeta de Dios había humillado ese día a Acab delante de sus súbditos y dado muerte a sus sacerdotes idólatras, le reconocía sin embargo como rey de Israel; y ahora, como acto de homenaje, y fortalecido por el poder de Dios, corrió delante del carro real para guiar al rey hasta la entrada de la ciudad.

En este acto misericordioso del mensajero de Dios hacia

un rey impío, hay una lección para todos los que aseveran ser siervos de Dios, pero que se estiman muy encumbrados. Hay quienes se tienen por demasiado grandes para ejecutar deberes que consideran sin importancia. Vacilan en cumplir aun los servicios necesarios, temiendo que se los sorprenda haciendo trabajo de sirvientes. Los tales tienen que aprender del ejemplo de Elías. Por su palabra, la tierra había sido privada de los tesoros del cielo durante tres años; había sido muy honrado por Dios cuando, en respuesta a su oración en el Carmelo, el fuego había fulgurado del cielo y consumido el sacrificio; su mano había ejecutado el juicio de Dios al matar a los profetas idólatras; y su deseo había sido atendido cuando había pedido lluvia. Sin embargo, después de los excelsos triunfos con que Dios se había complacido en honrar su ministerio público, estaba dispuesto a cumplir el servicio de un criado.

Al llegar a la puerta de Jezreel, Elías y Acab se separaron. El profeta, prefiriendo permanecer fuera de la muralla, se envolvió en su manto y se acostó a dormir en el suelo. El rey, pasando adelante, llegó pronto al abrigo de su palacio, y allí relató a su esposa los maravillosos sucesos acontecidos ese día, así como la admirable revelación del poder divino que había probado a Israel que Jehová era el Dios verdadero, y Elías su mensajero escogido. Cuando Acab contó a la reina cómo habían muerto los profetas idólatras, Jezabel, endurecida e impenitente, se enfureció. Se negó a reconocer en los acontecimientos del Carmelo la predominante providencia de Dios y, empeñada en su desafío, declaró audazmente que Elías debía morir.

Esa noche un mensajero despertó al cansado profeta, y

le transmitió las palabras de Jezabel: "Así me hagan los dioses, y aun me añadan, si mañana a estas horas yo no he puesto tu persona como la de uno de ellos".

Parecía que después de haber manifestado valor tan indómito y de haber triunfado tan completamente sobre el rey, los sacerdotes y el pueblo, Elías ya no podría ceder al desaliento ni verse acobardado por la timidez. Pero el que había sido bendecido con tantas evidencias del cuidado amante de Dios, no estaba exento de las debilidades humanas, y en esa hora sombría le abandonaron su fe y su valor. Se despertó aturdido. Caía lluvia del cielo, y por todos lados había tinieblas. Olvidándose de que tres años antes, Dios había dirigido sus pasos hacia un lugar de refugio donde no le alcanzaron ni el odio de Jezabel ni la búsqueda de Acab, el profeta huyó para salvarse la vida. Llegando a Beerseba, "dejó allí a su criado. Y él se fue por el desierto un día de camino".

Elías no debería haber huido del puesto que le indicaba el deber, sino haber hecho frente a la amenaza de Jezabel suplicando la protección de Aquel que le había ordenado defender el honor de Jehová. Debiera haber dicho al mensajero que el Dios en quien confiaba lo protegería del odio de la reina. Sólo habían transcurrido algunas horas desde que había presenciado una maravillosa manifestación del poder divino, y esto debería haberle dado la seguridad de que no sería abandonado. Si hubiese permanecido donde estaba, si hubiese hecho de Dios su refugio y fortaleza y quedado firme por la verdad, habría sido protegido... El Señor le habría dado otra señalada victoria enviando sus castigos contra Jezabel; y la impresión que esto hubiera hecho en el rey y el pueblo habría realizado una gran reforma.

Elías había esperado mucho del milagro cumplido en el Carmelo. Había esperado que, después de esa manifestación del poder de Dios, Jezabel ya no influiría en el espíritu de Acab y que se produciría prestamente una reforma en todo Israel. Durante todo el día pasado en las alturas del Carmelo había trabajado sin alimentarse. Sin embargo, cuando guió el carro de Acab hasta la puerta de Jezreel, su valor era grande, a pesar del esfuerzo físico que había representado su labor.

Pero una reacción, como la que con frecuencia sigue a los momentos de mucha fe y de glorioso éxito, oprimía a Elías. Temía que la reforma iniciada en el Carmelo no durase; y la depresión se apoderó de él. Había sido exaltado a la cumbre del Pisga; ahora se hallaba en el valle. Mientras estaba bajo la inspiración del Todopoderoso, había soportado la prueba más severa de su fe; pero en el momento de desaliento, mientras repercutía en sus oídos la amenaza de Jezabel y Satanás prevalecía aparentemente en las maquinaciones de esa mujer impía, perdió su confianza en Dios. Había sido exaltado en forma extraordinaria, y la reacción fue tremenda. Olvidándose de Dios, Elías huyó hasta hallarse solo en un desierto deprimente. Completamente agotado, se sentó a descansar bajo un enebro. Sentado allí, rogó que se le dejase morir. Dijo: "Basta ya, oh Jehová, quítame la vida, pues no soy yo mejor que mis padres". Fugitivo, alejado de las moradas de los hombres, con el ánimo abrumado por una amarga desilusión, deseaba no volver a ver rostro humano alguno. Por fin, completamente agotado, se durmió.

A todos nos tocan a veces momentos de intensa desilusión y profundo desaliento, días en que nos embarga la tristeza y es difícil creer que Dios sigue siendo el bondadoso benefactor de sus hijos terrenales; días en que las dificultades acosan al alma, en que la muerte parece preferible a la vida. Entonces es cuando muchos pierden su confianza en Dios y caen en la esclavitud de la duda y la servidumbre de la incredulidad. Si en tales momentos pudiésemos discernir con percepción espiritual el significado de las providencias de Dios, veríamos ángeles que procuran salvarnos de nosotros mismos y luchan para asentar nuestros pies en un fundamento más firme que las colinas eternas; y nuestro ser se compenetraría de una nueva fe y una nueva vida.

En el día de su aflicción y tinieblas, el fiel Job había declarado:

"Perezca el día en que yo nací".
"¡Oh, que pesasen justamente mi queja y mi
    tormento,
y se alzasen igualmente en balanza!...
¡Quién me diera que viniese mi petición,
y que me otorgase Dios lo que anhelo,
y que agradara a Dios quebrantarme;
que soltara su mano, y acabara conmigo!
Sería aún mi consuelo"...

"Por tanto, no refrenaré mi boca;
hablaré en la angustia de mi espíritu,
y me quejaré con la amargura de mi alma...
Mi alma ... quiso la muerte más que mis huesos.
Abomino de mi vida; no he de vivir para siempre;

161

déjame, pues, porque mis días son vanidad"
(Job 3: 3; 6: 2, 8-10; 7: 11, 15, 16).

Pero aunque Job estaba cansado de la vida, no se le dejó morir. Le fueron recordadas las posibilidades futuras, y se le dirigió un mensaje de esperanza:

"Serás fuerte, y nada temerás;
y olvidarás tu miseria,
o te acordarás de ella como de aguas que pasaron.
La vida te será más clara que el mediodía;
aunque oscureciere, será como la mañana.
Tendrás confianza, porque hay esperanza...
Te acostarás, y no habrá quien te espante;
y muchos suplicarán tu favor.
Pero los ojos de los malos se consumirán,
y no tendrán refugio;
y su esperanza será dar su último suspiro"
(Job 11: 15-20).

Desde las profundidades del desaliento, Job se elevó a las alturas de la confianza implícita en la misericordia y el poder salvador de Dios. Declaró triunfantemente:

"He aquí, aunque él me matare, en él esperaré;...
y él mismo será mi salvación".
"Yo sé que mi Redentor vive,
y al fin se levantará sobre el polvo;
y después de deshecha esta mi piel,
en mi carne he de ver a Dios;
al cual veré por mí mismo,
y mis ojos lo verán, y no otro"
(Job 13: 15, 16; 19: 25-27).

Job, a pesar de sus pérdidas y sufrimiento,
desarrolló tal confianza en Dios que pudo decir:
"Aunque él me matare, en él esperaré".

"Respondió Jehová a Job desde un torbellino" (Job 38: 1), y reveló a su siervo la grandeza de su poder. Cuando Job alcanzó a vislumbrar a su Creador, se aborreció a sí mismo y se arrepintió en el polvo y la ceniza. Entonces el Señor pudo bendecirle abundantemente y hacer de modo que los últimos años de su vida fuesen los mejores.

La esperanza y el valor son esenciales para dar a Dios un servicio perfecto. Son el fruto de la fe. El abatimiento es pecaminoso e irracional. Dios puede y quiere dar "más abundantemente" (Hebreos 6: 17) a sus siervos la fuerza que necesitan para las pruebas. Los planes de los enemigos de su obra pueden parecer bien trazados y firmemente asentados; pero Dios puede anular los más enérgicos de ellos. Y lo hace cómo y cuándo quiere, a saber: cuando ve que la fe de sus siervos ha sido suficientemente probada.

Para los desalentados hay un remedio seguro en la fe, la oración y el trabajo. La fe y la actividad impartirán una seguridad y una satisfacción que aumentarán de día en día. ¿Estáis tentados a ceder a presentimientos ansiosos o al abatimiento absoluto? En los días más sombríos, cuando en apariencia hay más peligro, no temáis. Tened fe en Dios. El conoce vuestra necesidad. Tiene toda potestad. Su compasión y amor infinitos son incansables. No temáis que deje de cumplir su promesa. El es la verdad eterna. Nunca cambiará el pacto que hizo con los que le aman. Y otorgará a sus fieles siervos la medida de eficiencia que su necesidad exige. El apóstol Pablo atestiguó: "Me ha dicho: Bástate mi gracia; porque mi poder se perfecciona en la debilidad... Por lo cual, por amor a Cristo me gozo en las debilidades, en afrentas, en necesidades, en persecuciones, en angustias; porque cuando soy débil, entonces soy fuerte" (2 Corintios 12: 9, 10).

¿Desamparó Dios a Elías en su hora de prueba? ¡Oh, no! Amaba a su siervo Elías cuando se sentía abandonado de Dios y de los hombres, así como cuando, en respuesta a su oración, el fuego descendió del cielo e iluminó la cumbre de la montaña. Mientras Elías dormía, le despertaron un toque suave y una voz agradable. Se sobresaltó y, temiendo que el enemigo le hubiese descubierto, se dispuso a huir. Pero el rostro compasivo que se inclinaba sobre él no era el de un enemigo, sino de un amigo. Dios había mandado a un ángel del cielo para que alimentase a su siervo. "Levántate, come", dijo el ángel. "Entonces él miró, y he aquí a su cabecera una torta cocida sobre las ascuas, y una vasija de agua".

Después que Elías hubo comido el alimento preparado para él, se volvió a dormir. Por segunda vez, vino el ángel. Tocando al hombre agotado, dijo con compasiva ternura: "Levántate y come, porque largo camino te resta. Se levantó, pues, y comió y bebió"; y con la fuerza que le dio ese alimento pudo viajar "cuarenta días y cuarenta noches hasta Horeb, el monte de Dios", donde halló refugio en una cueva.

CAPITULO 13

Este capítulo está basado en 1 Reyes 19: 9-18.

"*¿Qué Haces Aquí?*"

AUNQUE el lugar del monte Horeb al cual Elías se había retirado era un sitio oculto para los hombres, era conocido por Dios; y el profeta, cansado y desalentado, no fue abandonado para que luchase solo con las potestades de las tinieblas que lo acosaban. En la entrada de la cueva donde Elías se había refugiado, Dios se encontró con él, por medio de un ángel poderoso enviado para que averiguase sus necesidades y le diese a conocer el propósito divino para con Israel.

Mientras Elías no aprendiese a confiar plenamente en Dios no podía completar su obra en favor de aquellos que habían sido seducidos hasta el punto de adorar a Baal. El triunfo señalado que había alcanzado en las alturas del Carmelo había preparado el camino para otras victorias aún mayores; pero la amenaza de Jezabel había desviado a Elías de las oportunidades admirables que se le presentaban. Era necesario hacer comprender al hombre de Dios la debilidad de su posición actual en comparación con el terreno ventajoso que el Señor quería que ocupase.

Elías se paró frente a la entrada de la cueva, y, en medio del fuego, el viento y el terremoto, esperó hasta oír la promesa de Dios.

167

Dios preguntó a su siervo: "¿Qué haces aquí, Elías?" Te mandé al arroyo Querit, y después a la viuda de Sarepta. Te ordené que volvieses a Israel y te presentases ante los sacerdotes idólatras en el monte Carmelo; luego te doté de fortaleza para guiar el carro del rey hasta la puerta de Jezreel. Pero ¿quién te mandó huir apresuradamente al desierto? ¿Qué tienes que hacer aquí?

Con amargura en el alma, Elías exhaló su queja: "He sentido un vivo celo por Jehová Dios de los ejércitos; porque los hijos de Israel han dejado tu pacto, han derribado tus altares, y han matado a espada a tus profetas; y sólo yo he quedado, y me buscan para quitarme la vida".

Invitando al profeta a salir de la cueva, el ángel le ordenó que se pusiera de pie delante del Señor en la montaña, y escuchase su palabra. "Y he aquí Jehová que pasaba, y un grande y poderoso viento que rompía los montes, y quebraba las peñas delante de Jehová; pero Jehová no estaba en el viento. Y tras el viento un terremoto; pero Jehová no estaba en el terremoto. Y tras el terremoto un fuego; pero Jehová no estaba en el fuego. Y tras el fuego un silbo apacible y delicado. Y cuando lo oyó Elías, cubrió su rostro con su manto, y salió, y se puso a la puerta de la cueva".

No fue mediante grandes manifestaciones del poder divino, sino por "un silbo apacible", como Dios prefirió revelarse a su siervo. Deseaba enseñar a Elías que no es siempre la obra que se realiza con la mayor demostración la que tiene más éxito para cumplir su propósito. Mientras Elías aguardaba la revelación del Señor, rugió una tempestad, fulguraron los relámpagos, y pasó un fuego devorador; pero Dios no estaba en todo eso. Luego se oyó una queda vocecita, y el profeta se cubrió la cabeza en la presencia del Señor. Su impaciencia quedó acallada; su espíritu, enternecido y subyugado. Sabía ahora que una tranquila confianza y el apoyarse firmemente en Dios le proporcionarían siempre ayuda en tiempo de necesidad.

No es siempre la presentación más sabia de la verdad de Dios la que convence y convierte al alma. Los corazones de los hombres no son alcanzados por la elocuencia ni la lógica, sino por las dulces influencias del Espíritu Santo que obra quedamente, y sin embargo en forma segura, para transformar y desarrollar el carácter. Es la suave vocecita del Espíritu de Dios la que puede cambiar el corazón.

"¿Qué haces aquí, Elías?" preguntó la voz; y nuevamente el profeta contestó: "He sentido un vivo celo por Jehová Dios de los ejércitos; porque los hijos de Israel han dejado tu pacto, han derribado tus altares, y han matado a espada a tus profetas; y sólo yo he quedado, y me buscan para quitarme la vida".

El Señor respondió a Elías que los que obraban mal en Israel no quedarían sin castigo. Iban a ser escogidos especialmente hombres que cumplirían el propósito divino de castigar al reino idólatra. Debía realizarse una obra severa, para que todos tuviesen oportunidad de colocarse de parte del Dios verdadero. Elías mismo debía regresar a Israel, y compartir con otros la carga de producir una reforma.

El Señor ordenó a Elías: "Ve, vuélvete por tu camino, por el desierto de Damasco; y llegarás, y ungirás a Hazael por rey de Siria. A Jehú hijo de Nimsi ungirás por rey sobre Israel; y a Eliseo hijo de Safat, de Abel-mehola, ungirás para que sea profeta en tu lugar. Y el que escapare de la espada de Hazael, Jehú lo matará; y el que escapare de la espada de Jehú, Eliseo lo matará".

Elías pensaba que él era el único que adoraba al verdadero Dios en Israel; pero el que lee en todos los corazones reveló al profeta que eran muchos los que a través de los largos años de apostasía le habían permanecido fieles. Dijo Dios: "Yo haré que queden en Israel siete mil, cuyas rodillas no se doblaron ante Baal, y cuyas bocas no lo besaron".

Son muchas las lecciones que se pueden sacar de lo que experimentó Elías durante aquellos días de desaliento y derrota aparente, y son lecciones inestimables para los siervos de Dios en esta época, que se distingue por una desviación general de lo correcto. La apostasía que prevalece hoy es similar a la que se extendió en Israel en tiempos del profeta. Multitudes siguen hoy a Baal al elevar lo humano sobre lo divino, al alabar a los dirigentes populares, al rendir culto a Mamón (*las riquezas*) y al colocar las enseñanzas de la ciencia sobre las verdades de la revelación. La duda e incredulidad están ejerciendo su influencia nefasta sobre las mentes y los corazones, y muchos están reemplazando los oráculos de Dios por las teorías de los hombres. Se enseña públicamente que ... la razón humana debe ser elevada [ahora] por sobre las enseñanzas de la Palabra. La ley de Dios, divina norma de la justicia, se declara anulada. El enemigo de toda verdad está obrando con poder engañoso para inducir a hombres y mujeres a poner las instituciones humanas donde Dios debiera estar, y a olvidar lo que fue ordenado para la felicidad y salvación de la humanidad.

Sin embargo, esta apostasía, por extensa que sea, no es universal. No todos los habitantes del mundo son inicuos y pecaminosos; no todos se han decidido en favor del enemigo. Dios tiene a muchos millares que no han doblado la rodilla ante Baal, que anhelan comprender más plenamente lo que se refiere a Cristo y a la ley, muchos que esperan contra toda esperanza que Jesús vendrá pronto para acabar con el reinado del pecado y de la muerte. Y son muchos los que han estado adorando a Baal por ignorancia, pero con los cuales el Espíritu de Dios sigue luchando.

Los tales necesitan la ayuda personal de quienes han aprendido a conocer a Dios y el poder de su palabra. En un tiempo como éste, cada hijo de Dios debe dedicarse activamente a ayudar a otros. Mientras los que comprenden la verdad bíblica procuren encontrar a los hombres y mujeres que anhelan luz, los ángeles de Dios los acompañarán. Y donde vayan los ángeles, nadie necesita temer avanzar. Como resultado de los esfuerzos fieles de obreros consagrados, muchos serán desviados de la idolatría al culto del Dios viviente. Muchos cesarán de tributar homenaje a las instituciones humanas, y se pondrán intrépidamente de parte de Dios y de su ley.

Mucho depende de la actividad incesante de los que son fieles y leales; y por esta razón Satanás hace cuanto puede para impedir que el propósito divino sea realizado mediante los obedientes. Induce a algunos a olvidar su alta y santa misión y a hallar satisfacción en los placeres de esta vida. Los mueve a buscar la comodidad, o a dejar los lugares donde podrían ser una potencia para el bien y a preferir los que les ofrezcan mayores ventajas mundanales. A otros los induce a huir de su deber, desalentados por la oposición o la persecución. Pero los tales son considerados por el cielo con

171

el más tierno amor. A todo hijo de Dios cuya voz el enemigo de las almas ha logrado silenciar, se le pregunta: "¿Qué haces aquí?" Te ordené que fueras a todo el mundo y predicaras el Evangelio, a fin de preparar a un pueblo para el día de Dios. ¿Por qué estás aquí? ¿Quién te envió?

El gozo propuesto a Cristo, el que le sostuvo a través de sacrificios y sufrimientos, fue el gozo de ver pecadores salvados. Debe ser el de todo aquel que le siga, el blanco de su ambición. Los que comprendan, siquiera en un grado limitado, lo que la redención significa para ellos y sus semejantes, entenderán en cierta medida las vastas necesidades de la humanidad. Sus corazones serán movidos a compasión al ver la indigencia moral y espiritual de millares que están bajo la sombra de una condenación terrible, frente a la cual los sufrimientos físicos resultan insignificantes.

A las familias, tanto como a los individuos, se pregunta: "¿Qué haces aquí?" En muchas iglesias hay familias bien instruidas en las verdades de la Palabra de Dios, que podrían ampliar la esfera de su influencia trasladándose a lugares donde se necesita el ministerio que ellas son capaces de cumplir. Dios invita a las familias cristianas para que vayan a los lugares oscuros de la tierra, a trabajar sabia y perseverantemente en favor de aquellos que están rodeados de lobreguez espiritual. Para contestar a este llamamiento se requiere abnegación. Mientras que muchos aguardan que todo obstáculo sea eliminado, hay almas que mueren sin esperanza y sin Dios. Por amor a las ventajas mundanales, o con el fin de adquirir conocimientos científicos, hay hombres que están dispuestos a aventurarse en regiones pestilentes, y a soportar penurias y privaciones. ¿Dónde están los que quieran hacer lo mismo por el afán de hablar a otros del Salvador?

Si, en circunstancias penosas, hombres de poder espiritual, apremiados más de lo que pueden soportar, se desalientan y abaten; si a veces no ven nada deseable en la vida, esto no es cosa extraña o nueva. Recuerden los tales que uno de los profetas más poderosos huyó por su vida ante la ira de una mujer enfurecida. Fugitivo, cansado y agobiado por el viaje, con el ánimo abatido por la cruel desilusión, solicitó que se le dejase morir. Pero cuando su esperanza había desaparecido y la obra de su vida se veía amenazada por la derrota, fue cuando aprendió una de las lecciones más preciosas de su vida. En la hora de su mayor flaqueza conoció la necesidad y la posibilidad de confiar en Dios en las circunstancias más severas.

Los que, mientras dedican las energías de su vida a una labor abnegada, se sienten tentados a ceder al abatimiento y la desconfianza, pueden cobrar valor de lo que experimentó Elías. El cuidado vigilante de Dios, su amor y su poder se manifiestan en forma especial para favorecer a sus siervos cuyo celo no es comprendido ni apreciado, cuyos consejos y reprensiones se desprecian y cuyos esfuerzos por las reformas se retribuyen con odio y oposición.

Es en el momento de mayor debilidad cuando Satanás asalta al alma con sus más fieras tentaciones. Así fue como esperó prevalecer contra el Hijo de Dios; porque por este método había obtenido muchas victorias sobre los hombres. Cuando la fuerza de voluntad flaqueaba y faltaba la fe, entonces los que se habían destacado durante mucho tiempo y con valor por el bien, cedían a la tentación. Moisés, cansa-

173

do por cuarenta años de peregrinación e incredulidad, perdió por un momento su confianza en el Poder infinito. Fracasó precisamente en los lindes de la tierra prometida. Así también fue con Elías. El que había mantenido su confianza en Jehová a través de los años de sequía y hambre; el que había estado intrépidamente frente a Acab; el que durante el día de prueba había estado en el Carmelo delante de toda la nación como único testigo del Dios verdadero, en un momento de cansancio permitió que el temor de la muerte venciese su fe en Dios.

Y así sucede hoy. Cuando estamos rodeados de dudas y las circunstancias nos dejan perplejos, o nos afligen la pobreza y la angustia, Satanás procura hacer vacilar nuestra confianza en Jehová. Entonces es cuando despliega delante de nosotros nuestros errores y nos tienta a desconfiar de Dios, a poner en duda su amor. Así espera desalentar al alma, y separarnos de Dios.

Los que, destacándose en el frente del conflicto, se sienten impulsados por el Espíritu de Dios a hacer una obra especial, experimentarán con frecuencia una reacción cuando cese la presión. El abatimiento puede hacer vacilar la fe más heroica y debilitar la voluntad más firme. Pero Dios comprende, y sigue manifestando compasión y amor. Lee los motivos y los propósitos del corazón. Aguardar con paciencia, confiar cuando todo parece sombrío, es la lección que necesitan aprender los dirigentes de la obra de Dios. El cielo no los desamparará en el día de su adversidad. No hay nada que parezca más impotente que el alma que siente su insignificancia y confía plenamente en Dios; pero en realidad no hay nada que sea más invencible.

174

No sólo es para los hombres que ocupan puestos de gran responsabilidad la lección de lo que experimentó Elías al aprender de nuevo a confiar en Dios en la hora de prueba. El que fue la fortaleza de Elías es poderoso para sostener a cada hijo suyo que lucha, por débil que sea. Espera de cada uno que manifieste lealtad, y a cada uno concede poder según su necesidad. En su propia fuerza el hombre es absolutamente débil; pero en el poder de Dios puede ser fuerte para vencer el mal y ayudar a otros a vencerlo. Satanás no puede nunca aventajar a aquel que hace de Dios su defensa. "Ciertamente en Jehová está la justicia y la fuerza" (Isaías 45: 24).

Hermano cristiano, Satanás conoce tu debilidad; por lo tanto aférrate a Jesús. Permaneciendo en el amor de Dios, puedes soportar toda prueba. Sólo la justicia de Cristo puede darte poder para resistir a la marea del mal que arrasa al mundo. Introduce fe en tu experiencia. La fe alivia toda carga y todo cansancio. Si confías de continuo en Dios, podrás comprender las providencias que te resultan ahora misteriosas. Recorre por la fe la senda que él te traza. Tendrás pruebas; pero sigue avanzando. Esto fortalecerá tu fe, y te preparará para servir. Los anales de la historia sagrada fueron escritos, no simplemente para que los leamos y nos maravillemos, sino para que obre en nosotros la misma fe que obró en los antiguos siervos de Dios. El Señor obrará ahora de una manera que no será menos notable dondequiera que haya corazones llenos de fe para ser instrumentos de su poder.

A nosotros, como a Pedro, se dirigen estas palabras: "Satanás os ha pedido para zarandearos como a trigo; pero yo he rogado por ti, que tu fe no falte" (S. Lucas 22: 31, 32). Nunca abandonará Cristo a aquellos por quienes murió. Nosotros podemos dejarle y ser abrumados por la tentación; pero nunca puede Cristo apartarse de un alma por la cual dio su propia vida como rescate. Si nuestra visión espiritual pudiese despertarse, veríamos almas agobiadas por la opresión y cargadas de pesar como un carro de gavillas, a punto de morir desalentadas. Veríamos ángeles volar prestamente en ayuda de estos seres tentados, para rechazar las huestes del mal que los rodean y colocar sus pies sobre el fundamento seguro. Las batallas que se riñen entre los dos ejércitos son tan reales como las que entablan los ejércitos de este mundo, y son destinos eternos los que dependen del resultado del conflicto espiritual.

En la visión del profeta Ezequiel aparecía como una mano debajo de las alas de los querubines. Esto tenía por fin enseñar a los siervos de Dios que el poder divino es lo que da éxito. Aquellos a quienes Dios emplea como sus mensajeros no deben considerar que la obra de él depende de ellos. Los seres finitos no son los que han de llevar esa carga de responsabilidad. El que no duerme, el que está obrando de continuo para realizar sus designios, llevará adelante su obra. El estorbará los propósitos de los hombres impíos, confundirá los consejos de aquellos que maquinan el mal contra su pueblo. El que es el Rey, el Señor de los ejércitos, está sentado entre los querubines; y en medio de la lucha y el tumulto de las naciones, sigue guardando a sus hijos. Cuando las fortalezas de los reyes sean derribadas, cuando las saetas de la ira atraviesen los corazones de sus enemigos, su pueblo estará seguro en sus manos.

CAPITULO 14

"En el Espíritu y Poder de Elías"

A TRAVES de los largos siglos transcurridos desde el tiempo de Elías, el relato de su vida y de su obra comunicó inspiración y valor a aquellos que fueron llamados a ponerse de parte de la justicia en medio de la apostasía. Y para nosotros, "a quienes han alcanzado los fines de los siglos" (1 Corintios 10: 11), tiene un significado especial. La historia se está repitiendo. El mundo tiene hoy sus Acabes y sus Jezabeles. La época actual es tiempo de una idolatría tan cierta como lo fue aquella en que vivió Elías. Tal vez no se vean santuarios materiales ni haya imágenes en que se detengan los ojos, y sin embargo millares van en pos de los dioses de este mundo: las riquezas, la fama, el placer, las fábulas agradables que permiten al hombre que siga las inclinaciones del corazón irregenerado. Multitudes tienen un concepto erróneo de Dios y de sus atributos, y están tan ciertamente sirviendo a un dios falso como los adoradores de Baal. Aun muchos de los que se llaman cristianos se han aliado con las influencias inalterablemente opuestas a Dios y su verdad. Así se ven inducidos a apartarse de lo divino y a exaltar lo humano.

El espíritu que prevalece en nuestro tiempo es de incredulidad y apostasía. Es un espíritu que se cree iluminado por el conocimiento de la verdad, cuando no es sino la más ciega presunción. Se exaltan las teorías humanas y se las coloca en donde deben estar Dios y su ley. Satanás tienta a los hombres y mujeres a desobedecer al prometerles que en la desobediencia hallarán una libertad que los hará como dioses. Se manifiesta un espíritu de oposición a la sencilla palabra de Dios, un ensalzamiento idólatra de la sabiduría humana sobre la revelación divina. Los hombres permiten que sus mentes se llenen a tal punto de oscuridad y confusión por la conformidad con las costumbres e influencias humanas, que parecen haber perdido toda facultad de discriminar entre la luz y las tinieblas, entre la verdad y el error. Se han alejado tanto del camino recto que consideran las opiniones de algunos así llamados filósofos como más fidedignas que las verdades de la Biblia. Las súplicas y las promesas de la Palabra de Dios, sus amenazas contra la desobediencia y la idolatría, parecen carecer de poder para subyugar sus corazones. Una fe como la que impulsó a Pablo, Pedro y Juan es considerada anticuada, mística e indigna de la inteligencia de los pensadores modernos.

En el principio Dios dio su ley a la humanidad como medio de alcanzar felicidad y vida eterna. La única esperanza de Satanás para estorbar el propósito de Dios consiste en inducir a hombres y mujeres a desobedecer esta ley; y ha hecho un esfuerzo constante para torcer sus enseñanzas y reducir su importancia. Su golpe magistral fue la tentativa de cambiar la ley misma, de manera que pudiera inducir a los hombres a violar sus preceptos mientras aparentaban obedecerlos.

Un autor ha comparado la tentativa de cambiar la ley de Dios con una antigua práctica malvada de hacer apuntar en una dirección errónea una señal colocada en una importante encrucijada de caminos. A menudo, un acto tal ocasionaba mucha perplejidad y grandes aprietos.

Dios erigió una señal indicadora para los que viajan en este mundo. Un brazo de esta señal apunta hacia la obediencia voluntaria al Creador como camino que lleva a la felicidad y la vida, mientras que el otro brazo indica la desobediencia como sendero que lleva a la desgracia y a la muerte. El camino a la felicidad está tan claramente señalado como lo estaban los caminos que llevaban a la ciudad de refugio en tiempos de los judíos. Pero en mala hora para la familia humana, el enemigo de todo bien puso las señales en sentidos contrarios, y multitudes han errado el camino.

Mediante Moisés el Señor instruyó así a los israelitas: "En verdad vosotros guardaréis mis días de reposo* porque es señal entre mí y vosotros por vuestras generaciones, para que sepáis que yo soy Jehová que os santifico. Así que guardaréis el día de reposo* porque santo es a vosotros; el que lo profanare, de cierto morirá; porque cualquiera que hiciere obra alguna ... en el día de reposo* ciertamente morirá. Guardarán, pues, el día de reposo* los hijos de Israel, celebrándolo por sus generaciones por pacto perpetuo. Señal es para siempre entre mí y los hijos de Israel; porque en seis días hizo Jehová los cielos y la tierra, y en el séptimo día

---

*"Aquí equivale a *sábado*". Nota de la versión Reina-Valera 1960.

cesó y reposó" (Exodo 31: 13-17).

Con estas palabras el Señor definió claramente la obediencia como camino que lleva a la ciudad de Dios; pero el hombre de pecado cambió la dirección de la señal, y la puso en un sentido erróneo. Estableció un falso día de reposo, e hizo creer a hombres y mujeres que descansando en él obedecían la orden del Creador.

Dios declaró que el séptimo día es el día de reposo del Señor. Cuando "fueron, pues, acabados los cielos y la tierra", exaltó este día como un monumento de su obra creadora. Descansando en el séptimo día "de toda la obra que había hecho", "bendijo Dios al día séptimo, y lo santificó" (Génesis 2: 1-3).

En ocasión del éxodo de Egipto, la institución del sábado fue recordada al pueblo de Dios en forma destacada. Mientras estaba todavía en servidumbre, sus capataces habían intentado obligarlo a trabajar en sábado aumentando la cantidad de trabajo que le exigían cada semana. Fueron haciendo cada vez más duras las condiciones del trabajo y exigiendo cada vez más. Pero los israelitas fueron librados de la esclavitud y llevados adonde pudieran observar sin molestias todos los preceptos de Jehová. La ley fue promulgada en el Sinaí; y una copia de ella, en dos tablas de piedra, "escritas con el dedo de Dios", fue entregada a Moisés. Durante casi cuarenta años de peregrinación, el día señalado por Dios fue recordado constantemente a los israelitas por el hecho de que no había maná cada séptimo día, y la doble porción que caía en el día de preparación se conservaba milagrosamente.

Antes de entrar en la tierra prometida, los israelitas

fueron exhortados por Moisés a guardar "el día del reposo* para santificarlo" (Deuteronomio 5: 12). El Señor quería que por una observancia fiel del mandamiento referente al sábado, Israel recordase continuamente que era responsable ante él como su Creador y su Redentor. Mientras observasen el sábado con el debido espíritu, no podría haber idolatría; pero si se descartaban las exigencias de ese precepto del Decálogo como si no estuviese ya en vigencia, el Creador quedaría olvidado, y los hombres adorarían otros dioses. Dios declaró: "Y les di también mis días de reposo,* para que fuesen por señal entre mí y ellos, para que supiesen que yo soy Jehová que los santifico". Sin embargo, "desecharon mis decretos, y no anduvieron en mis estatutos, y mis días de reposo* profanaron, porque tras sus ídolos iba su corazón".

Y al suplicarles que volviesen a él, les llamó la atención nuevamente a la importancia que tenía la santificación del sábado. Dijo: "Yo soy Jehová vuestro Dios; andad en mis estatutos, y guardad mis preceptos, y ponedlos por obra; y santificad mis días de reposo,* y sean por señal entre mí y vosotros, para que sepáis que yo soy Jehová vuestro Dios" (Ezequiel 20: 12, 16, 19, 20).

Al llamar la atención de Judá a los pecados que atrajeron finalmente sobre él el cautiverio babilónico, declaró el Señor: "Mis días de reposo* has profanado". "Por tanto, derramé sobre ellos mi ira; con el ardor de mi ira los consumí; hice volver el camino de ellos sobre su propia cabeza" (Ezequiel 22: 8, 31).

Cuando Jerusalén fue restaurada, en los días de Nehemías, la violación del sábado fue objeto de esta severa averi-

*"Aquí equivale a *sábado*". Nota de la versión Reina-Valera 1960.

guación: "¿No hicieron así vuestros padres, y trajo nuestro Dios todo este mal sobre nosotros y sobre esta ciudad? ¿Y vosotros añadís ira sobre Israel profanando el día de reposo?"* (Nehemías 13: 18).

Durante su ministerio terrenal, Cristo recalcó la vigencia de lo ordenado acerca del sábado; en toda su enseñanza manifestó reverencia hacia la institución que él mismo había dado. En su tiempo, el sábado había quedado tan pervertido que su observancia reflejaba el carácter de hombres egoístas y arbitrarios más bien que el carácter de Dios. Cristo puso a un lado las falsas enseñanzas con que habían calumniado a Dios los que aseveraban conocerle. Aunque los rabinos lo seguían con implacable hostilidad, no aparentaba siquiera conformarse con sus exigencias, sino que iba adelante observando el sábado según la ley de Dios.

En lenguaje claro expuso su respeto por la ley de Jehová. "No penséis que he venido para abrogar la ley o los profetas; no he venido para abrogar, sino para cumplir. Porque de cierto os digo que hasta que pasen el cielo y la tierra, ni una jota ni una tilde pasará de la ley, hasta que todo se haya cumplido. De manera que cualquiera que quebrante uno de estos mandamientos muy pequeños, y así enseñe a los hombres, muy pequeño será llamado en el reino de los cielos; mas cualquiera que los haga y los enseñe, éste será llamado grande en el reino de los cielos" (S. Mateo 5: 17-19).

Durante la dispensación cristiana, el gran enemigo de la felicidad del hombre hizo al sábado del cuarto mandamiento objeto de ataques especiales. Satanás dice: "Obraré en forma contraria a los propósitos de Dios. Daré a mis secuaces poder para desechar el monumento de Dios, el sépti-

---

*"Aquí equivale a *sábado*". Nota de la versión Reina-Valera 1960.

Los israelitas guardaron el sábado mientras eran esclavos en Egipto, y frecuentemente sufrieron bajo extrema crueldad.

mo día como día de reposo. Así demostraré al mundo que el día santificado y bendecido por Dios fue cambiado. Ese día no vivirá en la mente del pueblo. Borraré su recuerdo. Pondré en su lugar un día que no lleva las credenciales de Dios, un día que no puede ser una señal entre Dios y su pueblo. Induciré a los que acepten este día a que lo revistan de la santidad que Dios dio al séptimo día.

"Mediante mi vicerregente me exaltaré a mí mismo. El primer día será ensalzado, y el mundo protestante recibirá este falso día de reposo [*domingo*] como verdadero. Mediante el abandono de la observancia del sábado que Dios instituyó, haré despreciar su ley. Haré aplicar a mi día de reposo las palabras: 'Señal entre mí y vosotros por vuestras generaciones'.

"De esta manera el mundo llegará a ser mío. Seré gobernante de la tierra, príncipe del mundo. Regiré de tal modo los ánimos que estén bajo mi poder que el sábado de Dios será objeto especial de desprecio. ¿Una señal? Yo haré que la observancia del séptimo día sea una señal de deslealtad hacia las autoridades de la tierra. Las leyes humanas se volverán tan estrictas que hombres y mujeres no se atreverán a observar el séptimo día como día de reposo. Por temor a que les falten el alimento y el vestido, se unirán al mundo en la transgresión de la ley de Dios. La tierra quedará completamente bajo mi dominio".

Por el establecimiento de un falso día de reposo, el enemigo pensó cambiar los tiempos y las leyes. Pero ¿logró realmente cambiar la ley de Dios? La respuesta se encuentra en las palabras del capítulo 31 de Exodo. El que es el mismo ayer, hoy y por los siglos, declaró acerca del día de reposo, o sábado: "Es señal entre mí y vosotros por vuestras generaciones... Señal es para siempre" (Exodo 31: 13, 17). La señal indicadora que fue cambiada apunta en un sentido equivocado, pero Dios no ha cambiado. Sigue siendo el poderoso Dios de Israel. "He aquí que las naciones le son como la gota de agua que cae del cubo, y como menudo polvo en las balanzas le son estimadas; he aquí que hace desaparecer las islas como polvo. Ni el Líbano bastará para el fuego, ni todos sus animales para el sacrificio. Como nada son todas las naciones delante de él; y en su comparación serán estimadas en menos que nada, y que lo que no es" (Isaías 40: 15-17). Y el Señor siente hoy tanto celo por su ley como en los días de Acab y Elías.

Sin embargo, ¡cómo se desprecia esa ley! Miremos hoy al mundo en abierta rebelión contra Dios. Esta es en verdad una generación rebelde, llena de ingratitud, formalismo, falsedad, orgullo y apostasía. Los hombres descuidan la Biblia y odian la verdad. Jesús ve su ley rechazada, su amor despreciado, sus embajadores tratados con indiferencia. El habló por medio de sus misericordias, pero éstas no han sido reconocidas; él dirigió advertencias, pero éstas no han sido escuchadas. Los atrios del templo del alma humana han sido convertidos en lugares de tráfico profano. El egoísmo, la envidia, el orgullo y la malicia son las cosas que se cultivan.

Muchos no vacilan en burlarse de la palabra de Dios. Los que creen esa palabra tal como se expresa, son ridiculizados. Existe un desprecio cada vez mayor por la ley y el orden, y se debe directamente a una violación de las claras órdenes de Jehová. La violencia y los crímenes son resultado del hecho de que la humanidad se ha desviado de la senda de la obediencia. Miremos la desgracia y la miseria de las multitudes que adoran ante los ídolos y buscan en vano felicidad y paz.

Miremos el desprecio casi universal en que se tiene el mandamiento del sábado. Miremos también la audaz impiedad de aquellos que, mientras promulgan leyes para salvaguardar la supuesta santidad del primer día de la semana, legalizan el tráfico de las bebidas alcohólicas. Demasiado sabios para prestar atención a lo escrito, intentan forzar las conciencias de los hombres mientras sancionan un mal que embrutece y destruye a los seres creados a la imagen de Dios. Es Satanás mismo quien inspira esa legislación. El sabe muy bien que la maldición de Dios descansará sobre los que exalten los decretos humanos sobre los divinos; y hace cuanto está en su poder para llevar a los hombres por la ancha vía que acaba en la destrucción.

Los hombres han adorado durante tanto tiempo las opiniones y las instituciones humanas, que casi todo el mundo sigue en pos de los ídolos. Y el que procuró cambiar la ley de Dios usa todo artificio engañoso para inducir a hombres y mujeres a alistarse contra Dios y contra la señal por la cual se conoce a los justos. Pero el Señor no tolerará siempre que su ley sea violada y despreciada con impunidad. Llegará un tiempo en que "la altivez de los ojos del hombre será abatida, y la soberbia de los hombres será humillada; y Jehová solo será exaltado en aquel día" (Isaías 2: 11). Los escépticos pueden tratar los requerimientos de la ley de Dios con escarnio, burlas y negativas. El espíritu de mundanalidad puede contaminar a los muchos y dominar a los pocos;

puede ser que la causa de Dios se sostenga tan sólo por gran esfuerzo y continuo sacrificio; pero al fin la verdad triunfará gloriosamente.

En la obra final que Dios realiza en la tierra, el estandarte de su ley volverá a enarbolarse. Podrá prevalecer la religión falsa, abundar la iniquidad, enfriarse el amor de muchos, perderse de vista la cruz del Calvario, y podrán las tinieblas esparcirse por la tierra como mortaja; podrá volverse contra la verdad toda la fuerza de las corrientes populares; podrán tramarse una maquinación tras otra para destruir al pueblo de Dios; pero en la hora del mayor peligro, el Dios de Elías suscitará instrumentos humanos para proclamar un mensaje que no será acallado. En las ciudades populosas de la tierra, y en los lugares donde los hombres más se han esforzado por hablar contra el Altísimo, se oirá la voz de una represión severa. Con osadía los hombres designados por Dios denunciarán la unión de la iglesia con el mundo. Con fervor invitarán a hombres y mujeres a apartarse de la observancia de una institución humana para guardar el verdadero día de reposo. Proclamarán a toda nación: "Temed a Dios, y dadle gloria, porque la hora de su juicio ha llegado; y adorad a aquel que hizo el cielo y la tierra, el mar y las fuentes de las aguas... Si alguno adora a la bestia y a su imagen, y recibe la marca en su frente o en su mano, él también beberá del vino de la ira de Dios, que ha sido vaciado puro en el cáliz de su ira" (Apocalipsis 14: 7-10).

Dios no violará su pacto, ni alterará lo que proclamaron sus labios. Su palabra perdurará para siempre, tan inalterable como su trono. En el juicio, este pacto se destacará, escrito claramente por el dedo de Dios; y el mundo será emplazado ante el tribunal de la justicia infinita para recibir su sentencia.

Hoy como en el tiempo de Elías, la línea de demarcación entre el pueblo que guarda los mandamientos de Dios y los adoradores de los falsos dioses, está claramente trazada. Elías clamó: "¿Hasta cuándo claudicaréis vosotros entre dos pensamientos? Si Jehová es Dios, seguidle; y si Baal, id en pos de él" (1 Reyes 18: 21). Y el mensaje destinado a nuestra época es: "Ha caído, ha caído la gran Babilonia... Salid de ella, pueblo mío, para que no seáis partícipes de sus pecados, ni recibáis parte de sus plagas; porque sus pecados han llegado hasta el cielo, y Dios se ha acordado de sus maldades" (Apocalipsis 18: 2, 4, 5).

No está lejos el tiempo en que cada alma será probada. Se procurará imponernos la observancia del falso día de reposo. La contienda será entre los mandamientos de Dios y los de los hombres. Los que hayan cedido paso a paso a las exigencias mundanales y se hayan conformado a las costumbres del mundo, cederán a las autoridades antes que someterse al ridículo, los insultos, las amenazas de encarcelamiento y la muerte. En aquel tiempo el oro quedará separado de la escoria. La verdadera piedad se distinguirá claramente de las apariencias de ella y su oropel. Más de una estrella que hemos admirado por su brillo se apagará entonces en las tinieblas. Los que hayan presumido vestir ornamentos del santuario, pero sin estar revestidos de la justicia de Cristo, se verán en la vergüenza de su propia desnudez.

Entre los habitantes de la tierra hay, dispersos en todo país, quienes no han doblado la rodilla ante Baal. Como las estrellas del cielo, que sólo se ven de noche, estos fieles brillarán cuando las tinieblas cubran la tierra y densa oscuridad los pueblos. En la pagana Africa, en las tierras católicas de Europa y Sudamérica, en la China, en la India, en las islas del mar y en todos los rincones oscuros de la tierra, Dios tiene en reserva un firmamento de escogidos que brillarán en medio de las tinieblas para demostrar claramente a un mundo apóstata el poder transformador que tiene la obediencia a su ley. Ahora mismo se están revelando en toda nación, entre toda lengua y pueblo; y en la hora de la más profunda apostasía, cuando se esté realizando el supremo esfuerzo de Satanás para que "todos, pequeños y grandes, ricos y pobres, libres y esclavos" (Apocalipsis 13: 16), reciban, bajo pena de muerte, la señal de lealtad a un falso día de reposo, estos fieles, "irreprensibles y sencillos, hijos de Dios sin mancha", resplandecerán "como luminares en el mundo" (Filipenses 2: 15). Cuanto más oscura sea la noche, mayor será el esplendor con que brillarán.

¡Cuán extraño censo habría levantado Elías en Israel cuando los juicios de Dios estaban cayendo sobre el pueblo apóstata! Sólo podía contar a una persona de parte del Señor. Pero cuando dijo: "Sólo yo he quedado, y me buscan para quitarme la vida", esta respuesta del Señor lo sorprendió: "Yo haré que queden en Israel siete mil, cuyas rodillas no se doblaron ante Baal" (1 Reyes 19: 14, 18).

Que nadie intente censar a Israel hoy, que cada uno tenga un corazón de carne, lleno de tierna simpatía, que, como el corazón de Cristo, procure la salvación de un mundo perdido.

CAPITULO 15

Josafat

HASTA que fue llamado al trono cuando tenía treinta y cinco años, Josafat tuvo delante de sí el ejemplo del buen rey Asa, quien había hecho en casi toda crisis "lo recto ante los ojos de Jehová" (1 Reyes 15: 11). Durante su próspero reinado de veinticinco años, Josafat procuró andar "en todo el camino de Asa su padre, sin desviarse de él" (1 Reyes 22: 43).

En sus esfuerzos por gobernar sabiamente, Josafat procuró persuadir a sus súbditos a que se opusieran firmemente a las prácticas idólatras. Gran número de los habitantes de su reino "sacrificaba aún, y quemaba incienso" en los altos (vers. 43). El rey no destruyó en seguida esos altares; pero desde el principio procuró salvaguardar a Judá de los pecados que caracterizaban al reino del norte bajo el gobierno de Acab, de quien fue contemporáneo durante muchos años. Josafat mismo era leal a Dios. "No buscó a los baales, sino que buscó al Dios de su padre y anduvo en sus mandamientos, y no según las obras de Israel". Por causa de su

Josafat buscó a Dios y anduvo en sus caminos,
y lo bendijo y afianzó el reino en sus manos.

integridad, el Señor le acompañaba, y "confirmó el reino en su mano" (2 Crónicas 17: 3-5).

"Todo Judá dio a Josafat presentes; y tuvo riquezas y gloria en abundancia. Y se animó su corazón en los caminos de Jehová" (vers. 5, 6). A medida que transcurría el tiempo y se realizaban reformas, el rey "quitó los lugares altos y las imágenes de Asera de en medio de Judá" (vers. 6). "Barrió también de la tierra el resto de los sodomitas que habían quedado en el tiempo de su padre Asa" (1 Reyes 22: 46). En esta forma los habitantes de Judá fueron librados gradualmente de muchos de los peligros que habían amenazado con retardar seriamente su desarrollo espiritual.

Por todo el reino, la gente necesitaba ser instruida en la ley de Dios. Su seguridad estribaba en la comprensión de esta ley; si conformaban su vida a sus requerimientos, serían leales a Dios y a los hombres. Sabiendo esto, Josafat tomó medidas para asegurar a su pueblo una instrucción cabal en las Santas Escrituras. Ordenó a los príncipes encargados de las diferentes partes de su reino que facilitasen el ministerio fiel de los sacerdotes instructores. Por orden real, estos maestros, obrando bajo la dirección personal de los príncipes, "recorrieron todas las ciudades de Judá enseñando al pueblo" (2 Crónicas 17: 7-9). Y como muchos procuraban comprender los requerimientos de Dios y desechar el pecado, se produjo un reavivamiento.

Josafat debió gran parte de su prosperidad como gobernante a estas sabias medidas tomadas para suplir las necesidades espirituales de sus súbditos. Hay mucho beneficio en la obediencia a la ley de Dios. En la conformidad con los requerimientos divinos hay un poder transformador que imparte paz y buena voluntad entre los hombres. Si las enseñanzas de la palabra de Dios ejercieran una influencia dominadora en la vida de cada hombre y mujer, y los corazones y las mentes fuesen sometidos a su poder refrenador, los males que ahora existen en la vida nacional y social no hallarían cabida. De todo hogar emanaría una influencia que haría a los hombres y mujeres fuertes en percepción espiritual y en poder moral, y así naciones e individuos serían colocados en un terreno ventajoso.

Josafat vivió en paz durante muchos años, sin que le molestaran las naciones circundantes. "Y cayó el pavor de Jehová sobre todos los reinos de las tierras que estaban alrededor de Judá" (vers. 10). De la tierra de los filisteos recibían tributos en dinero y presentes; de Arabia, grandes rebaños de ovejas y cabras. "Iba, pues, Josafat engrandeciéndose mucho; y edificó en Judá fortalezas y ciudades de aprovisionamiento… Hombres de guerra muy valientes,… eran siervos del rey, sin los que el rey había puesto en las ciudades fortificadas en todo Judá" (vers. 12-19). Habiendo sido bendecido con abundancia de "riquezas y gloria" (2 Crónicas 18: 1), pudo ejercer una gran influencia en favor de la verdad y de la justicia.

Algunos años después de ascender al trono, Josafat, ya en el apogeo de su prosperidad, consintió en que su hijo Joram se casara con Atalía, hija de Acab y Jezabel. Mediante esta unión se estableció entre los reinos de Judá y de Israel una alianza que no se conformaba a lo que Dios quería, y que en un tiempo de crisis atrajo un desastre sobre el rey y sobre muchos de sus súbditos.

En una ocasión Josafat visitó al rey de Israel en Samaria. Se tributaron honores especiales al huésped real...; y antes que terminase su visita se le persuadió a que se uniese con el rey de Israel en una guerra contra los sirios. Acab esperaba que, uniendo sus fuerzas con las de Judá, podría recuperar Ramot, una de las ciudades de refugio que, sostenía él, pertenecía legítimamente a los israelitas.

Aunque en un momento de debilidad Josafat había prometido temerariamente unirse al rey de Israel en su guerra contra los sirios, su mejor criterio le indujo a procurar el conocimiento de la voluntad de Dios acerca de la empresa. Sugirió a Acab: "Te ruego que consultes hoy la palabra de Jehová". En respuesta, Acab convocó a cuatrocientos de los falsos profetas de Samaria y les preguntó: "¿Iremos a la guerra contra Ramot de Galaad, o me estaré quieto?" Ellos contestaron: "Sube, porque Dios los entregará en mano del rey" (2 Crónicas 18: 4, 5).

Como no estaba satisfecho con esto, Josafat intentó conocer con certidumbre la voluntad de Dios. Averiguó: "¿Hay aún aquí algún profeta de Jehová, para que por medio de él preguntemos?" (vers. 6). Contestó Acab: "Aún hay un varón por el cual podríamos consultar a Jehová, Micaías hijo de Imla; mas yo le aborrezco, porque nunca me profetiza bien, sino solamente mal" (1 Reyes 22: 8). Josafat manifestó firmeza en su pedido de que se llamase al varón de Dios; y cuando éste compareció delante de ellos y Acab le ordenó que no hablase "sino la verdad en el nombre de Jehová", Micaías dijo: "Yo vi a todo Israel esparcido por los montes, como ovejas que no tienen pastor; y Jehová dijo: Estos no tienen señor; vuélvase cada uno a su casa en paz" (vers. 16, 17).

Las palabras del profeta debieran haber bastado para indicar a los reyes que su proyecto no tenía el favor del cielo; pero ni uno ni otro de los gobernantes se sentía inclinado a escuchar la advertencia. Acab había trazado su conducta, y estaba resuelto a seguirla. Josafat había dado su palabra de honor: "Iremos contigo a la guerra" (2 Crónicas 18: 3); y después de hacer una promesa tal no quería retirar sus fuerzas. "Subió, pues, el rey de Israel con Josafat rey de Judá a Ramot de Galaad" (1 Reyes 22: 29).

Durante la batalla que siguió, Acab fue alcanzado por una saeta, y murió al atardecer. "Y a la puesta del sol salió un pregón por el campamento, diciendo: ¡Cada uno a su ciudad, y cada cual a su tierra!" (vers. 36). Así se cumplió la palabra del profeta.

Después de esta batalla desastrosa, Josafat volvió a Jerusalén. Cuando se acercaba a la ciudad, el profeta Jehú se le acercó con este reproche: "¿Al impío das ayuda, y amas a los que aborrecen a Jehová? Pues ha salido de la presencia de Jehová ira contra ti por esto. Pero se han hallado en ti buenas cosas, por cuanto has quitado de la tierra las imágenes de Asera, y has dispuesto tu corazón para buscar a Dios" (2 Crónicas 19: 2, 3).

Josafat dedicó los últimos años de su reinado mayormente a fortalecer las defensas nacionales y espirituales de Judá. "Pero daba vuelta y salía al pueblo, desde Beerseba hasta el monte de Efraín, y los conducía a Jehová el Dios de sus padres" (vers. 4).

Uno de los pasos importantes que dio el rey consistió en establecer y mantener tribunales eficientes. "Y puso jueces en todas las ciudades fortificadas de Judá, por todos los lu-

gares", y entre sus recomendaciones les dio ésta: "Mirad lo que hacéis; porque no juzgáis en lugar de hombre, sino en lugar de Jehová, el cual está con vosotros cuando juzgáis. Sea, pues, con vosotros el temor de Jehová; mirad lo que hacéis, porque con Jehová nuestro Dios no hay injusticia, ni acepción de personas, ni admisión de cohecho" (vers. 5-7).

El sistema judicial quedó perfeccionado por la fundación de una corte de apelaciones en Jerusalén, donde Josafat nombró a "algunos de los levitas y sacerdotes, y de los padres de familias de Israel, para el juicio de Jehová y para las causas" (vers. 8).

El rey exhortó a estos jueces a ser fieles. Les encargó: "Procederéis asimismo con temor de Jehová, con verdad, y con corazón íntegro. En cualquier causa que viniere a vosotros de vuestros hermanos que habitan en las ciudades, en causas de sangre, entre ley y precepto, estatutos y decretos, les amonestaréis que no pequen contra Jehová, para que no venga ira sobre vosotros y sobre vuestros hermanos. Haciendo así, no pecaréis.

"Y he aquí, el sacerdote Amarías será el que os presida en todo asunto de Jehová, y Zebadías hijo de Ismael, príncipe de la casa de Judá, en todos los negocios del rey; también los levitas serán oficiales en presencia de vosotros. Esforzaos, pues, para hacerlo, y Jehová estará con el bueno" (vers. 9-11).

En su cuidado por salvaguardar los derechos y la libertad de sus súbditos, Josafat recalcó la consideración que cada miembro de la familia humana recibe del Dios de justicia, que gobierna a todos. "Dios está en la reunión de los

El rey Acab rechazó con soberbia el consejo del profeta Micaías de no atacar a los sirios, y perdió la vida en la batalla que se libró.

dioses; en medio de los dioses juzga". Y a los que son designados como jueces bajo su dirección, se les dice: "Defended al débil y al huérfano; haced justicia al afligido y al menesteroso… Libradlo de mano de los impíos" (Salmo 82: 1, 3, 4).

Hacia el final del reinado de Josafat, el reino de Judá fue invadido por un ejército ante cuyo avance los habitantes de la tierra tenían motivo para temblar. "Pasadas estas cosas, aconteció que los hijos de Moab y de Amón, y con ellos otros de los amonitas, vinieron contra Josafat a la guerra". Las noticias de esta invasión fueron llevadas al rey por un mensajero que se presentó con este mensaje sorprendente: "Contra ti viene una gran multitud del otro lado del mar, y de Siria; y he aquí están en Hazezon-tamar, que es En-gadi" (2 Crónicas 20: 1, 2).

Josafat era hombre de valor. Durante años había fortalecido sus ejércitos y sus ciudades. Estaba bien preparado para enfrentarse casi a cualquier enemigo; sin embargo en esta crisis no confió en los brazos carnales. No era mediante ejércitos disciplinados ni ciudades amuralladas, como podía esperar la victoria sobre estos paganos que se jactaban de poder humillar a Judá delante de las naciones, sino por una fe viva en el Dios de Israel.

"Entonces él tuvo temor; y Josafat humilló su rostro para consultar a Jehová, e hizo pregonar ayuno a todo Judá. Y se reunieron los de Judá para pedir socorro a Jehová; y también en todas las ciudades de Judá vinieron a pedir ayuda a Jehová"…

De pie en el atrio del templo frente al pueblo, Josafat derramó su alma en oración, invocando las promesas de

Dios y confesando la incapacidad de Israel. Rogó: "Jehová Dios de nuestros padres, ¿no eres tú Dios en los cielos, y tienes dominio sobre todos los reinos de las naciones? ¿No está en tu mano tal fuerza y poder, que no hay quien te resista? Dios nuestro, ¿no echaste tú los moradores de esta tierra delante de tu pueblo Israel, y la diste a la descendencia de Abrahán tu amigo para siempre? Y ellos han habitado en ella, y te han edificado en ella santuario a tu nombre, diciendo: Si mal viniere sobre nosotros, o espada de castigo, o pestilencia, o hambre, nos presentaremos delante de esta casa, y delante de ti (porque tu nombre está en esta casa), y a causa de nuestras tribulaciones clamaremos a ti, y tú nos oirás y salvarás.

"Ahora, pues, he aquí los hijos de Amón y de Moab, y los del monte de Seir, a cuya tierra no quisiste que pasase Israel cuando venía de la tierra de Egipto, sino que se apartase de ellos, y no los destruyese; he aquí ellos nos dan el pago viniendo a arrojarnos de la heredad que tú nos diste en posesión. ¡Oh Dios nuestro! ¿no los juzgarás tú? Porque en nosotros no hay fuerza contra tan grande multitud que viene contra nosotros; no sabemos qué hacer, y a ti volvemos nuestros ojos" (vers. 3-12).

Con confianza, podía Josafat decir al Señor: "A ti volvemos nuestros ojos". Durante años había enseñado al pueblo a confiar en Aquel que en siglos pasados había intervenido tan a menudo para salvar a sus escogidos de la destrucción completa; y ahora, cuando peligraba el reino, Josafat no estaba solo. "Todo Judá estaba en pie delante de Jehová, con sus niños y sus mujeres y sus hijos" (vers. 13). Unidos, ayunaron y oraron; unidos, suplicaron al Señor que confundiese sus enemigos, a fin de que el nombre de Jehová fuese glorificado.

"Oh Dios, no guardes silencio;
no calles, oh Dios, ni te estés quieto.
Porque he aquí que rugen tus enemigos,
y los que te aborrecen alzan cabeza.
Contra tu pueblo han consultado astuta y
    secretamente,
y han entrado en consejo contra tus protegidos.
Han dicho: Venid, y destruyámoslos para que no sean
    nación,
y no haya más memoria del nombre de Israel.
Porque se confabulan de corazón a una,
contra ti han hecho alianza
las tiendas de los edomitas y de los ismaelitas,
Moab y los agarenos;
Gebal, Amón y Amalec...
Hazles como a Madián,
como a Sísara, como a Jabín en el arroyo de Cisón...
Sean afrentados y turbados para siempre;
sean deshonrados, y perezcan.
Y conozcan que tu nombre es Jehová;
tú solo Altísimo sobre toda la tierra"

(Salmo 83).

Mientras el pueblo y el rey se humillaban juntos delante de Dios y le solicitaban su ayuda, el Espíritu de Jehová descendió sobre Jahaziel, "levita de los hijos de Asaf", y él dijo:

"Oíd, Judá todo, y vosotros moradores de Jerusalén, y

tú, rey Josafat. Jehová os dice así: No temáis ni os amedrentéis delante de esta multitud tan grande porque no es vuestra la guerra, sino de Dios. Mañana descenderéis contra ellos; he aquí que ellos subirán por la cuesta de Sis, y los hallaréis junto al arroyo, antes del desierto de Jeruel. No habrá para qué peleéis vosotros en este caso; paraos, estad quietos, y ved la salvación de Jehová con vosotros. Oh Judá y Jerusalén, no temáis ni desmayéis; salid mañana contra ellos, porque Jehová estará con vosotros.

"Entonces Josafat se inclinó rostro a tierra, y asimismo todo Judá y los moradores de Jerusalén se postraron delante de Jehová, y adoraron a Jehová. Y se levantaron los levitas de los hijos de Coat y de los hijos de Coré, para alabar a Jehová el Dios de Israel con fuerte y alta voz".

Temprano por la mañana se levantaron y fueron al desierto de Tecoa. Mientras avanzaban a la batalla, Josafat dijo: "Oídme, Judá y moradores de Jerusalén. Creed en Jehová vuestro Dios, y estaréis seguros; creed a sus profetas, y seréis prosperados. Y habido consejo con el pueblo, puso a algunos que cantasen y alabasen a Jehová, vestidos de ornamentos sagrados" (2 Crónicas 20: 14-21). Estos cantores iban delante del ejército, elevando sus voces en alabanza a Dios por la promesa de la victoria.

Era una manera singular de ir a pelear contra el ejército enemigo, eso de alabar a Jehová con cantos y ensalzar al Dios de Israel. Tal era su canto de batalla. Poseían la hermosura de la santidad. Si hoy se alabase más a Dios, aumentarían constantemente la esperanza, el valor y la fe. ¿No fortalecería esto las manos de los soldados valientes que hoy defienden la verdad?

"Jehová puso contra los hijos de Amón, de Moab y del monte de Seir, las emboscadas de ellos mismos que venían contra Judá, y se levantaron contra los del monte de Seir para matarlos y destruirlos; y cuando hubieron acabado con los del monte de Seir, cada cual ayudó a la destrucción de su compañero.

"Y luego que vino Judá a la torre del desierto, miraron hacia la multitud, y he aquí yacían ellos en tierra muertos, pues ninguno había escapado" (vers. 22-24).

Dios fue la fortaleza de Judá en esta crisis, y es hoy la fortaleza de su pueblo. No hemos de confiar en príncipes, ni poner a los hombres en lugar de Dios. Debemos recordar que los seres humanos son sujetos a errar, y que Aquel que tiene todo el poder es nuestra fuerte torre de defensa. En toda emergencia, debemos reconocer que la batalla es suya. Sus recursos son ilimitados, y las imposibilidades aparentes harán tanto mayor la victoria.

> "Sálvanos, oh Dios, salvación nuestra;
> recógenos, y líbranos de las naciones,
> para que confesemos tu santo nombre,
> y nos gloriemos en tus alabanzas"
>
> (1 Crónicas 16: 35).

Cargados de despojos, los ejércitos de Israel volvieron "gozosos, porque Jehová les había dado gozo liberándolos de sus enemigos. Y vinieron a Jerusalén con salterios, arpas y trompetas, a la casa de Jehová" (2 Crónicas 20: 27, 28). Tenían mucho motivo de regocijarse. Al obedecer a la orden: "Paraos, estad quietos, y ved la salvación de Jehová... No temáis ni desmayéis" (vers. 17), habían confiado plenamente en Dios, y él había demostrado que era su fortaleza y su libertador. Ahora podían cantar con buen entendimiento los himnos inspirados de David:

"Dios es nuestro amparo y fortaleza,
nuestro pronto auxilio en las tribulaciones...
Que quiebra el arco, corta la lanza,
y quema los carros en el fuego.
Estad quietos, y conoced que yo soy Dios;
seré exaltado entre las naciones;
enaltecido seré en la tierra.
Jehová de los ejércitos está con nosotros;
nuestro refugio es el Dios de Jacob" (Salmo 46).

"Conforme a tu nombre, oh Dios,
así es tu loor hasta los fines de la tierra;
de justicia está llena tu diestra.
Se alegrará el monte de Sión;
se gozarán las hijas de Judá por tus juicios...
"Porque este Dios es Dios nuestro eternamente y
    para siempre;
él nos guiará aun más allá de la muerte"
                                        (Salmo 48: 10, 11, 14).

Debido a la fe manifestada por el gobernante de Judá y sus ejércitos, "el pavor de Dios cayó sobre todos los reinos de aquella tierra, cuando oyeron que Jehová había peleado contra los enemigos de Israel. Y el reino de Josafat tuvo paz porque su Dios le dio paz por todas partes" (2 Crónicas 20: 29, 30).

CAPITULO 16

Este capítulo está basado en 1 Reyes 21; 2 Reyes 1.

Caída de la Casa de Acab

LA MALA influencia que Jezabel había ejercido desde el principio sobre Acab continuó durante los últimos años de su vida, y dio frutos en actos vergonzosos y violentos que pocas veces fueron igualados en la historia sagrada. "A la verdad ninguno fue como Acab, que se vendió para hacer lo malo ante los ojos de Jehová; porque Jezabel su mujer lo incitaba".

Siendo por naturaleza codicioso, Acab, fortalecido y apoyado en el mal hacer por Jezabel, había seguido los dictados de su mal corazón, hasta quedar completamente dominado por el espíritu de egoísmo. No toleraba que se le negase algo que deseaba, sino que lo consideraba legítimamente suyo.

Esta característica dominante de Acab, que influyó tan desastrosamente en la suerte del reino bajo sus sucesores, quedó recalcada por un incidente que se produjo mientras

Los siervos obedecieron la orden del rey Jehú, y lanzaron a la impía e idólatra Jezabel desde una ventana, y murió.

Elías era todavía profeta en Israel. Junto al palacio del rey había un viñedo que pertenecía a Nabot, de Jezreel. Acab se había propuesto obtener ese viñedo; y quiso comprarlo, o cambiarlo por otra parcela de tierra. Dijo a Nabot: "Dame tu viña para un huerto de legumbres, porque está cercana a mi casa, y yo te daré por ella otra viña mejor que ésta; o si mejor te pareciere, te pagaré su valor en dinero".

Nabot apreciaba mucho su viñedo porque había pertenecido a sus padres, y se negó a venderlo. Dijo a Acab: "Guárdeme Jehová de que yo te dé a ti la heredad de mis padres". Según el código levítico, ningún terreno podía transferirse en forma permanente por una venta o un cambio; y cada uno de los hijos de Israel debía conservar "la heredad... de sus padres" (Números 36: 7).

La negativa de Nabot enfermó al monarca egoísta. "Y vino Acab a su casa triste y enojado, por la palabra que Nabot de Jezreel le había respondido... Se acostó en su cama, y volvió su rostro, y no comió".

Pronto conoció Jezabel los detalles e indignada de que alguien rehusase al rey lo que quería, aseguró a Acab que no necesitaba ya entristecerse. Dijo: "¿Eres tú ahora rey sobre Israel? Levántate, y come y alégrate; yo te daré la viña de Nabot de Jezreel".

A Acab no le interesaban los medios por los cuales su esposa pudiese lograr lo que deseaba, y Jezabel procedió inmediatamente a ejecutar su impío propósito. Escribió cartas en nombre del rey, las selló con su sello, y las envió a los ancianos y nobles de la ciudad donde moraba Nabot para decirles: "Proclamad ayuno, y poned a Nabot delante del pueblo; y poned a dos hombres perversos delante de él, que atestigüen contra él y digan: Tú has blasfemado a Dios y al rey. Y entonces sacadlo, y apedreadlo para que muera".

La orden fue obedecida. "Y los de su ciudad, los ancianos y los principales que moraban en su ciudad, hicieron como Jezabel les mandó, conforme a lo escrito en las cartas que ella les había enviado". Entonces Jezabel se dirigió al rey y le invitó a levantarse y tomar posesión del viñedo. Y Acab, sin prestar atención a las consecuencias, siguió ciegamente el consejo, y descendió a apoderarse de la propiedad codiciada.

No se le dejó al rey disfrutar sin reproches de lo que había obtenido por fraude y derramamiento de sangre. "Entonces vino palabra de Jehová a Elías tisbita, diciendo: Levántate, desciende a encontrarte con Acab rey de Israel, que está en Samaria; he aquí él está en la viña de Nabot, a la cual ha descendido para tomar posesión de ella. Y le hablarás diciendo: Así ha dicho Jehová: ¿No mataste, y también has despojado?" Y el Señor indicó, además, a Elías, que pronunciase un juicio terrible contra Acab.

El profeta se apresuró a ejecutar la orden divina. El gobernante culpable, al encontrarse frente a frente en el viñedo con el severo mensajero de Jehová, expresó su temor y sorpresa con estas palabras: "¿Me has hallado, enemigo mío?"

Sin vacilación, el mensajero del Señor contestó: "Te he encontrado, porque te has vendido a hacer lo malo delante de Jehová. He aquí yo traigo mal sobre ti, y barreré tu posteridad". No iba a haber misericordia. El Señor declaró por medio de su siervo que la casa de Acab habría de quedar destruida por completo, "como la casa de Jeroboam hijo de

Nabat, y como la casa de Baasa hijo de Ahías, por la rebelión con que me provocaste a ira, y con que has hecho pecar a Israel".

Y acerca de Jezabel el Señor declaró: "Los perros comerán a Jezabel en el muro de Jezreel. El que de Acab fuere muerto en la ciudad, los perros lo comerán, y el que fuere muerto en el campo, lo comerán las aves del cielo".

Cuando el rey oyó este mensaje pavoroso, "rasgó sus vestidos y puso cilicio sobre su carne, ayunó, y durmió en cilicio, y anduvo humillado.

"Entonces vino palabra de Jehová a Elías tisbita, diciendo: ¿No has visto cómo Acab se ha humillado delante de mí? Pues por cuanto se ha humillado delante de mí, no traeré el mal en sus días; en los días de su hijo traeré el mal sobre su casa".

Menos de tres años después, el rey Acab fue muerto por los sirios. Ocozías, su sucesor, "hizo lo malo ante los ojos de Jehová, y anduvo en el camino de su padre, y en el camino de su madre, y en el camino de Jeroboam...; porque sirvió a Baal, y lo adoró, y provocó a ira a Jehová Dios de Israel" (1 Reyes 22: 52-54), como había hecho su padre Acab. Pero los juicios siguieron pronto a los pecados del rey rebelde. Una guerra desastrosa con Moab, y luego un accidente en el cual su vida fue amenazada, atestiguaron la ira de Dios contra él.

Habiendo caído "por la ventana de una sala", quedó Ocozías gravemente herido, y temiendo lo que de ello pudiera resultar, envió a algunos de sus siervos para que consultaran a Baal-zebub, dios de Ecrón, si se restablecería o no. Se creía que el dios de Ecrón podía dar información, mediante sus sacerdotes, acerca de acontecimientos futuros. Mucha gente iba a hacerle preguntas; pero las predicciones que se hacían allí y la información que se daba, procedían del príncipe de las tinieblas.

Un hombre de Dios se encontró con los siervos de Ocozías y les ordenó que volviesen al rey para llevarle este mensaje: "¿No hay Dios en Israel, que vais a consultar a Baalzebub dios de Ecrón? Por tanto, así ha dicho Jehová: Del lecho en que estás no te levantarás sino que ciertamente morirás". Habiendo comunicado su mensaje, el profeta partió.

Los asombrados siervos se apresuraron a volver al rey, y le repitieron las palabras del varón de Dios. El rey preguntó: "¿Cómo era aquel varón?" Ellos contestaron que era "un varón que tenía vestido de pelo, y ceñía sus lomos con un cinturón de cuero". "Es Elías tisbita", exclamó Ocozías. Sabía que si el forastero con quien se habían encontrado sus siervos era en verdad Elías, se cumplirían con seguridad las palabras que le condenaban. Ansioso de evitar, si era posible, el juicio que le amenazaba, resolvió llamar al profeta.

Dos veces mandó Ocozías una compañía de soldados para intimidar al profeta, y dos veces cayó sobre ellos el juicio de la ira de Dios. La tercera compañía de soldados se humilló delante de Dios; y su capitán, al acercarse al mensajero del Señor, "se puso de rodillas delante de Elías y le rogó, diciendo: Varón de Dios, te ruego que sea de valor delante de tus ojos mi vida, y la vida de estos tus cincuenta siervos".

"Entonces el ángel de Jehová dijo a Elías: Desciende

209

con él; no tengas miedo de él. Y él se levantó, y descendió con él al rey. Y le dijo: Así ha dicho Jehová: Por cuanto enviaste mensajeros a consultar a Baal-zebub dios de Ecrón, ¿no hay Dios en Israel para consultar en su palabra? No te levantarás, por tanto, del lecho en que estás, sino que de cierto morirás".

Durante el reinado de su padre, Ocozías había presenciado las obras prodigiosas del Altísimo. Había visto que Dios había dado al apóstata Israel terribles evidencias de cómo considera a los que desechan las obligaciones de su ley. Ocozías había obrado como si esas pavorosas realidades fuesen cuentos vanos. En vez de humillar su corazón delante del Señor, había seguido a Baal, y por fin se atrevió a realizar su acto más audaz de impiedad. Lleno de rebeldía y negándose a arrepentirse, murió Ocozías "conforme a la palabra de Jehová, que había hablado Elías".

La historia del pecado del rey Ocozías y su castigo encierra una amonestación que nadie puede despreciar con impunidad. Tal vez los hombres de hoy no tributen homenaje a dioses paganos, pero miles están adorando ante el altar de Satanás tan ciertamente como lo hacía el rey de Israel. El espíritu de idolatría abunda en el mundo hoy, aunque, bajo la influencia de la ciencia y la educación, ha asumido formas más refinadas y atrayentes que las que tenía en el tiempo cuando Ocozías quiso consultar al dios de Ecrón. Cada día aumentan las tristes evidencias de que disminuye la fe en la segura palabra profética, y que en su lugar la superstición y la hechicería satánica cautivan muchos intelectos.

Hoy los misterios del culto pagano han sido reemplazados por reuniones y sesiones secretas, por las oscuridades y los prodigios de los médiums espiritistas. Las revelaciones de estos médiums son recibidas con avidez por miles que se niegan a aceptar la luz comunicada por la palabra de Dios o por su Espíritu. Los que creen en el espiritismo hablan tal vez con desprecio de los antiguos magos, pero el gran engañador se ríe triunfante mientras ceden a las artes que él practica en una forma diferente.

Son muchos los que se horrorizan al pensar en consultar a los médiums espiritistas, pero se sienten atraídos por las formas más agradables del espiritismo. Otros son extraviados por las enseñanzas de la ciencia cristiana, y por el misticismo de la teosofía y otras religiones orientales.

Los apóstoles de casi todas las formas de espiritismo aseveran tener el poder de curar. Atribuyen este poder a la electricidad, el magnetismo, los remedios que obran, dicen, por "simpatía", o debido a fuerzas latentes en la mente humana. Y no son pocos, aun en esta era cristiana, los que se dirigen a tales curanderos en vez de confiar en el poder del Dios viviente y en la capacidad de médicos bien preparados. La madre que vela al lado de la cama de su niño enfermo exclama: "Nada puedo hacer ya. ¿No hay médico que tenga poder para sanar a mi hijo?" Se le habla de las curaciones admirables realizadas por algún clarividente o sanador magnético, y le confía a su amado, colocándolo tan ciertamente en las manos de Satanás como si éste estuviese a su lado. En muchos casos la vida futura del niño queda dominada por un poder satánico que parece imposible quebrantar.

Dios tuvo motivos de desagrado en la impiedad de Ocozías. ¿Que había dejado de hacer el Señor para conquistar el corazón de Israel, e inspirarle confianza en su poder? Durante siglos, había dado a su pueblo pruebas de su bondad y amor sin iguales. Desde el principio, le había demostrado que sus "delicias son con los hijos de los hombres" (Proverbios 8: 31). Había sido un auxilio siempre presente para todos los que le buscaran con sinceridad. Sin embargo, en esa ocasión, el rey de Israel, al apartarse de Dios para solicitar ayuda al peor enemigo de su pueblo, proclamó a los paganos que tenía más confianza en sus ídolos que en el Dios del cielo. Asimismo le deshonran hoy hombres y mujeres cuando se apartan del Manantial de fuerza y sabiduría para pedir ayuda o consejo a las potestades de las tinieblas. Si el acto de Ocozías provocó la ira de Dios, ¿cómo considerará él a los que, teniendo aun más luz, deciden seguir una conducta similar?

Los que se entregan al sortilegio de Satanás, pueden

jactarse de haber recibido grandes beneficios; pero ¿prueba esto que su conducta fue sabia o segura? ¿Qué representaría el que la vida fuese prolongada? ¿O que se obtuviesen ganancias temporales? ¿Puede haber al fin compensación por haber despreciado la voluntad de Dios? Cualesquiera ganancias aparentes resultarían al fin en una pérdida irreparable. No podemos quebrantar con impunidad una sola barrera que Dios haya erigido para proteger a su pueblo del poder de Satanás.

Como Ocozías no tenía hijo, le sucedió Joram, su hermano, quien reinó sobre las diez tribus por doce años, durante los cuales vivía todavía su madre, Jezabel, y continuó ejerciendo su mala influencia sobre los asuntos de la nación. Muchos del pueblo seguían practicando costumbres idólatras. Joram mismo "hizo lo malo ante los ojos de Jehová, aunque no como su padre y su madre; porque quitó las estatuas de Baal que su padre había hecho. Pero se entregó a los pecados de Jeroboam hijo de Nabat, que hizo pecar a Israel, y no se apartó de ellos" (2 Reyes 3: 2, 3).

Fue mientras Joram reinaba sobre Israel cuando Josafat murió, y el hijo de él, también llamado Joram, subió al trono del reino de Judá. Por su casamiento con la hija de Acab y Jezabel, Joram de Judá se vio estrechamente ligado con el rey de Israel; y durante su reinado siguió en pos de Baal, "como hizo la casa de Acab". "Además de esto, hizo lugares altos en los montes de Judá, e hizo que los moradores de Jerusalén fornicasen tras ellos, y a ello impelió a Judá" (2 Crónicas 21: 6, 11).

No se dejó al rey de Judá continuar sin reprensión en su terrible apostasía. El profeta Elías no había sido trasladado aún al cielo, y no pudo guardar silencio mientras el reino de Judá seguía por el mismo camino que había llevado al reino del norte al borde de la ruina. El profeta envió a Joram de Judá una comunicación escrita en la cual el rey impío leyó estas palabras pavorosas:

"Jehová el Dios de David tu padre ha dicho así: Por cuanto no has andado en los caminos de Josafat tu padre, ni en los caminos de Asa rey de Judá, sino que has andado en el camino de los reyes de Israel, y has hecho que fornicase Judá y los moradores de Jerusalén, como fornicó la casa de Acab; y además has dado muerte a tus hermanos, a la familia de tu padre, los cuales eran mejores que tú; he aquí Jehová herirá a tu pueblo de una gran plaga".

En cumplimiento de esta profecía, "Jehová despertó contra Joram la ira de los filisteos y de los árabes que estaban junto a los etíopes; y subieron contra Judá, e invadieron la tierra, y tomaron todos los bienes que hallaron en la casa del rey, y a sus hijos y a sus mujeres; y no le quedó más hijo sino solamente Joacaz el menor de sus hijos.

"Después de todo esto, Jehová lo hirió con una enfermedad incurable en los intestinos. Y aconteció que al pasar muchos días, al fin, al cabo de dos años", murió de esa "enfermedad muy penosa". "Y reinó en lugar suyo Ocozías, su hijo" (2 Crónicas 21: 12-19; 2 Reyes 8: 24).

Joram, hijo de Acab, reinaba todavía en el reino de Israel cuando su sobrino Ocozías subió al trono de Judá. Ocozías reinó solamente un año y durante ese tiempo, bajo la influencia de su madre Atalía, quien "le aconsejaba a que actuase impíamente", "anduvo en el camino de la casa de Acab, e hizo lo malo ante los ojos de Jehová" (2 Crónicas 22:

3; 2 Reyes 8: 27). Vivía todavía su abuela Jezabel, y él se alió audazmente con Joram de Israel, su tío.

Ocozías de Judá no tardó en llegar a un fin trágico. Los miembros sobrevivientes de la casa de Acab fueron en verdad, "después de la muerte de su padre", los que "le aconsejaron para su perdición" (2 Crónicas 22: 3, 4). Mientras Ocozías visitaba a su tío en Jezreel, Dios indicó al profeta Eliseo que mandase a uno de los hijos de los profetas a Ramot de Galaad para ungir a Jehú rey de Israel. Las fuerzas combinadas de Judá e Israel estaban entonces empeñadas en una campaña militar contra los sirios de Ramot de Galaad. Joram había sido herido en la batalla, y había regresado a Jezreel, dejando a Jehú encargado de los ejércitos reales.

Al ungir a Jehú, el mensajero de Eliseo declaró: "Yo te he ungido por rey sobre Israel, pueblo de Jehová". Y luego dio solemnemente a Jehú un encargo especial del cielo. El Señor declaró por su mensajero: "Herirás la casa de Acab tu señor, para que yo vengue la sangre de mis siervos los profetas, y la sangre de todos los siervos de Jehová, de la mano de Jezabel. Y perecerá toda la casa de Acab" (2 Reyes 9: 6-8).

Después que fuera proclamado rey por el ejército, Jehú se dirigió apresuradamente a Jezreel, donde inició su obra de ejecutar a los que habían preferido deliberadamente continuar en el pecado e inducir a otros a hacer lo mismo. Fueron muertos Joram de Israel, Ocozías de Judá y Jezabel la reina madre, con "todos los que habían quedado de la casa de Acab en Jezreel", así como "todos sus príncipes", "todos sus familiares, y ... sus sacerdotes". Pasaron a cuchillo a "todos los profetas de Baal, a todos sus siervos y a todos sus sacerdotes" que moraban en el centro dedicado al culto de Baal cerca de Samaria. Los ídolos fueron derribados y quemados, y el templo de Baal quedó en ruinas. "Así exterminó Jehú a Baal de Israel" (2 Reyes 10: 11, 19, 28).

Llegaron noticias de esta ejecución general a Atalía, hija de Jezabel, que ejercía todavía autoridad en el reino de Judá. Cuando vio que su hijo, el rey de Judá, había muerto "se levantó y exterminó toda la descendencia real de la casa de Judá". En esa matanza perecieron todos los descendientes de David que pudieran ser elegidos para el trono, con excepción de un niñito llamado Joás, a quien escondió en las dependencias del templo la esposa de Joiada, el sumo sacerdote. Durante seis años el niño permaneció escondido, "entre tanto, Atalía reinaba en el país" (2 Crónicas 22: 10, 12).

Al fin de este plazo, "los levitas y todo Judá" (2 Crónicas 23: 8) se unieron con Joiada el sumo sacerdote para coronar y ungir al niño Joás, y le aclamaron como su rey. "Y batiendo las manos dijeron: ¡Viva el rey!" (2 Reyes 11: 12).

"Cuando Atalía oyó el estruendo de la gente que corría, y de los que aclamaban al rey, vino al pueblo a la casa de Jehová" (2 Crónicas 23: 12). "Y cuando miró, he aquí que el rey estaba junto a la columna, conforme a la costumbre, y los príncipes y los trompeteros junto al rey; y todo el pueblo del país se regocijaba, y tocaban las trompetas.

"Entonces Atalía, rasgando sus vestidos, clamó a voz en cuello: ¡Traición! ¡Traición!" (2 Reyes 11: 14). Pero Joiada ordenó a los oficiales que echaran mano de ella y de todos sus secuaces, para conducirlos fuera del templo a un lugar donde debían ejecutarlos.

Atalía gobernó seis años con mucha tiranía, y el pueblo se levantó contra ella y coronaron a Joás como rey.

JOHN STEEL © PPPA

Así pereció el último miembro de la casa de Acab. El terrible mal que resultara de su unión con Jezabel subsistió hasta que pereció el último de sus descendientes. Aun en la tierra de Judá, donde el culto del verdadero Dios no había sido nunca desechado formalmente, Atalía había logrado seducir a muchos. Inmediatamente después de la ejecución de la reina impenitente, "todo el pueblo de la tierra entró en el templo de Baal, y lo derribaron; asimismo despedazaron enteramente sus altares y sus imágenes, y mataron a Matán sacerdote de Baal delante de los altares" (2 Reyes 11: 18).

Siguió una reforma. Los que participaron en la aclamación de Joás como rey, habían hecho un pacto solemne de que "serían pueblo de Jehová". Y una vez eliminada del reino de Judá la mala influencia de la hija de Jezabel, y una vez muertos los sacerdotes de Baal y su templo destruido, "se regocijó todo el pueblo del país; y la ciudad estuvo tranquila" (2 Crónicas 23: 16, 21).

CAPITULO 17

El Llamamiento de Eliseo

DIOS había ordenado a Elías que ungiese a otro hombre para que fuese profeta en su lugar. Le había dicho: "A Eliseo hijo de Safat,... ungirás para que sea profeta en tu lugar" (1 Reyes 19: 16); y en obediencia a la orden, Elías se fue en busca de Eliseo. Mientras se dirigía hacia el norte, notaba cuán cambiado estaba el escenario en comparación con lo que había sido poco tiempo antes. La tierra estaba entonces quemada, y no se labraban las regiones agrícolas porque hacía tres años y medio que no caía rocío ni lluvia. Ahora la vegetación brotaba por todos lados, como para redimir el tiempo de la sequía y del hambre.

El padre de Eliseo era un agricultor rico, cuya familia se contaba entre los que no habían doblado la rodilla ante Baal en un tiempo de apostasía casi universal. En su casa se honraba a Dios, y la obediencia a la fe del antiguo Israel era la norma de la vida diaria. En tal ambiente habían transcurrido los primeros años de Eliseo. En la quietud de la vida en el campo, bajo la enseñanza de Dios y de la naturaleza y gracias a la disciplina del trabajo útil, adquirió hábitos de sencillez y de obediencia a sus padres y a Dios que contribuyeron a hacerlo idóneo para el alto puesto que había de ocupar más tarde.

El llamamiento le llegó a Eliseo mientras estaba arando en el campo con los criados de su padre. Se había dedicado al trabajo que tenía más a mano. Poseía capacidad para ser dirigente entre los hombres y la mansedumbre de quien está dispuesto a servir. Dotado de un espíritu tranquilo y amable, era sin embargo enérgico y firme. Manifestaba integridad y fidelidad, así como amor y temor de Dios; y en el humilde cumplimiento del trabajo diario adquirió fuerza de propósito y nobleza de carácter, mientras crecía constantemente en gracia y conocimiento. Al cooperar con su padre en los deberes del hogar, aprendía a cooperar con Dios.

Por su fidelidad en las cosas pequeñas, Eliseo se estaba preparando para cumplir otros cometidos mayores. Día tras día, por la experiencia práctica, adquiría idoneidad para una obra más amplia y elevada. Aprendía a servir; y al aprender esto, aprendía también a dar instrucciones y a dirigir. Esto encierra una lección para todos. Nadie puede saber lo que Dios se propone lograr con su disciplina; pero todos pueden estar seguros de que la fidelidad en las cosas pequeñas es evidencia de idoneidad para llevar responsabilidades mayores. Cada acto de la vida es una revelación del carácter; y únicamente aquel que en los deberes pequeños demuestra ser "obrero que no tiene de qué avergonzarse" (2 Timoteo 2: 15) puede ser honrado por Dios con una invitación a prestar un servicio más elevado.

El que considera que no importa cómo cumple las tareas más pequeñas, demuestra que no está preparado para un puesto de más honra. Puede considerarse muy competente para encargarse de los deberes mayores; pero Dios mira más hondo que la superficie. Después de la prueba queda escrita esta sentencia contra él: "Pesado has sido en balanza, y fuiste hallado falto". Su infidelidad reacciona sobre él mismo. No obtiene la gracia, el poder, la fuerza de carácter, que se reciben por una entrega sin reservas.

Por no estar relacionados con alguna obra directamente religiosa, muchos consideran que su vida es inútil, que nada hacen para hacer progresar el reino de Dios. Si tan sólo pudiesen hacer algo grande, ¡con cuánto gusto lo emprenderían! Pero porque sólo pueden servir en cosas pequeñas, se consideran justificados para no hacer nada. En esto yerran. Un hombre puede estar sirviendo activamente a Dios mientras se dedica a los deberes comunes de cada día; mientras derriba árboles, prepara la tierra, o sigue el arado. La madre que educa a sus hijos para Cristo está tan ciertamente trabajando para Dios como el ministro en el púlpito.

Muchos sienten el anhelo de poseer algún talento especial con que hacer una obra maravillosa, mientras pierden de vista los deberes que tienen a mano, cuyo cumplimiento llenaría la vida de fragancia. Ejecuten los padres los deberes que se encuentran directamente en su camino. El éxito no depende tanto del talento como de la energía y de la buena voluntad. No es la posesión de talentos magníficos lo que nos habilita para prestar un servicio aceptable, sino el fiel cumplimiento de los deberes diarios, el espíritu alegre, el interés sincero y sin afectación por el bienestar de los demás. En la suerte más humilde puede hallarse verdadera excelencia. Las tareas más comunes, realizadas con fidelidad y amor, son hermosas a la vista de Dios.

Cuando Elías, divinamente dirigido en la búsqueda de un sucesor, pasó al lado del campo en el cual Eliseo estaba arando, echó sobre los hombros del joven el manto de la consagración. Durante el hambre, la familia de Safat se había familiarizado con la obra y la misión de Elías; y ahora el Espíritu de Dios impresionó el corazón de Eliseo acerca de lo que significaba el acto del profeta. Era para él la señal de que Dios le llamaba a ser sucesor de Elías.

"Entonces dejando él los bueyes, vino corriendo en pos de Elías, y dijo: Te ruego que me dejes besar a mi padre y a mi madre, y luego te seguiré". Elías respondió: "Ve, vuelve; ¿qué te he hecho yo?" (1 Reyes 19: 20). No dijo esto para rechazarlo, sino para probar su fe. Eliseo debía tener en cuenta el costo, decidir por sí mismo si quería aceptar o rechazar el llamamiento. Si sus deseos se aferraban a su hogar y sus ventajas, quedaba libre para permanecer allí. Pero el joven comprendió el significado del llamamiento. Sabía que provenía de Dios, y no vaciló en obedecer. Ni por todas las ventajas mundanales se habría privado de la oportunidad de llegar a ser mensajero de Dios, ni habría sacrificado el privilegio de estar asociado con su siervo. "Y se volvió, y tomó un par de bueyes y los mató, y con el arado de los bueyes coció la carne, y la dio al pueblo para que comiesen. Después se levantó y fue tras Elías, y le servía" (vers. 21). Sin vacilación, abandonó un hogar donde se le amaba, para acompañar al profeta en su vida incierta.

El profeta Elías puso su manto sobre Eliseo para indicarle que Dios lo llamaba a entrar en su servicio.

JOHN STEEL © PPPA

Si Eliseo hubiese preguntado a Elías qué se esperaba de él, cuál iba a ser su trabajo, se le habría contestado: Dios lo sabe; él te lo hará saber. Si confías en el Señor, él responderá a cada una de tus preguntas. Puedes acompañarme si tienes evidencias de que Dios te ha llamado. Debes saber por ti mismo que Dios me apoya, y que lo que oyes es su voz. Si puedes considerarlo todo como escorias a fin de obtener el favor de Dios, ven.

Este llamado se parecía al que recibió la respuesta dada por Cristo al joven rico que le preguntó: "¿Qué bien haré para tener la vida eterna?" Cristo contestó: "Si quieres ser perfecto, anda, vende lo que tienes, y dalo a los pobres, y tendrás tesoro en el cielo; y ven y sígueme" (Mateo 19: 16, 21).

Eliseo aceptó el llamamiento a servir, y no miró atrás, a los placeres y comodidades que dejaba. El joven rico, al oír las palabras del Salvador, "se fue triste, porque tenía muchas posesiones" (vers. 22). No estaba dispuesto a hacer el sacrificio pedido. El amor que sentía por sus bienes era mayor que su amor a Dios. Al negarse a renunciar a todo por Cristo, demostró que era indigno de servir al Maestro.

La invitación a ponerlo todo sobre el altar del servicio le llega a cada uno. No se nos pide a todos que sirvamos como sirvió Eliseo, ni somos todos invitados a vender cuanto tenemos; pero Dios nos pide que demos a su servicio el primer lugar en nuestra vida, que no dejemos transcurrir un día sin hacer algo que haga progresar su obra en la tierra. El no espera de todos la misma clase de servicio. Uno puede ser llamado al ministerio en una tierra extraña; a otro se le pedirá tal vez que dé de sus recursos para sostener la obra del

Evangelio. Dios acepta la ofrenda de cada uno. Lo que resulta necesario es la consagración de la vida y de todos sus intereses. Los que hagan esta consagración oirán el llamamiento celestial y lo obedecerán.

A cada uno de los que lleguen a participar de su gracia, el Señor indica una obra que ha de hacer en favor de los demás. Debemos levantarnos y decir: "Heme aquí; envíame a mí". Sea que uno sirva como ministro de la Palabra o como médico, o como negociante o agricultor, profesional o mecánico, la responsabilidad descansa sobre él. Su obra es revelar a otros el Evangelio de su salvación. Cada empresa a la cual se dedique debe ser un medio hacia este fin.

Lo que al principio se requería de Eliseo no era una obra grande, pues los deberes comunes seguían constituyendo su disciplina. Se dice que derramaba agua sobre las manos de Elías, su maestro. Estaba dispuesto a hacer cualquier cosa que el Señor indicase, y a cada paso aprendía lecciones de humildad y servicio. Como ayudante personal del profeta, continuó demostrándose fiel en las cosas pequeñas, mientras que con un propósito que se iba fortaleciendo con el transcurso de cada día, se dedicaba a la misión que Dios le había señalado.

La vida de Eliseo, después de que se unió a Elías, no estuvo libre de tentaciones. Tuvo él muchas pruebas; pero en toda emergencia confió en Dios. Estuvo tentado a recordar el hogar que había dejado, pero no prestó atención a esto. Habiendo puesto la mano al arado, estaba resuelto a no volver atrás, y a través de pruebas y tentaciones demostró que era fiel a su responsabilidad.

El ministerio abarca mucho más que la predicación de

la Palabra. Significa preparar a los jóvenes como Elías preparó a Eliseo; es decir, apartarlos de sus deberes comunes para asignarles en la obra de Dios responsabilidades que serán pequeñas al principio, pero que aumentarán a medida que ellos adquieran fuerza y experiencia. Hay en el ministerio hombres de fe y oración, hombres que pueden decir: "Lo que era desde el principio, lo que hemos oído, lo que hemos visto con nuestros ojos, lo que hemos contemplado y palparon nuestras manos tocante al Verbo de vida...; lo que hemos visto y oído, eso os anunciamos" (1 S. Juan 1: 1, 3). Los obreros jóvenes e inexpertos deben ser preparados por el trabajo hecho en relación con estos experimentados siervos de Dios. Así aprenderán a llevar cargas.

Los que se dedican a dar esta preparación a los obreros jóvenes prestan un servicio noble. El Señor mismo coopera con sus esfuerzos. Y los jóvenes a quienes se dirigieron las palabras de consagración y se ofrece el privilegio de asociarse con obreros fervorosos y piadosos, deben aprovechar en todo lo posible sus oportunidades. Dios los honró al elegirlos para servirle y al colocarlos donde pueden adquirir mayor idoneidad para él; deben ser humildes, fieles y obedientes y dispuestos a sacrificarse. Si se someten a la disciplina de Dios, ejecutando sus instrucciones y eligiendo a sus siervos como sus consejeros, se desarrollarán en hombres justos, de principios elevados, firmes, a quienes Dios pueda confiar responsabilidades.

Mientras se proclame el Evangelio en toda su pureza, habrá hombres que serán llamados del arado y de las ocupaciones comerciales comunes que suelen embargar la mente, y se educarán al lado de hombres de experiencia. Mientras aprendan a trabajar eficazmente, proclamarán la verdad con poder. Mediante admirables manifestaciones de la providencia divina, serán eliminadas y arrojadas al mar montañas de dificultades. El mensaje que tanto significa para los moradores de la tierra será oído y comprendido. Los hombres conocerán lo que es la verdad. La obra seguirá progresando cada vez más, hasta que toda la tierra haya sido amonestada; y entonces vendrá el fin.

Durante varios años después del llamamiento de Eliseo, él y Elías trabajaron juntos, de modo que el hombre más joven iba adquiriendo diariamente mayor preparación para su obra. Elías había sido usado por Dios para destruir males gigantescos. La idolatría que, fomentada por Acab y la pagana Jezabel, había seducido a la nación, había sido detenida en forma decidida. Habían sido muertos los profetas de

Baal. Todo el pueblo de Israel había quedado profundamente conmovido, y muchos volvían a adorar a Dios. Como sucesor de Elías, Eliseo debía esforzarse por guiar a Israel en sendas seguras mediante una instrucción paciente y cuidadosa. Su trato con Elías, el mayor profeta después de Moisés, le preparó para la obra que pronto debería hacer solo.

Una y otra vez, durante esos años de ministerio conjunto, Elías debió reprender severamente males flagrantes. Cuando el impío Acab se apoderó del viñedo de Nabot, fue la voz de Elías la que profetizó su condenación y la de toda su casa. Y cuando Ocozías, después de la muerte de su padre Acab, despreció al Dios viviente y se dirigió a Baal-zebub, dios de Ecrón, fue la voz de Elías la que se oyó una vez más en ardiente protesta.

Las escuelas de los profetas establecidas por Samuel habían caído en decadencia durante los años de apostasía que hubo en Israel. Elías restableció estas escuelas y tomó medidas para que los jóvenes pudieran educarse en forma que los indujese a magnificar y honrar la ley. En el relato se mencionan tres de esas escuelas. Una estaba en Gilgal, otra en Bet-el y la tercera en Jericó. Precisamente antes que Elías fuese arrebatado al cielo, visitó con Eliseo estos centros de educación. El profeta de Dios repitió entonces las lecciones que les había dado en visitas anteriores. Instruyó especialmente a los jóvenes acerca de su alto privilegio de mantenerse lealmente fieles al Dios del cielo. También grabó en su mente la importancia que tenía el dejar que la sencillez caracterizase todo detalle de su educación. Solamente así podrían recibir la impresión celestial y salir a trabajar en los caminos del Señor.

El fiel Elías fue arrebatado al cielo en un carro de fuego, lo cual representa a quienes serán trasladados al cielo sin sufrir la muerte.

JOHN STEEL © PPPA

El corazón de Elías quedó alentado al ver él lo que lograban esas escuelas. La obra de reforma no había terminado, pero en todo el reino podía verse que se cumplía la palabra del Señor: "Y yo haré que queden en Israel siete mil, cuyas rodillas no se doblaron ante Baal" (1 Reyes 19: 18).

Mientras Eliseo acompañaba al profeta en su gira de servicio de una escuela a la otra, su fe y su resolución fueron probadas una vez más. En Gilgal y también en Bet-el y en Jericó, el profeta le invitó a que se volviera atrás. Dijo Elías: "Quédate ahora aquí, porque Jehová me ha enviado a Bet-el". Pero en su tarea anterior, al guiar el arado, Eliseo había aprendido a no cejar ni a desalentarse; y ahora que había puesto la mano al arado en otro ramo del deber no iba a dejarse desviar de su propósito. No quería separarse de su maestro mientras hubiese oportunidad de adquirir mayor preparación para servir. Aunque Elías no lo sabía, la revelación de que iba a ser trasladado había sido comunicada a sus discípulos en las escuelas de los profetas, y en particular a Eliseo. Por eso el probado siervo del hombre de Dios se mantuvo a su lado. Cada vez que lo invitó a regresar, respondió: "Vive Jehová, y vive tu alma, que no te dejaré".

"Fueron, pues, ambos... Y ellos dos se pararon junto al Jordán. Tomando entonces Elías su manto, lo dobló, y golpeó las aguas, las cuales se apartaron a uno y a otro lado, y pasaron ambos por lo seco. Cuando habían pasado, Elías dijo a Eliseo: Pide lo que quieras que haga por ti, antes que yo sea quitado de ti".

Eliseo no solicitó honores mundanales ni algún puesto elevado entre los grandes de la tierra. Lo que él anhelaba era una gran medida del Espíritu que Dios había otorgado tan liberalmente al que estaba a punto de ser honrado por la traslación. Sabía que nada que no fuese el Espíritu que había descansado sobre Elías podría hacerle idóneo para ocupar en Israel el lugar al cual Dios le había llamado; de modo que pidió: "Te ruego que una doble porción de tu espíritu sea sobre mí".

En respuesta a esta petición, Elías dijo: "Cosa difícil has pedido. Si me vieres cuando fuere quitado de ti, te será hecho así; mas si no, no. Y aconteció que yendo ellos y hablando, he aquí un carro de fuego con caballos de fuego apartó a los dos; y Elías subió al cielo en un torbellino" (2 Reyes 2: 1-11).

Elías es un símbolo de los santos que vivirán en la tierra en ocasión del segundo advenimiento de Cristo, y que serán "transformados, en un momento, en un abrir y cerrar de ojos, a la final trompeta" (1 Corintios 15: 51, 52), sin pasar por la muerte. Como representante de los que serán así trasladados, Elías, cuando se acercaba el fin del ministerio de Cristo en la tierra, tuvo ocasión de estar con Moisés al lado del Salvador sobre el monte de la transfiguración. En esos seres glorificados, los discípulos vieron en miniatura una representación del reino de los redimidos. Contemplaron a Jesús revestido de la luz del cielo; oyeron la "voz desde la nube" (S. Lucas 9: 35) que le reconocía como Hijo de Dios; vieron a Moisés, representante de los que serán resucitados de los muertos en ocasión del segundo advenimiento; y también estaba Elías, como representante de los que al final de la historia de esta tierra serán transformados de seres mortales en inmortales y serán trasladados al cielo sin sufrir por la muerte.

En el desierto, en la soledad y el desaliento, Elías había dicho que estaba cansado de la vida, y había rogado que se le dejase morir. Pero en su misericordia el Señor no había hecho caso de sus palabras. Elías tenía que realizar todavía una gran obra; y cuando esta obra estuviese hecha no iba a perecer en el desaliento y la soledad. No le tocaría descender a la tumba, sino ascender con los ángeles de Dios a la presencia de su gloria.

"Viéndolo Eliseo, clamaba: ¡Padre mío. padre mío, carro de Israel y su gente de a caballo! Y nunca más le vio; y tomando sus vestidos, los rompió en dos partes. Alzó luego el manto de Elías que se le había caído, y volvió, y se paró a la orilla del Jordán. Y tomando el manto de Elías que se le había caído, golpeó las aguas, y dijo: ¿Dónde está Jehová, el Dios de Elías? Y así que hubo golpeado del mismo modo las aguas, se apartaron a uno y a otro lado, y pasó Eliseo. Viéndole los hijos de los profetas que estaban en Jericó al otro lado, dijeron: El espíritu de Elías reposó sobre Eliseo. Y vinieron a recibirle, y se postraron delante de él" (2 Reyes 2: 12-15).

Cuando en su providencia el Señor ve conveniente retirar de su obra a aquellos a quienes dio sabiduría, sabe ayudar y fortalecer a sus sucesores, con tal que ellos esperen auxilio de él y anden en sus caminos. Hasta pueden ser más sabios que sus predecesores; porque pueden sacar provecho de su experiencia y adquirir sabiduría de sus errores.

Desde entonces en adelante Eliseo ocupó el lugar de Elías. El que había sido fiel en lo poco iba a demostrarse también fiel en lo mucho.

CAPITULO 18

La Purificación de las Aguas

EN LOS tiempos patriarcales el valle del Jordán "era de riego, como el huerto de Jehová". En ese hermoso valle fue donde Lot decidió establecerse cuando "fue poniendo sus tiendas hasta Sodoma" (Génesis 13: 10, 12). Pero al ser destruidas las ciudades de la llanura, la región de en derredor se transformó en un desierto desolado, y llegó a formar parte del desierto de Judea.

Subsistió una parte del hermoso valle, con sus manantiales y arroyos vivificantes, para alegrar el corazón del hombre. En ese valle, rico en campos de cereales y vergeles de palmeras y otros frutales, las huestes de Israel habían acampado después de cruzar el Jordán y habían gozado por primera vez de los frutos de la tierra prometida. Delante de ellos tenían las murallas de la fortaleza pagana de Jericó, centro del culto de Astarté, la más vil y degradante de todas las formas cananeas de la idolatría. Pronto fueron derribadas sus murallas y muertos sus habitantes; y en ocasión de su caída se hizo en presencia de todo Israel esta solemne declaración: "Maldito delante de Jehová el hombre que se levantare y reedificare esta ciudad de Jericó. Sobre su primogénito eche cimientos de ella, y sobre su hijo menor asiente sus puertas" (Josué 6: 26).

Transcurrieron cinco siglos. El lugar seguía desolado y maldito por Dios. Aun los manantiales que habían hecho tan deseable la residencia en esa parte del valle, sufrieron los efectos de la maldición. Pero en los tiempos de la apostasía de Acab, cuando el culto de Astarté revivió por influencia de Jezabel, Jericó, antigua sede de ese culto, fue reedificada, si bien a un costo espantoso para quien lo hizo. "Hiel de Bet-el,… en Abiram su primogénito echó el cimiento, y en Segub su hijo postrero puso sus puertas; conforme a la palabra de Jehová" (1 Reyes 16: 34, versión Reina-Valera, 1909).

No lejos de Jericó, en medio de vergeles fructíferos, se hallaba una de las escuelas de los profetas; y allí se dirigió Eliseo, después de la ascensión de Elías. Mientras estaba entre ellos, los hombres de la ciudad se acercaron al profeta para decirle: "He aquí, el lugar en donde está colocada esta ciudad es bueno, como mi señor ve; mas las aguas son malas, y la tierra es estéril". El manantial que en años anteriores había sido puro y comunicaba vida, pues contribuía mucho a abastecer de agua la ciudad y la región circundante, ya no podía usarse.

En respuesta a la súplica de los hombres de Jericó, Eliseo dijo: "Traedme una vasija nueva, y poned en ella sal".

Habiendo recibido esto, salió "él a los manantiales de las aguas, echó dentro la sal, y dijo: Así ha dicho Jehová: Yo sané estas aguas, y no habrá más en ellas muerte ni enfermedad" (2 Reyes 2: 19-21).

La purificación de las aguas de Jericó se realizó, no por sabiduría humana, sino por la intervención milagrosa de Dios. Los que habían reedificado la ciudad no merecían el favor del cielo; y sin embargo, el que "hace salir su sol sobre malos y buenos, y que hace llover sobre justos e injustos" (S. Mateo 5: 45), consideró propio revelar en este caso, mediante ese acto de compasión, su buena disposición para curar a Israel de sus enfermedades espirituales.

La purificación fue permanente; "y fueron sanas las aguas hasta hoy, conforme a la palabra que habló Eliseo" (2 Reyes 2: 22). Siglo tras siglo las aguas han seguido fluyendo para hacer de esa parte del valle un bello oasis.

Muchas son las lecciones espirituales que se desprenden de este relato de la purificación de las aguas. La vasija nueva, la sal, el manantial, todas estas cosas de las cuales

nos habla son altamente simbólicas.

Al arrojar sal en el manantial amargo, Eliseo enseñó la lección espiritual que fue impartida siglos más tarde por el Salvador a sus discípulos cuando declaró: "Vosotros sois la sal de la tierra" (S. Mateo 5: 13). Al mezclarse la sal con las aguas contaminadas del manantial, las purificó y puso vida y bendición donde antes había habido maldición y muerte. Cuando Dios compara sus hijos con la sal, quiere enseñarles que su propósito al hacerlos súbditos de su gracia es que lleguen a ser agentes para salvar a otros. El fin que perseguía Dios al escoger un pueblo delante de todo el mundo no era tan sólo adoptarlo como sus hijos y sus hijas, sino para que por su medio el mundo pudiese recibir la gracia que imparte salvación. Cuando el Señor eligió a Abrahán, no fue simplemente para que fuese su amigo especial, sino que había de transmitir los privilegios especiales que el Señor deseaba otorgar a las naciones.

El mundo necesita ver evidencias de cristianismo sincero. El veneno del pecado está obrando en el corazón de la sociedad. Ciudades y pueblos están sumidos en el pecado y la corrupción moral. El mundo rebosa de enfermedades, sufrimientos e iniquidad. Cerca y lejos hay almas en pobreza y angustia, agobiadas por un sentimiento de culpabilidad, que perecen por falta de una influencia salvadora. El Evangelio de verdad les es presentado, y sin embargo perecen, debido a que el ejemplo de aquellos que debieran ser un sabor de vida es un sabor de muerte. Sus almas beben amargura, porque las fuentes están envenenadas cuando debieran ser como un pozo de agua que brotase para vida eterna.

La sal debe mezclarse con la sustancia a la cual se añade; debe compenetrarla para conservarla. Así también es
por el trato personal cómo los hombres son alcanzados por
el poder salvador del Evangelio. No se salvan como muchedumbres, sino individualmente. La influencia personal es
un poder. Debe obrar con la influencia de Cristo, elevar
donde Cristo eleva, impartir los principios correctos y detener el progreso de la corrupción del mundo. Debe difundir
la gracia que únicamente Cristo puede impartir. Debe elevar y endulzar la vida y el carácter de los demás por el poder
de un ejemplo puro unido con una fe y un amor fervientes.

Acerca del manantial hasta entonces contaminado que
había en Jericó, el Señor declaró: "Yo sané estas aguas, y no

habrá más en ellas muerte ni enfermedad". El arroyo contaminado representa el alma que está separada de Dios. El pecado no solamente nos separa de Dios, sino que destruye en el alma humana tanto el deseo como la capacidad de conocerle. Por medio del pecado queda desordenado todo el organismo humano, la mente se pervierte, la imaginación se corrompe; las facultades del alma se degradan. Hay en el corazón ausencia de religión pura y santidad. El poder regenerador de Dios no ha obrado para transformar el carácter. El alma queda débil, y por falta de fuerza moral para vencer, se contamina y se degrada.

Para el corazón que llega a purificarse, todo cambia. La transformación del carácter es para el mundo el testimonio de que Cristo mora en el creyente. Al sujetar los pensamientos y deseos a la voluntad de Cristo, el Espíritu de Dios produce nueva vida en el hombre y el hombre interior queda renovado a la imagen de Dios. Hombres y mujeres débiles y errantes demuestran al mundo que el poder redentor de la gracia puede desarrollar el carácter deficiente en forma simétrica, para hacerle llevar abundantes frutos.

El corazón que recibe la palabra de Dios no es un estanque que se evapora ni es una cisterna rota que pierde su tesoro. Es como el arroyo de las montañas, alimentado por manantiales inagotables, cuyas aguas frescas y chispeantes saltan de roca en roca, refrigerando a los cansados, sedientos y cargados. Es como un río que fluye constantemente, y a medida que avanza se va haciendo más hondo y más ancho, hasta que sus aguas vivificantes se extienden por toda la tierra. El arroyo que prosigue su curso cantando, deja detrás de sí sus beneficios de verdor y copiosos frutos. La hierba de sus orillas es de un verde más fresco; los árboles son más frondosos y las flores más abundantes. Mientras la tierra se desnuda y se oscurece bajo el calor que la afecta durante el verano, el curso del río es una cinta de verdor en el panorama.

Así también sucede con el verdadero hijo de Dios. La religión de Cristo se revela como principio vivificante, como una energía espiritual viva y activa que lo compenetra todo. Cuando el corazón se abre a la influencia celestial de la verdad y del amor, estos principios vuelven a fluir como arroyos en el desierto, y hacen fructificar lo que antes parecía árido y sin vida.

Mientras los que han sido purificados y santificados por un conocimiento de la verdad bíblica se dediquen cordialmente a la obra de salvar almas, llegarán a ser un sabor de vida para vida. Y mientras beban diariamente de la fuente inagotable de la gracia y el conocimiento, encontrarán que su propio corazón llega a rebosar del Espíritu de su Maestro, y que por su abnegado ministerio muchos son beneficiados física, mental y espiritualmente. Los cansados quedan refrigerados, los enfermos recobran la salud, y encuentran alivio los que estaban cargados de pecado. Aun en países lejanos brotan palabras de agradecimiento de los labios de aquellos cuyos corazones fueron desviados del servicio del pecado a la justicia.

"Dad, y se os dará" (S. Lucas 6: 38); porque la Palabra de Dios es "fuente de huertos, pozo de aguas vivas, que corren del Líbano" (Cantares 4: 15).

CAPITULO 19

Este capítulo está basado en 2 Reyes 4.

Un Profeta de Paz

LA OBRA de Eliseo como profeta fue en algunos respectos muy diferente de lo que había sido la de Elías. A éste fueron confiados mensajes de condenación y juicio; su voz expresó represiones intrépidas e invitó al rey y al pueblo a apartarse de sus malos caminos. Eliseo tuvo una misión más pacífica; le tocó fortalecer la obra que Elías había empezado y enseñar al pueblo el camino del Señor. La Inspiración nos lo describe como hombre que tenía trato personal con el pueblo y que, rodeado por los hijos de los profetas, impartía curación y regocijo por sus milagros y su ministerio.

Eliseo era hombre de espíritu benigno y bondadoso; pero también podía ser severo, como lo demostró su conducta cuando en camino a Bet-el, se burlaron de él los jóvenes impíos que habían salido de la ciudad. Ellos habían oído hablar de la ascensión de Elías, e hicieron de este acontecimiento solemne un motivo de burlas, diciendo a Eliseo: "¡Calvo, sube! ¡calvo, sube!" Al oír sus palabras de burla el

Cuando los impíos jóvenes se burlaron de Eliseo, "salieron dos osos del monte, y despedazaron... a cuarenta y dos" de ellos.

JOHN STEEL © PPPA

profeta se dio vuelta, y bajo la inspiración del Todopoderoso pronunció una maldición sobre ellos. El espantoso castigo que siguió provino de Dios. "Y salieron dos osos del monte, y despedazaron de ellos a cuarenta y dos muchachos" (2 Reyes 2: 23, 24).

Si Eliseo hubiese pasado por alto las burlas, la turba habría continuado ridiculizándole, y en un tiempo de grave peligro nacional podría haber contrarrestado su misión destinada a instruir y salvar. Este único caso de terrible severidad bastó para imponer respeto durante toda su vida. Durante cincuenta años entró y salió por la puerta de Bet-el, para recorrer la tierra de ciudad en ciudad y pasar por entre muchedumbres de jóvenes ociosos, rudos y disolutos; pero nadie se burló de él ni de sus cualidades como profeta del Altísimo.

Aun la bondad debe tener sus límites. La autoridad debe mantenerse por una severidad firme, o muchos la recibirán con burla y desprecio. La así llamada ternura, los halagos y la indulgencia que manifiestan hacia los jóvenes los padres y tutores, es uno de los peores males que les puedan acontecer. En toda familia, la firmeza y la decisión son requerimientos positivos esenciales.

La reverencia, de la cual carecían los jóvenes que se burlaron de Eliseo, es una gracia que debe cultivarse con cuidado. A todo niño se le debe enseñar a manifestar verdadera reverencia hacia Dios. Nunca debe pronunciarse su nombre con liviandad o irreflexivamente. Los ángeles se velan el rostro cuando lo pronuncian. ¡Con qué reverencia debiéramos nombrarlo con nuestros labios, nosotros que somos seres caídos y pecaminosos!

Debe manifestarse reverencia hacia los representantes de Dios: los ministros, maestros y padres que son llamados a hablar y actuar en su lugar. El respeto que se les demuestre honra a Dios.

También la cortesía es una de las gracias del Espíritu, y debe ser cultivada por todos. Tiene el poder de subyugar las naturalezas que sin ella se endurecerían. Los que profesan seguir a Cristo, y son al mismo tiempo toscos, duros y descorteses, no han aprendido de Jesús. Tal vez no se pueda dudar de su sinceridad ni de su integridad; pero la sinceridad e integridad no expiarán la falta de bondad y cortesía.

El espíritu bondadoso que permitió a Eliseo ejercer una influencia poderosa sobre la vida de muchos en Israel queda revelado en la historia de sus relaciones amistosas con una familia que moraba en Sunem. Mientras viajaba de un lado a otro del reino, "aconteció también que un día pasaba Eliseo por Sunem; y había allí una mujer importante, que le invitaba insistentemente a que comiese; y cuando él pasaba por allí, venía a la casa de ella a comer". La dueña de la casa percibió que Eliseo era "varón santo de Dios", y dijo a su esposo: "Yo te ruego que hagamos un pequeño aposento de paredes, y pongamos allí cama, mesa, silla y candelero, para que cuando él viniere a nosotros, se quede en él". Eliseo acudía a menudo a este retiro, agradecido por la tranquila paz que le ofrecía. Y Dios no pasó por alto la bondad de la mujer. No había niños en su hogar; y el Señor recompensó su hospitalidad con el don de un hijo.

Transcurrieron los años, y el niño llegó a tener bastante edad para salir al campo con los segadores. Un día fue derribado por el calor "y dijo a su padre: ¡Ay, mi cabeza, mi cabeza!" El padre ordenó a uno de los criados que llevase el niño a su madre. "Y habiéndole él tomado, y traído a su madre, estuvo sentado en sus rodillas hasta el mediodía, y murió. Ella entonces subió, y lo puso sobre la cama del varón de Dios, y cerrando la puerta, se salió".

En su angustia, la sunamita resolvió ir a solicitar la ayuda de Eliseo. El profeta estaba entonces en el monte Carmelo; y la mujer partió inmediatamente acompañada de su criado. "Y cuando el varón de Dios la vio de lejos, dijo a su criado Giezi: He aquí la sunamita. Te ruego que vayas ahora corriendo a recibirla, y le digas: ¿Te va bien a ti? ¿Le va bien a tu marido, y a tu hijo?" El criado hizo como se le había ordenado, pero la afligida madre no reveló la causa de su tristeza antes de llegar adonde estaba Eliseo. Al oír de su pérdida, Eliseo ordenó a Giezi: "Ciñe tus lomos, y toma mi báculo en tu mano, y ve; si alguno te encontrare, no lo saludes, y si alguno te saludare, no le respondas; y pondrás mi báculo sobre el rostro del niño".

Pero la madre no se quedó conforme hasta que Eliseo la acompañó. Declaró: "Vive Jehová, y vive tu alma, que no te dejaré. El entonces se levantó y la siguió. Y Giezi había ido delante de ellos, y había puesto el báculo sobre el rostro del niño; pero no tenía voz ni sentido, y así se había vuelto para encontrar a Eliseo, y se lo declaró, diciendo: El niño no despierta".

Cuando llegaron a la casa, Eliseo entró al aposento donde estaba el niño muerto, "cerró la puerta tras ambos, y oró a Jehová. Después subió y se tendió sobre el niño, poniendo su boca contra la boca de él, y sus ojos sobre sus ojos, y sus manos sobre las manos suyas; así se tendió sobre él, y el cuerpo del niño entró en calor. Volviéndose luego, se paseó por la casa a una y otra parte, y después subió, y se tendió sobre él nuevamente y el niño estornudó siete veces, y abrió sus ojos".

Llamando a Giezi, Eliseo le pidió que le mandase la madre. "Y entrando ella, él le dijo: Toma tu hijo. Y así que ella entró, se echó a sus pies, y se inclinó a tierra; y después tomó a su hijo, y salió".

Así fue recompensada la fe de esta mujer. Cristo, el gran Dador de la vida le devolvió a su hijo. Así también serán recompensados sus fieles cuando, en ocasión de su venida, la muerte pierda su aguijón, y el sepulcro sea despojado de su victoria. Entonces devolverá el Señor a sus siervos los hijos que les fueron arrebatados por la muerte. "Así ha dicho Jehová: Voz fue oída en Ramá, llanto y lloro amargo; Raquel que lamenta por sus hijos, y no quiso ser consolada acerca de sus hijos, porque perecieron. Así ha dicho Jehová: Reprime del llanto tu voz, y de las lágrimas tus ojos; porque salario hay para tu trabajo,... y volverán de la tierra del enemigo. Esperanza hay también para tu porvenir, dice Jehová, y los hijos volverán a su propia tierra" (Jeremías 31: 15-17).

Con un mensaje de esperanza infinita Jesús consuela nuestro pesar por los que fallecieron: "De la mano del Seol los redimiré, los libraré de la muerte. Oh muerte, yo seré tu muerte; y seré tu destrucción, oh Seol" (Oseas 13: 14). "Y el que vivo, y estuve muerto; mas he aquí que vivo por los siglos de los siglos, ... y tengo las llaves de la muerte y del Hades" (Apocalipsis 1: 18). "Porque el Señor mismo con voz de mando, con voz de arcángel, y con trompeta de

Dios, descenderá del cielo; y los muertos en Cristo resucitarán primero. Luego nosotros los que vivimos, los que hayamos quedado, seremos arrebatados juntamente con ellos en las nubes para recibir al Señor en el aire, y así estaremos siempre con el Señor" (1 Tesalonicenses 4: 16, 17).

Como el Salvador de la humanidad, al cual simbolizaba, Eliseo combinaba en su ministerio entre los hombres la obra de curación con la de la enseñanza. Con fidelidad e incansablemente, durante todas sus largas y eficaces labores, Eliseo se esforzó por hacer progresar la importante obra educativa que realizaban las escuelas de los profetas. En la providencia de Dios, sus palabras de instrucción a los fervorosos grupos de jóvenes allí congregados eran confirmadas por las profundas instancias del Espíritu Santo, y a veces por otras inequívocas evidencias de su autoridad como siervo de Jehová.

Fue en ocasión de una de sus visitas a la escuela establecida en Gilgal cuando saneó una comida envenenada. "Había una grande hambre en la tierra. Y los hijos de los profetas estaban con él, por lo que dijo a su criado: Pon una olla grande, y haz potaje para los hijos de los profetas. Y salió uno al campo a recoger hierbas, y halló una como parra montés, y de ella llenó su falda de calabazas silvestres; y volvió, y las cortó en la olla del potaje, pues no sabía lo que era. Después sirvió para que comieran los hombres; pero sucedió que comiendo ellos de aquel guisado, gritaron diciendo: ¡Varón de Dios, hay muerte en esa olla! Y no lo pudieron comer. El entonces dijo: Traed harina. Y la esparció en la olla, y dijo: Da de comer a la gente. Y no hubo más mal en la olla".

Eliseo invitó a la mujer sunamita a entrar en
su aposento, y ella se alegró mucho cuando vio
a su hijo vivo, y dio gracias a Dios.

Fue también en Gilgal, mientras seguía habiendo escasez en la tierra, donde Eliseo alimentó a cien hombres con el presente que le trajo "un hombre de Baal-salisa,... panes de primicias, veinte panes de cebada, y trigo nuevo en su espiga". Había allí personas muy necesitadas de alimento. Cuando llegó la ofrenda, el profeta dijo a su siervo: "Da a la gente para que coma. Y respondió su sirviente: ¿Cómo pondré esto delante de cien hombres? Pero él volvió a decir: Da a la gente para que coma, porque así ha dicho Jehová: Comerán, y sobrará. Entonces lo puso delante de ellos, y comieron, y les sobró, conforme a la palabra de Jehová".

¡Cuánta condescendencia manifestó Cristo, mediante su mensajero, al realizar este milagro para satisfacer el hambre! Repetidas veces desde entonces, aunque no siempre en forma tan notable y perceptible, ha obrado el Señor Jesús para suplir las necesidades humanas. Si tuviésemos un discernimiento espiritual más claro, reconoceríamos con más facilidad el trato compasivo de Dios con los hijos de los hombres.

La gracia de Dios derramada sobre una porción pequeña es lo que la hace bastar para todos. La mano de Dios puede multiplicarla cien veces. Con sus recursos, puede extender una mesa en el desierto. Por el toque de su mano, puede aumentar las provisiones escasas y hacerlas bastar para todos. Fue su poder lo que multiplicó los panes y el cereal en las manos de los hijos de los profetas.

Durante el ministerio terrenal de Cristo, cuando hizo un milagro similar para alimentar las multitudes, se manifestó la misma incredulidad que habían revelado antiguamente los que estaban asociados con el profeta. Dijo el siervo de Eliseo: "¿Cómo pondré esto delante de cien hombres?" Y cuando Cristo ordenó a sus discípulos que diesen de comer a la multitud, contestaron: "No tenemos más que cinco panes y dos pescados, a no ser que vayamos nosotros a comprar alimentos para toda esta multitud" (S. Lucas 9: 13). ¿Qué significa esto para tantos?

La lección es para los hijos de Dios de toda época. Cuando el Señor da a los hombres una obra que hacer, ellos no deben detenerse a preguntar si la orden es razonable ni cuál será el resultado probable de sus esfuerzos por obedecer. La provisión que tienen en sus manos puede parecer poca para suplir la necesidad; pero en las manos del Señor resultará más que suficiente. El siervo "lo puso delante de ellos, y comieron, y les sobró, conforme a la palabra de Jehová".

Lo que mucho necesita la iglesia hoy es un sentido más pleno de la relación que sostiene Dios con aquellos a quienes compró con el don de su Hijo, y más fe en el progreso de su causa en la tierra. Nadie pierda tiempo deplorando la escasez de sus recursos visibles. Las apariencias externas pueden ser desalentadoras; pero la energía y la confianza en Dios desarrollarán recursos. El presente que se le ofrece con agradecimiento y con oración para que lo bendiga, lo multiplicará él como multiplicó la comida para los hijos de los profetas y para la cansada multitud.

CAPITULO 20

Este capítulo está basado en 2 Reyes 5.

Naamán

"NAAMAN, general del ejército del rey de Siria, era varón grande delante de su señor, y lo tenía en alta estima, porque por medio de él había dado Jehová salvación a Siria. Era este hombre valeroso en extremo, pero leproso".

Ben-adad, rey de Siria, había derrotado los ejércitos de Israel en la batalla que resultó en la muerte de Acab. Desde entonces, los sirios habían sostenido con Israel una guerra constante en las fronteras; y en una de sus incursiones se habían llevado a una niña, a la cual le tocó, en la tierra de su cautiverio, servir "a la mujer de Naamán". Aunque esclava, y muy lejos de su hogar, esa niña fue uno de los testigos de Dios, y cumplió inconscientemente el propósito para el cual Dios había escogido a Israel como su pueblo. Mientras servía en aquel hogar pagano, sintió lástima de su amo; y recordando los admirables milagros de curación realizados por intermedio de Eliseo, dijo a su señora: "Si rogase mi señor al profeta que está en Samaria, él lo sanaría de su

La niña cautiva israelita vio la tristeza de su ama, la señora de Naamán, y entonces le habló de los milagros del profeta Eliseo.

lepra". Sabía que el poder del cielo acompañaba a Eliseo, y creía que Naamán podría ser curado por dicho poder.

La conducta de la niña cautiva en aquel hogar pagano constituye un testimonio categórico del poder que tiene la primera educación recibida en el hogar. No hay cometido mayor que el que ha sido confiado a los padres en lo que se refiere al cuidado y la educación de sus hijos. Los padres echan los fundamentos mismos de los hábitos y del carácter. Su ejemplo y enseñanza son lo que decide mayormente la vida futura de sus hijos.

Felices son los padres cuya vida constituye un reflejo tan fiel de lo divino, que las promesas y las órdenes de Dios despiertan en el niño gratitud y reverencia; los padres cuya ternura, justicia y longanimidad interpretan para el niño el amor, la justicia y la longanimidad de Dios; los padres que, al enseñar al niño a amarlos, confiar en ellos y obedecerles, le enseñan a amar a su Padre celestial, a confiar en él y a obedecerle. Los padres que imparten al niño un don tal le dotan de un tesoro más precioso que las riquezas de todos los siglos, un tesoro tan perdurable como la eternidad.

No sabemos en qué ramo de actividad serán llamados a servir nuestros hijos. Pasarán tal vez su vida dentro del círculo familiar; se dedicarán quizá a las vocaciones comunes de la vida, o irán a enseñar el Evangelio en las tierras paganas. Pero todos por igual son llamados a ser misioneros para Dios, dispensadores de misericordia para el mundo. Han de obtener una educación que les ayudará a mantenerse de parte de Cristo para servirle con abnegación.

Mientras los padres de aquella niña hebrea le enseñaban acerca de Dios, no sabían cuál sería su destino. Pero fueron fieles a su cometido; y en la casa del capitán del ejército sirio, su hija testificó por el Dios a quien había aprendido a honrar.

Naamán supo de las palabras que había dicho la niña a su esposa; y después de obtener el permiso del rey se fue en busca de curación, "llevando consigo diez talentos de plata, y seis mil piezas de oro, y diez mudas de vestidos". También llevó una carta que el rey de Siria había dirigido al rey de Israel, en la cual le decía: "Yo envío a ti mi siervo Naamán, para que lo sanes de su lepra". Cuando el rey de Israel leyó la carta, "rasgó sus vestidos, y dijo: ¿Soy yo Dios, que mate y dé vida, para que éste envíe a mí a que sane un hombre de su lepra? Considerad ahora, y ved cómo busca ocasión contra mí".

Llegaron nuevas del asunto a Eliseo, quien mandó este aviso al rey: "¿Por qué has rasgado tus vestidos? Venga ahora a mí, y sabrá que hay profeta en Israel.

"Y vino Naamán con sus caballos y con su carro, y se paró a las puertas de la casa de Eliseo". Por un mensajero el profeta le comunicó: "Ve y lávate siete veces en el Jordán, y tu carne se te restaurará, y serás limpio".

Naamán había esperado que vería alguna maravillosa manifestación de poder del cielo. Dijo: "He aquí yo decía para mí: Saldrá él luego, y estando en pie invocará el nombre de Jehová su Dios, y alzará su mano y tocará el lugar, y sanará la lepra". Cuando se le dijo que se lavase en el Jordán, su orgullo quedó herido, y mortificado exclamó: "Abana y Farfar, ríos de Damasco, ¿no son mejores que todas las aguas de Israel? Si me lavare en ellos, ¿no seré también limpio? Y se volvió, y se fue enojado".

El espíritu orgulloso de Naamán se rebelaba contra la idea de hacer lo ordenado por Eliseo. Los ríos mencionados por el capitán sirio tenían en sus orillas hermosos vergeles, y mucha gente acudía a las orillas de esas corrientes agradables para adorar a sus ídolos. No habría representado para el alma de Naamán una gran humillación descender a uno de esos ríos; pero podía hallar sanidad tan sólo si seguía las indicaciones específicas del profeta. Unicamente la obediencia voluntaria podía darle el resultado deseado.

Los siervos de Naamán le rogaron que cumpliese las instrucciones de Eliseo. Le dijeron: "Si el profeta te mandara alguna gran cosa, ¿no la harías? ¿Cuánto más, diciéndote: Lávate, y serás limpio?" Se estaba probando la fe de Naamán, mientras que su orgullo luchaba por imponerse. Por fin venció la fe, y el altanero sirio dejó de lado el orgullo de su corazón, y se sometió a la voluntad revelada de Jehová. Siete veces se sumergió en el Jordán, "conforme a la palabra del varón de Dios". El Señor honró su fe; "y su carne se volvió como la carne de un niño, y quedó limpio".

Agradecido "volvió al varón de Dios, él y toda su compañía", y reconoció: "He aquí ahora conozco que no hay Dios en toda la tierra, sino en Israel".

De acuerdo con la costumbre de aquellos tiempos, Naamán pidió entonces a Eliseo que aceptase un regalo costoso. Pero el profeta rehusó. No le tocaba a él recibir pago por una bendición que Dios había concedido misericordiosamente. Dijo: "Vive Jehová, en cuya presencia estoy, que no lo aceptaré. Y le instaba que aceptara alguna cosa, pero él no quiso.

"Entonces Naamán dijo: Te ruego, pues, ¿de esta tierra

Naamán se negó al principio a obedecer la orden de Eliseo de sumergirse en el Jordán; pero finalmente lo hizo, y fue sanado.

no se dará a tu siervo la carga de un par de mulas? Porque de aquí en adelante tu siervo no sacrificará holocausto ni ofrecerá sacrificio a otros dioses, sino a Jehová. En esto perdone Jehová a tu siervo: que cuando mi señor el rey entrare en el templo de Rimón para adorar en él, y se apoyare sobre mi brazo, si yo también me inclinare en el templo de Rimón; cuando haga tal, Jehová perdone en esto a tu siervo.

"Y él le dijo: Ve en paz. Se fue, pues, y caminó como media legua de tierra".

Con el transcurso de los años, el siervo de Eliseo, Giezi, había tenido oportunidad de desarrollar el mismo espíritu de abnegación que caracterizaba la obra de su amo. Había tenido el privilegio de llegar a ser noble portaestandarte en el ejército del Señor. Durante mucho tiempo habían estado a su alcance los mejores dones del cielo; y sin embargo, apartándose de ellos, había codiciado en su lugar el vil metal de las riquezas mundanales. Y ahora los anhelos ocultos de su espíritu avariento le indujeron a ceder a la tentación abrumadora. Razonó: "He aquí mi señor estorbó a este sirio Naamán, no tomando de su mano las cosas que había traído... Correré yo tras él y tomaré de él alguna cosa". Y así fue como en secreto "siguió Giezi a Naamán".

"Y cuando vio Naamán que venía corriendo tras él, se bajó del carro para recibirle, y dijo: ¿Va todo bien?" Entonces Giezi mintió deliberadamente. Dijo: "Mi señor me envía a decirte: He aquí vinieron a mí en esta hora del monte de Efraín dos jóvenes de los hijos de los profetas; te ruego que les des un talento de plata, y dos vestidos nuevos". Gustosamente Naamán accedió a dar lo pedido, insistiendo en que Giezi recibiese dos talentos de plata en vez de uno, "y dos vestidos nuevos", y envió a sus siervos para que transportasen ese tesoro.

Al acercarse a la casa de Eliseo, Giezi despidió a los criados y ocultó la plata y las prendas de ropa. Hecho esto, "entró, y se puso delante de su señor"; y para evitar una censura pronunció una segunda mentira. En respuesta a la pregunta del profeta: "¿De dónde vienes?", Giezi contestó: "Tu siervo no ha ido a ninguna parte".

La denuncia severa que oyó entonces demostró que Eliseo lo sabía todo. Preguntó: "¿No estaba también allí mi corazón, cuando el hombre volvió de su carro a recibirte? ¿Es tiempo de tomar plata, y de tomar vestidos, olivares, viñas, ovejas, bueyes, siervos y siervas? Por tanto, la lepra de Naamán se te pegará a ti y a tu descendencia para siempre". La retribución alcanzó prestamente al culpable. Salió de la presencia de Eliseo "leproso, blanco como la nieve".

Solemnes son las lecciones que enseña lo experimentado por un hombre a quien habían sido concedidos altos y santos privilegios. La conducta de Giezi fue tal que podía resultar en piedra de tropiezo para Naamán, sobre cuyo espíritu había resplandecido una luz admirable, y se hallaba favorablemente dispuesto para servir al Dios viviente. El engaño practicado por Giezi no tenía excusa. Hasta el día de su muerte permaneció leproso, maldito de Dios y rehuido por sus semejantes.

"El testigo falso no quedará sin castigo, y el que habla mentiras no escapará" (Proverbios 19: 5). Los hombres pueden pensar que ocultarán sus malas acciones a los ojos humanos; pero Dios reveló al profeta las palabras que su siervo había dirigido a Naamán, así como cada detalle de la escena transcurrida entre los dos hombres.

La verdad es de Dios; el engaño en sus miles de formas deriva de Satanás; y quienquiera que se desvíe de la línea recta de la verdad, se entrega al poder del maligno. Los que han aprendido de Cristo seguirán el consejo del apóstol: "No participéis en las obras infructuosas de las tinieblas" (Efesios 5: 11). Tanto en sus palabras como en su vida, serán sencillos, sinceros y veraces; porque se están preparando para alternar con los santos en cuyas "bocas no fue hallada mentira" (Apocalipsis 14: 5).

Siglos después que Naamán regresara a su hogar en Siria, con el cuerpo curado y el espíritu convertido, su fe admirable fue mencionada y elogiada por el Salvador como lección objetiva para todos los que dicen servir a Dios. Declaró el Salvador: "Y muchos leprosos había en Israel en tiempo del profeta Eliseo; pero ninguno de ellos fue limpiado, sino Naamán el sirio" (S. Lucas 4: 27). Dios pasó por alto a los muchos leprosos que había en Israel, porque su incredulidad les cerraba la puerta del bien. Un noble pagano que había sido fiel a sus convicciones relativas a la justicia, y sentía su necesidad de ayuda, fue a los ojos de Dios más digno de su bendición que los afligidos de Israel, que habían despreciado los privilegios que Dios les había dado. Dios obra en favor de aquellos que aprecian sus favores y responden a la luz que les ha dado el cielo.

En todos los países hay ahora personas sinceras de corazón, sobre las cuales brilla la luz del cielo. Si perseveran con fidelidad en lo que comprenden como deber suyo, recibirán más luz, hasta que, como Naamán antiguamente, se vean constreñidas a reconocer que "no hay Dios en toda la tierra", excepto el Dios vivo, el Creador.

A toda alma sincera "que anda en tinieblas y carece de luz", se da la invitación: "Confíe en el nombre de Jehová, y apóyese en su Dios... Ni nunca oyeron, ni oídos percibieron, ni ojo ha visto a Dios fuera de ti, que hiciese por el que en él espera. Saliste al encuentro del que con alegría hacía justicia, de los que se acordaban de ti en tus caminos" (Isaías 50: 10; 64: 4, 5).

CAPITULO 21

Termina el Ministerio de Eliseo

ELISEO fue llamado al cargo profético mientras Acab reinaba todavía, y alcanzó a ver muchos cambios en el reino de Israel. Había caído un castigo tras otro sobre los israelitas durante el reinado de Hazael el sirio, quien fuera ungido como azote de la nación apóstata. Las severas medidas de reforma instituidas por Jehú habían resultado en la matanza de toda la casa de Acab. Joacaz, sucesor de Jehú, en sus guerras continuas con los sirios había perdido algunas de las ciudades situadas al este del Jordán. Durante un tiempo pareció que los sirios podrían llegar a dominar todo el reino. Pero la reforma iniciada por Elías, y continuada por Eliseo, había inducido a muchos a inquirir acerca del Señor. Se estaban abandonando los altares de Baal, y lenta pero seguramente el propósito de Dios se estaba cumpliendo en la vida de aquellos que decidían servirle de todo corazón.

A su amor hacia el errante Israel se debía que Dios per-

El ejército sirio acampó alrededor de la ciudad con la intención de capturar a Eliseo; pero no podían ver las huestes de ángeles que protegían al profeta.

mitiera a los sirios que lo azotaran. Debido a que se compadecía de aquellos cuyo poder moral era débil, suscitó a Jehú para matar a la impía Jezabel y a toda la casa de Acab. Nuevamente, y gracias a una providencia misericordiosa, fueron puestos a un lado los sacerdotes de Baal y Astarté, y derribados sus altares. En su sabiduría Dios previó que si se eliminaba la tentación, algunos abandonarían el paganismo y se volverían hacia él; y por esta razón permitió que les aconteciese una calamidad tras otra. Sus juicios fueron atemperados con misericordia; y cuando se hubo logrado su propósito, volvió la marea en favor de aquellos que habían aprendido a inquirir por él.

Mientras las influencias del bien contendían con las del mal para obtener el predominio, y Satanás hacía cuanto estaba en su poder para completar la ruina iniciada durante el reinado de Acab y Jezabel, Eliseo siguió dando su testimonio. Encontró oposición, aunque nadie podía contradecir sus palabras. Se le honraba y veneraba en todo el reino. Muchos acudían a pedirle consejo. Mientras vivía aún Jezabel, Joram, rey de Israel, solicitó ese consejo; y una vez, mientras estaba en Damasco, le visitaron mensajeros de Ben-adad, rey de Siria, quien deseaba saber si la enfermedad que padecía resultaría en su muerte. A todos daba el profeta un testimonio fiel en un tiempo cuando, por todos lados, se pervertía la verdad, y la gran mayoría del pueblo se hallaba en rebelión abierta contra el cielo.

Dios no abandonó nunca a su mensajero escogido. En una ocasión, durante una invasión siria, el rey de Siria procuró matar a Eliseo, porque éste exponía al rey de Israel los planes del enemigo. El rey sirio había comunicado a sus siervos: "En tal y tal lugar estará mi campamento". Este plan fue revelado por el Señor a Eliseo quien "envió a decir al rey de Israel: Mira que no pases por tal lugar, porque los sirios van allí. Entonces el rey de Israel envió a aquel lugar que el varón de Dios había dicho; y así lo hizo una y otra vez con el fin de cuidarse.

"Y el corazón del rey de Siria se turbó por esto; y llamando a sus siervos, les dijo: ¿No me declararéis vosotros quién de los nuestros es del rey de Israel? Entonces uno de los siervos dijo: No, rey señor mío, sino que el profeta Eliseo está en Israel, el cual declara al rey de Israel las palabras que tú hablas en tu cámara más secreta".

Resuelto a matar al profeta, el rey sirio ordenó: "Id, y mirad dónde está, para que yo envíe a prenderlo". El profeta se encontraba en Dotán; y, sabiéndolo, "envió el rey allá gente de a caballo, y carros, y un gran ejército, los cuales vinieron de noche, y sitiaron la ciudad. Y se levantó de mañana y salió el que servía al varón de Dios, y he aquí el ejército que tenía sitiada la ciudad, con gente de a caballo y carros".

Aterrorizado, el siervo comunicó las noticias a Eliseo diciendo: "¡Ah, señor mío! ¿qué haremos?"

Respondió el profeta: "No tengas miedo, porque más son los que están con nosotros que los que están con ellos". Y para que el siervo reconociese esto por su cuenta, "oró Eliseo, y dijo: Te ruego, oh Jehová, que abras sus ojos para que vea. Entonces Jehová abrió los ojos del criado, y miró; y he aquí que el monte estaba lleno de gente de a caballo, y de carros de fuego alrededor de Eliseo". Entre el siervo de Dios y las huestes de enemigos armados había un círculo protector de ángeles celestiales. Habían descendido con gran poder, no para destruir, ni para exigir homenaje, sino para rodear y servir a los débiles e indefensos siervos del Señor.

Cuando los hijos de Dios se encuentran en dificultades, y no hay medio alguno para escapar, deben confiar únicamente en el Señor.

Mientras la compañía de soldados sirios avanzaba audazmente, incapaz de ver las huestes del cielo, "oró Eliseo a Jehová, y dijo: Te ruego que hieras con ceguera a esta gente. Y los hirió con ceguera, conforme a la petición de Eliseo. Después les dijo Eliseo: No es este el camino, ni es esta la ciudad; seguidme, y yo os guiaré al hombre que buscáis. Y los guió a Samaria.

"Y cuando llegaron a Samaria, dijo Eliseo: Jehová, abre los ojos de éstos, para que vean. Y Jehová abrió sus ojos, y miraron, y se hallaban en medio de Samaria. Cuando el rey de Israel los hubo visto, dijo a Eliseo: ¿Los mataré, padre mío? El le respondió: No los mates. ¿Matarías tú a los que tomaste cautivos con tu espada y con tu arco? Pon delante de ellos pan y agua, para que coman y beban, y vuelvan a sus señores. Entonces se les preparó una gran comida; y cuando habían comido y bebido, los envió, y ellos se volvieron a su señor". (Véase 2 Reyes 6.)

Después de esto, Israel quedó libre por un tiempo de los ataques sirios. Pero más tarde, bajo la enérgica dirección de un rey resuelto, Hazael,* los ejércitos sirios rodearon a Samaria y la sitiaron. Nunca se había visto Israel en tal aprieto como durante este sitio. Los pecados de los padres eran de veras castigados en los hijos y los nietos. Los horrores del hambre prolongada impulsaban al rey de Israel a tomar medidas desesperadas, cuando Eliseo predijo la liberación para el día siguiente.

Cuando estaba por amanecer la mañana siguiente, el Señor hizo "que en el campamento de los sirios se oyese estruendo de carros, ruido de caballos, y estrépito de gran ejército"; y ellos, dominados por el miedo, "se levantaron y huyeron al anochecer, abandonando sus tiendas, sus caballos, sus asnos, y el campamento como estaba", con abundantes abastecimientos de comida. "Habían huido para salvar sus vidas", sin parar hasta haber cruzado el Jordán.

Durante la noche de la huida, cuatro leprosos que solían estar a la puerta de la ciudad, desesperados de hambre, se habían propuesto visitar el campo sirio y entregarse a la misericordia de los sitiadores, con la esperanza de despertar su simpatía y obtener comida. ¡Cuál no fue su asombro cuando, al entrar en el campamento, encontraron que "no había allí nadie"! No habiendo quien los molestase o se lo prohibiese, "entraron en una tienda y comieron y bebieron, y tomaron de allí plata y oro y vestidos, y fueron y lo escondieron; y vueltos, entraron en otra tienda, y de allí también tomaron, y fueron y lo escondieron. Luego se dijeron el uno al otro: No estamos haciendo bien. Hoy es día de buena nueva, y nosotros callamos". Volvieron prestamente a la ciudad para comunicar las gratas nuevas.

Grandes fueron los despojos; y tanto abundaron los abastecimientos que en aquel día "fue vendido un seah de flor de harina por un siclo, y dos seahs de cebada por un siclo", según lo había predicho Eliseo el día anterior. Una vez más el nombre de Dios fue ensalzado ante los paganos, "conforme a la palabra de Jehová" comunicada por su profeta en Israel. (Véase 2 Reyes 7: 5-16.)

Así continuó trabajando el varón de Dios año tras año, manteniéndose cerca del pueblo mientras le servía fielmente, y al lado del rey como sabio consejero en tiempo de crisis. Los largos años de apostasía idólatra de parte de gobernantes y pueblo habían producido su funesto resultado. Por doquiera se veía la oscura sombra de la apostasía, y sin embargo aquí y allí había quienes se habían negado firmemente a doblar la rodilla ante Baal. Mientras Eliseo continuaba su obra de reforma, muchos fueron rescatados del paganismo y aprendieron a regocijarse en el servicio del Dios verdadero. El profeta se sintió alentado por esos milagros de la gracia divina, e inspirado por un gran anhelo de alcanzar a los sinceros de corazón. Dondequiera que estaba, procuraba enseñar la justicia.

Desde un punto de vista humano, las perspectivas de regeneración espiritual de la nación eran tan desesperadas como las que tienen delante de sí hoy los siervos de Dios que trabajan en los lugares oscuros de la tierra. Pero la iglesia de Cristo es el instrumento de Dios para proclamar la verdad; él la ha dotado de poder para que realice una obra especial; y si ella es leal a Dios y obedece sus mandamientos, morará en su seno la excelencia del poder divino. Si permanece fiel, no habrá poder que la resista. Las fuerzas del enemigo no serán más capaces de vencerla que lo es el tamo para resistir el torbellino.

Aguarda a la iglesia el amanecer de un día glorioso, con tal que ella esté dispuesta a vestirse del manto de la justicia de Cristo y negarse a obedecer al mundo.

Dios invita a sus fieles, a los que creen en él, a que hablen con valor a los que no creen ni tienen esperanza. Volveos al Señor, vosotros los prisioneros de esperanza. Buscad fuerza de Dios, del Dios viviente. Manifestad una fe inquebrantable y humilde en su poder y en su buena voluntad para salvar. Cuando con fe echemos mano de su fuerza, él cambiará asombrosamente la perspectiva más desesperada y desalentadora. Lo hará para gloria de su nombre.

Mientras Eliseo pudo viajar de lugar en lugar por todo el reino de Israel, continuó interesándose activamente en el fortalecimiento de las escuelas de los profetas. Dondequiera que estuviese, Dios le acompañaba, inspirándole las palabras que debía hablar y dándole poder de realizar milagros. En cierta ocasión, los hijos de los profetas le dijeron: "He aquí, el lugar en que moramos contigo nos es estrecho. Vamos ahora al Jordán, y tomemos de allí cada uno una viga, y hagamos allí lugar en que habitemos" (2 Reyes 6: 1, 2). Eliseo fue con ellos hasta el Jordán, alentándolos con su presencia y dándoles instrucciones. Hasta realizó un milagro para ayudarles en su trabajo. "Aconteció que mientras uno derribaba un árbol, se le cayó el hacha en el agua; y gritó diciendo: ¡Ah, señor mío, era prestada! El varón de Dios preguntó: ¿Dónde cayó? Y él mostró el lugar. Entonces cortó él un palo, y lo echó allí; e hizo flotar el hierro. Y dijo: Tómalo. Y él extendió la mano, y lo tomó" (vers. 5-7).

Tan eficaz había sido su ministerio y tan amplia su influencia, que mientras estaba en su lecho de muerte, el mismo joven rey Joás**, idólatra que poco respetaba a Dios, reconoció en el profeta un padre en Israel, cuya presencia entre ellos era de más valor en tiempo de dificultad que la posesión de un ejército con caballos y carros. Dice el relato: "Estaba Eliseo enfermo de la enfermedad de que murió. Y descendió a él Joás rey de Israel, y llorando delante de él, dijo: ¡Padre mío, padre mío, carro de Israel y su gente de a caballo!" (2 Reyes 13: 14).

El profeta había desempeñado el papel de padre sabio y lleno de simpatía para con muchas almas que necesitaban ayuda. Y en este caso no rechazó al joven impío que estaba delante de él, por muy indigno que fuera del puesto de confianza que ocupaba, pues tenía gran necesidad de consejos. En su providencia, Dios ofrecía al rey una oportunidad de redimir los fracasos pasados y de colocar a su reino en posición ventajosa. El enemigo sirio, que ocupaba entonces el territorio situado al este del Jordán, debía ser repelido. Una vez más había de manifestarse el poder de Dios en favor del errante Israel.

El profeta moribundo dijo al rey: "Toma un arco y unas saetas". Joás obedeció. Entonces el profeta dijo: "Pon tu mano sobre el arco". Joás puso "su mano sobre el arco. Entonces puso Eliseo sus manos sobre las manos del rey, y dijo: Abre la ventana que da al oriente", hacia las ciudades de allende el Jordán en manos de los sirios. Habiendo abierto el rey la ventana, Eliseo le ordenó que disparase su saeta. Mientras esta hendía el aire, el profeta se sintió inspirado a decir: "Saeta de salvación de Jehová, y saeta de salvación contra Siria; porque herirás a los sirios en Afec hasta consumirlos".

El profeta probó entonces la fe del rey. Aconsejó a Joás que alzase sus saetas y le dijo: "Golpea la tierra". El rey hirió tres veces el suelo, y luego se detuvo. Eliseo exclamó angustiado: "Al dar cinco o seis golpes, hubieras derrotado

a Siria hasta no quedar ninguno; pero ahora sólo tres veces derrotarás a Siria" (vers. 15-19).

La lección es para todos los que ocupan puestos de confianza. Cuando Dios prepara el camino para la realización de cierta obra, y da seguridad de éxito, el instrumento escogido debe hacer cuanto está en su poder para obtener el resultado prometido. Se le dará éxito en proporción al entusiasmo y la perseverancia con que haga la obra. Dios puede realizar milagros para su pueblo tan sólo si éste desempeña su parte con energía incansable. Llama a su obra hombres de devoción y de valor moral, que sientan un amor ardiente por las almas y un celo inquebrantable. Los tales no hallarán ninguna tarea demasiado ardua, ninguna perspectiva demasiado desesperada; y seguirán trabajando valientemente hasta que la derrota aparente se trueque en gloriosa victoria. Ni siquiera las murallas de las cárceles ni la hoguera del mártir los desviarán de su propósito de trabajar juntamente con Dios para la edificación de su reino.

Con los consejos y el aliento que dio a Joás, terminó la obra de Eliseo. Aquel sobre quien había caído en plena medida el Espíritu que había reposado sobre Elías, se demostró fiel hasta el fin. Nunca había vacilado ni había perdido su confianza en el poder del Omnipotente. Siempre, cuando el camino que había delante de él parecía completamente cerrado, había avanzado sin embargo por fe, y Dios había honrado su confianza y le había abierto el camino.

No le tocó a Eliseo seguir a su maestro en un carro de fuego. Dios permitió que le aquejase una enfermedad prolongada. Durante las largas horas de debilidad y sufrimiento humanos, su fe se aferró a las promesas de Dios, y contemplaba constantemente en derredor suyo a los mensajeros celestiales de consuelo y paz. Así como en las alturas de Dotán se había visto rodeado por las huestes del cielo, con los carros y los jinetes de fuego de Israel, estaba ahora consciente de la presencia de los ángeles que simpatizaban con él; y esto lo sostenía. Durante toda su vida había ejercitado una fe fuerte; y mientras progresaba en el conocimiento de las providencias y la bondad misericordiosa del Señor, su fe había madurado en una confianza permanente en su Dios; y cuando la muerte lo llamó, estuvo listo para entrar a descansar de sus labores.

"Estimada es a los ojos de Jehová la muerte de sus santos" (Salmo 116: 15). "El justo en su muerte tiene esperanza" (Proverbios 14: 32). Con el salmista, Eliseo pudo decir con toda confianza: "Pero Dios redimirá mi vida del poder del Seol, porque él me tomará consigo" (Salmo 49: 15). Y con regocijo pudo testificar: "Yo sé que mi Redentor vive, y al fin se levantará sobre el polvo" (Job 19: 25). "Veré tu rostro en justicia; estaré satisfecho cuando despierte a tu semejanza" (Salmo 17: 15).

---

*Nieto quizá del Hazael que fue ungido como azote de Israel.
**No se confunda a Joás, rey de Judá (p. 216), con Joás, rey de Israel (p. 268).

CAPITULO 22

"Nínive, Ciudad Grande en Extremo"

ENTRE las ciudades del mundo antiguo, mientras Israel estaba dividido, una de las mayores era Nínive, capital del reino asirio. Fundada en la orilla fértil del Tigris, poco después de la dispersión iniciada en la torre de Babel, había florecido a través de los siglos, hasta llegar a ser "ciudad grande en extremo, de tres días de camino" (Jonás 3: 3).

En el tiempo de su prosperidad temporal, Nínive era un centro de crímenes e impiedad. La inspiración la ha caracterizado como "ciudad sanguinaria, ... llena de mentira y de rapiña" (Nahúm 3: 1). En lenguaje figurado, el profeta Nahúm comparó a los ninivitas con un león cruel y devorador, al que preguntó: "¿Sobre quién no pasó continuamente tu maldad?" (vers. 19).

A pesar de lo impía que Nínive había llegado a ser, no estaba completamente entregada al mal. El que "vio a todos

Los marineros tomaron a Jonás y lo arrojaron al mar tempestuoso, y se lo tragó un gran pez preparado por Dios.

JOHN STEEL © PPPA

273

los hijos de los hombres" (Salmo 33: 13) y cuyos "ojos vieron todo lo preciado" (Job 28: 10), percibió que en aquella ciudad muchos procuraban algo mejor y superior, y que si se les concedía oportunidad de conocer al Dios viviente, renunciarían a sus malas acciones y le adorarían. De manera que en su sabiduría Dios se les reveló en forma inequívoca, para inducirlos, si era posible, a arrepentirse.

El instrumento escogido para esta obra fue el profeta Jonás, hijo de Amitai. El Señor le dijo: "Levántate y ve a Nínive, aquella gran ciudad, y pregona contra ella; porque ha subido su maldad delante de mí" (Jonás 1: 1, 2).

Mientras el profeta pensaba en las dificultades e imposibilidades aparentes de lo que se le había encargado, se sintió tentado a poner en duda la prudencia del llamamiento. Desde un punto de vista humano, parecía que nada pudiera ganarse proclamando un mensaje tal en aquella ciudad orgullosa. Se olvidó por el momento de que el Dios a quien servía era omnisciente y omnipotente. Mientras vacilaba y seguía dudando, Satanás le abrumó de desaliento. El profeta fue dominado por un gran temor, y "se levantó para huir de la presencia de Jehová a Tarsis". Fue a Jope, encontró allí una nave a punto de zarpar y "pagando su pasaje, entró en ella para irse con ellos" (vers. 3).

El encargo que había recibido imponía a Jonás una pesada responsabilidad; pero el que le había ordenado que fuese podía sostener a su siervo y concederle éxito. Si el profeta hubiese obedecido sin vacilación, se habría ahorrado muchas experiencias amargas, y habría recibido abundantes bendiciones. Sin embargo, el Señor no abandonó a Jonás en su hora de desesperación. Mediante una serie de pruebas y providencias extrañas debía revivir la confianza del profeta en Dios y en su poder infinito para salvar.

Si, cuando recibió el llamamiento, Jonás se hubiese detenido a considerarlo con calma, podría haber comprendido cuán insensato sería cualquier esfuerzo de su parte para escapar a la responsabilidad puesta sobre él. Pero no se le dejó continuar mucho tiempo en su huida insensata. "Pero Jehová hizo levantar un gran viento en el mar, y hubo en el mar una tempestad tan grande que se pensó que se partiría la nave. Y los marineros tuvieron miedo, y cada uno clamaba a su dios; y echaron al mar los enseres que había en la nave, para descargarla de ellos. Pero Jonás había bajado al interior de la nave, y se había echado a dormir" (vers. 4, 5).

Mientras los marineros solicitaban ayuda a sus dioses paganos, el patrón de la nave, sumamente angustiado, buscó a Jonás y dijo: "¿Qué tienes, dormilón? Levántate, y clama a tu Dios; quizá él tendrá compasión de nosotros, y no pereceremos" (vers. 6).

Pero las oraciones del hombre que se había apartado de la senda del deber no trajeron auxilio. Los marineros, inducidos a pensar que la extraña violencia de la tempestad era muestra de cuán airados estaban sus dioses, propusieron como último recurso que se echasen suertes "para que sepamos por causa de quién nos ha venido este mal. Y echaron suertes, y la suerte cayó sobre Jonás. Entonces le dijeron ellos: Decláranos ahora por qué nos ha venido este mal. ¿Qué oficio tienes, y de dónde vienes? ¿Cuál es tu tierra, y de qué pueblo eres?

"Y él les respondió: Soy hebreo, y temo a Jehová, Dios de los cielos, que hizo el mar y la tierra.

"Y aquellos hombres temieron sobremanera, y le dijeron: ¿Por qué has hecho esto? Porque ellos sabían que huía de la presencia de Jehová, pues él se lo había declarado.

"Y le dijeron: ¿Qué haremos contigo para que el mar se nos aquiete? Porque el mar se iba embraveciendo más y más. El les respondió: Tomadme y echadme al mar, y el mar se os aquietará; porque yo sé que por mi causa ha venido esta gran tempestad sobre vosotros.

"Y aquellos hombres trabajaron para hacer volver la nave a tierra; mas no pudieron, porque el mar se iba embraveciendo más y más contra ellos. Entonces clamaron a Jehová y dijeron: Te rogamos ahora, Jehová, que no perezcamos nosotros por la vida de este hombre, ni pongas sobre nosotros la sangre inocente; porque tú, Jehová, has hecho como has querido. Y tomaron a Jonás, y lo echaron al mar; y el mar se aquietó de su furor. Y temieron aquellos hombres a Jehová con gran temor, y ofrecieron sacrificio a Jehová, e hicieron votos.

"Pero Jehová tenía preparado un gran pez que tragase a Jonás; y estuvo Jonás en el vientre del pez tres días y tres noches.

"Entonces oró Jonás a Jehová su Dios desde el vientre del pez, y dijo:

"Invoqué en mi angustia a Jehová, y él me oyó;
desde el seno del Seol clamé,
    y mi voz oíste.
Me echaste a lo profundo, en medio de los mares,
y me rodeó la corriente;
todas tus ondas y tus olas pasaron sobre mí.

Entonces dije: Desechado soy de delante de tus ojos;
mas aún veré tu santo templo.
Las aguas me rodearon hasta el alma,
rodeóme el abismo;
el alga se enredó a mi cabeza.
Descendí a los cimientos de los montes;
la tierra echó sus cerrojos sobre mí para siempre;
mas tú sacaste mi vida de la sepultura,
   oh Jehová Dios mío.
Cuando mi alma desfallecía en mí,
   me acordé de Jehová,
y mi oración llegó hasta ti en tu santo templo.
Los que siguen vanidades ilusorias,
su misericordia abandonan.
Mas yo con voz de alabanza te ofreceré sacrificios;
pagaré lo que prometí.
La salvación es de Jehová" (Jonás 1: 7-2: 9).

Por fin, Jonás había aprendido que "la salvación es de Jehová" (Salmo 3: 8). Al arrepentirse y al reconocer la gracia salvadora de Dios, obtuvo la liberación. Jonás fue librado de los peligros del profundo mar, y fue arrojado en tierra seca.

Una vez más se encargó al siervo de Dios que fuera a dar la advertencia a Nínive. "Vino palabra de Jehová por segunda vez a Jonás, diciendo: Levántate y ve a Nínive, aquella gran ciudad, y proclama en ella el mensaje que yo te diré". Esta vez no se detuvo a preguntar ni a dudar, sino que obedeció sin vacilar. "Se levantó Jonás, y fue a Nínive conforme a la palabra de Jehová" (Jonás 3: 1-3).

Al entrar Jonás en la ciudad, comenzó en seguida a pregonarle el mensaje: "De aquí a cuarenta días Nínive será destruida" (vers. 4). Iba de una calle a la otra, dejando oír la nota de advertencia.

El mensaje no fue dado en vano. El clamor que se elevó en las calles de la ciudad impía se transmitió de unos labios a otros, hasta que todos los habitantes hubieron oído el anuncio sorprendente. El Espíritu de Dios hizo penetrar el mensaje en todos los corazones, e indujo a multitudes a temblar por sus pecados, y a arrepentirse en profunda humillación.

"Y los hombres de Nínive creyeron a Dios, y proclamaron ayuno, y se vistieron de cilicio desde el mayor hasta el menor de ellos. Y llegó la noticia hasta el rey de Nínive, y se levantó de su silla, se despojó de su vestido, y se cubrió de cilicio y se sentó sobre ceniza. E hizo proclamar y anunciar en Nínive, por mandato del rey y de sus grandes, diciendo: Hombres y animales, bueyes y ovejas, no gusten cosa alguna; no se les dé alimento, ni beban agua; sino cúbranse de cilicio hombres y animales, y clamen a Dios fuertemente; y conviértanse cada uno de su mal camino, de la rapiña que hay en sus manos. ¿Quién sabe si se volverá y se arrepentirá Dios, y se apartará del ardor de su ira, y no pereceremos?" (vers. 5-9).

Mientras que el rey y los nobles, así como el común del pueblo, encumbrados y humildes, "se arrepintieron a la predicación de Jonás" (S. Mateo 12: 41), y se unían para elevar su clamor al Dios del cielo, él les concedió su misericordia. "Y vio Dios lo que hicieron, que se convirtieron de su mal camino; y se arrepintió del mal que había dicho que les haría, y no lo hizo" (Jonás 3: 10). Su condenación fue evitada; el Dios de Israel fue exaltado y honrado en todo el mundo pagano, y su ley fue reverenciada. Nínive no caería sino hasta muchos años más tarde, presa de las naciones circundantes, porque se olvidó de Dios y manifestó un orgullo jactancioso. (Véase el capítulo 30, "Librados de Asiria".)

Cuando Jonás conoció el propósito que Dios tenía de perdonar a la ciudad, que a pesar de su maldad había sido inducida a arrepentirse en saco y ceniza, debiera haber sido el primero en regocijarse por la asombrosa gracia de Dios; pero en vez de hacerlo permitió que su mente se espaciara en la posibilidad de que se le considerase un falso profeta. Celoso de su reputación, perdió de vista el valor infinitamente mayor de las almas de aquella miserable ciudad. Pero al notar la compasión manifestada por Dios hacia los arrepentidos ninivitas "Jonás se apesadumbró en extremo, y se enojó". Preguntó al Señor: "¿No es esto lo que yo decía estando aún en mi tierra? Por eso me apresuré a huir a Tarsis; porque sabía yo que tú eres Dios clemente y piadoso, tardo en enojarte, y de grande misericordia, y que te arrepientes del mal" (Jonás 4: 1, 2).

Una vez más cedió a su inclinación a dudar, y una vez más fue abrumado por el desaliento. Perdiendo de vista los intereses ajenos, y dominado por el sentimiento de que era preferible morir antes que ver sobrevivir la ciudad, exclamó, en su desconformidad: "Ahora pues, oh Jehová, te ruego que me quites la vida; porque mejor me es la muerte que la vida".

El Señor preguntó: "¿Haces tú bien en enojarte tanto? Y salió Jonás de la ciudad, y acampó hacia el oriente de la ciudad, y se hizo allí una enramada, y se sentó debajo de ella a la sombra, hasta ver qué acontecería en la ciudad. Y preparó Jehová Dios una calabacera, la cual creció sobre Jonás para que hiciese sombra sobre su cabeza, y le librase de su malestar; y Jonás se alegró grandemente por la calabacera" (vers. 3-6).

El Señor dio entonces a Jonás una lección objetiva. "Pero al venir el alba del día siguiente, Dios preparó un gusano, el cual hirió la calabacera, y se secó. Y aconteció que al salir el sol, preparó Dios un recio viento solano, y el sol hirió a Jonás en la cabeza, y se desmayaba, y deseaba la muerte, diciendo: Mejor sería para mí la muerte que la vida".

Nuevamente Dios habló a su profeta: "¿Tanto te enojas por la calabacera? Y él respondió: Mucho me enojo, hasta la muerte.

"Y dijo Jehová: Tuviste tú lástima de la calabacera, en la cual no trabajaste, ni tú la hiciste crecer; que en espacio de una noche nació, y en espacio de otra noche pereció. ¿Y no tendré yo piedad de Nínive, aquella gran ciudad donde hay más de ciento veinte mil personas que no saben discernir entre su mano derecha y su mano izquierda, y muchos animales?" (vers. 7-11).

Aunque confundido, humillado e incapaz de comprender el propósito que tenía Dios al perdonar a Nínive, Jonás había cumplido, sin embargo la comisión que se le diera de amonestar aquella gran ciudad; y aun cuando no se cumplió el acontecimiento predicho, el mensaje de advertencia no dejaba de haber procedido de Dios. Cumplió el propósito que Dios tenía al mandarlo. La gloria de su gracia se reveló entre los paganos. Los que habían estado "en tinieblas y sombra de muerte, aprisionados en aflicción y en hierros, … clamaron a Jehová en su angustia" y "los libró de sus aflicciones; los sacó de las tinieblas y de la sombra de muerte, y rompió sus prisiones… Envió su palabra, y los sanó, y los libró de su ruina" (Salmo 107: 10, 13, 14, 20).

Durante su ministerio terrenal Cristo se refirió al bien hecho por la predicación de Jonás en Nínive, y comparó a los habitantes de aquel centro pagano con el pueblo que, en su época, decía pertenecer a Dios. Declaró: "Los hombres de Nínive se levantarán en el juicio con esta generación, y la condenarán; porque ellos se arrepintieron a la predicación de Jonás, y he aquí más que Jonás en este lugar" (S. Mateo 12: 40, 41). En el mundo atareado, dominado por el bullicio y las alteraciones del comercio, donde los hombres procuraban obtener todo lo que podían para sí, había venido Cristo; y sobre la confusión, con su voz, como trompeta de

Dios, se oyó decir: "¿Qué aprovechará al hombre si ganare todo el mundo, y perdiere su alma? ¿O qué recompensa dará el hombre por su alma?" (S. Marcos 8: 36, 37).

Así como la predicación de Jonás fue una señal para los ninivitas, la predicación de Cristo lo fue también para su propia generación. Pero ¡qué contraste entre las dos maneras en que fue recibida la palabra! Sin embargo, frente a la indiferencia y el escarnio, el Salvador siguió obrando hasta que cumplió su misión.

Esto constituye una lección para los mensajeros que Dios envía hoy, cuando las ciudades de las naciones necesitan tan ciertamente conocer los atributos y propósitos del verdadero Dios, como los ninivitas de antaño. Los embajadores de Cristo han de señalar a los hombres el mundo más noble, que se ha perdido mayormente de vista. Según la enseñanza de las Sagradas Escrituras, la única ciudad que subsistirá es aquella cuyo artífice y constructor es Dios. Con el ojo de la fe, el hombre puede contemplar el umbral del cielo, inundado por la gloria del Dios viviente. Mediante sus siervos el Señor Jesús invita a los hombres a luchar con ambición santificada para obtener la herencia inmortal. Les insta a hacerse tesoros junto al trono de Dios.

Con rapidez y seguridad se está acumulando una culpabilidad casi universal sobre los habitantes de las ciudades, por causa del constante aumento de la impiedad desenfrenada. La corrupción que prevalece supera la capacidad descriptiva de la pluma humana. Cada día nos comunica nuevas revelaciones de las contiendas, los cohechos y los fraudes; cada día nos trae aflictivas noticias de violencias e iniquidades, de la indiferencia hacia el sufrimiento humano, de una destrucción de vidas realmente brutal e infernal. Cada día atestigua el aumento de la locura, los homicidios y los suicidios.

Siglo tras siglo Satanás ha procurado mantener a los hombres en la ignorancia de los designios benéficos de Jehová. Procuró impedir que viesen las cosas grandes de la ley de Dios: los principios de justicia, misericordia y amor que en ella se presentan. Los hombres se jactan de su maravilloso progreso y de la iluminación que reina en nuestra época; pero Dios ve la tierra llena de iniquidad y violencia. Los hombres declaran que la ley de Dios ha sido abrogada, que la Biblia no es auténtica; y como resultado arrasa al mundo una marea de maldad como nunca ha habido desde los días de Noé y del apóstata Israel. La nobleza del alma, la amabilidad y la piedad se sacrifican para satisfacer las codicias de cosas prohibidas. Los negros anales de los crímenes cometidos por amor a la ganancia bastan para helar la sangre y llenar el alma de horror.

Nuestro Dios es un Dios de misericordia. Trata a los transgresores de su ley con longanimidad y tierna compasión. Sin embargo, en esta época nuestra, cuando hombres y mujeres tienen tanta oportunidad de familiarizarse con la ley divina según se revela en la Sagrada Escritura, el gran Príncipe del universo no puede contemplar con satisfacción las ciudades impías, donde reinan la violencia y el crimen. Se está acercando rápidamente el momento en que se acabará la tolerancia de Dios hacia aquellos que persisten en la desobediencia.

¿Debieran los hombres sorprenderse si se produce un cambio repentino inesperado en el trato del Gobernante su-

283

premo con los habitantes de un mundo caído? ¿Debieran sorprenderse cuando el castigo sigue a la transgresión y al aumento de los crímenes? ¿Debieran sorprenderse de que Dios imponga destrucción y muerte a aquellos cuyas ganancias ilícitas han sido obtenidas por el engaño y el fraude? A pesar de que a medida de que han avanzado les ha sido posible saber más acerca de los requerimientos de Dios, muchos se han negado a reconocer el gobierno de Jehová, y han preferido permanecer bajo la negra bandera del iniciador de toda rebelión contra el gobierno del cielo.

La tolerancia de Dios ha sido muy grande, tan grande que cuando consideramos el continuo desprecio manifestado hacia sus santos mandamientos, nos asombramos. El Omnipotente ha ejercido un poder restrictivo sobre sus propios atributos. Pero se levantará ciertamente para castigar a los impíos, que con tanta audacia desafían las justas exigencias del Decálogo.

Dios concede a los hombres un tiempo de gracia; pero existe un punto más allá del cual se agota la paciencia divina y se manifestarán con seguridad los juicios de Dios. El Señor soporta durante mucho tiempo a los hombres y las ciudades, enviando misericordiosamente amonestaciones para salvarlos de la ira divina; pero llegará el momento en que ya no se oirán las súplicas de misericordia, y la persona rebelde que continúe rechazando la luz de la verdad quedará raída por efecto de la misericordia hacia ella misma y hacia aquellos que podrían, si no fuese así, sentir la influencia de su ejemplo.

Está muy cerca el momento en que habrá en el mundo una tristeza que ningún bálsamo humano podrá disipar. Se está retirando el Espíritu de Dios. Se siguen unos a otros en rápida sucesión los desastres por mar y tierra. ¡Con cuánta frecuencia oímos hablar de terremotos y ciclones, así como de la destrucción producida por incendios e inundaciones, con gran pérdida de vidas y propiedades! Aparentemente estas calamidades son estallidos caprichosos de las fuerzas desorganizadas y desordenadas de la naturaleza, completamente fuera del dominio humano; pero en todas ellas puede leerse el propósito de Dios. Se cuentan entre los instrumentos por medio de los cuales él procura despertar en hombres y mujeres un sentido del peligro que corren.

Los mensajeros de Dios en las grandes ciudades no deben desalentarse por la impiedad, la injusticia y la depravación que son llamados a enfrentar mientras tratan de proclamar las gratas nuevas de salvación. El Señor quiere alentar a todos los que así trabajan, con el mismo mensaje que dio al apóstol Pablo en la impía ciudad de Corinto: "No temas, sino habla, y no calles; porque yo estoy contigo, y ninguno pondrá sobre ti la mano para hacerte mal, porque yo tengo mucho pueblo en esta ciudad" (Hechos 18: 9, 10). Recuerden los que están empeñados en el ministerio de salvar las almas que a pesar de que son muchos los que no quieren escuchar los consejos que Dios da en su palabra, no se apartará todo el mundo de la luz y la verdad ni de las invitaciones de un Salvador paciente y tolerante. En toda ciudad, por muy llena que esté de violencia y de crímenes, hay muchos que con la debida enseñanza pueden aprender a seguir a Jesús. A miles puede comunicarse así la verdad salvadora, e inducirlos a recibir a Cristo como su Salvador personal.

El mensaje de Dios para los habitantes de la tierra hoy es: "Por tanto, también vosotros estad preparados; porque el Hijo del Hombre vendrá a la hora que no pensáis" (S. Mateo 24: 44). Las condiciones que prevalecen en la sociedad, y especialmente en las grandes ciudades de las naciones, proclaman con voz de trueno que la hora del juicio de Dios ha llegado, y que se acerca el fin de todas las cosas terrenales. Nos hallamos en el mismo umbral de la crisis de los siglos. En rápida sucesión se seguirán unos a otros los castigos de Dios: incendios e inundaciones, terremotos, guerras y derramamiento de sangre. No debemos quedar sorprendidos en este tiempo por acontecimientos grandes y decisivos; porque el ángel de la misericordia no puede permanecer mucho más tiempo para proteger a los impenitentes.

"Porque he aquí que Jehová sale de su lugar para castigar al morador de la tierra por su maldad contra él; y la tierra descubrirá la sangre derramada sobre ella, y no encubrirá ya más a sus muertos" (Isaías 26: 21). Se está preparando la tempestad de la ira de Dios; y sólo subsistirán los que respondan a las invitaciones de la misericordia, como lo hicieron los habitantes de Nínive bajo la predicación de Jonás, y sean santificados por la obediencia a las leyes del Gobernante divino. Sólo los justos serán escondidos con Cristo en Dios hasta que pase la desolación. Sea éste el lenguaje del alma:

"Ningún otro asilo hay, Solamente en ti, Señor,
indefenso acudo a ti, hallo paz, consuelo y luz,
mi necesidad me trae, vengo lleno de temor
porque mi peligro vi. a los pies de mi Jesús".

CAPITULO 23

El Cautiverio Asirio

LOS años finales del malvado reino de Israel se vieron señalados por tanta violencia y derramamiento de sangre que no se había conocido cosa semejante ni aun en los peores tiempos de lucha e intranquilidad bajo la casa de Acab. Durante más de dos siglos los gobernantes de las diez tribus habían estado sembrando vientos; y ahora cosechaban torbellinos. Un rey tras otro perecía asesinado para que otros ambiciosos reinasen. El Señor declaró acerca de estos usurpadores impíos: "Ellos establecieron reyes, pero no escogidos por mí; constituyeron príncipes, mas yo no lo supe" (Oseas 8: 4). Todo principio de justicia era desechado y los que debieran haberse destacado delante de las naciones de la tierra como depositarios de la gracia divina, "contra Jehová prevaricaron" (Oseas 5: 7), y unos contra otros.

Mediante las represiones más severas, Dios procuró despertar a la nación impenitente y hacerle comprender su inminente peligro de ser destruida por completo. Mediante

Oseas y Amós envió un mensaje tras otro a las diez tribus, para instarlas a arrepentirse plenamente y para amenazarlas con el desastre que resultaría de sus continuas transgresiones. Declaró Oseas: "Habéis arado impiedad, y segasteis iniquidad; comeréis fruto de mentira, porque confiaste en tu camino y en la multitud de tus valientes. Por tanto, en tus pueblos se levantará alboroto, y todas tus fortalezas serán destruidas... A la mañana será del todo cortado el rey de Israel" (Oseas 10: 13-15).

Acerca de Efraín* testificó el profeta: "Devoraron extraños su fuerza, y él no lo supo; y aun canas le han cubierto, y él no lo supo... Israel desechó el bien... Quebrantado en juicio", incapaz de discernir el resultado desastroso de su mala conducta, el pueblo de las diez tribus quedaría pronto condenado a andar errante "entre las naciones" (Oseas 7: 9; 8: 3; 5: 11; 9: 17).

Algunos de los caudillos de Israel tenían un agudo sentido de su pérdida de prestigio, y deseaban recuperarlo. Pero en vez de apartarse de las prácticas que habían debilitado al reino, continuaban en la iniquidad, congratulándose de que cuando llegase la ocasión podrían alcanzar el poder político que deseaban, aliándose con los paganos. "Y verá Efraín su enfermedad, y Judá su llaga; irá entonces Efraín a Asiria... Efraín fue como paloma incauta, sin entendimiento; llamarán a Egipto, acudirán a Asiria... Hicieron pacto con los asirios" (Oseas 5: 13; 7: 11; 12: 1).

Mediante el varón de Dios que se había presentado ante el altar de Bet-el, mediante Elías y Eliseo, mediante Amós y Oseas, el Señor había señalado repetidas veces a las diez tribus los males de la desobediencia. Sin embargo, y a pesar

Después de doscientos años de apostasía y de rechazar las amonestaciones divinas, Israel fue llevado cautivo por los asirios.

de las reprensiones y súplicas, Israel se había hundido más y más en la apostasía. Declaró el Señor: "Porque como novilla indómita se apartó Israel... Mi pueblo está adherido a la rebelión contra mí" (Oseas 4: 16; 11: 7).

Hubo tiempos en que los juicios del cielo cayeron en forma muy grave sobre el pueblo rebelde. Dios declaró: "Por esta causa los corté por medio de los profetas, con las palabras de mi boca los maté; y tus juicios serán como luz que sale. Porque misericordia quiero, y no sacrificio, y conocimiento de Dios más que holocaustos. Mas ellos, cual Adán, traspasaron el pacto; allí prevaricaron contra mí" (Oseas 6: 5-7).

El mensaje que les llegó finalmente fue: "Oíd palabra de Jehová, hijos de Israel... Porque olvidaste la ley de tu Dios, también yo me olvidaré de tus hijos. Conforme a su grandeza, así pecaron contra mí; también yo cambiaré su honra en afrenta... Le castigaré por su conducta, y le pagaré conforme a sus obras" (Oseas 4: 1, 6-9).

La iniquidad de Israel durante el último medio siglo antes de la cautividad asiria, fue como la de los días de Noé y como la de toda otra época cuando los hombres rechazaron a Dios y se entregaron por completo al mal hacer. La exaltación de la naturaleza sobre el Dios de la naturaleza, la adoración de las criaturas en vez del Creador, resultaron siempre en los males más groseros. Asimismo cuando el pueblo de Israel, en su culto de Baal y Astarté, rindió supremo homenaje a las fuerzas de la naturaleza, se separó de todo lo que es elevador y ennoblecedor y cayó fácilmente presa de la tentación. Una vez derribadas las defensas del alma, los extraviados adoradores no tuvieron barrera contra el pecado, y se entregaron a las malas pasiones del corazón humano.

Contra la intensa opresión, la flagrante injusticia, el lujo y el despilfarro desmedidos, los desvergonzados banquetes y borracheras, el libertinaje y las orgías de su época, los profetas alzaron la voz; pero vanas fueron sus protestas, vana su denuncia del pecado. Declaró Amós: "Ellos aborrecieron al reprensor en la puerta de la ciudad, y al que hablaba lo recto abominaron… Afligís al justo, y recibís cohecho, y en los tribunales hacéis perder su causa a los pobres" (Amós 5: 10, 12).

Tales fueron algunos de los resultados que tuvo la erección de los dos becerros de oro por Jeroboam. La primera desviación de las formas establecidas de culto introdujo formas de idolatría aun más groseras, hasta que finalmente casi todos los habitantes de la tierra se entregaron a las seductoras prácticas del culto de la naturaleza. Olvidando a su Hacedor, los hijos de Israel "llegaron hasta lo más bajo en su corrupción" (Oseas 9: 9).

Los profetas continuaron protestando contra esos males, e intercediendo para que se hiciese el bien. Oseas rogaba: "Sembrad para vosotros en justicia, segad para vosotros en misericordia; haced para vosotros barbecho; porque es el tiempo de buscar a Jehová, hasta que venga y os enseñe justicia… Tú, pues, vuélvete a tu Dios; guarda misericordia y juicio, y en tu Dios confía siempre… Vuelve, oh Israel, a Jehová tu Dios; porque por tu pecado has caído… Decidle: Quita toda iniquidad, y acepta el bien" (Oseas 10: 12; 12: 6; 14: 1, 2).

Se dieron a los transgresores muchas oportunidades de

arrepentirse. En la hora de su más profunda apostasía y mayor necesidad, Dios les dirigió un mensaje de perdón y esperanza. Declaró: "Te perdiste, oh Israel, mas en mí está tu ayuda. ¿Dónde está tu rey, para que te guarde?" (Oseas 13: 9, 10).

El profeta suplicó: "Venid y volvamos a Jehová; porque el arrebató, y nos curará; hirió, y nos vendará. Nos dará vida después de dos días; en el tercer día nos resucitará, y viviremos delante de él. Y conoceremos, y proseguiremos en conocer a Jehová; como el alba está dispuesta su salida, y vendrá a nosotros como la lluvia, como la lluvia tardía y temprana a la tierra" (Oseas 6: 1-3).

A los que habían perdido de vista el plan eterno trazado para librar a los pecadores apresados por el poder de Satanás, el Señor ofreció restauración y paz. Declaró: "Yo sanaré su rebelión, los amaré de pura gracia; porque mi ira se apartó de ellos. Yo seré a Israel como rocío; él florecerá como lirio, y extenderá sus raíces como el Líbano. Se extenderán sus ramas, y será su gloria como la del olivo, y perfumará como el Líbano. Volverán y se sentarán bajo su sombra; serán vivificados como trigo, y florecerán como la vid; su olor será como de vino del Líbano. Efraín dirá: ¿Qué más tendré ya con los ídolos? Yo lo oiré, y miraré; yo seré a él como la haya verde; de mí será hallado tu fruto.

"¿Quién es sabio para que entienda esto, y prudente para que lo sepa? Porque los caminos de Jehová son rectos, y los justos andarán por ellos; mas los rebeldes caerán en ellos" (Oseas 14: 4-9).

Se recalcó mucho lo benéfico que es buscar a Dios. El Señor mandó esta invitación: "Buscadme, y viviréis; y no busquéis a Bet-el, ni entréis en Gilgal, ni paséis a Beerseba; porque Gilgal será llevada en cautiverio, y Bet-el será deshecha...

"Buscad lo bueno, y no lo malo, para que viváis; porque así Jehová Dios de los ejércitos estará con vosotros, como decís. Aborreced el mal, y amad el bien, y estableced la justicia en juicio; quizá Jehová Dios de los ejércitos tendrá piedad del remanente de José" (Amós 5: 4, 5, 14, 15).

Un número desproporcionado de los que oyeron estas invitaciones se negaron a aprovecharse de ellas. La palabra de los mensajeros de Dios contrariaba de tal manera los malos deseos de los impenitentes, que el sacerdote idólatra de Bet-el mandó este aviso al gobernante de Israel: "Amós se ha levantado contra ti en medio de la casa de Israel; la tierra no puede sufrir todas sus palabras" (Amós 7: 10).

Mediante Oseas el Señor declaró: "Mientras curaba yo a Israel, se descubrió la iniquidad de Efraín, y las maldades de Samaria... Y la soberbia de Israel testificará contra él en su cara; y no se volvieron a Jehová su Dios, ni lo buscaron con todo esto" (Oseas 7: 1, 10).

De generación en generación, el Señor tuvo paciencia con sus hijos extraviados; y aun entonces, frente a una rebelión desafiante, anhelaba revelarse a ellos, dispuesto a salvarlos. Exclamó: "¿Qué haré a ti, Efraín? ¿Qué haré a ti, oh Judá? La piedad vuestra es como nube de la mañana, y como el rocío de la madrugada, que se desvanece" (Oseas 6: 4).

Los males que se habían extendido por la tierra llegaron a ser incurables; y se pronunció esta espantosa sentencia sobre Israel: "Efraín es dado a ídolos; déjalo... Vinieron los

días del castigo, vinieron los días de la retribución; e Israel lo conocerá" (Oseas 4: 17; 9: 7).

Las diez tribus de Israel iban a cosechar los frutos de la apostasía que había cobrado forma con la instalación de altares extraños en Bet-el y en Dan. El mensaje que Dios le dirigió fue: "Tu becerro, oh Samaria, te hizo alejarte; se encendió mi enojo contra ellos, hasta que no pudieron alcanzar purificación. Porque de Israel es también éste, y artífice lo hizo; no es Dios; por lo que será deshecho en pedazos el becerro de Samaria... Por las becerras de Bet-avén serán atemorizados los moradores de Samaria; porque su pueblo lamentará a causa del becerro, y sus sacerdotes que en él se regocijaban... Aun será él llevado a Asiria como presente al rey Jareb [Senaquerib]" (Oseas 8: 5, 6; 10: 5, 6).

"He aquí los ojos de Jehová el Señor están contra el reino pecador, y yo lo asolaré de la faz de la tierra; mas no destruiré del todo la casa de Jacob, dice Jehová. Porque he aquí yo mandaré y haré que la casa de Israel sea zarandeada entre todas las naciones, como se zarandea el grano en una criba, y no cae un granito en la tierra. A espada morirán todos los pecadores de mi pueblo, que dicen: No se acercará, ni nos alcanzará el mal...

"Las casas de marfil perecerán; y muchas casas serán arruinadas, dice Jehová... El Señor, Jehová de los ejércitos, es el que toca la tierra, y se derretirá, y llorarán todos los que en ella moran... Tus hijos y tus hijas caerán a espada, y tu tierra será repartida por suertes; y tú morirás en tierra inmunda, e Israel será llevado cautivo lejos de su tierra... Porque te he de hacer esto, prepárate para venir al encuen-

Si Israel hubiera prestado atención a los mensajes que Dios les enviaba por medio de sus profetas, habrían escapado de los juicios divinos.

295

tro de tu Dios, oh Israel" (Amós 9: 8-10; 3: 15; 9: 5; 7: 17; 4: 12).

Los castigos predichos fueron suspendidos por un tiempo, y durante el largo reinado de Jeroboam II los ejércitos de Israel obtuvieron importantes victorias; pero ese tiempo de prosperidad aparente no cambió el corazón de los impenitentes, así que fue finalmente decretado: "Jeroboam morirá a espada, e Israel será llevado de su tierra en cautiverio" (Amós 7: 11).

Tanto habían progresado en la impenitencia el rey y el pueblo, que la intrepidez de esa declaración no tuvo efecto en ellos. Amasías, uno de los que acaudillaban a los sacerdotes idólatras de Bet-el, agitado por las claras palabras pronunciadas por el profeta contra la nación y su rey, dijo a Amós: "Vidente, vete, huye a tierra de Judá, y come allá tu pan, y profetiza allá; y no profetices más en Bet-el, porque es santuario del rey, y capital del reino" (vers. 12, 13).

A esto respondió firmemente el profeta: "Por tanto, así ha dicho Jehová: ... Israel será llevado cautivo lejos de su tierra" (vers. 17).

Las palabras pronunciadas contra las tribus apóstatas se cumplieron literalmente; pero la destrucción del reino se produjo gradualmente. Al castigar, el Señor tuvo misericordia; y al principio, cuando "vino Pul rey de Asiria a atacar la tierra", Manahem, entonces rey de Israel, no fue llevado cautivo, sino que se le permitió permanecer en el trono como vasallo de Asiria. "Manahem dio a Pul mil talentos de plata para que le ayudara a confirmarse en el reino. E impuso Manahem este dinero sobre Israel, sobre todos los poderosos y opulentos; de cada uno cincuenta siclos de plata, para dar al rey de Asiria" (2 Reyes 15: 19, 20). Habiendo humillado las diez tribus, los asirios volvieron por un tiempo a su tierra.

Lejos de arrepentirse del mal que había ocasionado ruina en su reino, Manahem continuó en "los pecados de Jeroboam hijo de Nabat, el que hizo pecar a Israel". Pekaía y Peka, sus sucesores, también hicieron "lo malo ante los ojos de Jehová" (2 Reyes 15: 18, 24, 28). "En los días de Peka", quien reinó veinte años, Tiglat-pileser, rey de Asiria, invadió a Israel, y se llevó una multitud de cautivos de entre las tribus que vivían en Galilea y al oriente del Jordán. "Los rubenitas y gaditas y ... la media tribu de Manasés", juntamente con otros de los habitantes de "Galaad, Galilea, y toda la tierra de Neftalí" (1 Crónicas 5: 26; 2 Reyes 15: 29) fueron dispersados entre los paganos, en tierras muy distantes de Palestina.

El reino del norte no se recobró nunca de este golpe terrible. Un residuo débil hizo subsistir la forma de gobierno, pero éste ya no tenía poder. Un solo gobernante, Oseas, iba a seguir a Peka. Pronto el reino iba a ser destruido para siempre. Pero en aquel tiempo de tristeza y angustia Dios manifestó misericordia, y dio al pueblo otra oportunidad de apartarse de la idolatría. En el tercer año del reinado de Oseas, el buen rey Ezequías comenzó a reinar en Judá, y con toda celeridad instituyó reformas importantes en el servicio del templo de Jerusalén. Hizo arreglos para que se celebrara la pascua, y a esta fiesta fueron invitadas no sólo las tribus de Judá y Benjamín, sobre las cuales Ezequías había sido ungido rey, sino también todas las tribus del norte. Se dio una proclamación "por todo Israel, desde Beerseba hasta Dan, para que viniesen a celebrar la pascua a Jehová Dios de Israel, en Jerusalén; porque en mucho tiempo no la habían celebrado al modo que está escrito.

"Fueron, pues, correos con cartas de mano del rey y de sus príncipes por todo Israel y Judá" con esta apremiante invitación: "Hijos de Israel, volveos a Jehová el Dios de Abraham, de Isaac y de Israel, y él se volverá al remanente que ha quedado de la mano de los reyes de Asiria... No endurezcáis, pues, ahora vuestra cerviz como vuestros padres; someteos a Jehová, y venid a su santuario, el cual él ha santificado para siempre; y servid a Jehová vuestro Dios, y el ardor de su ira se apartará de vosotros. Porque si os volviereis a Jehová, vuestros hermanos y vuestros hijos hallarán misericordia delante de los que los tienen cautivos, y volverán a esta tierra; porque Jehová vuestro Dios es clemente y misericordioso, y no apartará de vosotros su rostro, si vosotros os volviereis a él" (2 Crónicas 30: 5-9).

"De ciudad en ciudad por la tierra de Efraín y Manasés, hasta Zabulón", proclamaron el mensaje los correos enviados por Ezequías. Israel debiera haber reconocido en esta invitación un llamamiento a arrepentirse y a volverse a Dios. Pero el residuo de las diez tribus que moraba todavía en el territorio del una vez floreciente reino del norte, trató a los mensajeros reales de Judá con indiferencia y hasta con desprecio. "Se reían y burlaban de ellos". Hubo sin embargo algunos que respondieron gustosamente. "Algunos hombres de Aser, de Manasés y de Zabulón se humillaron, y vinieron a Jerusalén ... para celebrar la fiesta solemne de los panes sin levadura" (2 Crónicas 30: 10-13).

Como dos años más tarde, Samaria fue cercada por las

Los mensajeros enviados por Ezequías y sus príncipes invitaron a Israel y a Judá a arrepentirse y a asistir a la pascua.

JOHN STEEL © PPPA

huestes de Asiria bajo Salmanasar; y en el sitio que siguió, multitudes perecieron miserablemente de hambre y enfermedad así como por la espada. Cayeron la ciudad y la nación, y el quebrantado remanente de las diez tribus fue llevado cautivo y disperso por las provincias del reino asirio.

La destrucción que sufrió el reino del norte fue un castigo directo del cielo. Los asirios fueron tan sólo los instrumentos que Dios usó para ejecutar su propósito. Por medio de Isaías, quien empezó a profetizar poco antes de la caída de Samaria, el Señor se refirió a las huestes asirias como "vara y báculo de mi furor, en su mano he puesto mi ira" (Isaías 10: 5).

Muy grave había sido el pecado de los hijos de Israel "contra Jehová su Dios", e hicieron "cosas muy malas... Mas ellos no obedecieron, antes ... desecharon sus estatutos, y el pacto que él había hecho con sus padres, y los testimonios que él había prescrito a ellos". Debido a que habían dejado "todos los mandamientos de Jehová su Dios, y se hicieron imágenes fundidas de dos becerros, y también imágenes de Asera, y adoraron a todo el ejército de los cielos, y sirvieron a Baal", y se habían negado constantemente a arrepentirse, el Señor "los afligió, y los entregó en manos de saqueadores, hasta echarlos de su presencia", en armonía con las claras advertencias que les había enviado por "todos los profetas sus siervos".

"E Israel fue llevado cautivo de su tierra a Asiria, ... "por cuanto no habían atendido a la voz de Jehová su Dios, sino que habían quebrantado su pacto; y todas las cosas que Moisés siervo de Jehová había mandado" (2 Reyes 17: 7, 11, 14-16, 20, 23; 18: 12).

En los terribles castigos que cayeron sobre las diez tribus, el Señor tenía un propósito sabio y misericordioso. Lo que ya no podía lograr por medio de ellas en la tierra de sus padres, procuraría hacerlo esparciéndolas entre los paganos. Su plan para salvar a todos los que quisieran obtener perdón mediante el Salvador de la familia humana, debía cumplirse todavía; y en las aflicciones impuestas a Israel, estaba preparando el terreno para que su gloria se revelase a las naciones de la tierra. No todos los que fueron llevados cauvos eran impenitentes. Había entre ellos algunos que habían permanecido fieles a Dios, y otros que se habían humillado delante de él. Mediante éstos, los "hijos del Dios viviente" (Oseas 1: 10), iba a comunicar a multitudes del reino asirio un conocimiento de los atributos de su carácter y de la benevolencia de su ley.

---

*El profeta Oseas se refirió a menudo a Efraín como símbolo de la nación apóstata, porque esa tribu encabezaba la apostasía en Israel.

CAPITULO 24

"Destruido por Falta de Conocimiento"

EL FAVOR de Dios para con los hijos de Israel había dependido siempre de que obedeciesen. Al pie del Sinaí habían hecho con él un pacto como su "especial tesoro sobre todos los pueblos". Solemnemente habían prometido seguir por la senda de la obediencia. Habían dicho: "Todo lo que Jehová ha dicho, haremos" (Exodo 19: 5, 8). Y cuando, algunos días más tarde, la ley de Dios fue pronunciada desde el monte y por medio de Moisés se dieron instrucciones adicionales en forma de estatutos y juicios, los israelitas volvieron a prometer a una voz: "Haremos todas las palabras que Jehová ha dicho". Cuando se ratificó el pacto, el pueblo volvió a declarar unánimemente: "Haremos todas las cosas que Jehová ha dicho, y obedeceremos" (Exodo 24: 3, 7). Dios había escogido a Israel como su pueblo, y éste le había escogido a él como su Rey.

Al acercarse el fin de las peregrinaciones por el desierto, se repitieron las condiciones del pacto. En Baal-peor, en los límites de la tierra prometida, donde muchos cayeron víctimas de la tentación sutil, los que permanecieron fieles renovaron sus votos de lealtad. Moisés los puso en guardia contra las tentaciones que los asaltarían en el futuro; y los exhortó fervorosamente a que permaneciesen separados de las naciones circundantes y adorasen sólo a Dios.

Moisés había instruido así a Israel: "Ahora, pues, oh Israel, oye los estatutos y decretos que yo os enseño, para que los ejecutéis, y viváis, y entréis y poseáis la tierra que Jehová el Dios de vuestros padres os da. No añadiréis a la palabra que yo os mando, ni disminuiréis de ella, para que guardéis los mandamientos de Jehová vuestro Dios que yo os ordeno... Guardadlos, pues, y ponedlos por obra; porque esta es vuestra sabiduría y vuestra inteligencia ante los ojos de los pueblos, los cuales oirán todos estos estatutos, y dirán: Ciertamente pueblo sabio y entendido, nación grande es ésta" (Deuteronomio 4: 1-6).

Se les había encargado especialmente a los israelitas que no olvidasen los mandamientos de Dios, en cuya obediencia hallarían fortaleza y bendición. He aquí las palabras que el Señor les dirigió por Moisés: "Guárdate, y guarda tu alma con diligencia, para que no te olvides de las cosas que tus ojos han visto, ni se aparten de tu corazón todos los días de tu vida; antes bien, las enseñarás a tus hijos, y a los hijos de tus hijos" (vers. 9). Las escenas pavorosas relacionadas con la promulgación de la ley en el Sinaí no debían olvidarse jamás. Habían sido claras y decididas las advertencias dadas a Israel contra las costumbres idólatras que prevalecían entre las naciones vecinas. El consejo que se le había dado había sido: "Guardad, pues, mucho vuestras almas, ... para que no os corrompáis y hagáis para vosotros escultura, imagen de figura alguna... No sea que alces tus ojos al cielo, y viendo el sol y la luna y las estrellas, y todo el ejército del cielo, seas impulsado, y te inclines a ellos y les sirvas; porque Jehová tu Dios los ha concedido a todos los pueblos debajo de todos los cielos... Guardaos, no os olvidéis del pacto de Jehová vuestro Dios, que él estableció con vosotros, y no os hagáis escultura o imagen de ninguna cosa que Jehová tu Dios te ha prohibido" (vers. 15, 16, 19, 23).

Moisés explicó los males que resultarían de apartarse de los estatutos de Jehová. Invocando como testigos los cielos y la tierra, declaró que si, después de haber morado largo tiempo en la tierra prometida, el pueblo llegara a introducir formas corruptas de culto y a inclinarse ante imágenes esculpidas, y si rehusara volver al culto del verdadero Dios, la ira del Señor se despertaría y ellos serían llevados cautivos y dispersados entre los paganos. Les advirtió: "Pronto pereceréis totalmente de la tierra hacia la cual pasáis el Jordán para tomar posesión de ella; no estaréis en ella largos días sin que seáis destruidos. Y Jehová os esparcirá entre los pueblos, y quedaréis pocos en número entre las naciones a las cuales os llevará Jehová. Y serviréis allí a dioses hechos de manos de hombres, de madera y piedra, que no ven, ni oyen, ni comen, ni huelen" (vers. 26-28).

Esta profecía, que se cumplió en parte en tiempo de los jueces, halló un cumplimiento más completo y literal en el cautiverio de Israel en Asiria y de Judá en Babilonia.

La apostasía de Israel se había desarrollado gradualmente. De generación en generación, Satanás había hecho repetidas tentativas para inducir a la nación escogida a que olvidase "los mandamientos, estatutos y decretos" (Deuteronomio 6: 1) que había prometido guardar para siempre. Sabía él que si tan sólo podía inducir a Israel a olvidarse de Dios, y a andar "en pos de dioses ajenos" para servirlos y postrarse ante ellos, "de cierto" perecería (Deuteronomio 8: 19).

Sin embargo, el enemigo de la iglesia de Dios en la tierra no había tenido plenamente en cuenta la naturaleza compasiva de Aquel que "de ningún modo tendrá por inocente al malvado", y sin embargo se gloría en ser "misericordioso y piadoso; tardo para la ira, y grande en misericordia y verdad; que guarda misericordia a millares, que perdona la iniquidad, la rebelión y el pecado" (Exodo 34: 6, 7). A pesar de los esfuerzos hechos por Satanás para estorbar el propósito de Dios en favor de Israel, el Señor se reveló misericordiosamente aun en algunas de las horas más sombrías de su historia, cuando parecía que las fuerzas del mal estaban por ganar la victoria. Recordó a Israel las cosas destinadas a contribuir al bienestar de la nación. Declaró por medio de Oseas: "Le escribí las grandezas de mi ley, y fueron tenidas por cosa extraña... Yo con todo eso enseñaba a andar al mismo Efraín, tomándole de los brazos; y no conoció que yo le cuidaba" (Oseas 8: 12; 11: 3). El Señor los había tratado con ternura, instruyéndolos por sus profetas y dándoles renglón sobre renglón, precepto sobre precepto.

Si Israel hubiese escuchado los mensajes de los profetas, se le habría ahorrado la humillación que siguió. Pero el Señor se vio obligado a dejarlo ir en cautiverio porque per-

305

sistió en apartarse de su ley. El mensaje que le mandó por por medio de Oseas fue éste: "Mi pueblo fue destruido, porque le faltó conocimiento. Por cuanto desechaste el conocimiento, yo te echaré ... porque olvidaste la ley de tu Dios" (Oseas 4: 6).

En toda época, la transgresión de la ley de Dios fue seguida por el mismo resultado. En los días de Noé, cuando se violó todo principio del bien hacer, y la iniquidad se volvió tan arraigada y difundida que Dios no pudo soportarla más, se promulgó el decreto: "Raeré de sobre la faz de la tierra a los hombres que he creado" (Génesis 6: 7). En los tiempos de Abrahán, el pueblo de Sodoma desafió abiertamente a Dios y a su ley; y se manifestó la misma perversidad, la misma corrupción y la misma sensualidad desenfrenada que habían distinguido al mundo antediluviano. Los habitantes de Sodoma sobrepasaron los límites de la tolerancia divina, y contra ellos se encendió el fuego de la venganza.

— El tiempo que precedió al cautiverio de las diez tribus de Israel se destacó por una desobediencia y una perversidad similares. No se tenía en cuenta para nada la ley de Dios, y esto abrió las compuertas de la iniquidad sobre Israel. Oseas declaró: "Jehová contiende con los moradores de la tierra; porque no hay verdad, ni misericordia, ni conocimiento de Dios en la tierra. Perjurar, mentir, matar, hurtar y adulterar prevalecen, y homicidio tras homicidio se suceden" (Oseas 4: 1, 2).

Las profecías de juicio que dieran Amós y Oseas iban acompañadas de predicciones referentes a una gloria futura. A las diez tribus, durante mucho tiempo rebeldes e impenitentes, no se les prometió una restauración completa de su poder anterior en Palestina. Hasta el fin del tiempo habrían de andar "errantes entre las naciones". Pero mediante Oseas fue dada una profecía que les ofreció el privilegio de tener parte en la restauración final que habrá de experimentar el pueblo de Dios al fin de la historia de esta tierra, cuando Cristo aparezca como Rey de reyes y Señor de señores. Declaró el profeta: "Muchos días estarán los hijos de Israel sin rey, sin príncipe, sin sacrificio, sin estatua, sin efod y sin terafines. Después —agregó el profeta— volverán los hijos de Israel, y buscarán a Jehová su Dios, y a David su rey; y temerán a Jehová y a su bondad en el fin de los días" (Oseas 3: 4, 5).

En un lenguaje simbólico Oseas presentó a las diez tribus el plan que Dios tenía para volver a otorgar a toda alma penitente que se uniese con su iglesia en la tierra, las bendiciones concedidas a Israel en los tiempos cuando éste le era leal en la tierra prometida. Refiriéndose a Israel como a

quien deseaba manifestar misericordia, el Señor declaró: "Pero he aquí que yo la atraeré y la llevaré al desierto, y hablaré a su corazón. Y le daré sus viñas desde allí, y el valle de Acor por puerta de esperanza; y allí cantará como en los tiempos de su juventud, y como en el día de su subida de la tierra de Egipto. En aquel tiempo, dice Jehová, me llamarás Ishi [mi marido], y nunca más me llamarás Baali [mi señor]. Porque quitaré de su boca los nombres de los baales, y nunca más se mencionarán sus nombres" (Oseas 2: 14-17).

En los últimos días de la historia de esta tierra debe renovarse el pacto de Dios con su pueblo que guarda sus mandamientos. "En aquel tiempo haré para ti pacto con las bestias del campo, con las aves del cielo y con las serpientes de la tierra; y quitaré de la tierra arco y espada y guerra, y te haré dormir segura. Y te desposaré conmigo para siempre; te desposaré conmigo en justicia, juicio, benignidad y misericordia. Y te desposaré conmigo en fidelidad, y conocerás a Jehová.

"En aquel tiempo responderé, dice Jehová, yo responderé a los cielos, y ellos responderán a la tierra; y la tierra responderá al trigo, al vino y al aceite, y ellos responderán a Jezreel. Y la sembraré para mí en la tierra, y tendré misericordia de Lo-ruhama; y diré a Lo-ammi: Tú eres pueblo mío, y él dirá: Dios mío" (vers. 18-23).

"Acontecerá en aquel tiempo, que los que hayan quedado de Israel y los que hayan quedado de la casa de Jacob, ... se apoyarán con verdad en Jehová, el Santo de Israel" (Isaías 10: 20). De "toda nación, tribu, lengua y pueblo" saldrán algunos que responderán gozosamente al mensaje:

"Temed a Dios, y dadle gloria, porque la hora de su juicio ha llegado". Se apartarán de todo ídolo que los una a la tierra, y adorarán "a aquel que hizo el cielo y la tierra, el mar y las fuentes de las aguas". Se librarán de todo enredo, y se destacarán ante el mundo como monumentos de la misericordia de Dios. Obedientes a los requerimientos divinos, serán reconocidos por los ángeles y por los hombres como quienes guardaron "los mandamientos de Dios y la fe de Jesús" (Apocalipsis 14: 6, 7, 12).

"He aquí vienen días, dice Jehová, en que el que ara alcanzará al segador, y el pisador de las uvas al que lleve la simiente; y los montes destilarán mosto, y todos los collados se derretirán. Y traeré del cautiverio a mi pueblo Israel, y edificarán ellos las ciudades asoladas, y las habitarán; plantarán viñas, y beberán el vino de ellas, y harán huertos, y comerán el fruto de ellos. Pues los plantaré sobre su tierra, y nunca más serán arrancados de su tierra que yo les di, ha dicho Jehová Dios tuyo" (Amós 9: 13-15).

CAPITULO 25

El Llamamiento de Isaías

EL LARGO reinado de Uzías [también llamado Azarías] en la tierra de Judá y de Benjamín fue caracterizado por una prosperidad mayor que la conocida bajo cualquier otro gobernante desde la muerte de Salomón, casi dos siglos antes. Durante muchos años el rey gobernó con discreción. Gracias a la bendición del cielo, sus ejércitos recobraron parte del territorio que se había perdido en años anteriores. Se reedificaron y fortificaron ciudades, y quedó muy fortalecida la posición de la nación entre los pueblos circundantes. El comercio revivió y afluyeron a Jerusalén las riquezas de las naciones. La fama de Uzías "se extendió lejos, porque fue ayudado maravillosamente, hasta hacerse poderoso" (2 Crónicas 26: 15).

Sin embargo, esta prosperidad exterior no fue acompañada por el correspondiente reavivamiento del poder espiritual. Los servicios del templo continuaban como en años

Mientras el profeta Isaías adoraba en el templo, contempló una visión gloriosa y fue preparado para cumplir la voluntad de Dios.

anteriores y las multitudes se congregaban para adorar al Dios viviente; pero el orgullo y el formalismo reemplazaban gradualmente la humildad y la sinceridad. Acerca de Uzías mismo hallamos escrito: "Cuando ya era fuerte, su corazón se enalteció para su ruina; porque se rebeló contra Jehová su Dios".

El pecado que tuvo resultados tan desastrosos para Uzías fue un acto de presunción. Violando una clara orden de Jehová, de que ninguno sino los descendientes de Aarón debía oficiar como sacerdote, el rey entró en el santuario "para quemar incienso en el altar". El sumo sacerdote Azarías y sus compañeros protestaron y le suplicaron que se desviara de su propósito. Le dijeron: "has prevaricado, y no te será para gloria" (vers. 16, 18).

Uzías se llenó de ira porque se le reprendía así a él, que era el rey. Pero no se le permitió profanar el santuario contra la protesta unida de los que ejercían autoridad. Mientras estaba allí de pie, en airada rebelión, se vio repentinamente herido por el juicio divino. Apareció la lepra en su frente. Huyó espantado, para nunca volver a los atrios del templo. Hasta el día de su muerte, algunos años más tarde, permaneció leproso, como vivo ejemplo de cuán insensato es apartarse de un claro: "Así dice Jehová". No pudo presentar su alto cargo ni su larga vida de servicio como excusa por el pecado de presunción con que manchó los años finales de su reinado y atrajo sobre sí el juicio del cielo.

Dios no hace acepción de personas. "Mas la persona que hiciere algo con soberbia, así el natural como el extranjero, ultraja a Jehová; esa persona será cortada de en medio de su pueblo" (Números 15: 30).

El castigo que cayó sobre Uzías pareció ejercer una influencia refrenadora sobre su hijo. Este, Jotam, llevó pesadas responsabilidades durante los últimos años del reinado de su padre, y le sucedió en el trono después de la muerte de Uzías. Acerca de Jotam quedó escrito: "Y él hizo lo recto ante los ojos de Jehová; hizo conforme a todas las cosas que había hecho su padre Uzías. Con todo eso, los lugares altos no fueron quitados, porque el pueblo sacrificaba aún, y quemaba incienso en los lugares altos" (2 Reyes 15: 34, 35).

Se acercaba el fin del reinado de Uzías y Jotam estaba ya llevando muchas de las cargas del Estado, cuando Isaías, hombre muy joven del linaje real, fue llamado a la misión profética. Los tiempos en los cuales iba a tocarle trabajar estarían cargados de peligros especiales para el pueblo de Dios. El profeta presenciaría la invasión de Judá por los ejércitos combinados de Israel del norte y de Siria; vería las huestes asirias acampadas frente a las principales ciudades del reino. Durante su vida, iba a caer Samaria y las diez tribus de Israel serían dispersadas entre las naciones. Judá iba a ser invadido una y otra vez por los ejércitos asirios, y Jerusalén sufriría un sitio que sin la intervención milagrosa de Dios habría resultado en su caída. Ya estaba amenazada por graves peligros la paz del reino del sur. La protección divina se estaba retirando y las fuerzas asirias estaban por desplegarse en la tierra de Judá.

Pero los peligros de afuera, por abrumadores que parecieran, no eran tan graves como los de adentro. Era la perversidad de su pueblo lo que imponía al siervo de Dios la mayor perplejidad y la más profunda depresión. Por su apostasía y rebelión, los que debieran haberse destacado como portaluces entre las naciones estaban atrayendo sobre sí los juicios de Dios. Muchos de los males que estaban acelerando la presta destrucción del reino del norte, y que habían sido denunciados poco antes en términos inequívocos por Oseas y Amós, estaban corrompiendo rápidamente el reino de Judá.

La perspectiva era particularmente desalentadora en lo que se refería a las condiciones sociales del pueblo. Había hombres que, en su deseo de ganancias, iban añadiendo una casa a otra, y un campo a otro (Isaías 5: 8). La justicia se pervertía; y no se manifestaba compasión alguna hacia los pobres. Acerca de estos males Dios declaró: "El despojo del pobre está en vuestras casas ... Majáis mi pueblo y moléis las caras de los pobres" (Isaías 3: 14, 15). Hasta los magistrados, cuyo deber era proteger a los indefensos, hacían oídos sordos a los clamores de los pobres y menesterosos, de las viudas y los huérfanos (Isaías 10: 1, 2).

La opresión y la obtención de riquezas iban acompañadas de orgullo y apego a la ostentación, escandalosas borracheras y un espíritu de orgía. En los tiempos de Isaías, la idolatría ya no provocaba sorpresa (Isaías 2: 8, 9, 11, 12; 3: 16, 18-23; 5: 11, 12, 22; 10: 1, 2). Las prácticas inicuas habían llegado a prevalecer de tal manera entre todas las clases, que los pocos que permanecían fieles a Dios estaban a menudo a punto de ceder al desaliento y la desesperación. Parecía que el propósito de Dios para Israel estuviese por fracasar, y que la nación rebelde hubiese de sufrir una suerte similar a la de Sodoma y Gomorra.

Frente a tales condiciones, no es sorprendente que cuando Isaías fue llamado, durante el último año del reinado de Uzías, para que comunicase a Judá los mensajes de amonestación y reprensión que Dios le mandaba, quiso rehuir la responsabilidad. Sabía muy bien que encontraría una resistencia obstinada. Al comprender su propia incapacidad para hacer frente a la situación y al pensar en la terquedad e incredulidad del pueblo por el cual tendría que trabajar, su tarea le parecía desesperada. ¿Debía renunciar descorazonado a su misión y abandonar a Judá en su idolatría? ¿Habrían de gobernar la tierra los dioses de Nínive, en desafío del Rey de los cielos?

Pensamientos como éstos embargaban a Isaías mientras se hallaba bajo el pórtico del templo. De repente la puerta y el velo interior del templo parecieron alzarse o retraerse, y se le permitió mirar al interior, al lugar santísimo, donde el profeta no podía siquiera asentar los pies. Se le presentó una visión de Jehová sentado en un trono elevado, mientras que el séquito de su gloria llenaba el templo. A ambos lados del trono, con el rostro velado en adoración, se cernían los serafines que servían en la presencia de su Hacedor y unían sus voces en la solemne invocación: "Santo, santo, santo, Jehová de los ejércitos; toda la tierra está llena de su gloria" (Isaías 6: 3), hasta que el sonido parecía estremecer las columnas y la puerta de cedro y llenar la casa con su tributo de alabanza.

Mientras Isaías contemplaba esta revelación de la gloria y majestad de su Señor, se quedó abrumado por un sentido de la pureza y la santidad de Dios. ¡Cuán agudo contraste notaba entre la incomparable perfección de su Creador y la conducta pecaminosa de aquellos que, juntamente con él mismo, se habían contado durante mucho tiempo entre el

315

pueblo escogido de Israel y Judá! "¡Ay de mí! —exclamó— que soy muerto; porque siendo hombre inmundo de labios, y habitando en medio de pueblo que tiene labios inmundos, han visto mis ojos al Rey, Jehová de los ejércitos" (vers. 5). Estando, por así decirlo, en plena luz de la divina presencia en el santuario interior, comprendió que si se le abandonaba a su propia imperfección y deficiencia, se vería por completo incapaz de cumplir la misión a la cual había sido llamado. Pero un serafín fue enviado para aliviarlo de su angustia, y hacerlo idóneo para su gran misión. Un carbón vivo del altar tocó sus labios y oyó las palabras: "He aquí que esto tocó tus labios, y es quitada tu culpa, y limpio tu pecado". Entonces oyó que la voz de Dios decía: "¿A quién enviaré, y quién irá por nosotros?" E Isaías respondió: "Heme aquí, envíame a mí" (vers. 7, 8).

El visitante celestial ordenó al mensajero que aguardaba: "Anda, y di a este pueblo: Oíd bien, y no entendáis; ved por cierto, mas no comprendáis. Engruesa el corazón de este pueblo, y agrava sus oídos, y ciega sus ojos, para que no vea con sus ojos, ni oiga con sus oídos, ni su corazón entienda, ni se convierta, y haya para él sanidad" (vers. 9, 10).

Era muy claro el deber del profeta; debía elevar la voz en protesta contra los males que prevalecían. Pero temía emprender la obra sin que se le asegurase cierta esperanza. Preguntó: "¿Hasta cuándo, Señor?" (vers. 11). ¿No habrá ninguno entre tu pueblo escogido que haya de comprender, arrepentirse y ser sanado?

La preocupación de su alma en favor del errante Judá no había de ser vana. Su misión no iba a ser completamente infructuosa. Sin embargo, los males que se habían estado multiplicando durante muchas generaciones no podían eliminarse en sus días. Durante toda su vida, habría de ser un maestro paciente y valeroso, un profeta de esperanza tanto como de condenación. Cuando estuviese cumplido finalmente el propósito divino, aparecerían los frutos completos de sus esfuerzos y de las labores realizadas por todos los mensajeros fieles a Dios. Un residuo se salvaría. A fin de que esto sucediera, los mensajes de amonestación y súplica debían ser entregados a la nación rebelde. Declaró el Señor: "Hasta que las ciudades estén asoladas y sin morador, y no haya hombre en las casas, y la tierra esté hecha un desierto; hasta que Jehová haya echado lejos a los hombres, y multiplicado los lugares abandonados en medio de la tierra" (vers. 11, 12).

Los grandes castigos que estaban por caer sobre los impenitentes: guerra, destierro, opresión, pérdida de poder y prestigio entre las naciones, acontecerían para que pudiese inducirse al arrepentimiento a aquellos que reconociesen en esos castigos la mano de un Dios ofendido. Las diez tribus del reino del norte iban a quedar pronto dispersadas entre las naciones, y sus ciudades serían dejadas asoladas; los destructores ejércitos de las naciones hostiles iban a arrasar la tierra vez tras vez; al fin la misma Jerusalén caería y Judá sería llevado cautivo; y sin embargo la tierra prometida no quedaría abandonada para siempre. El visitante celestial aseguró a Isaías: "Y si quedare aún en ella la décima parte, ésta volverá a ser destruida; pero como el roble y la encina, que al ser cortados aún queda el tronco, así será el tronco, la simiente santa" (vers. 13).

Esta promesa del cumplimiento final que había de tener

317

el propósito de Dios infundió valor al corazón de Isaías. ¿Qué importaba que las potencias terrenales se alistasen contra Judá? ¿Qué importaba que el mensajero del Señor hubiese de encontrar oposición y resistencia? Isaías había visto al Rey, a Jehová de los ejércitos; había oído el canto de los serafines: "Toda la tierra está llena de su gloria" (vers. 3). Había recibido la promesa de que los mensajes de Jehová al apóstata Judá irían acompañados con el poder convincente del Espíritu Santo; y el profeta quedó fortalecido para la obra que le esperaba. Durante el cumplimiento de su larga y ardua misión recordó siempre esa visión. Por sesenta años o más, estuvo delante de los hijos de Judá como profeta de esperanza, prediciendo con un valor que iba siempre en aumento el futuro triunfo de la iglesia.

CAPITULO 26

"He Ahí a Vuestro Dios"

EN LOS tiempos de Isaías la comprensión espiritual de la humanidad se hallaba oscurecida por un concepto erróneo acerca de Dios. Durante mucho tiempo Satanás había procurado inducir a los hombres a considerar a su Creador como autor del pecado, el sufrimiento y la muerte. Los que habían sido así engañados se imaginaban que Dios era duro y exigente. Le veían como al acecho para denunciar y condenar, nunca dispuesto a recibir al pecador mientras hubiese una excusa legal para no ayudarle. La ley de amor que rige el cielo había sido calumniada por el gran engañador y presentada como una restricción a la felicidad humana, un yugo pesado del cual debían escapar gustosos. Declaraba que era imposible obedecer sus preceptos, y que los castigos por la transgresión se imponían arbitrariamente.

Los israelitas no tenían excusa por olvidarse del verdadero carácter de Jehová. Con frecuencia se les había revelado como "Dios misericordioso y clemente, lento para la ira, y grande en misericordia y verdad" (Salmo 86: 15). Había testificado: "Cuando Israel era muchacho, yo lo amé, y de Egipto llamé a mi hijo" (Oseas 11: 1).

El Señor había tratado a Israel con ternura al librarlo de la servidumbre egipcia y mientras viajaba hacia la tierra prometida. "En toda angustia de ellos él fue angustiado, y el ángel de su faz los salvó; en su amor y en su clemencia los redimió, y los trajo, y los levantó todos los días de la antigüedad" (Isaías 63: 9).

"Mi presencia irá contigo" (Exodo 33: 14), fue la promesa hecha durante el viaje a través del desierto. Y fue acompañada por una maravillosa revelación del carácter de Jehová, que permitió a Moisés proclamar a todo Israel la bondad de Dios e instruirlo en forma más completa acerca de los atributos de su Rey invisible. "Y pasando Jehová por delante de él, proclamó: ¡Jehová! ¡Jehová! fuerte, misericordioso y piadoso; tardo para la ira, y grande en misericordia y verdad; que guarda misericordia a millares, que perdona la iniquidad, la rebelión y el pecado, y que de ningún modo tendrá por inocente al malvado" (Exodo 34: 6, 7).

En este conocimiento de la longanimidad de Jehová y de su amor y misericordia infinitos había basado Moisés su admirable intercesión por la vida de Israel cuando, en los límites de la tierra prometida, ese pueblo se había negado a avanzar en obediencia a la orden de Dios. En el apogeo de su rebelión, el Señor había declarado: "Yo los heriré de mortandad y los destruiré"; y había propuesto hacer de los descendientes de Moisés una "gente más grande y más fuerte que ellos" (Números 14: 12). Pero el profeta invocó las maravillosas providencias y promesas de Dios en favor de la nación escogida. Y luego, como el argumento más poderoso, insistió en el amor de Dios hacia el hombre caído (vers. 17-19).

Misericordiosamente, el Señor contestó: "Yo lo he perdonado conforme a tu dicho". Y luego impartió a Moisés, en forma de profecía, un conocimiento de su propósito concerniente al triunfo final de Israel. Declaró: "Mas tan ciertamente como vivo yo, y mi gloria llena toda la tierra" (vers. 20, 21). La gloria de Dios, su carácter, su misericordiosa bondad y tierno amor, lo que Moisés había invocado en favor de Israel, se revelaría a toda la humanidad. Y la promesa de Jehová fue hecha doblemente segura al ser confirmada por un juramento. Con tanta certidumbre como que Dios vive y reina, su gloria iba a ser declarada "entre las naciones" y "en todos los pueblos sus maravillas" (Salmo 96: 3).

Acerca del futuro cumplimiento de esta profecía, Isaías había oído a los resplandecientes serafines cantar delante del trono: "Toda la tierra está llena de su gloria" (Isaías 6: 3). Y el profeta mismo, confiado en la seguridad de estas palabras, declaró audazmente más tarde acerca de aquellos que se postraban ante imágenes de madera y de piedra: "Verán la gloria de Jehová, la hermosura del Dios nuestro" (Isaías 35: 2).

Hoy esta profecía se está cumpliendo rápidamente. Las actividades misioneras de la iglesia de Dios en la tierra están produciendo ricos frutos, y pronto el mensaje del Evangelio habrá sido proclamado a todas las naciones. "Para alabanza de la gloria de su gracia", hombres y mujeres de toda tribu, lengua y pueblo son transformados y hechos "aceptos en el Amado", "para mostrar en los siglos venideros las abundantes riquezas de su gracia en su bondad para con nosotros en Cristo Jesús" (Efesios 1: 6; 2: 7). "Bendito Jehová Dios, el Dios de Israel, el único que hace maravillas. Bendito su nombre glorioso para siempre, y toda la tierra sea llena de su gloria" (Salmo 72: 18, 19).

En la visión que recibió Isaías en el atrio del templo, se le presentó claramente el carácter del Dios de Israel. Se le había aparecido en gran majestad "el Alto y Sublime, el que habita la eternidad, y cuyo nombre es el Santo"; sin embargo se le hizo comprender la naturaleza compasiva de su Señor. El que mora "en la altura y la santidad" mora también "con el quebrantado y humilde de espíritu, para hacer vivir el espíritu de los humildes, y para vivificar el corazón de los quebrantados" (Isaías 57: 15). El ángel enviado a tocar los labios de Isaías le había traído este mensaje: "Es quitada tu culpa, y limpio tu pecado" (Isaías 6: 7).

Al contemplar a su Dios, el profeta, como Saulo de Tarso frente a Damasco, recibió no sólo una visión de su propia indignidad, sino que penetró en su corazón humillado la seguridad de un perdón completo y gratuito, y se levantó transformado. Había visto a su Señor. Había obtenido una vislumbre de la hermosura del carácter divino. Podía atestiguar la transformación que se realizó en él por la contemplación del amor infinito. Se sintió inspirado desde entonces por el deseo ardiente de ver al errante Israel libertado de la carga y penalidad del pecado. Preguntó el profeta: "¿Por qué querréis ser castigados aún?... Venid luego, dice

Jehová, y estemos a cuenta: si vuestros pecados fueren como la grana, como la nieve serán emblanquecidos; si fueren rojos como el carmesí, vendrán a ser como blanca lana... Lavaos y limpiaos; quitad la iniquidad de vuestras obras de delante de mis ojos; dejad de hacer lo malo; aprended a hacer el bien" (Isaías 1: 5, 18, 16, 17).

El Señor a quien aseveraban servir, pero cuyo carácter no habían comprendido, les fue presentado como el gran Médico de la enfermedad espiritual. ¿Qué importaba que toda la cabeza estuviese enferma y desmayase el corazón? ¿Qué importaba que desde la planta del pie hasta la coronilla no hubiese lugar sano, sino heridas, magulladuras y llagas putrefactas? (vers. 6). El que se había desviado siguiendo los impulsos de su corazón podía sanar si se volvía al Señor. Dios declaraba: "He visto sus caminos; pero le sanaré, y le pastorearé, y le daré consuelo... Paz, paz al que está lejos y al cercano, dijo Jehová; y lo sanaré" (Isaías 57: 18, 19).

El profeta ensalzaba a Dios como Creador de todo. Su mensaje a las ciudades de Judá era: "¡Ved aquí al Dios vuestro!" (Isaías 40: 9). "Así dice Jehová Dios, Creador de los cielos, y el que los despliega; el que extiende la tierra y sus productos... Yo Jehová, que lo hago todo, ... que formo la luz y creo las tinieblas... Yo hice la tierra, y creé sobre ella al hombre. Yo, mis manos, extendieron los cielos, y a todo su ejército mandé" (Isaías 42: 5; 44: 24; 45: 7, 12). "¿A qué, pues, me haréis semejante o me compararéis? dice el Santo. Levantad en alto vuestros ojos, y mirad quién creó estas cosas; él saca y cuenta su ejército; a todas llama por sus nombres; ninguna faltará; tal es la grandeza de su fuerza, y el poder de su dominio" (Isaías 40: 25, 26).

A aquellos que temían que no serían recibidos si volvían a Dios, el profeta declaró: "¿Por qué dices, oh Jacob, y hablas tú, Israel: Mi camino está escondido de Jehová, y de mi Dios pasó mi juicio? ¿No has sabido, no has oído que el Dios eterno es Jehová, el cual creó los confines de la tierra? No desfallece, ni se fatiga con cansancio, y su entendimiento no hay quien lo alcance. El da esfuerzo al cansado, y multiplica las fuerzas al que no tiene ningunas. Los muchachos se fatigan y se cansan, los jóvenes flaquean y caen; pero los que esperan a Jehová tendrán nuevas fuerzas; levantarán alas como las águilas; correrán, y no se cansarán; caminarán, y no se fatigarán" (vers. 27-31).

El corazón lleno de amor infinito se conduele de aquellos que se sienten imposibilitados para librarse de las trampas de Satanás; y les ofrece misericordiosamente fortalecerlos a fin de que puedan vivir para él. Les dice: "No temas, porque yo estoy contigo; no desmayes, porque yo soy tu Dios que te esfuerzo; siempre te ayudaré, siempre te sustentaré con la diestra de mi justicia... Porque yo Jehová soy tu Dios, quien te sostiene de tu mano derecha, y te dice: No temas, yo te ayudo. No temas, gusano de Jacob, oh vosotros los pocos de Israel; yo soy tu socorro, dice Jehová; el Santo de Israel es tu Redentor" (Isaías 41: 10, 13, 14).

Todos los habitantes de Judá eran personas sin méritos, y sin embargo Dios no quería renunciar a ellos. Por su medio, el nombre de él debía ser ensalzado entre los paganos. Muchos que desconocían por completo sus atributos habían de contemplar todavía la gloria del carácter divino. Con el propósito de presentar claramente sus designios misericordiosos, seguía enviando a sus siervos los profetas con el mensaje: "Volveos ahora de vuestro mal camino" (Jeremías 25: 5). "Por amor de mi nombre diferiré mi ira, y para alabanza mía la reprimiré para no destruirte... Por mí, por amor de mí mismo lo haré, para que no sea amancillado mi nombre, y mi honra no la daré a otro" (Isaías 48: 9, 11).

El llamamiento al arrepentimiento se proclamó con inequívoca claridad, y todos fueron invitados a volver. El profeta rogaba: "Buscad a Jehová mientras puede ser hallado, llamadle en tanto que está cercano. Deje el impío su camino, y el hombre inicuo sus pensamientos, y vuélvase a Jehová, el cual tendrá de él misericordia, y al Dios nuestro, el cual será amplio en perdonar" (Isaías 55: 6, 7).

¿Escogiste tú, lector, tu propio camino? ¿Te has extraviado lejos de Dios? ¿Has procurado alimentarte con los frutos de la transgresión, tan sólo para hallar que se tornan cenizas en tus labios? Y ahora, frustrados los planes que hiciste para tu vida, muertas tus esperanzas, ¿te hallas sentado solo y desconsolado? Esa voz que desde hace mucho ha estado hablando a tu corazón y a la cual no quisiste escuchar, te llega distinta y clara: "Levantaos y andad, porque no es este el lugar de reposo, pues está contaminado, corrompido grandemente" (Miqueas 2: 10). Vuelve a la casa de tu Padre. El te invita diciendo: "Vuélvete a mí, porque yo te redimí... Venid a mí; oíd, y vivirá vuestra alma; y haré con vosotros pacto eterno, las misericordias firmes a David" (Isaías 44: 22; 55: 3).

No escuches al enemigo cuando te sugiere que te mantengas alejado de Cristo hasta que hayas mejorado, hasta que seas bastante bueno para allegarte a Dios. Si aguardas hasta entonces, no te acercarás nunca a él. Cuando Satanás te señale tus vestiduras inmundas, repite la promesa del Salvador: "Al que a mí viene, no le echo fuera" (S. Juan 6: 37). Di al enemigo que la sangre de Cristo te limpia de todo pecado. Haz tuya la oración de David: "Purifícame con hisopo, y seré limpio; lávame, y seré más blanco que la nieve" (Salmo 51: 7).

Las exhortaciones dirigidas por el profeta a Judá para que contemplase al Dios viviente y aceptase sus ofrecimientos misericordiosos, no fueron vanas. Hubo algunos que lo escucharon con fervor, y se apartaron de sus ídolos para adorar a Jehová. Aprendieron a ver amor, misericordia y tierna compasión en su Hacedor. Y en los días sombríos que iban a presentarse en la historia de Judá, cuando sólo quedaría un residuo en la tierra, las palabras del profeta iban a continuar dando fruto en una reforma decidida. Declaró Isaías: "En aquel día mirará el hombre a su Hacedor, y sus ojos contemplarán al Santo de Israel. Y no mirará a los altares que hicieron sus manos, ni mirará a lo que hicieron sus dedos, ni a los símbolos de Asera, ni a las imágenes del sol" (Isaías 17: 7, 8).

Muchos iban a contemplar al que es del todo amable, el principal entre diez mil. Esta fue la misericordiosa promesa que se les dirigió: "Tus ojos verán al Rey en su hermosura" (Isaías 33: 17). Sus pecados iban a ser perdonados, y pondrían su confianza sólo en Dios. En aquel alegre día en que fuesen redimidos de la idolatría, exclamarían: "Porque ciertamente allí será Jehová para con nosotros fuerte, lugar de ríos, de arroyos muy anchos... Porque Jehová es nuestro juez, Jehová es nuestro legislador, Jehová es nuestro Rey; él mismo nos salvará" (vers. 21, 22).

Los mensajes dados por Isaías a aquellos que decidieran apartarse de sus malos caminos, estaban impregnados de consuelo y aliento. Oigamos las palabras que les dirigió el Señor por medio de su profeta:

"Acuérdate de estas cosas, oh Jacob, e Israel,
porque mi siervo eres.
Yo te formé, siervo mío eres tú; Israel, no me olvides.
Yo deshice como una nube tus rebeliones,
y como niebla tus pecados;
vuélvete a mí, porque yo te redimí"
                                    (Isaías 44: 21, 22).

"En aquel día dirás: Cantaré a ti, oh Jehová;
pues aunque te enojaste contra mí,
tu indignación se apartó, y me has consolado.
He aquí Dios es salvación mía;
me aseguraré y no temeré;
porque mi fortaleza y mi canción es JAH Jehová,
quien ha sido salvación para mí...
Cantad salmos a Jehová; porque ha hecho cosas
    magníficas;
sea sabido esto por toda la tierra.
Regocíjate y canta, oh moradora de Sión;
porque grande es en medio de ti el Santo de Israel"
                                    (Isaías 12).

CAPITULO 27

Acaz

LA ASCENSION de Acaz al trono puso a Isaías y a sus compañeros frente a condiciones más espantosas que cualesquiera que hubiesen existido hasta entonces en el reino de Judá. Muchos que habían resistido anteriormente a la influencia seductora de las prácticas idólatras, se dejaban persuadir ahora a tomar parte en el culto de las divinidades paganas. Había en Israel príncipes que faltaban a su cometido; se levantaban falsos profetas para dar mensajes que extraviaban; hasta algunos de los sacerdotes estaban enseñando por precio. Sin embargo, los caudillos de la apostasía conservaban las formas del culto divino, y aseveraban contarse entre el pueblo de Dios.

El profeta Miqueas, quien dio su testimonio durante aquellos tiempos angustiosos, declaró que los pecadores de Sión blasfemaban al aseverar que se apoyaban "en Jehová", y que, mientras edificaban "a Sión con sangre, y a Jerusalén con injusticia", se jactaban así: "¿No está Jehová entre nosotros? No vendrá mal sobre nosotros" (Miqueas 3: 10,

El paganismo pareció triunfar al acercarse el fin del reinado del impío rey Acaz, pues el templo de Jerusalén fue cerrado por decreto real.

11). Contra estos males alzó la voz el profeta Isaías en estas severas reprensiones: "Príncipes de Sodoma, oíd la palabra de Jehová; escuchad la ley de nuestro Dios, pueblo de Gomorra. ¿Para qué me sirve, dice Jehová, la multitud de vuestros sacrificios?... ¿Quién demanda esto de vuestras manos, cuando venís a presentaros delante de mí para hollar mis atrios?" (Isaías 1: 10-12).

La Inspiración declara: "El sacrificio de los impíos es abominación; ¡cuánto más ofreciéndolo con maldad!" (Proverbios 21: 27). El Dios del cielo es "muy limpio ... de ojos para ver el mal", y no puede "ver el agravio" (Habacuc 1: 13). Si se aparta del transgresor no es porque no esté dispuesto a perdonarlo; es porque el pecador se niega a valerse de las abundantes bendiciones de la gracia; y por tal motivo Dios no puede librarlo del pecado. "He aquí que no se ha acortado la mano de Jehová para salvar, ni se ha agravado su oído para oír; pero vuestras iniquidades han hecho división entre vosotros y vuestro Dios, y vuestros pecados han hecho ocultar de vosotros su rostro para no oír" (Isaías 59: 1, 2).

Salomón había escrito: "¡Ay de ti, tierra, cuando tu rey es muchacho!" (Eclesiastés 10: 16). Así sucedía en la tierra de Judá. Por sus continuas transgresiones, los gobernantes habían llegado a ser como niños. Isaías señaló a la atención del pueblo la debilidad de su posición entre las naciones de la tierra; y le demostró que ella era resultado de la impiedad manifestada por los dirigentes. Dijo: "Porque he aquí que el Señor Jehová de los ejércitos quita de Jerusalén y de Judá al sustentador y al fuerte, todo sustento de pan y todo socorro de agua; el valiente y el hombre de guerra, el juez y el profeta, el adivino y el anciano; el capitán de cincuenta y el hombre de respeto, el consejero, el artífice excelente y el hábil orador. Y les pondré jóvenes por príncipes, y muchachos serán sus señores... Pues arruinada está Jerusalén, y Judá ha caído; porque la lengua de ellos y sus obras han sido contra Jehová" (Isaías 3: 1-4, 8).

El profeta continuó: "Los que te guían te engañan, y tuercen el curso de tus caminos" (vers. 12). Tal fue, literalmente, el caso durante el reinado de Acaz; porque acerca de él se escribió: "Antes anduvo en los caminos de los reyes de Israel, y además hizo imágenes fundidas a los baales. Quemó también incienso en el valle de los hijos de Hinom" (2 Crónicas 28: 2, 3). "Y aun hizo pasar por fuego a su hijo, según las prácticas abominables de las naciones que Jehová echó de delante de los hijos de Israel" (2 Reyes 16: 3).

Se trataba verdaderamente de un tiempo de gran peligro para la nación escogida. Faltaban tan sólo unos años para que las diez tribus del reino de Israel quedasen esparcidas entre las naciones paganas. Y la perspectiva era sombría también en el reino de Judá. Las fuerzas que obraban para el bien disminuían rápidamente y se multiplicaban las fuerzas favorables al mal. El profeta Miqueas, al considerar la situación, se sintió constreñido a exclamar: "Faltó el misericordioso de la tierra, y ninguno hay recto entre los hombres... El mejor de ellos es como el espino; el más recto, como zarzal" (Miqueas 7: 2, 4). Isaías declaró: "Si Jehová de los ejércitos no nos hubiese dejado un resto pequeño, como Sodoma fuéramos, y semejantes a Gomorra" (Isaías 1: 9).

En toda época, por amor a los que permanecieron fieles, y también a causa de su infinito amor por los que yerran,

Dios fue longánime con los rebeldes, y los instó a abandonar su conducta impía para retornar a él. Mediante los hombres a quienes designara, enseñó a los transgresores el camino de la justicia "renglón tras renglón, línea sobre línea, un poquito allí, otro poquito allá" (Isaías 28: 10).

Y así sucedió durante el reinado de Acaz. Se envió al errante Israel una invitación tras otra para que volviese a ser leal a Jehová. Tiernas eran las súplicas que le dirigían los profetas; y mientras estaban exhortando fervorosamente al pueblo a que se arrepintiese y se reformase, sus palabras dieron fruto para gloria de Dios.

Por medio de Miqueas fue hecha esta súplica admirable: "Oíd ahora lo que dice Jehová: Levántate, contiende contra los montes, y oigan los collados tu voz. Oíd, montes, y fuertes cimientos de la tierra, el pleito de Jehová; porque Jehová tiene pleito con su pueblo, y altercará con Israel.

"Pueblo mío, ¿qué te he hecho, o en qué te he molestado? Responde contra mí. Porque yo te hice subir de la tierra de Egipto, y de la casa de servidumbre te redimí; y envié delante de ti a Moisés, a Aarón y a María.

"Pueblo mío, acuérdate ahora qué aconsejó Balac rey de Moab, y qué le respondió Balaam, hijo de Beor, desde Sitim hasta Gilgal, para que conozcas las justicias de Jehová" (Miqueas 6: 1-5).

El Dios a quien servimos es longánime; "porque nunca decayeron sus misericordias" (Lamentaciones 3: 22). Durante todo el tiempo de gracia, su Espíritu suplica a los hombres para que acepten el don de la vida. "Vivo yo, dice Jehová el Señor, que no quiero la muerte del impío, sino que se vuelva el impío de su camino, y que viva. Volveos,

volveos de vuestros malos caminos; ¿por qué moriréis?" (Ezequiel 33: 11). Es el propósito especial de Satanás inducir a los hombres a pecar, y dejarlos luego, sin defensa ni esperanza, pero con temor de ir en busca de perdón. Mas Dios los invita así: "Echen mano esos enemigos de mi fortaleza, y hagan paz conmigo. ¡Sí, que hagan paz conmigo!" (Isaías 27: 5, VM). En Cristo han sido tomadas todas las medidas, y se ofrece todo aliento.

Durante la apostasía de Judá e Israel, muchos preguntaban: "¿Con qué me presentaré ante Jehová, y adoraré al Dios Altísimo? ¿Me presentaré ante él con holocaustos, con becerros de un año? ¿Se agradará Jehová de millares de carneros, o de diez mil arroyos de aceite?" La respuesta es clara y positiva: "Oh hombre, él te ha declarado lo que es bueno, y qué pide Jehová de ti: solamente hacer justicia, y amar misericordia, y humillarte ante tu Dios" (Miqueas 6: 6-8).

Al insistir en el valor de la piedad práctica, el profeta estaba tan sólo repitiendo el consejo dado a Israel siglos antes. Por medio de Moisés, mientras estaban los israelitas a punto de entrar en la tierra prometida, el Señor les había dicho: "Ahora, pues, Israel, ¿qué pide Jehová tu Dios de ti, sino que temas a Jehová tu Dios, que andes en todos sus caminos, y que lo ames, y sirvas a Jehová tu Dios con todo tu corazón y con toda tu alma; que guardes los mandamientos de Jehová y sus estatutos, que yo te prescribo hoy, para que tengas prosperidad?" (Deuteronomio 10: 12, 13). De siglo en siglo estos consejos fueron repetidos por los siervos de Jehová a los que estaban en peligro de caer en hábitos de formalismo, y de olvidarse de practicar la misericordia.

Cuando Cristo mismo, durante su ministerio terrenal, fue interrogado así por un doctor de la ley: "Maestro, ¿cuál es el gran mandamiento en la ley?", le contestó: "Amarás al Señor tu Dios con todo tu corazón, y con toda tu alma, y con toda tu mente. Este es el primero y grande mandamiento. Y el segundo es semejante: Amarás a tu prójimo como a ti mismo. De estos dos mandamientos depende toda la ley y los profetas" (S. Mateo 22: 36-40).

Estas claras expresiones de los profetas y del Maestro mismo deben ser recibidas como voz del cielo para toda alma. No debemos desperdiciar oportunidad alguna de cumplir actos de misericordia, de tierna prevención y cortesía cristiana en favor de los cargados y oprimidos. Si nos es imposible hacer más, podemos dirigir palabras de aliento y esperanza a los que no conocen a Dios y a quienes podemos alcanzar con más facilidad mediante la simpatía y el amor.

Ricas y abundantes son las promesas hechas a los que se mantienen alerta para ver las oportunidades de infundir gozo y bendición en la vida ajena. "Y si dieres tu pan al hambriento, y saciares al alma afligida, en las tinieblas nacerá tu luz, y tu oscuridad será como el mediodía. Jehová te pastoreará siempre, y en las sequías saciará tu alma, y dará vigor a tus huesos; y serás como huerto de riego, y como manantial de aguas, cuyas aguas nunca faltan" (Isaías 58: 10, 11).

La conducta idólatra de Acaz, frente a las súplicas fervientes de los profetas, no podía tener sino un resultado. "La ira de Jehová ha venido sobre Judá y Jerusalén, y los ha entregado a turbación, a execración y a escarnio" (2 Crónicas 29: 8). El reino sufrió una decadencia acelerada, y pronto su misma existencia quedó amenazada por ejércitos invasores. "Rezín rey de Siria y Peka hijo de Remalías, rey de Israel, subieron a Jerusalén para hacer guerra y sitiar a Acaz" (2 Reyes 16: 5).

Si Acaz y los hombres principales de su reino hubiesen sido fieles siervos del Altísimo, no se habrían amedrentado frente a una alianza tan antinatural como la que se había formado contra ellos. Pero las repetidas transgresiones los habían privado de fuerza. Dominados por el espanto sin nombre que sentían al pensar en los juicios retributivos de un Dios ofendido, "se le estremeció el corazón, y el corazón de su pueblo, como se estremecen los árboles del monte a causa del viento" (Isaías 7: 2). En esta crisis, llegó la palabra del Señor a Isaías para ordenarle que se presentase ante el temploroso rey y le dijese:

"Guarda, y repósate; no temas, ni se turbe tu corazón... Ha acordado maligno consejo contra ti el sirio, con Efraín y con el hijo de Remalías, diciendo: Vamos contra Judá y ate-

rroricémosla, y repartámosla entre nosotros, y pongamos en medio de ella ... rey... Jehová el Señor dice así: No subsistirá, ni será". El profeta declaró que el reino de Israel y el de Siria acabarían pronto, y concluyó: "Si vosotros no creyereis, de cierto no permaneceréis" (vers. 4-7, 9).

Habría convenido al reino de Judá que Acaz recibiese este mensaje como proveniente del cielo. Pero prefiriendo apoyarse en el brazo de la carne, procuró la ayuda de los paganos. Desesperado, avisó así a Tiglat-pileser, rey de Asiria: "Yo soy tu siervo y tu hijo; sube, y defiéndeme de mano del rey de Siria, y de mano del rey de Israel, que se han levantado contra mí" (2 Reyes 16: 7). La petición iba acompañada por un rico presente sacado de los tesoros del rey y del templo.

La ayuda pedida fue enviada, y el rey Acaz obtuvo alivio momentáneo, pero ¡cuánto costó a Judá! El tributo ofrecido despertó la codicia de Asiria, y esa nación traicionera no tardó en amenazar con invadir y despojar a Judá. Acaz y sus desgraciados súbditos se vieron entonces acosados por el temor de caer completamente en las manos de los crueles asirios.

A causa de las continuas transgresiones, "Jehová había humillado a Judá". En ese tiempo de castigo, en vez de arrepentirse, Acaz rebelóse "gravemente contra Jehová... Porque ofreció sacrificios a los dioses de Damasco..., y dijo: Pues que los dioses de los reyes de Siria les ayudan, yo también ofreceré sacrificios a ellos para que me ayuden" (2 Crónicas 28: 19, 22, 23).

Hacia el fin de su reinado, el rey apóstata hizo cerrar las puertas del templo. Se interrumpieron los servicios sagrados. Ya no ardían los candeleros delante del altar. Ya no se ofrecían sacrificios por los pecados del pueblo. Ya no ascendía el suave sahumerio del incienso a la hora de los sacrificios de la mañana y de la tarde. Abandonando los atrios de la casa de Dios y cerrando sus puertas, los habitantes de la ciudad impía construyeron audazmente altares para el culto de las divinidades paganas en las esquinas de las calles de Jerusalén. El paganismo parecía triunfante; y a punto de prevalecer las potestades de las tinieblas.

Pero moraban en Judá algunos que se habían mantenido fieles a Jehová, negándose firmemente a practicar la idolatría. A los tales consideraban con esperanza Isaías, Miqueas y sus asociados, mientras miraban la ruina labrada durante los últimos años de Acaz. Su santuario estaba cerrado, pero a los fieles se les dio esta seguridad: "Dios está con nosotros... A Jehová de los ejércitos, a él santificad; sea él vuestro temor, y él sea vuestro miedo. Entonces él será por santuario" (Isaías 8:·10, 13, 14).

CAPITULO 28

Ezequías

EN AGUDO contraste con el gobierno temerario de Acaz se destacó la reforma realizada durante el próspero reinado de su hijo, Ezequías, quien subió al trono resuelto a hacer cuanto estuviese en su poder para salvar a Judá de la suerte que iba cayendo sobre el reino del norte. Los mensajes de los profetas no aprobaban las medidas a medias. Unicamente por medio de una reforma decidida podían evitarse los castigos con que el pueblo estaba amenazado.

En esa crisis, Ezequías demostró ser el hombre oportuno. Apenas hubo ascendido al trono, empezó a hacer planes y a ejecutarlos. Primero dedicó su atención a restaurar los servicios del templo, durante tanto tiempo descuidados; y para esta obra solicitó fervorosamente la cooperación de un grupo de sacerdotes y levitas que habían permanecido fieles a su sagrada vocación. Confiando en su apoyo leal, les habló francamente de su deseo de iniciar inmediatamente reformas abarcantes. Confesó: "Nuestros padres se han rebelado, y han hecho lo malo ante los ojos de Jehová nuestro

Dios; porque le dejaron, y apartaron sus rostros del tabernáculo de Jehová... Ahora, pues, yo he determinado hacer pacto con Jehová el Dios de Israel, para que aparte de nosotros el ardor de su ira" (2 Crónicas 29: 6, 10).

En pocas y bien escogidas palabras el rey reseñó la situación que estaban enfrentando: el templo cerrado y la cesación de todos los servicios que se realizaban antes en sus dependencias, la flagrante idolatría que se practicaba en las calles de la ciudad y por todo el reino, la apostasía de las multitudes que podrían haber quedado fieles a Dios si los dirigentes de Judá les hubiesen dado un buen ejemplo, así como la decadencia del reino y la pérdida de prestigio en la estima de las naciones circundantes. El reino del norte se estaba desmoronando rápidamente; muchos perecían por la espada; una multitud había sido ya llevada cautiva; pronto Israel iba a caer completamente en manos de los asirios y sufrir una ruina completa; y esta suerte alcanzaría seguramente a Judá también, a menos que Dios obrase poderosamente por medio de sus representantes escogidos.

Ezequías solicitó directamente a los sacerdotes que se uniesen con él para realizar las reformas necesarias. Los exhortó: "Hijos míos, no os engañéis ahora, porque Jehová os ha escogido a vosotros para que estéis delante de él y le sirváis, y seáis sus ministros, y le queméis incienso... Santificaos ahora, y santificad la casa de Jehová el Dios de vuestros padres" (vers. 11, 5).

Era un tiempo en el cual había que obrar prestamente. Los sacerdotes comenzaron en seguida. Solicitaron la cooperación de otros miembros de sus filas que no habían estado presentes durante esa conferencia e iniciaron de todo corazón la obra de limpiar y santificar el templo. Debido a los años de profanación y negligencia, esto fue acompañado de muchas dificultades; pero los sacerdotes y los levitas trabajaron incansablemente, y en un tiempo notablemente corto pudieron comunicar que su tarea había terminado. Las puertas del templo habían sido reparadas y estaban abiertas; los vasos sagrados habían sido reunidos y puestos en sus lugares; y todo estaba listo para restablecer los servicios del santuario.

En el primer servicio que se celebró, los gobernantes de la ciudad se unieron al rey Ezequías y a los sacerdotes y levitas para pedir perdón por los pecados de la nación. Se pusieron sobre el altar ofrendas por el pecado, "para reconciliar a todo Israel... Y cuando acabaron de ofrecer, se inclinó el rey, y todos los que con él estaban, y adoraron". Nuevamente repercutieron en los atrios del templo las palabras de alabanza y oración. Se cantaban con gozo los himnos de David y de Asaf, mientras los adoradores reconocían que se los estaba librando de la servidumbre del pecado y la apostasía. "Y se alegró Ezequías con todo el pueblo, de que Dios hubiese preparado el pueblo; porque la cosa fue hecha rápidamente" (vers. 24, 29, 36).

Dios había preparado en verdad el corazón de los hombres principales de Judá para que encabezaran un decidido movimiento de reforma, a fin de detener la marea de la apostasía. Por medio de sus profetas, había enviado a su pueblo escogido mensaje tras mensaje de súplica ferviente, mensajes que habían sido despreciados y rechazados por las diez tribus del reino de Israel, ahora entregadas al enemigo. Pero en Judá quedaba un buen remanente, y a este residuo continuaron dirigiendo sus súplicas los profetas. Oigamos a Isaías instarlo: "Volved a aquel contra quien se rebelaron profundamente los hijos de Israel" (Isaías 31: 6). Escuchemos a Miqueas declarar con confianza: "Mas yo a Jehová miraré, esperaré al Dios de mi salvación; el Dios mío me oirá. Tú, enemiga mía, no te alegres de mí, porque aunque caí, me levantaré; aunque more en tinieblas, Jehová será mi luz. La ira de Jehová soportaré, porque pequé contra él, hasta que juzgue mi causa y haga mi justicia; él me sacará a luz; veré su justicia" (Miqueas 7: 7-9).

Estos mensajes y otros parecidos revelaban cuán dispuesto estaba Dios a perdonar y aceptar a aquellos que se tornasen a él con firme propósito en el corazón, y habían infundido esperanza a muchas almas desfallecientes durante los años de oscuridad mientras las puertas del templo permanecían cerradas; y al iniciar los caudillos una reforma, una multitud del pueblo, cansada del dominio del pecado, se manifestaba lista para responder.

Los que entraron en los atrios del templo en busca de perdón y para renovar sus votos de lealtad a Jehová fueron admirablemente alentados por las lecturas proféticas de las Escrituras. Las solemnes amonestaciones contra la idolatría dirigidas por Moisés a oídos de todo Israel, fueron acompañadas por profecías referentes a cuán dispuesto estaba Dios a oír y perdonar a los que en tiempo de apostasía le buscasen de todo corazón. Moisés había dicho: "Si ... te volvieres a Jehová tu Dios, y oyeres su voz; porque Dios misericordioso es Jehová tu Dios; no te dejará, ni te destruirá, ni se olvidará del pacto que les juró a tus padres" (Deuteronomio 4: 30, 31).

Y en la oración profética que elevara al dedicar el templo, cuyos servicios Ezequías y sus asociados estaban restableciendo, Salomón se había expresado así: "Si tu pueblo Israel fuere derrotado delante de sus enemigos por haber pecado contra ti, y se volvieren a ti y confesaren tu nombre, y oraren y te rogaren y suplicaren en esta casa, tú oirás en los cielos, y perdonarás el pecado de tu pueblo Israel" (1 Reyes 8: 33, 34). Esta oración había recibido el sello de la aprobación divina, pues al concluir descendió fuego del cielo para consumir el holocausto y los sacrificios, y la gloria del Señor llenó el templo (2 Crónicas 7: 1). Y de noche el Señor apareció a Salomón para decirle que su oración había sido oída, y que su misericordia se manifestaría hacia los que le adoraran allí. Fue hecha esta misericordiosa promesa: "Si se humillare mi pueblo, sobre el cual mi nombre es invocado, y oraren, y buscaren mi rostro, y se convirtieren de sus malos caminos; entonces yo oiré desde los cielos, y perdonaré sus pecados, y sanaré su tierra" (2 Crónicas 7: 14).

Estas promesas hallaron abundante cumplimiento durante la reforma realizada bajo la dirección de Ezequías.

El buen comienzo hecho con la purificación del templo fue seguido por un movimiento más amplio, en el cual participó Israel tanto como Judá. En su celo para que los servicios del templo resultasen una bendición verdadera para el pueblo, Ezequías resolvió resucitar la antigua costumbre de reunir a los israelitas para celebrar la fiesta de la pascua.

Durante muchos años la pascua no había sido observada como fiesta nacional. La división del reino, al finalizar el reinado de Salomón, había hecho difícil esa celebración. Pero los terribles castigos que estaban cayendo sobre las diez tribus despertaban en los corazones de algunos un deseo de cosas mejores; y se notaba el efecto que tenían los mensajes conmovedores de los profetas. La invitación a asistir a la pascua en Jerusalén fue proclamada lejos y cerca por los correos reales, "de ciudad en ciudad por la tierra de Efraín y Manasés, hasta Zabulón". Por lo general, los transmisores de la misericordiosa invitación fueron rechazados. Los impenitentes se apartaban con liviandad; pero algunos, deseosos de buscar a Dios y de obtener un conocimiento más claro de su voluntad, "se humillaron, y vinieron a Jerusalén" (2 Crónicas 30: 10, 11).

En la tierra de Judá, la respuesta fue muy general; porque allí se sentía "la mano de Dios para darles un solo corazón para cumplir el mensaje del rey y de los príncipes" (vers. 12), cuya orden estaba de acuerdo con la voluntad de Dios según se revelaba por medio de sus profetas.

La ocasión fue del mayor beneficio para las multitudes congregadas. Las calles profanadas de la ciudad fueron limpiadas de los altares idólatras puestos allí durante el reinado de Acaz. En el día señalado se observó la pascua; y el pueblo dedicó la semana a hacer ofrendas pacíficas y a aprender lo que Dios quería que hiciese. Diariamente recibía enseñanza de los levitas que "tenían buena inteligencia en el servicio de Jehová". Y los que habían preparado su corazón para buscar a Dios hallaban perdón. Una gran alegría se posesionó de la multitud que adoraba; "y glorificaban a Jehová todos los días los levitas y los sacerdotes, cantando con instrumentos resonantes" (vers. 22, 21), pues todos eran unánimes en su deseo de alabar a Aquel que les había manifestado tanta misericordia.

Los siete días generalmente señalados para la pascua parecieron transcurrir con demasiada rapidez, y los adoradores resolvieron dedicar otros siete días para aprender más acerca del camino del Señor. Los sacerdotes que les enseñaban continuaron su obra de instrucción basada en el libro de la ley; y diariamente el pueblo se congregaba en el templo para ofrecer su tributo de alabanza y agradecimiento; de manera que al acercarse el fin de la gran celebración, era evidente que Dios había obrado maravillosamente para convertir al apóstata Judá y para detener la marea de la idolatría que amenazaba con arrasarlo todo. Las solemnes advertencias de los profetas no habían sido pronunciadas en vano. "Hubo entonces gran regocijo en Jerusalén; porque desde los días de Salomón hijo de David rey de Israel, no había habido cosa semejante en Jerusalén" (vers. 26).

Había llegado el momento en que los adoradores debían regresar a sus hogares. "Después los sacerdotes y levitas, puestos en pie, bendijeron al pueblo; y la voz de ellos fue oída, y su oración llegó a la habitación de su santuario, al cielo" (vers. 27). Dios había aceptado a aquellos que, con corazón contrito, habían confesado su pecado, y con propósito resuelto habían procurado su perdón y ayuda.

Quedaba todavía por hacer una obra importante, en la cual debían tomar parte activa los que volvían a sus hogares; una obra cuyo cumplimiento daría evidencia de la reforma realizada. El relato dice: "Hechas todas estas cosas, todos los de Israel que habían estado allí salieron por las ciudades de Judá, y quebraron las estatuas y destruyeron las imágenes de Asera, y derribaron los lugares altos y los altares por todo Judá y Benjamín, y también en Efraín y

Durante el reavivamiento impulsado por Ezequías, el pueblo destruyó las imágenes y derribó los árboles dedicados al falso culto.

Manasés, hasta acabarlo todo. Después se volvieron todos los hijos de Israel a sus ciudades, cada uno a su posesión" (2 Crónicas 31: 1).

Ezequías y sus asociados instituyeron varias reformas para fortalecer los intereses espirituales y temporales del reino. "En todo Judá", el rey "ejecutó lo bueno, recto y verdadero delante de Jehová su Dios. En todo cuanto emprendió…, lo hizo de todo corazón, y fue prosperado". "En Jehová Dios de Israel puso su esperanza; … y no se apartó de él, sino que guardó los mandamientos que Jehová prescribió a Moisés. Y Jehová estaba con él; y adondequiera que salía, prosperaba" (2 Crónicas 31: 20, 21; 2 Reyes 18: 5-7).

El reinado de Ezequías se caracterizó por una serie de providencias notables que revelaron a las naciones circundantes que el Dios de Israel estaba con su pueblo. El éxito de los asirios al tomar Samaria y dispersar entre las naciones el residuo de las diez tribus durante la primera parte de aquel reinado, inducía a muchos a poner en duda el poder del Dios de los hebreos. Envalentonados por sus éxitos, los ninivitas despreciaban desde hacía mucho el mensaje de Jonás, y en su oposición desafiaban los propósitos del cielo. Pocos años después de que cayera Samaria, los ejércitos victoriosos volvieron a aparecer en Palestina, esta vez para dirigir sus fuerzas contra las ciudades amuralladas de Judá, y tuvieron cierta medida de éxito; pero se retiraron por una temporada debido a dificultades que se levantaron en otras partes de su reino. Algunos años más tarde, hacia el final del reinado de Ezequías, iba a demostrarse ante las naciones del mundo si los dioses de los paganos habían de prevalecer finalmente.

CAPITULO 29

Los Embajadores de Babilonia

EN MEDIO de su próspero reinado, el rey Ezequías se vio repentinamente aquejado de una enfermedad fatal. "Enfermó de muerte", y no había remedio para su caso en el poder humano. Parecía perdido el último vestigio de esperanza cuando el profeta Isaías se presentó ante él con el mensaje: "Jehová dice así: Ordena tu casa, porque morirás, y no vivirás" (Isaías 38: 1).

La perspectiva parecía sombría en absoluto; y sin embargo podía el rey orar todavía a Aquel que había sido hasta entonces su "amparo y fortaleza", su "pronto auxilio en las tribulaciones" (Salmo 46: 1). Así que "él volvió su rostro a la pared, y oró a Jehová y dijo: Te ruego, oh Jehová, te ruego que hagas memoria de que he andado delante de ti en verdad y con íntegro corazón, y que he hecho las cosas que te agradan. Y lloró Ezequías con gran lloro" (2 Reyes 20: 2, 3).

Desde los tiempos de David, no había reinado rey alguno que hubiese obrado tan poderosamente para la edificación del reino de Dios en un tiempo de apostasía y desaliento. El moribundo rey había servido fielmente a su Dios, y había fortalecido la confianza del pueblo en Jehová como su Gobernante supremo. Y, como David, podía ahora rogar así:

"Llegue mi oración a tu presencia;
inclina tu oído a mi clamor.
Porque mi alma está hastiada de males,
y mi vida cercana al Seol"   (Salmo 88: 2, 3).

"Porque tú, oh Señor Jehová, eres mi esperanza,
seguridad mía desde mi juventud.
En ti he sido sustentado...
No me deseches en el tiempo de la vejez...
Oh Dios, no te alejes de mí;
Dios mío, acude pronto en mi socorro...
Oh Dios, no me desampares,
hasta que anuncie tu poder a la posteridad,
y tu potencia a todos los que han de venir"
                    (Salmo 71: 5, 6, 9, 12, 18).

Aquel cuyas "misericordias ... nunca" decaen (Lamentaciones 3: 22), escuchó la oración de su siervo. "Y antes que Isaías saliese hasta la mitad del patio, vino palabra de Jehová a Isaías, diciendo: Vuelve, y di a Ezequías, príncipe de mi pueblo: Así dice Jehová, el Dios de David tu padre: Yo he oído tu oración, y he visto tus lágrimas; he aquí que yo te sano; al tercer día subirás a la casa de Jehová. Y añadiré a tus días quince años, y te libraré a ti y a esta ciudad de mano del rey de Asiria; y ampararé esta ciudad por amor a mí mismo, y por amor a David mi siervo" (2 Reyes 20: 4-6).

El profeta volvió gozosamente con palabras de promesa y de esperanza. Ordenó que se pusiese una masa de higos sobre la parte enferma, y comunicó al rey el mensaje referente a la misericordia de Dios y su cuidado protector.

Como Moisés en la tierra de Madián, como Gedeón en presencia del mensajero celestial, como Eliseo antes de la ascensión de su maestro, Ezequías rogó que se le concediese alguna señal de que el mensaje provenía del cielo. Preguntó al profeta: "¿Qué señal tendré de que Jehová me sanará, y que subiré a la casa de Jehová al tercer día?"

El profeta contestó: "Esta señal tendrás de Jehová, de que hará Jehová esto que ha dicho: ¿Avanzará la sombra diez grados, o retrocederá diez grados? Y Ezequías respondió: Fácil cosa es que la sombra decline diez grados; pero no que la sombra vuelva atrás diez grados".

Unicamente por intervención divina podía la sombra del cuadrante retroceder diez grados; y un suceso tal sería para Ezequías indicio de que el Señor había oído su oración. Por consiguiente, "el profeta Isaías clamó a Jehová; e hizo volver la sombra por los grados que había descendido en el reloj de Acaz, diez grados atrás" (vers. 8-11).

Habiendo recobrado su fuerza, el rey de Judá reconoció en las palabras de un himno la misericordia de Jehová y prometió dedicar los años restantes de su vida a servir voluntariamente al Rey de reyes. Su reconocimiento agradecido de la forma compasiva en que Dios le había tratado resulta inspirador para todos los que deseen dedicar sus años a la gloria de su Hacedor:

"Yo dije: A la mitad de mis días
iré a las puertas del Seol;
privado soy del resto de mis años.
Dije: No veré a JAH, a JAH en la tierra de los
   vivientes;
ya no veré más hombre con los moradores del mundo.
Mi morada ha sido movida y traspasada de mí,
como tienda de pastor.
Como tejedor corté mi vida;
me cortará con la enfermedad;
me consumirás entre el día y la noche.
Contaba yo hasta la mañana.
Como un león molió todos mis huesos;
de la mañana a la noche me acabarás.
Como la grulla y como la golondrina me quejaba;
gemía como la paloma; alzaba en alto mis ojos.
Jehová, violencia padezco; fortaléceme.

¿Qué diré? El que me lo dijo,
él mismo lo ha hecho.
Andaré humildemente todos mis años,
a causa de aquella amargura de mi alma.
Oh Señor, por todas estas cosas los hombres vivirán,
y en todas ellas está la vida de mi espíritu;
pues tú me restablecerás, y harás que viva.
He aquí, amargura grande me sobrevino en la paz,
mas a ti agradó librar mi vida del hoyo de corrupción;
porque echaste tras tus espaldas todos mis pecados.

Porque el Seol no te exaltará,
ni te alabará la muerte;
ni los que descienden al sepulcro esperarán tu
    verdad.
El que vive, el que vive, éste te dará alabanza, como
    yo hoy;
el padre hará notoria tu verdad a los hijos.

Jehová me salvará;
por tanto cantaremos nuestros cánticos
en la casa de Jehová todos los días de nuestra vida"
(Isaías 38: 10-20).

En los valles fértiles del Tigris y del Eufrates moraba una raza antigua que, aunque se hallaba entonces sujeta a Asiria, estaba destinada a gobernar al mundo. Entre ese pueblo había hombres sabios que dedicaban mucha atención al estudio de la astronomía; y cuando notaron que la sombra del cuadrante había retrocedido diez grados, se maravillaron en gran manera. Su rey, Merodac-baladán, al saber que ese milagro se había realizado como señal para el rey de Judá de que el Dios del cielo le concedía una prolongación de vida, envió embajadores a Ezequías para felicitarlo por su restablecimiento, y para aprender, si era posible, algo más acerca del Dios que podía realizar un prodigio tan grande.

La visita de esos mensajeros de un gobernante lejano dio a Ezequías oportunidad de ensalzar al Dios viviente. ¡Cuán fácil le habría resultado hablarles de Dios, sustentador de todo lo creado, mediante cuyo favor se le había prolongado la vida cuando había desaparecido toda otra esperanza!

¡Qué portentosas transformaciones podrían haberse realizado si esos investigadores de la verdad provenientes de las llanuras de Caldea se hubiesen visto inducidos a reconocer la soberanía suprema del Dios viviente!

Pero el orgullo y la vanidad se posesionaron del corazón de Ezequías, y ensalzándose a sí mismo expuso ante ojos codiciosos los tesoros con que Dios había enriquecido a su pueblo. El rey "les mostró la casa de su tesoro, plata y oro, especias, ungüentos preciosos, toda su casa de armas, y todo lo que se hallaba en sus tesoros; no hubo cosa en su casa y en todos sus dominios, que Ezequías no les mostrase" (Isaías 39: 2). No hizo esto para glorificar a Dios, sino para ensalzarse a la vista de los príncipes extranjeros. No se detuvo a considerar que estos hombres eran representantes de una nación poderosa que no temía ni amaba a Dios, y que era imprudente hacerlos sus confidentes con referencia a las riquezas temporales de la nación.

La visita de los embajadores a Ezequías estaba destinada a probar su gratitud y devoción. El relato dice: "Mas en lo referente a los mensajeros de los príncipes de Babilonia, que enviaron a él para saber del prodigio que había acontecido en el país, Dios lo dejó, para probarle, para hacer conocer todo lo que estaba en su corazón" (2 Crónicas 32: 31). Si Ezequías hubiese aprovechado la oportunidad que se le concedía para atestiguar el poder, la bondad y la compasión del Dios de Israel, el informe de los embajadores habría sido como una luz a través de las tinieblas. Pero él se engrandeció a sí mismo más que a Jehová de los ejércitos. "Ezequías no correspondió al bien que le había sido hecho, sino que se enalteció su corazón, y vino la ira contra él, y

Ezequías dio a los embajadores una bienvenida real y, con orgullo, les mostró todos los tesoros de su reino.

353

contra Judá y Jerusalén" (vers. 25).

¡Cuán desastrosos iban a ser los resultados! Se le reveló a Isaías que al regresar los embajadores llevaban informes relativos a las riquezas que habían visto, y que el rey de Babilonia y sus consejeros harían planes para enriquecer su propio país con los tesoros de Jerusalén. Ezequías había pecado gravemente; "y vino la ira contra él, y contra Judá y Jerusalén" (vers. 25).

"Entonces el profeta Isaías vino al rey Ezequías, y le dijo: ¿Qué dicen estos hombres, y de dónde han venido a ti? Y Ezequías respondió: De tierra muy lejana han venido a mí, de Babilonia. Dijo entonces: ¿Qué han visto en tu casa? Y dijo Ezequías: Todo lo que hay en mi casa han visto, y ninguna cosa hay en mis tesoros que no les haya mostrado.

"Entonces dijo Isaías a Ezequías: Oye palabra de Jehová de los ejércitos: He aquí vienen días en que será llevado a Babilonia todo lo que hay en tu casa, y lo que tus padres han atesorado hasta hoy; ninguna cosa quedará, dice Jehová. De tus hijos que saldrán de ti, y que habrás engendrado, tomarán, y serán eunucos en el palacio del rey de Babilonia.

"Y dijo Ezequías a Isaías: La palabra de Jehová que has hablado es buena" (Isaías 39: 3-8).

Lleno de remordimiento, "Ezequías, después de haberse enaltecido su corazón, se humilló, él y los moradores de Jerusalén; y no vino sobre ellos la ira de Jehová en los días de Ezequías" (2 Crónicas 32: 26). Pero la mala semilla había sido sembrada, y con el tiempo iba a brotar y producir una cosecha de desolación y desgracia. Durante los años que le quedaban por vivir, el rey de Judá iba a disfrutar mucha prosperidad debido a su propósito firme de redimir lo pasado y honrar el nombre del Dios a quien servía. Sin embargo, su fe iba a ser probada severamente; e iba a aprender que únicamente si ponía toda su confianza en Jehová podía esperar triunfar sobre las potestades de las tinieblas que estaban maquinando su ruina y la destrucción completa de su pueblo.

El relato de cómo Ezequías no fue fiel a su cometido en ocasión de la visita de los embajadores contiene una lección importante para todos. Necesitamos hablar mucho más de los capítulos preciosos de nuestra experiencia, de la misericordia y bondad de Dios, de las profundidades incomparables del amor del Salvador. Cuando la mente y el corazón rebosen de amor hacia Dios no resultará difícil impartir lo que encierra la vida espiritual. Entonces grandes pensamientos, nobles aspiraciones, claras percepciones de la verdad, propósitos abnegados y anhelos de piedad y santidad hallarán expresión en palabras que revelen el carácter de lo atesorado en el corazón.·

Aquellos con quienes nos asociamos día tras día necesitan nuestra ayuda, nuestra dirección. Pueden hallarse en tal condición mental que una palabra pronunciada en sazón será como un clavo puesto en lugar seguro. Puede ser que mañana algunas de esas almas se hallen donde no se las pueda alcanzar. ¿Qué influencia ejercemos sobre esos compañeros de viaje?

Cada día de la vida está cargado de responsabilidades que debemos llevar. Cada día, nuestras palabras y nuestros actos hacen impresiones sobre aquellos con quienes tratamos. ¡Cuán grande es la necesidad de que observemos cuidadosamente nuestros pasos y ejerzamos cautela en nuestras palabras! Un movimiento imprudente, un paso temerario, pueden levantar olas de gran tentación que arrastrarán tal vez a un alma. No podemos retirar los pensamientos que hemos implantado en las mentes humanas. Si han sido malos, pueden iniciar toda una cadena de circunstancias, una marea del mal, que no podremos detener.

Por otro lado, si nuestro ejemplo ayuda a otros a desarrollarse de acuerdo con los buenos principios, les comunicamos poder para hacer el bien. A su vez, ejercerán la misma influencia benéfica sobre otros. Así centenares y millares recibirán ayuda de nuestra influencia inconsciente. El que sigue verdaderamente a Cristo fortalece los buenos propósitos de todos aquellos con quienes trata. Revela el poder de la gracia de Dios y la perfección de su carácter ante un mundo incrédulo que ama el pecado.

CAPITULO 30

Librados de Asiria

EN UN tiempo de grave peligro nacional, cuando las huestes de Asiria estaban invadiendo la tierra de Judá, y parecía que nada podía ya salvar a Jerusalén de la destrucción completa, Ezequías reunió las fuerzas de su reino para resistir a sus opresores paganos con valor inquebrantable y confiando en el poder de Jehová para librarlos. Exhortó así a los hombres de Judá: "Esforzaos y animaos; no temáis, ni tengáis miedo del rey de Asiria, ni de toda la multitud que con él viene; porque más hay con nosotros que con él. Con él está el brazo de carne, mas con nosotros está Jehová nuestro Dios para ayudarnos y pelear nuestras batallas" (2 Crónicas 32: 7, 8).

Ezequías no carecía de motivos para poder hablar con certidumbre del resultado. El asirio jactancioso, aunque por un tiempo Dios lo usara como bastón de su furor (Isaías 10: 5), para castigar a las naciones, no había de prevalecer siempre. El mensaje enviado por el Señor mediante Isaías algunos años antes a los que moraban en Sión había sido:

"No temas de Asiria… De aquí a muy poco tiempo … levantará Jehová de los ejércitos azote contra él como la matanza de Madián en la peña de Oreb, y alzará su vara sobre el mar como hizo por la vía de Egipto. Acontecerá en aquel tiempo que su carga será quitada de tu hombro, y su yugo de tu cerviz, y el yugo se pudrirá a causa de la unción" (Isaías 10: 24-27).

En otro mensaje profético, dado "en el año que murió el rey Acaz", el profeta había declarado: "Jehová de los ejércitos juró diciendo: Ciertamente se hará de la manera que lo he pensado, y será confirmado como lo he determinado; que quebrantaré al asirio en mi tierra, y en mis montes lo hollaré; y su yugo será apartado de ellos, y su carga será quitada de su hombro. Este es el consejo que está acordado sobre toda la tierra, y ésta, la mano extendida sobre todas las naciones. Porque Jehová de los ejércitos lo ha determinado, ¿y quién lo impedirá? Y su mano extendida, ¿quién la hará retroceder?" (Isaías 14: 28, 24-27).

El poder del opresor iba a ser quebrantado. Sin embargo, durante los primeros años de su reinado, Ezequías había continuado pagando tributo a Asiria de acuerdo con el tratado hecho con Acaz. Mientras tanto el rey "tuvo consejo con sus príncipes y con sus hombres valientes", y había hecho todo lo posible para la defensa de su reino. Se había asegurado un abundante abastecimiento de agua dentro de los muros de Jerusalén, para cuando escaseara en las afueras. "Después con ánimo resuelto edificó Ezequías todos los muros caídos, e hizo alzar las torres, y otro muro por fuera; fortificó además a Milo en la ciudad de David, y también hizo muchas espadas y escudos. Y puso capitanes de guerra sobre el pueblo" (2 Crónicas 32: 3, 5, 6). No había descuidado nada de lo que pudiese hacerse como preparativo para un asedio.

En el tiempo en que Ezequías subió al trono de Judá, los asirios se habían llevado ya cautivos a muchos hijos de Israel del reino del norte; y a los pocos años de haber iniciado su reinado, mientras todavía se estaba fortaleciendo la defensa de Jerusalén, los asirios sitiaron y tomaron a Samaria, y dispersaron las diez tribus entre las muchas provincias del reino asirio. El límite de Judá e Israel quedaba sólo a pocos kilómetros. Jerusalén estaba a menos de cincuenta millas [ochenta kilómetros] y los ricos despojos que se podrían sacar del templo eran para el enemigo una tentación a regresar.

Pero el rey de Judá había resuelto hacer su parte en los preparativos para resistirle; y habiendo realizado todo lo que permitían el ingenio y la energía del hombre, reunió sus fuerzas y las exhortó a tener buen ánimo. "Grande es en medio de ti el Santo de Israel" (Isaías 12: 6), había sido el mensaje del profeta Isaías para Judá; y el rey declaraba ahora con fe inquebrantable: "Con nosotros está Jehová nuestro Dios para ayudarnos y pelear nuestras batallas".

No hay nada que inspire tan rápidamente fe como el ejercicio de ella. El rey de Judá se había preparado para la tormenta que se avecinaba; y ahora, confiando en que la profecía pronunciada contra los asirios se iba a cumplir, fortaleció su alma en Dios. "Y el pueblo tuvo confianza en las palabras de Ezequías" (2 Crónicas 32: 8). ¿Qué importaba que los ejércitos de Asiria, que acababan de conquistar las mayores naciones de la tierra y de triunfar sobre Samaria en Israel, volviesen ahora sus fuerzas contra Judá? ¿Qué importaba que se jactasen: "Como halló mi mano los reinos de los ídolos, siendo sus imágenes más que las de Jerusalén y Samaria; como hice a Samaria y a sus ídolos, ¿no haré también así a Jerusalén y a sus ídolos?" (Isaías 10: 10, 11). Judá no tenía motivos de temer, porque confiaba en Jehová.

Llegó finalmente la crisis que se esperaba desde hacía mucho. Las fuerzas de Asiria, avanzando de un triunfo a otro, se hicieron presentes en Judea. Confiados en la victoria, los caudillos dividieron sus fuerzas en dos ejércitos, uno de los cuales habría de encontrarse con el ejército egipcio hacia el sur, mientras que el otro iba a sitiar a Jerusalén.

Dios era ahora la única esperanza de Judá. Este se veía privado de toda ayuda que pudiera prestarle Egipto, y no había otra nación cercana para extenderle una mano amistosa.

Los oficiales asirios, seguros de la fuerza de sus tropas disciplinadas, dispusieron celebrar con los príncipes de Judá una conferencia durante la cual exigieron insolentemente la entrega de la ciudad. Esta exigencia fue acompañada por blasfemias y vilipendios contra el Dios de los hebreos. A causa de la debilidad y la apostasía de Israel y de Judá, el nombre de Dios ya no era temido entre las naciones, sino que había llegado a ser motivo de continuo oprobio (Isaías 52: 5).

Dijo Rabsaces, uno de los principales oficiales de Senaquerib: "Decid ahora a Ezequías: Así dice el gran rey de Asiria: ¿Qué confianza es ésta en que te apoyas? Dices (pero son palabras vacías): Consejo tengo y fuerzas para la

Rabsaces, uno de los principales oficiales del ejército de Asiria, se burló de los habitantes de Jerusalén porque creían que Dios los salvaría.

guerra. Mas ¿en qué confías, que te has rebelado contra mí?" (2 Reyes 18: 19, 20).

Los oficiales estaban entrevistándose fuera de las puertas de la ciudad, pero a oídos de los centinelas que estaban sobre la muralla; y mientras los representantes del rey asirio comunicaban en alta voz sus propuestas a los principales de Judá, se les pidió que hablasen en lengua asiria y no en el idioma de los judíos, a fin de que los que estaban sobre la muralla no se enterasen de lo tratado en la conferencia. Rabsaces, despreciando esta sugestión, alzó aún más la voz y continuó hablando en lengua judaica diciendo:

"Oíd las palabras del gran rey, el rey de Asiria. El rey dice así: No os engañe Ezequías, porque no os podrá librar. Ni os haga Ezequías confiar en Jehová, diciendo: Ciertamente Jehová nos librará; no será entregada esta ciudad en manos del rey de Asiria.

"No escuchéis a Ezequías, porque así dice el rey de Asiria: Haced conmigo paz, y salid a mí; y coma cada uno de su viña, y cada uno de su higuera, y beba cada cual las aguas de su pozo, hasta que yo venga y os lleve a una tierra como la vuestra, tierra de grano y de vino, tierra de pan y de viñas.

"Mirad que no os engañe Ezequías diciendo: Jehová nos librará. ¿Acaso libraron los dioses de las naciones cada uno su tierra de la mano del rey de Asiria? ¿Dónde está el dios de Hamat y de Arfad? ¿Dónde está el dios de Sefarvaim? ¿Libraron a Samaria de mi mano? ¿Qué dios hay entre los dioses de estas tierras que haya librado su tierra de mi mano, para que Jehová libre de mi mano a Jerusalén?" (Isaías 36: 13-20).

Al oír estos desafíos, los hijos de Judá "no le respondieron palabra". La conferencia terminó. Los representantes judíos volvieron a Ezequías, "rasgados sus vestidos, y le contaron las palabras de Rabsaces" (vers. 21, 22). Al conocer el reto blasfemo, el rey "rasgó sus vestidos y se cubrió de cilicio, y entró en la casa de Jehová" (2 Reyes 19: 1).

Se mandó un mensajero a Isaías para informarle del resultado de la conferencia. El mensaje enviado por el rey fue éste: "Este día es día de angustia, de reprensión y de blasfemia... Quizá oirá Jehová tu Dios todas las palabras de Rabsaces, a quien el rey de los asirios su señor ha enviado para blasfemar al Dios viviente, y para vituperar con palabras, las cuales Jehová tu Dios ha oído; por tanto, eleva oración por el remanente que aún queda" (vers. 3, 4).

"Mas el rey Ezequías y el profeta Isaías hijo de Amoz oraron por esto, y clamaron al cielo" (2 Crónicas 32: 20).

Dios contestó las oraciones de sus siervos. A Isaías se le comunicó este mensaje para Ezequías: "Así ha dicho Jehová: No temas por las palabras que has oído, con las cuales me han blasfemado los siervos del rey de Asiria. He aquí pondré yo en él un espíritu, y oirá rumor, y volverá a su tierra; y haré que en su tierra caiga a espada" (2 Reyes 19: 6, 7).

Después de separarse de los príncipes de Judá, los representantes asirios se comunicaron directamente con su rey, que estaba con la división de su ejército que custodiaba el camino hacia Egipto. Cuando oyó el informe, Senaquerib escribió "cartas en que blasfemaba contra Jehová el Dios de Israel, y hablaba contra él, diciendo: Como los dioses de las naciones de los países no pudieron librar a su pueblo de mis

manos, tampoco el Dios de Ezequías librará al suyo de mis manos" (2 Crónicas 32: 17).

La jactanciosa amenaza iba acompañada por este mensaje: "No te engañe tu Dios en quien tú confías, para decir: Jerusalén no será entregada en mano del rey de Asiria. He aquí tú has oído lo que han hecho los reyes de Asiria a todas las tierras, destruyéndolas; ¿y escaparás tú? ¿Acaso libraron sus dioses a las naciones que mis padres destruyeron, esto es, Gozán, Harán, Resef, y los hijos de Edén que estaban en Telasar? ¿Dónde está el rey de Hamat, el rey de Arfad, y el rey de la ciudad de Sefarvaim, de Hena y de Iva?" (2 Reyes 19: 10-13).

Cuando el rey de Judá recibió la carta desafiante, la llevó al templo, y extendiéndola "delante de Jehová" (vers. 14), oró con fe enérgica pidiendo ayuda al cielo para que las naciones de la tierra supiesen que todavía vivía y reinaba el Dios de los hebreos. Estaba en juego el honor de Jehová; y sólo él podía librarlos.

Ezequías intercedió: "Jehová Dios de Israel, que moras entre los querubines, sólo tú eres Dios de todos los reinos de la tierra; tú hiciste el cielo y la tierra. Inclina, oh Jehová, tu oído, y oye; abre, oh Jehová, tus ojos, y mira; y oye las palabras de Senaquerib, que ha enviado a blasfemar al Dios viviente. Es verdad, oh Jehová, que los reyes de Asiria han destruido las naciones y sus tierras; y que echaron al fuego a sus dioses, por cuanto ellos no eran dioses, sino obra de manos de hombres, madera o piedra, y por eso los destruyeron. Ahora, pues, oh Jehová Dios nuestro, sálvanos, te ruego, de su mano, para que sepan todos los reinos de la tierra que sólo tú, Jehová, eres Dios" (vers. 15-19).

Cuando el rey Ezequías recibió las cartas blasfemas de Senaquerib, las extendió delante del Señor y le suplicó en busca de liberación.

"Oh pastor de Israel, escucha;
tú que pastoreas como a ovejas a José,
que estás entre querubines, resplandece.
Despierta tu poder delante de Efraín,
    de Benjamín y de Manasés,
y ven a salvarnos.
Oh Dios, restáuranos;
haz resplandecer tu rostro,
    y seremos salvos.

Jehová, Dios de los ejércitos,
¿hasta cuándo mostrarás tu indignación
    contra la oración de tu pueblo?
Les diste a comer pan de lágrimas,
y a beber lágrimas en gran abundancia.
Nos pusiste por escarnio a nuestros vecinos,
y nuestros enemigos se burlan entre sí.
Oh Dios de los ejércitos, restáuranos;
haz resplandecer tu rostro, y seremos salvos.

Hiciste venir una vid de Egipto;
echaste las naciones, y la plantaste.
Limpiaste sitio delante de ella,
e hiciste arraigar sus raíces, y llenó la tierra.
Los montes fueron cubiertos de su sombra,
y con sus sarmientos los cedros de Dios.
Extendió sus vástagos hasta el mar,
y hasta el río sus renuevos.
¿Por qué aportillaste sus vallados,
y la vendimian todos los que pasan por el camino?
La destroza el puerco montés,

y la bestia del campo la devora.
Oh Dios de los ejércitos, vuelve ahora;
mira desde el cielo, y considera, y visita esta viña,
la planta que plantó tu diestra,
y el renuevo que para ti afirmaste...

Vida nos darás, e invocaremos tu nombre.
¡Oh Jehová, Dios de los ejércitos, restáuranos!
Has resplandecer tu rostro, y seremos salvos"

(Salmo 80).

La súplica de Ezequías en favor de Judá y del honor de su Gobernante supremo, armonizaba con el propósito de Dios. Salomón, en la oración que elevó al dedicar el templo había rogado al Señor que sostuviese la causa "de su pueblo Israel, cada cosa en su tiempo; a fin de que todos los pueblos de la tierra sepan que Jehová es Dios, y que no hay otro" (1 Reyes 8: 59, 60). Y el Señor iba a manifestar especialmente su favor cuando, en tiempos de guerra o de opresión por algún ejército, los príncipes de Israel entrasen en la casa de oración para rogar que se los librase (1 Reyes 8: 33, 34).

No se dejó a Ezequías sin esperanza. Isaías le mandó palabra diciendo: "Así ha dicho Jehová, Dios de Israel: Lo que me pediste acerca de Senaquerib rey de Asiria, he oído. Esta es la palabra que Jehová ha pronunciado acerca de él:

"La virgen hija de Sión te menosprecia, te escarnece; detrás de ti mueve su cabeza la hija de Jerusalén.

"¿A quién has vituperado y blasfemado? ¿y contra quién has alzado la voz, y levantado en alto tus ojos? Contra el Santo de Israel. Por mano de tus mensajeros has vituperado a Jehová, y has dicho: Con la multitud de mis carros he subido a las alturas de los montes, a lo más inaccesible del Líbano; cortaré sus altos cedros, sus cipreses más escogidos; me alojaré en sus más remotos lugares, en el bosque de sus feraces campos. Yo he cavado y bebido las aguas extrañas, he secado con las plantas de mis pies todos los ríos de Egipto.

"¿Nunca has oído que desde tiempos antiguos yo lo hice, y que desde los días de la antigüedad lo tengo ideado? Y ahora lo he hecho venir, y tú serás para hacer desolaciones, para reducir las ciudades fortificadas a montones de escombros. Sus moradores fueron de corto poder; fueron acobardados y confundidos; vinieron a ser como la hierba del campo, y como hortaliza verde, como heno de los terrados, marchitado antes de su madurez.

"He conocido tu situación, tu salida y tu entrada, y tu furor contra mí. Por cuanto te has airado contra mí, por cuanto tu arrogancia ha subido a mis oídos, yo pondré mi garfio en tu nariz, y mi freno en tus labios, y te haré volver por el camino por donde viniste" (2 Reyes 19: 20-28).

La tierra de Judá había sido asolada por el ejército ocupante; pero Dios había prometido atender milagrosamente las necesidades del pueblo. Ezequías recibió este mensaje: "Y esto te daré por señal, oh Ezequías: Este año comeréis lo que nacerá de suyo, y el segundo año lo que nacerá de suyo; y el tercer año sembraréis, y segaréis, y plantaréis viñas, y comeréis el fruto de ellas. Y lo que hubiere escapado, lo que hubiere quedado de la casa de Judá, volverá a echar raíces abajo, y llevará fruto arriba. Porque saldrá de Jerusalén remanente, y del monte de Sión los que se salven. El celo de

Jehová de los ejércitos hará esto.

"Por tanto, así dice Jehová acerca del rey de Asiria: No entrará en esta ciudad, ni echará saeta en ella; ni vendrá delante de ella con escudo, ni levantará contra ella baluarte. Por el mismo camino que vino, volverá, y no entrará en esta ciudad, dice Jehová. Porque yo ampararé esta ciudad para salvarla, por amor a mí mismo, y por amor a David mi siervo" (vers. 29-34).

Esa misma noche se produjo la liberación. "Salió el ángel de Jehová, y mató en el campamento de los asirios a ciento ochenta y cinco mil" (vers. 35). El ángel mató a "todo valiente y esforzado, y a los jefes y capitanes en el campamento del rey de Asiria" (2 Crónicas 32: 21).

Pronto llegaron a Senaquerib, que estaba todavía guardando el camino de Judea a Egipto, las noticias referentes a ese terrible castigo del ejército que había sido enviado a tomar Jerusalén. Sobrecogido de temor, el rey asirio apresuró su partida, y "se volvió, por tanto, avergonzado a su tierra". Pero no iba a reinar mucho más tiempo. De acuerdo con la

profecía que había sido pronunciada acerca de su fin repentino, fue asesinado por los de su propia casa, "y reinó en su lugar Esar-hadón su hijo" (Isaías 37: 38).

El Dios de los hebreos había prevalecido contra el orgulloso asirio. El honor de Jehová había quedado vindicado en ojos de las naciones circundantes. En Jerusalén el corazón del pueblo se llenó de santo gozo. Sus fervorosas súplicas por liberación habían sido acompañadas de la confesión de sus pecados y de muchas lágrimas. En su gran necesidad, habían confiado plenamente en el poder de Dios para salvarlos, y él no los había abandonado. Repercutieron entonces en los atrios del templo cantos de solemne alabanza.

"Dios es conocido en Judá;
en Israel es grande su nombre.
En Salem está su tabernáculo,
y su habitación en Sión.
Allí quebró las saetas del arco,
el escudo, la espada y las armas de guerra.

Glorioso eres tú, poderoso más que los montes de caza.
Los fuertes de corazón fueron despojados, durmieron su sueño;
no hizo uso de sus manos ninguno de los varones fuertes.
A tu reprensión, oh Dios de Jacob,
el carro y el caballo fueron entorpecidos.

Tú, temible eres tú;
¿y quién podrá estar en pie delante de ti cuando se encienda tu ira?

Desde los cielos hiciste oír juicio;
la tierra tuvo temor y quedó suspensa
cuando te levantaste, oh Dios, para juzgar,
para salvar a todos los mansos de la tierra.

Ciertamente la ira del hombre te alabará;
tú reprimirás el resto de las iras.
Prometed, y pagad a Jehová vuestro Dios;
todos los que están alrededor de él, traigan ofrendas
    al Temible.
Cortará él el espíritu de los príncipes;
temible es a los reyes de la tierra"   (Salmo 76).

El engrandecimiento y la caída del imperio asirio abundan en lecciones para las naciones modernas de esta tierra. La Inspiración ha comparado la gloria de Asiria en el apogeo de su prosperidad con un noble árbol del huerto de Dios, que superara todos los árboles de los alrededores.

"He aquí era el asirio cedro en el Líbano, de hermosas ramas, de frondoso ramaje y de grande altura, y su copa estaba entre densas ramas... A su sombra habitaban muchas naciones. Se hizo, pues, hermoso en su grandeza con la extensión de sus ramas; porque su raíz estaba junto a muchas aguas. Los cedros no lo cubrieron en el huerto de Dios; las hayas no fueron semejantes a sus ramas, ni los castaños fueron semejantes a su ramaje; ningún árbol en el huerto de Dios fue semejante a él en su hermosura... Y todos los árboles del Edén, que estaban en el huerto de Dios, tuvieron de él envidia" (Ezequiel 31: 3-9).

Pero los gobernantes de Asiria, en vez de emplear sus

bendiciones extraordinarias para beneficio de la humanidad, llegaron a ser el azote de muchas tierras. Despiadados, sin consideración para Dios ni para sus semejantes, se dedicaron con terquedad a obligar a todas las naciones a reconocer la supremacía de los dioses de Nínive, a los cuales ensalzaban por sobre el Altísimo. Dios les había enviado a Jonás con un mensaje de amonestación, y durante un tiempo se humillaron delante de Jehová de los ejércitos, y procuraron su perdón. Pero pronto volvieron a adorar los ídolos y a tratar de conquistar el mundo.

El profeta Nahúm, dirigiéndose a los malhechores de Nínive, exclamó: "¡Ay de ti, ciudad sanguinaria, toda llena de mentira y de rapiña, sin apartarte del pillaje! Chasquido de látigo, y fragor de ruedas, caballo atropellador, y carro que salta; jinete enhiesto, y resplandor de espada, y resplandor de lanza; y multitud de muertos... Heme aquí contra ti, dice Jehová de los ejércitos" (Nahúm 3: 1-5).

Con infalible exactitud el Infinito sigue llevando cuenta con las naciones. Mientras ofrece su misericordia y llama al arrepentimiento, esta cuenta permanece abierta; pero cuando las cifras llegan a cierta cantidad que Dios ha fijado, el ministerio de su ira comienza. La cuenta se cierra. Cesa la paciencia divina. La misericordia ya no intercede en favor de aquellas naciones.

"Jehová es tardo para la ira y grande en poder, y no tendrá por inocente al culpable. Jehová marcha en la tempestad y el torbellino, y las nubes son el polvo de sus pies. El amenaza al mar, y lo hace secar, y agosta todos los ríos; Basán fue destruido, y el Carmelo, y la flor del Líbano fue destruida. Los montes tiemblan delante de él, y los collados se derriten; la tierra se conmueve a su presencia, y el mundo, y todos los que en él habitan. ¿Quién permanecerá delante de su ira? ¿y quién quedará en pie en el ardor de su enojo? Su ira se derrama como fuego, y por él se hienden las peñas" (Nahúm 1: 3-6).

Así fue como Nínive, "la ciudad alegre que estaba confiada, la que decía en su corazón: Yo, y no más", llegó a ser desolación, "vacía, agotada y desolada está, ... la guarida de los leones, y de la majada de los cachorros de los leones, donde se recogía el león y la leona, y los cachorros del león, y no había quien los espantase" (Sofonías 2: 15; Nahúm 2: 10, 11).

Mirando hacia el momento en que el orgullo de Asiria sería humillado, Sofonías profetizó así acerca de Nínive:

"Rebaños de ganado harán en ella majada, todas las bestias del campo; el pelícano también y el erizo dormirán en sus dinteles; su voz cantará en las ventanas; habrá desolación en las puertas, porque su enmaderamiento de cedro será descubierto" (Sofonías 2: 14).

Grande fue la gloria del reino asirio; y grande fue su caída. El profeta Ezequiel, llevando más adelante la figura de un noble cedro, predijo claramente la caída de Asiria por causa de su orgullo y de su crueldad. Declaró:

"Por tanto, así dijo Jehová el Señor: Ya que por ... haber levantado su cumbre entre densas ramas, su corazón se elevó con su altura, yo lo entregaré en manos del poderoso de las naciones, que de cierto le tratará según su maldad. Yo lo he desechado. Y lo destruirán extranjeros, los poderosos de las naciones, y lo derribarán; sus ramas caerán sobre los montes y por todos los valles, y por todos los arroyos de la tierra será quebrado su ramaje; y se irán de su sombra todos los pueblos de la tierra, y lo dejarán. Sobre su ruina habitarán todas las aves del cielo, y sobre sus ramas estarán todas las bestias del campo, *para que no se exalten en su altura todos los árboles que crecen junto a las aguas...**

"Así ha dicho Jehová el Señor: El día que descendió al Seol, hice hacer luto, ... y todos los árboles del campo se desmayaron. Del estruendo de su caída hice temblar a las naciones" (Ezequiel 31: 10-16).

El orgullo de Asiria y su caída habrían de servir como lección objetiva hasta el fin del tiempo. Acerca de las naciones de la tierra que hoy se levantan con arrogancia y orgullo contra él, Dios pregunta: "¿A quién te has comparado así en gloria y en grandeza entre los árboles del Edén? Pues derribado serás con los árboles del Edén en lo profundo de la tierra" (vers. 18).

"Jehová es bueno, fortaleza en el día de la angustia; y conoce a los que en él confían. Mas con inundación impetuosa consumirá" a todos aquellos que procuran exaltarse a mayor altura que el Altísimo (Nahúm 1: 7, 8).

"La soberbia de Asiria será derribada, y se perderá el cetro de Egipto" (Zacarías 10: 11). Esto se aplica no sólo a las naciones que se levantaron contra Dios en los tiempos antiguos, sino también a las naciones de hoy que no cumplen el propósito divino. En el día de las recompensas finales, cuando el justo Juez de toda la tierra haya de "zarandear a las naciones" (Isaías 30: 28), y se deje entrar en la ciudad de Dios a los que guardaron la verdad, las bóvedas del cielo repercutirán con los cantos triunfantes de los redimidos. Declara el profeta: "Vosotros tendréis cántico como de noche en que se celebra pascua, y alegría de corazón, como el que va con flauta para venir al monte de Jehová, al Fuerte de Israel. Y Jehová hará oír su potente voz… Porque Asiria que hirió con vara, con la voz de Jehová será quebrantada. Y cada golpe de la vara justiciera que asiente Jehová sobre él, será con panderos y con arpas" (vers. 29-32).

---

*La cursiva es nuestra. *Los editores.*

CAPITULO 31

Esperanza para los Paganos

DURANTE todo su ministerio Isaías testificó claramente acerca del propósito de Dios en favor de los paganos. Otros profetas habían mencionado el plan divino, pero no siempre se había comprendido su lenguaje. A Isaías le tocó presentar claramente a Judá la verdad de que entre el Israel de Dios iban a contarse muchos que no eran descendientes de Abrahán según la carne. Esta enseñanza no armonizaba con la teología de su época; y sin embargo proclamó intrépidamente los mensajes que Dios le daba, e infundió esperanza a muchos corazones que anhelaban las bendiciones espirituales prometidas a la simiente de Abrahán.

En su carta a los creyentes de Roma, el apóstol de los gentiles llama la atención a esta característica de la enseñanza de Isaías. Declara Pablo: "E Isaías dice resueltamente: Fui hallado de los que no me buscaban; me manifesté a los que no preguntaban por mí" (Romanos 10: 20).

La esperanza de la venida del Mesías ardió en los corazones de hombres como Abel, Enoc, Abrahán, Moisés, David, Isaías, Jeremías y Daniel.

377

Con frecuencia los israelitas parecían no poder o no querer comprender el propósito de Dios en favor de los paganos. Sin embargo, este propósito era lo que había hecho de ellos un pueblo apartado, y los había establecido como nación independiente entre los pueblos de la tierra. Abrahán, su padre, a quien se diera por primera vez la promesa del pacto, había sido llamado a salir de su parentela hacia regiones lejanas, para que pudiese comunicar la luz a los paganos. Aunque la promesa que le fuera hecha incluía una posteridad tan numerosa como la arena del mar, no eran motivos egoístas los que iban a impulsarle como fundador de una gran nación en la tierra de Canaán. El pacto que Dios hizo con él abarcaba todas las naciones de la tierra. Jehová declaró: "Te bendeciré, y engrandeceré tu nombre, y serás bendición. Bendeciré a los que te bendijeren, y a los que te maldijeren maldeciré; y serán benditas en ti todas las familias de la tierra" (Génesis 12: 2, 3).

Al renovarse el pacto poco después del nacimiento de Isaac, el propósito de Dios en favor de la humanidad se expresó nuevamente con claridad. El Señor aseguró acerca del hijo prometido, que serían "benditas en él todas la naciones de la tierra" (Génesis 18: 18). Y más tarde el visitante celestial volvió a declarar: "En tu simiente serán benditas todas las naciones de la tierra" (Génesis 22: 18).

Las condiciones de este pacto que abarcaba a todos eran familiares para los hijos de Abrahán y para los hijos de sus hijos. A fin de que los israelitas pudiesen ser una bendición para las naciones, y para que el nombre de Dios se conociese "en toda la tierra" (Exodo 9: 16), fueron librados de la servidumbre egipcia. Si obedecían sus mandamientos se colocarían muy adelante de los otros pueblos en cuanto a sabiduría y entendimiento; pero esta supremacía se alcanzaría y se conservaría sólo para que por su medio se cumpliese el propósito de Dios para "todas las naciones de la tierra".

Las maravillosas providencias relacionadas con la liberación de Israel cuando escapó al yugo egipcio y ocupó la tierra prometida, indujeron a muchos paganos a reconocer al Dios de Israel como el Gobernante supremo. La promesa había sido: "Y sabrán los egipcios que yo soy Jehová, cuando extienda mi mano sobre Egipto, y saque a los hijos de Israel de en medio de ellos" (Exodo 7: 5)...

Las huestes de Israel comprobaron, mientras avanzaban, que las había precedido el conocimiento de las obras poderosas del Dios de los hebreos, y que algunos de entre los paganos iban aprendiendo que sólo él era el verdadero Dios. En la impía Jericó, éste fue el testimonio de una mujer pagana: "Jehová vuestro Dios es Dios arriba en los cielos y abajo en la tierra" (Josué 2: 11). El conocimiento de Jehová que había llegado a ella, resultó ser su salvación. "Por la fe Rahab la ramera no pereció juntamente con los desobedientes" (Hebreos 11: 31). Y su conversión no fue un caso aislado de la misericordia de Dios hacia los idólatras que reconocían su autoridad divina... Un pueblo numeroso, el de los gabaonitas, renunció a su paganismo, y uniéndose con Israel participó en las bendiciones del pacto.

Dios no reconoce distinción por causa de nacionalidad, raza o casta. El es el Hacedor de toda la humanidad. Por la creación, todos los hombres pertenecen a una sola familia; y todos constituyen una por la redención. Cristo vino para derribar el muro de separación, para abrir todos los departamentos de los atrios del templo, a fin de que toda alma tuviese libre acceso a Dios. Su amor es tan amplio, tan profundo y completo, que lo compenetra todo. Arrebata de la influencia satánica a aquellos que fueron engañados por sus seducciones, y los coloca al alcance del trono de Dios... En Cristo no hay judío, ni griego, ni esclavo ni libre.

En los años que siguieron a la ocupación de la tierra prometida, los benéficos designios de Jehová para salvar a los paganos se perdieron casi completamente de vista, y fue necesario que Dios presentase nuevamente su plan. Inspiró al salmista a cantar: "Se acordarán, y se volverán a Jehová todos los confines de la tierra, y todas las familias de las naciones adorarán delante de ti". " Vendrán príncipes de Egipto; Etiopía se apresurará a extender sus manos hacia Dios". "Entonces las naciones temerán el nombre de Jehová, y todos los reyes de la tierra tu gloria... Se escribirá esto para la generación venidera; y el pueblo que está por nacer alabará a JAH, porque miró desde lo alto de su santuario; Jehová miró desde los cielos ... para oír el gemido de los presos, para soltar a los sentenciados a muerte; para que publique en Sión el nombre de Jehová, y su alabanza en Jerusalén, cuando los pueblos y los reinos se congreguen en uno para servir a Jehová" (Salmos 22: 27; 68: 31; 102: 15, 18-22).

Si Israel hubiese sido fiel a su cometido, todas las naciones de la tierra habrían compartido sus bendiciones. Pero el corazón de aquellos a quienes había sido confiado el conocimiento de la verdad salvadora no se conmovió por las necesidades de quienes les rodeaban. Cuando quedó olvidado el propósito de Dios, los paganos llegaron a ser considerados como si estuvieran fuera del alcance de su misericordia. Se los privó de la luz de la verdad, y prevalecieron las tinieblas. Un velo de ignorancia cubrió a las naciones; poco se sabía del amor de Dios y florecían el error y la superstición.

Tal era la perspectiva que enfrentaba Isaías cuando fue llamado a la misión profética; sin embargo no se desalentó, pues repercutía en sus oídos el coro triunfal de los ángeles en derredor del trono de Dios: "Toda la tierra está llena de su gloria" (Isaías 6: 3). Y su fe fue fortalecida por visiones de las gloriosas conquistas que realizará la iglesia de Dios, cuando "la tierra será llena del conocimiento de Jehová, como las aguas cubren el mar" (Isaías 11: 9). "La cubierta con que están cubiertos todos los pueblos, y el velo que envuelve a todas las naciones" (Isaías 25: 7), serían finalmente destruidos. El Espíritu de Dios iba a derramarse sobre toda carne. Los que tuviesen hambre y sed de justicia debían contarse entre el Israel de Dios. Dijo el profeta: "Y brotarán entre hierba, como sauces junto a las riberas de las aguas. Este dirá: Yo soy de Jehová; el otro se llamará del nombre de Jacob, y otro escribirá con su mano: A Jehová, y se apellidará con el nombre de Israel" (Isaías 44: 4, 5).

Fue revelado al profeta el designio benéfico que Dios tenía al dispersar al impenitente pueblo de Judá entre las naciones de la tierra. El Señor declaró: "Por tanto, mi pueblo sabrá mi nombre por esta causa en aquel día; porque yo mismo … hablo" (Isaías 52: 6). Y no sólo debían aprender ellos mismos la lección de obediencia y confianza, sino que en los lugares donde fueran desterrados debían impartir también a otros un conocimiento del Dios viviente. De entre los hijos de los extranjeros muchos habían de aprender a amarle como su Creador y su Redentor; comenzarían a observar su santo día de reposo como monumento recordativo de su poder creador; y cuando él desnudara "su santo brazo ante los ojos de todas las naciones", para librar a su pueblo del cautiverio, "todos los confines de la tierra" verían la salvación de Dios (Isaías 52: 10). Muchos de estos conversos del paganismo desearían unirse por completo con los israelitas y acompañarlos en su viaje de regreso a Judea. Ninguno de los tales habría de decir: "Me apartará totalmente Jehová de su pueblo" (Isaías 56: 3), pues el mensaje de Dios por medio de su profeta a aquellos que se entregasen a él y observasen su ley era que se contarían desde entonces entre los israelitas espirituales, o sea su iglesia en la tierra.

"Y a los hijos de los extranjeros que sigan a Jehová para servirle, y que amen el nombre de Jehová para ser sus siervos; a todos los que guarden el día de reposo* para no profanarlo, y abracen mi pacto, yo los llevaré a mi santo monte, y los recrearé en mi casa de oración; sus holocaustos y sus sacrificios serán aceptos sobre mi altar; porque mi casa será llamada casa de oración para todos los pueblos. Dice Jehová el Señor, el que reúne a los dispersos de Israel: Aún juntaré sobre él a sus congregados" (vers. 6-8).

Se permitió al profeta que proyectase la mirada a través de los siglos hasta el tiempo del advenimiento del Mesías prometido. Al principio vio sólo "tribulación y tinieblas, oscuridad y angustia" (Isaías 8: 22). Muchos que estaban anhelando recibir la luz de la verdad eran extraviados por falsos maestros que los sugestionaban con los intrincados razonamientos de la filosofía y el espiritismo; otros ponían su confianza en una forma de piedad, pero no practicaban la verdadera santidad en su vida. La perspectiva parecía de-

---

*"Aquí equivale a *sábado*". Nota de la versión Reina-Valera 1960.

sesperada; pero pronto la escena cambió, y se desplegó una visión maravillosa ante los ojos del profeta. Vio al Sol de justicia que se levantaba con salvación en sus alas, y, extasiado de admiración, exclamó: "Mas no habrá siempre oscuridad para la que está ahora en angustia, tal como la aflicción que le vino en el tiempo que livianamente tocaron la primera vez a la tierra de Zabulón y a la tierra de Neftalí; pues al fin llenará de gloria el camino del mar, de aquel lado del Jordán, en Galilea de los gentiles. El pueblo que andaba en tinieblas vio gran luz; los que moraban en tierra de sombra de muerte, luz resplandeció sobre ellos" (Isaías 9: 1, 2).

Esta gloriosa Luz del mundo [Cristo] iba a ofrecer salvación a toda nación, tribu, lengua y pueblo. Acerca de la obra que le esperaba, el profeta oyó que el Padre eterno declaraba: "Poco es para mí que tú seas mi siervo para levantar las tribus de Jacob, y para que restaures el remanente de Israel; también te dí por luz de las naciones, para que seas mi salvación hasta lo postrero de la tierra... En tiempo aceptable te oí, y en el día de salvación te ayudé; y te guardaré, y te daré por pacto al pueblo, para que restaures la tierra, para que heredes asoladas heredades; para que digas a los presos: Salid; y a los que están en tinieblas: Mostraos... He aquí éstos vendrán de lejos; y he aquí éstos del norte y del occidente, y éstos de la tierra de Sinim" (Isaías 49: 6, 8, 9, 12).

Mirando aun más adelante a través de los siglos, el profeta contempló el cumplimiento literal de esas gloriosas promesas. Vio que los transmisores de las gratas nuevas de salvación iban hasta los fines de la tierra, a toda tribu y pueblo. Oyó al Señor decir acerca de la iglesia evangélica:

"He aquí que yo extiendo sobre ella paz como un río, y la gloria de las naciones como torrente que se desborda" (Isaías 66: 12), y oyó la orden: "Ensancha el sitio de tu tienda, y las cortinas de tus habitaciones sean extendidas; no seas escasa; alarga tus cuerdas, y refuerza tus estacas. Porque te extenderás a la mano derecha y a la mano izquierda; y tu descendencia heredará naciones" (Isaías 54: 2, 3).

Jehová declaró al profeta que enviaría a sus testigos "a las naciones, a Tarsis, a Fut y Lud…, a Tubal y a Javán, a las costas lejanas" (Isaías 66: 19).

> "¡Cuán hermosos son sobre los montes
> los pies del que trae alegres nuevas,
> del que anuncia la paz,
> del que trae nuevas del bien,
> del que publica salvación,
> del que dice a Sión: ¡Tu Dios reina!" (Isaías 52: 7).

El profeta oyó la voz de Dios llamar a su iglesia a la obra que le señalaba, a fin de que quedase preparado el establecimiento de su reino eterno. El mensaje era inequívocamente claro:

> "Levántate, resplandece; porque ha venido tu luz,
> y la gloria de Jehová ha nacido sobre ti.
>
> Porque he aquí que tinieblas cubrirán la tierra,
> y oscuridad las naciones;
> mas sobre ti amancerá Jehová,
> y sobre ti será vista su gloria.
> Y andarán las naciones a tu luz,
> y los reyes al resplandor de tu nacimiento.

Alza tus ojos alrededor y mira,
todos éstos se han juntado, vinieron a ti;
tus hijos vendrán de lejos,
y tus hijas serán llevadas en brazos...

Y extranjeros edificarán tus muros,
y sus reyes te servirán;
porque en mi ira te castigué,
mas en mi buena voluntad tendré de ti misericordia.
Tus puertas estarán de continuo abiertas;
no se cerrarán de día ni de noche,
para que a ti sean traídas las riquezas de las naciones,
y conducidos a ti sus reyes".

"Mirad a mí, y sed salvos, todos los términos de la
    tierra,
porque yo soy Dios, y no hay más"
                    (Isaías 60: 1-4, 10, 11; 45: 22).

Estas profecías de un despertamiento espiritual en un tiempo de densas tinieblas hallan hoy su cumplimiento en los puestos de avanzada de las estaciones misioneras que se están estableciendo en las regiones entenebrecidas de la tierra. Los grupos de misioneros en las tierras paganas han sido comparados por el profeta con señales puestas en alto para guiar a los que buscan la luz de la verdad.

Dice Isaías: "Acontecerá en aquel tiempo que la raíz de Isaí, la cual estará puesta por pendón a los pueblos, será buscada por las gentes; y su habitación será gloriosa. Asimismo acontecerá en aquel tiempo, que Jehová alzará otra vez su mano para recobrar el remanente de su pueblo... Y levantará pendón a las naciones, y juntará los desterrados

385

de Israel, y reunirá los esparcidos de Judá de los cuatro confines de la tierra" (Isaías 11: 10-12).

El día de liberación se acerca. "Porque los ojos de Jehová contemplan toda la tierra, para mostrar su poder a favor de los que tienen corazón perfecto para con él" (2 Crónicas 16: 9). Entre todas las naciones, tribus y lenguas, él ve a hombres que oran por luz y conocimiento. Sus almas no están satisfechas, pues han estado alimentándose durante mucho tiempo con cenizas (Isaías 44: 20). El enemigo de toda justicia las ha extraviado, y andan a tientas como ciegos. Pero tienen un corazón sincero, y desean conocer un camino mejor. Aunque sumidas en las profundidades del paganismo, y sin conocimiento de la ley de Dios escrita ni de su Hijo Jesús, han revelado de múltiples maneras que su espíritu y su carácter sienten el efecto de un poder divino.

A veces los que no tienen otro conocimiento de Dios que el recibido por operación de la gracia divina, han manifestado bondad hacia sus siervos, protegiéndolos con peligro de su propia vida. El Espíritu Santo está implantando la gracia de Cristo en el corazón de muchos nobles buscadores de la verdad, y despierta sus simpatías en forma que contraría su naturaleza y su educación anterior. La "luz verdadera, que alumbra a todo hombre, venía a este mundo" (S. Juan 1: 9), resplandece en su alma; y esta luz, si la siguen, guiará sus pies hacia el reino de Dios. El profeta Miqueas dijo: "Aunque more en tinieblas, Jehová será mi luz… Hasta que juzgue mi causa y haga mi justicia; él me sacará a luz; veré su justicia" (Miqueas 7: 8, 9).

El plan de salvación trazado por el cielo es suficientemente amplió para abarcar todo el mundo. Dios anhela impartir el aliento de vida a la humanidad postrada. Y no permitirá que se quede chasqueado nadie que anhele sinceramente algo superior y más noble que cuanto puede ofrecer el mundo. Envía constantemente sus ángeles a aquellos que, si bien están rodeados por las circunstancias más desalentadoras, oran con fe para que algún poder superior a sí mismos se apodere de ellos y les imparta liberación y paz. De varias maneras Dios se les revelará, y los hará objeto de providencias que establecerán su confianza en Aquel que se dio a sí mismo en rescate por todos, "a fin de que pongan en Dios su confianza, y no se olviden de las obras de Dios; que guarden sus mandamientos" (Salmo 78: 7).

"¿Será quitado el botín al valiente? ¿Será rescatado el cautivo de un tirano? Pero así dice Jehová: Ciertamente el cautivo será rescatado del valiente, y el botín será arrebatado al tirano" (Isaías 49: 24, 25). "Serán vueltos atrás y en extremo confundidos los que confían en ídolos, y dicen a las imágenes de fundición: Vosotros sois nuestros dioses" (Isaías 42: 17).

"Bienaventurado aquel cuyo ayudador es el Dios de Jacob, cuya esperanza está en Jehová su Dios" (Salmo 146: 5). "Volveos a la fortaleza, oh prisioneros de esperanza" (Zacarías 9: 12). Para todos los de corazón sincero que viven en tierras paganas, para los que son "rectos" a la vista del cielo, la luz "resplandeció en las tinieblas" (Salmo 112: 4). Dios ha declarado: "Y guiaré a los ciegos por camino que no sabían, les haré andar por sendas que no habían conocido; delante de ellos cambiaré las tinieblas en luz, y lo escabroso en llanura. Estas cosas les haré, y no los desampararé" (Isaías 42: 16).

CAPITULO 32

Manasés y Josías

EL REINO de Judá, que prosperó durante los tiempos de Ezequías, volvió a decaer
durante el largo reinado del impío Manasés, cuando se hizo
revivir el paganismo, y muchos del pueblo fueron arrastrados a la idolatría. "Manasés, pues, hizo extraviarse a Judá y
a los moradores de Jerusalén, para hacer más mal que las
naciones que Jehová destruyó" (2 Crónicas 33: 9). La gloriosa luz de generaciones anteriores fue seguida por las tinieblas de la superstición y del error. Brotaron y florecieron
males graves: la tiranía, la opresión y el odio a todo lo bueno. La justicia fue pervertida; prevaleció la violencia.

Sin embargo, no faltaron en esos tiempos malos los testigos de Dios y de lo recto. Los trances penosos de los que
Judá se había salvado durante el reinado de Ezequías habían desarrollado en muchos una firmeza de carácter que
sirvió ahora de baluarte contra la iniquidad prevaleciente.
El testimonio que ellos daban en favor de la verdad y la justicia despertó la ira de Manasés y de quienes compartían su
autoridad y procuraban afirmarse en el mal hacer acallando

La tiranía y la opresión durante el largo e impío
reinado de Manasés, casi silenciaron a los
fieles testigos del verdadero Dios.

389

JOHN STEEL © PPPA

toda voz que los desaprobaba. "Fuera de esto, derramó Manasés mucha sangre inocente en gran manera, hasta llenar a Jerusalén de extremo a extremo" (2 Reyes 21: 16).

Uno de los primeros en caer fue Isaías, quien durante más de medio siglo se había destacado delante de Judá como mensajero designado por Jehová. "Otros experimentaron vituperios y azotes, y a más de esto prisiones y cárceles. Fueron apedreados, aserrados, puestos a prueba, muertos a filo de espada; anduvieron de acá para allá cubiertos de pieles de ovejas y de cabras, pobres, angustiados, maltratados; de los cuales el mundo no era digno; errando por los desiertos, por los montes, por las cuevas y por las cavernas de la tierra" (Hebreos 11: 36-38).

Algunos de los que sufrieron persecución durante el reinado de Manasés habían recibido la orden de dar mensajes especiales de reprensión y de juicio. El rey de Judá, declararon los profetas, "ha hecho más mal que todo lo que hicieron los amorreos que fueron antes de él" (1 Reyes 21: 11). Debido a esa impiedad, su reino se acercaba a una crisis; pronto los habitantes de la tierra iban a ser llevados cautivos a Babilonia, como "presa y despojo de todos sus adversarios" (2 Reyes 21: 11, 14). Pero el Señor no iba a abandonar por completo a los que en una tierra extraña le reconociesen como su Gobernante. Sufrirían tal vez gran tribulación, pero él los libraría en el tiempo y de la manera que había señalado. Los que pusieran su confianza completamente en él hallarían un refugio seguro.

Los profetas continuaron dando sus amonestaciones y exhortaciones fielmente; hablaron intrépidamente a Manasés y a su pueblo; pero los mensajes fueron despreciados; y el apóstata Judá no quiso escucharlos. Como muestra de lo que sucedería al pueblo si continuaba en su impenitencia, el Señor permitió que su rey fuese tomado cautivo por una banda de soldados asirios, quienes habiéndolo "atado con cadenas lo llevaron a Babilonia", su capital provisoria. Esta aflicción hizo volver en sí al rey; "oró a Jehová su Dios, humillado grandemente en la presencia del Dios de sus padres. Y habiendo orado a él, fue atendido; pues Dios oyó su oración y lo restauró a Jerusalén, a su reino. Entonces reconoció Manasés que Jehová era Dios" (2 Crónicas 33: 10-13). Pero este arrepentimiento, por notable que fuese, fue demasiado tardío para salvar al reino de las influencias corruptoras de los años … [de] idolatría. Muchos habían tropezado y caído, para no volver a levantarse.

Entre aquellos cuya vida había sido amoldada sin remedio por la apostasía fatal de Manasés, se contaba su propio hijo, quien subió al trono a la edad de veintidós años. Acerca del rey Amón leemos: "Anduvo en todos los caminos en que su padre anduvo, y sirvió a los ídolos a los cuales había servido su padre, y los adoró; y dejó a Jehová el Dios de sus padres" (2 Reyes 21: 21, 22); y "nunca se humilló delante de Jehová, como se humilló Manasés su padre; antes bien aumentó el pecado". No se permitió que el perverso rey reinase mucho tiempo. En medio de su impiedad temeraria, tan sólo dos años después que ascendió al trono, fue muerto … por sus propios siervos, y "el pueblo de la tierra puso por rey en su lugar a Josías su hijo" (2 Crónicas 33: 23-25).

Con la ascensión de Josías al trono, desde el cual iba a gobernar treinta y un años, los que habían conservado la pureza de su fe empezaron a esperar que se detuviera el

391

descenso del reino; porque el nuevo rey, aunque tenía sólo ocho años, temía a Dios, y desde el mismo principio "hizo lo recto ante los ojos de Jehová, y anduvo en todo el camino de David su padre, sin apartarse a derecha ni a izquierda" (2 Reyes 22: 2). Hijo de un rey impío, asediado por tentaciones a seguir las pisadas de su padre, y rodeado de pocos consejeros que le alentasen en el buen camino, Josías fue sin embargo fiel al Dios de Israel. Advertido por los errores de las generaciones anteriores, decidió hacer lo recto en vez de rebajarse al nivel de pecado y degradación al cual habían caído su padre y su abuelo. "Sin apartarse a derecha ni a izquierda", como quien debía ocupar un puesto de confianza, resolvió obedecer las instrucciones que habían sido dadas para dirigir a los gobernantes de Israel; y su obediencia hizo posible que Dios le usase como vaso de honor.

En el tiempo en que Josías empezó a reinar, y durante muchos años antes, los de corazón fiel que quedaban en Judá se preguntaban si las promesas que Dios había hecho al antiguo Israel se iban a cumplir alguna vez. Desde un punto de vista humano, parecía casi imposible que se alcanzara el propósito divino para la nación escogida. La apostasía de los siglos anteriores había adquirido fuerza con el transcurso de los años; diez de las tribus habían quedado esparcidas entre los paganos; quedaban tan sólo las tribus de Judá y Benjamín, y aun éstas parecían estar al borde de la ruina moral y nacional. Los profetas habían comenzado a predecir la destrucción completa de su hermosa ciudad, donde se hallaba el templo edificado por Salomón y donde se concentraban todas sus esperanzas terrenales de grandeza nacional. ¿Sería posible que Dios estuviese por renunciar a su propósito de impartir liberación a quienes pusiesen su confianza en él? Frente a la larga persecución que venían sufriendo los justos, y a la aparente prosperidad de los impíos, ¿podían esperar mejores días los que habían permanecido fieles a Dios?

Estas preguntas llenas de ansiedad fueron expresadas por el profeta Habacuc. Considerando la situación de los fieles en su tiempo, expresó la preocupación de su corazón en esta pregunta: "¿Hasta cuándo, oh Jehová, clamaré, y no oirás; y daré voces a ti a causa de la violencia, y no salvarás? ¿Por qué me haces ver iniquidad, y haces que vea molestia? Destrucción y violencia están delante de mí, y pleito y contienda se levantan. Por lo cual la ley es debilitada, y el juicio no sale según la verdad; por cuanto el impío asedia al justo, por eso sale torcida la justicia" (Habacuc 1: 2-4).

Dios respondió al clamor de sus hijos leales. Mediante su portavoz escogido reveló su resolución de castigar a la nación que se había apartado de él para servir a los dioses de los paganos. Estando aún con vida algunos de los que averiguaban acerca del futuro, ordenaría milagrosamente los asuntos de las naciones dominantes en la tierra, y daría supremacía a los babilonios. Esa potencia caldea "formidable ... y terrible" (vers. 7) caería de pronto sobre la tierra de Judá como azote enviado por Dios. Los príncipes de Judá y los más hermosos del pueblo serían llevados a Babilonia; las ciudades y los pueblos de Judea, así como los campos cultivados, serían asolados; nada escaparía.

Confiando en que aun en ese terrible castigo se cumpliría de alguna manera el propósito de Dios para su pueblo, Habacuc se postró sumiso a la voluntad revelada de Jehová.

Exclamó: "¿No eres tú desde el principio, oh Jehová, Dios mío, Santo mío?" Y luego, como su fe se extendía hasta más allá de las perspectivas penosas del futuro inmediato y confiaba en las preciosas promesas que revelan el amor de Dios hacia sus hijos que manifiestan confianza, el profeta añadió: "No moriremos" (vers. 12). Con esta declaración de fe, entregó su caso y el de todo israelita creyente en las manos de un Dios compasivo.

Y ésta no fue la única vez cuando Habacuc ejerció una fe intensa. En una ocasión, mientras meditaba acerca del futuro, dijo: "Sobre mi guarda estaré, y sobre la fortaleza afirmaré el pie, y velaré para ver lo que se me dirá, y qué he de responder tocante a mi queja". El Señor le contestó misericordiosamente: "Escribe la visión, y decláralla en tablas, para que corra el que leyere en ella. Aunque la visión tardará aún por un tiempo, mas se apresura hacia el fin, y no mentirá; aunque tardare, espéralo, porque sin duda vendrá, no tardará. He aquí que aquel cuya alma no es recta, se enorgullece; mas *el justo por su fe vivirá*"* (Habacuc 2: 1-4).

La fe que fortaleció a Habacuc y a todos los santos y justos de aquellos tiempos de prueba intensa, es la misma fe que sostiene al pueblo de Dios hoy. En las horas más sombrías, en las circunstancias más amedrentadoras, el creyente puede afirmar su alma en la fuente de toda luz y poder. Día tras día, por la fe en Dios, puede renovar su esperanza y valor. "El justo por su fe vivirá". Al servir a Dios no hay por qué experimentar abatimiento, vacilación o temor. El Señor hará más que cumplir las más altas expectativas de aquellos que ponen su confianza en él. Les dará la sabiduría que exigen sus variadas necesidades.

*La cursiva es nuestra. *Los editores.*

Acerca de la abundante provisión hecha para toda alma tentada, el apóstol Pablo da un testimonio elocuente. Le fue asegurado divinamente: "Bástate mi gracia; porque mi poder se perfecciona en la debilidad". Con gratitud y confianza, el probado siervo de Dios contestó: "Por tanto, de buena gana me gloriaré más bien en mis debilidades, para que repose sobre mí el poder de Cristo. Por lo cual, por amor a Cristo me gozo en las debilidades, en afrentas, en necesidades, en persecuciones, en angustias; porque cuando soy débil, entonces soy fuerte" (2 Corintios 12: 9, 10).

Debemos apreciar y cultivar la fe acerca de la cual testificaron los profetas y los apóstoles, la fe que echa mano de las promesas de Dios y aguarda la liberación que ha de venir en el tiempo y de la manera que él señaló. La segura palabra profética tendrá su cumplimiento final en el glorioso advenimiento de nuestro Señor de señores. El tiempo de espera puede parecer largo; el alma puede estar oprimida por circunstancias desalentadoras; pueden caer al lado del camino muchos de aquellos en quienes se puso confianza; pero con el profeta que procuró alentar a Judá en un tiempo de apostasía sin parangón, declaremos con confianza: "Jehová está en su santo templo; calle delante de él toda la tierra" (Habacuc 2: 20). Recordemos siempre el mensaje animador: "Aunque la visión tardara aún por un tiempo, mas se apresura hacia el fin, y no mentirá; aunque tarde, espéralo, porque sin duda vendrá, no tardará... Mas el justo por su fe vivirá" (vers. 3, 4).

> "Oh Jehová, aviva tu obra en medio de los tiempos,
> en medio de los tiempos hazla conocer;
> en la ira acuérdate de la misericordia.

Dios vendrá de Temán,
y el Santo desde el monte de Parán.
Su gloria cubrió los cielos,
y la tierra se llenó de su alabanza.
Y el resplandor fue como la luz;
rayos brillantes salían de su mano,
y allí estaba escondido su poder.
Delante de su rostro iba mortandad,
Y a sus pies salían carbones encendidos.
Se levantó, y midió la tierra;
miró, e hizo temblar las gentes;
los montes antiguos fueron desmenuzados,
los collados antiguos se humillaron.
Sus caminos son eternos...

Saliste para socorrer a tu pueblo...

Aunque la higuera no florezca,
ni en las vides haya frutos,
aunque falte el producto del olivo,
y los labrados no den mantenimiento,
y las ovejas sean quitadas de la majada,
y no haya vacas en los corrales;
con todo, yo me alegraré en Jehová,
y me gozaré en el Dios de mi salvación..."

(Habacuc 3: 2-6, 13, 17-19).

Habacuc no fue el único por medio de quien se dio un mensaje de brillante esperanza y de triunfo futuro, así como de castigo presente. Durante el reinado de Josías, la palabra del Señor fue comunicada a Sofonías, para especificar claramente los resultados de la continua apostasía y llamar la atención de la verdadera iglesia a las gloriosas perspectivas que la esperaban. Sus profecías de los juicios a punto de caer sobre Judá se aplican con igual fuerza a los juicios que sobrevendrán a un mundo impenitente en ocasión del segundo advenimiento de Cristo:

"Cercano está el día grande de Jehová,
cercano y muy próximo;
es amarga la voz del día de Jehová;
gritará allí el valiente.

Día de ira aquel día,
día de angustia y de aprieto,
día de alboroto y de asolamiento,
día de tiniebla y de oscuridad,
día de nublado y de entenebrecimiento,
día de trompeta y de algazara
sobre las ciudades fortificadas, y sobre las altas
    torres"   (Sofonías 1: 14-16).

"Atribularé a los hombres, y andarán como ciegos, porque pecaron contra Jehová; y la sangre de ellos será derramada como polvo... Ni su plata ni su oro podrá librarlos en el día de la ira de Jehová, pues toda la tierra será consumida con el fuego de su celo; ... destrucción apresurada hará de todos los habitantes de la tierra" (vers. 17, 18).

"Congregaos y meditad,
oh nación sin pudor,
antes que tenga efecto el decreto,
y el día se pase como el tamo;
antes que venga sobre vosotros el furor de la ira de
    Jehová,

antes que el día de la ira de Jehová venga sobre
vosotros.

Buscad a Jehová todos los humildes de la tierra,
los que pusisteis por obra su juicio;
buscad justicia, buscad mansedumbre;
quizás seréis guardados en el día
del enojo de Jehová" (Sofonías 2: 1-3).

"He aquí, en aquel tiempo yo apremiaré a todos tus
opresores; y salvaré a la que cojea, y recogeré la descarria-
da; y os pondré por alabanza y por renombre en toda la tierra. En aquel tiempo yo os traeré, en aquel tiempo os reuniré yo; pues os pondré para renombre y para alabanza entre
todos los pueblos de la tierra, cuando levante vuestro cautiverio delante de vuestros ojos, dice Jehová" (Sofonías 3: 19,
20).

"Canta, oh hija de Sión;
da voces de júbilo, oh Israel;
gózate y regocíjate de todo corazón,
hija de Jerusalén.
Jehová ha apartado tus juicios,
ha echado fuera tus enemigos;
Jehová es Rey de Israel en medio de ti;
nunca más verás el mal.

En aquel tiempo se dirá a Jerusalén: No temas;
Sión, no se debiliten tus manos.
Jehová está en medio de ti, poderoso,
él salvará; se gozará sobre ti con alegría,
callará de amor, se regocijará sobre ti con cánticos"
(vers. 14-17).

Sofonías denunció la profunda apostasía de su
época, y llamó al arrepentimiento, advirtiendo:
"Cercano está el gran día de Jehová".

CAPITULO 33

El Libro de la Ley

LAS influencias silenciosas y sin embargo poderosas que despertaron los mensajes de los profetas acerca del cautiverio babilónico, contribuyeron mucho a preparar el terreno para una reforma que se realizó en el año decimoctavo del reinado de Josías. Este movimiento de reforma, gracias al cual los castigos anunciados se evitaron por un tiempo, fue provocado de una manera completamente inesperada por el descubrimiento y el estudio de una porción de las Sagradas Escrituras que durante muchos años había estado extraviada.

Casi un siglo antes, durante la primera Pascua celebrada por Ezequías, se habían tomado medidas para la lectura pública y diaria del libro de la ley a oídos del pueblo por los sacerdotes instructores. La observancia de los estatutos registrados por Moisés, especialmente los que se registran en el libro del pacto que forma parte del Deuteronomio, era lo que había dado tanta prosperidad al reinado de Ezequías. Pero Manasés se había atrevido a poner a un lado esos esta-

El rey Josías quedó profundamente
conmovido al escuchar la lectura del libro de la
ley. Se espantó ante las amenazas de castigo.

401

JOHN STEEL © PPPA

M.G.P.–26

tutos; y durante su reinado se había perdido, por descuido, la copia del libro de la ley que solía guardarse en el templo. De manera que por muchos años el pueblo en general se vio privado de sus instrucciones.

El manuscrito perdido durante tanto tiempo fue descubierto en el templo por el sumo sacerdote Hilcías mientras se realizaban extensas reparaciones en el edificio, de acuerdo con el plan del rey Josías para conservar la sagrada estructura. El sumo sacerdote entregó el precioso volumen a Safán, sabio escriba, quien lo leyó, y luego lo llevó al rey, a quien contó cómo lo habían descubierto.

Josías se conmovió hondamente al oír por primera vez leer las exhortaciones y amonestaciones registradas en ese antiguo manuscrito. Nunca antes había comprendido tan claramente la sencillez con que Dios había presentado a Israel "la vida y la muerte, la bendición y la maldición" (Deuteronomio 30: 19); y cuán a menudo se le había instado a escoger el camino de la vida a fin de llegar a ser una alabanza en la tierra, una bendición para todas las naciones. Por medio de Moisés se había exhortado así a Israel: "Esforzaos y cobrad ánimo; no temáis, ni tengáis miedo de ellos, porque Jehová tu Dios es el que va contigo; no te dejará, ni te desamparará" (Deuteronomio 31: 6).

En el libro abundaban las promesas referentes a la buena voluntad de Dios para salvar hasta lo sumo a aquellos que confiasen plenamente en él. Así como había obrado al librarlos de la servidumbre egipcia, quería obrar poderosamente para establecerlos en la tierra prometida y colocarlos a la cabeza de las naciones de la tierra.

El aliento ofrecido como recompensa por la obediencia

iba acompañado de las profecías de castigos para los desobedientes; y mientras el rey oía las palabras inspiradas, reconoció, en el cuadro que se le presentaba, condiciones similares a las que existían entonces en su reino. En relación con estas descripciones proféticas de cómo el pueblo se iba a apartar de Dios, se sorprendió al descubrir claras indicaciones de que pronto seguiría sin remedio el día de la calamidad. El lenguaje era decisivo; no era posible equivocarse en cuanto al significado de las palabras. Y al final del volumen, en un sumario del trato de Dios con Israel y un resumen de acontecimientos futuros, quedaban doblemente aclarados estos asuntos. A oídos de todo Israel, Moisés había dicho:

"Escuchad, cielos, y hablaré;
y oiga la tierra los dichos de mi boca.
Goteará como la lluvia mi enseñanza;
destilará como el rocío mi razonamiento;
como la llovizna sobre la grama,
y como las gotas sobre la hierba;
porque el nombre de Jehová proclamaré.
Engrandeced a nuestro Dios.
El es la Roca, cuya obra es perfecta,
porque todos sus caminos son rectitud;
Dios de verdad, y sin ninguna iniquidad en él;
es justo y recto" (Deuteronomio 32: 1-4).

"Acuérdate de los tiempos antiguos,
considera los años de muchas generaciones;
pregunta a tu padre, y él te declarará;
a tus ancianos, y ellos te dirán.
Cuando el Altísimo hizo heredar a las naciones,
cuando hizo dividir a los hijos de los hombres,

estableció los límites de los pueblos
según el número de los hijos de Israel.
Porque la porción de Jehová es su pueblo;
Jacob la heredad que le tocó.
Le halló en tierra de desierto,
y en yermo de horrible soledad;
lo trajo alrededor, lo instruyó,
lo guardó como a la niña de su ojo" (vers. 7-10).

Pero Israel "abandonó al Dios que lo hizo,
y menospreció la Roca de su salvación.
Le despertaron a celos con los dioses ajenos;
lo provocaron a ira con abominaciones.
Sacrificaron a los demonios, y no a Dios;
a dioses que no habían conocido,
a nuevos dioses venidos de cerca,
que no habían temido vuestros padres.
De la Roca que te creó te olvidaste;
te has olvidado de Dios tu creador.

Y lo vio Jehová, y se encendió en ira
por el menosprecio de sus hijos y de sus hijas.
Y dijo: Esconderé de ellos mi rostro,
veré cuál será su fin;
porque son una generación perversa, hijos infieles.
Ellos me movieron a celos con lo que no es Dios;
me provocaron a ira con sus ídolos;
yo también los moveré a celos con un pueblo que no
   es pueblo,
los provocaré a ira con una nación insensata...
Yo amontonaré males sobre ellos;

emplearé en ellos mis saetas.
Consumidos serán de hambre, y devorados de fiebre
    ardiente
y de peste amarga...

Porque son nación privada de consejos,
y no hay en ellos entendimiento.
¡Ojalá fueran sabios, que comprendieran esto,
y se dieran cuenta del fin que les espera!
¿Cómo podría perseguir uno a mil,
y dos hacer huir a diez mil,
si su Roca no los hubiese vendido,
y Jehová no los hubiera entregado?
Porque la roca de ellos no es como nuestra Roca,
y aun nuestros enemigos son de ello jueces...

¿No tengo yo esto guardado conmigo,
sellado en mis tesoros?
Mía es la venganza y la retribución;
a su tiempo su pie resbalará,
porque el día de su aflicción está cercano,
y lo que les está preparado se apresura"
        (vers. 15-21, 23, 24, 28-31, 34, 35).

Estos pasajes y otros similares revelaron a Josías el amor de Dios hacia su pueblo y su aborrecimiento por el pecado. Al leer el rey las profecías de los juicios que habrían de caer prestamente sobre los que persistiesen en la rebelión, tembló acerca del futuro. La perversidad de Judá había sido grande; ¿cuál sería el resultado de su continua apostasía?

En los años anteriores el rey no había sido indiferente a la idolatría que prevalecía. "A los ocho años de su reinado, siendo aún muchacho", se había consagrado plenamente al servicio de Dios. Cuatro años más tarde, cuando tuvo veinte, hizo un esfuerzo fervoroso por evitar la tentación a sus súbditos y limpió "a Judá y a Jerusalén de los lugares altos, imágenes de Asera, esculturas, e imágenes fundidas. Y derribaron delante de él los altares de los baales e hizo pedazos las imágenes del sol, que estaban puestas encima; despedazó también las imágenes de Asera, las esculturas y estatuas fundidas, y las desmenuzó, y esparció el polvo sobre los sepulcros de los que les habían ofrecido sacrificios. Quemó además los huesos de los sacerdotes sobre sus altares, y limpió a Judá y a Jerusalén" (2 Crónicas 34: 3-5).

Sin conformarse con la obra esmerada que hacía en la tierra de Judá, el joven gobernante extendió sus esfuerzos a los territorios de Palestina antes ocupados por las diez tribus de Israel, de las cuales quedaba tan sólo un débil residuo. Dice el relato: "Lo mismo hizo en las ciudades de Manasés, Efraín, Simeón y hasta Neftalí". Y no volvió a Jerusalén antes de haber atravesado a lo largo y a lo ancho esta

región de hogares arruinados y "derribado los altares y las imágenes de Asera, y quebrado y desmenuzado las esculturas, y destruido todos los ídolos por toda la tierra de Israel" (vers. 6, 7).

Así era como Josías, desde su juventud, había procurado valerse de su cargo de rey para exaltar los principios de la santa ley de Dios. Y ahora, mientras el escriba Safán le leía el libro de la ley, el rey discernió en ese volumen un tesoro de conocimiento y un aliado poderoso en la obra de reforma que tanto deseaba ver realizada en la tierra. Resolvió andar en la luz de sus consejos y hacer todo lo que estuviese en su poder para comunicar sus enseñanzas al pueblo, a fin de inducirlo, si era posible, a cultivar la reverencia y el amor a la ley del cielo.

Pero ¿podía realizarse la reforma necesaria? Israel había llegado casi al límite de la tolerancia divina; pronto Dios se iba a levantar para castigar a aquellos que habían deshonrado su nombre. Ya la ira de Dios se había encendido contra el pueblo. Abrumado de pesar y desaliento, Josías rasgó sus vestiduras, y se postró ante Dios agonizando en espíritu y pidiendo perdón por los pecados de una nación impenitente.

En aquel tiempo la profetisa Hulda vivía en Jerusalén, cerca del templo. El rey, lleno de sombríos presentimientos, la recordó y resolvió preguntar al Señor mediante esa mensajera escogida para saber, si era posible, por qué medios a su alcance podría salvar al errante Judá, ahora al borde de la ruina.

La gravedad de la situación y el respeto que tenía por la profetisa le indujeron a enviarle como mensajeros a los primeros hombres del reino. Les pidió: "Id y preguntad a Jehová por mí, y por el pueblo, y por todo Judá, acerca de las palabras de este libro que se ha hallado; porque grande es la ira de Jehová que se ha encendido contra nosotros, por cuanto nuestros padres no escucharon las palabras de este libro, para hacer conforme a todo lo que nos fue escrito" (2 Reyes 22: 13).

Por intermedio de Hulda el Señor avisó a Josías de que la ruina de Jerusalén no se podía evitar. Aun cuando el pueblo se humillase delante de Dios, no escaparía a su castigo. Sus sentidos habían estado adormecidos durante tanto tiempo por el mal hacer, que si el juicio no caía sobre ellos no tardarían en volver a la misma conducta pecaminosa. Declaró la profetisa: "Así ha dicho Jehová el Dios de Israel: Decid al varón que os envió a mí: Así dijo Jehová: He aquí yo traigo sobre este lugar, y sobre los que en él moran, todo el mal de que habla este libro que ha leído el rey de Judá; por cuanto me dejaron a mí, y quemaron incienso a dioses ajenos, provocándome a ira con toda la obra de sus manos; mi ira se ha encendido contra este lugar, y no se apagará" (vers. 15-17).

Pero debido a que el rey había humillado su corazón delante de Dios, el Señor reconocería su presteza y disposición a pedir perdón y misericordia. Se le mandó este mensaje: "Por cuanto ... tu corazón se enterneció, y te humillaste delante de Jehová, cuando oíste lo que yo he pronunciado contra este lugar y contra sus moradores, que vendrán a ser asolados y malditos, y rasgaste tus vestidos, y lloraste en mi presencia, también yo te he oído, dice Jehová. Por tanto, he aquí yo te recogeré con tus padres, y serás llevado a tu sepulcro en paz, y no verán tus ojos todo el mal que yo traigo sobre este lugar" (vers. 19, 20).

El rey debía confiar a Dios los acontecimientos futuros; no podía alterar los eternos decretos de Jehová. Pero al anunciar los castigos retributivos del cielo, el Señor no retiraba la oportunidad de arrepentirse y reformarse; y Josías, discerniendo en esto que Dios tenía buena voluntad para atemperar sus juicios con misericordia, resolvió hacer cuanto estuviese en su poder para realizar reformas decididas. Mandó llamar inmediatamente una gran convocación, a la cual invitó a los ancianos y magistrados de Jerusalén y Judá, juntamente con el pueblo común. Estos, con los sacerdotes y levitas, se encontraron con el rey en el atrio del templo.

A esta vasta asamblea el rey mismo leyó "todas las pala-

bras del libro del pacto que había sido hallado en la casa de Jehová" (2 Reyes 23: 2). El lector real estaba profundamente afectado, y dio su mensaje con la emoción patética de un corazón quebrantado. Sus oyentes quedaron profundamente conmovidos. La intensidad de los sentimientos revelados en el rostro del rey, la solemnidad del mensaje mismo, la advertencia de los juicios inminentes, todo esto tuvo su efecto, y muchos resolvieron unirse al rey para pedir perdón.

Josías propuso luego que los que ejercían la más alta autoridad se comprometiesen solemnemente con el pueblo delante de Dios a cooperar unos con otros en un esfuerzo para instituir cambios decididos. "Y poniéndose el rey en pie junto a la columna, hizo pacto delante de Jehová, de que irían en pos de Jehová, y guardarían sus mandamientos, sus testimonios y sus estatutos, con todo el corazón y con toda el alma, y que cumplirían las palabras del pacto que estaban escritas en aquel libro". La respuesta fue más cordial de lo que el rey se había atrevido a esperar, pues "todo el pueblo confirmó el pacto" (vers. 3).

En la reforma que siguió, el rey dedicó su atención a destruir todo vestigio que quedara de la idolatría. Hacía tanto tiempo que los habitantes del país seguían las costumbres de las naciones circundantes en lo referente a postrarse ante imágenes de madera y piedra, que parecía casi imposible al hombre eliminar todo rastro de estos males. Pero Josías perseveró en su esfuerzo por purificar la tierra. Con severidad hizo frente a la idolatría matando "a todos los sacerdotes de los lugares altos", "asimismo barrió Josías a los encantadores, adivinos y terafines, todas las abominaciones que se veían en la tierra de Judá y en Jerusalén, para cumplir las palabras de la ley que estaban escritas en el libro que el sacerdote Hilcías había hallado en la casa de Jehová" (vers. 20, 24).

Durante la división del reino, siglos antes, cuando Jeroboam, hijo de Nabat, desafiando atrevidamente al Dios a quien Israel servía, se esforzaba por apartar el corazón del pueblo de los servicios del templo de Jerusalén hacia nuevas formas de culto, había levantado un altar profano en Bet-el. Durante la dedicación de ese altar, que en el transcurso de los años iba a inducir a muchos a seguir prácticas idólatras, se había presentado repentinamente un hombre de Dios proveniente de Judea, quien pronunció palabras de condenación por el proceder sacrílego. Había clamado "contra el altar" y declarado:

"Altar, altar, así ha dicho Jehová: He aquí que a la casa de David nacerá un hijo llamado Josías, el cual sacrificará sobre ti a los sacerdotes de los lugares altos que queman sobre ti incienso, y sobre ti quemarán huesos de hombres" (1 Reyes 13: 2). Este anuncio había sido acompañado por una señal de que la palabra pronunciada era de Jehová.

Habían transcurrido tres siglos. Durante la reforma realizada por Josías, el rey mismo se encontró en Bet-el, donde estaba aquel antiguo altar. Entonces se iba a cumplir literalmente la profecía hecha tantos años antes en presencia de Jeroboam.

"Igualmente el altar que estaba en Bet-el, y el lugar alto que había hecho Jeroboam hijo de Nabat, el que hizo pecar a Israel; aquel altar y el lugar alto destruyó, y lo quemó, y lo hizo polvo, y puso fuego a la imagen de Asera.

411

"Y se volvió Josías, y viendo los sepulcros que estaban allí en el monte, envió y sacó los huesos de los sepulcros, y los quemó sobre el altar para contaminarlo, conforme a la palabra de Jehová que había profetizado el varón de Dios, el cual había anunciado esto.

"Después dijo: ¿Qué monumento es este que veo? Y los de la ciudad le respondieron: Este es el sepulcro del varón de Dios que vino de Judá, y profetizó estas cosas que tú has hecho sobre el altar de Bet-el. Y él dijo: Dejadlo; ninguno mueva sus huesos; y así fueron preservados sus huesos, y los huesos del profeta que había venido de Samaria" (2 Reyes 23: 15-18).

En las laderas del sur del monte de los Olivos, frente al hermoso templo de Jehová sobre el monte Moria, estaban los altares y las imágenes que habían sido colocadas allí por Salomón para agradar a sus esposas idólatras (1 Reyes 11: 6-8). Durante más de tres siglos, las grandes y deformes imágenes habían estado en el "Monte de la Ofensa" (*al sur del monte de los Olivos*), como testigos mudos de la apostasía del rey más sabio que hubiese tenido Israel. Ellas también fueron sacadas y destruidas por Josías.

El rey procuró establecer aun más firmemente la fe de Judá en el Dios de sus padres, celebrando una gran fiesta de Pascua en armonía con las medidas indicadas en el libro de la ley. Hicieron preparativos aquellos que estaban encargados de los servicios sagrados, y el gran día de la fiesta se presentaron muchas ofrendas. "No había sido hecha tal pascua desde los tiempos en que los jueces gobernaban a Israel, ni en todos los tiempos de los reyes de Israel y de los reyes de Judá" (2 Reyes 23: 22). Pero el celo de Josías, por grato que fuera para Dios, no podía expiar los pecados de las generaciones pasadas; ni podía la piedad manifestada por quienes seguían al rey efectuar un cambio de corazón en muchos de los que se negaban tercamente a renunciar a la idolatría para adorar al Dios verdadero.

Durante más de una década después de celebrarse la Pascua, continuó reinando Josías. A la edad de treinta y nueve años, encontró la muerte en una batalla contra las fuerzas de Egipto, y "lo sepultaron en los sepulcros de sus padres. Y todo Judá y Jerusalén hicieron duelo por Josías. Y Jeremías endechó en memoria de Josías. Todos los cantores y cantoras recitan esas lamentaciones sobre Josías hasta hoy; y las tomaron por norma para endechar en Israel, las cuales están escritas en el libro de Lamentos" (2 Crónicas 35: 24, 25). Como Josías "no hubo otro rey antes de él, que se convirtiese a Jehová de todo su corazón, de toda su alma y de todas sus fuerzas, conforme a toda la ley de Moisés; ni después de él nació otro igual. Con todo eso, Jehová no desistió del ardor con que su gran ira se había encendido..., por todas las provocaciones con que Manasés le había irritado" (2 Reyes 23: 25, 26). Se estaba acercando rápidamente el tiempo cuando Jerusalén iba a ser destruida por completo, y los habitantes de la tierra serían llevados cautivos a Babilonia, para aprender allí las lecciones que se habían negado a aprender en circunstancias más favorables.

CAPITULO 34

Jeremías

ENTRE los que habían esperado que se produjese un despertar espiritual permanente como resultado de la reforma realizada bajo la dirección de Josías, se contaba Jeremías, llamado por Dios al cargo profético mientras era todavía joven, en el año decimotercero del reinado de Josías. Miembro del sacerdocio levítico, Jeremías había sido educado desde su infancia para el servicio santo. Durante aquellos felices años de preparación distaba mucho de comprender que había sido ordenado desde su nacimiento para ser "profeta a las naciones", y cuando le llegó el llamamiento divino, se quedó abrumado por el sentimiento de su indignidad y exclamó: "¡Ah! ¡ah, Señor Jehová! He aquí, no sé hablar, porque soy niño" (Jeremías 1: 5, 6).

En el joven Jeremías, Dios veía alguien que sería fiel a su cometido, y que se destacaría en favor de lo recto contra gran oposición. Había sido fiel en su niñez; y ahora iba a

Durante cuarenta años el profeta Jeremías se mantuvo delante de la nación como un fiel testigo a favor de la verdad y la justicia.

415

soportar penurias como buen soldado de la cruz. El Señor ordenó a su mensajero escogido: "No digas: Soy un niño; porque a todo lo que te envíe irás tú, y dirás todo lo que te mande. No temas delante de ellos, porque contigo estoy para librarte". "Tú, pues, ciñe tus lomos, levántate, y háblales todo cuanto te mande; no temas delante de ellos, para que no te haga yo quebrantar delante de ellos. Porque he aquí que yo te he puesto en este día como ciudad fortificada, como columna de hierro, y como muro de bronce contra toda esta tierra, contra los reyes de Judá, sus príncipes, sus sacerdotes, y el pueblo de la tierra. Y pelearán contra ti, pero no te vencerán; porque yo estoy contigo, dice Jehová, para librarte" (vers. 7, 8, 17-19).

Durante cuarenta años iba a destacarse Jeremías delante de la nación como testigo por la verdad y la justicia. En un tiempo de apostasía sin igual, iba a representar en su vida y carácter el culto del único Dios verdadero. Durante los terribles sitios que iba a sufrir Jerusalén, sería el portavoz de Jehová. Habría de predecir la caída de la casa de David, y la destrucción del hermoso templo contruido por Salomón. Y cuando fuese encarcelado por sus valientes declaraciones, seguiría hablando claramente contra el pecado de los encumbrados. Despreciado, odiado, rechazado por los hombres, iba a presenciar finalmente el cumplimiento literal de sus propias profecías de ruina inminente, y a compartir el pesar y la desgracia que seguirían a la destrucción de la ciudad condenada.

Sin embargo, en medio de la ruina general en que iba cayendo rápidamente la nación, se le permitió a menudo a Jeremías mirar más allá de las escenas angustiadoras del presente y contemplar las gloriosas perspectivas que ofrecía el futuro, cuando el pueblo de Dios sería redimido de la tierra del enemigo y trasplantado de nuevo a Sión. Previó el tiempo en que el Señor renovaría su pacto con ellos, y dijo: "Su alma será como huerto de riego, y nunca más tendrán dolor" (Jeremías 31: 12).

Jeremías mismo escribió, acerca de su llamamiento a la misión profética: "Extendió Jehová su mano y tocó mi boca, y me dijo Jehová: He aquí he puesto mis palabras en tu boca. Mira que te he puesto en este día sobre naciones y sobre reinos, para arrancar y para destruir, para arruinar y para derribar, para edificar y para plantar" (Jeremías 1: 9, 10).

Gracias a Dios por las palabras "para edificar y para plantar". Por su medio el Señor aseguró a Jeremías que tenía el propósito de restaurar y sanar. Severos iban a ser los mensajes que debería dar durante los años que vendrían. Tendría que comunicar sin temor las profecías de los juicios que se acercaban rápidamente. Desde las llanuras de Sinar iba a soltarse "el mal sobre todos los moradores de esta tierra". Declaró el Señor: "Proferiré mis juicios contra los que me dejaron" (vers. 14, 16). Sin embargo, el profeta debía acompañar estos mensajes con promesas de perdón para todos los que quisieran dejar de hacer el mal.

Como sabio perito constructor, desde el mismo comienzo de su carrera, Jeremías procuró alentar a los hombres de Judá para que, haciendo obra cabal de arrepentimiento, pusiesen fundamentos anchos y profundos para su vida espiritual. Durante mucho tiempo habían estado edificando con material que el apóstol Pablo comparó con madera, paja y

417

hojarasca, y que Jeremías mismo llamó "escoria" (Jeremías 6: 29). Declaró acerca de los que formaban la nación impenitente: "Plata desechada los llamarán, porque Jehová los desechó" (vers. 30). Ahora se les urgía para que comenzasen a edificar sabiamente y para la eternidad, desechando las escorias de la apostasía y de la incredulidad, para usar en el fundamento el oro puro, la plata refinada, las piedras preciosas, es decir la fe, la obediencia y las buenas obras, que eran lo único aceptable a la vista de un Dios santo.

La palabra que el Señor dirigió a su pueblo por medio de Jeremías fue: "Vuélvete, oh rebelde Israel,... no haré caer mi ira sobre ti, porque misericordioso soy yo, dice Jehová, no guardaré para siempre el enojo. Reconoce, pues, tu maldad, porque contra Jehová tu Dios has prevaricado... Convertíos, hijos rebeldes, dice Jehová, porque yo soy vuestro esposo... Me llamaréis: Padre mío, y no os apartaréis de en pos de mí... Convertíos, hijos rebeldes, y sanaré vuestras rebeliones" (Jeremías 3: 12-14, 19, 22).

Y en adición a estas súplicas admirables, el Señor dio a su pueblo errante las palabras mismas con las cuales podían dirigirse a él. Habían de decir: "He aquí nosotros venimos a ti, porque tú eres Jehová nuestro Dios. Ciertamente vanidad son los collados, y el bullicio sobre los montes; ciertamente en Jehová nuestro Dios está la salvación de Israel... Yacemos en nuestra confusión, y nuestra afrenta nos cubre; porque pecamos contra Jehová nuestro Dios, nosotros y nuestros padres, desde nuestra juventud y hasta este día, y no hemos escuchado la voz de Jehová nuestro Dios" (vers. 22-25).

La reforma realizada bajo Josías había limpiado la tierra

de altares idólatras, pero los corazones de la multitud no habían sido transformados. Las semillas de la verdad que habían brotado y dado promesa de una abundante cosecha habían sido ahogadas por las espinas. Otro retroceso tal sería fatal; y el Señor procuró despertar a la nación para que comprendiese su peligro. Unicamente si era leal a Jehová, podía esperar que gozaría del favor divino y de prosperidad.

Jeremías llamó su atención repetidas veces a los consejos dados en Deuteronomio. Más que cualquier otro de los profetas, recalcó las enseñanzas de la ley mosaica, y demostró cómo esas enseñanzas podían reportar las más altas bendiciones espirituales a la nación y a todo corazón individual. Suplicaba: "Preguntad por las sendas antiguas, cuál sea el buen camino, y andad por él, y hallaréis descanso para vuestra alma" (Jeremías 6: 16).

En una ocasión, por orden de Jehová, el profeta se situó en una de las principales entradas de la ciudad, y allí insistió en lo importante que era santificar el sábado. Los habitantes de Jerusalén estaban en peligro de olvidar la santidad del sábado, y los amonestó solemnemente contra la costumbre de seguir con sus ocupaciones seculares en ese día. Les prometió una bendición a condición de que obedecieran. El Señor declaró: "No obstante, si vosotros me obedeciereis, dice Jehová, no metiendo carga por las puertas de esta ciudad en el día de reposo,* sino que santificareis el día de reposo, no haciendo en él ningún trabajo, entrarán por las puertas de esta ciudad, en carros y en caballos, los reyes y los príncipes que se sientan sobre el trono de David, ellos y sus príncipes, los varones de Judá y los moradores de Jeru-

---

*"Aquí equivale a *sábado*". Nota de la versión Reina-Valera 1960.

salén; y esta ciudad será habitada para siempre" (Jeremías 17: 24, 25).

Esta promesa de prosperidad como recompensa de la fidelidad iba acompañada por una profecía de los terribles castigos que caerían sobre la ciudad si sus habitantes eran desleales a Dios y a su ley. Si las amonestaciones a obedecer al Señor Dios de sus padres y a santificar sus sábados no eran escuchadas, la ciudad y sus palacios quedarían completamente destruidos por el fuego.

Así defendió el profeta firmemente los sanos principios de la vida justa tan claramente bosquejados en el libro de la ley. Pero las condiciones que prevalecían en la tierra de Judá eran tales que únicamente merced a las medidas más decididas podía producirse una mejoría; por lo tanto trabajó con el mayor fervor por los impenitentes. Rogaba: "Arad campo para vosotros, y no sembréis entre espinos... Lava tu corazón de maldad, oh Jerusalén, para que seas salva" (Jeremías 4: 3, 14).

Pero la gran mayoría del pueblo no escuchó el llamamiento al arrepentimiento y a la reforma. Desde la muerte del buen rey Josías, los que gobernaban la nación habían sido infieles a su deber, y habían estado extraviando a muchos. Joacaz, depuesto por la intervención del rey de Egipto, había sido seguido por Joacim, hijo mayor de Josías. Desde el principio del reinado de Joacim, Jeremías había tenido poca esperanza de salvar a su patria amada de la destrucción y al pueblo del cautiverio. Sin embargo, no se le permitió callar mientras la ruina completa amenazaba al reino. Los que habían permanecido leales a Dios debían ser alentados a perseverar en el bien hacer, y si era posible, los pecadores debían ser inducidos a apartarse de la iniquidad.

La crisis exigía un esfuerzo público y abarcante. El Señor ordenó a Jeremías que se pusiese de pie en el atrio del templo, y que allí hablase a todo el pueblo de Judá que entraba y salía. No debía quitar una sola palabra de los mensajes que se le daban, a fin de que los pecadores de Sión tuviesen las más amplias oportunidades de escuchar y apartarse de sus malos caminos.

El profeta obedeció. Se situó a la puerta de la casa de Jehová, y allí alzó su voz en amonestación y súplica. Bajo la inspiración del Altísimo declaró:

"Oíd palabra de Jehová, todo Judá, los que entráis por estas puertas para adorar a Jehová. Así ha dicho Jehová de los ejércitos, Dios de Israel: Mejorad vuestros caminos y vuestras obras, y os haré morar en este lugar. No fiéis en palabras de mentira, diciendo: Templo de Jehová, templo de Jehová, templo de Jehová es éste. Pero si mejorareis cumplidamente vuestros caminos y vuestras obras; si con verdad hiciereis justicia entre el hombre y su prójimo, y no oprimiereis al extranjero, al huérfano y a la viuda, ni en este lugar derramareis la sangre inocente, ni anduviereis en pos de dioses ajenos para mal vuestro, os haré morar en este lugar, en la tierra que dí a vuestros padres para siempre" (Jeremías 7: 2-7).

Estas palabras demuestran vívidamente la poca voluntad que tiene el Señor para castigar. Retiene sus juicios para suplicar a los impenitentes. El que ejerce "misericordia, juicio y justicia en la tierra" (Jeremías 9: 24), siente profundos anhelos por sus hijos errantes; y de toda manera posible procura enseñarles el camino de la vida eterna. Había sacado a los israelitas de la servidumbre para que le sirviesen a él, único Dios verdadero y viviente. Aunque durante mucho tiempo se habían extraviado en la idolatría y habían despreciado sus amonestaciones, les declara ahora su buena voluntad para postergar el castigo y para darles otra oportunidad de arrepentirse. Les indica claramente que tan sólo mediante una reforma cabal del corazón podía evitarse la ruina inminente. Vana sería la confianza que pusiesen en el templo y sus servicios. Los ritos y las ceremonias no podían expiar el pecado. A pesar de su aserto de ser el pueblo escogido de Dios, únicamente la reforma del corazón y de las prácticas en la vida podían salvarlos del resultado inevitable de la continua transgresión.

De manera que "en las ciudades de Judá y en las calles de Jerusalén" el mensaje que dirigía Jeremías a Judá era: "Oíd las palabras de este pacto", es decir los claros preceptos de Jehová como estaban registrados en las Sagradas Escrituras, "y ponedlas por obra" (Jeremías 11: 6). Y éste fue el mensaje que proclamó mientras estaba en los atrios del templo al comenzar el reinado de Joacim.

Reseñó brevemente lo experimentado por Israel desde los tiempos del éxodo. El pacto de Dios con el pueblo había sido: "Escuchad mi voz, y seré a vosotros por Dios, y vosotros me seréis por pueblo; y andad en todo camino que os mande, para que os vaya bien". Con desvergüenza y repetidas veces, este pacto había sido violado. La nación escogida había andado "en sus propios consejos, en la dureza de su corazón malvado, y fueron hacia atrás y no hacia adelante" (Jeremías 7: 23, 24).

Preguntó el Señor: "¿Por qué es este pueblo de Jerusalén rebelde con rebeldía perpetua?" (Jeremías 8: 5). Según dijo el profeta, había sido porque no habían obedecido a la voz de Jehová su Dios, y se habían negado a recibir corrección (Jeremías 5: 3). Se lamentó así: "Pereció la verdad, y de la boca de ellos fue cortada... Aun la cigüeña en el cielo conoce su tiempo, y la tórtola y la grulla y la golondrina guardan el tiempo de su venida; pero mi pueblo no conoce el juicio de Jehová... ¿No los he de castigar por estas cosas? dice Jehová. De tal nación, ¿no se vengará mi alma? (Jeremías 7: 28; 8: 7; 9: 9).

Había llegado el momento de hacer un examen profundo del corazón. Mientras Josías lo había gobernado, el pueblo había tenido cierta base de esperanza. Pero él ya no podía interceder en su favor, porque había caído en la batalla. Los pecados de la nación eran tales que casi había terminado el tiempo para la intercesión. Declaró el Señor: "Si Moisés y Samuel se pusieran delante de mí, no estaría mi voluntad con este pueblo; échalos de mi presencia, y salgan. Y si te preguntaren: ¿A dónde saldremos? les dirás: Así ha dicho Jehová: El que a muerte, a muerte; el que a espada, a espada; el que a hambre, a hambre; y el que a cautiverio, a cautiverio" (Jeremías 15: 1, 2).

Negándose a escuchar la invitación misericordiosa que Dios le extendía ahora, la nación impenitente se exponía a los juicios que habían caído sobre el reino del norte de Israel más de un siglo antes. El mensaje que se le dirigía ahora era: "Si no me oyereis para andar en mi ley, la cual puse ante vosotros, para atender a las palabras de mis siervos los profetas, que yo os envío desde temprano y sin cesar, a los cuales no habéis oído, yo pondré esta casa como Silo, y esta ciudad la pondré por maldición a todas las naciones de la tierra" (Jeremías 26: 4-6).

Los que estaban en el templo escuchando el discurso de Jeremías comprendieron claramente esta referencia a Silo y al tiempo de Elí, cuando los filisteos habían vencido a Israel y se habían llevado el arca del testamento.

El pecado de Elí había consistido en pasar por alto la iniquidad de sus hijos en el cargo sagrado, así como los males que prevalecían en toda la tierra. Esta negligencia con respecto a corregir esos males había hecho caer sobre Israel una terrible calamidad. Después que sus hijos hubieron caído en la batalla, Elí mismo perdió la vida, el arca de Dios fue quitada de la tierra de Israel, y murieron treinta mil hombres del pueblo, y todo porque se había dejado florecer el pecado sin reprenderlo ni detenerlo. Vanamente había pensado Israel que, a pesar de sus prácticas pecaminosas, la presencia del arca aseguraría la victoria sobre los filisteos. En el tiempo de Jeremías los habitantes de Judá también eran propensos a creer que una observancia estricta de los servicios divinamente ordenados en el templo los libraría del justo castigo que merecía su conducta impía.

¡Qué lección enseña esto a los hombres que ocupan hoy puestos de responsabilidad en la iglesia de Dios! ¡Cuán solemne advertencia para que reprendan fielmente los males que deshonran la causa de la verdad! Nadie, entre los que se declaran depositarios de la ley de Dios, se lisonjee de que la consideración que manifieste exteriormente hacia los mandamientos le librará del cumplimiento de la justicia divina. Nadie rehúse ser reprendido por su mal proceder, ni acuse a los siervos de Dios de ser demasiado celosos al procurar limpiar de malas acciones el campamento. El Dios que aborrece el pecado invita a los que aseveran guardar su ley a que se aparten de toda iniquidad. La negligencia en cuanto a arrepentirse y rendir obediencia voluntaria acarreará hoy a hombres y mujeres consecuencias tan graves como las que sufrió el antiguo Israel.

Hay un límite más allá del cual los juicios de Jehová no pueden ya demorarse. El asolamiento de Jerusalén en los tiempos de Jeremías es una solemne advertencia para el Israel moderno, de que los consejos y las amonestaciones dadas por instrumentos escogidos no pueden despreciarse con impunidad.

El mensaje de Jeremías a los sacerdotes y al pueblo despertó el antagonismo de muchos. Le denunciaron ruidosamente clamando: "¿Por qué has profetizado en nombre de Jehová, diciendo: Esta casa será como Silo, y esta ciudad será asolada hasta no quedar morador? Y todo el pueblo se juntó contra Jeremías en la casa de Jehová" (vers. 9). Sacerdotes, falsos profetas y pueblo se volvieron, airados, contra el que no quería decirles cosas agradables o profetizarles engaño. Así fue despreciado el mensaje de Dios, y su siervo, amenazado de muerte.

Se comunicaron las palabras de Jeremías a los príncipes de Judá, y ellos fueron apresuradamente del palacio real al templo, para conocer por sí mismos la verdad del asunto. "Entonces hablaron los sacerdotes y los profetas a los príncipes y a todo el pueblo, diciendo: En pena de muerte ha incurrido este hombre; porque profetizó contra esta ciudad, como vosotros habéis oído con vuestros oídos" (vers. 11). Pero Jeremías hizo valientemente frente a los príncipes y al pueblo y declaró: "Jehová me envió a profetizar contra esta casa y contra esta ciudad, todas las palabras que habéis oído. Mejorad ahora vuestros caminos y vuestras obras, y oíd la voz de Jehová vuestro Dios, y se arrepentirá Jehová del mal que ha hablado contra vosotros. En lo que a mí toca, he aquí estoy en vuestras manos; haced de mí como mejor y más recto os parezca. Mas sabed de cierto que si me matáis, sangre inocente echaréis sobre vosotros, y sobre esta ciudad y sobre sus moradores; porque en verdad Jehová me envió a vosotros para que dijese todas estas palabras en vuestros oídos" (vers. 12-15).

Si el profeta se hubiese dejado intimidar por la actitud

amenazante de los que tenían gran autoridad, su mensaje habría quedado sin efecto, y él mismo habría perdido la vida; pero el valor con que comunicó la solemne advertencia le granjeó el respeto del pueblo, y dispuso a los príncipes de Israel en favor suyo. Razonaron con los sacerdotes y falsos profetas mostrándoles cuán imprudentes serían las medidas extremas que proponían, y sus palabras produjeron una reacción en el ánimo del pueblo. Así suscitó Dios defensores para su siervo.

Los ancianos se unieron también para protestar contra la decisión de los sacerdotes acerca de la suerte de Jeremías. Citaron el caso de Miqueas, que había profetizado castigos sobre Jerusalén, diciendo: "Sión será arada como campo, y Jerusalén vendrá a ser montones de ruinas, y el monte de la casa como cumbres de bosque. ¿Acaso lo mataron Ezequías rey de Judá y todo Judá? ¿No temió a Jehová, y oró en presencia de Jehová, y Jehová se arrepintió del mal que había hablado contra ellos? ¿Haremos, pues, nosotros tan gran mal contra nuestras almas? (vers. 18, 19).

Por la intercesión de estos hombres de influencia, se salvó la vida del profeta, aunque muchos de los sacerdotes y falsos profetas, no pudiendo soportar las verdades que él expresaba y que los condenaban, le habrían dado gustosamente la muerte acusándolo de sedición.

Desde el tiempo de su llamamiento hasta el fin de su ministerio, Jeremías se destacó ante Judá como "fortaleza" y "torre" contra la cual no podía prevalecer la ira del hombre. El Señor le había dicho de antemano: "Pelearán contra ti, pero no te vencerán; porque yo estoy contigo para guardarte y para defenderte, dice Jehová. Y te libraré de la

mano de los malos, y te redimiré de la mano de los fuertes"
(Jeremías 6: 27; 15: 20, 21).

Siendo de naturaleza tímida y sosegada, Jeremías anhelaba la paz y la tranquilidad de una vida retraída, en la cual
no necesitase presenciar la continua impenitencia de su
amada nación. Su corazón quedaba desgarrado por la angustia que le ocasionaba la ruina producida por el pecado.
Se lamentaba así: "¡Oh, si mi cabeza se hiciese aguas, y mis
ojos fuentes de lágrimas, para que llore día y noche los
muertos de la hija de mi pueblo! ¡Oh, quién me diese en el
desierto un albergue de caminantes, para que dejase a mi
pueblo, y de ellos me apartase!" (Jeremías 9: 1, 2).

Muy crueles eran las burlas que le tocó soportar. Su
alma sensible quedaba completamente herida por las saetas
del ridículo dirigidas contra él por aquellos que despreciaban su mensaje y se burlaban de su preocupación por que se
convirtieran. Declaró: "Fui escarnio a todo mi pueblo, burla de ellos todos los días". "Cada día he sido escarnecido,
cada cual se burla de mí... Todos mis amigos miraban si
claudicaría. Quizá se engañará, decían, y prevaleceremos
contra él, y tomaremos de él nuestra venganza" (Lamentaciones 3: 14; Jeremías 20: 7, 10).

Pero el fiel profeta era diariamente fortalecido para resistir. Declaró con fe: "Mas Jehová está conmigo como poderoso gigante; por tanto, los que me persiguen tropezarán,
y no prevalecerán; serán avergonzados en gran manera,
porque no prosperarán; tendrán perpetua confusión que jamás será olvidada... Cantad a Jehová, load a Jehová; porque
ha librado el alma del pobre de mano de los malignos" (vers.
11, 13).

Lo experimentado por Jeremías durante su juventud y también durante los años ulteriores de su ministerio, le enseñaron la lección de que "el hombre no es señor de su camino, ni del hombre que camina es el ordenar sus pasos". Aprendió a orar así: "Castígame, oh Jehová, mas con juicio; no con tu furor, para que no me aniquiles" (Jeremías 10: 23, 24).

Cuando fue llamado a beber la copa de la tribulación y la tristeza, y cuando en sus sufrimientos se sentía tentado a decir: "Perecieron mis fuerzas, y mi esperanza en Jehová", recordaba las providencias de Dios en su favor, y exclamaba triunfantemente: "Por la misericordia de Jehová no hemos sido consumidos, porque nunca decayeron sus misericordias. Nuevas son cada mañana; grande es tu fidelidad. Mi porción es Jehová, dijo mi alma; por tanto, en él esperaré. Bueno es Jehová a los que en él esperan, al alma que le busca. Bueno es esperar en silencio la salvación de Jehová" (Lamentaciones 3: 18, 22-26).

CAPITULO 35

La Condenación Inminente

DURANTE los primeros años del reinado de Joacim fueron dadas muchas advertencias referentes a la condenación que se acercaba. Estaba por cumplirse la palabra que expresara el Señor por los profetas. La potencia asiria que desde el norte había ejercido durante mucho tiempo la supremacía, no iba a gobernar ya las naciones. Por el sur, Egipto, en cuyo poder el rey de Judá había puesto en vano su confianza, pronto sería resueltamente detenido. En forma completamente inesperada, una nueva potencia mundial, el Imperio Babilónico, se levantaba hacia el este, y con presteza iba sobrepujando todas las otras naciones.

Dentro de pocos y cortos años el rey de Babilonia iba a ser usado como instrumento de la ira de Dios sobre el impenitente Judá. Una y otra vez Jerusalén sería rodeada y en ella entrarían los ejércitos sitiadores de Nabucodonosor.

El rey Joacim se enfureció tanto cuando comenzaron a leerle el rollo con el mensaje de Jeremías, que lo cortó en pedazos y lo echó al fuego.

431

Una compañía tras otra, compuestas al principio de poca gente, pero más tarde de millares y decenas de millares de cautivos, serían llevadas a la tierra de Sinar para vivir allí en destierro forzoso. Joacim, Joaquín* y Sedequías, esos tres reyes judíos iban a ser, por turno, vasallos del gobernante babilónico, y cada uno a su vez se iba a rebelar. Castigos cada vez más severos iban a ser infligidos a la nación rebelde, hasta que por fin toda la tierra quedase asolada, Jerusalén quedaría reducida a ruinas por el fuego, destruido el templo que Salomón había edificado, y el reino de Judá iba a caer para nunca volver a ocupar su puesto anterior entre las naciones de la tierra.

Aquellos tiempos de cambios, tan cargados de peligros para la nación israelita, fueron señalados por muchos mensajes enviados del cielo, por medio de Jeremías. Así fue cómo el Señor dio a los hijos de Judá amplia oportunidad de librarse de las alianzas con que se habían enredado con Egipto, y de evitar la lucha con los gobernantes de Babilonia. A medida que se acercaba el peligro amenazador, enseñó al pueblo por medio de una serie de parábolas dramáticas, con la esperanza de despertarlos, hacerles sentir su obligación hacia Dios y alentarlos a sostener relaciones amistosas con el gobierno babilónico.

Para ilustrar cuán importante era rendir implícita obediencia a los requerimientos de Dios, Jeremías reunió a algunos recabitas en una de las cámaras del templo, y poniendo vino delante de ellos los invitó a beber. Como era de esperar, le contestaron con represiones y negándose en absoluto a beber. Declararon firmemente los recabitas: "No beberemos vino; porque Jonadab hijo de Recab nuestro padre nos ordenó diciendo: No beberéis jamás vino vosotros ni vuestros hijos".

"Y vino palabra de Jehová a Jeremías, diciendo: Así ha dicho Jehová de los ejércitos, Dios de Israel: Ve y di a los varones de Judá, y a los moradores de Jerusalén: ¿No aprenderéis a obedecer mis palabras? ... Fue firme la palabra de Jonadab hijo de Recab, el cual mandó a sus hijos que no bebiesen vino, y no lo han bebido hasta hoy, por obedecer al mandamiento de su padre" (Jeremías 35: 6, 12-14).

Con esto Dios procuraba poner en agudo contraste la obediencia de los recabitas con la desobediencia y rebelión de su pueblo. Los recabitas habían obedecido la orden de su padre y se negaban a transgredirla; pero los hombres de Judá no habían escuchado las palabras de Jehová, y en consecuencia habían de sufrir sus más severos castigos.

Declaró el Señor: "Y yo os he hablado a vosotros desde temprano y sin cesar, y no me habéis oído. Y envié a vosotros todos mis siervos los profetas, desde temprano y sin cesar, para deciros: Volveos ahora cada uno de vuestro mal camino, y enmendad vuestras obras, y no vayáis tras dioses ajenos para servirles, y viviréis en la tierra que dí a vosotros y a vuestros padres; mas no inclinasteis vuestro oído, ni me oísteis. Ciertamente los hijos de Jonadab hijo de Recab tuvieron por firme el mandamiento que les dio su padre; pero este pueblo no me ha obedecido. Por tanto, así ha dicho Jehová Dios de los ejércitos, Dios de Israel: He aquí traeré yo sobre Judá y sobre todos los moradores de Jerusalén todo el mal que contra ellos he hablado; porque les hablé, y no oyeron; los llamé, y no han respondido" (vers. 14-17).

Cuando los corazones de los hombres están enterneci-

433

dos y subyugados por la influencia compulsiva del Espíritu Santo, escucharán los consejos; pero cuando se desvían de la amonestación hasta el punto de endurecer su corazón, el Señor permite que los dominen otras influencias. Al rehusar la verdad, aceptan la mentira, que resulta en una trampa para destruirlos.

Dios había suplicado a los de Judá que no le provocasen a ira, pero no le habían escuchado. Finalmente pronunció la sentencia contra ellos. Iban a ser llevados cautivos a Babilonia. Los caldeos serían empleados como instrumento por medio del cual Dios iba a castigar a su pueblo desobediente. Los sufrimientos de los hombres de Judá serían en proporción a la luz que habían tenido y a las amonestaciones que habían despreciado y rechazado. Durante mucho tiempo Dios había demorado sus castigos; pero ahora su desagrado iba a caer sobre ellos, como último esfuerzo para detenerlos en su carrera impía.

Sobre la casa de los recabitas fue pronunciada una bendición perdurable. El profeta declaró: "Por cuanto obedecisteis al mandamiento de Jonadab vuestro padre, y guardasteis todos sus mandamientos, e hicisteis conforme a todas las cosas que os mandó; por tanto, así ha dicho Jehová de los ejércitos, Dios de Israel: No faltará de Jonadab hijo de Recab un varón que esté en mi presencia todos los días" (Jeremías 35: 18, 19). Dios enseñó así a su pueblo que la fidelidad y la obediencia reflejarían bendición sobre Judá, así como los recabitas eran bendecidos por la obediencia que rendían a la orden de su padre.

La lección es para nosotros también. Si los requerimientos de un padre bueno y sabio, que recurrió a los medios mejores y más eficaces para proteger a su posteridad de los males de la intemperancia, eran dignos de ser obedecidos estrictamente, la autoridad de Dios debe tenerse ciertamente en reverencia tanto mayor por cuanto él es más santo que el hombre. Nuestro Creador y nuestro Comandante, infinito en poder, terrible en el juicio, procura por todos los medios inducir a los hombres a ver sus pecados y arrepentirse de ellos. Por boca de sus siervos, predice los peligros de la desobediencia; deja oír la nota de advertencia, y reprende fielmente el pecado. Sus hijos conservan la prosperidad tan sólo por su misericordia y gracias al cuidado vigilante de instrumentos escogidos. El no puede sostener y guardar a un pueblo que rechaza sus consejos y desprecia sus reprensiones. Demorará tal vez por un tiempo sus castigos; pero no puede detener su mano para siempre.

Los hijos de Judá se contaban entre aquellos acerca de quienes Dios había declarado: "Y vosotros me seréis un reino de sacerdotes, y gente santa" (Exodo 19: 6). Nunca, durante su ministerio, se olvidó Jeremías de la importancia vital que tiene la santidad del corazón en las variadas relaciones de la vida, y especialmente en el servicio del Dios Altísimo. Previó claramente la caída del reino y la dispersión de los habitantes de Judá entre las naciones; pero con el ojo de la fe miró más allá de todo esto, hacia los tiempos de la restauración. Repercutía en sus oídos la promesa divina: "Yo mismo recogeré el remanente de mis ovejas de todas las tierras adonde las eché, y las haré volver a sus moradas... He aquí que vienen días, dice Jehová, en que levantaré a David renuevo justo, y reinará como Rey, el cual será dichoso, y hará juicio y justicia en la tierra. En sus días será salvo Judá, e Israel habitará confiado; y éste será su nombre con el cual le llamarán: Jehová, justicia nuestra" (Jeremías 23: 3-6).

Así las profecías de los juicios venideros llegaban mezcladas con promesas de una gloriosa liberación final. Los que decidiesen hacer su paz con Dios, y vivir en santidad en medio de la apostasía prevaleciente, recibirían fuerza para cada prueba y serían habilitados para testificar por él con gran poder. Y en los siglos venideros la liberación obrada en su favor excedería por su fama la realizada para los hijos de Israel en tiempo del éxodo. Llegarían días, declaró el Señor por su profeta, cuando no dirían "más: Vive Jehová que hizo subir a los hijos de Israel de la tierra de Egipto, sino: Vive Jehová que hizo subir y trajo la descendencia de la casa de Israel de tierra del norte, y de todas las tierras adonde yo los había echado; y habitarán en su tierra" (vers. 7, 8). Tales eran las admirables profecías expresadas por Jeremías durante los años finales de la historia del reino de Judá, cuando los babilonios ascendían a la supremacía mundial, y ya reunían sus ejércitos sitiadores contra los muros de Sión.

Como la música más dulce, estas promesas de liberación caían en oídos de aquellos que eran firmes en su adoración de Jehová. En los hogares de encumbrados y humildes, donde los consejos de un Dios observador del pacto seguían siendo objeto de reverencia, las palabras del profeta se repetían una y otra vez. Los niños mismos se conmovían hondamente y en sus mentes juveniles y receptivas se hacían impresiones duraderas.

Fue una observancia concienzuda de las órdenes de la

Sagrada Escritura lo que en tiempos del ministerio de Jeremías dio a Daniel y a sus compañeros oportunidades de ensalzar al Dios verdadero ante las naciones de la tierra. La instrucción que estos niños hebreos habían recibido en el hogar de sus padres los hizo fuertes en la fe y constantes en el servicio que rendían al Dios viviente, Creador de los cielos y de la tierra. Cuando, al principio del reinado de Joacim, Nabucodonosor sitió por primera vez a Jerusalén y la tomó, se llevó a Daniel y a sus compañeros, juntamente con otros escogidos especialmente para el servicio de la corte babilónica; y la fe de los cautivos hebreos fue probada hasta lo sumo. Pero los que habían aprendido a poner su confianza en las promesas de Dios hallaron que éstas bastaban para todo lo que eran llamados a soportar durante su permanencia en una tierra extraña. Las Escrituras resultaron ser su guía y apoyo.

Como intérprete del significado de los juicios que empezaban a caer sobre Judá, Jeremías se mantuvo noblemente en defensa de la justicia de Dios y de sus designios misericordiosos aun en los castigos más severos. El profeta trabajaba incansablemente. Deseoso de alcanzar a todas las clases, extendió la esfera de su influencia más allá de Jerusalén a las regiones circundantes mediante frecuentes visitas a varias partes del reino.

En los testimonios que daba a la congregación, Jeremías se refería constantemente a las enseñanzas del libro de la ley que había sido tan honrado y ensalzado durante el reinado de Josías. Recalcó nuevamente la importancia que tenía el estar en pacto con el Ser misericordioso y compasivo que desde las alturas del Sinaí había pronunciado los preceptos del Decálogo. Las palabras de amonestación y súplica que dejaba oír Jeremías llegaban a todas las partes del reino, y todos tuvieron oportunidad de conocer la voluntad de Dios concerniente a la nación.

El profeta recalcó el hecho de que nuestro Padre celestial permite que sus juicios caigan a fin de que "conozcan las naciones que no son sino hombres" (Salmo 9: 20). El Señor había advertido de antemano así a su pueblo: "Si anduviereis conmigo en oposición, y no me quisiereis oír,... os esparciré entre las naciones, y desenvainaré espada en pos de vosotros; y vuestra tierra estará asolada, y desiertas vuestras ciudades" (Levítico 26: 21, 33).

En el tiempo mismo en que los mensajes de la condenación inminente eran comunicados con instancia a los príncipes y al pueblo, su gobernante, Joacim, que debiera haber sido un sabio conductor espiritual, el primero en confesar su pecado y en ejecutar reformas y buenas obras, malgastaba su tiempo en placeres egoístas. Decía: "Edificaré para mí casa espaciosa, y salas airosas"; y esa casa, cubierta "de cedro" y pintada "de bermellón" (Jeremías 22: 14), fue construida con dinero y trabajo de fraude y opresión.

Se despertó la ira del profeta, y por inspiración pronunció un juicio contra el gobernante infiel. Declaró: "¡Ay del que edifica su casa sin justicia, y sus salas sin equidad, sirviéndose de su prójimo de balde, y no dándole el salario de su trabajo!... ¿Reinarás, porque te rodeas de cedro? ¿No comió y bebió tu padre, e hizo juicio y justicia, y entonces le fue bien? El juzgó la causa del afligido y del menesteroso, y entonces estuvo bien. ¿No es esto conocerme a mí? dice Jehová. Mas tus ojos y tu corazón no son sino para tu avaricia, y para derramar sangre inocente, y para opresión y para hacer agravio.

"Por tanto, así ha dicho Jehová acerca de Joacim hijo de Josías, rey de Judá: No lo llorarán, diciendo: ¡Ay, hermano mío! y ¡Ay, hermana! ni lo lamentarán, diciendo: ¡Ay, señor! ¡Ay, su grandeza! En sepultura de asno será enterrado, arrastrándole y echándole fuera de las puertas de Jerusalén" (vers. 18-19).

A los pocos años este terrible castigo iba a caer sobre Joacim, pero primero el Señor informó de su propósito resuelto a la nación impenitente. El cuarto año del reinado de Joacim, "habló el profeta Jeremías a todo el pueblo de Judá y a todos los moradores de Jerusalén", señalando que durante unos veinte años, "desde el año trece de Josías..., hasta este día" (Jeremías 25: 2, 3), había atestiguado el deseo que Dios tenía de salvarlos, pero que sus mensajes habían sido despreciados. Y ahora el Señor les advertía:

"Así ha dicho Jehová de los ejércitos: Por cuanto no habéis oído mis palabras, he aquí enviaré y tomaré a todas las tribus del norte, dice Jehová, y a Nabucodonosor rey de Babilonia, mi siervo, y los traeré contra esta tierra y contra sus moradores, y contra todas estas naciones en derredor; y los destruiré, y los pondré por escarnio y por burla y en desolación perpetua. Y haré que desaparezca de entre ellos la voz de gozo y la voz de alegría, la voz de desposado y la voz de desposada, ruido de molino y luz de lámpara. Toda esta tierra será puesta en ruinas y en espanto; y servirán estas naciones al rey de Babilonia setenta años" (vers. 8-11).

Aunque la sentencia condenatoria había sido enunciada claramente, era difícil que las multitudes que la oían pudiesen comprender todo lo que significaba. A fin de que pudiesen hacerse impresiones más profundas, el Señor procuró ilustrar el significado de las palabras expresadas. Ordenó a Jeremías que comparase la suerte de la nación con el agotamiento de una copa llena del vino de la ira divina. Entre los primeros que habían de beber de esta copa de desgracia se contaban "a Jerusalén, a las ciudades de Judá y a sus reyes". Les tocaría también a estos otros beber la misma copa: "a Faraón rey de Egipto, a sus siervos, a sus príncipes y a todo su pueblo", y muchas otras naciones de la tierra, hasta que el propósito de Dios se hubiese cumplido. (Véase Jeremías 25.)

Para ilustrar aún mejor la naturaleza de los juicios que se acercaban prestamente, se ordenó al profeta: "Lleva contigo de los ancianos del pueblo, y de los ancianos de los sacerdotes; y saldrás al valle del hijo de Hinom". Y allí, después de destacar la apostasía de Judá, debía hacer añicos "una vasija de barro del alfarero" y declarar en nombre de Jehová, cuyo siervo era: "Así quebrantaré a este pueblo y a esta ciudad, como quien quiebra una vasija de barro, que no se puede restaurar más".

El profeta hizo lo que se le había ordenado. Luego, volviendo a la ciudad, se puso de pie en el atrio del templo, y declaró a oídos de todo el pueblo: "Así ha dicho Jehová de los ejércitos, Dios de Israel: He aquí, yo traigo sobre esta ciudad y sobre todas sus villas todo el mal que hablé contra ella; porque han endurecido su cerviz para no oír mis palabras". (Véase Jeremías 19.)

En vez de inducirlos a la confesión y al arrepentimiento, las palabras del profeta despertaron ira en los que ejercían autoridad, y en consecuencia Jeremías fue privado de la libertad. Encarcelado y puesto en el cepo, el profeta continuó sin embargo comunicando los mensajes del cielo a los que estaban cerca de él. Su voz no podía ser acallada por la persecución. Declaró acerca de la palabra de verdad: "Había en mi corazón como un fuego ardiente metido en mis huesos; traté de sufrirlo, y no pude" (Jeremías 20: 9).

Fue más o menos en aquel tiempo cuando el Señor ordenó a Jeremías que escribiera los mensajes que deseaba dar a aquellos por cuya salvación se conmovía de continuo su corazón compasivo. El Señor ordenó a su siervo: "Toma un rollo de libro, y escribe en él todas las palabras que te he hablado contra Israel y contra Judá, y contra todas las naciones, desde el día que comencé a hablarte, desde los días de Josías hasta hoy. Quizá oiga la casa de Judá todo el mal que yo pienso hacerles, y se arrepienta cada uno de su mal camino, y yo perdonaré su maldad y su pecado" (Jeremías 36: 2, 3).

Obedeciendo a esta orden, Jeremías llamó en su auxilio

a un amigo fiel, el escriba Baruc, y le dictó "todas las palabras que Jehová le había hablado" (vers. 4). Estas palabras se escribieron cuidadosamente en un rollo de pergamino, y constituyeron una solemne reprensión del pecado, una advertencia del resultado seguro que tendría la continua apostasía, y una ferviente súplica a renunciar a todo mal.

Cuando se hubo terminado la escritura, Jeremías, que seguía preso, mandó a Baruc que leyese el rollo a las multitudes congregadas en el templo en ocasión de un día de ayuno nacional, "en el año quinto de Joacim hijo de Josías, rey de Judá, en el mes noveno". Dijo el profeta: "Quizá llegue la oración de ellos a la presencia de Jehová, y se vuelva cada uno de su mal camino; porque grande es el furor y la ira que ha expresado Jehová contra este pueblo" (vers. 9, 7).

Baruc obedeció, y el rollo fue leído delante de todo el pueblo de Judá. Más tarde el escriba fue llamado a comparecer ante los príncipes para leerles las palabras. Escucharon con gran interés, y prometieron informar al rey acerca de todo lo que habían oído, pero aconsejaron al escriba que se escondiera, pues temían que el rey rechazase el testimonio y procurase matar a los que habían preparado y comunicado el mensaje.

Cuando los príncipes dijeron al rey Joacim lo que Baruc había leído, ordenó inmediatamente que trajesen el rollo a su presencia y que se lo leyesen. Uno de los acompañantes reales, llamado Jehudí, buscó el rollo, y empezó a leer las palabras de reprensión y amonestación. Era invierno, y el rey y sus asociados en el gobierno, los príncipes de Judá, estaban reunidos en derredor de un fuego abierto. Apenas se hubo leído una pequeña porción cuando el rey, en vez de temblar por el peligro que le amenazaba a él y a su pueblo, se apoderó del rollo, y con ira frenética "lo rasgó ... con un cortaplumas de escriba, y lo echó en el fuego que había en el brasero, hasta que todo el rollo se consumió" (vers. 23).

Ni el rey ni sus príncipes sintieron temor, "ni rasgaron sus vestidos". A pesar de que algunos de los príncipes "rogaron al rey que no quemase aquel rollo, no los quiso oír". Habiendo destruido la escritura, la ira del rey impío se despertó contra Jeremías y Baruc, y dio inmediatamente órdenes para que los prendiesen; "pero Jehová los escondió" (vers. 24-26).

Al hacer conocer a los que adoraban en el templo, así como a los príncipes y al rey, las amonestaciones escritas en el rollo inspirado, Dios procuraba misericordiosamente amonestar a los hombres de Judá para su propio bien. "Quizá oiga la casa de Judá —dijo— todo el mal que yo pienso hacerles, y se arrepienta cada uno de su mal camino, y yo perdonaré su maldad y su pecado" (vers. 3). Dios se compadece de los hombres que luchan en la ceguera de la perversidad; procura iluminar su entendimiento entenebrecido dándoles represiones y amenazas destinadas a inducir a los más encumbrados a sentir su ignorancia y deplorar sus errores. Se esfuerza por ayudar a los que se complacen en sí mismos para que, sintiéndose descontentos de sus vanas realizaciones, procuren la bendición espiritual en una estrecha relación con el cielo.

No es el plan de Dios enviar mensajeros que agraden o halaguen a los pecadores; no comunica mensajes de paz para arrullar en la seguridad carnal a los que no se santifican. Antes impone cargas pesadas a la conciencia del que

443

hace el mal, y atraviesa su alma con agudas saetas de convicción. Los ángeles ministradores le presentan los temibles juicios de Dios, para ahondar su sentido de necesidad y para inducirle a clamar: "¿Qué debo hacer para ser salvo?" (Hechos 16: 30). Pero la Mano que humilla hasta el polvo, reprende el pecado y avergüenza el orgullo y la ambición, es la Mano que eleva al penitente y contrito. Con la más profunda simpatía, el que permite que caiga el castigo, pregunta: "¿Qué quieres que se te haga?"

Cuando el hombre ha pecado contra el Dios santo y misericordioso, no puede seguir una conducta más noble que la que consiste en arrepentirse sinceramente y confesar sus errores con lágrimas y amargura en el alma. Esto es lo que Dios requiere; no puede aceptar sino un corazón quebrantado y un espíritu contrito. Pero el rey Joacim y sus señores, en su arrogancia y orgullo, rechazaron la invitación de Dios. No quisieron escuchar la amonestación ni arrepentirse. La oportunidad que se les ofreció misericordiosamente antes que quemaran el rollo sagrado, fue la última. Dios había declarado que si en ese momento se negaban a escuchar su voz, les infligiría una terrible retribución. Ellos rehusaron oír, y él pronunció sus juicios finales contra Judá; y el hombre que se había ensalzado orgullosamente contra el Altísimo iba a ser objeto de su ira especial.

"Por tanto, así ha dicho Jehová acerca de Joacim rey de Judá: No tendrá quien se siente sobre el trono de David; y su cuerpo será echado al calor del día y al hielo de la noche. Y castigaré su maldad en él, y en su descendencia y en sus siervos; y traeré sobre ellos, y sobre los moradores de Jerusalén y sobre los varones de Judá, todo el mal que les he anunciado" (Jeremías 36: 30, 31).

El asunto no acabó con la destrucción del rollo en el fuego. Fue más fácil deshacerse de las palabras escritas que de la represión y amonestación que contenían y del castigo inminente que Dios había decretado contra el rebelde Israel. Pero aun el rollo fue escrito de nuevo. El Señor ordenó a su siervo: "Vuelve a tomar otro rollo, y escribe en él todas las palabras primeras que estaban en el primer rollo que quemó Joacim rey de Judá". El rollo de las profecías concernientes a Judá y Jerusalén había sido reducido a cenizas; pero las palabras seguían viviendo en el corazón de Jeremías "como un fuego ardiente", y se permitió al profeta que reprodujera lo que la ira del hombre había querido destruir.

Jeremías tomó otro rollo y lo dio a Baruc, "y escribió en él de boca de Jeremías todas las palabras del libro que quemó en el fuego Joacim rey de Judá; y aun fueron añadidas sobre ellas muchas otras palabras semejantes" (vers. 28,

32). La ira del hombre había procurado suprimir las labores del profeta de Dios; pero el mismo recurso por medio del cual Joacim había intentado limitar la influencia del siervo de Jehová, le dio mayor oportunidad de presentar claramente los requerimientos divinos.

El espíritu de oposición a la reprensión, que condujo a la persecución y encarcelamiento de Jeremías, existe hoy. Muchos se niegan a escuchar las repetidas amonestaciones, y prefieren escuchar a los falsos maestros que halagan su vanidad y pasan por alto su mal proceder. En el día de aflicción los tales no tendrán refugio seguro ni ayuda del cielo. Los siervos escogidos de Dios deben hacer frente con valor y paciencia a las pruebas y sufrimientos que les imponen el oprobio, la negligencia y la calumnia. Deben continuar fielmente la obra que Dios les dio y recordar que en la antigüedad los profetas, el Salvador de la humanidad y sus apóstoles sufrieron también insultos y persecución por causa de su Palabra.

Dios quería que Joacim escuchase los consejos de Jeremías y que, obteniendo así favor en ojos de Nabucodonosor, se ahorrase mucha aflicción. El joven rey había jurado fidelidad al gobernante babilónico; y si hubiese permanecido fiel a su promesa, se habría granjeado el respeto de los paganos, y esto habría dado preciosas oportunidades para convertir almas.

Despreciando los privilegios especiales que le eran concedidos, el rey de Judá siguió voluntariosamente el camino que había escogido. Violó la palabra de honor que había dado al gobernante babilónico, y se rebeló. Esto lo puso a él y a su reino en grave aprieto. Fueron enviadas contra él "tropas de caldeos, tropas de sirios, tropas de moabitas y tropas de amonitas" (2 Reyes 24: 2), y se vio sin fuerzas para evitar que esos despojadores arrasaran la tierra. A los pocos años llegó al fin de su reinado desastroso, abrumado de ignominia, rechazado por el cielo, privado del amor de su pueblo y despreciado por los gobernantes de Babilonia cuya confianza había traicionado, y todo eso como resultado del error fatal que cometiera al desviarse del propósito que Dios le había revelado mediante su mensajero designado.

Joaquín, el hijo de Joacim, ocupó el trono tan sólo tres meses y diez días, al fin de los cuales se entregó a los ejércitos caldeos que, a causa de la rebelión del gobernante de Judá, estaban sitiando nuevamente la desgraciada ciudad. En esa ocasión Nabucodonosor se llevó "a Babilonia a Joaquín, a la madre del rey, a las mujeres del rey, a sus oficiales y a los poderosos de la tierra"; es decir varios millares de personas, juntamente con "los artesanos y herreros". Al mismo tiempo el rey de Babilonia se llevó "todos los tesoros de la casa de Jehová, y los tesoros de la casa real" (vers. 15, 16, 13).

Se permitió, sin embargo, que el reino de Judá, con su poder quebrantado y despojado de su fuerza, de sus hombres y de sus tesoros, subsistiese como gobierno separado. A la cabeza de éste, Nabucodonosor puso a un hijo menor de Josías, llamado Matanías, pero cambió su nombre al de Sedequías.

---

* El nombre de este rey, llamado también Conías y Jeconías en otros pasajes, la Reina-Valera lo traduce Joaquín, y al de su padre, Joacim. Las grafías de estos nombres no son iguales en las diferentes versiones de la Biblia.

CAPITULO 36

El Ultimo
Rey de Judá

AL COMIENZO de su reinado, Sedequías tenía toda la confianza del rey de Babilonia, y al profeta Jeremías, como probado consejero. Si hubiese seguido una conducta honorable para con los babilonios y prestado atención a los mensajes que el Señor le daba por medio de Jeremías, habría conservado el respeto de muchos de los encumbrados, y habría tenido oportunidad de comunicarles un conocimiento del verdadero Dios. En esta forma los cautivos ya desterrados a Babilonia se habrían visto en terreno ventajoso; se les habrían concedido muchas libertades; el nombre de Dios habría sido honrado cerca y lejos; y a los que permanecieron en la tierra de Judá se les habrían perdonado las terribles calamidades que finalmente les acontecieron.

Por intermedio de Jeremías, Sedequías y todo Judá, inclusive los que habían sido llevados a Babilonia, recibieron

el consejo de someterse tranquilamente al gobierno proviso-
rio de sus conquistadores. Era especialmente importante
que los que se hallaban en cautiverio procurasen la paz de
la tierra a la cual habían sido llevados. Pero esto era contrario a las inclinaciones del corazón humano; y Satanás, apro-
vechándose de las circunstancias, hizo que se levantaran
entre el pueblo, tanto en Jerusalén como en Babilonia, falsos profetas para declarar que no tardaría en verse roto el
yugo de servidumbre y restaurado el anterior prestigio de la
nación.

Si el rey y los desterrados hubiesen prestado oídos a profecías tan halagüeñas, habrían dado pasos fatales y frustrado los misericordiosos designios de Dios en su favor. Para
evitar que se produjese una insurrección, con los intensos
dolores consiguientes, el Señor ordenó a Jeremías que hiciese frente a la crisis sin demora alguna y que advirtiese al
rey de Judá cuáles serían los resultados seguros de la rebelión. También debían amonestar a los cautivos, mediante
comunicaciones escritas, para que no fuesen inducidos a
creer que se acercaba la liberación. Les instó así: "No os
engañen vuestros profetas que están entre vosotros, ni
vuestros adivinos" (Jeremías 29: 8). Mencionó en relación
con esto el propósito que tenía el Señor de restaurar a Israel
al fin de los setenta años de cautiverio predichos por sus
mensajeros.

¡Con qué tierna compasión informó Dios a su pueblo
cautivo acerca de sus planes para Israel! Sabía que si éste se
dejaba persuadir por los falsos profetas a esperar una pronta
liberación, su posición en Babilonia resultaría muy difícil.
Cualquier demostración o insurrección de su parte desper-

449

taría la vigilancia y la severidad de las autoridades caldeas, y acarrearía una mayor restricción de sus libertades. De ello resultarían sufrimientos y desastres. El deseaba que se sometiesen a su suerte e hiciesen tan placentera como fuese posible su servidumbre; de manera que el consejo que les daba era: "Edificad casas, y habitadlas; y plantad huertos, y comed del fruto de ellos... Y procurad la paz de la ciudad a la cual os hice transportar, y rogad por ella a Jehová; porque en su paz tendréis vosotros paz" (vers. 5-7).

Entre los falsos maestros que había en Babilonia se contaban dos hombres que aseveraban ser santos, pero cuyas vidas eran corrompidas. Jeremías había condenado la mala conducta de esos hombres, y les había advertido su peligro. Airados por la reprensión, procuraron oponerse a la obra del profeta verdadero incitando al pueblo a no creer sus palabras y a obrar contrariamente al consejo de Dios en lo que respectaba a someterse al rey de Babilonia. El Señor atestiguó por medio de Jeremías que esos falsos profetas serían entregados en manos de Nabucodonosor delante de quien serían muertos. Poco después, esta predicción se cumplió literalmente.

Hasta el fin del tiempo se levantarán hombres que querrán crear confusión y rebelión entre los que aseveran ser representantes del Dios verdadero. Los que profetizan mentiras alentarán a los hombres a considerar el pecado como cosa liviana. Cuando queden manifiestos los terribles resultados de sus malas acciones, procurarán, si pueden, responsabilizar de sus dificultades al que los amonestó fielmente, así como los judíos culparon de su mala suerte a Jeremías. Pero tan seguramente como en la antigüedad quedaron justificadas las palabras de Jehová por medio de su profeta, se demostrará hoy la certidumbre de sus mensajes.

Desde el principio Jeremías había seguido una conducta consecuente al aconsejar que los judíos se sometieran a los babilonios. Este consejo no sólo fue dado a Judá, sino a muchas de las naciones circundantes. Durante la primera parte del reinado de Sedequías, visitaron al rey de Judá embajadores de los gobernantes de Edom, Moab, Tiro y otras naciones, para saber si a su juicio el momento era oportuno para una rebelión concertada y si él se uniría con ellos para pelear contra el rey de Babilonia. Mientras estos embajadores aguardaban la respuesta, llegó esta palabra del Señor a Jeremías: "Hazte coyundas y yugos, y ponlos sobre tu cuello; y los enviarás al rey de Edom, y al rey de Moab, y al rey de los hijos de Amón, y al rey de Tiro, y al rey de Sidón, por mano de los mensajeros que vienen a Jerusalén a Sedequías rey de Judá" (Jeremías 27: 2, 3).

Se ordenó a Jeremías que diese a los embajadores instrucciones para que informasen a sus príncipes de que Dios los había entregado a todos en las manos de Nabucodonosor, rey de Babilonia, y que le servirían "a él, a su hijo, y al hijo de su hijo, hasta que" llegase "también el tiempo de su misma tierra" (vers. 7).

Se indicó, además, a los embajadores que declarasen a sus príncipes que si se negaban a servir al rey de Babilonia serían castigados "con espada y con hambre y con pestilencia", hasta que fueran consumidos. Se les recomendó especialmente que se apartasen de las enseñanzas de los falsos profetas que los aconsejaran de otra manera. El Señor declaró: "Y vosotros no prestéis oído a vuestros profetas, ni a vuestros adivinos, ni a vuestros soñadores, ni a vuestros agoreros, ni a vuestros encantadores, que os hablan diciendo: No serviréis al rey de Babilonia. Porque ellos os profetizan mentira, para haceros alejar de vuestra tierra, y para que yo os arroje y perezcáis. Mas a la nación que sometiere su cuello al yugo del rey de Babilonia y le sirviere, la dejaré en su tierra, dice Jehová, y la labrará y morará en ella" (vers. 8-11). El castigo más liviano que un Dios misericordioso podía infligir a un pueblo rebelde era que se sometiese al gobierno de Babilonia; pero si guerreaban contra este decreto de servidumbre, iban a sentir todo el rigor de su castigo.

El asombro de los congregados representantes de las na-

ciones no conoció límites cuando Jeremías, llevando un yugo sobre el cuello, les hizo conocer la voluntad de Dios.

Frente a una oposición resuelta, Jeremías abogó firmemente por la política de sumisión. Entre los que querían contradecir el consejo del Señor, se destacaba Hananías, uno de los falsos profetas contra los cuales el pueblo había sido amonestado. Pensando obtener el favor del rey y de la corte real, alzó la voz para protestar y declarar que Dios le había dado palabras de aliento para los judíos. Dijo: "Así habló Jehová de los ejércitos, Dios de Israel, diciendo: Quebranté el yugo del rey de Babilonia. Dentro de dos años haré volver a este lugar todos los utensilios de la casa de Jehová, que Nabucodonosor rey de Babilonia tomó de este lugar para llevarlos a Babilonia, y yo haré volver a este lugar a Jeconías hijo de Joacim, rey de Judá, y a todos los transportados de Judá que entraron en Babilonia, dice Jehová; porque yo quebrantaré el yugo del rey de Babilonia" (Jeremías 28: 2-4).

En presencia de los sacerdotes y del pueblo, Jeremías les rogó que se sometiesen al rey de Babilonia por el plazo que el Señor había especificado. Citó a los hombres de Judá las profecías de Oseas, Habacuc, Sofonías y otros cuyos mensajes de represión y amonestación habían sido similares a los suyos. Les recordó acontecimientos que habían sucedido en cumplimiento de profecías relativas a la retribución por el pecado del cual no se habían arrepentido. En lo pasado los juicios de Dios habían caído sobre los impenitentes en cumplimiento exacto de su propósito tal como había sido revelado por intermedio de sus mensajeros.

Y Jeremías propuso en conclusión: "El profeta que profetiza de paz, cuando se cumpla la palabra del profeta, será conocido como el profeta que Jehová en verdad envió" (vers. 9). Si Israel prefería correr el riesgo entrañado, los acontecimientos demostrarían en forma eficaz quién era el profeta verdadero.

Las palabras con que Jeremías aconsejó la sumisión incitaron a Hananías a desafiar la veracidad del mensaje comunicado. Tomando el yugo simbólico de sobre el cuello de Jeremías, lo rompió, diciendo: "Así ha dicho Jehová: De esta manera romperé el yugo de Nabucodonosor rey de Babilonia, del cuello de todas las naciones, dentro de dos años.

"Y siguió Jeremías su camino" (vers. 11). Aparentemente, no podía hacer otra cosa sino retirarse de la escena del conflicto. Pero se le dio otro mensaje. Se le ordenó: "Ve y habla a Hananías, diciendo: Así ha dicho Jehová: Yugos de madera quebraste, mas en vez de ellos harás yugos de hierro. Porque así ha dicho Jehová de los ejércitos, Dios de Israel: Yugo de hierro puse sobre el cuello de todas estas naciones, para que sirvan a Nabucodonosor rey de Babilonia, y han de servirle...

"Entonces dijo el profeta Jeremías al profeta Hananías: Ahora oye, Hananías: Jehová no te envió, y tú has hecho confiar en mentira a este pueblo. Por tanto, así ha dicho Jehová: He aquí que yo te quito de sobre la faz de la tierra; morirás en este año, porque hablaste rebelión contra Jehová. Y en el mismo año murió Hananías, en el mes séptimo" (vers. 13-17).

El falso profeta había fortalecido la incredulidad del pueblo en cuanto a Jeremías y su mensaje. Impíamente se había declarado mensajero del Señor y había muerto en consecuencia. En el quinto mes del año fue cuando Jeremías profetizó la muerte de Hananías, y en el mes séptimo el cumplimiento de sus palabras demostró la veracidad de ellas.

La agitación causada por las declaraciones de los falsos profetas había hecho a Sedequías sospechoso de traición, y sólo una acción presta y decisiva podía permitirle seguir reinando como vasallo. Aprovechó la oportunidad de ejecutar una acción tal, poco después de que regresaron los embajadores de Jerusalén a las naciones circundantes, pues entonces el rey de Judá acompañó a Seraías, "el principal camarero" (Jeremías 51: 59), en una misión importante a Babilonia. Durante esta visita a la corte caldea, Sedequías renovó su juramento de fidelidad a Nabucodonosor.

Mediante Daniel y otros cautivos hebreos, el monarca babilonio había llegado a conocer el poder y la autoridad suprema del Dios verdadero; y cuando Sedequías volvió a prometer solemnemente a Nabucodonosor que le permanecería leal, éste le pidió que jurase esta promesa en nombre del Señor Jehová Dios de Israel. Si Sedequías hubiese respetado esta renovación de su pacto jurado, su lealtad habría ejercido una influencia profunda en el espíritu de muchos de los que observaban la conducta de quienes aseveraban reverenciar el nombre del Dios de los hebreos y apreciar su honor.

Pero el rey de Judá perdió de vista su alto privilegio de honrar el nombre del Dios viviente. Acerca de Sedequías ha quedado escrito: "Hizo lo malo ante los ojos de Jehová su Dios, y no se humilló delante del profeta Jeremías, que le hablaba de parte de Jehová. Se rebeló asimismo contra Nabucodonosor, al cual había jurado por Dios; y endureció su cerviz, y obstinó su corazón para no volverse a Jehová el Dios de Israel" (2 Crónicas 36: 12, 13).

Mientras Jeremías continuaba dando su testimonio en la tierra de Judá, el profeta Ezequiel fue suscitado de entre los cautivos de Babilonia para dar advertencias y consuelo a los desterrados, y para confirmar la palabra del Señor que hablaba Jeremías. Durante los años que quedaban del reinado de Sedequías, Ezequiel señaló claramente cuán insensato era confiar en las falsas predicciones de los que inducían a los cautivos a esperar un pronto regreso a Jerusalén. También se le indicó que predijera, por medio de una variedad de símbolos y mensajes solemnes, el asedio de Jerusalén y su completa destrucción.

En el sexto año del reinado de Sedequías, el Señor reveló a Ezequiel en visión algunas de las abominaciones que se estaban practicando en Jerusalén y dentro de las puertas de la casa del Señor, aun en el atrio interior. Las cámaras llenas de imágenes e ídolos que representaban "reptiles y bestias abominables, y todos los ídolos de la casa de Israel" (Ezequiel 8: 10), todas estas cosas pasaron en rápida sucesión ante la mirada asombrada del profeta.

A los que debieran haber sido guías espirituales del pueblo, "los ancianos de la casa de Israel", en número de setenta, los vio ofreciendo incienso ante las representaciones idólatras que se habían introducido en cámaras ocultas dentro de las sagradas dependencias del atrio del templo. Los hombres de Judá se alentaban en sus prácticas paganas haciendo estas declaraciones blasfemas: "No nos ve Jehová; Jehová ha abandonado la tierra" (vers. 11, 12).

El profeta Ezequiel contempló todos los ritos paganos que se practicaban "en la casa de Israel": idolatría, mujeres endechando a Tamuz y adoración del sol.

El profeta habría de ver "abominaciones mayores" aún. Le fueron mostradas, ante la puerta que conducía del atrio exterior al interior, "mujeres que estaban allí sentadas endechando a Tamuz"; y en el "atrio de adentro de la casa de Jehová; ... a la entrada del templo de Jehová, entre la entrada y el altar, como veinticinco varones, sus espaldas vueltas al templo de Jehová y sus rostros hacia el oriente, y adoraban al sol, postrándose hacia el oriente" (vers. 13-16).

Entonces el Ser glorioso que acompañaba a Ezequiel en toda esta asombrosa visión de la impiedad en las altas esferas de la tierra de Judá, preguntó al profeta: "¿No has visto, hijo del hombre? ¿Es cosa liviana para la casa de Judá hacer las abominaciones que hacen aquí? Después que han llenado de maldad la tierra, se volvieron a mí para irritarme; he aquí que aplican el ramo a sus narices. Pues también yo procederé con furor; no perdonará mi ojo, ni tendré misericordia; y gritarán a mis oídos con gran voz, y no los oiré" (vers. 17, 18).

Mediante Jeremías el Señor había declarado a los impíos que se atrevían presuntuosamente a presentarse en su nombre ante el pueblo: "Porque tanto el profeta como el sacerdote son impíos; aun en mi casa hallé su maldad" (Jeremías 23: 11). En la terrible acusación dirigida contra Judá según se relata al final de la narración que el cronista dejó acerca del reinado de Sedequías, se repitió así la acusación de que era violada la santidad del templo: "También todos los principales sacerdotes, y el pueblo, aumentaron la iniquidad, siguiendo todas las abominaciones de las naciones, y contaminando la casa de Jehová, la cual él había santificado en Jerusalén" (2 Crónicas 36: 14).

458

Se estaba acercando rápidamente el día de condenación para los habitantes del reino de Judá. Ya no podía el Señor ofrecerles la esperanza de que evitarían sus juicios más severos. Les dijo: "¿Y vosotros seréis absueltos? No seréis absueltos" (Jeremías 25: 29).

Aun estas palabras fueron recibidas con burlas. Declaraban los impenitentes: "Se van prolongando los días, y desaparecerá toda visión". Pero mediante Ezequiel fue severamente reprendida esta negación de la segura palabra profética. El Señor declaró: "Haré cesar este refrán, y no repetirán más este refrán en Israel. Diles, pues: Se han acercado aquellos días, y el cumplimiento de toda visión. Porque no habrá más visión vana, ni habrá adivinación de lisonjeros en medio de la casa de Israel. Porque yo Jehová hablaré, y se cumplirá la palabra que yo hable; no se tardará más, sino que en vuestros días, oh casa rebelde, hablaré palabra y la cumpliré, dice Jehová el Señor".

Ezequiel sigue diciendo: "Y vino a mí palabra de Jehová, diciendo: Hijo del hombre, he aquí que los de la casa de Israel dicen: La visión que éste ve es para de aquí a muchos días, para lejanos tiempos profetiza éste. Diles, por tanto: Así ha dicho Jehová el Señor: No se tardará más ninguna de mis palabras, sino que la palabra que yo hable se cumplirá, dice Jehová el Señor" (Ezequiel 12: 22-28).

Entre los que estaban llevando la nación aceleradamente hacia la ruina, se destacaba el rey Sedequías. Haciendo caso omiso de los consejos que el Señor daba por medio de los profetas, olvidaba el rey de Judá la deuda de gratitud que tenía para con Nabucodonosor y, violando su solemne juramento de fidelidad que había prestado en nombre de

Jehová Dios de Israel, se rebeló contra los profetas, contra su benefactor y contra su Dios. En la vanidad de su propia sabiduría, buscó ayuda cerca del antiguo enemigo de la prosperidad de Israel, "enviando embajadores a Egipto para que le diese caballos y mucha gente".

El Señor dijo acerca del que había traicionado tan vilmente todo cometido sagrado: "¿Será prosperado, escapará el que estas cosas hizo? El que rompió el pacto, ¿podrá escapar? Vivo yo, dice Jehová el Señor, que morirá en medio de Babilonia, en el lugar donde habita el rey que le hizo reinar, cuyo juramento menospreció, y cuyo pacto hecho con él rompió. Y ni con gran ejército ni con mucha compañía hará Faraón nada por él en la batalla, … por cuanto menospreció el juramento y quebrantó el pacto, cuando he aquí que había dado su mano, y ha hecho todas estas cosas, no escapará" (Ezequiel 17: 15-18).

Para el "profano e impío príncipe" había llegado el día del ajuste final de cuentas. El Señor decretó: "Depón la tiara, quita la corona". Hasta que Cristo mismo estableciese su reino no se iba a permitir a Judá que tuviese rey. El decreto divino acerca de la corona de la casa de David era: "A ruina, a ruina, a ruina lo reduciré, y esto no será más, hasta que venga aquel cuyo es el derecho, y yo se lo entregaré" (Ezequiel 21: 25-27).

CAPITULO 37

Llevados Cautivos a Babilonia

EN EL año noveno del reinado de Sedequías, "Nabucodonosor rey de Babilonia vino con todo su ejército contra Jerusalén" para sitiar la ciudad (2 Reyes 25:1). Para Judá la perspectiva era desesperada. El Señor mismo declaró por medio de Ezequiel: "He aquí que yo estoy contra ti... Yo Jehová saqué mi espada de su vaina; no la envainaré más... Una noticia ... hará que desfallezca todo corazón, y toda mano se debilitará, y se angustiará todo espíritu, y toda rodilla será débil como el agua... Y derramaré sobre ti mi ira; el fuego de mi enojo haré encender sobre ti, y te entregaré en mano de hombres temerarios, artífices de destrucción" (Ezequiel 21: 3, 5, 7, 31).

Los egipcios procuraron acudir en auxilio de la ciudad sitiada, y los caldeos, a fin de impedírselo, levantaron por un tiempo el sitio de la capital judía. Renació la esperanza en el corazón de Sedequías, y envió un mensajero a Jeremías para pedirle que orase a Dios en favor de la nación hebrea.

La temible respuesta del profeta fue que los caldeos regresarían y destruirían la ciudad. El decreto había sido dado; la nación impía no podía ya evitar los juicios divinos. El Señor advirtió así a su pueblo: "No os engañéis a vosotros mismos… Los caldeos … no se apartarán. Porque aun cuando hirieseis a todo el ejército de los caldeos que pelean contra vosotros, y quedasen de ellos solamente hombres heridos, cada uno se levantará de su tienda, y pondrán esta ciudad a fuego" (Jeremías 37: 9, 10). El residuo de Judá iba a ser llevado en cautiverio, para que aprendiese por medio de la adversidad las lecciones que se había negado a aprender en circunstancias más favorables. Ya no era posible escapar de este decreto del santo Vigía.

Entre los justos que estaban todavía en Jerusalén y para quienes había sido aclarado el propósito divino, se contaban algunos que estaban resueltos a poner fuera del alcance de manos brutales el arca sagrada que contenía las tablas de piedra sobre las cuales habían sido escritos los preceptos del Decálogo; y así lo hicieron. Con lamentos y pesadumbre, escondieron el arca en una cueva, donde habría de quedar oculta del pueblo de Israel y de Judá por causa de sus pecados, para no serles ya devuelta. Esa arca sagrada está todavía escondida. No ha sido tocada desde que fue puesta en un lugar secreto.

Durante muchos años Jeremías se había destacado ante el pueblo como testigo fiel de Dios; y cuando la ciudad condenada estaba a punto de caer en manos de los paganos consideró terminada su obra e intentó salir; pero se lo impidió el hijo de uno de los falsos profetas, quien informó que Jeremías estaba por unirse a los babilonios, a quienes, repetidamente, había instado a los hombres de Judá que se sometieran. El profeta negó la calumniosa acusación, pero "los príncipes se airaron contra Jeremías, y le azotaron y le pusieron en prisión" (vers. 15).

Las esperanzas que habían nacido en los corazones de los príncipes y del pueblo cuando los ejércitos de Nabucodonosor se volvieron hacia el sur para hacer frente a los egipcios, quedaron pronto destruidas. La palabra de Jehová había sido: "He aquí yo estoy contra ti, Faraón rey de Egipto" (Ezequiel 29: 3). El poderío de Egipto ya no era sino una caña cascada. La Inspiración había declarado: "Sabrán todos los moradores de Egipto que yo soy Jehová, por cuanto fueron báculo de caña a la casa de Israel". "Fortaleceré, pues, los brazos del rey de Babilonia, y los brazos de Faraón caerán; y sabrán que yo soy Jehová, cuando yo ponga mi espada en la mano del rey de Babilonia, y él la extienda contra la tierra de Egipto" (Ezequiel 29: 6; 30: 25).

Mientras los príncipes de Judá seguían esperando vanamente el auxilio de Egipto, el rey Sedequías se acordó con ansioso presentimiento del profeta de Dios que había sido echado en la cárcel. Después de muchos días, el rey le mandó buscar y le preguntó en secreto: "¿Hay palabra de Jehová?" Jeremías contestó: "Hay. Y dijo más: En mano del rey de Babilonia serás entregado.

"Dijo también Jeremías al rey Sedequías: ¿En qué pequé contra ti, y contra tus siervos, y contra este pueblo, para que me pusieseis en la cárcel? ¿Y dónde están vuestros profetas que os profetizaban diciendo: No vendrá el rey de Babilonia contra vosotros, ni contra esta tierra? Ahora pues, oye, te ruego, oh rey mi señor; caiga ahora mi súplica delante de ti, y no me hagas volver a casa del escriba Jonatán, para que no muera allí" (Jeremías 37: 17-20).

Al oír esto Sedequías ordenó que llevaran "a Jeremías en el patio de la cárcel, haciéndole dar una torta de pan al día, de la calle de los Panaderos, hasta que todo el pan de la ciudad se gastase. Y quedó Jeremías en el patio de la cárcel" (vers. 21).

El rey no se atrevió a manifestar abiertamente fe en Jeremías. Aunque el temor le impulsaba a solicitarle información en particular, era demasiado débil para sufrir la desaprobación de sus príncipes y del pueblo sometiéndose a la voluntad de Dios según se la declaraba el profeta.

Desde el patio de la cárcel, Jeremías continuó aconsejando que el pueblo se sometiera al gobierno babilonio. Ofrecer resistencia era invitar una muerte segura. El mensaje del Señor a Judá era: "El que se quedare en esta ciudad morirá a espada, o de hambre, o de pestilencia; mas el que se pasare a los caldeos vivirá, pues su vida le será por botín, y vivirá". Las palabras pronunciadas eran claras y positivas. En nombre del Señor, el profeta declaró audazmente: "Así ha dicho Jehová: De cierto será entregada esta ciudad en manos del ejército del rey de Babilonia, y la tomará" (Jeremías 38: 2, 3).

Al fin, los príncipes, enfurecidos por los consejos con que Jeremías contrariara repetidas veces su terca política de resistencia, protestaron vigorosamente ante el rey e insistieron en que el profeta era enemigo de la nación, y que,

Algunos hombres de la corte real lanzaron a Jeremías una soga hecha con trapos viejos, y lo sacaron de la pestilente cisterna.

JOHN STEEL © PPPA

por cuanto sus palabras habían debilitado las manos del pueblo y acarreado desgracias sobre ellos, se le debía dar muerte.

El cobarde rey sabía que las acusaciones eran falsas; pero a fin de apaciguar a aquellos que ocupaban puestos elevados y de influencia en la nación, fingió creer sus mentiras, y entregó a Jeremías en sus manos para que hiciesen con él lo que quisieran. El profeta fue arrojado "en la cisterna de Malquías hijo de Hamelec, que estaba en el patio de la cárcel; y metieron a Jeremías con sogas. Y en la cisterna no había agua, sino cieno, y se hundió Jeremías en el cieno" (vers. 6). Pero Dios le suscitó amigos, quienes se acercaron al rey en su favor, y le hicieron llevar de nuevo al patio de la cárcel.

Otra vez el rey mandó llamar secretamente a Jeremías, y le pidió que le expusiese fielmente el propósito de Dios para con Jerusalén. En respuesta, Jeremías preguntó: "Si te lo declarare, ¿no es verdad que me matarás? y si te diere consejo, no me escucharás". El rey hizo un pacto secreto con el profeta. Prometió: "Vive Jehová que nos hizo esta alma, que no te mataré, ni te entregaré en mano de estos varones que buscan tu vida" (vers. 15, 16).

El rey tenía todavía oportunidad de revelar si quería escuchar las advertencias de Jehová, y así atemperar con misericordia los castigos que ya estaban cayendo sobre la ciudad y la nación. El mensaje que se le dio al rey fue: "Si te entregas en seguida a los príncipes del rey de Babilonia, tu alma vivirá, y esta ciudad no será puesta a fuego, y vivirás tú y tu casa. Pero si no te entregas a los príncipes del rey de Babilonia, esta ciudad será entregada en mano de los caldeos, y la pondrán a fuego, y tú no escaparás de sus manos" (vers. 17-20).

El rey contestó: "Tengo temor de los judíos que se han pasado a los caldeos, no sea que me entreguen en sus manos y me escarnezcan". Pero el profeta prometió: "No te entregarán", y añadió esta ferviente súplica: "Oye ahora la voz de Jehová que yo te hablo, y te irá bien y vivirás".

Así, aun a última hora, Dios indicó claramente su disposición a manifestar misericordia a aquellos que decidiesen someterse a sus justos requerimientos. Si el rey hubiese decidido obedecer, el pueblo podría haber salvado la vida y pudiera haberse evitado la conflagración de la ciudad; pero él consideró que había ido demasiado lejos para retroceder. Temía a los judíos y al ridículo; hasta temblaba por su vida. Después de haberse rebelado durante años contra Dios, Sedequías consideró demasiado humillante decir a su pueblo: "Acepto la palabra de Jehová, según la ha expresado por el profeta Jeremías; no me atrevo a guerrear contra el enemigo frente a todas estas advertencias".

Con lágrimas rogó Jeremías a Sedequías que se salvase a sí mismo y a su pueblo. Con espíritu angustiado le aseguró que a menos que escuchase el consejo de Dios, no escaparía con vida, y todos sus bienes caerían en manos de los babilonios. Pero el rey se había encaminado erróneamente, y no quería retroceder. Decidió seguir el consejo de los falsos profetas y de los hombres a quienes despreciaba en realidad, y que ridiculizaban su debilidad al ceder con tanta facilidad a sus deseos. Sacrificó la noble libertad de su virilidad, y se transformó en abyecto esclavo de la opinión pública. Aunque no tenía el propósito fijo de hacer lo malo, carecía de resolución para declararse firmemente por lo recto. Aunque convencido del valor que tenía el consejo dado por Jeremías, no tenía energía moral para obedecer; y como consecuencia siguió avanzando en la mala dirección.

Tan grande era la debilidad del rey que ni siquiera quería que sus cortesanos y el pueblo supiesen que había conferenciado con Jeremías, pues el temor a los hombres se había apoderado completamente de su alma. Si Sedequías se hubiese erguido valientemente y hubiese declarado que creía las palabras del profeta, ya cumplidas a medias, ¡cuánta desolación podría haberse evitado! Debiera haber dicho: "Obedeceré al Señor, y salvaré a la ciudad de la ruina completa. No me atrevo a despreciar las órdenes de Dios por temor a los hombres o para buscar su favor. Amo la verdad, aborrezco el pecado, y seguiré el consejo del Poderoso de Israel". Entonces el pueblo habría respetado su espíritu valeroso, y los que vacilaban entre la fe y la incredulidad se habrían decidido firmemente por lo recto. La misma intrepidez y justicia de su conducta habrían inspirado admiración y lealtad en sus súbditos. Habría recibido amplio apoyo; y se le habrían perdonado a Judá las indecibles desgracias de la matanza, el hambre y el incendio.

La debilidad de Sedequías fue un pecado por el cual pagó una pena espantosa. El enemigo descendió como alud irresistible, y devastó la ciudad. Los ejércitos hebreos fueron rechazados en confusión. La nación fue vencida. Sedequías fue tomado prisionero y sus hijos fueron muertos delante de sus ojos. El rey fue sacado de Jerusalén cautivo, se le sacaron los ojos, y después de llegar a Babilonia pereció miserablemente. El hermoso templo que durante más de

Jerusalén finalmente cayó en manos de Nabucodonosor, y miles de cautivos judíos fueron llevados para servir al rey de Babilonia.

cuatro siglos había coronado la cumbre del monte Sión, no fue perdonado por los caldeos. "Quemaron la casa de Dios, y rompieron el muro de Jerusalén, y consumieron a fuego todos sus palacios, y destruyeron todos sus objetos deseables" (2 Crónicas 36: 19).

En el momento de la destrucción final de Jerusalén por Nabucodonosor, muchos fueron los que, habiendo escapado a los horrores del largo sitio, perecieron por la espada. De entre los que todavía quedaban, algunos, especialmente los principales sacerdotes, oficiales y príncipes del reino, fueron llevados a Babilonia y allí ejecutados como traidores. Otros fueron llevados cautivos, para vivir en servidumbre de Nabucodonosor y de sus hijos "hasta que vino el reino de los persas; para que se cumpliese la palabra de Jehová por boca de Jeremías" (vers. 20, 21).

Acerca de Jeremías mismo se registra: "Nabucodonosor había ordenado a Nabuzaradán capitán de la guardia acerca de Jeremías, diciendo: Tómale y vela por él, y no le hagas mal alguno, sino que harás con él como él te dijere" (Jeremías 39: 11, 12).

Librado de la cárcel por los oficiales babilonios, el profeta decidió echar su suerte con el débil residuo "de los pobres del país" que los caldeos dejaron para que fuesen "viñadores y labradores". Sobre éstos, los babilonios pusieron a Gedalías como gobernador. Apenas transcurridos algunos meses, el recién designado gobernador fue muerto a traición. La pobre gente, después de pasar por muchas pruebas, se dejó finalmente persuadir por sus caudillos a refugiarse en la tierra de Egipto. Jeremías alzó la voz en protesta contra ese traslado. Rogó: "No vayáis a Egipto". Pero no se escuchó el consejo inspirado, y "todo el remanente de Judá … hombres y mujeres y niños" huyeron a Egipto. "No obedecieron a la voz de Jehová; y llegaron hasta Tafnes" (Jeremías 52: 16; 43: 2-7).

Las profecías de condenación pronunciadas por Jeremías sobre el residuo que se había rebelado contra Nabucodonosor huyendo a Egipto, iban mezcladas con promesas de perdón para aquellos que se arrepintiesen de su insensatez y estuviesen dispuestos a volver. Si bien el Señor no quería salvar a los que se desviaban de su consejo para oír las influencias seductoras de la idolatría egipcia, estaba sin embargo dispuesto a manifestar misericordia a los que le resultasen leales y fieles. Declaró: "Y los que escapen de la espada volverán de la tierra de Egipto a la tierra de Judá, pocos hombres; sabrá, pues, todo el resto de Judá que ha entrado en Egipto a morar allí, la palabra de quién ha de permanecer: si la mía, o la suya" (Jeremías 44: 28).

El pesar del profeta por la absoluta perversidad de aquellos que debieran haber sido la luz espiritual del mundo, su aflicción por la suerte de Sión y del pueblo llevado cautivo a Babilonia, se revela en las lamentaciones que dejó escritas como monumento recordativo de la insensatez que constituye el desviarse de los consejos de Jehová para seguir la sabiduría humana. En medio de las ruinas que veía en derredor, Jeremías podía decir: "Por la misericordia de Jehová no hemos sido consumidos", y su oración constante era: "Escudriñemos nuestros caminos, y busquemos, y volvámonos a Jehová" (Lamentaciones 3: 22, 40). Mientras Judá era todavía un reino entre las naciones, había preguntado a Dios: "¿Has desechado enteramente a Judá? ¿Ha aborrecido tu alma a Sión?" Y se había atrevido a suplicar: "Por amor de tu nombre no nos deseches" (Jeremías 14: 19, 21). La fe absoluta del profeta en el propósito eterno de Dios de sacar orden de la confusión, y de demostrar a las naciones de la tierra y al universo entero sus atributos de justicia y amor, le inducían ahora a interceder confiadamente por aquellos que se desviasen del mal hacia la justicia.

Pero Sión estaba ahora completamente destruida y el pueblo de Dios se hallaba en cautiverio. Abrumado de pesar, el profeta exclamaba: "¡Cómo ha quedado sola la ciudad populosa! La grande entre las naciones se ha vuelto como viuda, la señora de provincias ha sido hecha tributaria. Amargamente llora en la noche, y sus lágrimas están en sus mejillas. No tiene quien la consuele de todos sus amantes; todos sus amigos le faltaron, se le volvieron enemigos.

"Judá ha ido en cautiverio a causa de la aflicción y de la dura servidumbre; ella habitó entre las naciones, y no halló descanso; todos sus perseguidores la alcanzaron entre las estrechuras. Las calzadas de Sión tienen luto, porque no hay quien venga a las fiestas solemnes; todas sus puertas están asoladas, sus sacerdotes gimen, sus vírgenes están afligidas, y ella tiene amargura. Sus enemigos han sido hechos príncipes, sus aborrecedores fueron prosperados, porque Jehová la afligió por la multitud de sus rebeliones; sus hijos fueron en cautividad delante del enemigo...

"¡Cómo oscureció el Señor en su furor a la hija de Sión! Derribó del cielo a la tierra la hermosura de Israel, y no se acordó del estrado de sus pies en el día de su furor. Destruyó el Señor, y no perdonó; destruyó en su furor todas las tiendas de Jacob; echó por tierra las fortalezas de la hija de

Judá, humilló al reino y a sus príncipes. Cortó con el ardor de su ira todo el poderío de Israel; retiró de él su diestra frente al enemigo, y se encendió en Jacob como llama de fuego que ha devorado alrededor. Entesó su arco como enemigo, afirmó su mano derecha como adversario, y destruyó cuanto era hermoso. En la tienda de la hija de Sión derramó como fuego su enojo...

"¿Qué testigo te traeré, o a quién te haré semejante, hija de Jerusalén? ¿A quién te compararé para consolarte, oh virgen hija de Sión? Porque grande como el mar es tu quebrantamiento; ¿quién te sanará?...

"Acuérdate, oh Jehová, de lo que nos ha sucedido; mira, y ve nuestro oprobio. Nuestra heredad ha pasado a extraños, nuestras casas a forasteros. Huérfanos somos sin padre; nuestras madres son como viudas... Nuestros padres pecaron, y han muerto; y nosotros llevamos su castigo. Siervos se enseñorearon de nosotros; no hubo quien nos librase de su mano... Por esto fue entristecido nuestro corazón, por esto se entenebrecieron nuestros ojos...

"Mas tú, Jehová, permanecerás para siempre; tu trono de generación en generación. ¿Por qué te olvidas completamente de nosotros, y nos abandonas tan largo tiempo? Vuélvenos, oh Jehová, a ti, y nos volveremos; renueva nuestros días como al principio" (Lamentaciones 1: 1-5; 2: 1-4, 13; 5: 1-3, 7, 8, 17, 19-21).

CAPITULO 38

Luz a Través de las Tinieblas

LOS sombríos años de destrucción y muerte que señalaron el fin del reino de Judá, habrían hecho desesperar al corazón más valeroso, de no haber sido por las palabras de aliento contenidas en las expresiones proféticas emitidas por los mensajeros de Dios. Mediante Jeremías en Jerusalén, mediante Daniel en la corte de Babilonia y mediante Ezequiel a orillas del Quebar, el Señor, en su misericordia, aclaró su propósito eterno y dio seguridades acerca de su voluntad de cumplir para su pueblo escogido las promesas registradas en los escritos de Moisés. Con toda certidumbre realizaría lo que había dicho que haría en favor de aquellos que le fuesen fieles. "La palabra de Dios … vive y permanece para siempre" (1 S. Pedro 1: 23).

Durante las peregrinaciones en el desierto, el Señor había tomado amplias disposiciones para que sus hijos recordasen las palabras de su ley. Después de que se establecieran en Canaán, los preceptos divinos debían repetirse diariamente en cada hogar; debían escribirse con claridad en los dinteles, en las puertas y en tablillas recordativas. Debían componerse con música y ser cantados por jóvenes y ancianos. Los sacerdotes debían enseñar estos santos preceptos en asambleas públicas, y los gobernantes de la tierra debían estudiarlos diariamente. El Señor ordenó a Josué acerca del libro de la ley: "De día y de noche meditarás en él, para que guardes y hagas conforme a todo lo que en él está escrito; porque entonces harás prosperar tu camino, y todo te saldrá bien" (Josué 1: 8).

Los escritos de Moisés fueron enseñados por Josué a todo Israel. "No hubo palabra alguna de todo cuanto mandó Moisés, que Josué no hiciese leer delante de toda la congregación de Israel, y de las mujeres, de los niños, y de los extranjeros que moraban entre ellos" (Josué 8: 35). Esto armonizaba con la orden expresa de Jehová que disponía una repetición pública de las palabras del libro de la ley cada siete años, durante la fiesta de las cabañas. A los caudillos espirituales de Israel se les habían dado estas instrucciones: "Harás congregar al pueblo, varones y mujeres y niños, y tus extranjeros que estuvieren en tus ciudades, para que oigan y aprendan, y teman a Jehová vuestro Dios, y cuiden de cumplir todas las palabras de esta ley; y los hijos de ellos que no supieron, oigan, y aprendan a temer a Jehová vuestro Dios todos los días que viviereis sobre la tierra adonde vais, pasando el Jordán, para tomar posesión de ella" (Deuteronomio 31: 12, 13).

Si este consejo se hubiese puesto en práctica a través de

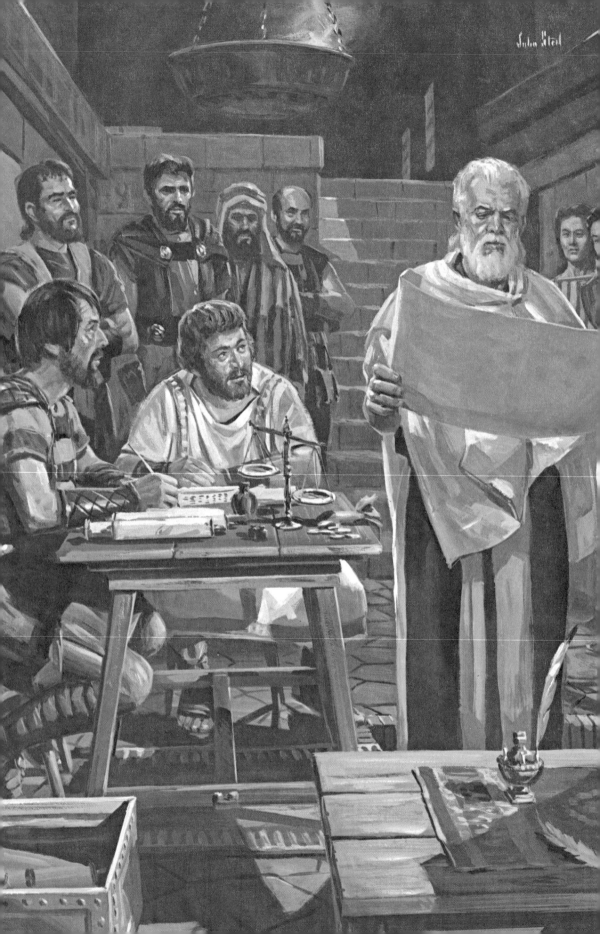

los siglos que siguieron, ¡cuán diferente habría sido la historia de Israel! Sólo podía esperar que realizaría el propósito divino si conservaba en su corazón reverencia por la santa palabra de Dios. Fue el aprecio por la ley de Dios lo que dio a Israel fuerza durante el reinado de David y los primeros años del de Salomón; fue por la fe en la palabra viviente como se hicieron reformas en los tiempos de Elías y de Josías. Y a esas mismas Escrituras de verdad, la herencia más preciosa de Israel, apelaba Jeremías en sus esfuerzos de reforma. Dondequiera que ejerciera su ministerio, dirigía a la gente la ferviente súplica: "Oíd las palabras de este pacto" (Jeremías 11: 2), palabras que les hacían comprender plenamente el propósito que tenía Dios de extender a todas las naciones un conocimiento de la verdad salvadora.

Durante los años finales de la apostasía de Judá, las exhortaciones de los profetas parecían tener poco efecto; y cuando los ejércitos de los caldeos vinieron por tercera y última vez para sitiar a Jerusalén, la esperanza abandonó todo corazón. Jeremías predijo la ruina completa; y porque insistía en la rendición se le arrojó finalmente a la cárcel. Pero Dios no abandonó a la desesperación completa al fiel residuo que quedaba en la ciudad. Aun mientras Jeremías era vigilado estrechamente por los que despreciaban sus mensajes, recibió nuevas revelaciones concernientes a la voluntad del cielo para perdonar y salvar, y ellas han sido desde aquellos tiempos hasta los nuestros una fuente inagotable de consuelo para la iglesia de Dios.

Confiando firmemente en las promesas de Dios, Jeremías, por medio de una dramática parábola ilustró delante de los habitantes de la ciudad condenada su fe inquebranta-

Jeremías creía en las promesas de Dios, y por eso compró su herencia paterna y registró legalmente el documento.

ble en el cumplimiento final del propósito de Dios hacia su pueblo. En presencia de testigos, y observando cuidadosamente todas las formas legales necesarias, compró por diecisiete siclos de plata un campo de sus antepasados situado en el pueblo cercano de Anatot.

Desde todo punto de vista humano, esta compra de tierra en un territorio ya dominado por los babilonios parecía un acto insensato. El profeta mismo había estado prediciendo la destrucción de Jerusalén, la desolación de Judá y la completa ruina del reino. Había estado profetizando un largo período de cautiverio en la lejana Babilonia. Era ya anciano y no podía esperar beneficio personal de la compra que había hecho. Sin embargo, su estudio de las profecías registradas en las Escrituras había creado en su corazón la firme convicción de que el Señor se proponía devolver a los hijos del cautiverio su antigua posesión de la tierra prometida. Con los ojos de la fe, Jeremías vio a los desterrados regresando al cabo de los años de aflicción y ocupando de nuevo la tierra de sus padres. Mediante la compra de aquella propiedad en Anatot, hacía lo que podía para inspirar a otros la esperanza que tanto consuelo infundía a su propio corazón.

Habiendo firmado las escrituras de la transferencia y confirmado las contraseñas de los testigos, Jeremías encargó a su secretario Baruc: "Toma estas cartas, esta carta de venta sellada, y esta carta abierta, y ponlas en una vasija de barro, para que se conserven muchos días. Porque así ha dicho Jehová de los ejércitos, Dios de Israel: Aún se comprarán casas, heredades y viñas en esta tierra" (Jeremías 32: 14, 15).

478

Tan desalentadora era la perspectiva para Judá en el momento de realizarse esta transacción extraordinaria, que inmediatamente después de cumplir los detalles de la compra y los arreglos necesarios para conservar los registros escritos, se vio muy probada la fe de Jeremías, por inquebrantable que fuera antes. ¿Habría obrado presuntuosamente en su esfuerzo por alentar a Judá? En su deseo de establecer la confianza en las promesas de la palabra de Dios, ¿habría dado pie a falsas esperanzas? Hacía mucho que los que habían hecho pacto con Dios venían despreciando las disposiciones tomadas en su favor. ¿Podrían alguna vez recibir cumplimiento absoluto las promesas hechas a la nación escogida?

Lleno de perplejidad y postrado por la tristeza al ver los sufrimientos de los que se habían negado a arrepentirse de sus pecados, el profeta suplicó a Dios que le iluminara aún más acerca del propósito divino en favor de la humanidad.

Oró: "¡Oh Señor Jehová! he aquí que tú hiciste el cielo y la tierra con tu gran poder, y con tu brazo extendido, ni hay nada que sea difícil para ti; que haces misericordia a millares, y castigas la maldad de los padres en sus hijos después de ellos; Dios grande, poderoso, Jehová de los ejércitos es su nombre; grande en consejo, y magnífico en hechos; porque tus ojos están abiertos sobre todos los caminos de los hijos de los hombres, para dar a cada uno según sus caminos, y según el fruto de sus obras. Tú hiciste señales y portentos en tierra de Egipto hasta este día, y en Israel, y entre los hombres; y te has hecho nombre, como se ve en el día de hoy. Y sacaste a tu pueblo Israel de la tierra de Egipto con señales y portentos, con mano fuerte y brazo extendido, y con terror grande; y les diste esta tierra, de la cual juraste a sus padres que se la darías, la tierra que fluye leche y miel; y entraron, y la disfrutaron; pero no oyeron tu voz, ni anduvieron en tu ley; nada hicieron de lo que les mandaste hacer; por tanto, has hecho venir sobre ellos todo este mal" (vers. 17-23).

Los ejércitos de Nabucodonosor estaban a punto de tomar por asalto los muros de Sión. Miles estaban pereciendo en la última defensa desesperada de la ciudad. Muchos otros millares estaban muriendo de hambre y enfermedad. La suerte de Jerusalén estaba ya sellada. Las torres de asedio de las fuerzas enemigas dominaban ya las murallas. El profeta continuó diciendo en su oración a Dios: "He aquí que con arietes han acometido la ciudad para tomarla, y la ciudad va a ser entregada en mano de los caldeos que pelean contra ella, a causa de la espada, del hambre y de la pestilencia; ha venido, pues, a suceder lo que tú dijiste, y he aquí lo estás viendo. ¡Oh Señor Jehová! ¿y tú me has dicho: Cómprate la heredad por dinero, y pon testigos; aunque la ciudad sea entregada en manos de los caldeos?" (vers. 24, 25).

La oración del profeta recibió una misericordiosa respuesta. En aquella hora de angustia, cuando la fe del mensajero de verdad era probada como por fuego, "vino palabra de Jehová a Jeremías, diciendo: He aquí que yo soy Jehová, Dios de toda carne; ¿habrá algo que sea difícil para mí?" (vers. 26, 27). La ciudad iba a caer pronto en manos de los caldeos; sus pórticos y sus palacios iban a ser quemados; y no obstante que la destrucción era inminente y los habitantes de Jerusalén iban a ser llevados cautivos, el eterno propósito de Jehová para con Israel iba a cumplirse todavía. En respuesta a la oración de su siervo, el Señor declaró acerca de aquellos sobre quienes caían sus castigos:

"He aquí que yo los reuniré de todas las tierras a las cuales los eché con mi furor, y con mi enojo e indignación grande; y los haré volver a este lugar, y los haré habitar seguramente; y me serán por pueblo, y yo seré a ellos por Dios. Y les daré un corazón, y un camino, para que me teman perpetuamente, para que tengan bien ellos, y sus hijos después de ellos. Y haré con ellos pacto eterno, que no me volveré atrás de hacerles bien, y pondré mi temor en el corazón de ellos, para que no se aparten de mí. Y me alegraré con ellos haciéndoles bien, y los plantaré en esta tierra en verdad, de todo mi corazón y de toda mi alma.

"Porque así ha dicho Jehová: Como traje sobre este pueblo todo este gran mal, así traeré sobre ellos todo el bien que acerca de ellos hablo. Y poseerán heredad en esta tierra de la cual vosotros decís: Está desierta, sin hombres y sin animales, es entregada en manos de los caldeos. Heredades comprarán por dinero, y harán escritura y la sellarán y pondrán testigos, en tierra de Benjamín y en los contornos de Jerusalén, y en las ciudades de Judá; y en las ciudades de las montañas, y en las ciudades de la Sefela, y en las ciudades del Neguev; porque yo haré regresar sus cautivos, dice Jehová" (vers. 37-44).

En confirmación de estas promesas de liberación y restauración, vino palabra de Jehová a Jeremías la segunda vez, estando él aún preso en el patio de la cárcel, diciendo:

"Así ha dicho Jehová, que hizo la tierra, Jehová que la formó para afirmarla; Jehová es su nombre: Clama a mí, y

481

yo te responderé, y te enseñaré cosas grandes y ocultas que tú no conoces. Porque así ha dicho Jehová Dios de Israel acerca de las casas de esta ciudad, y de las casas de los reyes de Judá, derribadas con arietes y con hachas... He aquí que yo les traeré sanidad y medicina; y los curaré, y les revelaré abundancia de paz y de verdad. Y haré volver los cautivos de Judá y los cautivos de Israel, y los restableceré como al principio. Y los limpiaré de toda su maldad con que pecaron contra mí; y perdonaré todos sus pecados... Y me será a mí por nombre de gozo, de alabanza y de gloria, entre todas las naciones de la tierra, que habrán oído todo el bien que yo les hago; y temerán y temblarán de todo el bien y de toda la paz que yo les haré.

"Así ha dicho Jehová: En este lugar, del cual decís que está desierto sin hombres y sin animales, en las ciudades de Judá y en las calles de Jerusalén, ... ha de oírse aún voz de gozo y de alegría, voz de desposado y voz de desposada, voz de los que digan: Alabad a Jehová de los ejércitos, porque Jehová es bueno, porque para siempre es su misericordia; voz de los que traigan ofrendas de acción de gracias a la casa de Jehová. Porque volveré a traer los cautivos de la tierra como al principio, ha dicho Jehová.

"Así dice Jehová de los ejércitos: En este lugar desierto, sin hombre y sin animal, y en todas sus ciudades, aún habrá cabañas de pastores que hagan pastar sus ganados. En las ciudades de las montañas, en las ciudades de la Sefela, en las ciudades del Neguev, en la tierra de Benjamín, y alrededor de Jerusalén y en las ciudades de Judá, aún pasarán ganados por las manos del que los cuente, ha dicho Jehová. He aquí vienen días, dice Jehová, en que yo confirmaré la buena palabra que he hablado a la casa de Israel y a la casa de Judá" (Jeremías 33: 1-14).

Así fue consolada la iglesia de Dios en una de las horas más sombrías de su largo conflicto con las fuerzas del mal. Satanás parecía haber triunfado en sus esfuerzos por destruir a Israel; pero el Señor predominaba sobre los acontecimientos del momento, y durante los años que iban a seguir, su pueblo tendría oportunidad de redimir lo pasado. Su mensaje a la iglesia fue:

"Tú, pues, siervo mío Jacob, no temas, ... ni te atemorices, Israel; porque he aquí que yo soy el que te salvo de lejos a ti y a tu descendencia de la tierra de cautividad; y Jacob volverá, descansará y vivirá tranquilo, y no habrá quien le espante. Porque yo estoy contigo para salvarte, dice Jehová... Yo haré venir sanidad para ti, y sanaré tus heridas" (Jeremías 30: 10, 11, 17).

En el momento alegre de la restauración, las tribus del dividido Israel habrían de ser reunidas como un solo pueblo. El Señor iba a ser reconocido como príncipe sobre "todas las familias de Israel". Declaró él: "Y ellas me serán a mí por pueblo... Regocijaos en Jacob con alegría, y dad voces de júbilo a la cabeza de naciones; haced oír, alabad, y decid: Oh Jehová, salva a tu pueblo, el remanente de Israel. He aquí yo los hago volver de la tierra del norte, y los reuniré de los fines de la tierra, y entre ellos ciegos y cojos... Irán con lloro, mas con misericordia los haré volver, y los haré andar junto a arroyos de aguas, por camino derecho en el cual no tropezarán; porque soy a Israel por padre, y Efraín es mi primogénito" (Jeremías 31: 1, 7-9).

Humillados ante las naciones, los que una vez habían

sido reconocidos como más favorecidos del cielo que todos los demás pueblos de la tierra iban a aprender en el destierro la lección de obediencia tan necesaria para su felicidad futura. Mientras no aprendiesen dicha lección, Dios no podía hacer por ellos todo lo que deseaba hacer. "Te castigaré con justicia; de ninguna manera te dejaré sin castigo" (Jeremías 30: 11), declaró al explicar el propósito que tenía al castigarlos para su bien espiritual. Sin embargo, los que habían sido objeto de su tierno amor no quedaron desechados para siempre; y delante de todas las naciones de la tierra iba a demostrar su plan para sacar victoria de la derrota aparente, su plan de salvar más bien que de destruir. Al profeta fue dado el mensaje:

"El que esparció a Israel lo reunirá y guardará, como el pastor a su rebaño. Porque Jehová redimió a Jacob, lo redimió de mano del más fuerte que él. Y vendrán con gritos de gozo en lo alto de Sión, y correrán al bien de Jehová, al pan, al vino, al aceite, y al ganado de las ovejas y de las vacas; y su alma será como huerto de riego, y nunca más tendrán dolor... Y cambiaré su lloro en gozo, y los consolaré, y los alegraré de su dolor. Y el alma del sacerdote satisfaré con abundancia, y mi pueblo será saciado de mi bien, dice Jehová...

"Así ha dicho Jehová de los ejércitos, Dios de Israel: Aún dirán esta palabra en la tierra de Judá y en sus ciudades, cuando yo haga volver sus cautivos: Jehová te bendiga, oh morada de justicia, oh monte santo. Y habitará allí Judá, y también en todas sus ciudades labradores, y los que van con rebaño. Porque satisfaré al alma cansada, y saciaré a toda alma entristecida...

"He aquí que vienen días, dice Jehová, en los cuales haré nuevo pacto con la casa de Israel y con la casa de Judá. No como el pacto que hice con sus padres el día que tomé su mano para sacarlos de la tierra de Egipto; porque ellos invalidaron mi pacto, aunque fui yo un marido para ellos, dice Jehová. Pero este es el pacto que haré con la casa de Israel después de aquellos días, dice Jehová: Daré mi ley en su mente, y la escribiré en su corazón; y yo seré a ellos por Dios, y ellos me serán por pueblo. Y no enseñará más ninguno a su prójimo, ni ninguno a su hermano, diciendo: Conoce a Jehová; porque todos me conocerán, desde el más pequeño de ellos hasta el más grande, dice Jehová; porque perdonaré la maldad de ellos, y no me acordaré más de su pecado" (Jeremías 31: 10-34).

CAPITULO 39

En la Corte de Babilonia

ENTRE los hijos de Israel que fueron llevados a Babilonia al principio de los setenta años de cautiverio, se contaban patriotas cristianos, hombres que eran tan firmes como el acero, fieles a los buenos principios, quienes no serían corrompidos por el egoísmo, sino que honrarían a Dios aun cuando lo perdiesen todo. En la tierra de su cautiverio, estos hombres habrían de ejecutar el propósito de Dios dando a las naciones paganas las bendiciones provenientes del conocimiento de Jehová. Habían de ser sus representantes. No debían en caso alguno transigir con los idólatras, sino considerar como un alto honor la fe que sostenían y el nombre de adoradores del Dios viviente. Y así lo hicieron. Honraron a Dios en la prosperidad y en la adversidad; y Dios los honró a ellos.

El hecho de que esos adoradores de Jehová estuviesen cautivos en Babilonia y de que los vasos de la casa de Dios se

El rey Nabucodonosor percibió en el joven Daniel capacidades y talentos que podía desarrollar, y lo sometió a un adiestramiento especial.

hallaran en el templo de los dioses babilónicos, era mencionado jactanciosamente por los vencedores como evidencia de que su religión y sus costumbres eran superiores a la religión y las costumbres de los hebreos. Sin embargo, mediante las mismas humillaciones que había acarreado la forma en que Israel se había desviado de Dios, éste dio a Babilonia evidencia de su supremacía, de la santidad de sus requerimientos y de los seguros resultados que produce la obediencia. Y dio este testimonio de la única manera que podía ser dado: por medio de los que le eran leales.

Entre los que mantenían su fidelidad a Dios se contaban Daniel y sus tres compañeros, ilustres ejemplos de lo que pueden llegar a ser los hombres que se unen con el Dios de sabiduría y poder. Desde la comparativa sencillez de su hogar judío, estos jóvenes del linaje real fueron llevados a la más magnífica de las ciudades y a la corte del mayor monarca del mundo.

Nabucodonosor ordenó "a Aspenaz, jefe de sus eunucos, que trajese de los hijos de Israel, del linaje real de los príncipes, muchachos en quienes no hubiese tacha alguna, de buen parecer, enseñados en toda sabiduría, sabios en ciencia y de buen entendimiento, e idóneos para estar en el palacio del rey...

"Entre éstos estaban Daniel, Ananías, Misael y Azarías, de los hijos de Judá". Viendo en estos jóvenes una promesa de capacidad notable, Nabucodonosor resolvió que se los educase para que pudiesen ocupar puestos importantes en su reino. A fin de que quedasen plenamente capacitados para su carrera, ordenó que aprendiesen el idioma de los caldeos, y que durante tres años se les concediesen las ventajas educativas que tenían los príncipes del reino.

Los nombres de Daniel y sus compañeros fueron cambiados por otros que conmemoraban divinidades caldeas. Los padres hebreos solían dar a sus hijos nombres que tenían gran significado. Con frecuencia expresaban en ellos los rasgos de carácter que deseaban ver desarrollarse en sus hijos. El príncipe encargado de los jóvenes cautivos "puso a Daniel, Beltsasar; a Ananías, Sadrac; a Misael, Mesac; y a Azarías, Abed-nego".

El rey no obligó a los jóvenes hebreos a que renunciasen a su fe para hacerse idólatras, sino que esperaba obtener esto gradualmente. Dándoles nombres que expresaban sentimientos de idolatría, poniéndolos en trato íntimo con costumbres idólatras y bajo la influencia de ritos seductores del culto pagano, esperaba inducirlos a renunciar a la religión de su nación y a participar en el culto babilónico.

En el mismo comienzo de su carrera, su carácter fue probado de una manera decisiva. Se había provisto que comiesen del alimento y bebiesen del vino que se servían en la mesa real. Con esto el rey pensaba manifestarles su favor y la solicitud que sentía por su bienestar. Pero como una porción de estas cosas se ofrecía a los ídolos, el alimento proveniente de la mesa del rey estaba consagrado a la idolatría, y compartirlo sería considerado como tributo de homenaje a los dioses de Babilonia. La lealtad a Jehová prohibía a Daniel y a sus compañeros que rindiesen tal homenaje. Aun la sola apariencia de comer del alimento o beber del vino habría sido negar su fe. Obrar así habría sido colocarse de parte del paganismo y deshonrar los principios de la ley de Dios.

Tampoco podían correr el riesgo que representaba el efecto enervador del lujo y la disipación sobre el desarrollo físico, mental y espiritual. Conocían la historia de Nadab y Abiú, cuya intemperancia, así como los resultados que había tenido, describían los pergaminos del Pentateuco; y sabían que sus propias facultades físicas y mentales quedarían perjudicadas por el consumo de vino.

Los padres de Daniel y sus compañeros les habían inculcado hábitos de estricta templanza. Se les había enseñado que Dios los tendría por responsables de sus facultades, y que no debían atrofiarlas ni debilitarlas. Esta educación fue para Daniel y sus compañeros un medio de preservación entre las influencias desmoralizadoras de la corte babilónica. Intensas eran las tentaciones que los rodeaban en aquella corte corrompida y lujuriosa, pero no se contaminaron. Ningún poder ni influencia podía apartarlos de los principios que habían aprendido temprano en la vida por medio del estudio de la Palabra y de las obras de Dios.

Si Daniel lo hubiese deseado, podría haber hallado en las circunstancias que le rodeaban una excusa plausible por apartarse de los hábitos estrictamente temperantes. Podría haber argüido que, en vista de que dependía del favor del rey y estaba sometido a su poder, no le quedaba otro remedio que comer de la comida del rey y beber de su vino; porque si seguía la enseñanza divina no podía menos que ofender al rey y probablemente perdería su puesto y la vida, mientras que si despreciaba el mandamiento del Señor, conservaría el favor del rey y se aseguraría ventajas intelectuales y perspectivas halagüeñas en este mundo.

Pero Daniel no vaciló. Apreciaba más la aprobación de

Dios que el favor del mayor potentado de la tierra, aun más que la vida misma. Resolvió permanecer firme en su integridad, cualesquiera fuesen los resultados. "Propuso en su corazón no contaminarse con la porción de la comida del rey, ni con el vino que él bebía". Esta resolución fue apoyada por sus tres compañeros.

Al llegar a esta decisión, los jóvenes hebreos no obraron presuntuosamente, sino confiando firmemente en Dios. No decidieron singularizarse, aunque preferirían eso antes que deshonrar a Dios. Si hubiesen transigido con el mal en este caso al ceder a la presión de las circunstancias, su desvío de los buenos principios habría debilitado su sentido de

lo recto y su aborrecimiento por lo malo. El primer paso en la dirección errónea habría conducido a otros pasos tales, hasta que, cortada su relación con el cielo, se vieran arrastrados por la tentación.

"Puso Dios a Daniel en gracia y en buena voluntad con el jefe de los eunucos", y la petición de que se le permitiera no contaminarse fue recibida con respeto. Sin embargo, el príncipe vacilaba antes de acceder. Explicó a Daniel: "Temo a mi señor el rey, que señaló vuestra comida y vuestra bebida; pues luego que él vea vuestros rostros más pálidos que los de los muchachos que son semejantes a vosotros, condenaréis para con el rey mi cabeza".

Daniel apeló entonces a Melsar, oficial encargado especialmente de la juventud hebrea, y solicitó que se les excusase de comer la comida del rey y beber su vino. Pidió que se hiciese una prueba de diez días, durante los cuales se proveería alimento sencillo a los jóvenes hebreos, mientras que sus compañeros comerían los manjares del rey.

Melsar consintió en ello, aunque con temor de que esa concesión pudiera desagradar al rey; pero Daniel sabía que su causa ganaría. Al fin de la prueba de diez días, el resultado era lo opuesto de lo que había temido el príncipe. "Pareció el rostro de ellos mejor y más robusto que el de los otros muchachos que comían de la porción de la comida del rey". En su apariencia personal los jóvenes hebreos resultaron notablemente superiores a sus compañeros. Como resultado, se permitió a Daniel y sus amigos que siguiesen su régimen sencillo durante todo el curso de su educación.

Los jóvenes hebreos estudiaron tres años "las letras y la lengua de los caldeos". Durante este tiempo se mantuvieron fieles a Dios y confiaron constantemente en su poder. A sus hábitos de renunciamiento, unían un propósito ferviente, diligencia y constancia. No era el orgullo ni la ambición lo que los había llevado a la corte del rey, junto a los que no conocían ni temían a Dios; eran cautivos puestos en un país extraño por la Sabiduría infinita. Privados de la influencia del hogar y de sus relaciones sagradas, procuraron conducirse en forma que honrase a su pueblo oprimido y glorificase al Dios cuyos siervos eran.

El Señor miró con aprobación la firmeza y abnegación de los jóvenes hebreos, así como la pureza de sus motivos; y su bendición los acompañó. "A estos cuatro muchachos Dios les dio conocimiento e inteligencia en todas las letras y ciencias; y Daniel tuvo entendimiento en toda visión y sueños". Se cumplió para ellos la promesa: "Yo honraré a los que me honran" (1 Samuel 2: 30). Mientras Daniel se aferraba a Dios con una confianza inquebrantable, se manifestó en él el espíritu del poder profético. Al mismo tiempo que recibía instrucciones de los hombres acerca de los deberes que debía cumplir en la corte, Dios le enseñaba a leer los misterios del porvenir, y a registrar para las generaciones futuras, mediante figuras y símbolos, acontecimientos que abarcaban la historia de este mundo hasta el fin del tiempo.

Cuando llegó el momento en que debían ser probados los jóvenes a quienes se estaba educando, los hebreos, juntamente con los otros candidatos, fueron examinados para el servicio del reino. Pero "no fueron hallados entre todos ellos otros como Daniel, Ananías, Misael y Azarías". Su aguda comprensión, su vasto conocimiento y su lenguaje selecto y preciso atestiguaban de la fuerza completa y el vigor de sus facultades mentales. "En todo asunto de sabiduría e inteligencia que el rey les consultó, los halló diez veces mejores que todos los magos y astrólogos que había en todo su reino"; y "así, pues, estuvieron delante del rey".

En la corte de Babilonia estaban reunidos representantes de todas las tierras, hombres de los más encumbrados talentos, de los más ricamente favorecidos con dones naturales, y quienes poseían la cultura más amplia que el mundo pudiera otorgar; y sin embargo, los jóvenes hebreos no tenían pares entre todos ellos. En fuerza y belleza física, en vigor mental y realizaciones literarias, no tenían rivales. El porte erguido, el paso firme y elástico, el rostro hermoso, los sentidos agudos, el aliento no contaminado, todas estas cosas eran otros tantos certificados de sus buenos hábitos, insignias de la nobleza con que la naturaleza honra a los que obedecen sus leyes.

Al adquirir la sabiduría de los babilonios, Daniel y sus compañeros tuvieron mucho más éxito que los demás estudiantes; pero su saber no les llegó por casualidad. Lo obtuvieron por el uso fiel de sus facultades, bajo la dirección del Espíritu Santo. Se relacionaron con la Fuente de toda sabiduría, e hicieron del conocimiento de Dios el fundamento de su educación. Con fe, oraron por sabiduría y vivieron de acuerdo con sus oraciones. Se colocaron donde Dios podía bendecirlos. Evitaron lo que habría debilitado sus facultades, y aprovecharon toda oportunidad de familiarizarse con todos los ramos del saber. Siguieron las reglas de la vida que no podían menos que darles fuerza intelectual. Procuraron adquirir conocimiento con un propósito: el de poder honrar a Dios. Comprendían que a fin de destacarse como representantes de la religión verdadera en medio de las falsas religiones del paganismo, necesitaban tener un intelecto claro y perfeccionar un carácter cristiano. Y Dios mismo fue su Maestro. Orando constantemente, estudiando concienzudamente y manteniéndose en relación con el Invisible, anduvieron con Dios como lo hizo Enoc.

En cualquier ramo de trabajo, el verdadero éxito no es resultado de la casualidad ni del destino. Es el desarrollo de las providencias de Dios, la recompensa de la fe y de la discreción, de la virtud y de la perseverancia. Las bellas cualidades mentales y un tono moral elevado no son resultado de la casualidad. Dios da las oportunidades; el éxito depende del uso que se haga de ellas.

Mientras Dios obraba en Daniel y sus compañeros "el

querer como el hacer, por su buena voluntad" (Filipenses 2: 13), ellos obraban su propia salvación. En esto se revela cómo obra el principio divino de cooperación, sin la cual no puede alcanzarse verdadero éxito. De nada vale el esfuerzo humano sin el poder divino; y sin el esfuerzo humano, el poder divino no tiene utilidad para muchos. Para que la gracia de Dios nos sea impartida debemos hacer nuestra parte. Su gracia nos es dada para obrar en nosotros el querer y el hacer, nunca para reemplazar nuestro esfuerzo.

Así como el Señor cooperó con Daniel y sus compañeros, cooperará con todos los que se esfuercen por hacer su voluntad. Mediante el impartimiento de su Espíritu fortalecerá todo propósito fiel, toda resolución noble. Los que anden en la senda de la obediencia encontrarán muchos obstáculos. Pueden ligarlos al mundo influencias poderosas y sutiles; pero el Señor puede inutilizar todo agente que obre para derrotar a sus escogidos; en su fuerza pueden ellos vencer toda tentación y toda dificultad.

Dios puso a Daniel y a sus compañeros en relación con los grandes de Babilonia, a fin de que en medio de una nación idólatra representasen su carácter. ¿Cómo pudieron ellos hacerse idóneos para un puesto de tanta confianza y honor? Fue la fidelidad en las cosas pequeñas lo que dio carácter a toda su vida. Honraron a Dios en los deberes más insignificantes, tanto como en las mayores responsabilidades.

Así como Dios llamó a Daniel para que testificase por él en Babilonia, nos llama hoy a nosotros para que seamos sus testigos en el mundo. Tanto en los asuntos menores como en los mayores de la vida, desea que revelemos a los hombres los principios de su reino. Muchos están aguardando que se les dé algo grande que hacer mientras desperdician diariamente las oportunidades que tienen de ser fieles a Dios. Diariamente dejan de cumplir con todo el corazón los deberes pequeños de la vida. Mientras aguardan alguna obra grande en la cual podrían ejercer los importantes talentos que creen tener, y así satisfacer sus anhelos ambiciosos, van transcurriendo los días.

En la vida del verdadero cristiano no hay cosas que no sean esenciales; a la vista del Omnipotente todo deber es importante. El Señor mide con exactitud toda posibilidad de servir. Las capacidades que no se usan se tienen en cuenta tanto como las que se usan. Seremos juzgados por lo que debiéramos haber hecho y no hicimos porque no usamos nuestras facultades para glorificar a Dios.

Un carácter noble no es el resultado de la casualidad; no se debe a favores o dones especiales de la Providencia. Es resultado de la disciplina propia, de la sujeción de la naturaleza inferior a la superior, de la entrega del yo al servicio de Dios y de los hombres.

Por la fidelidad que los jóvenes hebreos manifestaron hacia los principios de temperancia, Dios habla a los jóvenes de hoy. Se necesitan hombres que, como Daniel, sean activos y audaces para la causa del bien. Se necesitan corazones puros, manos fuertes, valor intrépido; porque la guerra entre el vicio y la virtud exige una vigilancia incesante. Satanás se presenta a toda alma con tentaciones que asumen muchas formas seductoras en lo que respecta a la satisfacción del apetito.

El cuerpo es un medio muy importante de desarrollar la

497

mente y el alma para la edificación del carácter. De ahí que el adversario de las almas encauce sus tentaciones para debilitar y degradar las facultades físicas. El éxito que obtiene en ello significa con frecuencia la entrega de todo el ser al mal. A menos que las tendencias de la naturaleza física estén dominadas por un poder superior, obrarán con certidumbre ruina y muerte. El cuerpo debe ser puesto en sujeción a las facultades superiores del ser. Las pasiones deben ser controladas por la voluntad, que debe estar a su vez bajo el control de Dios. La facultad soberana de la razón, santificada por la gracia divina, debe regir la vida. El poder intelectual, el vigor físico y la longevidad dependen de leyes inmutables. Mediante la obediencia a esas leyes el hombre puede ser vencedor de sí mismo, vencedor de sus propias inclinaciones, vencedor de principados y potestades, de los "gobernadores de las tinieblas" y de las "huestes espirituales de maldad en las regiones celestes" (Efesios 6: 12).

En el antiguo ritual que era el Evangelio en símbolos, ninguna ofrenda imperfecta podía ser llevada al altar de Dios. El sacrificio que había de representar a Cristo debía ser sin mancha. La palabra de Dios señala esto como ilustración de lo que deben ser sus hijos: un "sacrificio vivo", santo y "sin mancha" (Romanos 12: 1; Efesios 5: 27).

Los notables hebreos fueron hombres de pasiones como las nuestras; pero, no obstante las influencias seductoras de la corte babilónica, permanecieron firmes porque confiaban en una fuerza infinita. En ellos una nación pagana contempló una ilustración de la bondad y beneficencia de Dios, así como del amor de Cristo. En lo que experimentaron tenemos un ejemplo del triunfo de los buenos principios sobre la tentación, de la pureza sobre la depravacion, de la devoción y la lealtad sobre el ateísmo y la idolatría.

Los jóvenes de hoy pueden tener el espíritu que dominó a Daniel; pueden sacar fuerza de la misma fuente, poseer el mismo poder de dominio propio y revelar la misma gracia en su vida, aun en circunstancias tan desfavorables como las que predominaban entonces. Aunque rodeados por tentaciones a satisfacer sus apetitos, especialmente en nuestras grandes ciudades, donde resulta fácil y atrayente toda complacencia sensual, pueden permanecer por la gracia de Dios firmes en su propósito de honrar a Dios. Mediante una determinación enérgica y una vigilancia constante, pueden resistir toda tentación que asalte el alma. Pero sólo podrá alcanzar la victoria el que resuelva hacer el bien por el bien mismo.

¡Qué carrera fue la de esos nobles hebreos! Poco se imaginaban cuando se despedían del hogar de su infancia cuál sería su alto destino. Se entregaron a la dirección divina con tal fidelidad y constancia, que Dios pudo cumplir su propósito por su intermedio.

Las mismas poderosas verdades que fueron reveladas mediante estos hombres, Dios desea revelarlas mediante los jóvenes y los niños de hoy. La vida de Daniel y sus compañeros es una demostración de lo que él hará en favor de los que se entreguen a él y procuren con todo el corazón realizar su propósito.

CAPITULO 40

Este capítulo está basado en Daniel 2.

El Sueño de Nabucodonosor

POCO después de que Daniel y sus compañeros entraran en el servicio del rey de Babilonia, acontecieron sucesos que revelaron a una nación idólatra el poder y la exactitud del Dios de Israel. Nabucodonosor tuvo un sueño notable, "y se perturbó su espíritu, y se le fue el sueño". Pero aunque el ánimo del rey sufrió una impresión profunda, cuando despertó le resultó imposible recordar los detalles.

En su perplejidad, Nabucodonosor congregó a sus sabios, "magos, astrólogos, encantadores", y solicitó su ayuda. Dijo: "He tenido un sueño, y mi espíritu se ha perturbado por saber el sueño". Y habiendo declarado su preocupación, les pidió que le revelasen lo que habría de aliviarla.

A esto los sabios respondieron: "Rey, para siempre vive; di el sueño a tus siervos, y te mostraremos la interpretación".

Desconforme con esta respuesta evasiva, y sospechando que, a pesar de sus aseveraciones jactanciosas de poder revelar los secretos de los hombres, no parecían dispuestos a ayudarle, el rey ordenó a sus sabios, con promesas de riquezas y honores por un lado y amenazas de muerte por el otro, que le diesen no sólo la interpretación del sueño, sino el sueño mismo. Dijo: "El asunto lo olvidé; si no me mostráis el sueño y su interpretación, seréis hechos pedazos, y vuestras casas serán convertidas en muladares. Y si me mostrareis el sueño y su interpretación, recibiréis de mí dones y favores y gran honra".

Aun así los sabios contestaron: "Diga el rey el sueño a sus siervos, y le mostraremos la interpretación".

Airado ahora por la perfidia aparente de aquellos en quienes había confiado, Nabucodonosor declaró: "Yo conozco ciertamente que vosotros ponéis dilaciones, porque veis que el asunto se me ha ido. Si no me mostráis el sueño, una sola sentencia hay para vosotros. Ciertamente prepararáis respuesta mentirosa y perversa que decir delante de mí, entre tanto que pasa el tiempo. Decidme, pues, el sueño, para que yo sepa que me podéis dar su interpretación".

Amedrentados por las consecuencias de su fracaso, los magos procuraron demostrar al rey que su petición no era razonable y que la prueba exigida superaba a cualquiera que se hubiese requerido de hombre alguno. Dijeron: "No hay hombre sobre la tierra que pueda declarar el asunto del rey; además de esto, ningún rey, príncipe ni señor preguntó cosa semejante a ningún mago ni astrólogo ni caldeo. Porque el asunto que el rey demanda es difícil, y no hay quien lo pueda declarar al rey, salvo los dioses cuya morada no es con la carne".

Entonces "el rey con ira y con gran enojo mandó que matasen a todos los sabios de Babilonia".

Entre aquellos a quienes buscaban los oficiales que se aprestaban a cumplir lo ordenado por el decreto real, se contaban Daniel y sus amigos. Cuando se les dijo que de acuerdo con el decreto debían morir, "sabia y prudentemente" Daniel preguntó a Arioc, capitán de la guardia del rey: "¿Cuál es la causa de que este edicto se publique de parte del rey tan apresuradamente?" Arioc le explicó la perplejidad del rey acerca de su sueño notable, y cómo le había sido imposible obtener ayuda de aquellos en quienes había puesto hasta entonces la más plena confianza. Al oír esto, Daniel, arriesgando la vida, se atrevió a presentarse ante el rey y solicitó que se le concediera tiempo para rogar a su Dios que le revelase el sueño y su interpretación.

El rey accedió a esta petición. "Luego se fue Daniel a su casa e hizo saber lo que había a Ananías, Misael y Azarías, sus compañeros". Juntos pidieron sabiduría a la Fuente de luz y conocimiento. Conscientes de que Dios los había puesto donde estaban, y de que estaban haciendo su obra y cumpliendo las exigencias de su deber, manifestaron una fe poderosa. En momentos de perplejidad y peligro, siempre se habían dirigido al Señor para obtener dirección y protección; y él había sido su auxilio en toda ocasión. Ahora con corazón contrito, se sometieron de nuevo al Juez de la tierra, rogándole que los librase en este su tiempo de necesidad especial. Y no rogaron en vano. El Dios a quien habían honrado los honró a ellos. El Espíritu del Señor descansó sobre ellos, y a Daniel, "en visión de noche", fueron revela-

En su sueño Nabucodonosor vio una estatua enorme compuesta de oro, plata, bronce y hierro, para representar los reinos del mundo.

dos el sueño del rey y su significado.

El primer acto de Daniel fue agradecer a Dios la revelación que le había dado. Exclamó: "Sea bendito el nombre de Dios de siglos en siglos, porque suyos son el poder y la sabiduría. El muda los tiempos y las edades; quita reyes, y pone reyes; da la sabiduría a los sabios, y la ciencia a los entendidos. El revela lo profundo y lo escondido; conoce lo que está en tinieblas, y con él mora la luz. A ti, oh Dios de mis padres, te doy gracias y te alabo, porque me has dado sabiduría y fuerza, y ahora me has revelado lo que te pedimos; pues nos has dado a conocer el asunto del rey".

Presentándose inmediatamente a Arioc, a quien el rey había ordenado que destruyese los sabios, Daniel dijo: "No mates a los sabios de Babilonia; llévame a la presencia del rey, y yo le mostraré la interpretación". Prestamente, el oficial llevó a Daniel a la presencia del rey diciendo: "He hallado un varón de los deportados de Judá, el cual dará al rey la interpretación".

He aquí al cautivo judío, sereno y dueño de sí mismo, en presencia del monarca del más poderoso imperio del mundo. En sus primeras palabras rehúsa aceptar los honores para sí, y ensalza a Dios como la fuente de toda sabiduría. A la ansiosa pregunta del rey: "¿Podrás tú hacerme conocer el sueño que vi, y su interpretación?", contestó: "El misterio que el rey demanda, ni sabios, ni astrólogos, ni magos ni adivinos lo pueden revelar al rey. Pero hay un Dios en los cielos, el cual revela los misterios, y él ha hecho saber al rey Nabucodonosor lo que ha de acontecer en los postreros días.

"He aquí tu sueño —declaró Daniel—, y las visiones

LA IMAGEN

DEL SUEÑO DE NABUCODONOSOR

LA IMAGEN del sueño de Nabucodonosor —el ambicioso y prepotente rey de Babilonia— se refiere a una gran profecía. El anhelaba conocer el futuro de su imperio, y Dios le reveló, por medio de este sueño que nadie le pudo interpretar, lo que sucedería.

Nabucodonosor pensaba que Babilonia duraría para siempre, y por eso Dios le dio este sueño, y por medio de Daniel, su profeta, la exacta interpretación. Se dio cuenta, sin duda alguna, que Babilonia dejaría de ser, y aprendió, de una vez por todas, que la verdad no se reduce a meras ambiciones de imperialismo. Y, además, todos los gobernantes de la tierra llegarían también a saber que los reinos terrenales son temporales y pasajeros, y que *únicamente* el reino de Cristo será eterno. Este reino está representado por la piedra que desmenuzó la estatua e inmediatamente después se convirtió en una montaña que llenó toda la tierra.

La estatua completa representa el reinado humano en su totalidad, y las divisiones metálicas, los cuatro imperios mundiales que desde el tiempo de Daniel gobernarían sucesivamente al mundo. El Imperio Babilónico —que bajo el reinado de Nabucodonosor alcanzó su máximo esplendor— es el que más ha influido en el mundo. A. H. Sayce dice: "Asiria fue superada por mucho en número de habitantes y antigüedad por Babilonia… Aquí estuvo y se inició la civilización que después se extendió al oeste de Asia" (*The Ancient Empires of the East* [Los antiguos imperios del Oriente], edics. de 1894 y 1900, p. 93).

"En ese país se han encontrado ciertos vestigios de la más antigua civilización hasta ahora descubierta, así como de la que ha tenido la más larga y continua existencia… Babilonia … representaba cultura, civilización, literatura, y todo el poder dominante de la religión (*The New Schaff-Herzog Enciclopedia of Religious Knowledge* [Nueva enciclopedia de conocimiento religioso], Art. Babilonia, New York, 1908, vol. 1, pp. 396, 397).

"Ninguna capital del mundo ha sido alguna vez el centro de tanto poder, riqueza y cultura por un período tan vasto" (Robert Wm. Rogers, A Historia of Babilonia and Asiria [Historia de Babilonia y Asiria], 4ª edic., vol. 1, p. 386).

Fue, pues, apropiado que la revelación y advertencia de Dios fueran dadas a ese gran imperio modelador. Pero Babilonia —el imperio de oro—, bajo gobernantes débiles, como Nabonido y Belsasar, cayó en 539 a.C., o sea en la misma generación en que fue dada la revelación.

Babilonia fue conquistada por Medo-Persia bajo Ciro el Grande. Este imperio, representado por el pecho y los brazos de plata de la imagen, gobernó al mundo durante unos doscientos años.

En el año 331 a. C. Darío III (Codomano) disputó en la llanura de Arbela el derecho a gobernar el mundo, pero fue vencido por Alejandro Magno, y Grecia, simbolizada por el vientre de bronce de la imagen, se convirtió en el tercer imperio mundial. Alejandro murió en 323 a. C.; y su reino se dividió, se debilitó y fue presa de Roma, el imperio que se levantaba a orillas del río Tíber.

Roma conquistó en 190 a. C. la división siria del antes poderoso Imperio Griego, y la división macedonia, en 168 a. C., mientras que Egipto reconocía este mismo año la supremacía de Roma, la cual fue una república en sus comienzos, pero se mantuvo unida; más tarde se convertirá en imperio.

Los bárbaros procedentes del norte y el este de Europa atacaron y dividieron a Roma en el siglo IV d. C., lo cual fue simbolizado por la mezcla de barro y hierro de la imagen. Y Roma —la monarquía de hierro— se dividió para siempre. Se han hecho intensos esfuerzos para unificar estas divisiones —a Europa— por medio de alianzas políticas y matrimoniales, pero "no se unirán…, como el hierro no se mezcla con el barro". Carlomagno y Napoleón intentaron unificar un reino europeo por medio de la guerra, pero fracasaron. La profecía declaró: "No se unirán". Este desafío divino ha sido más poderoso que todos los esfuerzos diplomáticos y la fuerza de las armas.

Pero "en los días de estos reinos [de Europa] el Dios del cielo levantará un reino que no será jamás destruido, ni será … dejado a [o conquistado por] otro pueblo" diferente al de Dios; y "permanecerá para siempre… El sueño es verdadero, y fiel su interpretación".

LOS EDITORES

que has tenido en tu cama: Estando tú, oh rey, en tu cama, te vinieron pensamientos por saber lo que había de ser en lo por venir; y el que revela los misterios te mostró lo que ha de ser. Y a mí me ha sido revelado este misterio, no porque en mí haya más sabiduría que en todos los vivientes, sino para que se dé a conocer al rey la interpretación, y para que entiendas los pensamientos de tu corazón.

"Tú, oh rey, veías, y he aquí una gran imagen. Esta imagen, que era muy grande, y cuya gloria era muy sublime, estaba en pie delante de ti, y su aspecto era terrible. La cabeza de esta imagen era de oro fino; su pecho y sus brazos, de plata; su vientre y sus muslos, de bronce; sus piernas, de hierro; sus pies, en parte de hierro y en parte de barro cocido.

"Estabas mirando, hasta que una piedra fue cortada, no con mano, e hirió a la imagen en sus pies de hierro y de barro cocido, y los desmenuzó. Entonces fueron desmenuzados también el hierro, el barro cocido, el bronce, la plata y el oro, y fueron como tamo de las eras del verano, y se los llevó el viento sin que de ellos quedara rastro alguno. Mas la piedra que hirió a la imagen fue hecha un gran monte que llenó toda la tierra.

"Este es el sueño", declaró confiadamente Daniel; y el rey, escuchando todo detalle con la más concentrada atención, reconoció que se trataba del mismo sueño que tanto le había perturbado. Su mente quedó así preparada para recibir favorablemente la interpretación. El Rey de reyes estaba por comunicar una gran verdad al monarca babilónico. Dios iba a revelarle que él ejerce el poder sobre los reinos del mundo, el poder de entronizar y de destronar a los reyes. La atención de Nabucodonosor fue despertada para que sintiera, si era posible, su responsabilidad para con el cielo. Iban a serle presentados acontecimientos futuros, que llegaban hasta el mismo fin del tiempo.

Daniel continuó diciendo: "Tú, oh rey, eres rey de reyes; porque el Dios del cielo te ha dado reino, poder, fuerza y majestad. Y dondequiera que habitan hijos de hombres, bestias del campo y aves del cielo, él los ha entregado en tu mano, y te ha dado el dominio sobre todo; tú eres aquella cabeza de oro.

"Y después de ti se levantará otro reino inferior al tuyo; y luego un tercer reino de bronce, el cual dominará sobre toda la tierra.

"Y el cuarto reino será fuerte como hierro; y como el hierro desmenuza y rompe todas las cosas, desmenuzará y quebrantará todo.

"Y lo que viste de los pies y los dedos, en parte de barro cocido de alfarero y en parte de hierro, será un reino dividi-

do; mas habrá en él algo de la fuerza del hierro, así como viste hierro mezclado con barro cocido. Y por ser los dedos de los pies en parte de hierro y en parte de barro cocido, el reino será en parte fuerte, y en parte frágil. Así como viste el hierro mezclado con barro, se mezclarán por medio de alianzas humanas; pero no se unirán el uno con el otro, como el hierro no se mezcla con el barro.

"Y en los días de estos reyes el Dios del cielo levantará un reino que no será jamás destruido, ni será el reino dejado a otro pueblo; desmenuzará y consumirá a todos estos reinos, pero él permanecerá para siempre, de la manera que viste que del monte fue cortada una piedra, no con mano, la cual desmenuzó el hierro, el bronce, el barro, la plata y el oro. El gran Dios ha mostrado al rey lo que ha de acontecer en lo por venir; y el sueño es verdadero, y fiel su interpretación".

El rey se quedó convencido de que la interpretación era verdad, y con humildad y reverencia, "se postró sobre su rostro y se humilló", diciendo: "Ciertamente el Dios vuestro es Dios de dioses, y Señor de los reyes, y el que revela los misterios, pues pudiste revelar este misterio".

Nabucodonosor revocó el decreto que había dado para que destruyeran a los magos. Salvaron la vida gracias a la relación de Daniel con el Revelador de los secretos. Y "el rey engrandeció a Daniel, y le dio muchos honores y grandes dones, y le hizo gobernador de toda la provincia de Babilonia, y jefe supremo de todos los sabios de Babilonia. Y Daniel solicitó del rey, y obtuvo que pusiera sobre los negocios de la provincia de Babilonia a Sadrac, Mesac y Abednego; y Daniel estaba en la corte del rey".

En los anales de la historia humana, el desarrollo de las naciones, el nacimiento y la caída de los imperios, parecen depender de la voluntad y las proezas de los hombres; y en cierta medida los acontecimientos se dirían determinados por el poder, la ambición y los caprichos de ellos. Pero en la Palabra de Dios se descorre el velo, y encima, detrás y a través de todo el juego y contrajuego de los humanos intereses, poder y pasiones, contemplamos a los agentes del que es todo misericordioso, que cumplen silenciosa y pacientemente los designios y la voluntad de él.

En palabras de incomparable belleza y ternura, el apóstol Pablo presentó a los sabios de Atenas el propósito que Dios había tenido en la creación y distribución de las razas y naciones. Declaró el apóstol: "El Dios que hizo el mundo y todas las cosas que en él hay, … de una sangre ha hecho todo el linaje de los hombres, para que habiten sobre toda la faz de la tierra; y les ha prefijado el orden de los tiempos, y los límites de su habitación; para que busquen a Dios, si en alguna manera, palpando, puedan hallarle" (Hechos 17: 24-27).

Dios indicó claramente que todo aquel que quiere, puede entrar "en los vínculos del pacto" (Ezequiel 20: 37). Al crear la tierra, quería que fuese habitada por seres cuya existencia resultara de beneficio propio y mutuo, al mismo tiempo que honrara a su Creador. Todos los que quieran pueden identificarse con este propósito. Acerca de ellos se dice: "Este pueblo he creado para mí; mis alabanzas publicará" (Isaías 43: 21).

En su ley Dios dio a conocer los principios en que se basa toda verdadera prosperidad, tanto de las naciones como de los individuos. A los israelitas Moisés declaró acerca de esta ley: "Esta es vuestra sabiduría y vuestra inteligencia". "Porque no os es cosa vana; es vuestra vida" (Deuteronomio 4: 6; 32: 47). Las bendiciones así aseguradas a Israel se prometen, bajo las mismas condiciones y en el mismo grado, a toda nación y a todo individuo debajo de los anchos cielos.

Centenares de años antes de que ciertas naciones subiesen al escenario, el Omnisciente miró a través de los siglos y predijo el nacimiento y la caída de los reinos universales. Dios declaró a Nabucodonosor que el reino de Babilonia caería, y que se levantaría un segundo reino, el cual tendría también su período de prueba. Al no ensalzar al Dios verdadero, su gloria iba a marchitarse y un tercer reino ocuparía su lugar. Este también pasaría; y un cuarto reino, fuerte como el hierro, iba a subyugar las naciones del mundo.

Si los gobernantes de Babilonia, el más rico de todos los reinos terrenales, hubiesen cultivado siempre el temor de Jehová, se les habría dado una sabiduría y un poder que los habrían unido a él y mantenido fuertes. Pero sólo hicieron de Dios su refugio cuando estaban perplejos y acosados. En tales ocasiones, al no hallar ayuda en sus grandes hombres, la buscaban en hombres como Daniel, hombres acerca de quienes sabían que honraban al Dios viviente y eran honrados por él. A los tales pedían que les revelasen los misterios de la Providencia; porque aunque los gobernantes de la orgullosa Babilonia eran hombres del más alto intelecto, se habían separado tanto de Dios por la transgresión que no podían comprender las revelaciones ni las advertencias que se les daba acerca del futuro.

En la historia de las naciones el que estudia la Palabra de Dios puede contemplar el cumplimiento literal de la profecía divina. Babilonia, al fin quebrantada, desapareció porque, en tiempos de prosperidad, sus gobernantes se habían considerado independientes de Dios y habían atribuido la gloria de su reino a las hazañas humanas. El reino medo-persa fue objeto de la ira del cielo porque en él se pisoteaba la ley de Dios. El temor de Jehová no tenía cabida en los corazones de la vasta mayoría del pueblo. Prevalecían la impiedad, la blasfemia y la corrupción. Los reinos que siguieron fueron aún más viles y corruptos; y se fueron hundiendo cada vez más en su falta de valor moral.

El poder ejercido por todo gobernante de la tierra es impartido del cielo; y del uso que hace de este poder el tal gobernante, depende su éxito. A cada uno de ellos se dirigen estas palabras del Vigía divino: "Yo te ceñiré, aunque tú no me conociste" (Isaías 45: 5). Y para cada uno constituyen la lección de la vida las palabras dirigidas a Nabucodonosor: "Tus pecados redime con justicia, y tus iniquidades haciendo misericordias para con los oprimidos, pues tal vez será eso una prolongación de tu tranquilidad" (Daniel 4: 27).

Comprender estas cosas, comprender que "la justicia engrandece a la nación", que "con justicia será afirmado el trono" y que éste se sustenta "con clemencia"; reconocer el desarrollo de estos principios en la manifestación del poder de aquel que "quita reyes, y pone reyes", es comprender la filosofía de la historia (Proverbios 14: 34; 16: 12; 20: 28; Daniel 2: 21).

Esto se presenta claramente tan sólo en la Palabra de Dios. En ella se revela que tanto la fuerza de las naciones como de los individuos no consiste en las oportunidades o los recursos que parecen hacerlos invencibles, ni se halla en su jactanciosa grandeza: se mide por la fidelidad con que cumplen el propósito de Dios.

CAPITULO 41

Este capítulo está basado en Daniel 3.

El Horno de Fuego

EL SUEÑO de la gran imagen, que presentaba a Nabucodonosor acontecimientos que llegaban hasta el fin del tiempo, le había sido dado para que comprendiese la parte que le tocaba desempeñar en la historia del mundo y la relación que su reino debía sostener con el reino del cielo. En la interpretación del sueño se le había instruido claramente acerca del establecimiento del reino eterno de Dios. Daniel había explicado: "Y en los días de estos reyes el Dios del cielo levantará un reino que no será jamás destruido, ni será el reino dejado a otro pueblo; desmenuzará y consumirá a todos estos reinos, pero él permanecerá para siempre... El sueño es verdadero, y fiel su interpretación" (Daniel 2: 44, 45).

El rey había reconocido el poder de Dios al decir a Daniel: "Ciertamente el Dios vuestro es Dios de dioses, ... y el que revela los misterios" (vers. 47). Después de esto Nabu-

Los tres jóvenes hebreos se negaron a postrarse delante de la estatua de oro, porque su lealtad al Dios de los cielos era inquebrantable.

515

codonosor sintió por un tiempo la influencia del temor de Dios; pero su corazón no había quedado limpio de ambición mundanal ni del deseo de ensalzarse a sí mismo. La prosperidad que acompañaba su reinado le llenaba de orgullo. Con el tiempo dejó de honrar a Dios, y reasumió su adoración de los ídolos con mayor celo y fanatismo que antes.

Las palabras: "Tú eres aquella cabeza de oro" (vers. 38), habían hecho una profunda impresión en la mente del gobernante. Los sabios de su reino, valiéndose de esto y de su regreso a la idolatría, le propusieron que hiciera una imagen similar a la que había visto en su sueño, y que la levantase donde todos pudiesen contemplar la cabeza de oro que había sido interpretada como símbolo que representaba su reino.

Agradándole la halagadora sugestión, resolvió llevarla a ejecución, e ir aún más lejos. En vez de reproducir la imagen tal como la había visto, iba a superar el original. En su imagen no habría descenso de valores desde la cabeza hasta los pies, sino que se la haría por completo de oro, para que toda ella simbolizara a Babilonia como reino eterno, indestructible y todopoderoso que quebrantaría y desmenuzaría todos los demás reinos, y perduraría para siempre.

El pensamiento de afirmar el imperio y establecer una dinastía que perdurase para siempre tenía mucha atracción para el poderoso gobernante, ante cuyas armas no habían podido resistir las naciones de la tierra. Con entusiasmo nacido de la ambición ilimitada y del orgullo egoísta, consultó a sus sabios acerca de cómo ejecutar lo pensado. Olvidando las providencias notables relacionadas con el sueño de la gran imagen, y olvidando también que por medio de su siervo Daniel el Dios de Israel había aclarado el significado de la imagen, y que en relación con esta interpretación los grandes del reino habían sido salvados de una muerte ignominiosa; olvidándolo todo, menos su deseo de establecer su propio poder y supremacía, el rey y sus consejeros de Estado resolvieron que por todos los medios disponibles se esforzarían por exaltar a Babilonia como suprema y digna de obediencia universal.

La representación simbólica por medio de la cual Dios había revelado al rey y al pueblo su propósito para con las naciones de la tierra, iba a emplearse para glorificar el poder humano. La interpretación de Daniel iba a ser rechazada y olvidada; la verdad iba a ser interpretada con falsedad y mal aplicada. El símbolo destinado por el cielo para revelar a los intelectos humanos acontecimientos futuros importantes iba a emplearse para impedir la difusión del conocimiento que Dios deseaba ver recibido por el mundo. En esta forma, mediante las maquinaciones de hombres ambiciosos, Satanás estaba procurando estorbar el propósito divino en favor de la familia humana. El enemigo de la humanidad sabía que la verdad sin mezcla de error es un gran poder para salvar; pero que cuando se usa para exaltar al yo y favorecer los proyectos de los hombres, llega a ser un poder para el mal.

Con recursos de sus grandes tesoros, Nabucodonosor hizo hacer una gran imagen de oro, similar en sus rasgos generales a la que había visto en visión, menos en un detalle relativo al material de que se componía. Aunque acostumbrados a magníficas representaciones de sus divinidades paganas, los caldeos no habían producido antes cosa alguna tan imponente ni majestuosa como esta estatua resplandeciente, de sesenta codos de altura y seis codos de anchura. No es sorprendente que en una tierra donde la adoración de los ídolos era general, la hermosa e inestimable imagen levantada en la llanura de Dura para representar la gloria, la magnificencia y el poder de Babilonia, fuese consagrada como objeto de culto. Así se dispuso, y se decretó que en el día de la dedicación todos manifestasen su suprema lealtad al poder babilónico postrándose ante la imagen.

Llegó el día señalado, y un vasto concurso de todos los "pueblos, naciones y lenguas" se congregó en la llanura de Dura. De acuerdo con la orden del rey, cuando se oyó el sonido de la música, todos los pueblos "se postraron y adoraron la estatua de oro". En aquel día decisivo las potestades de las tinieblas parecían ganar un destacado triunfo; el culto de la imagen de oro parecía destinado a quedar relacionado de un modo permanente con las formas establecidas de la idolatría reconocida como religión del Estado en aquella tierra. Satanás esperaba derrotar así el propósito que Dios tenía, de hacer de la presencia del cautivo Israel en Babilonia un medio de bendecir a todas las naciones paganas.

Pero Dios decretó otra cosa. No todos habían doblegado la rodilla ante el símbolo idólatra del poder humano. En medio de la multitud de adoradores había tres hombres que estaban firmemente resueltos a no deshonrar así al Dios del cielo. Su Dios era Rey de reyes y Señor de señores; ante ningún otro se postrarían.

A Nabucodonosor, entusiasmado por su triunfo, se le

comunicó que entre sus súbditos había algunos que se atrevían a desobedecer su mandato. Ciertos sabios, celosos de los honores que se habían concedido a los fieles compañeros de Daniel, informaron al rey acerca de la flagrante violación de sus deseos. Exclamaron: "Rey, para siempre vive... Hay unos varones judíos, los cuales pusiste sobre los negocios de la provincia de Babilonia: Sadrac, Mesac y Abednego; estos varones, oh rey, no te han respetado; no adoran tus dioses, ni adoran la estatua de oro que has levantado".

El rey ordenó que esos hombres fuesen traídos delante de él. Preguntó: "¿Es verdad, Sadrac, Mesac y Abed-nego, que vosotros no honráis a mi dios, ni adoráis la estatua de oro que he levantado?" Por medio de amenazas procuró inducirlos a unirse con la multitud. Señalando el horno de fuego, les recordó el castigo que los esperaba si persistían en su negativa a obedecer su voluntad. Pero con firmeza los hebreos atestiguaron su fidelidad al Dios del cielo, y su fe en su poder para librarlos. Todos comprendían que el hecho de postrarse ante la imagen era un acto de culto. Y sólo a Dios podían ellos rendir un homenaje tal.

Mientras los tres hebreos estaban delante del rey, él se convenció de que poseían algo que no tenían los otros sabios de su reino. Habían sido fieles en el cumplimiento de todos sus deberes. Les daría otra oportunidad. Si tan sólo indicaban buena disposición a unirse con la multitud para adorar la imagen, les iría bien; pero "si no la adorareis —añadió—, en la misma hora seréis echados en medio de un horno de fuego ardiendo". Y con la mano extendida hacia arriba en son de desafío, preguntó: "¿Qué dios será aquel que os libre de mis manos?"

Vanas fueron las amenazas del rey. No podía desviar a esos hombres de su fidelidad al Príncipe del universo. De la historia de sus padres habían aprendido que la desobediencia a Dios resulta en deshonor, desastre y muerte; y que el temor de Jehová es el principio de la sabiduría, el fundamento de toda prosperidad verdadera. Mirando con calma el horno, dijeron: "No es necesario que te respondamos sobre este asunto. He aquí nuestro Dios a quien servimos puede librarnos del horno de fuego ardiendo; y de tu mano, oh rey, nos librará". Su fe quedó fortalecida cuando declararon que Dios sería glorificado libertándolos, y con una seguridad triunfante basada en una fe implícita en Dios, añadieron: "Y si no, sepas, oh rey, que no serviremos a tus dioses ni tampoco adoraremos la estatua que has levantado".

La ira del rey no conoció límites. "Se llenó de ira, y se demudó el aspecto de su rostro contra Sadrac, Mesac y Abed-nego", representantes de una raza despreciada y cautiva. Ordenando que se calentase el horno siete veces más que de costumbre, mandó a hombres fuertes de su ejército que atasen a los adoradores del Dios de Israel para ejecutarlos sumariamente.

"Entonces estos varones fueron atados con sus mantos, sus calzas, sus turbantes y sus vestidos, y fueron echados dentro del horno de fuego ardiendo. Y como la orden del rey era apremiante, y lo habían calentado mucho, la llama del fuego mató a aquellos que habían alzado a Sadrac, Mesac y Abed-nego".

Pero el Señor no olvidó a los suyos. Cuando sus testigos fueron arrojados al horno, el Salvador se les reveló en persona, y juntos anduvieron en medio del fuego. En la presencia del Señor del calor y del frío, las llamas perdieron su poder de consumirlos.

Desde su solio real, el rey miraba esperando ver completamente destruidos a los hombres que lo habían desafiado. Pero sus sentimientos de triunfo cambiaron repentinamente. Los nobles que estaban cerca vieron que su rostro palidecía mientras se levantaba del trono y miraba fijamente hacia las llamas resplandecientes. Con alarma, el rey, volviéndose hacia sus señores, preguntó: "¿No echaron a tres varones atados dentro del fuego?... He aquí yo veo cuatro varones sueltos, que se pasean en medio del fuego sin sufrir ningún daño; y el aspecto del cuarto es semejante a hijo de los dioses".

¿Cómo sabía el rey qué aspecto tenía el Hijo de Dios? En su vida y carácter, los cautivos hebreos que ocupaban puestos de confianza en Babilonia habían representado la verdad delante de él. Cuando se les pidió una razón de su fe, la habían dado sin vacilación. Con claridad y sencillez habían presentado los principios de la justicia, enseñando así a aquellos que los rodeaban acerca del Dios al cual adoraban. Les habían hablado de Cristo, el Redentor que iba a venir; y en la cuarta persona que andaba en medio del fuego, el rey reconoció al Hijo de Dios.

Y ahora, olvidándose de su propia grandeza y dignidad, Nabucodonosor descendió de su trono, y yendo a la boca del horno clamó: "Sadrac, Mesac y Abed-nego, siervos del Dios Altísimo, salid y venid".

Entonces Sadrac, Mesac y Abed-nego salieron delante de la vasta muchedumbre, y se los vio ilesos. La presencia

de su Salvador los había guardado de todo daño, y sólo se habían quemado sus ligaduras. "Y se juntaron los sátrapas, los gobernadores, los capitanes y los consejeros del rey, para mirar a estos varones, cómo el fuego no había tenido poder alguno sobre sus cuerpos, ni aun el cabello de sus cabezas se había quemado; sus ropas estaban intactas, y ni siquiera olor de fuego tenían".

Olvidada quedó la gran imagen de oro, levantada con tanta pompa. En la presencia del Dios viviente, los hombres temieron y temblaron. El rey humillado se vio obligado a reconocer: "Bendito sea el Dios de ellos, de Sadrac, Mesac y Abed-nego, que envió su ángel y libró a sus siervos que confiaron en él, y que no cumplieron el edicto del rey, y entregaron sus cuerpos antes que servir y adorar a otro dios que su Dios".

Lo experimentado aquel día indujo a Nabucodonosor a promulgar un decreto: "que todo pueblo, nación o lengua que dijere blasfemia contra el Dios de Sadrac, Mesac y Abed-nego, sea descuartizado, y su casa convertida en muladar". Y expresó así la razón por la cual dictaba un decreto tal: "Por cuanto no hay dios que pueda librar como éste".

Con estas palabras y otras semejantes, el rey de Babilonia procuró difundir en todos los pueblos de la tierra su convicción de que el poder y la autoridad del Dios de los hebreos merecían adoración suprema. Y agradó a Dios el esfuerzo del rey por manifestarle reverencia y por hacer llegar la confesión real de fidelidad a todo el reino babilónico.

Era correcto que el rey hiciese una confesión pública, y procurase exaltar al Dios de los cielos sobre todos los demás dioses; pero al intentar obligar a sus súbditos a hacer una

"He aquí yo veo cuatro varones sueltos, que se pasean en medio del fuego...; y el aspecto del cuarto es semejante a hijo de los dioses".

523

confesión de fe similar a la suya y a manifestar la misma reverencia que él, Nabucodonosor se excedía de su derecho como soberano temporal. No tenía más derecho, civil o moral, de amenazar de muerte a los hombres por no adorar a Dios, que lo había tenido para promulgar un decreto que condenaba a las llamas a cuantos se negasen a adorar la imagen de oro. Dios nunca obliga a los hombres a obedecer. Deja a todos libres para elegir a quién quieren servir.

Mediante la liberación de sus fieles siervos, el Señor declaró que está de parte de los oprimidos, y reprende a todos los poderes terrenales que se rebelan contra la autoridad del cielo. Los tres hebreos declararon a toda la nación de Babilonia su fe en Aquel a quien adoraban. Confiaron en Dios. En la hora de su prueba recordaron la promesa: "Cuando pases por las aguas, yo estaré contigo; y si por los ríos, no te anegarán. Cuando pases por el fuego, no te quemarás, ni la llama arderá en ti" (Isaías 43: 2). Y de una manera maravillosa su fe en la Palabra viviente fue honrada a la vista de todos. Las nuevas de su liberación admirable fueron transmitidas a muchos países por los representantes de las diferentes naciones que Nabucodonosor había invitado a la dedicación. Mediante la fidelidad de sus hijos, Dios fue glorificado en toda la tierra.

Importantes son las lecciones que debemos aprender de lo experimentado por los jóvenes hebreos en la llanura de Dura. En esta época nuestra, muchos de los siervos de Dios, aunque inocentes de todo mal proceder, serán. entregados para sufrir humillación y ultrajes a manos de aquellos que, inspirados por Satanás, están llenos de envidia y fanatismo religioso. La ira del hombre se despertará en forma especial contra aquellos que santifican el sábado del cuarto mandamiento; y al fin un decreto universal los denunciará como merecedores de muerte.

El tiempo de angustia que espera al pueblo de Dios requerirá una fe inquebrantable. Sus hijos deberán dejar manifiesto que él es el único objeto de su adoración, y que por ninguna consideración, ni siquiera de la vida misma, pueden ser inducidos a hacer la menor concesión a un culto falso. Para el corazón leal, los mandamientos de hombres pecaminosos y finitos son insignificantes frente a la Palabra del Dios eterno. Obedecerán a la verdad aunque el resultado haya de ser encarcelamiento, destierro o muerte.

Como en los días de Sadrac, Mesac y Abed-nego, en el período final de la historia de esta tierra, el Señor obrará poderosamente en favor de aquellos que se mantengan firmemente por lo recto. El que anduvo con los fieles hebreos en el horno de fuego acompañará a sus seguidores dondequiera que estén. Su presencia constante los consolará y sostendrá. En medio del tiempo de angustia cual nunca hubo desde que fue nación, sus escogidos permanecerán inconmovibles. Satanás, con toda la hueste del mal, no puede destruir al más débil de los santos de Dios. Los protegerán ángeles excelsos en fortaleza, y Jehová se revelará en su favor como "Dios de dioses", que puede salvar hasta lo sumo a los que ponen su confianza en él.

CAPITULO 42

Este capítulo está basado en Daniel 4.

La Verdadera Grandeza

AUNQUE exaltado hasta la cumbre de los honores terrenales y reconocido por la misma Inspiración como "rey de reyes" (Ezequiel 26: 7), Nabucodonosor había atribuido a veces la gloria de su reino y el esplendor de su reinado al favor de Jehová. Fue lo que sucedió después del sueño de la gran imagen. Su espíritu sintió la profunda influencia de esa visión y del pensamiento de que el Imperio Babilónico, por universal que fuera, iba a caer finalmente y otros reinos ejercerían el dominio, hasta que al fin todas las potencias terrenales cedieran su lugar a un reino establecido por el Dios del cielo, que nunca será destruido.

Más tarde Nabucodonosor perdió de vista el noble concepto que tenía del propósito de Dios concerniente a las naciones. Sin embargo, cuando su espíritu orgulloso fue humillado ante la multitud en la llanura de Dura, reconoció

Cuando Nabucodonosor contempló la grandeza de la poderosa Babilonia, su corazón se llenó de orgullo y olvidó a su Hacedor.

una vez más que el reino de Dios es "sempiterno, y su señorío de generación en generación". A pesar de ser idólatra
por nacimiento y educación, y de hallarse a la cabeza de un
pueblo idólatra, tenía un sentido innato de la justicia y de lo
recto, y Dios podía usarlo como instrumento para castigar a
los rebeldes y para cumplir el propósito divino. Con la ayuda de "los fuertes de las naciones" (Ezequiel 28: 7), le fue
dado a Nabucodonosor, después de años de pacientes y can-
sadores esfuerzos, conquistar Tiro; Egipto también cayó
presa de sus ejércitos victoriosos; y mientras añadía una nación tras otra al reino babilónico, aumentaba su fama como
el mayor gobernante de la época.

No es sorprendente que en su prosperidad un monarca
tan ambicioso y orgulloso, se sintiera tentado a desviarse de
la senda de la humildad, la única que lleva a la verdadera
grandeza. Durante los intervalos entre sus guerras de con-
quista, pensó mucho en la fortificación y embellecimiento
de su capital, hasta que al fin la ciudad de Babilonia vino a
ser la gloria principal de su reino, "la ciudad codiciosa de
oro" (Isaías 14: 4), "que era alabada por toda la tierra" (Jeremías 51: 41). Su pasión como constructor, y su señalado
éxito al hacer de Babilonia una de las maravillas del mundo,
halagaron su orgullo hasta el punto de poner en grave peligro sus hazañas como sabio gobernante a quien Dios pudiera continuar usando como instrumento para la ejecución
del propósito divino.

En su misericordia, Dios dio al rey otro sueño, para ad-
vertirle del riesgo que corría y del lazo que se le tendía para
arruinarlo. En una visión de noche, Nabucodonosor vio un
árbol gigantesco que crecía en medio de la tierra, cuya copa

se elevaba hasta los cielos, y cuyas ramas se extendían hasta los fines de la tierra. Los rebaños de las montañas y de las colinas hallaban refugio a su sombra, y las aves del cielo construían sus nidos en sus ramas. "Su follaje era hermoso y su fruto abundante, y había en él alimento para todos... Y se mantenía de él toda carne".

Mientras el rey contemplaba ese grandioso árbol, vio que "un vigilante y santo" se acercaba al árbol, y a gran voz clamaba:

"Derribad el árbol, y cortad sus ramas, quitadle el follaje, y dispersad su fruto; váyanse las bestias que están debajo de él, y las aves de sus ramas. Mas la cepa de sus raíces dejaréis en la tierra, con atadura de hierro y de bronce entre la hierba del campo; sea mojado con el rocío del cielo, y con las bestias sea su parte entre la hierba de la tierra. Su corazón de hombre sea cambiado, y le sea dado corazón de

bestia, y pasen sobre él siete tiempos. La sentencia es por decreto de los vigilantes, y por dicho de los santos la resolución, para que conozcan los vivientes que el Altísimo gobierna el reino de los hombres, y que a quien él quiere lo da, y constituye sobre él al más bajo de los hombres".

Muy perturbado por el sueño, que era evidentemente una predicción de cosas adversas, el rey lo relató a los "magos, astrólogos, caldeos y adivinos", pero, aunque el sueño era muy explícito, ninguno de los sabios pudo interpretarlo. Una vez más, en esa nación idólatra, debía atestiguarse el hecho de que únicamente los que aman y temen a Dios pueden comprender los misterios del reino de los cielos. En su perplejidad, el rey mandó llamar a su siervo Daniel, hombre estimado por su integridad, constancia y sabiduría sin rival.

Cuando Daniel, en respuesta a la convocación real, estuvo en presencia del rey, Nabucodonosor le dijo: "Beltsasar, jefe de los magos, ya que he entendido que hay en ti espíritu de los dioses santos, y que ningún misterio se te esconde, declárame las visiones de mi sueño que he visto, y su interpretación". Después de relatar el sueño, Nabucodonosor dijo: "Tú, pues, Beltsasar, dirás la interpretación de él, porque todos los sabios de mi reino no han podido mostrarme su interpretación; mas tú puedes, porque mora en ti el espíritu de los dioses santos".

Para Daniel el significado del sueño era claro, y le alarmó. "Quedó atónito casi una hora, y sus pensamientos lo turbaban". Viendo la vacilación y la angustia de Daniel, el rey expresó su simpatía hacia su siervo. Dijo: "Beltsasar, no te turben ni el sueño ni su interpretación".

Daniel contestó: "Señor mío, el sueño sea para tus enemigos, y su interpretación para los que mal te quieren". El profeta comprendía que Dios le imponía el deber de revelar a Nabucodonosor el castigo que iba a caer sobre él por causa de su orgullo y arrogancia. Daniel debía interpretar el sueño en un lenguaje que el rey pudiese comprender; y aunque su terrible significado le había hecho vacilar en mudo asombro, sabía que debía declarar la verdad, cualesquiera que fuesen las consecuencias para sí.

Entonces Daniel dio a conocer el mandato del Todopoderoso. Dijo: "El árbol que viste, que crecía y se hacía fuerte, y cuya copa llegaba hasta el cielo, y que se veía desde todos los confines de la tierra, cuyo follaje era hermoso, y su fruto abundante, y en que había alimento para todos, debajo del cual moraban las bestias del campo, y en cuyas ramas anidaban las aves del cielo, tú mismo eres, oh rey, que creciste y te hiciste fuerte, pues creció tu grandeza y ha llegado hasta el cielo, y tu dominio hasta los confines de la tierra.

"Y en cuanto a lo que vio el rey, un vigilante y santo que descendía del cielo y decía: Cortad el árbol y destruidlo; mas la cepa de sus raíces dejaréis en la tierra, con atadura de hierro y de bronce en la hierba del campo; y sea mojado con el rocío del cielo, y con las bestias del campo sea su parte, hasta que pasen sobre él siete tiempos; esta es la interpretación, oh rey, y la sentencia del Altísimo, que ha venido sobre mi señor el rey: Que te echarán de entre los hombres, y con las bestias del campo será tu morada, y con hierba del campo te apacentarán como a los bueyes, y con el rocío del cielo serás bañado; y siete tiempos pasarán sobre ti, hasta que conozcas que el Altísimo tiene dominio en el reino de los hombres, y que lo da a quien él quiere. Y en cuanto a la orden de dejar en la tierra la cepa de las raíces del mismo árbol, significa que tu reino te quedará firme, luego que reconozcas que el cielo gobierna".

Habiendo interpretado fielmente el sueño, Daniel rogó al orgulloso monarca que se arrepintiese y se volviese a Dios, para que haciendo el bien evitase la calamidad que le amenazaba. Suplicó el profeta: "Por tanto, oh rey, acepta mi consejo: tus pecados redime con justicia, y tus iniquidades haciendo misericordias para con los oprimidos, pues tal vez será eso una prolongación de tu tranquilidad".

Por un tiempo la impresión que habían hecho la amonestación y el consejo del profeta fue profunda en el ánimo de Nabucodonosor; pero el corazón que no ha sido transformado por la gracia de Dios no tarda en perder las impresiones del Espíritu Santo. La complacencia propia y la ambición no habían sido desarraigadas todavía del corazón del rey, y más tarde volvieron a aparecer. A pesar de las instrucciones que le fueron dadas tan misericordiosamente, y a pesar de las advertencias que representaban las cosas que le habían sucedido antes, Nabucodonosor volvió a dejarse dominar por un espíritu de celos contra los reinos que iban a seguir. Su gobierno, que hasta entonces había sido en buena medida justo y misericordioso, se volvió opresivo. Endureciendo su corazón, usó los talentos que Dios le había dado para glorificarse a sí mismo, y para ensalzarse sobre el Dios que le había dado la vida y el poder.

El juicio de Dios se demoró durante meses; pero en vez de ser inducido al arrepentimiento por esta paciencia divina, el rey alentó su orgullo hasta perder confianza en la interpretación del sueño, y burlarse de sus temores anteriores.

Un año después de haber recibido la advertencia, mientras Nabucodonosor andaba en su palacio y pensaba con orgullo en su poder como gobernante y en sus éxitos como constructor, exclamó: "¿No es ésta la gran Babilonia que yo edifiqué para casa real con la fuerza de mi poder, y para gloria de mi majestad?"

Estando aún en los labios del rey la jactanciosa pregunta, una voz del cielo anunció que había llegado el tiempo señalado por Dios para el castigo. En sus oídos cayó la orden de Jehová: "A ti se te dice, rey Nabucodonosor: El reino ha sido quitado de ti; y de entre los hombres te arrojarán, y con las bestias del campo será tu habitación, y como a los bueyes te apacentarán; y siete tiempos pasarán sobre ti, hasta que reconozcas que el Altísimo tiene el dominio en el reino de los hombres, y lo da a quien él quiere".

En un momento le fue quitada la razón que Dios le ha-

bía dado; el juicio que el rey consideraba perfecto, la sabiduría de la cual se enorgullecía desaparecieron, y se vio que el que antes era gobernante poderoso estaba demente. Su mano ya no podía empuñar el cetro. Los mensajes de advertencia habían sido despreciados; y ahora, despojado del poder que su Creador le había dado, y ahuyentado de entre los hombres, Nabucodonosor "comía hierba como los bueyes, y su cuerpo se mojaba con el rocío del cielo, hasta que su pelo creció como plumas de águila, y sus uñas como las de las aves".

Durante siete años Nabucodonosor fue el asombro de todos sus súbditos; durante siete años fue humillado delante de todo el mundo. Al cabo de ese tiempo, la razón le fue devuelta, y mirando con humildad hacia el Dios del cielo, reconoció en su castigo la intervención de la mano divina. En una proclamación pública, confesó su culpa, y la gran misericordia de Dios al devolverle la razón. Dijo: "Mas al fin del tiempo yo Nabucodonosor alcé mis ojos al cielo, y mi razón me fue devuelta; y bendije al Altísimo, y alabé y glorifiqué al que vive para siempre, cuyo dominio es sempiterno, y su reino por todas las edades. Todos los habitantes de la tierra son considerados como nada; y él hace según su voluntad en el ejército del cielo, y en los habitantes de la tierra, y no hay quien detenga su mano, y le diga: ¿Qué haces?

"En el mismo tiempo mi razón me fue devuelta, y la majestad de mi reino, mi dignidad y mi grandeza volvieron a mí, y mis gobernadores y mis consejeros me buscaron; y fui restablecido en mi reino, y mayor grandeza me fue añadida".

El que fuera una vez un orgulloso monarca había llegado a ser humilde hijo de Dios; el gobernante tiránico e intolerante, era un rey sabio y compasivo. El que había desafiado al Dios del cielo y blasfemado contra él, reconocía ahora el poder del Altísimo, y procuraba fervorosamente promover el temor de Jehová y la felicidad de sus súbditos. Bajo la represión de Aquel que es Rey de reyes y Señor de señores, Nabucodonosor había aprendido por fin la lección que necesitan aprender todos los gobernantes, a saber que la verdadera grandeza consiste en ser verdaderamente buenos. Reconoció a Jehová como el Dios viviente, diciendo: "Ahora yo Nabucodonosor alabo, engrandezco y glorifico al Rey del cielo, porque todas sus obras son verdaderas, y sus caminos justos; y él puede humillar a los que andan con soberbia".

Estaba ahora cumplido el propósito de Dios, de que el mayor reino del mundo manifestase sus alabanzas. La proclamación pública, en la cual Nabucodonosor reconoció la misericordia, la bondad y la autoridad de Dios, fue el último acto de su vida que registra la historia sagrada.

CAPITULO 43

Este capítulo está basado en Daniel 5.

El Vigía Invisible

HACIA el fin de la vida de Daniel se estaban produciendo grandes cambios en la tierra a la cual, más de sesenta años antes, él y sus compañeros hebreos habían sido llevados cautivos. Nabucodonosor había muerto, y Babilonia, antes "alabada por toda la tierra", ahora era gobernada por sus sucesores imprudentes; y el resultado era una disolución gradual, pero segura.

Debido a la insensatez y debilidad de Belsasar, nieto de Nabucodonosor, la orgullosa Babilonia iba a caer pronto. Admitido en su juventud a compartir la autoridad real, Belsasar se gloriaba en su poder, y ensalzó su corazón contra el Dios del cielo. Muchas habían sido sus oportunidades para conocer la voluntad divina, y para comprender que era su responsabilidad prestarle obediencia. Sabía que, por decreto divino, su abuelo había sido desterrado de la sociedad de los hombres; y sabía también de su conversión y curación milagrosa. Pero Belsasar dejó que el amor por los placeres y

El orgulloso y arrogante rey Belsasar banqueteaba con sus príncipes, y se atrevió a beber vino en los vasos sagrados llevados desde Jerusalén.

537

la glorificación propia borrasen las lecciones que nunca debiera haber olvidado. Malgastó las oportunidades que se le habían concedido misericordiosamente, y no aprovechó los medios que tenía a su alcance para conocer mejor la verdad. Lo que Nabucodonosor había adquirido finalmente a costo de indecibles sufrimientos y humillaciones, Belsasar lo pasaba por alto con indiferencia.

No tardaron en ocurrir reveses. Babilonia fue sitiada por Ciro, sobrino de Darío el Medo y general de los ejércitos combinados de los medos y los persas. Pero dentro de la fortaleza al parecer inexpugnable, con sus macizas murallas y sus puertas de bronce, protegida por el río Eufrates, y abastecida con abundantes provisiones, el voluptuoso monarca se sentía seguro y dedicaba su tiempo a la alegría y las orgías.

En su orgullo y arrogancia, con temerario sentimiento de seguridad, "Belsasar hizo un gran banquete a mil de sus príncipes, y en presencia de los mil bebía vino". Todos los atractivos ofrecidos por la riqueza y el poder aumentaban el esplendor de la escena. Entre los huéspedes que asistían al banquete real había hermosas mujeres que desplegaban sus encantos. Había hombres de genio y educación. Los príncipes y los estadistas bebían vino como agua, y bajo su influencia enloquecedora se entregaban a la orgía.

Habiendo quedado la razón destronada por una embriaguez desvergonzada, y habiendo cobrado ascendiente los impulsos y las pasiones inferiores, el rey mismo dirigía la ruidosa orgía. En el transcurso del festín ordenó "que trajesen los vasos de oro y de plata que Nabucodonosor ... había traído del templo de Jerusalén, para que bebiesen en ellos el rey y sus grandes, sus mujeres y sus concubinas". El rey quería probar que nada era demasiado sagrado para sus manos. "Entonces fueron traídos los vasos de oro…, y bebieron en ellos el rey y sus príncipes, sus mujeres y sus concubinas. Bebieron vino, y alabaron a los dioses de oro y de plata, de bronce, de hierro, de madera y de piedra".

Poco se imaginaba Belsasar que un Testigo celestial presenciaba su desenfreno idólatra; pero un Vigía divino, aunque no reconocido, miraba la escena de profanación y oía la alegría sacrílega. Pronto el Huésped no invitado hizo sentir su presencia. Al llegar el desenfreno a su apogeo, apareció una mano apacible y trazó en las paredes del palacio, con caracteres que resplandecían como fuego, palabras que, aunque desconocidas para la vasta muchedumbre, eran un presagio de condenación para el rey y sus huéspedes, ahora atormentados por su conciencia.

Acallada quedó la ruidosa alegría, mientras que hombres y mujeres, dominados por un terror sin nombre, miraban cómo la mano trazaba lentamente los caracteres misteriosos. Como en visión panorámica desfilaron ante sus ojos los actos de su vida impía; les pareció estar emplazados ante el tribunal del Dios eterno, cuyo poder acababan de desafiar. Donde sólo unos momentos antes habían prevalecido la hilaridad y los chistes blasfemos, se veían rostros pálidos y se oían gritos de miedo. Cuando Dios infunde miedo en los hombres, no pueden ocultar la intensidad de su terror.

Belsasar era el más aterrorizado de todos. El era quien llevaba la mayor responsabilidad por la rebelión contra Dios, que había llegado esa noche a su apogeo en el reino babilónico. En presencia del Vigía invisible, representante de Aquel cuyo poder había sido desafiado y cuyo nombre había sido blasfemado, el rey quedó paralizado de miedo. Su conciencia se despertó. "Se debilitaron sus lomos, y sus rodillas daban la una contra la otra". Belsasar se había levantado impíamente contra el Dios del cielo, y había confiado en su propio poder, sin suponer siquiera que alguno pudiera atreverse a decirle: ¿Por qué obras así? Ahora comprendía que le tocaba dar cuenta de la mayordomía que le había sido confiada, y que no podía ofrecer excusa alguna por haber desperdiciado sus oportunidades ni por su actitud desafiante.

En vano trató el rey de leer las ardientes letras. Encerraban un secreto que él no podía sondear, un poder que le era imposible comprender o contradecir. Desesperado, se volvió hacia los sabios de su reino en busca de ayuda. Su grito frenético repercutió en la asamblea cuando invitó a los astrólogos, caldeos y adivinos a que leyesen la escritura. Prometió: "Cualquiera que lea esta escritura y me muestre su interpretación, será vestido de púrpura, y un collar de oro llevará en su cuello, y será el tercer señor en el reino". Pero de nada valió la súplica que dirigió a sus consejeros de confianza ni su ofrecimiento de ricas recompensas. La sabiduría celestial no puede comprarse ni venderse. "Todos los sabios del rey ... no pudieron leer la escritura ni mostrar al rey su interpretación". Les era tan imposible leer los caracteres misteriosos como lo fue para los sabios de la generación anterior interpretar los sueños de Nabucodonosor.

Entonces la reina madre recordó a Daniel, quien, más de medio siglo antes, había dado a conocer al rey Nabucodonosor el sueño de la gran imagen y su interpretación. Dijo ella: "Rey, vive para siempre; no te turben tus pensamientos, ni palidezca tu rostro. En tu reino hay un hombre en el cual mora el espíritu de los dioses santos, y en los días de tu padre se halló en él luz e inteligencia y sabiduría, como sabiduría de los dioses; al que el rey Nabucodonosor ... constituyó jefe sobre todos los magos, astrólogos, caldeos y adivinos, por cuanto fue hallado en él mayor espíritu y ciencia y entendimiento, para interpretar sueños y descifrar enigmas y resolver dudas; esto es, en Daniel, al cual el rey puso por nombre Beltsasar. Llámase, pues, ahora a Daniel, y él te dará la interpretación.

"Entonces Daniel fue traído delante del rey". Haciendo un esfuerzo para recobrar la serenidad, Belsasar dijo al profeta: "¿Eres tú aquel Daniel de los hijos de la cautividad de Judá, que mi padre trajo de Judea? Yo he oído de ti que el espíritu de los dioses santos está en ti, y que en ti se halló luz, entendimiento y mayor sabiduría. Y ahora fueron atraídos delante de mí sabios y astrólogos para que leyesen esta escritura y me diesen su interpretación; pero no han podido mostrarme la interpretación del asunto. Yo, pues, he oído de ti que puedes dar interpretaciones y resolver dificultades. Si ahora puedes leer esta escritura y darme su interpretación, serás vestido de púrpura, y un collar de oro llevarás en tu cuello, y serás el tercer señor en el reino".

Ante aquella muchedumbre aterrorizada, estaba Daniel en pie, imperturbable frente a la promesa del rey, con la tranquila dignidad de un siervo del Altísimo, no para hablar palabras de adulación, sino para interpretar un mensaje de condenación. Dijo entonces: "Tus dones sean para ti, y da tus recompensas a otros. Leeré la escritura al rey,

y le daré la interpretación".

El profeta recordó primero a Belsasar asuntos que le eran familiares, pero que no le habían enseñado la lección de humildad que podría haberle salvado. Habló del pecado de Nabucodonosor, de su caída y de como el Señor había obrado con él, del dominio y la gloria que se le habían concedido, así como del castigo divino que mereció su orgullo y del subsiguiente reconocimiento que había expresado acerca del poder y la misericordia del Dios de Israel. Después, en palabras audaces y enfáticas, reprendió a Belsasar por su gran impiedad. Hizo destacar el pecado del rey y le señaló las lecciones que podría haber aprendido, pero que no aprendió. Belsasar no había leído correctamente lo experimentado por su abuelo, ni prestado atención a las advertencias que le daban acontecimientos tan significativos para él mismo. Se le había concedido la oportunidad de conocer al verdadero Dios y de obedecerle, pero no le había prestado atención, y estaba por cosechar las consecuencias de su rebelión.

Declaró el profeta: "Y tú, ... Belsasar, no has humillado tu corazón, sabiendo todo esto; sino que contra el Señor del cielo te has ensoberbecido, e hiciste traer delante de ti los vasos de su casa, y tú y tus grandes, tus mujeres y tus concubinas, bebisteis vino en ellos; además de esto, diste alabanza a dioses de plata y oro, de bronce, de hierro, de madera y de piedra, que ni ven, ni oyen, ni saben; y al Dios en cuya mano está tu vida, y cuyos son todos tus caminos, nunca honraste. Entonces de su presencia fue enviada la mano que trazó esta escritura".

Volviéndose hacia el mensaje enviado por el cielo, el

Mientras los cortesanos bebían alegremente, una mano misteriosa apareció y escribió sobre las paredes del palacio la condenación de Babilonia.

profeta leyó en la pared: "MENE, MENE, TEKEL, UPARSIN". La mano que había trazado los caracteres ya no era visible, pero aquellas cuatro palabras seguían resplandeciendo con terrible claridad; y ahora la gente escuchó con el aliento en suspenso mientras el anciano profeta explicaba:

"Esta es la interpretación del asunto: MENE: Contó Dios tu reino, y le ha puesto fin. TEKEL: Pesado has sido en balanza, y fuiste hallado falto. PERES: Tu reino ha sido roto, y dado a los medos y a los persas".

Aquella última noche de loca insensatez, Belsasar y sus señores habían colmado la medida de su culpabilidad y la del reino caldeo. Ya no podía la mano refrenadora de Dios desviar el mal que los amenazaba. Mediante múltiples providencias Dios había procurado enseñarles a reverenciar su ley. Había declarado acerca de aquellos cuyo juicio llegaba ahora hasta el cielo: "Curamos a Babilonia, y no ha sanado". A causa de la extraña perversidad del corazón humano, Dios encontraba por fin necesario dictar la sentencia irrevocable. Belsasar iba a caer, y su reino iba a ser traspasado a otras manos.

Cuando el profeta dejó de hablar, el rey ordenó que se le recompensase con los honores prometidos; y en consecuencia "mandó ... vestir a Daniel de púrpura, y poner en su cuello un collar de oro, y proclamar que él era el tercer señor del reino".

Más de un siglo antes, la Inspiración había predicho que "la noche de ... placer" durante la cual el rey y sus consejeros rivalizarían unos con otros para blasfemar contra Dios, se vería de repente trocada en ocasión de miedo y destrucción. Y ahora, en rápida sucesión, se produjeron uno tras otro acontecimientos portentosos que correspondían exactamente a lo descrito en las Sagradas Escrituras antes de que hubiesen nacido los protagonistas del drama.

Mientras estaba todavía en el salón de fiestas, rodeado por aquellos cuya suerte estaba sellada, el rey recibió de un mensajero la información de "que su ciudad" era "tomada" por el enemigo contra cuyos planes se había sentido tan seguro; "los vados fueron tomados, ... y se consternaron los hombres de guerra" (Jeremías 51: 31, 32). Mientras él y sus nobles aún bebían en los vasos sagrados de Jehová, y alababan a sus dioses de plata y de oro, los medos y persas, habiendo desviado el curso del Eufrates, penetraban en el corazón de la ciudad desprevenida. El ejército de Ciro estaba ya al pie de las murallas del palacio; la ciudad se había llenado de soldados enemigos "como de langostas" (vers. 14), y sus gritos de triunfo podían oírse sobre los clamores desesperados de los asombrados disolutos.

"La misma noche fue muerto Belsasar rey de los cal-

deos", y un monarca extranjero se sentó en el trono.

Los profetas hebreos habían hablado claramente de la manera en que iba a caer Babilonia. Al revelarles el Señor en visión los acontecimientos futuros, habían exclamado: "¡Cómo fue apresada Babilonia, y fue tomada la que era alabada por toda la tierra! ¡Cómo vino a ser Babilonia objeto de espanto entre las naciones!" "¡Cómo fue cortado y quebrado el martillo de toda la tierra! ¡cómo se convirtió Babilonia en desolación entre las naciones!" "Al grito de la toma de Babilonia la tierra tembló, y el clamor se oyó entre las naciones".

"En un momento cayó Babilonia, ... porque vino destruidor contra ella, contra Babilonia, y sus valientes fueron apresados; el arco de ellos fue quebrado; porque Jehová, Dios de retribuciones, dará la paga. Y embriagaré a sus príncipes y a sus sabios, a sus capitanes, a sus nobles y a sus fuertes; y dormirán sueño eterno y no despertarán, dice el Rey, cuyo nombre es Jehová de los ejércitos".

"Te puse lazos, y fuiste tomada, oh Babilonia, y tú no lo supiste; fuiste hallada, y aun presa, porque provocaste a Jehová. Abrió Jehová su tesoro, y sacó los instrumentos de su furor; porque ésta es obra de Jehová, Dios de los ejércitos, en la tierra de los caldeos...

"Así ha dicho Jehová de los ejércitos: Oprimidos fueron los hijos de Israel y los hijos de Judá...; y todos los que los tomaron cautivos los retuvieron; no los quisieron soltar. El redentor de ellos es el Fuerte; Jehová de los ejércitos es su nombre; de cierto abogará la causa de ellos para hacer reposar la tierra, y turbar a los moradores de Babilonia" (Jeremías 51: 41; 50: 23, 46; 51: 8, 56, 57; 50: 24, 25, 33, 34).

Así el "muro ancho de Babilonia" quedó "derribado enteramente, y sus altas puertas" fueron "quemadas a fuego". Así hizo cesar Jehová de los ejércitos "la arrogancia de los soberbios" y abatió "la altivez de los fuertes". Así Babilonia, "hermosura de reinos y ornamento de la grandeza de los caldeos", llegó a ser como Sodoma y Gomorra, lugar maldito para siempre. La Inspiración había declarado: "Nunca más será habitada, ni se morará en ella de generación en generación; ni levantará allí tienda el árabe, ni pastores tendrán allí majada; sino que dormirán allí las fieras del desierto, y sus casas se llenarán de hurones; allí habitarán avestruces, y allí saltarán las cabras salvajes. En sus palacios aullarán hienas, y chacales en sus casas de deleite". "Y la convertiré en posesión de erizos, y en lagunas de agua; y la barreré con escobas de destrucción, dice Jehová de los ejércitos" (Jeremías 51: 58; Isaías 13: 11, 19-22; 14: 23).

Al último gobernante de Babilonia, así como simbólicamente a su primer rey, llegó la sentencia del Vigía divino: "A ti se te dice...: El reino ha sido quitado de ti" (Daniel 4: 31).

> "Desciende y siéntate en el polvo, virgen hija de Babilonia.
> Siéntate en la tierra, sin trono, ...
> siéntate, calla, y entra en tinieblas, hija de los caldeos;
> porque nunca más te llamarán señora de reinos.
>
> Me enojé contra mi pueblo,
> profané mi heredad, y los entregué en tu mano;
> no les tuviste compasión...

Dijiste: Para siempre seré señora;
y no has pensado en esto, ni te acordaste de tu
postrimería.

Oye, pues, ahora esto, mujer voluptuosa,
tú que estás sentada confiadamente,
tú que dices en tu corazón:
Yo soy, y fuera de mí no hay más;
no quedaré viuda, ni conoceré orfandad.

Estas dos cosas te vendrán de repente en un mismo
día, orfandad y viudez;
en toda su fuerza vendrán sobre ti,
a pesar de la multitud de tus hechizos y de tus
muchos encantamientos.
Porque te confiaste en tu maldad, diciendo: Nadie
me ve.

Tu sabiduría y tu misma ciencia te engañaron,
y dijiste en tu corazón: Yo, y nadie más.
Vendrá, pues, sobre ti mal, cuyo nacimiento no
sabrás;
caerá sobre ti quebrantamiento,
el cual no podrás remediar;
y destrucción que no sepas vendrá de repente
sobre ti.

Estáte ahora en tus encantamientos y en la multitud
de tus hechizos,
en los cuales te fatigaste desde tu juventud;

quizá podrás mejorarte, quizá te fortalecerás.

Te has fatigado en tus muchos consejos.
Comparezcan ahora y te defiendan los contemplado-
 res de los cielos,
los que observan las estrellas, los que cuentan los
 meses,
para pronosticar lo que vendrá sobre ti.

He aquí que serán como tamo; ...
no salvarán sus vidas del poder de la llama; ...
no habrá quien te salve" (Isaías 47: 1-15).

A cada nación que subió al escenario de acción se le permitió ocupar su lugar en la tierra, para que pudiese determinarse si iba a cumplir los propósitos del Vigilante y Santo. La profecía describió el nacimiento y el progreso de los grandes imperios mundiales: Babilonia, Medo-Persia, Grecia y Roma. Con cada uno de ellos, como con las naciones de menos potencia, la historia se repitió. Cada uno tuvo su plazo de prueba; cada uno fracasó, su gloria se desvaneció y desapareció su poder.

Aunque las naciones rechazaron los principios divinos y con ello labraron su propia ruina, un propósito divino predominante ha estado obrando manifiestamente a través de los siglos. Fue esto lo que vio el profeta Ezequiel en la maravillosa representación que se le dio durante su destierro en la tierra de los caldeos, cuando se desplegaron ante su mirada atónita los símbolos que revelaban un poder señoreador que rige los asuntos de los gobernantes terrenales.

A orillas del río Quebar, Ezequiel contempló un torbellino que parecía venir del norte, "una gran nube, con un fuego envolvente, y alrededor de él un resplandor, y en medio del fuego algo que parecía como bronce refulgente". Cierto número de ruedas entrelazadas unas con otras eran movidas por cuatro seres vivientes. Muy alto, por encima de éstos "se veía la figura de un trono que parecía de piedra de zafiro; y sobre la figura del trono había una semejanza que parecía de hombre sentado sobre él". "Y apareció en los querubines la figura de una mano de hombre debajo de sus alas" (Ezequiel 1: 4, 26; 10: 8). Las ruedas eran tan complicadas en su ordenamiento, que a primera vista parecían confusas; y sin embargo se movían en armonía perfecta. Seres celestiales, sostenidos y guiados por la mano que había debajo de las alas de los querubines, impulsaban aquellas

ruedas; sobre ellos, en el trono de zafiro, estaba el Eterno; y en derredor del trono, había un arco iris, emblema de la misericordia divina.

Así como las complejidades en semejanza de ruedas eran dirigidas por la mano que había debajo de las alas de los querubines, también el complicado juego de los acontecimientos humanos se halla bajo el control divino. En medio de las disensiones y el tumulto de las naciones, el que está sentado más arriba que los querubines sigue guiando los asuntos de esta tierra.

La historia de las naciones nos habla hoy. Dios asignó a cada nación e individuo un lugar en su gran plan. Hoy los hombres y las naciones son probados por la plomada que está en la mano de Aquel que no comete error. Por su propia elección, cada uno decide su destino, y Dios lo rige todo para cumplir sus propósitos.

Al unir un eslabón con otro en la cadena de los acontecimientos, desde la eternidad pasada hasta la eternidad futura, las profecías que el gran YO SOY dio en su Palabra nos dicen dónde estamos hoy en el transcurrir de los siglos y lo que puede esperarse en el tiempo futuro. Todo lo que la profecía predijo que había de acontecer hasta el momento actual, se ve cumplido en las páginas de la historia, y podemos tener la seguridad de que todo lo que falta por cumplir se realizará a su debido tiempo.

Hoy las señales de los tiempos declaran que estamos en el umbral de acontecimientos grandes y solemnes. En nuestro mundo todo está en agitación. Ante nuestros ojos se cumple la profecía mediante la cual el Salvador anunció los acontecimientos que habían de preceder su venida: "Y oiréis de guerras y rumores de guerras... Se levantará nación contra nación, y reino contra reino; y habrá pestes, y hambres, y terremotos en diferentes lugares" (S. Mateo 24: 6, 7).

El momento actual es de interés abrumador para todos los que viven. Los gobernantes y los estadistas, los hombres que ocupan puestos de confianza y autoridad, los hombres y mujeres pensadores de todas las clases, tienen la atención fija en los acontecimientos que se producen en derredor nuestro. Observan las relaciones que existen entre las naciones. Observan la intensidad que se apodera de todo elemento terrenal, y reconocen que algo grande y decisivo está por acontecer, que el mundo se encuentra en víspera de una crisis asombrosa.

La Biblia, y tan sólo la Biblia, presenta una visión correcta de estas cosas. En ella se revelan las grandes escenas finales de la historia de nuestro mundo, acontecimientos que ya se anuncian, y cuya aproximación hace temblar la tierra y desfallecer de temor los corazones de los hombres.

"He aquí que Jehová vacía la tierra y la desnuda, y trastorna su faz, y hace esparcir a sus moradores...; porque traspasaron las leyes, falsearon el derecho, quebrantaron el pacto sempiterno. Por esta causa la maldición consumió la tierra, y sus moradores fueron asolados" (Isaías 24: 1-6).

"¡Ay del día! porque cercano está el día de Jehová, y vendrá como destrucción por el Todopoderoso... El grano se pudrió debajo de los terrones, los graneros fueron asolados, los alfolíes destruidos; porque se secó el trigo. ¡Cómo gimieron las bestias! ¡cuán turbados anduvieron los hatos de los bueyes, porque no tuvieron pastos! También fueron asolados los rebaños de las ovejas". "La vid está seca, y pereció la higuera; el granado también, la palmera y el manzano; todos los árboles del campo se secaron, por lo cual se extinguió el gozo de los hijos de los hombres" (Joel 1: 15-18, 12).

"Me duelen las fibras de mi corazón; ... no callaré; porque sonido de trompeta has oído, oh alma mía, pregón de guerra. Quebrantamiento sobre quebrantamiento es anunciado; porque toda la tierra es destruida" (Jeremías 4: 19, 20).

"¡Ah, cuán grande es aquel día! tanto, que no hay otro semejante a él; tiempo de angustia para Jacob; pero de ella será librado" (Jeremías 30: 7).

> "Porque has puesto a Jehová, que es mi esperanza,
> al Altísimo por tu habitación,
> no te sobrevendrá mal,
> ni plaga tocará tu morada" (Salmo 91: 9, 10).

"Hija de Sión, ... te redimirá Jehová de la mano de tus enemigos. Pero ahora se han juntado muchas naciones contra ti, y dicen: Sea profanada, y vean nuestros ojos su deseo en Sión. Mas ellos no conocieron los pensamientos de Jehová, ni entendieron su consejo" (Miqueas 4: 10-12). Dios no desamparará a su iglesia en la hora de su mayor peligro. Prometió librarla y declaró: "Yo hago volver los cautivos de las tiendas de Jacob, y de sus tiendas tendré misericordia" (Jeremías 30: 18).

Entonces se habrá cumplido el propósito de Dios; los principios de su reino serán honrados por todos los que habiten debajo del sol.

CAPITULO 44

En el Foso de los Leones

CUANDO Darío el Medo subió al trono antes ocupado por los gobernantes babilónicos, procedió inmediatamente a reorganizar el gobierno. Decidió "constituir sobre el reino ciento veinte sátrapas, ... y sobre ellos tres gobernadores, de los cuales Daniel era uno, a quienes estos sátrapas diesen cuenta, para que el rey no fuese perjudicado. Pero Daniel mismo era superior a estos sátrapas y gobernadores, porque había en él un espíritu superior; y el rey pensó en ponerlo sobre todo el reino".

Los honores otorgados a Daniel despertaron los celos de los principales del reino, y buscaron ocasión de quejarse contra él; pero no pudieron hallar motivo para ello, "porque él era fiel, y ningún vicio ni falta fue hallado en él".

La conducta intachable de Daniel excitó aún más los celos de sus enemigos. Se vieron obligados a reconocer: "No hallaremos contra este Daniel ocasión alguna para acusar-

Daniel saludó al rey en la mañana después de pasar la noche en el foso de los leones, y alabó a Dios por su protección.

le, si no la hallamos contra él en relación con la ley de su Dios".

Por lo tanto, los presidentes y príncipes, consultándose, idearon un plan por el cual esperaban lograr la destrucción del profeta. Resolvieron pedir al rey que firmase un decreto que ellos iban a preparar, en el cual se prohibiría a cualquier persona del reino que por treinta días pidiese algo a Dios o a los hombres, excepto al rey Darío. La violación de este decreto se castigaría arrojando al culpable en el foso de los leones.

Por consiguiente, los príncipes prepararon un decreto tal, y lo presentaron a Darío para que lo firmara. Apelando a su vanidad, lo convencieron de que el cumplimiento de este edicto acrecentaría grandemente su honor y autoridad. Como no conocía el propósito sutil de los príncipes, el rey no discernió la animosidad que había en el decreto, y cediendo a sus adulaciones, lo firmó.

Los enemigos de Daniel salieron de la presencia de Darío regocijándose por la trampa que estaba ahora bien preparada para el siervo de Jehová. En la conspiración así tramada, Satanás había desempeñado un papel importante. El profeta ocupaba un puesto de mucha autoridad en el reino, y los malos ángeles temían que su influencia debilitase el dominio que ejercían sobre sus gobernantes. Esos agentes satánicos eran los que habían movido los príncipes a envidia; eran los que habían inspirado el plan para destruir a Daniel; y los príncipes, prestándose a ser instrumentos del mal, lo pusieron en práctica.

Los enemigos del profeta contaban con la firme adhesión de Daniel a los buenos principios para que su plan tuviese éxito. Y no se habían equivocado en su manera de estimar su carácter. El reconoció prestamente el propósito maligno que habían tenido al fraguar el decreto, pero no cambió su conducta en un solo detalle. ¿Por qué dejaría de orar ahora, cuando más necesitaba hacerlo? Antes renunciaría a la vida misma que a la esperanza de ayuda que hallaba en Dios. Cumplía con calma sus deberes como presidente de los príncipes; y a la hora de la oración entraba en su cámara, y con las ventanas abiertas hacia Jerusalén, según su costumbre, ofrecía su petición al Dios del cielo. No procuraba ocultar su acto. Aunque conocía muy bien las consecuencias que tendría su fidelidad a Dios, su ánimo no vaciló. No permitiría que aquellos que maquinaban su ruina pudieran ver siquiera la menor apariencia de que su relación con el cielo se hubiese cortado. En todos los casos en los cuales el rey tuviese derecho a ordenar, Daniel le obedecería; pero ni el rey ni su decreto podían desviarle de su lealtad al Rey de reyes.

Así declaró el profeta con osadía serena y humilde que ninguna potencia terrenal tiene derecho a interponerse entre el alma y Dios. Rodeado de idólatras, atestiguó fielmente esta verdad. Su valiente adhesión a lo recto fue una luz que brilló en las tinieblas morales de aquella corte pagana. Daniel se destaca hoy ante el mundo como digno ejemplo de intrepidez y fidelidad cristianas.

Durante todo un día los príncipes vigilaron a Daniel. Tres veces lo vieron ir a su cámara, y tres veces oyeron su voz elevarse en ferviente intercesión para con Dios. A la mañana siguiente presentaron su queja al rey. Daniel, su estadista más honrado y fiel, había desafiado el decreto real. Recordaron al rey: "¿No has confirmado edicto que cualquiera que en el espacio de treinta días pida a cualquier dios u hombre fuera de ti, oh rey, sea echado en el foso de los leones?"

"Verdad es —contestó el rey—, conforme a la ley de Media y de Persia, la cual no puede ser abrogada".

Triunfantemente informaron entonces a Darío acerca de la conducta de su consejero de más confianza. Clamaron: "Daniel, que es de los hijos de los cautivos de Judá, no te respeta a ti, oh rey, ni acata el edicto que confirmaste, sino que tres veces al día hace su petición".

Al oír estas palabras, el monarca vio en seguida la trampa que habían tendido para su siervo fiel. Vio que no era el celo por la gloria ni el honor del rey, sino los celos contra Daniel, lo que había motivado aquella propuesta de promulgar un decreto real. "Le pesó en gran manera", por la parte que había tenido en este mal proceder, y "hasta la puesta del sol trabajó para librarle". Anticipándose a este esfuerzo de parte del rey, los príncipes le dijeron: "Sepas, oh rey, que es ley de Media y de Persia que ningún edicto u ordenanza que el rey confirme puede ser abrogado". Aunque promulgado con precipitación, el decreto era inalterable y debía cumplirse.

"Entonces el rey mandó, y trajeron a Daniel, y le echaron en el foso de los leones. Y el rey dijo a Daniel: El Dios tuyo, a quien tú continuamente sirves, él te libre". Se puso una piedra a la entrada del foso, y el rey mismo la selló "con su anillo y con el anillo de sus príncipes, para que el acuerdo acerca de Daniel no se alterase. Luego el rey se fue a su palacio, y se acostó ayuno; ni instrumentos de música fue-

Daniel, según su costumbre, se arrodillaba tres veces al día y oraba a Dios, sin preocuparse de que sus enemigos lo estaban vigilando.

ron traídos delante de él, y se le fue el sueño".

Dios no impidió a los enemigos de Daniel que le echasen al foso de los leones. Permitió que hasta allí cumpliesen su propósito los malos ángeles y los hombres impíos; pero lo hizo para destacar aún más la liberación de su siervo y para que la derrota de los enemigos de la verdad y de la justicia fuese más completa. "Ciertamente la ira del hombre te alabará" (Salmo 76: 10), había testificado el salmista. Mediante el valor de un solo hombre que prefirió seguir la justicia antes que las conveniencias, Satanás iba a quedar derrotado y el nombre de Dios iba a ser ensalzado y honrado.

Temprano por la mañana siguiente, el rey Darío se dirigió apresuradamente al foso, "llamó a voces a Daniel con voz triste, y ... dijo: Daniel, siervo del Dios viviente, el Dios tuyo, a quien tú continuamente sirves, ¿te ha podido librar de los leones?"

La voz del profeta contestó: "Oh rey, vive para siempre. Mi Dios envió su ángel, el cual cerró la boca de los leones, para que no me hiciesen daño, porque ante él fui hallado inocente; y aun delante de ti, oh rey, yo no he hecho nada malo.

"Entonces se alegró el rey en gran manera a causa de él, y mandó sacar a Daniel del foso; y fue Daniel sacado del foso, y ninguna lesión se halló en él, porque había confiado en su Dios.

"Y dio orden el rey, y fueron traídos aquellos hombres que habían acusado a Daniel, y fueron echados en el foso de los leones ellos, sus hijos y sus mujeres; y aún no habían llegado al fondo del foso, cuando los leones se apoderaron de ellos y quebraron todos sus huesos".

560

Nuevamente, un gobernante pagano hizo una proclamación para exaltar al Dios de Daniel como el Dios verdadero. "El rey Darío escribió a todos los pueblos, naciones y lenguas que habitan en toda la tierra: Paz os sea multiplicada. De parte mía es puesta esta ordenanza: Que en todo el dominio de mi reino todos teman y tiemblen ante la presencia del Dios de Daniel; porque él es el Dios viviente y permanece por todos los siglos, y su reino no será jamás destruido, y su dominio perdurará hasta el fin. El salva y libra, y hace señales y maravillas en el cielo y en la tierra; él ha librado a Daniel del poder de los leones".

La perversa oposición contra el siervo de Dios quedó completamente quebrantada. "Daniel prosperó durante el reinado de Darío y durante el reinado de Ciro el persa". Y por haberle tratado, esos monarcas paganos se vieron obligados a reconocer que su Dios era "el Dios viviente y per-

manece por todos los siglos, y su reino no será jamás destruido".

Del relato de cómo fue librado Daniel, podemos aprender que en los momentos de prueba y lobreguez, los hijos de Dios deben ser precisamente lo que eran cuando las perspectivas eran halagüeñas y cuanto los rodeaba era todo lo que podían desear. En el foso de los leones Daniel fue el mismo que cuando actuaba delante del rey como presidente de los ministros de Estado y como profeta del Altísimo. Un hombre cuyo corazón se apoya en Dios será en la hora de su prueba el mismo que en la prosperidad, cuando sobre él resplandece la luz y el favor de Dios y de los hombres. La fe extiende la mano hacia lo invisible y se ase de las realidades eternas.

El cielo está muy cerca de aquellos que sufren por causa de la justicia. Cristo identifica sus intereses con los de su pueblo fiel; sufre en la persona de sus santos; y cualquiera que toque a sus escogidos le toca a él. El poder que está cerca para librar del mal físico o de la angustia está también cerca para salvar del mal mayor, para hacer posible que el siervo de Dios mantenga su integridad en todas las circunstancias y triunfe por la gracia divina.

Lo experimentado por Daniel como estadista en los imperios de Babilonia y de Medo-Persia revela que un hombre de negocios no es necesariamente un intrigante que sigue una política de conveniencias, sino que puede ser un hombre instruido por Dios a cada paso. Siendo Daniel primer ministro del mayor de los reinos terrenales, fue al mismo tiempo profeta de Dios y recibió la luz de la inspiración celestial. Aunque era hombre de iguales pasiones que las nuestras, la pluma inspirada lo describe como sin defecto. Cuando las transacciones de sus negocios fueron sometidas al escrutinio más severo de sus enemigos, se comprobó que eran intachables. Fue un ejemplo de lo que todo hombre de negocios puede llegar a ser cuando su corazón haya sido convertido y consagrado, y cuando sus motivos sean correctos a la vista de Dios.

El cumplimiento estricto de los requerimientos del cielo imparte bendiciones temporales tanto como espirituales. Inquebrantable en su fidelidad a Dios, inconmovible en su dominio del yo, Daniel fue tenido, por su noble dignidad y su integridad inquebrantable, mientras era todavía joven, "en gracia y en buena voluntad" (Daniel 1: 9) del oficial pagano encargado de su caso. Las mismas características lo distinguieron en su vida ulterior. Se elevó aceleradamente al puesto de primer ministro del reino de Babilonia. Durante el reinado de varios monarcas sucesivos, mientras caía la nación y se establecía otro imperio mundial, su sabiduría y sus dotes de estadista fueron tales, y tan perfectos su tacto, su cortesía y la genuina bondad de su corazón, así como su fidelidad a los buenos principios, que aun sus enemigos se vieron obligados a confesar que "no podían hallar ocasión alguna o falta, porque él era fiel".

Mientras los hombres lo honraban confiándole las responsabilidades del Estado y los secretos de reinos que ejercían dominio universal, Daniel fue honrado por Dios como su embajador, y le fueron dadas muchas revelaciones de los misterios referentes a los siglos venideros. Sus admirables profecías, como las registradas en los capítulos siete a doce del libro que lleva su nombre, no fueron comprendidas plenamente ni siquiera por el profeta mismo; pero antes de que terminaran las labores de su vida, recibió la bienaventurada promesa de que "hasta el tiempo del fin" —en el plazo final de la historia de este mundo— se le permitiría ocupar otra vez su lugar. No le fue dado comprender todo lo que Dios había revelado acerca del propósito divino, sino que se le ordenó acerca de sus escritos proféticos: "Pero tú, Daniel, cierra las palabras y sella el libro", pues esos escritos debían quedar sellados "hasta el tiempo del fin". Las indicaciones adicionales que el ángel dio al fiel mensajero de Jehová fueron: "Anda, Daniel, pues estas palabras están cerradas y selladas hasta el tiempo del fin... Y tú irás hasta el fin, y reposarás, y te levantarás para recibir tu heredad al fin de los días" (Daniel 12: 4, 9, 13).

A medida que nos acercamos al término de la historia de este mundo, las profecías registradas por Daniel exigen nuestra atención especial, puesto que se relacionan con el tiempo mismo en que estamos viviendo. Con ellas deben vincularse las enseñanzas del último libro del Nuevo Testamento. Satanás ha inducido a muchos a creer que las porciones proféticas de los escritos de Daniel y de Juan el revelador no pueden comprenderse. Pero se ha prometido claramente que una bendición especial acompañará el estudio de esas profecías. "Los entendidos comprenderán" (Daniel 12: 10), fue dicho acerca de las visiones de Daniel cuyo sello iba a ser quitado en los últimos días; y acerca de la revelación que Cristo dio a su siervo Juan para guiar al pueblo de Dios a través de los siglos, se prometió: "Bienaventurado el que lee, y los que oyen las palabras de esta profecía, y guardan las cosas en ella escritas" (Apocalipsis 1: 3).

Del nacimiento y de la caída de las naciones, según resaltan en los libros de Daniel y Apocalipsis, necesitamos aprender cuán vana es la gloria y pompa terrenal. Babilonia, con todo su poder y magnificencia, cuyo parangón nuestro mundo no ha vuelto a contemplar —un poder y una magnificencia que la gente de aquel tiempo creía estables y duraderos—, se desvaneció y ¡cuán completamente! Pereció "como la flor de la hierba" (Santiago 1: 10). Así perecieron el reino medo-persa, y los imperios de Grecia y de Roma. Y así perece todo lo que no está fundado en Dios. Sólo puede perdurar lo que se vincula con su propósito y expresa su carácter. Sus principios son lo único firme que conoce nuestro mundo.

Un estudio cuidadoso de cómo se cumple el propósito de Dios en la historia de las naciones y en la revelación de las cosas venideras, nos ayudará a estimar en su verdadero valor las cosas que se ven y las que no se ven, y a comprender cuál es el verdadero objeto de la vida. Considerando así las cosas de este tiempo a la luz de la eternidad, podremos, como Daniel y sus compañeros, vivir por lo que es verdadero, noble y perdurable. Y al aprender en esta vida a reconocer los principios del reino de nuestro Señor y Salvador, el reino bienaventurado que ha de durar para siempre, podemos ser preparados para entrar con él a poseerlo cuando venga.

CAPITULO 45

El Retorno de los Desterrados

LA LLEGADA del ejército de Ciro ante los muros de Babilonia fue para los judíos un indicio de que se acercaba su liberación del cautiverio. Más de un siglo antes del nacimiento de Ciro, la Inspiración lo había mencionado por nombre y había registrado lo que iba a hacer al tomar la ciudad de Babilonia de improviso y al preparar el terreno para libertar a los hijos de Israel del cautiverio. Isaías había expresado:

"Así dice Jehová a su ungido, a Ciro, al cual tomé yo por su mano derecha, para sujetar naciones delante de él...; para abrir delante de él puertas, y las puertas no se cerrarán: Yo iré delante de ti, y enderezaré los lugares torcidos; quebrantaré puertas de bronce, y cerrojos de hierro haré pedazos; y te daré los tesoros escondidos, y los secretos muy guardados, para que sepas que yo soy Jehová, el Dios de Israel, que te pongo nombre" (Isaías 45: 1-3).

Los desterrados que regresaron se hallaban acosados de muchas dificultades, sin embargo comenzaron la reconstrucción del templo.

En la inesperada entrada del ejército del conquistador persa al corazón de la capital babilónica por el cauce del río cuyas aguas habían sido desviadas, y por las puertas interiores que por negligencia habían sido dejadas abiertas y sin protección, los judíos tuvieron abundantes evidencias del cumplimiento literal de la profecía de Isaías concerniente al derrocamiento repentino de sus opresores. Y esto debiera haber sido para ellos una señal inequívoca de que Dios estaba dirigiendo en su favor los asuntos de las naciones; porque inseparablemente unidas con la profecía descriptiva de cómo iba a ser tomada Babilonia, estaban las palabras:

"Ciro: Es mi pastor, y cumplirá todo lo que yo quiero, al decir a Jerusalén: Serás edificada; y al templo: Serás fundado". "Yo lo desperté en justicia, y enderezaré todos sus caminos; él edificará mi ciudad, y soltará mis cautivos, no por precio ni por dones, dice Jehová de los ejércitos" (Isaías 44: 28; 45: 13).

Tampoco eran estas profecías las únicas sobre las cuales los desterrados podían basar su esperanza de una pronta liberación. Tenían a su alcance los escritos de Jeremías, y en ellos se había indicado claramente cuánto tiempo iba a transcurrir antes de que Israel fuese devuelto de Babilonia a su tierra. El Señor había predicho por su mensajero: "Cuando sean cumplidos los setenta años, castigaré al rey de Babilonia y a aquella nación por su maldad, ha dicho Jehová, y a la tierra de los caldeos; y la convertiré en desiertos para siempre". En respuesta a la oración ferviente, el residuo de Judá iba a ser favorecido. "Y seré hallado por vosotros, dice Jehová, y haré volver vuestra cautividad, y os reuniré de todas las naciones y de todos los lugares adonde os arrojé, dice Jehová; y os haré volver al lugar de donde os hice llevar" (Jeremías 25: 12; 29: 14).

A menudo Daniel y sus compañeros habían estudiado estas profecías y otras similares que esbozaban el propósito de Dios para con su pueblo. Y ahora, cuando el rápido desfile de los acontecimientos anunciaba que la mano poderosa de Dios obraba entre las naciones, Daniel meditó en forma especial en las promesas dirigidas a Israel. Su fe en la palabra profética le inducía a compenetrarse de lo predicho por los escritores sagrados. El Señor había declarado: "Cuando en Babilonia se cumplan los setenta años, yo os visitaré, y despertaré sobre vosotros mi buena palabra, para haceros volver a este lugar. Porque yo sé los pensamientos que tengo acerca de vosotros, dice Jehová, pensamientos de paz, y no de mal, para daros el fin que esperáis. Entonces me invocaréis, y vendréis y oraréis a mí, y yo os oiré; y me buscaréis y me hallaréis, porque me buscaréis de todo vuestro corazón" (Jeremías 29: 10-13).

Poco después de la caída de Babilonia, mientras Daniel estaba meditando en esas profecías, y pidiendo a Dios una comprensión de los tiempos, le fue dada una serie de visiones relativas al nacimiento y la caída de los reinos. Juntamente con la primera visión, según se registra en el capítulo 7 del libro de Daniel, fue dada una interpretación; pero no todo quedó claro para el profeta. Escribió acerca de lo experimentado en el momento: "Mis pensamientos me turbaron y mi rostro se demudó; pero guardé el asunto en mi corazón" (Daniel 7: 28).

Mediante otra visión le fue dada luz adicional acerca de los acontecimientos futuros; y fue al final de esta visión cuando Daniel oyó "un santo que hablaba; y otro de los santos preguntó a aquél que hablaba: ¿Hasta cuándo durará la visión?" (Daniel 8: 13). La respuesta que se dio: "Hasta dos mil trescientas tardes y mañanas; luego el santuario será purificado" (vers. 14), le llenó de perplejidad. Con fervor solicitó que se le permitiera conocer el significado de la visión. No podía comprender la relación que pudiera haber entre los setenta años de cautiverio, predichos por Jeremías, y los dos mil trescientos años que, según oyó en visión, el visitante celestial anunciaba que transcurrirían antes de la purificación del santuario. El ángel Gabriel le dio una interpretación parcial; pero cuando el profeta oyó las palabras: "La visión ... es para muchos días", se desmayó. Anota al respecto: "Yo Daniel quedé quebrantado, y estuve enfermo algunos días, y cuando convalecí, atendí los negocios del rey; pero estaba espantado a causa de la visión, y no la entendía" (Daniel 8: 26, 27).

Todavía preocupado acerca de Israel, Daniel estudió nuevamente las profecías de Jeremías. Estas eran muy claras, tan claras, en realidad, que por los testimonios registrados en los libros entendió "el número de los años de que habló Jehová al profeta Jeremías, que habían de cumplirse las desolaciones de Jerusalén en setenta años" (Daniel 9: 2).

Con una fe fundada en la segura palabra profética, Daniel rogó al Señor que estas promesas se cumpliesen prestamente. Rogó que el honor de Dios fuese preservado. En su petición se identificó plenamente con aquellos que no habían cumplido el propósito divino, y confesó los pecados de ellos como propios.

Declaró el profeta: "Y volví mi rostro a Dios el Señor, buscándole en oración y ruego, en ayuno, cilicio y ceniza. Y oré a Jehová mi Dios e hice confesión" (Daniel 9: 3, 4). Aunque Daniel había servido a Dios durante mucho tiempo y el cielo lo había llamado "muy amado", se presenta ahora delante de Dios como pecador, e insiste en la gran necesidad del pueblo al cual ama. Su oración es elocuente en su sencillez, y de un fervor intenso. Oigámosle interceder:

"Ahora, Señor, Dios grande, digno de ser temido, que guardas el pacto y la misericordia con los que te aman y guardan tus mandamientos; hemos pecado, hemos cometido iniquidad, hemos hecho impíamente, y hemos sido rebeldes, y nos hemos apartado de tus mandamientos y de tus ordenanzas. No hemos obedecido a tus siervos los profetas, que en tu nombre hablaron a nuestros reyes, a nuestros príncipes, a nuestros padres y a todo el pueblo de la tierra.

"Tuya es, Señor, la justicia, y nuestra la confusión de rostro, como en el día de hoy lleva todo hombre de Judá, los moradores de Jerusalén, y todo Israel, los de cerca y los de lejos, en todas las tierras adonde los has echado a causa de su rebelión con que se rebelaron contra ti...

"De Jehová nuestro Dios es el tener misericordia y el perdonar, aunque contra él nos hemos rebelado... Oh Señor, conforme a todos tus actos de justicia, apártese ahora tu ira y tu furor de sobre tu ciudad Jerusalén, tu santo monte; porque a causa de nuestros pecados, y por la maldad de nuestros padres, Jerusalén y tu pueblo son el oprobio de todos en derredor nuestro.

"Ahora pues, Dios nuestro, oye la oración de tu siervo, y sus ruegos; y haz que tu rostro resplandezca sobre tu santuario asolado, por amor del Señor. Inclina, oh Dios mío, tu oído, y oye; abre tus ojos, y mira nuestras desolaciones, y la ciudad sobre la cual es invocado tu nombre; porque no elevamos nuestros ruegos ante ti confiados en nuestras justicias, sino en tus muchas misericordias.

"Oye, Señor; oh Señor, perdona; presta oído, Señor, y hazlo; no tardes, por amor de ti mismo, Dios mío; porque tu nombre es invocado sobre tu ciudad y sobre tu pueblo" (Daniel 9: 4-19).

El cielo se inclina para oír la ferviente súplica del profeta. Aun antes de que haya terminado su ruego por perdón y restauración, se le aparece de nuevo el poderoso Gabriel y le llama la atención a la visión que había visto antes de la caída de Babilonia y la muerte de Belsasar. Y luego le presenta en detalle el período de las setenta semanas, que había de empezar cuando fuese dada "la orden para restaurar y edificar a Jerusalén" (vers. 25).

La oración de Daniel fue elevada "en el año primero de Darío" (vers. 1), el monarca medo cuyo general, Ciro, había arrebatado a Babilonia el cetro del gobierno mundial. El reinado de Darío fue honrado por Dios. A él fue enviado el ángel Gabriel, "para animarlo y fortalecerlo" (Daniel 11: 1). Cuando murió, más o menos unos dos años después de la caída de Babilonia, Ciro le sucedió en el trono, y el comienzo de su reinado señaló el fin de los setenta años iniciados cuando la primera compañía de hebreos fue llevada de Judea a Babilonia por Nabucodonosor.

Dios usó la manera en que Daniel fue librado del foso de los leones para crear una impresión favorable en el espíritu de Ciro el Grande. Las magníficas cualidades del varón de Dios como estadista previsor indujeron al gobernante persa a manifestarle gran respeto y a honrar su juicio. Y ahora, precisamente en el tiempo en que Dios había dicho que haría reedificar su templo de Jerusalén, movió a Ciro como agente suyo para que discerniera las profecías concernientes a él mismo, bien conocidas por Daniel, y le indujo a conceder su libertad al pueblo judío.

Cuando el rey vio las palabras que habían predicho, más de cien años antes de que él naciera, la manera en que Babilonia sería tomada; cuando leyó el mensaje que le dirigía el Gobernante del universo: "Yo te ceñiré, aunque tú no me conociste, para que se sepa desde el nacimiento del sol, y hasta donde se pone, que no hay más que yo", cuando tuvo delante de los ojos la declaración del Dios eterno: "Por amor de mi siervo Jacob, y de Israel mi escogido, te llamé por tu nombre; te puse sobrenombre, aunque no me conociste"; cuando leyó en el registro inspirado: "Yo lo desperté en justicia, y enderezaré todos sus caminos; él edificará mi ciudad, y soltará mis cautivos, no por precio ni por dones" (Isaías 45: 5, 6, 4, 13), su corazón quedó profundamente conmovido y resolvió cumplir la misión que Dios le había asignado. Dejaría ir libres a los cautivos judíos y les ayudaría a restaurar el templo de Jehová.

En una proclamación escrita que se publicó "por todo su reino", Ciro dio a conocer su deseo de proveer para el regreso de los hebreos y para la reedificación de su templo. El rey reconoció con agradecimiento en esa proclamación pública: "Jehová el Dios de los cielos me ha dado todos los reinos de la tierra, y me ha mandado que le edifique casa en Jerusalén, que está en Judá. Quien haya entre vosotros de su pueblo, sea Dios con él, y suba a Jerusalén…, y edifique la casa a Jehová Dios de Israel (él es el Dios), la cual está en Jerusalén. Y a todo el que haya quedado, en cualquier lugar donde more, ayúdenle los hombres de su lugar con plata, oro, bienes y ganados, además de ofrendas voluntarias" (Esdras 1: 1-4).

Indicó, además, acerca de la estructura del templo, "que fuese la casa reedificada como lugar para ofrecer sacrificios, y que sus paredes fuesen firmes; su altura de sesenta codos, y de sesenta codos su anchura; y tres hileras de piedras grandes, y una de madera nueva; y que el gasto sea pagado por el tesoro del rey. Y también los utensilios de oro y de plata de la casa de Dios, los cuales Nabucodonosor sacó del templo que estaba en Jerusalén y los pasó a Babilonia, sean devueltos y vayan a su lugar, al templo que está en Jerusalén" (Esdras 6: 3-5).

Llegaron noticias de este decreto hasta las provincias más lejanas de los dominios del rey, y por doquiera hubo gran regocijo entre los hijos de la dispersión. Muchos, como Daniel, habían estado estudiando las profecías, y habían estado rogando a Dios que interviniera en favor de Sión según lo había prometido. Y ahora sus oraciones recibían contestación; y con gozo en el corazón podían cantar unidos:

"Cuando Jehová hiciere volver la cautividad de Sión,
seremos como los que sueñan.
Entonces nuestra boca se llenará de risa,
y nuestra lengua de alabanza;
entonces dirán entre las naciones:
Grandes cosas ha hecho Jehová con éstos.
Grandes cosas ha hecho Jehová con nosotros;

El rey Ciro decretó que los hebreos regresaran a Jerusalén y que reconstruyeran el templo que estaba en ruinas.

JOHN STEEL © PPPA

estaremos alegres" (Salmo 126: 1-3).

"Entonces se levantaron los jefes de las casas paternas de Judá y de Benjamín, y los sacerdotes y levitas, todos aquellos cuyo espíritu despertó Dios". Tal fue el residuo de los buenos, a saber unas cincuenta mil personas de entre los judíos desterrados que resolvieron valerse de la admirable oportunidad que se les ofrecía para "subir a edificar la casa de Jehová, la cual está en Jerusalén". Sus amigos no les permitieron irse con las manos vacías, pues "todos los que estaban en sus alrededores les ayudaron con plata y oro, con bienes y ganado, y con cosas preciosas". A estas y otras muchas ofrendas voluntarias, se añadieron "los utensilios de la casa de Jehová, que Nabucodonosor había sacado de Jerusalén, ... los sacó, pues, Ciro rey de Persia, por mano de Mitrídates tesorero, ... cinco mil cuatrocientos", para que se usasen en el templo que iba a ser reedificado (Esdras 1: 5-11).

A un descendiente del rey David, llamado Zorobabel [conocido también como Sesbasar (Esdras 1: 8; 5:14)], confió Ciro la responsabilidad de actuar como gobernador de la compañía que volvía a Judea; y con él iba asociado Josué el sumo sacerdote. El largo viaje a través de los desiertos se realizó satisfactoriamente, y la feliz compañía, agradecida a Dios por sus muchas misericordias, emprendió en seguida la obra de restablecer lo que había sido derribado y destruido. "Los jefes de casas paternas" dieron el ejemplo al ofrecer de sus recursos para contribuir a los gastos de reedificar el templo; y el pueblo, siguiendo ese ejemplo, dio liberalmente de lo poco que tenía (Esdras 2: 64-70).

Con tanta celeridad como era posible, se erigió un altar

donde había estado el antiguo altar en el atrio del templo. Para los servicios relacionados con la edificación de ese altar, "se juntó el pueblo como un solo hombre"; y todos unidos restablecieron los servicios sagrados que se habían interrumpido cuando Jerusalén fue destruida por Nabucodonosor. Antes de separarse para alojarse en las casas que estaban tratando de reconstruir, "celebraron asimismo la fiesta solemne de los tabernáculos" (Esdras 3: 1-6).

La erección del altar para los holocaustos diarios alentó muchísimo a los pocos fieles que quedaban. De todo corazón participaron en los preparativos necesarios para reedificar el templo, y su valor iba en aumento a medida que esos preparativos progresaban de un mes a otro. Habían estado privados durante muchos años de las señales visibles de la presencia de Dios. Ahora, rodeados de muchos tristes recuerdos de la apostasía de sus padres, anhelaban tener alguna señal permanente del perdón y del favor divinos. Apreciaban la aprobación de Dios más que la recuperación de las propiedades personales y los antiguos privilegios. El Señor había obrado maravillosamente en su favor, y se sentían asegurados de que su presencia estaba con ellos, pero deseaban bendiciones aún mayores. Con gozosa anticipación esperaban el tiempo en que, estando reedificado el templo, podrían contemplar la gloria que resplandeciese desde su interior.

Los obreros empeñados en preparar los materiales de construcción encontraron entre las ruinas algunas de las inmensas piedras que se habían llevado al sitio del templo en los tiempos de Salomón. Las acomodaron para poder usarlas, y se proveyó además mucho material nuevo; de manera que pronto la obra hubo progresado hasta el punto en que debía ponerse la piedra fundamental. Esto se hizo en presencia de muchos miles que se habían congregado para contemplar el progreso de la obra y para expresar su gozo por tener una parte en ella. Mientras se estaba colocando la piedra angular, el pueblo, acompañado por las trompetas de los sacerdotes y los címbalos de los hijos de Asaf, "cantaban, alabando y dando gracias a Jehová, y diciendo: Porque él es bueno, porque para siempre es su misericordia sobre Israel" (Esdras 3: 11).

La casa que se estaba por reconstruir había sido tema de muchas profecías acerca del favor que Dios deseaba manifestar a Sión, y todos los que asistían a la colocación de la piedra angular debieran haber participado cordialmente del espíritu que correspondía a la ocasión. Sin embargo, una nota discordante se mezclaba con la música y los gritos de alabanza que se oían en ese alegre día. "Y muchos de los sacerdotes, de los levitas y de los jefes de casas paternas, ancianos que habían visto la casa primera, viendo echar los cimientos de esta casa, lloraban en alta voz" (vers. 12).

Era natural que la tristeza embargase el corazón de aquellos ancianos al pensar en los resultados de la larga impenitencia. Si ellos y su generación hubiesen obedecido a Dios y cumplido su propósito para Israel, el templo construido por Salomón no habría sido derribado ni habría sido necesario el cautiverio. Pero, a causa de la ingratitud y la deslealtad que habían manifestado, fueron dispersados entre los paganos.

Las condiciones habían cambiado. Con tierna misericordia, el Señor había vuelto a visitar a su pueblo y le había permitido regresar a su tierra. El pesar por los errores pasados debiera haber sido reemplazado por sentimientos de gran gozo. Dios había obrado en el corazón de Ciro para que les ayudase a edificar el templo, y esto debiera haber arrancado a todos expresiones de profunda gratitud. Pero algunos no discernieron las providencias favorables de Dios. En vez de regocijarse, albergaron pensamientos de descontento y desaliento. Habían visto la gloria del templo de Salomón y se lamentaban por la inferioridad del edificio que se estaba erigiendo.

Las murmuraciones y las quejas, así como las comparaciones desfavorables que se hicieron, ejercieron una influencia deprimente en el ánimo de muchos, y debilitaron las manos de los constructores. Los trabajadores se sintieron inducidos a preguntarse si debían proceder con la construcción de un edificio al que se criticaba con tanta libertad desde el mismo comienzo, y que era causa de tantos lamentos.

Había, sin embargo, en la congregación muchas personas cuya fe y visión más amplias les permitieron considerar esta gloria menor sin tanto descontento. "Muchos otros daban grandes gritos de alegría. Y no podía distinguir el pueblo el clamor de los gritos de alegría, de la voz del lloro; porque clamaba el pueblo con gran júbilo, y se oía el ruido hasta de lejos" (vers. 12, 13).

Si los que no se regocijaron cuando se colocó la piedra fundamental del templo hubiesen previsto los resultados de su falta de fe en aquel día, se habrían espantado. Lejos estaban de comprender el peso de sus palabras de desaprobación y desánimo; ni sabían cuánto iba a demorar la terminación de la casa de Dios el descontento que habían expresado.

La magnificencia del primer templo y los ritos imponentes de sus servicios religiosos habían sido causa de orgullo para Israel antes de su cautiverio; pero con frecuencia su culto carecía de las cualidades que Dios considera como muy esenciales. Ni la gloria del primer templo ni el esplendor de su servicio podían recomendar a los adoradores a Dios; porque ellos no ofrecían lo único que tiene valor a la vista de él. No le traían el sacrificio de un espíritu humilde y contrito.

Cuando se descuidan los principios vitales del reino de Dios es cuando las ceremonias se vuelven numerosas y extravagantes. Cuando se descuida la edificación del carácter, cuando falta el adorno del alma, cuando se desprecia la sencillez de la piedad, es cuando el orgullo y el amor a la ostentación exigen magníficos edificios para las iglesias, espléndidos adornos e imponentes ceremonias. Pero no se honra a Dios con todo esto. El aprecia a su iglesia, no por sus ventajas exteriores, sino por la sincera piedad que la distingue del mundo. El la estima de acuerdo con el crecimiento de Cristo y de acuerdo con su progreso en la experiencia espiritual. Busca en ella la manifestación de los principios del amor y de la bondad. La belleza del arte no puede compararse con la hermosura del temperamento y del carácter que han de revelar los representantes de Cristo.

Una congregación puede ser la más pobre de la tierra. Puede carecer de atractivos externos; pero si sus miembros poseen los principios que regían el carácter de Cristo, los ángeles se unirán con ellos en su culto. Las alabanzas y acciones de gracias provenientes de corazones agradecidos ascenderán al cielo como dulce oblación.

"Alabad a Jehová, porque él es bueno;
porque para siempre es su misericordia.
Díganlo los redimidos de Jehová,
los que ha redimido del poder del enemigo".

"Cantadle, cantadle salmos;
hablad de todas sus maravillas.
Gloriaos en su santo nombre;
Alégrese el corazón de los que buscan a Jehová".

"Porque sacia al alma menesterosa,
y llena de bien el alma hambrienta"
                    (Salmos 107: 1, 2; 105: 2, 3; 107: 9).

CAPITULO 46

"Los Profetas de Dios que les Ayudaban"

CERCA de los israelitas que se habían dedicado a la tarea de reedificar el templo, moraban los samaritanos, raza mixta que provenía de los casamientos entre los colonos paganos oriundos de las provincias de Asiria y el residuo de las diez tribus que había quedado en Samaria y Galilea. En años ulteriores los samaritanos aseveraron que adoraban al verdadero Dios; pero en su corazón y en la práctica eran idólatras. Sostenían, es cierto, que sus ídolos no tenían otro objeto que recordarles al Dios vivo, Gobernante del universo; pero el pueblo era propenso a reverenciar imágenes talladas.

Durante la época de la restauración, estos samaritanos se dieron a conocer como "enemigos de Judá y de Benjamín". Oyendo "que los venidos de la cautividad edificaban el templo de Jehová Dios de Israel, vinieron a Zorobabel y a los jefes de casas paternas", y expresaron el deseo de parti-

Los habitantes paganos de los territorios vecinos de Israel desafiaron el derecho de los judíos de reconstruir su ciudad.

cipar con ellos en esa construcción. Propusieron: "Edificaremos con vosotros, porque como vosotros buscamos a vuestro Dios, y a él ofrecemos sacrificios desde los días de Esarhadón rey de Asiria, que nos hizo venir aquí". Pero lo que solicitaban les fue negado. "No nos conviene edificar con vosotros casa a nuestro Dios —declararon los dirigentes israelitas—, sino que nosotros solos la edificaremos a Jehová Dios de Israel, como nos mandó el rey Ciro, rey de Persia" (Esdras 4: 1-3).

Eran tan sólo un residuo los que habían decidido regresar de Babilonia; y ahora al emprender una obra que aparentemente superaba sus fuerzas, sus vecinos más cercanos vinieron a ofrecerles ayuda. Los samaritanos se refirieron a la adoración que tributaban al Dios verdadero, y expresaron el deseo de participar en los privilegios y bendiciones relacionados con el servicio del templo. Declararon: "Como vosotros buscamos a vuestro Dios". "Edificaremos con vosotros". Sin embargo, si los caudillos judíos hubiesen aceptado este ofrecimiento de ayuda, habrían abierto la puerta a la idolatría. Supieron discernir la falta de sinceridad de los samaritanos. Comprendieron que la ayuda obtenida por una alianza con aquellos hombres sería insignificante, comparada con la bendición que podían esperar si seguían las claras órdenes de Jehová.

Acerca de la relación que Israel debía sostener con las naciones circundantes, el Señor había declarado por Moisés: "No harás con ellas alianza, ni tendrás de ellas misericordia. Y no emparentarás con ellas; ... porque desviará a tu hijo de en pos de mí, y servirán a dioses ajenos; y el furor de Jehová se encenderá sobre vosotros, y te destruirá pronto". "Porque eres pueblo santo a Jehová tu Dios, y Jehová te ha escogido para que le seas un pueblo único de entre todos los pueblos que están sobre la tierra" (Deuteronomio 7: 2-4; 14: 2).

Fue claramente predicho el resultado que tendría el hacer pactos con las naciones circundantes. Moisés había declarado: "Jehová te esparcirá por todos los pueblos, desde un extremo de la tierra hasta el otro extremo; y allí servirás a dioses ajenos que no conociste tú ni tus padres, al leño y a la piedra. Y ni aun entre estas naciones descansarás, ni la planta de tu pie tendrá reposo; pues allí te dará Jehová corazón temeroso, y desfallecimiento de ojos, y tristeza de alma; y tendrás tu vida como algo que pende delante de ti, y estarás temeroso de noche y de día, y no tendrás seguridad de tu vida. Por la mañana dirás: ¡Quién diera que fuese la tarde! y a la tarde dirás: ¡Quién diera que fuese la mañana! por el miedo de tu corazón con que estarás amedrentado, y por lo que verán tus ojos". Pero la promesa había sido: "Mas si desde allí buscares a Jehová tu Dios, lo hallarás, si lo buscares de todo tu corazón y de toda tu alma" (Deuteronomio 28: 64-67; 4: 29).

Zorobabel y sus asociados conocían estas escrituras y muchas otras parecidas; en el cautiverio reciente habían tenido evidencia tras evidencia de su cumplimiento. Y ahora, habiéndose arrepentido de los males que habían atraído sobre ellos y sus padres los castigos predichos tan claramente por Moisés; habiendo vuelto con todo su corazón a Dios y renovado su pacto con él, se les había permitido regresar a Judea, para que pudieran restaurar lo que había sido destruido. ¿Debían, en el mismo comienzo de su empresa, hacer un pacto con los idólatras?

"No harás con ellos alianza", había dicho el Señor; y los que últimamente habían vuelto a dedicarse al Señor ante el altar erigido frente a las ruinas de su templo, comprendieron que la raya de demarcación entre su pueblo y el mundo debe mantenerse siempre inequívocamente bien trazada. Se negaron a formar alianza con los que, si bien conocían los requerimientos de la ley de Dios, no querían admitir su vigencia.

Los principios presentados en el libro de Deuteronomio para la instrucción de Israel deben ser seguidos por el pueblo de Dios hasta el fin del tiempo. La verdadera prosperidad depende de que continuemos fieles a nuestro pacto con Dios. Nunca debemos correr el riesgo de sacrificar los principios aliándonos con los que no le temen.

Existe un peligro constante de que los que profesan ser cristianos lleguen a pensar que a fin de ejercer influencia sobre los mundanos, deben conformarse en cierta medida al mundo. Sin embargo, aunque una conducta tal parezca ofrecer grandes ventajas, acaba siempre en pérdida espiritual. El pueblo de Dios debe precaverse estrictamente contra toda influencia sutil que procure infiltrarse por medio de los halagos provenientes de los enemigos de la verdad. Sus miembros son peregrinos y advenedizos en este mundo, y recorren una senda en la cual les asechan peligros. No deben prestar atención a los subterfugios ingeniosos e incentivos seductores destinados a desviarlos de su fidelidad.

No son los enemigos abiertos y confesos de la causa de Dios los que son más de temer. Los que, como los adversarios de Judá y Benjamín, se presentan con palabras agrada-

bles y aparentan procurar una alianza amistosa con los hijos
de Dios, son los que tienen el mayor poder para engañar.
Toda alma debe estar en guardia contra los tales, no sea que
la sorprenda desprevenida alguna trampa cuidadosamente
escondida. Y es especialmente hoy, mientras la historia de
esta tierra llega a su fin, cuando el Señor requiere de sus
hijos una vigilancia continua. Aunque el conflicto es incesante, nadie necesita luchar solo. Los ángeles ayudan y pro-
tegen a los que andan humildemente delante de Dios. Nunca traicionará el Señor al que confía en él. Cuando sus hijos
se acercan a él en busca de protección contra el mal, él levanta con misericordia y amor un estandarte contra el enemigo. Dice: No los toques; porque son míos. Tengo sus
nombres esculpidos en las palmas de mis manos.

Incansables en su oposición, los samaritanos intimidaron "al pueblo de Judá, y lo" atemorizaron "para que no
edificara. Sobornaron además contra ellos a los consejeros

para frustrar sus propósitos, todo el tiempo de Ciro rey de Persia y hasta el reinado de Darío rey de Persia" (Esdras 4: 4, 5). Mediante informes mentirosos despertaron sospechas en espíritus que con facilidad se dejaban llevar a la sospecha. Pero durante muchos años las potestades del mal fueron contenidas, y el pueblo de Judea tuvo libertad para continuar su obra.

Mientras Satanás estaba procurando influir en los más altos poderes del reino de Medo-Persia para que mirasen con desagrado al pueblo de Dios, había ángeles que obraban en favor de los desterrados. Todo el cielo estaba interesado en la lucha. Por intermedio del profeta Daniel se nos permite vislumbrar algo de esta lucha poderosa entre las fuerzas del bien y las del mal. Durante tres semanas Gabriel luchó con los poderes de las tinieblas, procurando contrarrestar las influencias que obraban sobre el ánimo de Ciro; y antes de que terminara la contienda, Cristo mismo acudió en auxilio de Gabriel. Este declara: "El príncipe del reino de Persia se me opuso durante veintiún días; pero he aquí Miguel, uno de los principales príncipes, vino para ayudarme, y quedé allí con los reyes de Persia" (Daniel 10: 13). Todo lo que podía hacer el cielo en favor del pueblo de Dios, fue hecho. Se obtuvo finalmente la victoria; las fuerzas del enemigo fueron dominadas mientras gobernaron Ciro y su hijo Cambises, quien reinó unos siete años y medio.

Fue un tiempo de oportunidades maravillosas para los judíos. Las personalidades más altas del cielo obraban sobre los corazones de los reyes, y al pueblo de Dios le tocaba trabajar con la máxima actividad para cumplir el decreto de Ciro. No debiera haber escatimado esfuerzo para restaurar

Muchos de los trabajadores, desanimados por la oposición que sufrían, decidieron abandonar la reconstrucción y dedicarse a las labores ordinarias de la vida.

el templo y sus servicios ni para reestablecerse en sus hogares de Judea. Pero mientras se manifestaba el poder de Dios, muchos carecieron de buena voluntad. La oposición de sus enemigos era enérgica y resuelta, y gradualmente los constructores se descorazonaron. Algunos de ellos no podían olvidar la escena ocurrida cuando, al colocarse la piedra angular, muchos habían expresado su falta de confianza en la empresa. Y a medida que se envalentonaban más los samaritanos, muchos de los judíos se preguntaban si, a fin de cuentas, había llegado el momento de reedificar. Este sentimiento no tardó en difundirse. Muchos de los obreros, desalentados y abatidos, volvieron a sus casas para dedicarse a las actividades comunes de la vida.

La obra del templo progresó lentamente durante el reinado de Cambises. Y durante el reinado del falso Esmerdis (llamado Artajerjes en Esdras 4: 7), los samaritanos indujeron al impostor sin escrúpulos a que promulgara un decreto para prohibir a los judíos que reconstruyeran su templo y su ciudad.

Durante más de un año quedó descuidado y casi abandonado el trabajo del templo. La gente habitaba sus casas, y se esforzaba por alcanzar prosperidad temporal; pero su situación era deplorable. Por mucho que trabajase, no prosperaba. Los mismos elementos de la naturaleza parecían conspirar contra ella. Debido a que había dejado el templo asolado, el Señor mandó una sequía que marchitaba sus bienes. Dios les había concedido los frutos del campo y de la huerta, el cereal, el vino y el aceite, como pruebas de su favor; pero como habían usado tan egoístamente estos dones de su bondad, les fueron quitadas las bendiciones.

Tales eran las condiciones durante la primera parte del reinado de Darío Histaspes. Tanto espiritual como temporalmente, los israelitas estaban en una situación crítica. Tanto tiempo habían murmurado y dudado, tanto tiempo habían dado la preferencia a sus intereses personales mientras miraban con apatía el templo del Señor en ruinas, que habían perdido de vista el propósito que había tenido Dios al hacerlos volver a Judea y decían: "No ha llegado aún el tiempo, el tiempo de que la casa de Jehová sea reedificada" (Hageo 1: 2).

Pero aun en esa hora sombría había esperanza para los que confiaban en Dios. Los profetas Hageo y Zacarías fueron suscitados para hacer frente a la crisis. En sus testimonios conmovedores, esos mensajeros revelaron al pueblo la causa de sus dificultades. Declararon que la falta de prosperidad temporal se debía a que no se había dado el primer lugar a los intereses de Dios. Si los israelitas hubiesen honrado a Dios, si le hubiesen manifestado el respeto y la cortesía que le debían, haciendo de la edificación de su casa su primer trabajo, le habrían invitado a estar presente y a bendecirlos.

A los que se habían desalentado, Hageo dirigió la escrutadora pregunta: "¿Es para vosotros tiempo, para vosotros, de habitar en vuestras casas artesonadas, y esta casa está desierta? Pues así ha dicho Jehová de los ejércitos: Meditad bien sobre vuestros caminos". ¿Por qué habéis hecho tan poco? ¿Por qué os preocupáis de vuestras propias construcciones, y os despreocupáis de la edificación para el Señor? ¿Dónde está el celo que sentíais antes para restaurar la casa del Señor? ¿Qué habéis ganado sirviéndoos a vosotros mis-

591

mos? El deseo de escapar a la pobreza os ha inducido a descuidar el templo, pero esta negligencia os ha acarreado lo que temíais. "Sembráis mucho, y recogéis poco; coméis, y no os saciáis; bebéis, y no quedáis satisfechos; os vestís, y no os calentáis; y el que trabaja a jornal recibe su jornal en saco roto" (Hageo 1: 4-6).

Y luego, con palabras que no podían dejar de comprender, el Señor les reveló la causa de la estrechez en que se veían: "Buscáis mucho, y halláis poco; y encerráis en casa, y yo lo disiparé en un soplo. ¿Por qué? dice Jehová de los ejércitos. Por cuanto mi casa está desierta, y cada uno de vosotros corre a su propia casa. Por eso se detuvo de los cielos sobre vosotros la lluvia, y la tierra detuvo sus frutos. Y llamé la sequía sobre esta tierra, y sobre los montes, sobre el trigo, sobre el vino, sobre el aceite, sobre todo lo que la tierra produce, sobre los hombres y sobre las bestias, y sobre todo trabajo de manos" (vers. 9-11).

El Señor los instó así: "Meditad sobre vuestros caminos. Subid al monte, y traed madera, y reedificad la casa; y pondré en ella mi voluntad, y seré glorificado" (vers. 7, 8).

Los consejos y represiones contenidos en el mensaje dado por Hageo fueron escuchados por los dirigentes y el pueblo de Israel. Comprendieron el fervor con que Dios los trataba. No se atrevían a despreciar las instrucciones que les enviara repetidamente, acerca de que su prosperidad temporal y espiritual dependía de que obedeciesen fielmente a los mandamientos de Dios. Incitados por las advertencias del profeta, obedecieron Zorobabel y Josué "y todo el resto del pueblo, la voz de Jehová su Dios, y las palabras del profeta Hageo" (vers. 12).

Tan pronto como Israel decidió obedecer, las palabras de represión fueron seguidas por un mensaje de aliento. "Hageo ... habló ... al pueblo, diciendo: Yo estoy con vosotros, dice Jehová. Y despertó Jehová el espíritu de Zorobabel", el de Josué y el "de todo el resto del pueblo; y vinieron y trabajaron en la casa de Jehová de los ejércitos, su Dios" (vers. 13, 14).

En menos de un mes después que se reanudara el trabajo en el templo, los constructores recibieron otro mensaje alentador. El Señor mismo envió estas instancias por su profeta: "Pues ahora, Zorobabel, esfuérzate, dice Jehová; esfuérzate también, Josué..., y cobrad ánimo, pueblo todo de la tierra, dice Jehová, y trabajad; porque yo estoy con vosotros, dice Jehová de los ejércitos" (Hageo 2: 4).

A Israel acampado al pie del Sinaí el Señor había declarado: "Habitaré entre los hijos de Israel, y seré su Dios. Y conocerán que yo soy Jehová su Dios, que los saqué de la tierra de Egipto, para habitar en medio de ellos. Yo Jehová su Dios" (Exodo 29: 45, 46). Y ahora, a pesar de que repetidas veces "fueron rebeldes, e hicieron enojar su santo espíritu" (Isaías 63: 10), el Señor les extendió una vez más la mano para salvarlos mediante los mensajes de su profeta. En reconocimiento de la cooperación que daban a su propósito, les renovó su pacto y promesa de que su Espíritu habitaría entre ellos, y les recomendó: "No temáis".

Hoy también el Señor declara a sus hijos: "Esfuérzate, ... y trabajad; porque yo estoy con vosotros". El creyente tiene siempre en el Señor a un poderoso auxiliador. Tal vez no sepamos cómo nos ayuda; pero esto sabemos: Nunca falta su ayuda para aquellos que ponen su confianza en él. Si

593

los cristianos pudieran saber cuántas veces el Señor ordenó su camino, para que los propósitos del enemigo acerca de ellos no se cumplieran, no seguirían tropezando y quejándose. Su fe se estabilizaría en Dios, y ninguna prueba podría moverlos. Le reconocerían como su sabiduría y eficiencia, y él haría que se cumpliese lo que él desea obrar por su medio.

Las fervientes súplicas y palabras de aliento dadas por medio de Hageo fueron recalcadas y ampliadas por Zacarías, a quien Dios suscitó al lado de aquél para que también instara a Israel a cumplir la orden de levantarse y edificar. El primer mensaje de Zacarías expresó la seguridad de que nunca deja de cumplirse la palabra de Dios, y prometió bendiciones a aquellos que escuchasen la segura palabra profética.

Aunque sus campos estaban incultos y sus escasas provisiones se agotaban rápidamente, a pesar de que estaban rodeados por pueblos hostiles, los israelitas avanzaron por la fe, en respuesta al llamamiento de los mensajeros de Dios, y trabajaron diligentemente para reedificar el templo en ruinas. Era un trabajo que requería una firme confianza en Dios. Mientras el pueblo procuraba hacer su parte y obtener una renovación de la gracia de Dios en su corazón y en su vida, le fue dado un mensaje tras otro por medio de Hageo y Zacarías, para asegurarle que su fe tendría rica recompensa y que las palabras de Dios acerca de la gloria futura del templo cuyos muros se estaban levantando no dejarían de cumplirse. En ese mismo edificio se vería, cumplido el plazo, al Deseado de todas las gentes como Maestro y Salvador de la humanidad.

No se dejó por tanto a los constructores luchar solos; estaban "con ellos los profetas de Dios que les ayudaban" (Esdras 5: 2); y el mismo Jehová de los ejércitos había dicho: "Esfuérzate, ... y trabajad; porque yo estoy con vosotros" (Hageo 2: 4).

El sentido arrepentimiento y la resolución de avanzar por la fe atrajeron la promesa de prosperidad temporal. El Señor declaró: "Mas desde este día os bendeciré" (vers. 19).

Fue dado un mensaje preciosísimo a Zorobabel, su conductor, que había sido muy probado durante todos los años que habían transcurrido desde el regreso de Babilonia. Declaró el Señor que llegaba el día cuando todos los enemigos de su pueblo escogido serían derribados. "En aquel día, dice Jehová de los ejércitos, te tomaré, oh Zorobabel hijo de

Salatiel, siervo mío, ... y te pondré como anillo de sellar; porque yo te escogí" (vers. 23). Ya podía el gobernador de Israel ver el significado de la providencia que le había hecho pasar por desalientos y perplejidades; podía discernir en todo ello el propósito de Dios.

Este mensaje personal dirigido a Zorobabel fue registrado para alentar a los hijos de Dios en toda época. Al enviar pruebas a sus hijos, Dios tiene un propósito. Nunca los conduce por otro camino que el que elegirían si pudiesen ver el fin desde el principio y discernir la gloria del propósito que están cumpliendo. Todo lo que les impone como prueba tiene por fin fortalecerlos para obrar y sufrir para él.

Los mensajes comunicados por Hageo y Zacarías incitaron al pueblo a hacer todo esfuerzo posible para reedificar el templo; pero mientras trabajaban, fueron acosados por los samaritanos y otros, que idearon muchas obstrucciones. En una ocasión, los funcionarios provinciales del Imperio Medo-Persa visitaron a Jerusalén y preguntaron quién había autorizado la reedificación. Si en esa ocasión los judíos no hubiesen confiado en la dirección de Dios, esta averiguación podría haberles resultado desastrosa. "Mas los ojos de Dios estaban sobre los ancianos de los judíos, y no les hicieron cesar hasta que el asunto fuese llevado a Darío" (Esdras 5: 5). La respuesta que recibieron los funcionarios fue tan prudente que decidieron escribir una carta a Darío Histaspes, quien reinaba entonces en Medo-Persia, para recordarle el decreto original que diera Ciro al ordenar que la casa de Dios en Jerusalén fuese reedificada y que los gastos que causara fuesen pagados por la tesorería del rey.

Darío buscó ese decreto, lo encontró, y dio luego a los que habían hecho las preguntas la orden de permitir que prosiguiera la reconstrucción del templo. Mandó: "Dejad que se haga la obra de esa casa de Dios; que el gobernador de los judíos y sus ancianos reedifiquen esa casa de Dios en su lugar.

"Y *por mí es dada orden* de lo que habéis de hacer con esos ancianos de los judíos, para reedificar esa casa de Dios; que de la hacienda del rey, que tiene del tributo del otro lado del río, sean dados puntualmente a esos varones los gastos, para que no cese la obra. Y lo que fuere necesario, becerros, carneros y corderos para holocaustos al Dios del cielo, trigo, sal, vino y aceite, conforme a lo que dijeren los sacerdotes que están en Jerusalén, les sea dado día por día sin obstáculo alguno, para que ofrezcan sacrificios agradables al Dios del cielo, y oren por la vida del rey y por sus hijos" (Esdras 6: 7-10).

En adición el rey decretó severos castigos para los que, de cualquier manera que fuese, alteraran el decreto; y terminó con esta notable declaración: "Y el Dios que hizo habitar allí su nombre, destruya a todo rey y pueblo que pusiere su mano para cambiar o destruir esa casa de Dios, la cual está en Jerusalén. Yo Darío he dado el decreto; sea cumplido prontamente" (vers. 12). Así preparó el Señor las circunstancias para la terminación del templo.

Durante meses, antes que se promulgase este decreto, los israelitas habían seguido trabajando por la fe, y los profetas de Dios habían seguido ayudándoles por medio de mensajes oportunos que recordaban a los trabajadores el propósito divino en favor de Israel. Dos meses después que fuera entregado el último mensaje que se haya registrado como procedente de Hageo, Zacarías tuvo una serie de visiones relativas a la obra de Dios en la tierra. Esos mensajes, dados en forma de parábolas y símbolos, llegaron en tiempo de gran incertidumbre y ansiedad, y fueron de particular significado para los hombres que avanzaban en nombre del Dios de Israel. Les parecía a los dirigentes que el permiso concedido a los judíos para reedificar estaba por serles retirado, y el futuro se les presentaba muy sombrío. Dios vio que su pueblo necesitaba ser sostenido y alentado por una revelación de su compasión y amor infinitos.

Zacarías oyó en visión al ángel del Señor preguntar: "Oh Jehová de los ejércitos, ¿hasta cuándo no tendrás piedad de Jerusalén, y de las ciudades de Judá, con las cuales has estado airado por espacio de setenta años? Y Jehová respondió buenas palabras —declaró Zacarías—, palabras consoladoras, al ángel que hablaba conmigo.

"Y me dijo el ángel que hablaba conmigo: Clama diciendo: Así ha dicho Jehová de los ejércitos: Celé con gran celo a Jerusalén y a Sión. Y estoy muy airado contra las naciones que están reposadas; porque cuando yo estaba enojado un poco, ellos agravaron el mal. Por tanto, así ha dicho Jehová: Yo me he vuelto a Jerusalén con misericordia; en ella será edificada mi casa, ... y la plomada será tendida sobre Jerusalén" (Zacarías 1: 12-16).

Se le indicó luego al profeta que debía predecir: "Así dice Jehová de los ejércitos: Aún rebosarán mis ciudades con la abundancia del bien, y aún consolará Jehová a Sión, y escogerá todavía a Jerusalén" (vers. 17).

A continuación Zacarías vio, bajo el símbolo de cuatro

cuernos, las potencias que "dispersaron a Judá, a Israel y a Jerusalén". Inmediatamente después vio a cuatro carpinteros que representaban los instrumentos usados por el Señor para restaurar a su pueblo y su casa de culto (vers. 18-21).

Zacarías dijo: "Alcé después mis ojos y miré, y he aquí un varón que tenía en su mano un cordel de medir. Y le dije: ¿A dónde vas? Y él me respondió: A medir a Jerusalén, para ver cuánta es su anchura, y cuánta su longitud. Y he aquí, salía aquel ángel que hablaba conmigo, y otro ángel le salió al encuentro, y le dijo: Corre, habla a este joven, diciendo: Sin muros será habitada Jerusalén, a causa de la multitud de hombres y de ganado en medio de ella. Yo seré para ella, dice Jehová, muro de fuego en derredor, y para gloria estaré en medio de ella" (Zacarías 2: 1-5).

Dios había ordenado que Jerusalén fuese reedificada; y la visión relativa a la medición de la ciudad aseguraba que él daría consuelo y fortaleza a sus afligidos y cumpliría en su favor las promesas de su pacto eterno. Declaró que su cuidado protector sería como "muro de fuego en derredor", y que por su intermedio la gloria de él sería revelada a todos los hijos de los hombres. Lo que estaba realizando para su pueblo se había de conocer en toda la tierra. "Regocíjate y canta, oh moradora de Sión; porque grande es en medio de ti el Santo de Israel" (Isaías 12: 6).

CAPITULO 47

Josué y el Angel

EL FIRME progreso que hacían los edificadores del templo desconcertó y alarmó mucho las huestes del mal. Satanás resolvió hacer otro esfuerzo más para debilitar y desalentar al pueblo de Dios presentándole las imperfecciones de su carácter. Si con ello lograba que aquellos que habían sufrido durante largo tiempo por causa de la transgresión fuesen inducidos a despreciar los mandamientos de Dios, caerían otra vez en la servidumbre del pecado.

Por haber sido elegido Israel para conservar el conocimiento de Dios en la tierra, había sido siempre el objeto especial de la enemistad de Satanás, y éste se había propuesto causar su destrucción. Mientras los hijos de Israel obedecieran, no podría hacerles daño; por lo tanto había dedicado todo su poder y astucia para inducirlos a pecar. Seducidos por sus tentaciones, habían transgredido la ley de Dios y se les había dejado caer presa de sus enemigos.

Aunque fueron llevados en cautiverio a Babilonia y permanecieron allí muchos años, el Señor no los abandonó. Les envió sus profetas con reproches y amonestaciones para despertarlos y hacerles ver su culpabilidad. Cuando se humillaron delante de Dios y volvieron a él con verdadero arrepentimiento, les envió mensajes de aliento, declarando que los libraría del cautiverio, les devolvería su favor y los restablecería en su tierra. Y ahora que esta obra de restauración había comenzado y un residuo de Israel ya había regresado a Judea, Satanás estaba resuelto a frustrar el cumplimiento del propósito divino, y para este fin estaba tratando de inducir a las naciones paganas a destruirlo completamente.

Pero en esa crisis el Señor fortaleció a su pueblo con "buenas palabras, palabras consoladoras" (Zacarías 1: 13). Mediante una ilustración impresionante de la obra de Satanás y la de Cristo, reveló el poder de su Mediador para vencer al acusador de su pueblo.

En una visión, el profeta contempla al "sumo sacerdote Josué,... vestido de vestiduras viles" (Zacarías 3: 1-3), en pie delante del Angel de Jehová, implorando la misericordia de Dios en favor de su pueblo afligido. Mientras suplica a Dios que cumpla sus promesas, Satanás se levanta osadamente para resistirle. Señala las transgresiones de los hijos de Israel como razón por la cual no se les podía devolver el favor de Dios. Los reclama como su presa y exige que sean entregados en sus manos.

El sumo sacerdote no puede defenderse a sí mismo ni a su pueblo de las acusaciones de Satanás. No sostiene que Israel esté libre de culpas. En sus andrajos sucios, que simbolizan los pecados del pueblo, que él lleva como su repre-

601

sentante, está delante del Angel, confesando su culpa, aunque señalando su arrepentimiento y humillación y fiando en la misericordia de un Redentor que perdona el pecado. Con fe se aferra a las promesas de Dios.

Entonces el Angel, que es Cristo mismo, el Salvador de los pecadores, hace callar al acusador de su pueblo declarando: "Jehová te reprenda, oh Satanás; Jehová que ha escogido a Jerusalén te reprenda. ¿No es éste un tizón arrebatado del incendio?" (vers. 2). Israel había estado durante largo tiempo en el horno de la aflicción. A causa de sus pecados había sido casi consumido en la llama encendida por Satanás y sus agentes para destruirlo; pero Dios había intervenido ahora para librarle.

Al ser aceptada la intercesión de Josué, se da la orden: "Quitadle esas vestiduras viles", y a Josué el Angel declara: "Mira que he quitado de ti tu pecado, y te he hecho vestir de ropas de gala... Y pusieron una mitra limpia sobre su cabeza, y le vistieron las ropas" (vers. 4, 5). Sus propios pecados y los de su pueblo fueron perdonados. Israel fue vestido con "ropas de gala": así se le acreditaba la justicia de Cristo. La mitra puesta sobre la cabeza de Josué era como la que llevaban los sacerdotes, con la inscripción: "Santidad a Jehová" (Exodo 28: 36), lo cual significaba que a pesar de sus antiguas transgresiones estaba ahora capacitado para servir delante de Dios en su santuario.

El Angel declaró entonces: "Así dice Jehová de los ejércitos: Si anduvieres por mis caminos, y si guardares.mi ordenanza, también tú gobernarás mi casa, también guardarás mis atrios, y entre éstos que aquí están te daré lugar" (Zacarías 3: 7). Si obedecía, se le honraría como juez o go-

bernante del templo y todos sus servicios; andaría entre ángeles que le acompañarían aun en esta vida; y al fin se uniría a la muchedumbre glorificada en derredor del trono de
Dios.

"Escucha pues, ahora, Josué sumo sacerdote, tú y tus
amigos que se sientan delante de ti, porque son varones
simbólicos. He aquí, yo traigo a mi siervo el Renuevo"
(vers. 8). El Renuevo [o "Brote", versión Bover-Cantera]
era la esperanza de Israel. Era por la fe en el Salvador venidero cómo Josué y su pueblo recibirían perdón. Por la fe en
Cristo, les era devuelto el favor de Dios. En virtud de sus
méritos, si andaban en sus caminos y guardaban sus estatutos, serían "varones simbólicos", honrados como los escogidos del cielo entre las naciones de la tierra.

Así como Satanás acusaba a Josué y a su pueblo, ha acusado, en todos los tiempos, a los que buscaban la misericordia y el favor de Dios. Es "el acusador de nuestros hermanos, el que los acusaba delante de nuestro Dios día y noche"
(Apocalipsis 12: 10). La lucha se repite en cada alma rescatada del poder del mal, y cuyo nombre se registra en el libro

de la vida del Cordero. Nunca se recibe a alguno en la familia de Dios sin que ello excite la resuelta resistencia del enemigo. Pero el que era entonces la esperanza de Israel, así como su defensa, justificación y redención, es hoy también la esperanza de la iglesia.

Las acusaciones de Satanás contra aquellos que buscan al Señor no son provocadas por el desagrado que le causen sus pecados. El carácter deficiente de ellos le causa regocijo porque sabe que él puede dominarlos sólo si violan la ley de Dios. Sus acusaciones provienen únicamente de su enemistad hacia Cristo. Por el plan de salvación Jesús está quebrantando el dominio de Satanás sobre la familia humana y rescatando almas de su poder. Todo el odio y la malicia del jefe de los rebeldes se encienden cuando contempla la evidencia de la supremacía de Cristo, y con poder y astucia infernales obra para arrebatarle los hijos de los hombres que han aceptado la salvación. Induce a los hombres al escepticismo, haciéndoles perder la confianza en Dios y a separarse de su amor; los tienta a violar su ley, y luego los reclama como cautivos suyos y disputa el derecho de Cristo a quitárselos.

Satanás sabe que aquellos que buscan a Dios fervientemente para alcanzar perdón y gracia, los obtendrán; por lo tanto les recuerda sus pecados para desanimarlos. Constantemente busca motivos de queja contra los que procuran obedecer a Dios. Trata de hacer aparecer como corrompido aun su servicio mejor y más aceptable. Mediante estratagemas incontables y de las más sutiles y crueles, intenta obtener su condenación.

El hombre no puede por sí mismo hacer frente a estas

acusaciones del enemigo. Con sus ropas manchadas de pecado, confiesa su culpabilidad delante de Dios. Pero Jesús, nuestro Abogado, presenta una súplica eficaz en favor de todos los que mediante el arrepentimiento y la fe le han confiado el cuidado de sus almas. Intercede por su causa y vence a su acusador con los poderosos argumentos del Calvario. Su perfecta obediencia a la ley de Dios le ha dado toda potestad en el cielo y en la tierra, y él solicita a su Padre misericordia y reconciliación para el hombre culpable. Al acusador de sus hijos declara: ¡"Jehová te reprenda, oh Satanás"! Estos son la compra de mi sangre, tizones arrancados del fuego. Y los que confían en él con fe reciben la consoladora promesa: "Mira que he quitado de ti tu pecado, y te he hecho vestir de ropas de gala" (Zacarías 3: 2, 4).

Todos los que se hayan revestido del manto de la justicia de Cristo subsistirán delante de él como escogidos fieles y veraces. Satanás no puede arrancarlos de la mano de Cristo. Este no dejará que una sola alma que con arrepentimiento y fe haya pedido su protección caiga bajo el poder del enemigo. Su Palabra declara: "¿O forzará alguien mi fortaleza? Haga conmigo paz; sí, haga paz conmigo" (Isaías 27: 5). La promesa hecha a Josué se dirige a todos: "Si guardares mi ordenanza, ... entre éstos que aquí están te daré lugar" (Zacarías 3: 7). Los ángeles de Dios irán a cada lado de ellos, aun en este mundo, y ellos estarán al fin entre los ángeles que rodean el trono de Dios.

La visión de Zacarías con referencia a Josué y al Angel se aplica con fuerza especial a la experiencia del pueblo de Dios durante las escenas finales del gran día de expiación. La iglesia remanente será puesta entonces en grave prueba y angustia. Los que guardan los mandamientos de Dios y la fe de Jesús sentirán la ira del dragón y de su hueste. Satanás considera a los habitantes del mundo súbditos suyos; ha obtenido el dominio de muchos cristianos falsos; pero allí está ese pequeño grupo que resiste su supremacía. Si él pudiese borrarlo de la tierra, su triunfo sería completo. Así como influyó en las naciones paganas para que destruyesen a Israel, pronto incitará a las potestades malignas de la tierra a destruir al pueblo de Dios. Se requerirá de los hombres que rindan obediencia a los edictos humanos en violación de la ley divina.

Los que sean fieles a Dios y al deber serán amenazados, denunciados y proscritos. Serán traicionados por "padres, y hermanos, y parientes, y amigos" (S. Lucas 21: 16). Su única esperanza estará en la misericordia de Dios; su única defensa será la oración. Como Josué intercedía delante del Angel, la iglesia remanente, con corazón quebrantado y ardorosa fe, suplicará perdón y liberación por medio de Jesús su Abogado. Sus miembros serán completamente conscientes del carácter pecaminoso de sus vidas, verán su debilidad e indignidad, y mientras se miren a sí mismos, estarán por desesperar.

El tentador estará listo para acusarlos, como lo estuvo para resistir a Josué. Señalará sus vestiduras sucias, su carácter deficiente. Presentará su debilidad e insensatez, su pecado de ingratitud, cuán poco semejantes a Cristo son, lo cual ha deshonrado a su Redentor. Se esforzará por asustar a las almas con el pensamiento de que su caso es desesperado, de que nunca se podrá lavar la mancha de su contaminación. Esperará destruir de tal manera su fe, que se entreguen a sus tentaciones y se desvíen de su fidelidad a Dios.

Satanás tiene un conocimiento exacto de los pecados que, por sus tentaciones, ha hecho cometer a los hijos de Dios e insiste en sus acusaciones contra ellos; declara que por sus pecados han perdido el derecho de la protección divina y reclama el derecho de destruirlos. Los declara tan merecedores como él mismo de ser excluidos del favor de Dios. "¿Son éstos —dice— los que han de tomar mi lugar en el cielo, y el lugar de los ángeles que se unieron a mí? Profesan obedecer la ley de Dios, pero ¿han guardado sus preceptos? ¿No han sido amadores de sí mismos más que de Dios? ¿No han puesto sus propios intereses antes que su servicio? ¿No han amado las cosas del mundo? Mira los pecados que han señalado sus vidas. Contempla su egoísmo, su malicia, su odio mutuo. ¿Me desterrará Dios a mí y a mis ángeles de su presencia, y sin embargo recompensará a los que fueron culpables de los mismos pecados? Tú no puedes hacer esto con justicia, oh Señor. La justicia exige que se pronuncie sentencia contra ellos".

Sin embargo, aunque los seguidores de Cristo han pecado, no se han entregado al dominio de los agentes satánicos. Se han arrepentido de sus pecados, han buscado al Señor con humildad y contrición, y el Abogado divino intercede en su favor. El que más fue ultrajado por su ingratitud, el que conoce sus pecados y también su arrepentimiento, declara: "¡Jehová te reprenda, oh Satanás! Yo di mi vida por estas almas. Sus nombres están esculpidos en las palmas de mis manos. Pueden tener imperfecciones de carácter, pueden haber fracasado en sus esfuerzos; pero se han arrepentido y las he perdonado y aceptado".

Los asaltos de Satanás son poderosos, sus engaños, terribles; pero el ojo del Señor está sobre sus hijos. La aflicción de éstos es grande, las llamas parecen estar a punto de consumirlos; pero Jesús los sacará como oro probado en el fuego. Su carácter terrenal debe ser eliminado, para que la imagen de Cristo pueda reflejarse perfectamente.

Puede parecer a veces que el Señor olvidó los peligros de su iglesia y el daño que le han hecho sus enemigos. Pero Dios no se ha olvidado. Nada hay en este mundo que su corazón aprecie más que su iglesia. No quiere que una conducta mundanal de conveniencias corrompa su registro de servicios. No quiere que sus hijos sean vencidos por las tentaciones de Satanás. Castigará a los que le representen mal, pero será misericordioso para con todos los que se arrepientan sinceramente. A los que le invocan para obtener fuerza con que desarrollar un carácter cristiano les dará toda la ayuda que necesiten.

En el tiempo del fin los hijos de Dios estarán suspirando y clamando por las abominaciones cometidas en la tierra. Con lágrimas advertirán a los impíos el peligro que corren al pisotear la ley divina, y con tristeza indecible y arrepentimiento se humillarán delante del Señor. Los impíos se burlarán de su pesar y ridiculizarán sus solemnes súplicas; pero la angustia y la humillación de los hijos de Dios dan evidencia inequívoca de que están recobrando la fuerza y nobleza de carácter perdidas como consecuencia del pecado. Porque se están acercando más a Cristo y sus ojos están fijos en su perfecta pureza, disciernen tan claramente el carácter excesivamente pecaminoso del pecado. La mansedumbre y humildad de corazón son las condiciones indispensables para obtener fuerza y para alcanzar la victoria. Una corona de gloria aguarda a los que se postran al pie de la cruz.

Los fieles, que se encuentran orando, están, por así decirlo, encerrados con Dios. Ellos mismos no saben cuán seguramente están protegidos. Incitados por Satanás, los gobernantes de este mundo procuran destruirlos; pero si pudiesen abrírseles los ojos, como se abrieron los del siervo de Eliseo en Dotán, verían a los ángeles de Dios acampados en derredor de ellos, deteniendo a las huestes de las tinieblas.

Mientras el pueblo de Dios aflige su alma delante de él, suplicando pureza de corazón, se da la orden: "Quitadle esas vestiduras viles", y se pronuncian las alentadoras palabras: "Mira que he quitado de ti tu pecado, y te he hecho vestir de ropas de gala". Se pone sobre los tentados y probados, pero fieles hijos de Dios, el manto sin mancha de la justicia de Cristo. El remanente despreciado queda vestido de gloriosos atavíos, que nunca han de ser ya contaminados por las corrupciones del mundo. Sus nombres permanecen en el libro de la vida del Cordero, registrados entre los de los fieles de todos los siglos. Han resistido los lazos del engañador; no han sido apartados de su lealtad por el rugido del dragón. Tienen ahora eterna y segura protección contra los designios del tentador. Sus pecados han sido transferidos al que los instigara. Una "mitra limpia" es puesta sobre su cabeza.

Mientras Satanás ha estado insistiendo en sus acusaciones, los ángeles santos, invisibles, han ido de un lado a otro poniendo sobre los fieles el sello del Dios viviente. Estos son los que estarán sobre el monte de Sión con el Cordero,

609

teniendo el nombre del Padre escrito en sus frentes. Cantarán el nuevo himno delante del trono, ese himno que nadie puede aprender sino los ciento cuarenta y cuatro mil que fueron redimidos de la tierra. "Estos son los que siguen al Cordero por dondequiera que va. Estos fueron redimidos de entre los hombres como primicias para Dios y para el Cordero; y en sus bocas no fue hallada mentira, pues son sin mancha delante del trono de Dios" (Apocalipsis 14: 4, 5).

Entonces se cumplirán del todo estas palabras del Angel: "Escucha pues, ahora, Josué sumo sacerdote, tú y tus amigos que se sientan delante de ti, porque son varones simbólicos. He aquí, yo traigo a mi siervo el Renuevo" (Zacarías 3: 8). Cristo es revelado como el Redentor y Libertador de su pueblo. Entonces serán en verdad los que forman parte del remanente "varones simbólicos", cuando las lágrimas y la humillación de su peregrinación sean reemplazadas por el gozo y la honra en la presencia de Dios y del Cordero. "En aquel tiempo el renuevo de Jehová será para hermosura y gloria, y el fruto de la tierra para grandeza y honra, a los sobrevivientes de Israel. Y acontecerá que el que quedare en Sión, y el que fuere dejado en Jerusalén, será llamado santo; todos los que en Jerusalén estén registrados entre los vivientes" (Isaías 4: 2, 3).

CAPITULO 48

"No con Ejército, ni con Fuerza"

INMEDIATAMENTE después de la visión que tuvo Zacarías acerca de Josué y el Angel, el profeta recibió un mensaje referente a la obra de Zorobabel. Declaró Zacarías: "Volvió el ángel que hablaba conmigo, y me despertó, como un hombre que es despertado de su sueño. Y me dijo: ¿Qué ves? Y respondí: He mirado, y he aquí un candelabro todo de oro, con un depósito encima, y sus siete lámparas encima del candelabro, y siete tubos para las lámparas que están encima de él; y junto a él dos olivos, el uno a la derecha del depósito, y el otro a su izquierda. Proseguí y hablé, diciendo a aquel ángel que hablaba conmigo: ¿Qué es esto, señor mío?... Entonces respondió y me habló diciendo: Esta es palabra de Jehová a Zorobabel, que dice: No con ejército, ni con fuerza, sino con mi Espíritu, ha dicho Jehová de los ejércitos".

"Hablé más, y le dije: ¿Qué significan estos dos olivos a

la derecha del candelabro y a su izquierda? Hablé aún de nuevo, y le dije: ¿Qué significan las dos ramas de olivo que por medio de dos tubos de oro vierten de sí aceite como oro?... Y él dijo: Estos son los dos ungidos que están delante del Señor de toda la tierra" (Zacarías 4: 1-6, 11-14).

En esta visión los dos olivos que están delante de Dios son representados como haciendo correr áureo aceite por tubos de oro desde sí mismos al recipiente del candelero. De éste se alimentan las lámparas del santuario, para poder producir una luz brillante y continua. Asimismo, de los ungidos que están en la presencia de Dios es impartida a sus hijos la plenitud de la luz, el amor y el poder divinos, a fin de que ellos puedan impartir a otros, luz, gozo y refrigerio. Los que son así enriquecidos tienen que enriquecer a otros con el tesoro del amor de Dios.

Mientras reedificaba la casa del Señor, Zorobabel había trabajado frente a múltiples dificultades. Desde el comienzo los adversarios intimidaron "al pueblo de Judá, y lo atemorizó para que no edificara... Y les hicieron cesar con poder y violencia" (Esdras 4: 4, 23). Pero el Señor se había interpuesto en favor de los constructores, y hablaba ahora por medio de su profeta a Zorobabel, diciendo: "¿Quién eres tú, oh gran monte? Delante de Zorobabel serás reducido a llanura; él sacará la primera piedra con aclamaciones de: Gracia, gracia a ella" (Zacarías 4: 7).

Durante toda la historia del pueblo de Dios, los que hayan procurado ejecutar los propósitos del cielo se han visto frente a montañas de dificultades, aparentemente insuperables. El Señor permite esos obstáculos para probar nuestra fe. Cuando nos vemos rodeados por todos lados, es el momento cuando más debemos confiar en Dios y en el poder de su Espíritu. El ejercicio de una fe viva significa un aumento de fuerza espiritual y el desarrollo de una confianza inquebrantable. Así llega a ser el alma una fuerza vencedora. Ante la fuerza de la fe desaparecerán los obstáculos puestos por Satanás en la senda del cristiano; porque las potestades del cielo acudirán en su ayuda. "Nada os será imposible" (S. Mateo 17: 20).

Cuando el mundo emprende algo lo hace con pompa y jactancia. El método de Dios es hacer del día de los pequeños comienzos el principio del glorioso triunfo de la verdad y de la justicia. A veces prepara a sus obreros sometiéndolos a desánimos y fracasos aparentes. Se propone que aprendan a dominar las dificultades.

Con frecuencia los hombres están tentados a vacilar delante de las perplejidades y los obstáculos que los confrontan. Pero si tan sólo sostienen firme hasta el fin el principio de su confianza, Dios les aclarará el camino. Tendrán éxito al luchar contra las dificultades. Frente al espíritu intrépido y la fe inquebrantable de Zorobabel, las grandes montañas de las dificultades se transformarán en una llanura; y las manos que pusieron los fundamentos, "acabarán" la casa. Sacarán "la primera piedra con aclamaciones de: Gracia, gracia a ella" (Zacarías 4: 9, 7).

El poder humano ni estableció la iglesia de Dios ni puede destruirla. La iglesia no fue fundada sobre la roca de la fuerza humana, sino sobre Cristo Jesús, Roca de la eternidad, "y las puertas del Hades [sepulcro] no prevalecerán contra ella" (S. Mateo 16: 18). La presencia de Dios da estabilidad a su causa. Las instrucciones que nos llegan son:

613

"No confiéis en los príncipes, ni en hijo de hombre" (Salmo 146: 3). "En quietud y en confianza será vuestra fortaleza" (Isaías 30: 15). La gloriosa obra de Dios, fundada en los principios eternos de la justicia, no será nunca reducida a nada. Irá de fortaleza en fortaleza, "no con ejército, ni con fuerza, sino con mi Espíritu, ha dicho Jehová de los ejércitos" (Zacarías 4: 6).

Se cumplió literalmente la promesa: "Las manos de Zorobabel echarán el cimiento de esta casa, y sus manos la acabarán" (vers. 9). "Y los ancianos de los judíos edificaban y prosperaban, conforme a la profecía del profeta Hageo y de Zacarías hijo de Iddo. Edificaron, pues, y terminaron, por orden del Dios de Israel, y por mandato de Ciro, de Darío, y de Artajerjes rey de Persia. Esta casa fue terminada el tercer día del mes de Adar [duodécimo mes], que era el sexto año del reinado del rey Darío" (Esdras 6: 14, 15).

Poco después el templo restaurado fue dedicado. "Los hijos de Israel, los sacerdotes, los levitas y los demás que habían venido de la cautividad, hicieron la dedicación de esta casa de Dios con gozo... Celebraron la pascua a los catorce días del mes primero" (Esdras 6: 16, 19).

El segundo templo no igualaba al primero en magnificencia, ni fue santificado por las manifestaciones visibles de la presencia divina que se vieron al ser inaugurado el primer templo. No hubo manifestación de poder sobrenatural para señalar su dedicación. No se vio que una nube de gloria llenase el santuario recién erigido. Ningún fuego descendió del cielo para consumir el sacrificio sobre su altar. La *shekina* (*véase* nota, *pág. 17*), o presencia de Dios, no moraba ya entre los querubines del lugar santísimo; el arca, el propiciatorio y las tablas del testimonio no se encontraban allí. Ninguna señal del cielo daba a conocer la voluntad de Jehová al sacerdote que preguntaba.

Sin embargo, se trataba del edificio acerca del cual el Señor había declarado por el profeta Hageo: "La gloria postrera de esta casa será mayor que la primera... Y haré temblar a todas las naciones, y vendrá el Deseado de todas las naciones; y llenaré de gloria esta casa, ha dicho Jehová de los ejércitos" (Hageo 2: 9, 7). Durante siglos hombres sabios han procurado demostrar en qué se cumplió la promesa que Dios hizo a Hageo; y sin embargo muchos se han negado persistentemente a ver un significado especial en el advenimiento de Jesús de Nazaret, el Deseado de todas las gentes, quien por su presencia personal, santificó las dependencias del templo. El orgullo y la incredulidad cegaban sus mentes y les impedían comprender el verdadero significado de las palabras del profeta.

El segundo templo fue honrado, no con la nube de la gloria de Jehová sino con la presencia de Aquel en quien moraba "corporalmente toda la plenitud de la Deidad", Dios mismo "manifestado en carne" (Colosenses 2: 9; 1 Timoteo 3: 16). Al ser honrado con la presencia personal de Cristo durante su ministerio personal, y sólo con esto, fue cómo el segundo templo excedió en gloria al primero. El "Deseado de todas las naciones" había llegado de veras a su templo cuando el Hombre de Nazaret enseñó y curó en los atrios sagrados.

CAPITULO 49

En Tiempos
de la Reina Ester

GRACIAS al favor con que los miraba Ciro, casi cincuenta mil de los hijos del cautiverio se habían valido del decreto que les permitía regresar. Sin embargo, representaban tan sólo un residuo en comparación con los centenares de miles que estaban dispersos en las provincias de Medo-Persia. La gran mayoría de los israelitas había preferido quedar en la tierra de su destierro, antes que soportar las penurias del regreso y el restablecimiento de sus ciudades y casas desoladas.

Habían transcurrido veinte años o más cuando un segundo decreto, tan favorable como el primero, fue promulgado por Darío Histaspes, el monarca de aquel entonces. Así proveyó Dios en su misericordia otra oportunidad para que los judíos del Imperio Medo-Persa regresaran a la tierra de sus padres. El Señor preveía los tiempos difíciles que iban a seguir durante el reinado de Jerjes, el Asuero del

El rey Asuero ordenó que Amán, el cruel enemigo de los judíos, fuera colgado en su misma horca. Y los judíos fueron liberados.

617

libro de Ester, y no sólo obró un cambio en los sentimientos de los hombres que ejercían autoridad, sino que inspiró también a Zacarías para que instase a los desterrados a que regresasen.

El mensaje dado a las tribus dispersas de Israel que se habían establecido en muchas tierras distantes de su antigua patria fue: "Eh, eh, huid de la tierra del norte, dice Jehová, pues por los cuatro vientos de los cielos os esparcí, dice Jehová. Oh Sión, la que moras con la hija de Babilonia, escápate. Porque así ha dicho Jehová de los ejércitos: Tras la gloria me enviará él a las naciones que os despojaron; porque el que os toca, toca a la niña de su ojo. Porque he aquí yo alzo mi mano sobre ellos, y serán despojo a sus siervos, y sabréis que Jehová de los ejércitos me envió" (Zacarías 2: 6-9).

Seguía siendo propósito del Señor, como lo había sido desde el principio, que su pueblo le honrase en la tierra y tributase gloria a su nombre. Durante los largos años de su destierro, les había dado muchas oportunidades de volver a serle fieles. Algunos habían decidido escuchar y aprender; algunos habían hallado salvación en medio de la aflicción. Muchos de éstos iban a contarse entre el residuo que volvería. La inspiración los comparó al "cogollo de aquel alto cedro", que sería plantado "sobre el monte alto y sublime, en el monte alto de Israel" (Ezequiel 17: 22, 23).

Aquellos "cuyo espíritu despertó Dios" (Esdras 1: 5), eran los que habían regresado bajo el decreto de Ciro. Pero Dios no dejó de interceder con los que voluntariamente habían permanecido en el destierro; y mediante múltiples acciones les hizo posible su regreso. Sin embargo, la mayor parte de aquellos que no respondieron al decreto de Ciro no se dejaron impresionar tampoco por las influencias posteriores; y aun cuando Zacarías les amonestó a huir de Babilonia sin demora, no escucharon la invitación.

Mientras tanto las condiciones estaban cambiando rápidamente en el Imperio Medo-Persa. Darío Histaspes, durante cuyo reinado los judíos habían sido notablemente favorecidos, tuvo por sucesor a Jerjes el Grande, y fue durante su reinado cuando los judíos que no habían escuchado la invitación de huir fueron llamados a enfrentar una terrible crisis. Se habían negado a valerse de la vía de escape que Dios les había provisto, y se encontraron de repente frente a frente con la muerte.

Mediante el agagueo Amán, hombre sin escrúpulos que ejercía mucha autoridad en Medo-Persia, Satanás obró en ese tiempo para contrarrestar los propósitos de Dios. Amán albergaba sombría malicia contra Mardoqueo, judío que no le había hecho ningún daño, sino que se había negado simplemente a manifestarle reverencia hasta el punto de adorarlo. No conformándose con "poner mano en Mardoqueo solamente", Amán tramó la destrucción de "todos los judíos que había en el reino de Asuero, al pueblo de Mardoqueo" (Ester 3: 6).

Engañado por las falsas declaraciones de Amán, Jerjes fue inducido a promulgar un decreto que ordenaba la matanza de todos los judíos, "pueblo esparcido y distribuido entre los pueblos en todas las provincias" del Imperio Medo-Persa (vers. 8). Se designó un día en el cual los judíos debían ser muertos y sus propiedades confiscadas. Poco comprendía el rey los resultados abarcantes que habrían acompañado la ejecución completa de este decreto. Satanás mismo, instigador oculto del plan, estaba procurando quitar de la tierra a los que conservaban el conocimiento del Dios verdadero.

"Y en cada provincia y lugar donde el mandamiento del rey y su decreto llegaba, tenían los judíos gran luto, ayuno, lloro y lamentación; cilicio y ceniza era la cama de muchos" (Ester 4: 3). El decreto de los medos y persas no podía revocarse; aparentemente no quedaba esperanza alguna y todos los israelitas estaban condenados a morir.

Pero las intrigas del enemigo fueron derrotadas por un Poder que reina sobre los hijos de los hombres. En la providencia de Dios, la joven judía Ester, quien temía al Altísimo, había sido hecha reina de los dominios medo-persas. Mardoqueo era pariente cercano de ella. En su necesidad extrema decidieron apelar a Jerjes en favor de su pueblo. Ester iba a presentarse al rey como intercesora. Dijo Mardoqueo: "¿Y quién sabe si para esta hora has llegado al reino?" (vers. 14).

La crisis que se le presentó a Ester exigía presta y fervorosa acción; pero tanto ella como Mardoqueo se daban cuenta de que a menos que Dios obrase poderosamente en su favor, de nada valdrían sus propios esfuerzos. De manera que Ester tomó tiempo para estar en comunión con Dios, fuente de su fuerza. Indicó a Mardoqueo: "Ve y reúne a todos los judíos que se hallan en Susa, y ayunad por mí, y no comáis ni bebáis en tres días, noche y día; yo también con mis doncellas ayunaré igualmente, y entonces entraré a ver al rey, aunque no sea conforme a la ley; y si perezco, que perezca" (vers. 16).

Los acontecimientos que se produjeron en rápida sucesión: la aparición de Ester ante el rey, el destacado favor que le manifestó, los banquetes del rey y de la reina con Amán como único huésped, el sueño perturbado del rey, los honores tributados en público a Mardoqueo y la humillación y caída de Amán al ser descubierta su perversa conspiración, son todas partes de una historia conocida. Dios obró admirablemente en favor de su pueblo arrepentido, y el rey promulgó otro decreto para permitir a los judíos que pelearan por su vida, y se comunicó rápidamente a todas partes del reino por correos montados, que "salieron a toda prisa por la orden del rey... Y en cada provincia y en cada ciudad donde llegó el mandamiento del rey, los judíos tuvieron alegría y gozo, banquete y día de placer. Y muchos de entre los pueblos de la tierra se hacían judíos, porque el temor de los judíos había caído sobre ellos" (Ester 8: 14, 17).

En el día señalado para su destrucción "los judíos se reunieron en sus ciudades, en todas las provincias del rey Asuero, para descargar su mano sobre los que habían procurado su mal, y nadie los pudo resistir, porque el temor de ellos había caído sobre todos los pueblos". Angeles excelsos en fortaleza habían sido enviados por Dios para proteger a su pueblo mientras éste se aprestaba "en defensa de su vida" (Ester 9: 2, 16).

Mardoqueo había sido elevado al puesto de honor que ocupara antes Amán. "Fue el segundo después del rey Asuero, y grande entre los judíos, y estimado por la multitud de sus hermanos" (Ester 10: 3), pues procuró el bienestar de Israel. Así fue cómo Dios devolvió a su pueblo escogido el favor de la corte medo-persa, e hizo posible la ejecu-

621

ción de su propósito de devolverlos a su tierra. Pero transcurrieron todavía varios años, y fue solamente en el séptimo de Artajerjes I, sucesor de Jerjes el Grande, cuando un número considerable de judíos volvió a Jerusalén, bajo la dirección de Esdras.

Los momentos penosos que vivió el pueblo de Dios en tiempos de Ester no caracterizan sólo a esa época. El revelador, al mirar a través de los siglos hasta el fin del tiempo, declaró: "Entonces el dragón [Satanás] se llenó de ira contra la mujer; y se fue a hacer guerra contra el resto de la descendencia de ella, los que guardan los mandamientos de Dios y tienen el testimonio de Jesucristo" (Apocalipsis 12: 17). Algunos de los que viven hoy en la tierra verán cumplirse estas palabras. El mismo espíritu que en siglos pasados indujo a los hombres a perseguir la iglesia verdadera, los inducirá en el futuro a seguir una conducta similar para con aquellos que se mantienen leales a Dios. Aun ahora se están haciendo preparativos para ese último gran conflicto.

El decreto que se promulgará finalmente contra el pueblo remanente de Dios será muy semejante al que promulgó Asuero contra los judíos. Los enemigos de la verdadera iglesia ven hoy en el pequeño grupo que observa el mandamiento del sábado, un Mardoqueo en la puerta. La reverencia que el pueblo de Dios manifiesta hacia su ley, es una reprensión constante para aquellos que han desechado el temor del Señor y pisotean su sábado.

Satanás despertará indignación contra la minoría que se niega a aceptar las costumbres y tradiciones populares. Hombres encumbrados y célebres se unirán con los inicuos y los viles para concertarse contra el pueblo de Dios. Las

622

riquezas, el genio y la educación se combinarán para cubrirlo de desprecio. Gobernantes, ministros y miembros de la iglesia, llenos de un espíritu perseguidor, conspirarán contra ellos. De viva voz y por la pluma, mediante jactancias, amenazas y el ridículo, procurarán destruir su fe. Por calumnias y apelando a la ira, algunos despertarán las pasiones del pueblo. No pudiendo presentar un "Así dicen las Escrituras" contra los que defienden el día de reposo bíblico, recurrirán a decretos opresivos para suplir la falta. A fin de obtener popularidad y apoyo, los legisladores cederán a la demanda por leyes dominicales. Pero los que temen a Dios no pueden aceptar una institución que viola un precepto del Decálogo. En este campo de batalla se peleará el último gran conflicto en la lucha entre la verdad y el error. Y no se nos deja en la duda en cuanto al resultado. Hoy, como en los días de Ester y Mardoqueo, el Señor defenderá su verdad y a su pueblo.

CAPITULO 50

Esdras, Sacerdote y Escriba

COMO setenta años después que regresó la primera compañía de desterrados bajo la dirección de Zorobabel y Josué, Artajerjes Longímano subió al trono de Medo-Persia. El nombre de este rey está relacionado con la historia sagrada por una serie de providencias notables. Durante su reinado vivieron e hicieron su obra Esdras y Nehemías. El fue quien, en 457 a.C., promulgó el tercero y último decreto para la restauración de Jerusalén. Durante su reinado se produjo el regreso de una compañía de judíos bajo la dirección de Esdras, fue terminada por Nehemías y sus colaboradores la reconstrucción de los muros de Jerusalén, se reorganizaron los servicios del templo y grandes reformas religiosas fueron instituidas por Esdras y Nehemías. Durante su largo reinado, a menudo demostró que favorecía al pueblo de Dios; y en sus apreciados amigos judíos, Esdras y Nehemías, reconocía hombres designados

El decreto del rey Artajerjes autorizando el regreso de los judíos, hizo que muchos de éstos regresaran bajo la dirección de Esdras.

625

y suscitados por Dios para hacer una obra especial.

Lo experimentado por Esdras mientras vivía entre los judíos que permanecieron en Babilonia era tan singular que atrajo la atención favorable del rey Artajerjes, con quien habló libremente acerca del poder del Dios del cielo y del propósito divino de hacer volver a los judíos a Jerusalén.

Nacido entre los descendientes de Aarón, Esdras recibió preparación sacerdotal. Se familiarizó, además, con los escritos de los magos, astrólogos y sabios del Imperio Medo-Persa. Pero no estaba satisfecho con su condición espiritual. Anhelaba estar en completa armonía con Dios; deseaba tener sabiduría para cumplir la voluntad divina. De manera que "había preparado su corazón para inquirir la ley de Jehová y para cumplirla" (Esdras 7: 10). Esto le indujo a estudiar diligentemente la historia del pueblo de Dios, según estaba registrada en los escritos de los profetas y reyes. Escudriñó los libros históricos y poéticos de la Biblia, para aprender por qué había permitido el Señor que Jerusalén fuese destruida y su pueblo llevado cautivo a tierra pagana.

Esdras meditó en forma especial en lo experimentado por Israel desde el tiempo que fue hecha la promesa a Abrahán. Estudió las instrucciones dadas en el monte Sinaí y durante el largo plazo de las peregrinaciones por el desierto. A medida que aprendía cada vez más acerca de cómo Dios había obrado con sus hijos, y comprendía mejor el carácter sagrado de la ley dada en el Sinaí, Esdras sentía que se le conmovía el corazón. Experimentó una conversión nueva y cabal, y resolvió dominar los anales de la historia sagrada con el fin de utilizar este conocimiento para beneficiar e ilustrar a su pueblo.

Esdras procuró preparar su corazón para la obra que, según creía, le aguardaba. Buscaba fervientemente a Dios, a fin de ser sabio maestro en Israel. Y mientras aprendía a someter su espíritu y su voluntad al dominio divino, se fueron incorporando a su vida los principios de la santificación verdadera, que en años ulteriores ejercieron una influencia modeladora, no sólo en los jóvenes que procuraban sus instrucciones sino en todos los que estaban asociados con él.

Dios escogió a Esdras para que fuese instrumento del bien para Israel y para que pudiese honrar al sacerdocio, cuya gloria había quedado muy eclipsada durante el cautiverio. Esdras se desarrolló en un hombre de conocimientos extraordinarios, y llegó a ser "escriba diligente en la ley de Moisés" (vers. 6). Estas cualidades hicieron de él un hombre eminente en el Imperio Medo-Persa.

Esdras llegó a ser un portavoz de Dios que educaba en los principios que rigen el cielo a cuantos le rodeaban. Durante los años restantes de su vida, tanto en la corte del rey de Medo-Persia como cuando se hallaba en Jerusalén, su obra principal consistió en enseñar. A medida que comunicaba a otros las verdades que aprendía, aumentaba su propia capacidad para el trabajo. Era hombre piadoso y celoso. Fue delante del mundo un testimonio del poder que tiene la verdad bíblica para ennoblecer la vida diaria.

Los esfuerzos de Esdras para hacer revivir el interés en el estudio de las Escrituras adquirieron carácter permanente por la obra esmerada a la cual dedicó su vida para preservar y multiplicar los Escritos Sagrados. Recogió todas las copias de la ley que pudo encontrar, y las hizo transcribir y distribuir. La Palabra pura, así multiplicada y puesta en las

627

manos de mucha gente, le comunicó un conocimiento de valor inestimable.

La fe que tenía Esdras de que Dios haría una obra poderosa en favor de su pueblo, le indujo a hablarle a Artajerjes de su deseo de volver a Jerusalén para despertar interés en el estudio de la Palabra de Dios y ayudar a sus hermanos a reconstruir la santa ciudad. Cuando Esdras declaró su perfecta confianza en el Dios de Israel como el que podía proteger y cuidar a su pueblo, el rey se quedó profundamente impresionado. Comprendía perfectamente que los israelitas regresaban a Jerusalén para poder servir a Jehová; y sin embargo era tan grande la confianza que tenía el rey en la integridad de Esdras que le manifestó un favor señalado: le concedió lo que pedía y le otorgó ricos donativos para el servicio del templo. Hizo de él un representante especial del Imperio Medo-Persa, y le confirió extensos poderes para la ejecución de los propósitos que había en su corazón.

El decreto de Artajerjes Longímano para la restauración y edificación de Jerusalén, el tercero promulgado desde que terminara el cautiverio de setenta años, es notable por las expresiones que contiene acerca del Dios del cielo, por su reconocimiento de lo que había realizado Esdras y por la generosidad de las concesiones hechas al pueblo remanente de Dios. Artajerjes se refiere a Esdras como "sacerdote…, escriba versado en los mandamientos de Jehová y en sus estatutos a Israel, … escriba erudito en la ley del Dios del cielo". Juntamente con sus consejeros, el rey dio ofrendas liberales "al Dios de Israel, cuya morada está en Jerusalén"; y proveyó además lo suficiente para cancelar los muchos y elevados gastos ordenando que fuesen pagados "de la casa de los tesoros del rey" (vers. 11, 12, 15, 20).

Artajerjes declaró a Esdras: "De parte del rey y de sus siete consejeros eres enviado a visitar a Judea y a Jerusalén, conforme a la ley de tu Dios que está en tu mano… Todo lo que es mandado por el Dios del cielo, sea hecho prontamente para la casa del Dios del cielo; pues, ¿por qué habría de ser su ira contra el reino del rey y de sus hijos?" (vers. 14, 23).

Al permitir a los israelitas que regresaran, Artajerjes hizo los arreglos necesarios para que los miembros del sacerdocio pudiesen reanudar sus antiguos ritos y privilegios. Declaró: "A vosotros os hacemos saber que a todos los sacerdotes y levitas, cantores, porteros, sirvientes del templo

y ministros de la casa de Dios, ninguno podrá imponerles tributo, contribución ni renta". También ordenó que se señalasen magistrados civiles para gobernar al pueblo con justicia, de acuerdo con el código judío. Estas fueron sus instrucciones: "Y tú, Esdras, conforme a la sabiduría que tienes de tu Dios, pon jueces y gobernadores que gobiernen a todo el pueblo que está al otro lado del río, a todos los que conocen las leyes de tu Dios; y al que no las conoce, le enseñarás. Y cualquiera que no cumpliere la ley de tu Dios, y la ley del rey, sea juzgado prontamente, sea a muerte, a destierro, a pena de multa, o prisión" (vers. 24-26).

Así, "estando con él la buena mano de Dios", Esdras había persuadido al rey a que proveyese abundantemente para el regreso de todo el pueblo de Israel, así como "todo aquel... que quiera" de los "sacerdotes y levitas" en el Imperio Medo-Persa (vers. 9, 13). De manera que los hijos de la dispersión volvieron a tener oportunidad de regresar a la tierra cuya posesión se vinculaba con las promesas hechas a la casa de Israel. Este decreto ocasionó regocijo a los que participaban con Esdras en un estudio de los propósitos de Dios concernientes a su pueblo. Esdras exclamó: "Bendito Jehová Dios de nuestros padres, que puso tal cosa en el corazón del rey, para honrar la casa de Jehová que está en Jerusalén, e inclinó hacia mí su misericordia delante del rey y de sus consejeros, y de todos los príncipes poderosos del rey" (vers. 27, 28).

La promulgación de este decreto por Artajerjes puso de manifiesto la providencia de Dios. Algunos la discernieron, y gozosamente aprovecharon la oportunidad de regresar en circunstancias tan favorables. Se designó un lugar general de reunión; y a la fecha señalada, los que deseaban ir a Jerusalén se congregaron para el largo viaje. Dijo Esdras: "Los reuní junto al río que viene a Ahava, y acampamos allí tres días" (Esdras 8: 15).

Esdras había esperado que una gran multitud regresaría a Jerusalén, pero el número de los que respondieron a la invitación fue desanimadoramente pequeño. Muchos, que habían adquirido casas y tierras, no deseaban sacrificar estos bienes. Amaban la comodidad, y estaban perfectamente contentos de quedarse donde estaban. Su ejemplo fue un estorbo para los que sin esto hubieran decidido echar su suerte con la de quienes avanzaban por fe.

Cuando Esdras pasó revista a la congregación, se sorprendió al no encontrar a ninguno de los hijos de Leví. ¿Dónde estaban los miembros de la tribu que había sido designada para el servicio sagrado del templo? A la convocación: ¿Quién está de parte del Señor?, los levitas debieran haber sido los primeros en responder. Durante el cautiverio, y después de él, les habían sido concedidos muchos privilegios. Habían gozado de la mayor libertad para atender a las necesidades espirituales de sus hermanos en el destierro. Se habían edificado sinagogas, en las cuales los sacerdotes dirigían el culto tributado a Dios e instruían a la gente. Se les había permitido observar libremente el sábado y cumplir los ritos sagrados característicos de la fe judaica.

Pero con el transcurso de los años, después de terminar el cautiverio, las condiciones habían cambiado e incumbían muchas responsabilidades nuevas a los dirigentes de Israel. El templo de Jerusalén había sido reedificado y dedicado, y se necesitaban más sacerdotes para atender sus servicios.

Había una apremiante necesidad de hombres de Dios para enseñar al pueblo. Y además, los judíos que permanecían en Babilonia corrían el peligro de ver restringida su libertad religiosa. Mediante el profeta Zacarías, y también por lo que habían experimentado poco antes, durante los tiempos angustiosos de Ester y Mardoqueo, los judíos de Medo-Persia habían sido claramente advertidos de que debían regresar a su tierra. Había llegado el momento cuando les resultaba peligroso permanecer en medio de influencias paganas. En vista de las condiciones alteradas, los sacerdotes que estaban en Babilonia debieran haber discernido prestamente que en la promulgación del decreto se les dirigía una invitación especial para que volviesen a Jerusalén.

El rey y sus príncipes habían hecho más que su parte para prepararles el camino del regreso. Habían provisto abundantes recursos; pero ¿dónde estaban los hombres? Fallaron los hijos de Leví en un tiempo cuando la influencia de su decisión de acompañar a sus hermanos habría induci-

do a otros a seguir su ejemplo. Su extraña indiferencia es una triste revelación de la actitud asumida por los israelitas en Babilonia hacia el propósito de Dios para su pueblo.

Nuevamente Esdras se dirigió a los levitas y les mandó una urgente invitación a unirse con su grupo. Para recalcar cuán importante era que actuaran prestamente, envió con su súplica escrita a varios de sus hombres "principales" y "hombres doctos" (Esdras 7: 28; 8: 16).

Mientras que los peregrinos quedaban esperando con Esdras, aquellos mensajeros de confianza se apresuraron a llevar la súplica destinada a atraer "ministros para la casa de nuestro Dios" (vers. 17). Esta súplica fue escuchada; algunos de los que habían estado vacilando decidieron finalmente que regresarían. En total, llegaron al campamento unos cuarenta sacerdotes y doscientos veinte de los "sirvientes del templo", hombres en quienes Esdras podía confiar como sabios ministros y buenos maestros y auxiliadores.

Todos estaban ahora listos para emprender la marcha. Les esperaba un viaje que duraría varios meses. Los hombres llevaban consigo a sus esposas y sus hijos, así como sus posesiones, además de un gran tesoro para el templo y su servicio. Esdras sabía que en el camino los acecharían enemigos listos para saquearlos y matarlos a él y a su grupo; y sin embargo no solicitó al rey fuerza armada para su protección. Explicó: "Tuve vergüenza de pedir al rey tropa y gente de a caballo que nos defendiesen del enemigo en el camino; porque habíamos hablado al rey, diciendo: La mano de nuestro Dios es para bien sobre todos los que le buscan; mas su poder y su furor contra todos los que le abandonan" (Esdras 8: 22).

En este asunto, Esdras y sus compañeros vieron una oportunidad de ensalzar el nombre de Dios delante de los paganos. Quedaría fortalecida la fe en el poder del Dios viviente si los israelitas mismos revelaban una fe implícita en su Caudillo divino. Resolvieron por lo tanto poner toda su confianza en él. No quisieron pedir una guardia de soldados, para no dar a los paganos ocasión de acreditar a la fuerza humana la gloria que sólo es de Dios. No podían correr el riesgo de despertar en la mente de sus amigos paganos una duda en cuanto a la sinceridad de su confianza en Dios como pueblo suyo. Adquirirían fuerza, no por las riquezas, ni por el poder ni la influencia de hombres idólatras, sino por el favor de Dios. Serían protegidos sólo por la observancia de la ley de Dios y por sus esfuerzos para acatarla.

Este conocimiento de las condiciones gracias a las cuales continuarían gozando de prosperidad bajo la mano de Dios, añadió una solemnidad más que común al servicio de consagración que celebraron Esdras y su compañía de almas fieles precisamente antes de partir. Esdras declaró al respecto: "Y publiqué ayuno allí junto al río Ahava, para afligirnos delante de nuestro Dios, para solicitar de él camino derecho para nosotros, y para nuestros niños, y para todos nuestros bienes... Ayunamos, pues, y pedimos a nuestro Dios sobre esto, y él nos fue propicio" (vers. 21, 23).

La bendición de Dios no hizo innecesarias la prudencia y la previsión. Como precaución especial para salvaguardar el tesoro, Esdras dice: "Aparté luego a doce de los principales de los sacerdotes, ... y les pesé la plata, el oro y los utensillos, ofrenda que para la casa de nuestro Dios habían ofrecido el rey y sus consejeros y sus príncipes, y todo Israel allí presente". A estos hombres de probada fidelidad se les encargó solemnemente que actuasen como mayordomos vigilantes del tesoro confiado a su cuidado. Esdras les dijo: "Vosotros estáis consagrados a Jehová, y son santos los utensilios, y la plata y el oro, ofrenda voluntaria a Jehová Dios de nuestros padres. Vigilad y guardadlos, hasta que los peséis delante de los príncipes de los sacerdotes y levitas, y de los jefes de las casas paternas de Israel en Jerusalén, en los aposentos de la casa de Jehová" (vers. 24, 25, 28, 29).

El cuidado ejercido por Esdras al proveer para el transporte y la seguridad del tesoro de Dios, enseña una lección que merece un estudio reflexivo. Se eligieron únicamente personas de carácter fidedigno, ya probado; y se las instruyó con claridad acerca de la responsabilidad que les incumbía. Al designar magistrados fieles para que actuasen como tesoreros de los bienes del Señor, Esdras reconoció la necesidad y el valor del orden y la organización en la obra de Dios.

Durante los pocos días que los israelitas esperaron al lado del río, se terminaron todos los preparativos para el largo viaje. Escribió Esdras: "Y partimos del río Ahava el doce del mes primero, para ir a Jerusalén; y la mano de nuestro Dios estaba sobre nosotros, y nos libró de mano del enemigo y del asechador en el camino" (vers. 31). El viaje ocupó más o menos cuatro meses, pues la multitud que acompañaba a Esdras y sumaba en total varios millares de personas, incluía mujeres y niños y exigía que se avanzase lentamente. Pero todos fueron guardados sanos y salvos; sus enemigos fueron refrenados de hacerles daño. Su viaje fue próspero; y en el primer día del quinto mes, en el año séptimo de Artajerjes, llegaron a Jerusalén.

CAPITULO 51

Un Despertamiento Espiritual

LA LLEGADA de Esdras a Jerusalén fue muy oportuna. Era muy necesaria la influencia de su presencia. Su llegada infundió valor y esperanza al corazón de muchos que habían trabajado durante largo tiempo en medio de dificultades. Desde el regreso de la primera compañía de desterrados, bajo la dirección de Zorobabel y Josué, unos setenta años antes, se había hecho mucho. Se había construido el templo y los muros de la ciudad habían sido parcialmente reparados. Sin embargo quedaba todavía mucho por hacer.

Buen número de los que habían regresado a Jerusalén en años anteriores habían permanecido fieles a Dios mientras vivieron, pero una proporción considerable de los hijos y de los nietos se habían olvidado del carácter sagrado de la ley de Dios. Aun algunos de los hombres a quienes se habían confiado responsabilidades vivían en pecado abierto. Su conducta contribuía mucho a neutralizar los esfuerzos hechos por otros para hacer progresar la causa de Dios, porque mientras se permitía que quedasen sin reprensión las abiertas violaciones a la ley, la bendición del cielo no podía descansar sobre el pueblo.

Concordaba con la providencia de Dios el hecho de que los que habían regresado con Esdras hubiesen dedicado momentos especiales a buscar al Señor. Lo que acababan de experimentar durante el viaje que habían realizado desde Babilonia, sin protección de poder humano alguno, les había enseñado ricas lecciones espirituales. Muchos se habían fortalecido en la fe; y al tratar éstos con los desalentados e indiferentes que había en Jerusalén, ejercieron una influencia que fue un factor poderoso en la reforma que se instituyó poco después.

El cuarto día después de la llegada, los tesoros de plata y oro, con los vasos destinados al servicio del santuario, fueron entregados por los tesoreros en manos de los magistrados del templo, en presencia de testigos, y con la mayor exactitud. Cada objeto fue examinado "por cuenta y por peso" (Esdras 8: 34).

Los hijos del cautiverio que habían regresado con Esdras "ofrecieron holocaustos al Dios de Israel", en ofrenda por el pecado y en prueba de su gratitud por la protección que les habían dado los santos ángeles durante su viaje. "Y entregaron los despachos del rey a sus sátrapas y capitanes del otro lado del río, los cuales ayudaron al pueblo y a la casa de Dios" (vers. 35, 36).

Muy poco después varios de los principales de Israel se acercaron a Esdras con una queja grave. Algunos del "pueblo de Israel, y los sacerdotes y levitas" habían despreciado los santos mandamientos de Dios hasta el punto de casarse con miembros de los pueblos circundantes. Se le dijo a Esdras: "Han tomado de las hijas de ellos para sí y para sus hijos, y el linaje santo ha sido mezclado con los pueblos de las tierras" paganas; "y la mano de los príncipes y de los gobernadores ha sido la primera en cometer este pecado" (Esdras 9: 1, 2).

En su estudio de las causas que condujeron al cautiverio babilónico, Esdras había aprendido que la apostasía de Israel se debía en gran parte al hecho de que se había mezclado con las naciones paganas. El había visto que si hubiesen obedecido a la orden que Dios les diera, de mantenerse separados de las naciones circundantes, se habrían ahorrado muchas experiencias tristes y humillantes. De manera que cuando supo que a pesar de las lecciones del pasado, hombres eminentes se habían atrevido a transgredir las leyes dadas para salvaguardarlos de la apostasía, su corazón se conmovió. Pensó en la bondad manifestada por Dios al dar a su pueblo otra oportunidad de establecerse en su tie-

rra natal, y quedó abrumado de justa indignación y de pesar por la ingratitud que revelaban. Dice: "Cuando oí esto, rasgué mi vestido y mi manto, y arranqué pelo de mi cabeza y de mi barba, y me senté angustiado en extremo.

"Y se me juntaron todos los que temían las palabras del Dios de Israel, a causa de la prevaricación de los del cautiverio; mas yo estuve muy angustiado hasta la hora del sacrificio de la tarde" (vers. 3, 4).

A la hora del sacrificio vespertino, Esdras se levantó y, rasgando de nuevo sus vestiduras, cayó de rodillas y descargó su alma en súplica al cielo. Extendiendo las manos hacia el Señor, exclamó: "Dios mío, confuso y avergonzado estoy para levantar, oh Dios mío, mi rostro a ti, porque nuestras iniquidades se han multiplicado sobre nuestra cabeza, y nuestros delitos han crecido hasta el cielo.

"Desde los días de nuestros padres —continuó suplicando— hasta este día hemos vivido en gran pecado; y por nuestras iniquidades nosotros, nuestros reyes y nuestros sacerdotes hemos sido entregados en manos de los reyes de las tierras, a espada, a cautiverio, a robo, y a vergüenza que cubre nuestro rostro, como hoy día. Y ahora por un breve momento ha habido misericordia de parte de Jehová nuestro Dios, para hacer que nos quedase un remanente libre, y para darnos un lugar seguro en su santuario, a fin de alumbrar nuestro Dios nuestros ojos y darnos un poco de vida en nuestra servidumbre. Porque siervos somos; mas en nuestra servidumbre no nos ha desamparado nuestro Dios, sino que inclinó sobre nosotros su misericordia delante de los reyes de Persia, para que se nos diese vida para levantar la casa de nuestro Dios y restaurar sus ruinas, y darnos protección en Judá y en Jerusalén.

"Pero ahora, ¿qué diremos, oh Dios nuestro, después de esto? Porque nosotros hemos dejado tus mandamientos, que prescribiste por medio de tus siervos los profetas... Mas después de todo lo que nos ha sobrevenido a causa de nuestras malas obras, y a causa de nuestro gran pecado, ya que tú, Dios nuestro, no nos has castigado de acuerdo con nuestras iniquidades, y nos diste un remanente como este, ¿hemos de volver a infringir tus mandamientos, y a emparentar con pueblos que cometen estas abominaciones? ¿No te indignarías contra nosotros hasta consumirnos, sin que quedara remanente ni quien escape? Oh Jehová Dios de Israel, tú eres justo, puesto que hemos quedado un remanente que ha escapado, como en este día. Henos aquí delante de ti en nuestros delitos; porque no es posible estar en tu presencia a causa de esto" (vers. 6-15).

El pesar de Esdras y de sus asociados por los males que se habían infiltrado insidiosamente en el mismo corazón de la obra de Dios, produjo arrepentimiento. Muchos de los que habían pecado quedaron profundamente afectados. "Y lloraba el pueblo amargamente" (Esdras 10: 1). Empezaron a comprender en forma limitada el carácter odioso del pecado, y el horror con que Dios lo considera. Vieron cuán sagrada es la ley promulgada en el Sinaí, y muchos temblaron al pensar en sus transgresiones.

Uno de los presentes, llamado Secanías, reconoció la verdad de todas las palabras dichas por Esdras. Confesó: "Nosotros hemos pecado contra nuestro Dios, pues tomamos mujeres extranjeras de los pueblos de la tierra; mas a pesar de esto, aún hay esperanza para Israel". Secanías propuso que todos los que habían transgredido se comprometieran ante Dios a abandonar su pecado, y a ser juzgados "conforme a la ley". Dio esta invitación a Esdras: "Levántate, porque esta es tu obligación, y nosotros estaremos contigo; esfuérzate... Entonces se levantó Esdras y juramentó a los príncipes de los sacerdotes y de los levitas, y a todo Israel, que harían conforme a esto" (vers. 2-5).

Tal fue el comienzo de una reforma admirable. Con infinita paciencia y tacto, y con una cuidadosa consideración de los derechos y el bienestar de todos los afectados, Esdras y sus asociados procuraron conducir por el camino correcto a los arrepentidos de Israel. Sobre todo lo demás, Esdras enseñó la ley; y mientras dedicaba su atención personal a examinar cada caso, procuraba hacer comprender al pueblo la santidad de la ley, así como las bendiciones que podían obtenerse por la obediencia.

Dondequiera que actuase Esdras, revivía el estudio de las Santas Escrituras. Se designaban maestros para que instruyesen al pueblo; se exaltaba y se honraba la ley del Señor. Se escudriñaban los libros de los profetas, y los pasajes que predecían la llegada del Mesías infundían esperanza y consuelo a muchos corazones tristes y agobiados.

Han transcurrido más de dos mil años desde que Esdras aplicó "su corazón para inquirir la ley de Jehová y para cumplirla", pero el transcurso del tiempo no ha disminuido la influencia de su ejemplo piadoso. Desde entonces la historia de su vida de consagración ha inspirado en muchos la determinación de buscar y practicar esa misma ley (Esdras 7: 10).

Los motivos de Esdras eran elevados y santos; en todo lo que hacía era impulsado por un profundo amor hacia las

641

almas. La compasión y la ternura que revelaba hacia los que habían pecado, fuese voluntariamente o por ignorancia, debe ser una lección objetiva para todos los que procuran realizar reformas. Los siervos de Dios deben ser firmes como una roca en cuanto a los principios correctos; sin embargo, deben manifestar simpatía y tolerancia. Como Esdras, deben enseñar a los transgresores el camino de la vida al inculcarles los principios en que se funda toda buena acción.

En esta época del mundo, cuando mediante múltiples instrumentos Satanás procura cegar los ojos de hombres y mujeres para que no vean lo que exige la ley de Dios, se necesitan hombres que hagan temblar a muchos ante "el mandamiento de nuestro Dios" (Esdras 10: 3). Se necesitan verdaderos reformadores, que conduzcan a los transgresores hacia el gran Legislador, y les enseñen que "la ley de Jehová es perfecta, que convierte el alma" (Salmo 19: 7). Se necesitan hombres poderosos en las Escrituras: hombres que con cada palabra y acción exalten los estatutos de Jehová; hombres que procuren fortalecer la fe. Hay gran necesidad de personas que enseñen e inspiren en los corazones reverencia y amor hacia las Escrituras.

La iniquidad que prevalece extensamente hoy puede atribuirse en cierta medida al hecho de que no se estudian ni se obedecen las Escrituras; porque cuando la Palabra de Dios es desechada, se rechaza su poder para refrenar las malas pasiones del corazón natural. Los hombres siembran para la carne, y de la carne siegan corrupción.

Al poner a un lado la Biblia se ha abandonado la ley de Dios. La doctrina que enseña que los hombres no están obligados a obedecer los mandamientos divinos, ha reducido la fuerza de la obligación moral y abierto las compuertas de la iniquidad que inunda al mundo. La perversidad, la disipación y la corrupción están arrasando como un diluvio abrumador. Por doquiera se ven envidias, malas sospechas, hipocresía, enajenamiento, rivalidad, contienda y traición de los cometidos sagrados, complacencia de las concupiscencias. Todo el sistema de los principios religiosos y las doctrinas, que debiera formar el fundamento y el armazón de la vida social, se asemeja a una construcción tambaleante a punto de caer en ruinas.

La voz que habló desde el Sinaí sigue declarando en los últimos días de la historia de esta tierra: "No tendrás dioses ajenos delante de mí" (Exodo 20: 3). El hombre ha opuesto su voluntad a la de Dios, pero no puede acallar la voz del mandamiento. El espíritu humano no puede eludir su obligación para con una potencia superior. Podrán abundar las

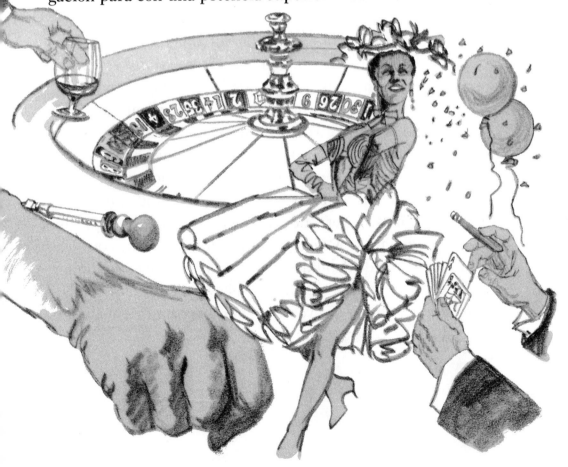

teorías y las especulaciones; puede ser que los hombres procuren oponer la ciencia a la revelación para descartar la ley de Dios; pero la orden se repite cada vez con más fuerza: *"Al Señor tu Dios adorarás, y a él solo servirás"** (S. Mateo 4: 10).

Es imposible debilitar o reforzar la ley de Jehová. Subsiste tal como fue. Siempre ha sido, y siempre será santa, justa y buena, completa en sí misma. No puede ser abrogada ni cambiada. "Honrarla" o "deshonrarla" no es más que un lenguaje humano.

La oposición de las leyes humanas a los preceptos de Jehová producirá el último gran conflicto de la controversia entre la verdad y el error. Estamos entrando ahora en esa batalla, que no es simplemente entre iglesias rivales que contienden por la supremacía, sino entre la religión de la Biblia y las religiones de las fábulas y tradiciones. Los agentes que se han unido contra la verdad están ya obrando activamente. La santa Palabra de Dios, que nos ha sido transmitida a un costo tan elevado de sufrimientos y derramamiento de sangre, no se aprecia. Son pocos los que la aceptan realmente como norma de la vida. La incredulidad prevalece en forma alarmante, no sólo en el mundo, sino también en la iglesia. Muchos niegan doctrinas que son columnas básicas de la fe cristiana. Los grandes hechos de la creación presentados por los escritores bíblicos inspirados: la caída del hombre, la expiación, la perpetuidad de la ley de Dios, son todas verdades rechazadas por muchos que dicen ser cristianos. Miles que afirman que saben, consideran como señal de debilidad confiar totalmente en la Biblia. Para éstos la prueba de que se sabe es sutilizar sobre las Escrituras y anular sus verdades más importantes mediante

---

*La cursiva es nuestra. *Los Editores.*

explicaciones que intentan espiritualizarlas.

Los cristianos deben prepararse para lo que pronto estallará sobre el mundo como una sorpresa abrumadora, y deben hacerlo estudiando diligentemente la Palabra de Dios y esforzándose por conformar su vida con sus preceptos. Los tremendos y eternos resultados que están en juego exigen de nosotros algo más que una religión imaginaria, de palabras y formas, que mantiene a la verdad en el atrio exterior. Dios pide un reavivamiento y una reforma. Las palabras de la Biblia, y de la Biblia sola, deben oírse desde el púlpito. Pero la Biblia ha sido despojada de su poder, y el resultado se ve en la reducción del tono de la vida espiritual. En muchos sermones que se pronuncian hoy no hay la manifestación divina que despierta la conciencia y comunica vida al alma. Los oyentes no pueden decir: "¿No ardía nuestro corazón en nosotros, mientras nos hablaba en el camino, y cuando nos abría las Escrituras?" (S. Lucas 24: 32). Son muchos los que están clámando en pos del Dios viviente y anhelando la presencia divina. Permítase a la palabra de Dios que hable al corazón, y que a quienes sólo se habló de tradiciones, teorías y máximas humanas, oigan la voz de Aquel que puede renovar el alma para vida eterna.

De los patriarcas y profetas resplandeció una gran luz. Cosas gloriosas fueron expresadas acerca de Sión, la ciudad de Dios. Así quiere el Señor que la luz resplandezca hoy por medio de quienes le siguen. Si los santos del Antiguo Testamento dieron tan brillante testimonio de lealtad, ¿no deberán aquellos sobre quienes resplandece la luz acumulada durante siglos, dar un testimonio aun más señalado con respecto al poder de la verdad? La gloria de las profecías derrama su luz sobre nuestra senda. Los símbolos se encontraron con la realidad en la muerte del Hijo de Dios. Cristo resucitó de los muertos, y proclamó sobre el sepulcro abierto: "Yo soy la resurrección y la vida" (S. Juan 11: 25). Envió su Espíritu al mundo para recordarnos todas las cosas. Y por un milagro de su poder, preservó su Palabra escrita a través de los siglos.

Los reformadores cuya protesta nos dio el nombre de protestantes, consideraron que Dios los había llamado a dar al mundo la luz del Evangelio, y en su esfuerzo por hacerlo, estaban listos para sacrificar sus bienes, su libertad y aun la misma vida. Frente a la persecución y la muerte, el Evangelio se proclamó lejos y cerca. La palabra de Dios fue comunicada al pueblo; y todas las clases, humildes y encumbrados, ricos y pobres, sabios e ignorantes, la estudiaron por su cuenta con avidez. ¿Somos nosotros, en este último conflicto de la gran controversia, tan fieles a nuestro cometido como lo fueron al suyo los primeros reformadores?

"Tocad trompeta en Sión, proclamad ayuno, convocad asamblea. Reunid al pueblo, santificad la reunión, juntad a los ancianos, congregad a los niños… Lloren los sacerdotes ministros de Jehová, y digan: Perdona, oh Jehová, a tu pueblo, y no entregues al oprobio tu heredad… Convertíos a mí con todo vuestro corazón, con ayuno y lloro y lamento. Rasgad vuestro corazón, y no vuestros vestidos, y convertíos a Jehová vuestro Dios; porque misericordioso es y clemente, tardo para la ira y grande en misericordia, y que se duele del castigo. ¿Quién sabe si volverá y se arrepentirá y dejará bendición tras de él?" (Joel 2: 15-17, 12-14).

CAPITULO 52

Este capítulo está basado en Nehemías 1 y 2.

Un Hombre Oportuno

NEHEMIAS, uno de los desterrados hebreos, ocupaba un cargo de influencia y honor en la corte de Persia. Como copero del rey tenía libre acceso a la presencia real. En virtud de su puesto, y gracias a su capacidad y fidelidad, había llegado a ser amigo y consejero del rey. Sin· embargo, y a pesar de gozar del favor real y de verse rodeado de pompa y esplendor, no olvidaba a su Dios ni a su pueblo. Con el más hondo interés su corazón se volvía hacia Jerusalén, y sus esperanzas y goces se vinculaban con la prosperidad de esa ciudad. Por medio de este hombre, cuya permanencia en la corte persa había preparado para la obra a la cual se le iba a llamar, Dios se proponía bendecir a su pueblo en la tierra de sus padres.

Mediante mensajeros de Judea, el patriota hebreo había sabido que habían llegado días de prueba para Jerusalén, la ciudad escogida. Los desterrados que habían regresado sufrían aflicción y oprobio. Se habían reedificado el templo y porciones de la ciudad; pero la obra de restauración se veía estorbada, los servicios del templo eran perturbados, y el pueblo mantenido en constante alarma por el hecho de que las murallas de la ciudad permanecían mayormente en ruinas.

Abrumado de pesar, Nehemías no podía comer ni beber. Confiesa: "Lloré, e hice duelo por algunos días, y ayuné y oré delante del Dios de los cielos". Fielmente confesó sus pecados y los pecados de su pueblo. Rogó a Dios que sostuviese la causa de Israel, que devolviese a su pueblo valor y fuerza y le ayudase a edificar los lugares asolados de Judá.

Mientras Nehemías oraba, se fortalecieron su fe y su valor. Se le ocurrieron santos argumentos. Señaló el deshonor que recaería sobre Dios si su pueblo, que ahora se había vuelto hacia él, fuese dejado en debilidad y opresión; e insistió en que el Señor cumpliese su promesa: "Si os volviereis a mí, y guardareis mis mandamientos, y los pusiereis por obra, aunque vuestra dispersión fuere hasta el extremo de los cielos, de allí os recogeré, y os traeré al lugar que escogí para hacer habitar allí mi nombre" (Nehemías 1: 9, véase Deuteronomio 4: 29-31). Esta promesa había sido dada a los hijos de Israel por intermedio de Moisés antes que entrasen en Canaán; y había permanecido sin cambio a través de los siglos. El pueblo de Dios se había tornado ahora a él con arrepentimiento y fe, y esta promesa no fallaría.

Nehemías con frecuencia había derramado su alma en favor de su pueblo. Pero mientras oraba esta vez, se formó un propósito santo en su espíritu. Resolvió que si lograba el consentimiento del rey y la ayuda necesaria para conseguir herramientas y material, emprendería él mismo la tarea de reedificar las murallas de Jerusalén y de restaurar la fuerza nacional de Israel. Pidió al Señor que le hiciese obtener el favor del rey, a fin de poder cumplir ese plan. Suplicó: "Concede ahora buen éxito a tu siervo, y dale gracia delante de aquel varón".

Durante cuatro meses Nehemías aguardó una oportunidad favorable para presentar su petición al rey. Mientras tanto, aunque su corazón estaba apesadumbrado, se esforzó por conducirse animosamente en la presencia real. En aquellas salas adornadas con lujo y esplendor, todos debían aparentar alegría y felicidad. La angustia no debía echar su sombra sobre el rostro de ningún acompañante de la realeza. Pero mientras Nehemías se hallaba retraído, oculto de los ojos humanos, muchas eran las oraciones, las confesiones y las lágrimas que Dios y los ángeles oían y veían.

Al fin, el pesar que abrumaba el corazón del patriota ya no pudo esconderse. Las noches de insomnio y los días llenos de congoja dejaron sus rastros en el semblante de Nehemías. El rey, velando por su propia seguridad, estaba acostumbrado a observar los rostros y a penetrar las apariencias, de modo que se dio cuenta de que alguna aflicción secreta acosaba a su copero. Le preguntó: "¿Por qué está triste tu rostro? pues no estás enfermo. No es esto sino quebranto de corazón".

La pregunta llenó a Nehemías de preocupación. ¿No se enojaría el rey al saber que mientras el cortesano parecía dedicado a su servicio estaba pensando en su pueblo lejano y afligido? ¿No perdería la vida el ofensor? ¿Quedaría en la nada el plan con el cual soñaba para devolver a Jerusalén su fuerza? "Entonces —escribe— temí en gran manera". Con labios temblorosos y ojos llenos de lágrimas, reveló la causa de su pesar. "Para siempre viva el rey —contestó—. ¿Cómo no estará triste mi rostro, cuando la ciudad, casa de los sepulcros de mis padres, está desierta, y sus puertas consumidas por el fuego?"

La mención de la condición en que estaba Jerusalén despertó la simpatía del monarca sin evocar sus prejuicios. Otra pregunta dio a Nehemías la oportunidad que aguardaba desde hacía mucho: "¿Qué cosa pides?" Pero el varón de Dios no se atrevía a responder antes de haber solicitado la dirección de Uno mayor que Artajerjes. Tenía un cometido sagrado que cumplir, para el cual necesitaba ayuda del rey; y comprendía que mucho dependía de que presentase el asunto en forma que obtuviese su aprobación y su auxilio. Dice él: "Entonces oré al Dios de los cielos". En esa breve oración, Nehemías se acercó a la presencia del Rey de reyes, y ganó para sí un poder que puede desviar los corazones como se desvían las aguas de los ríos.

La facultad de orar como oró Nehemías en el momento de su necesidad es un recurso del cual dispone el cristiano en circunstancias en que otras formas de oración pueden resultar imposibles. Los que trabajan en las tareas de la vida, apremiados y casi abrumados de perplejidad, pueden elevar a Dios una petición para ser guiados divinamente. Cuando los que viajan, por mar o por tierra, se ven amenazados por algún grave peligro, pueden entregarse así a la protección del cielo. En momentos de dificultad o peligro repentino, el corazón puede clamar por ayuda a Aquel que se ha comprometido a acudir en auxilio de sus fieles creyentes cuando quiera que le invoquen. En toda circunstancia y condición, el alma cargada de pesar y cuidados, o fieramente asaltada por la tentación, puede hallar seguridad, apoyo y socorro en el amor y el poder inagotables de un Dios que guarda su pacto.

En aquel breve momento de oración al Rey de reyes, Nehemías cobró valor para exponer a Artajerjes su deseo de quedar por un tiempo libre de sus deberes en la corte; y solicitó autoridad para edificar los lugares asolados de Jerusalén, para hacer de ella nuevamente una ciudad fuerte y defendida. De esta petición dependían resultados decisivos para la nación judaica. "Y —explica Nehemías— me lo concedió el rey, según la benéfica mano de Jehová sobre mí".

Una vez que obtuvo la ayuda que solicitaba, Nehemías procedió con prudencia y previsión a hacer los arreglos necesarios para asegurar el éxito de la empresa. No descuidó precaución alguna que favoreciese su realización. Ni siquiera a sus compatriotas reveló su propósito. Aunque sa-

bía que muchos se alegrarían de su éxito, temía que algunos, mediante actos indiscretos, despertasen los celos de sus enemigos y causaran tal vez el fracaso de la tentativa.

La petición que dirigió al rey tuvo acogida tan favorable que Nehemías se sintió alentado a pedir aun más ayuda. A fin de dar dignidad y autoridad a su misión, así como para estar protegido durante el viaje, solicitó y obtuvo una escolta militar. Consiguió cartas reales dirigidas a los gobernadores de las provincias al otro lado del Eufrates, por cuyo territorio debía cruzar en viaje a Judea; y obtuvo también una carta en la cual se ordenaba al guardabosque real en las montañas del Líbano que le proveyese la madera que necesitara. A fin de que nadie tuviese motivo para quejarse de que se había excedido, Nehemías tuvo cuidado de que la autoridad y los privilegios que se le otorgaban se definiesen claramente.

Este ejemplo de sabia previsión y de acción resuelta debe ser una lección para todos los cristianos. Los hijos de Dios deben no solamente orar con fe, sino también obrar con cuidado diligente y prudente. Tropiezan con muchas dificultades y a menudo estorban la obra de la Providencia en su favor porque consideran la prudencia y el esfuerzo esmerado como ajenos a la religión. Nehemías no creyó que había cumplido su deber cuando lloró y rogó al Señor. Unió a sus peticiones un esfuerzo santo y trabajó con fervor y oración por el éxito de la empresa en la cual se empeñaba. La consideración cuidadosa y los planes bien pensados son tan necesarios hoy para las realizaciones sagradas como en el tiempo en que fueron reedificados los muros de Jerusalén.

Nehemías no se conformaba con la incertidumbre. Los recursos que le faltaban, los solicitaba a los que estaban en condiciones de dárselos. Y el Señor sigue dispuesto a obrar en los corazones de los que se hallan en posesión de sus bienes, para que los entreguen en favor de la causa de la verdad. Los que trabajan para él deben valerse de la ayuda que él induce a los hombres a dar. Esos donativos pueden abrir vías por las cuales la luz de la verdad irá a muchas tierras entenebrecidas. Los donantes no tienen quizá fe en Cristo ni conocen su palabra; pero sus donativos no deben ser rehusados por este motivo.

CAPITULO 53

Los Edificadores de la Muralla

NEHEMIAS realizó sano y salvo su viaje a Jerusalén. Las cartas del rey para los gobernadores de las provincias situadas a lo largo de su ruta le aseguraron una recepción honorable y pronta ayuda. Ningún enemigo se atrevía a molestar al funcionario custodiado por el poder del rey de Persia y tratado con tanta consideración por los gobernadores provinciales. Sin embargo, su llegada a Jerusalén con una escolta militar que revelaba que venía en alguna misión importante, excitó los celos de las tribus paganas que vivían cerca de la ciudad y que con frecuencia habían manifestado su enemistad contra los judíos, a los que propinaban insultos y vituperios. En esta mala obra se destacaban ciertos jefes de dichas tribus: Sanbalat el horonita, Tobías el amonita y Gesem el árabe. Desde el principio, esos caudillos observaron con ojos críticos los movimientos de Nehemías, y por todos los medios a su alcance

Los constructores, bajo la dirección e inspiración de Nehemías, reanudaron la restauración de las derribadas murallas de Jerusalén.

655

procuraron estorbar sus planes y su obra.

Nehemías continuó ejerciendo la misma cautela y prudencia que hasta entonces habían distinguido su conducta. Sabiendo que acerbos y resueltos enemigos estaban listos para oponérsele, ocultó la índole de su misión hasta que un estudio de la situación le permitiese hacer sus planes. Esperaba asegurarse así la cooperación del pueblo y ponerlo a trabajar antes que se levantase la oposición de sus enemigos.

Escogiendo a unos pocos hombres a quienes reconocía dignos de confianza, Nehemías les contó las circunstancias que le habían inducido a venir a Jerusalén, el fin que se proponía alcanzar y los planes que pensaba seguir. Obtuvo inmediatamente que se interesaran en su empresa, y prometieron ayudarle.

La tercera noche después de su llegada, Nehemías se levantó a la medianoche, y con unos pocos compañeros de confianza salió a examinar por su cuenta la desolación de Jerusalén. Montado en su mula, pasó de una parte de la ciudad a otra, examinando las puertas y los muros en ruinas de la ciudad de sus padres. Penosas reflexiones llenaban la mente del patriota judío mientras que con corazón apesadumbrado miraba las derribadas defensas de su amada Jerusalén. Los recuerdos de la grandeza que gozara antaño Israel contrastaban agudamente con las evidencias de su humillación.

En secreto y en silencio, recorrió Nehemías el circuito de las murallas. Declara: "No sabían los oficiales a dónde yo había ido, ni qué había hecho; ni hasta entonces lo había declarado yo a los judíos y sacerdotes, ni a los nobles y oficiales, ni a los demás que hacían la obra". Pasó el resto de la noche en oración, porque sabía que al llegar la mañana necesitaría hacer esfuerzos intensos para despertar y unir a sus compatriotas desalentados y divididos.

Nehemías había traído un mandato real que requería a los habitantes que cooperasen con él en la reedificación de los muros de la ciudad; pero no confiaba en el ejercicio de la autoridad y procuró más bien ganar la confianza y simpatía del pueblo, porque sabía que la unión de los corazones tanto como la de las manos era esencial para la gran obra que le aguardaba. Por la mañana, cuando congregó al pueblo, le presentó argumentos calculados para despertar sus energías dormidas y unir sus fuerzas dispersas.

Los que oían a Nehemías no sabían nada de su gira nocturna, ni tampoco se la mencionó él. Pero el hecho de que la había realizado contribuyó mucho a su éxito, porque pudo hablar de las condiciones de la ciudad con una precisión y una minuciosidad que asombraron a sus oyentes. Las impresiones que había sentido mientras se percataba de la debilidad y degradación de Jerusalén daban fervor y poder a sus palabras.

Recordó al pueblo el oprobio en que vivía entre los paganos, y cómo se despreciaba su religión y se blasfemaba a su Dios. Les dijo que en una tierra lejana había oído hablar de su aflicción, que había solicitado el favor del cielo para ellos, y que, mientras oraba, había resuelto pedir al rey que le permitiera acudir en su auxilio. Había rogado a Dios que el rey no sólo le otorgase ese permiso, sino que también le invistiese de autoridad y le diese la ayuda que necesitaba para la obra; y la respuesta dada a su oración demos-

657

traba que el plan era del Señor.

Relató todo esto, y habiendo demostrado que estaba sostenido por la autoridad combinada del Dios de Israel y del rey de Persia, Nehemías preguntó directamente al pueblo si quería aprovechar esta oportunidad y levantarse para edificar la muralla.

El llamamiento llegó directamente a los corazones. Al señalarles cómo se había manifestado el favor del cielo hacia ellos, los avergonzó de sus temores, y con nuevo valor clamaron a una voz: "Levantémonos y edifiquemos. Así esforzaron sus manos para bien".

Nehemías ponía toda su alma en la empresa que había iniciado. Su esperanza, su energía, su entusiasmo y su determinación eran contagiosos e inspiraban a otros el mismo intenso valor y elevado propósito. Cada hombre se convirtió a su vez en un Nehemías, y contribuyó a fortalecer el corazón y la mano de su vecino.

Cuando los enemigos de Israel supieron lo que los judíos esperaban hacer, los escarnecieron diciendo: "¿Qué es esto que hacéis vosotros? ¿Os rebeláis contra el rey?" Pero Nehemías contestó: "El Dios de los cielos, él nos prosperará, y nosotros sus siervos nos levantaremos y edificaremos porque vosotros no tenéis parte ni derecho ni memoria en Jerusalén".

Los sacerdotes se contaron entre los primeros en contagiarse del espíritu de celo y fervor que manifestaba Nehemías. Debido a la influencia que por su cargo ejercían, estos hombres podían hacer mucho para estorbar la obra o para que progresase; y la cordial cooperación que le prestaron desde el mismo comienzo contribuyó no poco a su éxito.

La mayoría de los príncipes y gobernadores de Israel cumplieron noblemente su deber, y el libro de Dios hace mención honorable de estos hombres fieles. Hubo, sin embargo, entre los grandes de los tecoítas, algunos que "no se prestaron para ayudar a la obra de su Señor". La memoria de estos siervos perezosos quedó señalada con oprobio y se transmitió como advertencia para todas las generaciones futuras.

En todo movimiento religioso hay quienes, si bien no pueden negar que la causa es de Dios, se mantienen apartados y se niegan a hacer esfuerzo alguno para ayudar. Convendría a los tales recordar lo anotado en el cielo en el libro donde no hay omisiones ni errores, y por el cual seremos juzgados. Allí se registra toda oportunidad de servir a Dios que no se aprovechó; y allí también se recuerda para siempre todo acto de fe y amor.

El ejemplo de aquellos tecoítas tuvo poco peso frente a la influencia inspiradora de Nehemías. El pueblo en general estaba animado de patriotismo y celo. Hombres de capacidad e influencia organizaron en compañías a las diversas categorías de ciudadanos, y cada caudillo se hizo responsable de construir cierta parte de la muralla. Acerca de algunos se ha dejado escrito que edificaron "cada uno enfrente de su casa".

Tampoco disminuyó la energía de Nehemías una vez iniciado el trabajo. Con incansable vigilancia inspeccionaba la construcción, dirigía a los obreros, notaba los impedimentos y atendía a las emergencias. A lo largo de toda la extensión de aquellas tres millas de muralla [cinco kilómetros], se sentía constantemente su influencia. Con palabras oportunas alentaba a los temerosos, despertaba a los rezagados y aprobaba a los diligentes. Observaba siempre los movimientos de los enemigos, que de vez en cuando se reunían a la distancia y entraban en conversación como para planear perjuicios, y luego, acercándose a los obreros, intentaban distraer su atención.

En sus muchas actividades, Nehemías no olvidaba la Fuente de su fuerza. Elevaba constantemente su corazón a Dios, el gran Sobreveedor de todos. "El Dios de los cielos —exclamaba—, él nos prosperará"; y estas palabras que repercutían y otra vez hacían vibrar el corazón de todos los que trabajaban en la muralla.

Pero la reedificación de las defensas de Jerusalén no progresó sin impedimentos. Satanás estaba obrando para incitar oposición y desaliento. Sanbalat, Tobías y Gesem, sus principales agentes en este movimiento, se dedicaron a estorbar la obra de reconstrucción. Procuraron ocasionar división entre los obreros. Ridiculizaban los esfuerzos de los constructores, declarando imposible la empresa y prediciendo que fracasaría.

"¿Qué hacen estos débiles judíos? —exclamaba Sanbalat en son de burla—. ¿Se les permitirá?... ¿Resucitarán de los montones del polvo las piedras que fueron quemadas?" Y Tobías, aun más despectivo, añadía: "Lo que ellos edifican del muro de piedra, si subiere una zorra lo derribará".

Los edificadores no tardaron en tener que hacer frente a una oposición más activa. Se veían obligados a protegerse continuamente contra las intrigas de sus adversarios, que, manifestando amistad, procuraban de diversas maneras sembrar confusión y perplejidad, y despertar la desconfianza. Se esforzaban por destruir el valor de los judíos; trama-

La reconstrucción fue estorbada por los enemigos de Israel, quienes decían: "¿Qué hacen estos débiles judíos?" Pero el pueblo tenía un solo pensamiento: trabajar.

JOHN STEEL © PPPA

ban conspiraciones para hacer caer a Nehemías en sus redes; y había judíos de corazón falso dispuestos a ayudar en la empresa traicionera. Se difundió la calumnia de que Nehemías intrigaba contra el monarca de Persia, con la intención de exaltarse como rey de Israel, y que todos los que le ayudaban eran traidores.

Pero Nehemías continuó buscando en Dios dirección y apoyo, y "el pueblo tuvo ánimo para trabajar". La empresa siguió adelante hasta que se cerraron las brechas y toda la muralla llegó más o menos a la mitad de la altura que se le quería dar.

Al ver los enemigos de Israel cuán inútiles eran sus esfuerzos, se llenaron de ira. Hasta entonces no se habían atrevido a recurrir a medidas violentas porque sabían que Nehemías y sus compañeros actuaban autorizados por el rey, y temían que una oposición activa contra él provocase el desagrado real. Pero ahora, en su ira, se hicieron culpables del crimen del cual habían acusado a Nehemías. Juntándose para consultarse, "conspiraron todos a una para venir a atacar a Jerusalén".

Al mismo tiempo que los samaritanos planeaban contra Nehemías y su obra, algunos de los judíos principales, sintiendo desafecto, procuraron desalentarle exagerando las dificultades que entrañaba la empresa. Dijeron: "Las fuerzas de los acarreadores se han debilitado, y el escombro es mucho, y no podemos edificar el muro".

También provino desaliento de otra fuente. "Los judíos que habitaban entre ellos", los que no participaban en la obra, reunieron las declaraciones de sus enemigos, y las emplearon para debilitar el valor de los que trabajaban y crear desafecto entre ellos.

Pero los desafíos y el ridículo, la oposición y las amenazas no parecían lograr otra cosa que inspirar en Nehemías una determinación más firme e incitarle a una vigilancia aun mayor. Reconocía los peligros que debía arrostrar en esta guerra contra sus enemigos, pero su valor no se arredraba. Declara: "Entonces oramos a nuestro Dios, y... pusimos guarda contra ellos de día y de noche... Entonces por las partes bajas del lugar, detrás del muro, y en los sitios abiertos, puse al pueblo por familias, con sus espadas, con sus lanzas y con sus arcos. Después miré, y me levanté y dije a los nobles y a los oficiales, y al resto del pueblo: No temáis delante de ellos; acordaos del Señor, grande y temible, y pelead por·vuestros hermanos, por vuestros hijos y por vuestras hijas, por vuestras mujeres y por vuestras casas.

"Y cuando oyeron nuestros enemigos que lo habíamos entendido, y que Dios había desbaratado el consejo de ellos, nos volvimos todos al muro, cada uno a su tarea. Desde aquel día la mitad de mis siervos trabajaba en la obra, y la otra mitad tenía lanzas, escudos, arcos y corazas... Los que edificaban en el muro, los que acarreaban, y los que cargaban, con una mano trabajaban en la obra, y en la otra tenían la espada. Porque los que edificaban, cada uno tenía su espada ceñida a sus lomos y así edificaban".

Al lado de Nehemías había un hombre con trompeta, y en diferentes partes de la muralla se hallaban sacerdotes con las trompetas sagradas. El pueblo estaba dispersado en sus labores; pero al acercarse el peligro a cualquier punto, los trabajadores oían la indicación de juntarse allí sin dilación. "Nosotros, pues, trabajábamos en la obra —dice Nehemías—; y la mitad de ellos tenían lanzas desde la subida del alba hasta que salían las estrellas".

A los que habían estado viviendo en pueblos y aldeas fuera de Jerusalén se les pidió que se alojasen dentro de los muros, a fin de custodiar la obra y de estar listos para trabajar por la mañana. Esto evitaba demoras innecesarias y quitaba al enemigo la oportunidad, que sin esto aprovecharía, de atacar a los obreros mientras iban a sus casas o volvían de ellas. Nehemías y sus compañeros no rehuían las penurias ni los servicios arduos. Ni siquiera durante los cortos plazos dedicados al sueño, ni de día ni de noche se quitaban la ropa, ni tampoco deponían su armadura.

La oposición y otras cosas desalentadoras que sufrieron los constructores de parte de sus enemigos declarados y de los que decían ser sus amigos en tiempos de Nehemías, es una figura de lo que experimentarán en nuestro tiempo los que trabajan para Dios. Los cristianos son probados, no sólo por la ira, el desprecio y la crueldad de sus enemigos, sino por la indolencia, inconsecuencia, tibieza y traición de los que se dicen sus amigos y ayudadores. Se los hace objeto de burlas y oprobio. Y el mismo enemigo que induce a despreciarlos recurre a medidas más crueles y violentas cuando se le presenta una oportunidad favorable.

Satanás se vale de todo elemento no consagrado para lograr sus propósitos. Entre los que aparentan que apoyan la causa de Dios, hay quienes se unen con sus enemigos y así exponen su causa a los ataques de sus más acerbos adversarios. Aun los que desean ver prosperar la obra de Dios debilitan las manos de sus siervos oyendo, difundiendo y creyendo a medias las calumnias, jactancias y amenazas de sus adversarios. Satanás obra con éxito asombroso mediante sus agentes; y todos los que ceden a su influencia están sujetos a un poder hechizador que destruye la sabiduría de los sabios y el entendimiento de los prudentes. Pero, como Nehemías, los hijos de Dios no deben temer ni despreciar a sus enemigos. Cifrando su confianza en Dios, deben seguir adelante con firmeza, hacer su obra con abnegación y entregar a su providencia la causa que representan.

Nehemías puso su confianza en Dios en medio de gran desaliento, e hizo de él su segura defensa. Y el que sostuvo entonces a su siervo ha sido el apoyo de su pueblo en toda época. En toda crisis sus hijos pueden declarar confiadamente: "Si Dios es por nosotros, ¿quién contra nosotros?" (Romanos 8: 31). Por grande que sea la astucia con que Satanás y sus agentes planeen sus intrigas, Dios puede discernirlas y anular todos sus consejos. La respuesta que la fe dará hoy será la misma que dio Nehemías: "Nuestro Dios peleará por nosotros"; porque Dios se encarga de la obra y nadie puede impedir que ésta alcance el éxito final.

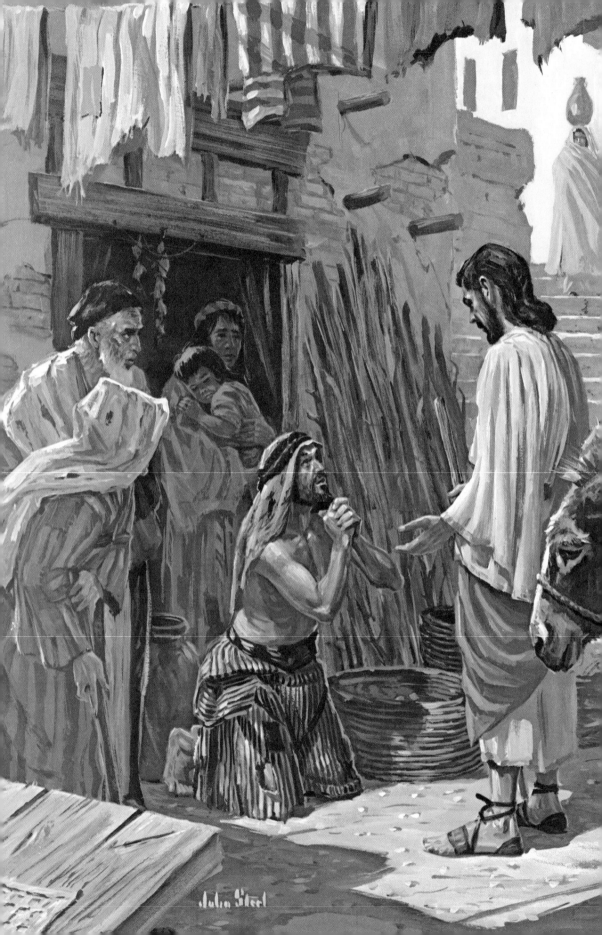

CAPITULO 54

Este capítulo está basado en Nehemías 5.

Reproches Contra la Extorsión

AUN no se había terminado la muralla de Jerusalén cuando se llamó la atención de Nehemías a las condiciones desafortunadas de las clases más pobres del pueblo. Con la intranquilidad que reinaba, los cultivos se habían descuidado en cierta medida. Además, debido a la conducta egoísta de algunos que habían regresado a Judea, la bendición del Señor no descansaba sobre su tierra, y había escasez de cereal.

A fin de obtener alimento para sus familias, los pobres se veían obligados a comprar a crédito y a precios exorbitantes. También estaban obligados a tomar dinero prestado a interés para pagar los elevados impuestos que les cobraban los reyes de Persia. Y para aumentar la angustia de los pobres, los más ricos de entre los judíos habían aprovechado aquellas necesidades para enriquecerse.

Mediante Moisés el Señor había ordenado a Israel que

Los pobres de Jerusalén, a menudo oprimidos por los ricos egoístas, expusieron delante de Nehemías todas sus quejas y reclamos.

cada tercer año se recogiese un diezmo para beneficio de los pobres; y además se había provisto ayuda con la suspensión de las labores agrícolas cada séptimo año, a fin de que mientras la tierra quedase sin cultivar, lo que produjese espontáneamente fuese dejado para los menesterosos. La fidelidad en dedicar estas ofrendas para el socorro de los pobres y para otros usos benévolos, habría contribuido a recordar al pueblo la verdad de que Dios lo posee todo, así como su oportunidad de ser portadores de sus bendiciones. Dios quería que los israelitas recibiesen una preparación que desarraigase el egoísmo y diese amplitud y nobleza a su carácter.

Dios había dado también otras instrucciones mediante Moisés: "Cuando prestares dinero a uno de mi pueblo, al pobre que está contigo, no te portarás con él como logrero". "No exigirás de tu hermano interés de dinero, ni interés de comestibles, ni de cosa alguna de que se suele exigir interés". También había dicho: "Cuando haya en medio de ti menesteroso de alguno de tus hermanos en alguna de tus ciudades, en la tierra que Jehová tu Dios te da, no endurecerás tu corazón, ni cerrarás tu mano contra tu hermano pobre, sino abrirás a él tu mano liberalmente, y en efecto le prestarás lo que necesite... Porque no faltarán menesterosos en medio de la tierra; por eso yo te mando, diciendo: Abrirás tu mano a tu hermano, al pobre y al menesteroso en tu tierra" (Exodo 22: 25; Deuteronomio 23: 19; 15: 7, 8, 11).

Después que regresaron los desterrados de Babilonia, hubo ocasiones en que los judíos pudientes obraron en forma directamente contraria a esas órdenes. Cuando los pobres se habían visto obligados a pedir dinero prestado para pagar su tributo al rey, los ricos se lo habían prestado, pero cobrándoles un interés elevado. Hipotecando las tierras de los pobres, habían reducido gradualmente a los infortunados deudores a la más profunda miseria. Muchos habían tenido que vender como siervos a sus hijos e hijas; y no parecía haber para ellos esperanza de mejorar su condición, ni medio de redimir a sus hijos ni sus tierras, y sólo veían delante de sí la perspectiva de una angustia cada vez peor, necesidad perpetua y esclavitud. Eran, sin embargo, de la misma nación, hijos del mismo pacto que sus hermanos más favorecidos.

Al fin el pueblo presentó su situación a Nehemías. "He aquí —le explicaron— que nosotros dimos nuestros hijos y nuestras hijas a servidumbre, y algunas de nuestras hijas lo están ya, y no tenemos posibilidad de rescatarlas, porque nuestras tierras y nuestras viñas son de otros".

Cuando Nehemías se enteró de esta cruel opresión, su alma se llenó de indignación. "Me enojé —dice— en gran manera cuando oí su clamor y estas palabras". Vio que para quebrantar la opresiva costumbre de la extorsión debía asumir una actitud movida por la justicia. Con la energía y la determinación que le caracterizaban, se puso a trabajar para aliviar a sus hermanos.

El hecho de que los opresores eran hombres de fortuna, cuyo apoyo se necesitaba mucho en la obra de restaurar la ciudad, no influyó por un momento en Nehemías. Reprendió severamente a los nobles y gobernantes; y después de congregar una gran asamblea del pueblo, les presentó los requerimientos de Dios acerca del caso.

Les recordó acontecimientos que habían sucedido durante el reinado de Acaz. Repitió el mensaje que Dios había enviado entonces a Israel para reprender su crueldad y opresión. A causa de su idolatría, los hijos de Judá habían sido entregados en manos de sus hermanos aun más idólatras: al reino de Israel. Este último había dado rienda suelta a su enemistad matando en batalla a muchos miles de los hombres de Judá, y se había apoderado de todas las mujeres y los niños con la intención de guardarlos como esclavos o de venderlos como tales a los paganos.

Debido a los pecados de Judá, el Señor no había intervenido para evitar la batalla; pero por el profeta Obed reprendió el cruel designio del ejército victorioso, diciendo: "Habéis determinado sujetar a vosotros a Judá y a Jerusalén como siervos y siervas; mas ¿no habéis pecado vosotros contra Jehová vuestro Dios?" Obed advirtió al reino de Israel que la ira de Jehová se había encendido contra ellos, y que su conducta injusta y opresiva atraería sobre ellos los juicios de Dios. Al oír estas palabras, los hombres armados dejaron a los cautivos y los despojos delante de los príncipes y de toda la congregación. Entonces ciertos hombres principales de la tribu de Efraín "tomaron a los cautivos, y del despojo vistieron a los que de ellos estaban desnudos; los vistieron, los calzaron, y les dieron de comer y de beber, los ungieron, y condujeron en asnos a todos los débiles, y los llevaron hasta Jericó, ciudad de las palmeras, cerca de sus hermanos" (2 Crónicas 28: 10, 15).

Nehemías y otros habían dado libertad a algunos judíos que fueron vendidos a los paganos, y luego contrastó esta conducta con la de los que, por amor a las ganancias materiales, estaban esclavizando a sus hermanos. Dijo: "No es bueno lo que hacéis. ¿No andaréis en el temor de nuestro Dios, para no ser oprobio de las naciones enemigas nuestras?"

Nehemías les explicó que, por el hecho de que el rey de Persia le había investido de autoridad, él mismo podría haber exigido grandes contribuciones para su beneficio personal. Pero en vez de obrar así, no había recibido siquiera lo que le pertenecía con justicia, sino que había dado liberalmente para aliviar de su necesidad a los pobres. Instó a los gobernadores judíos culpables de extorsión a que renunciasen a este inicuo proceder, devolviesen las tierras de los pobres, así como el interés del dinero que les habían exigido, y les prestasen lo necesario sin garantía ni usura.

Estas palabras fueron pronunciadas en presencia de toda la congregación. Si los gobernadores hubiesen querido justificarse, tenían oportunidad de hacerlo. Pero no ofrecieron excusa alguna. Declararon: "Devolveremos, y nada les demandaremos; haremos así como tú dices". Oyendo esto, Nehemías, en presencia de los sacerdotes, los juramentó "que harían conforme a esto... Y respondió toda la congregación: ¡Amén! Y alabaron a Jehová. Y el pueblo hizo conforme a esto".

Este relato enseña una lección importante. "Raíz de todos los males es el amor al dinero" (1 Timoteo 6: 10). En esta generación, el deseo de ganancias es la pasión absorbente. Con frecuencia las riquezas se obtienen por fraude. Hay multitudes que luchan contra la pobreza, obligadas a trabajar arduamente por un salario ínfimo que no suple siquiera las necesidades primordiales de la vida. El trabajo y las privaciones, sin esperanza de cosas mejores, hacen muy pesada la carga. Agotados y oprimidos, los pobres no saben

671

dónde buscar alivio. ¡Y todo para que los ricos puedan satisfacer su extravagancia o su deseo de acumular más riquezas!

El amor al dinero y a la ostentación han hecho de este mundo una cueva de ladrones. Las Escrituras describen la codicia y la opresión que prevalecerán precisamente antes de la segunda venida de Cristo. Santiago escribe: "¡Vamos ahora, ricos!… Habéis acumulado tesoros para los días postreros. He aquí, clama el jornal de los obreros que han cosechado vuestras tierras, el cual por engaño no les ha sido pagado por vosotros; y los clamores de los que habían segado han entrado en los oídos del Señor de los ejércitos. Habéis vivido en deleites sobre la tierra, y sido disolutos; habéis engordado vuestros corazones como en día de matanza. Habéis condenado y dado muerte al justo, y él no os hace resistencia" (Santiago 5: 1-6).

Aun entre los que profesan andar en el temor del Señor, hay quienes siguen todavía la conducta de los nobles de Israel. Por el hecho de que pueden hacerlo, exigen más de lo justo, y se vuelven así opresores. Y porque hay avaricia y traición en la vida de los que llevan el nombre de Cristo, y la iglesia conserva en sus libros los nombres de aquellos que adquirieron sus posesiones mediante injusticias, se desprecia la religión de Cristo. El despilfarro, las ganancias excesivas y la extorsión están corrompiendo la fe de muchos y destruyendo su espiritualidad. La iglesia es en gran medida responsable de los pecados cometidos por sus miembros. Presta su apoyo al mal si no alza la voz contra él.

Las costumbres del mundo no constituyen el criterio que debe seguir el cristiano. Este último no ha de imitar a aquél en sus prácticas injustas, en su codicia ni en sus extorsiones. Todo acto injusto contra un semejante es una violación de la regla de oro. Todo perjuicio ocasionado a los hijos de Dios se hace contra Cristo mismo en la persona de sus santos. Toda tentativa de aprovecharse de la ignorancia, debilidad o desgracia de los demás, se registra como fraude en el libro mayor del cielo. El que teme verdaderamente a Dios preferirá trabajar noche y día y comer su pan en la pobreza antes que satisfacer un afán de ganancias que oprimiría a la viuda y a los huérfanos, o despojaría al extranjero de su derecho.

El menor desvío de la rectitud quebranta las barreras y prepara el corazón para cometer mayores injusticias. En la medida en que un hombre esté dispuesto a sacar ventajas para sí de las desventajas de otro, se vuelve su alma insensible a la influencia del Espíritu de Dios. La ganancia obtenida a un costo tal es una terrible pérdida.

Todos eramos deudores de la justicia divina; pero no teníamos nada para pagar la deuda. Entonces el Hijo de Dios se compadeció de nosotros y pagó el precio de nuestra redención. Se hizo pobre para que por su pobreza fuésemos enriquecidos. Mediante actos de generosidad hacia los pobres, podemos demostrar la sinceridad de nuestra gratitud por la misericordia que se nos manifestó. "Hagamos bien a todos —recomienda el apóstol Pablo—, y mayormente a los de la familia de la fe". Y sus palabras concuerdan con las del Salvador: "Siempre tendréis a los pobres con vosotros, y cuando queráis les podréis hacer bien". "Todas las cosas que queráis que los hombres hagan con vosotros, así también haced vosotros con ellos; porque esto es la ley y los profetas" (Gálatas 6: 10; S. Marcos 14: 7; S. Mateo 7: 12).

673

CAPITULO 55

Este capítulo está basado en Nehemías 6.

Intrigas Paganas

SANBALAT y sus aliados no se atrevían a guerrear abiertamente contra los judíos; pero con creciente malicia continuaban en secreto sus esfuerzos para desalentarlos y ocasionarles perplejidad y perjuicio. La muralla que cercaba a Jerusalén estaba llegando rápidamente a su terminación. Una vez que se la hubiese acabado y se hubiesen colocado las puertas, aquellos enemigos de Israel no podrían entrar ya en la ciudad. Era por lo tanto cada vez mayor su deseo de detener cuanto antes el trabajo. Idearon al fin un plan por medio del cual esperaban apartar a Nehemías de su puesto y matarlo, o encarcelarlo una vez que lo tuviesen en su poder.

Fingiendo que deseaban que ambos partidos opositores transigieran, procuraron celebrar una conferencia con Nehemías, y le invitaron a reunirse con ellos en una aldea de la llanura de Ono; pero él, iluminado por el Espíritu Santo acerca del verdadero fin que perseguían, rehusó. Escribe: "Les envié mensajeros, diciendo: Yo hago una gran obra, y

Los enemigos de Israel fracasaron en todas sus tentativas de impedir la obra de reconstrucción, y por eso tramaron matar a Nehemías.

no puedo ir; porque cesaría la obra, dejándola yo para ir a vosotros". Pero los instigadores eran persistentes. Cuatro veces le mandaron mensajes similares, y cada vez recibieron la misma respuesta.

Al ver que ese plan no tenía éxito, recurrieron a una estratagema más audaz. Sanbalat envió a Nehemías un mensajero que llevaba una carta abierta en la cual se decía: "Se ha oído entre las naciones, y Gasmu [Gesem] lo dice, que tú y los judíos pensáis rebelaros; y que por eso edificas tú el muro, con la mira … de ser tú su rey; y que has puesto profetas que proclamen acerca de ti en Jerusalén, diciendo: ¡Hay rey en Judá! Y ahora serán oídas del rey las tales palabras; ven, por tanto, y consultemos juntos".

Si los informes mencionados hubiesen circulado realmente, habría habido motivo de preocupación, pues no habrían tardado en llegar hasta el rey, a quien la menor sospecha podía inducir a tomar las medidas más severas. Pero Nehemías estaba convencido de que la carta era completamente falsa, y que había sido escrita para despertar sus temores y atraerlo a una trampa. Esta conclusión quedaba fortalecida por el hecho de que la carta se enviaba abierta, evidentemente para que el pueblo leyese su contenido, y se alarmase e intimidase.

Nehemías contestó prestamente: "No hay tal cosa como dices, sino que de tu corazón tú lo inventas". Nehemías no ignoraba los designios de Satanás. Sabía que esas tentativas se hacían para debilitar las manos de los constructores y así frustrar sus esfuerzos.

Satanás había sido derrotado vez tras vez, y ahora, con aun mayor malicia y astucia, tendió un lazo más sutil y peligroso para el siervo de Dios. Sanbalat y sus compañeros sobornaron a hombres que profesaban ser amigos de Nehemías para que le diesen malos consejos como palabra de Jehová. El principal que se empeñó en esta obra inicua fue Semaías, al que Nehemías había tenido antes en buena estima. Ese hombre se encerró en una cámara cercana al santuario, como si temiese que su vida peligrara. El templo estaba entonces protegido por muros y puertas, pero las puertas de la ciudad no habían sido colocadas todavía. Aparentando gran preocupación por la seguridad de Nehemías, Semaías le aconsejó que buscase refugio en el templo. Propuso: "Reunámonos en la casa de Dios, dentro del templo, y cerremos las puertas del templo, porque vienen para matarte; sí, esta noche ·vendrán a matarte".

Si Nehemías hubiese seguido este consejo traicionero, habría sacrificado su fe en Dios y a los ojos del pueblo habría parecido cobarde y despreciable. En vista de la obra importante que había emprendido y de la confianza que había profesado tener en el poder de Dios, habría sido completamente inconsecuente de su parte ocultarse como quien tuviese miedo. La alarma se habría difundido entre el pueblo, cada uno habría procurado su propia seguridad, y la ciudad habría sido dejada sin protección para caer presa de sus enemigos. Ese único paso imprudente de parte de Nehemías habría sido una entrega virtual de todo lo que se había ganado.

Nehemías no necesitó mucho tiempo para comprender el verdadero carácter de su consejero y el fin que perseguía. Dice: "Entendí que Dios no lo había enviado, sino que hablaba aquella profecía contra mí porque Tobías y Sanbalat lo habían sobornado. Porque fue sobornado para hacerme temer y que pecase, y les sirviera de mal nombre con que fuera yo infamado".

El pérfido consejo dado por Semaías fue secundado por más de un hombre de gran reputación, quienes, mientras profesaban ser amigos de Nehemías, se habían aliado secretamente con sus enemigos. Pero tendieron inútilmente su lazo. La intrépida respuesta de Nehemías fue: "¿Un hombre como yo ha de huir? ¿Y quién, que fuera como yo, entraría al templo para salvarse la vida? No entraré".

No obstante las intrigas de sus enemigos, abiertos o secretos, la obra de construcción seguía firmemente adelante, y en menos de dos meses después de la llegada de Nehemías a Jerusalén, la ciudad estaba cercada con sus defensas y los edificadores podían andar por la muralla y mirar abajo a sus enemigos derrotados y asombrados. "Cuando lo oyeron todos nuestros enemigos —escribe Nehemías—, temieron todas las naciones que estaban alrededor de nosotros, y se sintieron humillados, y conocieron que por nuestro Dios había sido hecha esta obra".

Sin embargo, esta evidencia de la mano directora del Señor no bastó para evitar el descontento, la rebelión y la traición entre los israelitas. "Iban muchas cartas de los principales de Judá a Tobías, y las de Tobías venían a ellos. Porque muchos en Judá se habían conjurado con él, porque era yerno de Secanías". En esto se ven los malos resultados del casamiento con idólatras. Una familia de Judá se había vinculado con los enemigos de Dios, y la relación establecida resultaba en una trampa. Muchos habían hecho lo mismo. Estos, como la turba mixta que había subido de Egipto con Israel, eran una fuente de constantes dificultades. No servían a Dios con todo su corazón; y cuando la obra de él exigía un sacrificio, estaban listos para violar su solemne juramento de cooperación y apoyo.

Algunos de los que más se habían destacado para planear daño contra los judíos manifestaron entonces el deseo de vivir en amistad con ellos. Los nobles de Judá que se habían enredado casándose con idólatras y que habían sostenido correspondencia traicionera con Tobías y jurado servirle, se pusieron a alabarle como hombre capaz y previsor, con quien sería ventajoso que los judíos se aliasen, y al mismo tiempo le revelaban los planes y movimientos de Nehemías. De esta manera la obra del pueblo de Dios estaba expuesta a los ataques de sus enemigos, y se creaban oportunidades para interpretar con falsedad las palabras y los actos de Nehemías e impedir su obra.

Cuando los pobres y oprimidos acudieron a Nehemías

para que corrigiese los daños que sufrían, los defendió sin temor alguno y logró que los malhechores quitasen el oprobio que pesaba sobre ellos. Pero no quería ejercer ahora en favor suyo la autoridad que había manifestado en favor de sus compatriotas oprimidos. Algunos habían respondido a sus esfuerzos con ingratitud y traición, pero él no se valió de su poder para castigar a los traidores. Con serenidad y desinterés siguió sirviendo al pueblo, sin desmayar en sus esfuerzos ni permitir que disminuyese su interés.

Satanás ha dirigido siempre sus asaltos contra los que procuran hacer progresar la obra y causa de Dios. Aunque a menudo se ve frustrado, con la misma frecuencia renueva sus ataques, dándoles más vigor y usando medios que hasta entonces no probó. Pero su manera de obrar en secreto mediante aquellos que se dicen amigos de la obra de Dios, es la más temible. La oposición abierta puede ser feroz y cruel, pero encierra mucho menos peligro para la causa de Dios que la enemistad secreta de aquellos que, mientras profesan servir a Dios, son, de corazón, siervos de Satanás. Están en situación de poner toda ventaja en las manos de aquellos que usarán su conocimiento para estorbar la obra de Dios y perjudicar a sus siervos.

Toda estratagema que pueda sugerir el príncipe de las tinieblas será empleada para inducir a los siervos de Dios a confederarse con los agentes de Satanás. Les llegarán repetidamente solicitudes para apartarlos de su deber; pero, como Nehemías, deben contestar firmemente: "Yo hago una gran obra, y no puedo ir". Los que trabajan para Dios pueden seguir adelante con su obra y dejar que sus esfuerzos refuten las mentiras que la malicia invente para perjudicarles. Como los que construían los muros de Jerusalén, deben negarse a permitir que las amenazas, las burlas o las mentiras los distraigan de su obra. Ni por un momento deben relajar su vigilancia, porque hay enemigos que de continuo les siguen los pasos. Siempre deben elevar su oración a Dios y poner "guarda contra ellos de día y de noche" (Nehemías 4: 9).

A medida que se acerca el tiempo del fin, se harán sentir con más poder las tentaciones a las cuales Satanás somete a los que trabajen para Dios. Empleará agentes humanos para burlarse de los que edifican la muralla. Pero si los constructores se rebajasen a hacer frente a los ataques de sus enemigos, esto no haría sino retardar la obra. Deben esforzarse por derrotar los propósitos de sus adversarios; pero no deben permitir que cosa alguna los aparte de su trabajo. La verdad es más fuerte que el error, y el bien prevalecerá sobre el mal.

Tampoco deben permitir que sus enemigos conquisten su amistad y simpatía de modo que los seduzcan para hacerles abandonar su puesto del deber. El que por un acto desprevenido expone al oprobio la causa de Dios o debilita las manos de sus colaboradores, echa sobre su propio carácter una mancha que no se quitará con facilidad, y pone un obstáculo grave en el camino de su utilidad futura.

"Los que dejan la ley alaban a los impíos" (Proverbios 28: 4). Cuando los que se unen con el mundo, aunque hagan alarde de gran pureza, abogan por la unión con los que siempre se han opuesto a la causa de la verdad, debemos temerlos y apartarnos de ellos con la misma decisión que manifestó Nehemías. El enemigo de todo bien es el que inspira tales consejos. Se trata de palabras provenientes de personas mercenarias, y se les debe resistir tan resueltamente hoy como antaño. Cualquier influencia tendiente a hacer vacilar la fe del pueblo de Dios en su poder guiador, debe ser resistida con firmeza.

La causa del fracaso que sufrieron los enemigos de Nehemías al intentar atraerlo hacia donde lo tuvieran en su poder, consistió en la firme devoción de aquel a la obra de Dios. La persona perezosa cae fácilmente víctima de la tentación; pero en la vida que tenga nobles fines y un propósito cautivante, el mal encuentra poco lugar donde asentar el pie. La fe del que progresa constantemente no se debilita, porque encima, debajo y más allá de lo que se ve, reconoce al amor infinito que obra todas las cosas para cumplir su buen propósito. Los verdaderos siervos de Dios obran con inagotable decisión, porque dependen constantemente del trono de la gracia.

El Señor ha provisto auxilio divino para todas las emergencias a las cuales no pueden hacer frente nuestros recursos humanos. Nos da el Espíritu Santo para ayudarnos en toda estrechez, para fortalecer nuestra esperanza y seguridad, para iluminar nuestros espíritus y purificar nuestros corazones. Provee oportunidades y medios para trabajar. Si sus hijos están atentos a las indicaciones de su providencia, y están listos para cooperar con él, verán grandes resultados.

CAPITULO 56

Instruidos en la Ley de Dios

ERA el tiempo de la fiesta de las trompetas. Muchos estaban congregados en Jerusalén. La escena encerraba un triste interés. El muro de Jerusalén había sido reedificado y se habían colocado las puertas; pero gran parte de la ciudad estaba todavía en ruinas.

Esdras, ahora anciano, y rodeado completamente por los tristes recuerdos de la pasada gloria de Judá, se hallaba sobre una plataforma de madera levantada en una de las calles más anchas. A su mano derecha y a su izquierda estaban reunidos sus hermanos los levitas. Mirando hacia abajo desde la plataforma, sus ojos recorrían un mar de cabezas. De toda la región circundante se habían reunido los hijos del pacto. "Bendijo entonces Esdras a Jehová, Dios grande. Y todo el pueblo respondió: ¡Amén!... Y se humillaron y adoraron a Jehová inclinados a tierra".

683

Sin embargo, allí mismo se notaban evidencias del pecado de Israel. Los casamientos mixtos del pueblo con otras naciones habían contribuido a la corrupción del idioma hebreo, y los que hablaban necesitaban poner mucho cuidado para explicar la ley en el lenguaje del pueblo, a fin de que todos la comprendiesen. Algunos de los sacerdotes y levitas cooperaban con Esdras para explicar los principios de la ley. "Leían en el libro de la ley de Dios claramente, y ponían el sentido, de modo que entendiesen la lectura".

"Los oídos de todo el pueblo estaban atentos al libro de la ley". Escuchaban con reverencia las palabras del Altísimo. Al serles explicada la ley, se quedaron convencidos de su culpabilidad y lloraron por sus transgresiones. Pero era un día de fiesta y regocijo, una santa convocación. El Señor había mandado al pueblo que observara ese día con gozo y alegría; y en vista de esto se les pidió que refrenaran su pesar y que se regocijasen por la gran misericordia de Dios hacia ellos. Nehemías dijo: "Día santo es a Jehová nuestro Dios; no os entristezcáis, ni lloréis... Id, comed grosuras, y bebed vino dulce, y enviad porciones a los que no tienen nada preparado; porque día santo es a nuestro Señor; no os entristezcáis, porque el gozo de Jehová es vuestra fuerza".

La primera parte del día se dedicó a ejercicios religiosos, y el pueblo pasó el resto del tiempo recordando agradecido las bendiciones de Dios y disfrutando de los bienes que él había provisto. Se mandaron también porciones a los pobres que no tenían nada que preparar. Había gran regocijo porque las palabras de la ley habían sido leídas y comprendidas.

Al día siguiente se continuó leyendo y explicando la ley.

Y en el tiempo señalado, el décimo día del mes séptimo, se cumplieron, según el mandamiento, los solemnes servicios del día de expiación.

Desde el decimoquinto día hasta el vigésimo segundo del mismo mes, el pueblo y sus gobernantes observaron otra vez la fiesta de las cabañas. Se hizo "pregón por todas sus ciudades y por Jerusalén, diciendo: Salid al monte, y traed ramas de olivo, de olivo silvestre, de arrayán, de palmeras y de todo árbol frondoso, para hacer tabernáculos, como está escrito. Salió, pues, el pueblo, y trajeron ramas e hicieron tabernáculos, cada uno sobre su terrado, en sus patios, en los patios de la casa de Dios… Y hubo alegría muy grande. Y leyó Esdras en el libro de la ley de Dios cada día, desde el primer día hasta el último".

Día tras día, al escuchar las palabras de la ley, el pueblo se había convencido de sus transgresiones y de los pecados que había cometido la nación en generaciones anteriores. Vieron que, por el hecho de que se habían apartado de Dios, él les había retirado su cuidado protector y los hijos de Abrahán habían sido dispersados en tierras extrañas; y resolvieron procurar su misericordia y comprometerse a andar en sus mandamientos. Antes de tomar parte en este servicio solemne, celebrando el segundo día después de terminada la fiesta de las cabañas, se separaron de los paganos que había entre ellos.

Cuando el pueblo se postró delante de Jehová, confesando sus pecados y pidiendo perdón, sus dirigentes le alentaron a creer que Dios, según su promesa, oía sus oraciones. No sólo debían lamentarse y llorar, arrepentidos, sino también creer que Dios los perdonaba. Debían demostrar su fe recordando sus misericordias y alabándole por su bondad. Dijeron esos instructores: "Levantaos, bendecid a Jehová vuestro Dios desde la eternidad hasta la eternidad".

Entonces, de la muchedumbre congregada, que estaba de pie con las manos extendidas al cielo, se elevó este canto:

"Bendígase el nombre tuyo,
glorioso y alto sobre toda bendición y alabanza.
Tú solo eres Jehová;
tú hiciste los cielos, y los cielos de los cielos, con todo
    su ejército,
la tierra y todo lo que está en ella,
los mares y todo lo que hay en ellos;
y tú vivificas todas estas cosas,
y los ejércitos de los cielos te adoran".

El canto de alabanza terminó, y los dirigentes de la congregación relataron la historia de Israel para demostrar cuán grande había sido la bondad de Dios hacia ellos y cuán ingratos habían sido. Entonces toda la congregación hizo el pacto de que guardaría todos los mandamientos de Dios. Habían sido castigados por sus pecados; ahora reconocían la justicia con que Dios los había tratado, y se comprometían a obedecer su ley. Y su pacto fue escrito para que fuese una "fiel promesa" y se conservase en forma permanente como recuerdo de la obligación que habían asumido, y los sacerdotes, levitas y príncipes lo firmaron. Debía servir para recordar los deberes y proteger contra la tentación. Los del pueblo juraron solemnemente "que andarían en la ley de Dios, que fue dada por Moisés siervo de Dios, y que guardarían y cumplirían todos los mandamientos, decretos y estatutos de Jehová nuestro Señor". Y ese juramento incluyó una promesa de no hacer alianzas matrimoniales con el pueblo de la tierra.

Antes de que terminase el día de ayuno, el pueblo recalcó aun más su resolución de volver al Señor, al comprometerse a dejar de profanar el sábado. Nehemías no ejerció entonces su autoridad, como lo hizo después, para impedir a los comerciantes paganos que entrasen en Jerusalén; sino que en un esfuerzo para evitar que el pueblo cediese a la tentación, lo comprometió en un pacto solemne a no transgredir la ley del sábado comprando a dichos vendedores, con la esperanza de que esto desanimaría a los tales y se acabaría el comercio.

Se proveyó también para el sostenimiento del culto público de Dios. Además del diezmo, la congregación se comprometió a dar anualmente una suma fija para el servicio del santuario. Escribe Nehemías: "Echamos también suertes ... que cada año traeríamos a la casa de Jehová las primicias de nuestra tierra, y las primicias del fruto de todo árbol. Asimismo los primogénitos de nuestros hijos y de nuestros ganados, como está escrito en la ley; y que traeríamos los primogénitos de nuestras vacas y de nuestras ovejas".

Israel se había tornado a Dios con profunda tristeza por su apostasía. Había hecho su confesión con lamentos. Había reconocido la justicia con que Dios le había tratado, y en un pacto se había comprometido a obedecer su ley. Ahora debía manifestar fe en sus promesas. Dios había aceptado su arrepentimiento; ahora les tocaba a ellos regocijarse en la seguridad de que sus pecados estaban perdonados y de que habían recuperado el favor divino.

Los esfuerzos de Nehemías por restablecer el culto del verdadero Dios habían sido coronados de éxito. Mientras el pueblo fuese fiel al juramento que había prestado, mientras obedeciese a la palabra de Dios, el Señor cumpliría su promesa derramando sobre él copiosas bendiciones.

Este relato contiene lecciones de fe y aliento para los que están convencidos de pecado y abrumados por el sentido de su indignidad. La Biblia presenta fielmente el resultado de la apostasía de Israel; pero describe también su profunda humillación y su arrepentimiento, la ferviente devoción y el sacrificio generoso que señalaron las ocasiones en que regresó al Señor.

Cada verdadero retorno al Señor imparte gozo permanente a la vida. Cuando el pecador cede a la influencia del Espíritu Santo, ve su propia culpabilidad y contaminación en contraste con la santidad del gran Escudriñador de los corazones. Se ve condenado como transgresor. Pero no por esto debe ceder a la desesperación, pues ya ha sido asegurado su perdón. Puede regocijarse en el conocimiento de que sus pecados están perdonados y en el amor del Padre celestial que le perdona. Es una gloria para Dios rodear a los seres humanos pecaminosos y arrepentidos con los brazos de su amor, vendar sus heridas, limpiarlos de pecado y cubrirlos con las vestiduras de salvación.

CAPITULO 57

Una Reforma

EL PUEBLO de Judá se había comprometido solemne y públicamente a obedecer la ley de Dios. Pero cuando por un tiempo dejó de sentir la influencia de Esdras y Nehemías, muchos se apartaron del Señor. Nehemías había vuelto a Persia. Durante su ausencia de Jerusalén se infiltraron males que amenazaban con pervertir a la nación. No sólo penetraron idólatras en la ciudad, sino que contaminaban con su presencia las mismas dependencias del templo. Mediante alianzas matrimoniales se había creado amistad entre el sumo sacerdote Eliasib y Tobías el amonita, acerbo enemigo de Israel. Como resultado de esta alianza profana, Eliasib había permitido a Tobías que ocupase una dependencia del templo hasta entonces utilizada como almacén para los diezmos y ofrendas del pueblo.

Debido a la crueldad y traición de los amonitas y moabitas para con Israel, Dios había declarado por Moisés que debía mantenérselos para siempre excluidos de la congrega-

Nehemías ordenó a los comerciantes que vendían sus mercancías en las puertas de Jerusalén, que cerraran sus negocios durante el sábado.

ción de su pueblo (Deuteronomio 23: 3-6). Desafiando estas instrucciones, el sumo sacerdote había sacado las ofrendas de la cámara situada en la casa de Dios, para dar lugar a aquel representante de una raza proscrita. No podría haberse manifestado un mayor desprecio hacia Dios que éste: conceder semejante favor a ese enemigo de Dios y de su verdad.

Cuando Nehemías volvió de Persia supo de la audaz profanación y tomó prestamente medidas para expulsar al intruso. Declara: "Me dolió en gran manera; y arrojé todos los muebles de la casa de Tobías fuera de la cámara, y dije que limpiasen las cámaras, e hice volver allí los utensilios de la casa de Dios, las ofrendas y el incienso".

No sólo se había profanado el templo, sino que se había dado un uso incorrecto a las ofrendas. Esto contribuyó a desalentar la liberalidad del pueblo. Habiendo éste perdido su celo y fervor, le costaba mucho pagar sus diezmos. La tesorería de la casa del Señor estaba mal provista y muchos de los cantores y otros empleados en el servicio del templo, al no recibir suficiente sustento, habían dejado la obra de Dios para trabajar en otra parte.

Nehemías se puso a corregir esos abusos. Reunió a los que habían abandonado el servicio de la casa de Jehová, y los puso "en sus puestos". Esto inspiró confianza al pueblo "y todo Judá trajo el diezmo del grano, del vino y del aceite". Hombres que "eran tenidos por fieles" fueron puestos "por mayordomos", "y ellos tenían que repartir a sus hermanos".

Otro resultado de las relaciones con los idólatras era el desprecio en que se tenía al sábado, o sea la señal que distinguía a los israelitas de todas las demás naciones como adoradores del Dios verdadero. Nehemías comprobó que los mercaderes y traficantes paganos de las naciones vecinas venían a Jerusalén y habían inducido a muchos de los israelitas a comerciar en sábado. A algunos no los habían podido persuadir a sacrificar sus principios; pero otros habían transgredido y participado con los paganos en los esfuerzos de éstos para vencer los escrúpulos de los más concienzudos. Muchos se atrevían a violar abiertamente el sábado. Nehemías escribe: "En aquellos días vi en Judá a algunos que pisaban en lagares en el día de reposo,* y que acarreaban haces, y cargaban asnos con vino, y también de uvas, de higos y de toda suerte de carga, y que traían a Jerusalén en día de reposo...* También había en la ciudad tirios que traían pescado y toda mercadería, y vendían en día de reposo* a los hijos de Judá".

Estas condiciones podrían haberse evitado si los gobernantes hubiesen ejercido su autoridad; pero el deseo de fomentar sus propios intereses los habían inducido a favorecer a los impíos. Nehemías los reprendió intrépidamente por haber descuidado su deber. Les preguntó severamente: "¿Qué mala cosa es ésta que vosotros hacéis, profanando así el día de reposo?* ¿No hicieron así vuestros padres, y trajo nuestro Dios todo este mal sobre nosotros y sobre esta ciudad? ¿Y vosotros añadís ira sobre Israel profanando el día de reposo?"* Luego ordenó que "se cerrasen las puertas ... cuando iba oscureciendo ... antes del día de reposo",* y que no se volviesen a abrir "hasta después del día de reposo".* Y teniendo más confianza en sus propios criados que en aquellos a quienes pudieran designar los magistrados de Jerusalén, los colocó al lado de las puertas de la ciudad para que

---

*"Aquí equivale a *sábado*". Nota de la versión Reina-Valera 1960.

hiciesen cumplir sus órdenes.

No queriendo renunciar a su propósito, "los negociantes y los que vendían toda especie de mercancía ... se quedaron fuera de Jerusalén una y dos veces", con la esperanza de tener oportunidad de negociar con la gente de la ciudad o del campo. Nehemías les advirtió que si continuaban haciendo esto serían castigados. Les dijo: "¿Por qué os quedáis vosotros delante del muro? Si lo hacéis otra vez, os echaré mano. Desde entonces no vinieron en día de reposo". * También ordenó a los levitas que guardasen las puertas, pues sabía que serían más respetados que la gente común y, además, por el hecho de que estaban estrechamente relacionados con el servicio de Dios, era razonable esperar de ellos que fuesen más celosos para imponer la obediencia a su ley.

Luego Nehemías dedicó su atención al peligro que nuevamente amenazaba a Israel por causa de los casamientos mixtos y del trato con los idólatras. Escribe: "Vi asimismo en aquellos días a judíos que habían tomado mujeres de Asdod, amonitas, y moabitas; y la mitad de sus hijos hablaban la lengua de Asdod, porque no sabían hablar judaico".

Estas alianzas ilícitas ocasionaban gran confusión en Israel; porque algunos de los que las contraían eran hombres de posición encumbrada, gobernantes a quienes el pueblo tenía derecho a considerar como consejeros y buenos ejemplos. Previendo la ruina que aguardaba a la nación si se dejaba subsistir ese mal, Nehemías razonó fervorosamente con los que lo cometían. Señalando el caso de Salomón, les recordó que entre todas las naciones no se había levantado un rey como él, a quien Dios hubiese dado tanta sabiduría; y sin embargo las mujeres idólatras habían apartado de Dios

---

* "Aquí equivale a *sábado*". Nota de la versión Reina-Valera 1960.

su corazón, y su ejemplo había corrompido a Israel. Nehemías preguntó severamente: "¿Obedeceremos a vosotros
para cometer todo este mal tan grande?... No daréis vuestras hijas a sus hijos, y no tomaréis de sus hijas para vuestros hijos, ni para vosotros mismos".

Cuando les hubo presentado los mandatos y las amenazas de Dios, así como los terribles castigos que en lo pasado
habían caído sobre Israel por ese mismo pecado, se les despertó la conciencia, y se inició una obra de reforma que
desvió de ellos la ira de Dios y les atrajo su aprobación y
bendición.

Algunos que desempeñaban cargos sagrados rogaron por
sus esposas paganas, declarando que no podían separarse de
ellas. Pero no se hizo distinción alguna ni se respetaron la
jerarquía ni los puestos. Cualquiera de los sacerdotes o gobernantes que rehusó cortar sus vínculos con los idólatras

quedó inmediatamente separado del servicio del Señor. Un nieto del sumo sacerdote, casado con una hija del notorio Sanbalat, no sólo fue destituido de su cargo sino prestamente desterrado de Israel. Nehemías oró así: "Acuérdate de ellos, Dios mío, contra los que contaminan el sacerdocio, y el pacto del sacerdocio y de los levitas".

Sólo el día del juicio revelará la angustia que sintió en su alma ese fiel obrero de Dios por tener que actuar con tanta severidad. Había que luchar constantemente contra elementos opositores; y sólo se lograba progresar con ayuno, humillación y oración.

Muchos de los que se habían casado con mujeres idólatras prefirieron acompañarlas en el destierro; y los tales, juntamente con los que habían sido expulsados de la congregación, se unieron a los samaritanos. Allí los siguieron también algunos que habían ocupado altos cargos en la obra de Dios, y después de un tiempo echaron su suerte con ellos. Deseosos de fortalecer esta alianza, los samaritanos prometieron adoptar más plenamente la fe y las costumbres judaicas; y los apóstatas, resueltos a superar a los que antes fueron sus hermanos, erigieron un templo en el monte Gerizim, en oposición a la casa de Dios en Jerusalén. Su religión continuó siendo una mezcla de judaísmo y paganismo; y su aserto de ser el pueblo de Dios fue causa de cisma, imitación y enemistad entre las dos naciones de generación en generación.

En la obra de reforma que debe ejecutarse hoy se necesitan hombres que, como Esdras y Nehemías, no reconocerán paliativos ni excusas para el pecado, ni rehuirán de defender el honor de Dios. Aquellos sobre quienes recae el peso de esta obra no callarán cuando vean que se actúa mal ni cubrirán a éste con un manto de falsa caridad. Recordarán que Dios no hace acepción de personas y que la severidad hacia unos pocos puede resultar en misericordia para muchos. Recordarán también que el que reprende el mal debe revelar siempre el espíritu de Cristo.

En su obra, Esdras y Nehemías se humillaron delante de Dios, confesaron sus pecados y los del pueblo, y pidieron perdón como si ellos mismos hubiesen sido los culpables. Con paciencia trabajaron, oraron y sufrieron. Lo que más dificultó su obra no fue la abierta hostilidad de los paganos, sino la oposición secreta de los que decían ser sus amigos, quienes, al prestar su influencia al servicio del mal, aumentaban diez veces la carga de los siervos de Dios. Esos traidores proveían a los enemigos del Señor el material para que guerreasen contra su pueblo. Sus malas pasiones y voluntades rebeldes estaban siempre en pugna con los claros requerimientos de Dios.

El éxito que acompañó los esfuerzos de Nehemías revela lo que lograrán la oración, la fe y la acción sabia y enérgica. Nehemías no era sacerdote ni profeta, ni pretendía título alguno. Fue un reformador suscitado para un tiempo importante. Se propuso poner a su pueblo en armonía con Dios. Inspirado por su gran propósito, dedicó a lograrlo toda la energía de su ser. Una integridad elevada e inflexible distinguió sus esfuerzos. Al verse frente al mal y a la oposición a lo recto, asumió una actitud tan resuelta que el pueblo fue incitado a trabajar con renovado celo y valor. No podía menos que reconocer la lealtad, el patriotismo y el profundo amor a Dios que animaban a Nehemías, y al notar todo

697

esto, el pueblo estaba dispuesto a seguirlo adonde lo guiaba.

La diligencia en cumplir el deber señalado por Dios es una parte importante de la religión verdadera. Los hombres deben valerse de las circunstancias como de los instrumentos de Dios con que se cumplirá su voluntad. Una acción pronta y decisiva en el momento apropiado obtendrá gloriosos triunfos, mientras que la dilación y la negligencia resultarán en fracaso y deshonrarán a Dios. Si los que dirigen en la causa de la verdad no manifiestan celo, si son indiferentes e irresolutos, la iglesia será negligente, indolente y amadora de los placeres; pero si los domina el santo propósito de servir a Dios y a él solo, su pueblo se mantendrá unido, lleno de esperanza y alerta.

La Palabra de Dios abunda en contrastes notables y agudos. El pecado y la santidad están juntos, para que al meditar en ambos podamos rehuir el primero y aceptar la última. Las páginas que describen el odio, la falsedad y la traición de Sanbalat y Tobías describen también la nobleza, la devoción y la abnegación de Esdras y Nehemías. Se nos deja libres para imitar a cualquiera de ellos, según nuestra preferencia. Los terribles resultados de transgredir los mandamientos de Dios se ponen en contraste con las bendiciones que resultan de la obediencia. Nosotros debemos decidir si toleraremos los primeros o si gozaremos las últimas.

La obra de restauración y reforma que hicieron los desterrados al regresar bajo la dirección de Zorobabel, Esdras y Nehemías, nos presenta un cuadro de la restauración espiritual que debe realizarse en los días finales de la historia de esta tierra. El residuo de Israel era un pueblo débil, expuesto a los estragos de sus enemigos; pero por su medio

Dios se propuso conservar en la tierra un conocimiento de sí mismo y de su ley. Ese residuo habría de custodiar el culto verdadero y los santos oráculos. Fueron diferentes las experiencias que sobrevinieron a los que reedificaban el templo y el muro de Jerusalén, y fuerte la oposición que tuvieron que enfrentar. Fueron pesadas las cargas que tuvieron que llevar los dirigentes de esa obra; pero esos hombres avanzaron con confianza inquebrantable y humildad de espíritu, dependiendo firmemente de Dios y creyendo que él haría triunfar su verdad. Como el rey Ezequías, Nehemías "siguió a Jehová, y no se apartó de él, sino que guardó los mandamientos que Jehová prescribió... Y Jehová estaba con él" (2 Reyes 18: 6, 7).

La restauración espiritual de la cual fue símbolo la obra realizada en tiempos de Nehemías, se halla esbozada en estas palabras de Isaías: "Reedificarán las ruinas antiguas, y levantarán los asolamientos primeros, y restaurarán las ciudades arruinadas". "Los tuyos edificarán las ruinas antiguas; los cimientos de generación y generación levantarás, y serás llamado reparador de portillos, restaurador de calzadas para habitar" (Isaías 61: 4; 58: 12).

El profeta describe así a un pueblo que, en tiempos de apartamiento general de la verdad y la justicia, procura restablecer los principios que son el fundamento del reino de Dios. Reparan una brecha que fue hecha en la ley de Dios, o sea el muro que él puso en derredor de sus escogidos para protegerlos y para que en la obediencia a sus preceptos de justicia y verdad y pureza hallasen una salvaguardia perpetua.

En palabras de significado inequívoco, el profeta señala

la obra específica de ese pueblo remanente que edifica la muralla: "Si retrajeres del día de reposo* tu pie, de hacer tu voluntad en mi día santo, y lo llamares delicias, santo, glorioso de Jehová; y lo venerares, no andando en tus propios caminos, ni buscando tu voluntad, ni hablando tus propias palabras, entonces te deleitarás en Jehová; y yo te haré subir sobre las alturas de la tierra, y te daré a comer la heredad de Jacob tu padre; porque la boca de Jehová lo ha hablado" (Isaías 58: 13, 14).

En el tiempo del fin será restaurada toda institución divina. Debe repararse la brecha o portillo que se hizo en la ley cuando los hombres cambiaron el día de reposo. El pueblo remanente de Dios, los que se destacan delante del mundo como reformadores, deben demostrar que la ley de Dios es el fundamento de toda reforma permanente, y que el sábado del cuarto mandamiento debe subsistir como monumento de la creación y recuerdo constante del poder de Dios. Con argumentos claros deben presentar la necesidad de obedecer todos los preceptos del Decálogo. Constreñidos por el amor de Cristo, cooperarán con él para la edificación de los lugares desiertos. Serán reparadores de portillos, restauradores de calzadas para habitar (Isaías 58: 12).

***

*"Aquí equivale a *sábado*". Nota de la versión Reina-Valera 1960.

CAPITULO 58

La Venida del Libertador

A TRAVES de los largos siglos de "tribulación y tinieblas, oscuridad y angustia" (Isaías 8: 22) que distinguieron la historia de la humanidad desde el momento en que nuestros primeros padres perdieron su hogar edénico hasta el tiempo en que apareció el Hijo de Dios como Salvador de los pecadores, la esperanza de la raza caída se concentró en la venida de un Libertador para librar a hombres y mujeres de la servidumbre del pecado y del sepulcro.

La primera insinuación de una esperanza tal fue hecha a Adán y Eva en la sentencia pronunciada contra la serpiente en el Edén, cuando el Señor declaró a Satanás a oídos de ellos: "Pondré enemistad entre ti y la mujer, y entre tu simiente y la simiente suya; ésta te herirá en la cabeza, y tú le herirás en el calcañar" (Génesis 3: 15).

Estas palabras inspiraron confianza a la pareja culpable

cuando las escucharon, porque en la profecía concerniente al quebrantamiento del poder de Satanás discernieron una promesa de liberación de la ruina causada por la transgresión. Aunque les tocaría sufrir por causa del poder de su adversario en vista de que habían caído bajo su influencia seductora y habían decidido desobedecer a la clara orden de Jehová, no necesitaban ceder a la desesperación absoluta. El Hijo de Dios se ofrecía para expiar su transgresión con su propia sangre. Se les iba a conceder un tiempo de gracia durante el cual, por la fe en el poder que tiene Cristo para salvar, podrían volver a ser hijos de Dios.

Mediante el éxito que tuvo al desviar al hombre de la senda de la obediencia, Satanás llegó a ser "el dios de este siglo" (2 Corintios 4: 4). El dominio que antes fuera de Adán, pasó al usurpador. Pero el Hijo de Dios propuso que vendría a esta tierra para pagar la pena del pecado, y así no sólo redimiría al hombre sino que recuperaría el dominio perdido. Acerca de esta restauración profetizó Miqueas cuando dijo: "Oh torre del rebaño, fortaleza de la hija de Sión, hasta ti vendrá el señorío primero" (Miqueas 4: 8). El apóstol Pablo llama a esto "la redención de la posesión adquirida" (Efesios 1: 14). Y el salmista pensaba en la misma restauración final de la heredad original del hombre cuando declaró: "Los justos heredarán la tierra, y vivirán para siempre sobre ella" (Salmo 37: 29).

Esta esperanza de redención por el advenimiento del Hijo de Dios como Salvador y Rey, no se extinguió nunca en los corazones de los hombres. Desde el principio hubo algunos cuya fe se extendió más allá de las sombras del presente hasta las realidades futuras. Mediante Adán, Set, Enoc, Matusalén, Noé, Sem, Abrahán, Isaac, Jacob y otros

A través de los largos siglos de la historia humana, la raza caída continuó esperando la venida de un Libertador.

JOHN STEEL © PPPA

hombres notables, el Señor conservó las preciosas revelaciones de su voluntad. Y fue así como a los hijos de Israel, al pueblo escogido por medio del cual iba a darse al mundo el Mesías prometido, Dios hizo conocer los requerimientos de su ley y la salvación que se obtendría mediante el sacrificio expiatorio de su amado Hijo.

La esperanza de Israel se incorporó en la promesa hecha en el momento de llamarse a Abrahán y fue repetida después vez tras vez a su posteridad: "Serán benditas en ti todas las familias de la tierra" (Génesis 12: 3). Al ser revelado a Abrahán el propósito de Dios para la redención de la familia humana, el Sol de justicia brilló en su corazón, y disipó sus tinieblas. Y cuando, al fin, el Salvador mismo anduvo entre los hijos de los hombres y habló con ellos, dio testimonio a los judíos acerca de la brillante esperanza de liberación que el patriarca había tenido por la venida de un Redentor. Cristo declaró: "Abrahán vuestro padre se gozó de que había de ver mi día; y lo vio, y se gozó" (S. Juan 8: 56).

La misma esperanza bienaventurada fue predicha en la bendición que pronunció el moribundo patriarca Jacob sobre su hijo Judá:

"Judá, te alabarán tus hermanos;
tu mano en la cerviz de tus enemigos;
los hijos de tu padre se inclinarán a ti.
cachorro de león, Judá;
de la presa subiste, hijo mío.
Se encorvó, se echó como león,
así como león viejo: ¿quién lo despertará?
No será quitado el cetro de Judá,
ni el legislador de entre sus pies,
hasta que venga Siloh;

y a él se congregarán los pueblos"

(Génesis 49: 8-10).

En la profecía que pronunció Balaam en los límites de la tierra prometida, nuevamente fue predicho el advenimiento del Redentor del mundo:

"Lo veré, mas no ahora;
lo miraré, mas no de cerca;
saldrá ESTRELLA de Jacob,
y se levantará cetro de Israel,
y herirá las sienes de Moab,
y destruirá a todos los hijos de Set"

(Números 24: 17).

Mediante Moisés, Dios recordaba constantemente a Israel su propósito de enviar a su Hijo como redentor de la humanidad caída. En una ocasión, poco antes de su muerte, Moisés declaró: "Profeta de en medio de ti, de tus hermanos, como yo, te levantará Jehová tu Dios; a él oiréis". Moisés había recibido instrucciones claras en favor de Israel concernientes a la obra del Mesías venidero. Las palabras que Jehová dirigió a su siervo fueron: "Profeta les levantaré de en medio de sus hermanos, como tú; y pondré mis palabras en su boca, y él les hablará todo lo que yo le mandare" (Deuteronomio 18: 15, 18).

En los tiempos patriarcales, el ofrecimiento de sacrificios relacionados con el culto divino recordaba perpetuamente el advenimiento de un Salvador; y lo mismo sucedió durante toda la historia de Israel con el ritual de los servicios en el santuario. En el ministerio del tabernáculo, y más tarde en el del templo que lo reemplazó, mediante figuras y sombras se enseñaban diariamente al pueblo las grandes verdades relativas a la venida de Cristo como Redentor, Sacerdote y Rey; y una vez al año se le inducía a contemplar los acontecimientos finales de la gran controversia entre Cristo y Satanás, que eliminarán del universo el pecado y los pecadores. Los sacrificios y las ofrendas del ritual mosaico señalaban siempre hacia adelante, hacia un servicio mejor, el celestial. El santuario terrenal "es símbolo para el tiempo presente, según el cual se presentan ofrendas y sacrificios"; y sus dos lugares santos eran "figuras de las cosas celestiales", pues Cristo, nuestro gran Sumo Sacerdote, es hoy "ministro del santuario, y de aquel verdadero tabernáculo que levantó el Señor, y no el hombre" (Hebreos 9: 9, 23; 8: 2).

Desde el día en que el Señor declaró a la serpiente en el Edén: "Pondré enemistad entre ti y la mujer, y entre tu simiente y la simiente suya" (Génesis 3: 15), supo Satanás que nunca podría ejercer el dominio absoluto sobre los habitantes de este mundo. Cuando Adán y sus hijos comenzaron a ofrecer los sacrificios ceremoniales ordenados por Dios como figura del Redentor venidero, Satanás discernió en ellos un símbolo de la comunión entre la tierra y el cielo. Durante los largos siglos que siguieron, se esforzó constantemente por interceptar esa comunión. Incansablemente procuró calumniar a Dios y dar una falsa interpretación a los ritos que señalaban al Salvador; y logró convencer a una gran mayoría de los miembros de la familia humana.

Mientras Dios deseaba enseñar a los hombres que el don que los reconcilia consigo mismo proviene de él, el gran enemigo de la humanidad procuró representar a Dios como un Ser que se deleita en destruirlos. De este modo, los sacrificios y los ritos, mediante los cuales el cielo quería revelar el amor divino, fueron pervertidos para servir de medios por los cuales los pecadores esperaban en vano propiciar, con dones y buenas obras la ira de un Dios ofendido. Al mismo tiempo, Satanás se esforzaba por despertar y fortalecer las malas pasiones de los hombres, a fin de que por sus repetidas transgresiones multitudes fuesen alejadas cada vez más de Dios y encadenadas sin esperanza por el pecado.

Cuando la palabra escrita de Dios era dada por los profetas hebreos, Satanás estudiaba con diligencia los mensajes referentes al Mesías. Seguía cuidadosamente las palabras que bosquejaban con inequívoca claridad la obra de Cristo entre los hombres como sacrificio abrumado de sufrimientos y como rey vencedor. En los pergaminos de las Escrituras del Antiguo Testamento leía que Aquel que había de aparecer sería "como cordero ... llevado al matadero", "desfigurado de los hombres su parecer, y su hermosura más que la de los hijos de los hombres" (Isaías 53: 7; 52: 14). El prometido Salvador de la humanidad iba a ser "despreciado y desechado entre los hombres, varón de dolores, experimentado en quebranto"; y sin embargo ejercería también su gran poder para juzgar a "los afligidos del pueblo". Iba a salvar a "los hijos del menesteroso", y quebrantar "al opresor" (Isaías 53: 3, 4; Salmo 72: 4). Estas profecías hacían temer y temblar a Satanás; mas no renunciaba a su propósito de anular, si le era posible, las medidas misericordiosas de Jehová para redimir a la humanidad perdida. Resolvió cegar los ojos de la gente hasta donde pudiera para que no viera el significado real de las profecías mesiánicas, con el fin de preparar el terreno para que Cristo fuese rechazado cuando viniera.

Durante los siglos que precedieron el diluvio, tuvieron éxito los esfuerzos de Satanás para que prevaleciera en todo el mundo la rebelión contra Dios. Ni siquiera las lecciones del diluvio fueron recordadas mucho tiempo. Con arteras insinuaciones y paso a paso, Satanás volvió a inducir a los hombres a una rebelión abierta. Nuevamente parecía estar a punto de triunfar; pero el propósito de Dios para el hombre caído no debía ser puesto así a un lado. Mediante la posteridad del fiel Abrahán, del linaje de Sem, se conservaría para las generaciones futuras un conocimiento de los designios benéficos de Jehová. De cuando en cuando Dios levantaría mensajeros de la verdad para recordar el significado de los sacrificios ceremoniales, y especialmente la promesa de Jehová concerniente al advenimiento de Aquel a quien señalaban todos los ritos del sistema de sacrificios. Así se preservaría al mundo de la apostasía universal.

El propósito divino no se cumplió sin sufrir la oposición más resuelta. De todas las maneras que pudo, el enemigo de la verdad y de la justicia obró para inducir a los descendientes de Abrahán a olvidar su alta y santa vocación y a desviarse hacia el culto de los dioses falsos. Y con frecuencia sus esfuerzos triunfaron excesivamente. Durante siglos, antes del primer advenimiento de Cristo, las tinieblas cubrieron la tierra y densa oscuridad los pueblos. Satanás arrojaba su sombra infernal sobre la senda de los hombres a fin de impedirles que adquiriesen un conocimiento de Dios y del mundo futuro. Multitudes moraban en sombra de muerte. Su única esperanza consistía en que se disipase esta lobreguez, para que Dios pudiese ser revelado.

Con visión profética, David, el ungido de Dios, había previsto que el advenimiento de Cristo sería "como la luz de la mañana, como el resplandor del sol en una mañana sin nubes" (2 Samuel 23: 4). Y Oseas atestiguó: "Como el alba está dispuesta su salida" (Oseas 6: 3). En silencio y con suavidad se produce el amanecer en la tierra, y se despierta la vida en ella cuando se disipan las sombras de las tinieblas. Así había de levantarse el Sol de justicia, y traer "en sus alas... salvación" (Malaquías 4: 2). Las multitudes "que moraban en tierra de sombra de muerte" habrían de ver "gran luz" (Isaías 9: 2).

El profeta Isaías, mirando con arrobamiento esa gloriosa liberación, exclamó:

"Un niño nos es nacido,
hijo nos es dado,
y el principado sobre su hombro;
y se llamará su nombre Admirable,
Consejero, Dios fuerte, Padre eterno, Príncipe de
    paz.
Lo dilatado de su imperio y la paz no tendrán límite,
sobre el trono de David y sobre su reino,
disponiéndolo y confirmándolo en juicio
y en justicia desde ahora y para siempre.
El celo de Jehová de los ejércitos hará esto"
                                        (vers. 6, 7).

Durante los últimos siglos de la historia de Israel, antes del primer advenimiento, era de comprensión general que se aludía a la venida del Mesías en esta profecía: "Poco es para mí que tú seas mi siervo para levantar las tribus de Jacob, y para que restaures el remanente de Israel; también te di por luz de las naciones, para que seas mi salvación hasta lo postrero de la tierra". El profeta había predicho:

"Se manifestará la gloria de Jehová, y toda carne juntamente la verá" (Isaías 49: 6; 40: 5). Acerca de esta luz de los hombres testificó osadamente Juan el Bautista cuando proclamó: "Yo soy la voz de uno que clama en el desierto: Enderezad el camino del Señor, como dijo el profeta Isaías" (S. Juan 1: 23).

A Cristo fue a quien se dirigió la promesa profética: "Así ha dicho Jehová, Redentor de Israel, el Santo suyo, al menospreciado de alma, al abominado de las naciones,... así dijo Jehová:... Te guardaré, y te daré por pacto al pueblo, para que restaures la tierra, para que heredes asoladas heredades; para que digas a los presos: Salid; y a los que están en tinieblas: Mostraos... No tendrán hambre ni sed, ni el calor ni el sol los afligirá; porque el que tiene de ellos misericordia los guiará, y los conducirá a manantiales de aguas" (Isaías 49: 7-10).

Los que eran firmes en la nación judía, los descendientes del santo linaje por medio del cual se había conservado el conocimiento de Dios, fortalecían su fe meditando en estos pasajes y otros similares. Con sumo gozo leían que el Señor ungiría al que iba "a predicar buenas nuevas a los abatidos, a vendar a los quebrantados de corazón, a publicar libertad a los cautivos,... a proclamar el año de la buena voluntad de Jehová" (Isaías 61: 1, 2). Sin embargo, sus corazones se entristecían al pensar en los sufrimiento que debería soportar para cumplir el propósito divino. Con profunda humillación en su alma leían en el rollo profético estas palabras:

"¿Quién ha creído a nuestro anuncio?
¿y sobre quién se ha manifestado el brazo de Jehová?

Subirá cual renuevo delante de él,
y como raíz de tierra seca;
no hay parecer en él, ni hermosura;
le veremos, mas sin atractivo para que le deseemos.

Despreciado y desechado entre los hombres,
varón de dolores, experimentado en quebranto;
y como que escondimos de él el rostro,
fue menospreciado, y no lo estimamos.

Ciertamente llevó él nuestras enfermedades,
y sufrió nuestros dolores;
y nosotros le tuvimos por azotado,
por herido de Dios y abatido.

Mas él herido fue por nuestras rebeliones,
molido por nuestros pecados;
el castigo de nuestra paz fue sobre él,
y por su llaga fuimos nosotros curados.

Todos nosotros nos descarriamos como ovejas,
cada cual se apartó por su camino;
mas Jehová cargó en él;
el pecado de todos nosotros.

Angustiado él, y afligido, no abrió su boca;
como cordero fue llevado al matadero;
y como oveja delante de sus trasquiladores,
enmudeció, y no abrió su boca.

Por cárcel y por juicio fue quitado;
y su generación, ¿quién la contará?

Porque fue cortado de la tierra de los vivientes,
y por la rebelión de mi pueblo fue herido.

Y se dispuso con los impíos su sepultura,
mas con los ricos fue en su muerte;
aunque nunca hizo maldad,
ni hubo engaño en su boca" (Isaías 53: 1-9).

Acerca del Salvador que tanto iba a sufrir, Jehová mismo declaró por Zacarías: "Levántate, oh espada, contra el pastor, y contra el hombre compañero mío" (Zacarías 13: 7). Como sustituto y garante del hombre pecaminoso, Cristo iba a sufrir bajo la justicia divina. Había de comprender lo que significaba la justicia. Tenía que saber lo que representa para los pecadores estar sin intercesor delante de Dios.

Por medio del salmista, el Redentor había profetizado acerca de sí mismo:

"El escarnio ha quebrantado mi corazón,
 y estoy acongojado.
Esperé quien se compadeciese de mí,
y no lo hubo;
y consoladores,
y ninguno hallé.
Me pusieron además hiel por comida,
y en mi sed me dieron a beber vinagre".
(Salmo 69: 20, 21).

Profetizó acerca del trato que iba a recibir: "Perros me han rodeado; me ha cercado cuadrilla de malignos; horadaron mis manos y mis pies. Contar puedo todos mis huesos; entre tanto, ellos me miran y me observan. Repartieron entre sí mis vestidos, y sobre mi ropa echaron suertes" (Salmo 22: 16-18).

Estas descripciones del acerbo sufrimiento y de la muerte cruel del Mesías prometido, por tristes que fuesen, abundaban en promesas; porque con respecto al que "quiso quebrantarlo, sujetándole a padecimiento" para que entregase "su vida en expiación por el pecado", Jehová declaró:

"Verá linaje, vivirá por largos días,
  y la voluntad de Jehová será en su mano prosperada.
  Verá el fruto de la aflicción de su alma, y quedará
    satisfecho;
  por su conocimiento justificará mi siervo justo a mu-
    chos,
  y llevará las iniquidades de ellos.

Por tanto, yo le daré parte con los grandes,
  y con los fuertes repartirá despojos;
  por cuanto derramó su vida hasta la muerte,
  y fue contado con los pecadores,
  habiendo él llevado el pecado de muchos,
  y orado por los transgresores" (Isaías 53: 10-12).

El amor hacia los pecadores fue lo que indujo a Cristo a pagar el precio de la redención. "Vio que no había hombre, y se maravilló que no hubiera quien se interpusiese". Ningún otro podía rescatar a hombres y mujeres del poder del enemigo; por lo tanto "lo salvó su brazo, y le afirmó su misma justicia" (Isaías 59: 16).

"He aquí mi siervo, yo le sostendré;
  mi escogido, en quien mi alma tiene contentamiento;
  he puesto sobre él mi Espíritu;
  él traerá justicia a las naciones" (Isaías 42: 1).

En su vida no debía de entretejerse ninguna autodefensa. El Hijo de Dios no conocería los homenajes que el mundo tributa a los cargos, a las riquezas y al talento. El Mesías no iba emplear recurso alguno de los que usan los hombres para obtener obediencia u homenaje. Su absoluto renunciamiento de sí mismo se predecía en estas palabras:

"No gritará, ni alzará su voz,
ni la hará oír en las calles.
No quebrará la caña cascada,
ni apagará el pábilo que humeare" (Isaías 42: 2, 3).

En agudo contraste con la conducta de los maestros de su época, iba a destacarse la del Salvador entre los hombres. En su vida nunca se presenciarían disputas ruidosas, adoración ostentosa ni actos destinados a obtener aplausos. El Mesías se escondería en Dios, y Dios iba e revelarse en el carácter de su Hijo. Sin un conocimiento de Dios, la humanidad quedaría eternamente perdida. Sin ayuda divina, hombres y mujeres se degradarían cada vez más. Era necesario que Aquel que había hecho el mundo les impartiese vida y poder. De ninguna otra manera podían suplirse las necesidades del hombre.

Se profetizó, además, acerca del Mesías: "No se cansará ni desmayará, hasta que establezca en la tierra justicia; y las costas esperarán su ley". El Hijo de Dios iba a "magnificar la ley y engrandecerla" (vers. 4, 21). No iba a reducir su importancia ni la vigencia de sus requerimientos; antes bien la exaltaría. Al mismo tiempo, libraría los preceptos divinos de aquellas difíciles exigencias impuestas por los hombres, que desalentaban a muchos en sus esfuerzos para servir aceptablemente a Dios.

Acerca de la misión del Salvador, la palabra de Jehová fue: "Yo Jehová te he llamado en justicia, y te sostendré por la mano; te guardaré y te pondré por pacto al pueblo, por luz de las naciones, para que abras los ojos de los ciegos, para que saques de la cárcel a los presos, y de las casas de prisión a los que moran en tinieblas. Yo Jehová; este es mi nombre; y a otro no daré mi gloria, ni mi alabanza a esculturas. He aquí se cumplieron las cosas primeras, y yo anuncio cosas nuevas; antes que salgan a luz, yo os las haré notorias" (vers. 6-9).

Mediante la Simiente prometida, el Dios de Israel iba a dar liberación a Sión. "Saldrá una vara del tronco de Isaí, y un vástago retoñará de sus raíces". "He aquí que la virgen concebirá, y dará a luz un hijo, y llamará su nombre Emanuel. Comerá mantequilla y miel, hasta que sepa desechar lo malo y escoger lo bueno" (Isaías 11: 1; 7: 14, 15).

"Y reposará sobre él el Espíritu de Jehová; espíritu de sabiduría y de inteligencia, espíritu de consejo y de poder, espíritu de conocimiento y de temor de Jehová. Y le hará entender diligente en el temor de Jehová. No juzgará según la vista de sus ojos, ni argüirá por lo que oigan sus oídos; sino que juzgará con justicia a los pobres, y argüirá con equidad por los mansos de la tierra; y herirá la tierra con la vara de su boca, y con el espíritu de sus labios matará al impío. Y será la justicia cinto de sus lomos, y la fidelidad ceñidor de su cintura... Acontecerá en aquel tiempo que la raíz de Isaí, la cual estará puesta por pendón a los pueblos, será buscada por las gentes; y su habitación será gloriosa" (Isaías 11: 2-5, 10).

"He aquí el varón cuyo nombre es Renuevo, ... edificará el templo de Jehová y él llevará gloria, y se sentará y dominará en su trono, y habrá sacerdote a su lado" (Zacarías 6: 12, 13).

Se abriría un manantial para limpiar el "pecado y ... la inmundicia" (Zacarías 13: 1); los hijos de los hombres iban a oír la bienaventurada invitación:

"A todos los sedientos: Venid a las aguas;
y los que no tienen dinero, venid, comprad y comed.
Venid, comprad sin dinero y sin precio, vino y leche.

¿Por qué gastáis el dinero en lo que no es pan,
y vuestro trabajo en lo que no sacia?
Oídme atentamente, y comed del bien.
y se deleitará vuestra alma con grosura.

Inclinad vuestro oído, y venid a mí;
oíd, y vivirá vuestra alma;
y haré con vosotros pacto eterno,
las misericordias firmes a David" (Isaías 55: 1-3).

A Israel fue hecha la promesa: "He aquí que yo lo dí por testigo a los pueblos, por jefe y por maestro a las naciones. He aquí, llamarás a gente que no conociste, y gentes que no te conocieron correrán a ti, por causa de Jehová tu Dios, y del Santo de Israel que te ha honrado" (vers. 4, 5).

"Haré que se acerque mi justicia; no se alejará, y mi salvación no se detendrá. Y pondré salvación en Sión, y mi gloria en Israel" (Isaías 46: 13).

Con sus palabras y sus acciones, durante su ministerio terrenal, el Mesías iba a revelar a la humanidad la gloria de Dios el Padre. Cada acto de su vida, cada palabra que hablara, cada milagro que realizara, iba a dar a conocer a la humanidad caída el amor infinito de Dios.

"Súbete sobre un monte alto,
anunciadora de Sión;
levanta fuertemente tu voz,
anunciadora de Jerusalén;
levántala, no temas;
di a las ciudades de Judá: ¡Ved aquí al Dios vuestro!
He aquí que Jehová el Señor vendrá con poder,
y su brazo señoreará;
he aquí que su recompensa viene con él,
y su paga delante de su rostro.
Como pastor apacentará su rebaño;
en su brazo llevará los corderos,
y en su seno los llevará;
pastoreará suavemente a las recién paridas"

(Isaías 40: 9-11).

"En aquel tiempo los sordos oirán las palabras del libro, y los ojos de los ciegos verán en medio de la oscuridad y de las tinieblas. Entonces los humildes crecerán en alegría en Jehová, y aun los más pobres de los hombres se gozarán en el Santo de Israel... Y los extraviados de espíritu aprenderán inteligencia, y los murmuradores aprenderán doctrina" (Isaías 29: 18, 19, 24).

Mediante los patriarcas y los profetas, así como por medio de las figuras y los símbolos, Dios hablaba al mundo del advenimiento de quien lo libertaría del pecado. Una larga cadena de profecías inspiradas señalaba la venida del "Deseado de todas las naciones" (Hageo 2: 7). Hasta el lugar de su nacimiento y el tiempo de su aparición fueron minuciosamente especificados.

El Hijo de David debía nacer en la ciudad de David. Dijo el profeta que de Belén saldría "el que será Señor en

717

Israel; y sus salidas son desde el principio, desde los días de la eternidad" (Miqueas 5: 2).

"Y tú, Belén, en la tierra de Judá,
no eres la más pequeña entre los
    príncipes de Judá;
porque de ti saldrá un guiador,
que apacentará a mi pueblo Israel"
(S. Mateo 2: 6).

El tiempo en que iban a producirse el primer advenimiento y algunos de los principales acontecimientos relacionados con la vida y la obra del Salvador, fue comunicado a Daniel por el ángel Gabriel. Dijo éste: "Setenta semanas están determinadas sobre tu pueblo y sobre tu santa ciudad, para terminar la prevaricación, y poner fin al pecado, y expiar la iniquidad, para traer la justicia perdurable, y sellar la visión y la profecía, y ungir al Santo de los santos" (Daniel 9: 24). En la profecía un día representa un año. (Véase Números 14: 34; Ezequiel 4: 6). Las setenta semanas, o 490 días, representan 490 años. El punto de partida de este plazo se da así: "Sabe, pues, y entiende, que desde la salida de la orden para restaurar y edificar a Jerusalén hasta el Mesías Príncipe, habrá siete semanas, y sesenta y dos semanas" (Daniel 9: 25), es decir 69 semanas, o 483 años. La orden de reedificar a Jerusalén, según la completó el decreto de Artajerjes Longímano (véase Esdras 6: 14; 7: 1, 9), entró en vigencia en el otoño del año 457 a.C. Desde esa fecha, 483 años llegan hasta el otoño del año 27 de nuestra era. De acuerdo con la profecía, ese plazo debía llegar hasta el Mesías o Ungido. En el año 27 de nuestra era, Jesús recibió, en ocasión de su bautismo, el ungimiento del Espíritu

Santo, y poco después comenzó su ministerio. Se proclamó entonces el mensaje: "El tiempo se ha cumplido" (S. Marcos 1: 15).

El ángel había dicho: "Por otra semana [7 años] confirmará el pacto con muchos". Durante siete años después que el Salvador iniciara su ministerio, el Evangelio iba a ser predicado especialmente a los judíos; por Cristo mismo durante tres años y medio, y después por los apóstoles. "A la mitad de la semana hará cesar el sacrificio y la ofrenda" (Daniel 9: 27). En la primavera del año 31 de nuestra era, Cristo, el verdadero Sacrificio, fue ofrecido en el Calvario. Entonces el velo del templo se rasgó en dos, lo cual demostró que dejaban de existir el carácter sagrado y el significado del servicio de los sacrificios. Había llegado el momento en que cesarían la oblación y el sacrificio terrenales.

Aquella semana, o siete años, terminó en el año 34 de nuestra era. Entonces, al apedrear a Esteban, los judíos sellaron finalmente su rechazamiento del Evangelio. Los discípulos, dispersados por la persecución, "iban por todas partes anunciando el Evangelio" (Hechos 8: 4), y poco después se convirtió Saulo el perseguidor, para llegar a ser Pablo, el apóstol de los gentiles.

Las muchas profecías concernientes al advenimiento del Salvador inducían a los hebreos a vivir en una actitud de constante expectación. Muchos murieron en la fe, sin haber recibido las promesas; pero, habiéndolas visto desde lejos, creyeron y confesaron que eran extranjeros y advenedizos en la tierra (Hebreos 11: 13). Desde los días de Enoc, las promesas repetidas por intermedio de los patriarcas y los profetas habían mantenido viva la esperanza de su aparición.

Las "setenta semanas" proféticas de Daniel 9: 24 abarcan un período de casi quinientos años: desde la reconstrucción de Jerusalén, después del cautiverio, hasta el rechazo divino de la nación, judía como pueblo escogido.

JOE MANISCALCO © PPPA

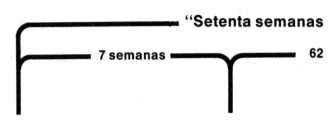

"Setenta semanas

7 semanas   62

457 a. C.
Decreto para
reconstruir
a Jerusalén

408 a. C.
Termina la
reconstrucción
de Jerusalén

Al principio Dios no había revelado la fecha exacta del primer advenimiento; y aun cuando la profecía de Daniel la daba a conocer, no todos interpretaban correctamente el mensaje. Transcurrieron los siglos uno tras otro; finalmente callaron las voces de los profetas. La mano del opresor pesaba sobre Israel. Al apartarse los judíos de Dios, la fe se

están determinadas sobre tu pueblo".

una semana

27 d. C.
Bautismo
de
Jesús

31 d. C.
Crucifixión
de
Jesús

34 d. C.
Apedreamiento
de
Esteban

empañó y la esperanza casi dejó de iluminar el futuro. Muchos no comprendían las palabras de los profetas; y aun aquellos cuya fe se había conservado vigorosa estaba a punto de exclamar: "Se van prolongando los días, y desaparecerá toda visión" (Ezequiel 12: 22). Pero en el concilio celestial había sido determinada la hora en que Cristo había de

721

venir, y cuando llegó "el cumplimiento del tiempo, Dios envió a su Hijo, … para que redimiese a los que estaban bajo la ley, a fin de que recibiésemos la adopción de hijos" (Gálatas 4: 4, 5).

La humanidad debía recibir lecciones en su propio lenguaje. El Mensajero del pacto debía hablar. Su voz debía oírse en su propio templo. El, que es Autor de la verdad, debía separarla de la hojarasca de las declaraciones humanas, que la habían anulado. Los principios del gobierno de Dios y el plan de redención debían ser definidos claramente. Las lecciones del Antiguo Testamento debían presentarse a los hombres en toda su plenitud.

Cuando finalmente apareció el Salvador "hecho semejante a los hombres" (Filipenses 2: 7), e inició su ministerio de gracia, Satanás pudo tan sólo herirle el calcañar, mientras que con cada acto que lo humillaba y lo hacía sufrir, Cristo hería la cabeza de su adversario. La angustia que el pecado había producido se derramó en el seno del que era sin pecado; y sin embargo, mientras Cristo soportaba la contradicción de los pecadores pagaba la deuda del hombre pecaminoso y deshacía la servidumbre en la cual la humanidad había estado sujeta. Toda angustia y todo insulto que sufría obraba para liberar la humanidad.

Si Satanás hubiese logrado que Cristo cediese a una sola tentación o que manchase su pureza perfecta por un solo acto o aun por un pensamiento, el príncipe de las tinieblas habría triunfado sobre el Garante del hombre y habría ganado para sí toda la familia humana. Pero si bien Satanás podía afligir, no podía contaminar; podía ocasionar angustia, pero no profanar. Hizo de la vida de Cristo una larga escena de conflicto y prueba; y sin embargo, con cada ataque iba perdiendo su dominio sobre la humanidad.

En el desierto de la tentación, en el huerto de Getsemaní y en la cruz, nuestro Salvador midió armas con el príncipe de las tinieblas. Sus heridas llegaron a ser los trofeos de su victoria en favor de la familia humana. Mientras Cristo colgaba agonizante de la cruz, mientras los malos espíritus se regocijaban y los hombres impíos le escarnecían, su calcañar fue en verdad herido por Satanás. Pero ese mismo acto aplastaba la cabeza de la serpiente. Con su muerte destruyó "al que tenía el imperio de la muerte, esto es, al diablo" (Hebreos 2: 14). Este acto decidió el destino del jefe de los rebeldes y aseguró para siempre el plan de la salvación. Cristo venció el poder de la muerte con su muerte, y al resucitar, abrió para sus seguidores las puertas del sepulcro. En esa última gran contienda vemos cumplirse la profecía: "Esta te herirá en la cabeza, y tú le herirás en el calcañar" (Génesis 3: 15).

"Amados, ahora somos hijos de Dios, y aún no se ha manifestado lo que hemos de ser; pero sabemos que cuando él se manifieste, seremos semejantes a él, porque le veremos tal como él es" (1 S. Juan 3: 2). Nuestro Redentor abrió el camino, para que aun el más pecador, el más necesitado, el más oprimido y despreciado, pueda hallar acceso al Padre.

> "Jehová, tú eres mi Dios;
> te exaltaré, alabaré tu nombre,
> porque has hecho maravillas;
> tus consejos antiguos son verdad y firmeza"
>
> (Isaías 25: 1).

CAPITULO 59

"La Casa de Israel"

AL PROCLAMAR las verdades del Evangelio eterno a toda nación, tribu, lengua y pueblo, la iglesia de Dios en la tierra está cumpliendo hoy la antigua profecía: "Florecerá y echará renuevos Israel, y la faz del mundo llenará de fruto" (Isaías 27: 6). Los que siguen a Jesús en cooperación con los seres celestiales, están ocupando rápidamente los lugares desiertos de la tierra; y como resultado de sus labores obtienen una abundante cosecha de preciosas almas. Hoy, como nunca antes, la diseminación de la verdad bíblica por medio de una iglesia consagrada ofrece a los hijos de los hombres los beneficios predichos hace siglos en la promesa hecha a Abrahán y a todo Israel, a la iglesia de Dios en la tierra en toda época: "Te bendeciré, ... y serás bendición" (Génesis 12: 2).

Esta promesa de bendición debería haberse cumplido en gran medida durante los siglos que siguieron al regreso de los israelitas de las tierras de su cautiverio. Dios quería que toda la tierra fuese preparada para el primer adveni-

El Salvador largamente esperado por fin llegó; pero los judíos lo rechazaron y lo trajeron a Pilato para que éste lo condenara a muerte.

miento de Cristo, así como hoy se está preparando el terreno para su segunda venida. Al fin de los años de aquel humillante destierro, Dios aseguró misericordiosamente a su pueblo Israel, mediante Zacarías: "Yo he restaurado a Sión, y moraré en medio de Jerusalén; y Jerusalén se llamará Ciudad de la Verdad, y el monte de Jehová de los ejércitos, Monte de Santidad". Y acerca de su pueblo dijo: "He aquí, ... yo seré a ellos por Dios en verdad y en justicia" (Zacarías 8: 3, 7, 8).

Estas promesas les eran hechas a condición de que obedecieran. No debían repetirse los pecados que habían caracterizado a los israelitas antes del cautiverio. El Señor exhortó a los que estaban reedificando: "Juzgad conforme a la verdad, y haced misericordia y piedad cada cual con su hermano; no oprimáis a la viuda, al huérfano, al extranjero ni al pobre; ni ninguno piense mal en su corazón contra su hermano". "Hablad verdad cada cual con su prójimo; juzgad según la verdad y lo conducente a la paz en vuestras puertas" (Zacarías 7: 9, 10; 8: 16).

Ricas eran las recompensas, tanto temporales como espirituales, que se prometían a quienes pusieran en práctica estos principios de justicia. El Señor declaró: "Habrá simiente de paz; la vid dará su fruto, y dará su producto la tierra, y los cielos darán su rocío; y haré que el remanente de este pueblo posea todo esto. Y sucederá que como fuisteis maldición entre las naciones, oh casa de Judá y casa de Israel, así os salvaré y seréis bendición" (Zacarías 8: 12, 13).

Mediante el cautiverio babilónico los israelitas quedaron radicalmente curados del culto a las imágenes talladas.

Después de su regreso dedicaron mucha atención a la instrucción religiosa y al estudio de lo que había sido escrito en el libro de la ley y en los profetas concerniente al culto del Dios verdadero. La reconstrucción del templo les permitió seguir con todos los servicios rituales del santuario. Bajo la dirección de Zorobabel, Esdras y Nehemías, se comprometieron repetidas veces a cumplir todos los mandamientos y estatutos de Jehová. Los tiempos de prosperidad que siguieron evidenciaron ampliamente cuán dispuesto estaba Dios a aceptarlos y perdonarlos; y sin embargo, con miopía fatal se desviaron vez tras vez de su glorioso destino, y guardaron egoístamente para sí lo que habría impartido sanidad y vida espiritual a incontables multitudes.

Este incumplimiento del propósito divino era muy evidente en días de Malaquías. El mensajero del Señor reprendió severamente los males que privaban a Israel de la prosperidad temporal y de poder espiritual. En esta reprensión de los transgresores, el profeta no perdonó a los sacerdotes ni al pueblo. La "profecía de la palabra de Jehová contra Israel, por medio de Malaquías" era que las lecciones pasadas no se olvidasen, y que el pacto hecho por Jehová con la casa de Israel se cumpliese con fidelidad. La bendición de Dios podía obtenerse tan sólo con un arrepentimiento de todo corazón. Instaba el profeta: "Ahora, pues, orad por el favor de Dios, para que tenga piedad de nosotros" (Malaquías 1: 1, 9).

Sin embargo, ningún fracaso temporal de Israel habría de frustrar el plan secular para redimir a la humanidad. Tal vez aquellos a quienes el profeta hablaba no escucharían el mensaje dado; pero los propósitos de Jehová se cumplirían a pesar de todo. El Señor declaró por su mensajero: "Desde donde el sol nace hasta donde se pone, es grande mi nombre entre las naciones; y en todo lugar se ofrece a mi nombre incienso y ofrenda limpia, porque grande es mi nombre entre las naciones" (vers. 11).

El pacto "de vida y de paz" que Dios había hecho con los hijos de Leví, el pacto que habría traído indecibles bendiciones si se lo hubiese cumplido, el Señor ofreció renovarlo con los que habían sido una vez caudillos espirituales, pero que por la transgresión se habían tornado "viles y bajos ante todo el pueblo" (Malaquías 2: 5, 9).

Los que obraban mal fueron solemnemente advertidos de que vendría el día del juicio y que Jehová se proponía castigar a todo transgresor con una rápida destrucción. No obstante, nadie era dejado sin esperanza; las profecías de juicio de Malaquías iban acompañadas de invitaciones a los impenitentes para que hicieran la paz con Dios. El Señor los instaba así: "Volveos a mí, y yo me volveré a vosotros" (Malaquías 3: 7).

Parece como si todo corazón debe responder a una invitación tal. El Dios del cielo ruega a sus hijos errantes que vuelvan a él a fin de que puedan cooperar de nuevo con él para llevar adelante su obra en la tierra. El Señor extiende su mano para tomar la de Israel para ayudarle a regresar a la senda estrecha de la abnegación y a compartir con él la herencia como hijos de Dios. ¿Escucharán la súplica? ¿Discernirán su única esperanza?

¡Cuán triste es el relato de que en tiempos de Malaquías los israelitas vacilaron en entregar sus orgullosos corazones en una obediencia presta y amante para una cooperación cordial! En su respuesta se nota el esfuerzo por justificarse: "¿En qué hemos de volvernos?"

El Señor revela a su pueblo uno de sus pecados especiales. Pregunta: "¿Robará el hombre a Dios? Pues vosotros me habéis robado". No reconociendo todavía su pecado, los desobedientes preguntan: "¿En qué te hemos robado?"

La respuesta del Señor es definida: "En vuestros diezmos y ofrendas. Malditos sois con maldición, porque vosotros, la nación toda, me habéis robado. Traed todos los diezmos al alfolí y haya alimento en mi casa; y probadme ahora en esto, dice Jehová de los ejércitos, si no os abriré las ventanas de los cielos, y derramaré sobre vosotros bendición hasta que sobreabunde. Reprenderé también por vosotros al devorador, y no os destruirá el fruto de la tierra, ni vuestra vid en el campo será estéril, dice Jehová de los ejércitos" (Malaquías 3: 7-12).

Dios bendice el trabajo de las manos de los hombres, para que ellos le devuelvan la porción que le pertenece. Les da el sol y la lluvia; hace florecer la vegetación; les da salud y capacidad para adquirir recursos. Toda bendición proviene de su mano bondadosa, y él desea que hombres y mujeres manifiesten su gratitud devolviéndole una parte en diezmos y ofrendas, ofrendas de agradecimiento, de buena voluntad y por el pecado. Deben de consagrar sus recursos al servicio de él, para que su viña no permanezca árida. Deben estudiar lo que el Señor haría si estuviese en su lugar. Deben llevarle en oración todos los asuntos difíciles. Deben de revelar un interés altruista en el fortalecimiento de su obra en todas partes del mundo.

Mediante mensajes como los dados por Malaquías, el

último profeta del Antiguo Testamento, así como mediante la opresión impuesta por los enemigos paganos, los israelitas aprendieron finalmente la lección de que la verdadera prosperidad depende de la obediencia a la ley de Dios. Pero en el caso de muchos de entre el pueblo, la obediencia no era fruto de la fe ni del amor. Sus motivos eran egoístas. Prestaban un servicio exterior para alcanzar grandeza nacional. El pueblo escogido no llegó a ser la luz del mundo, sino que se encerró en sí mismo y se aisló del mundo para protegerse de ser seducido por la idolatría. Las restricciones que Dios había dictado para prohibir los casamientos mixtos entre su pueblo y los paganos, y para impedir que Israel participase en las prácticas idólatras de las naciones circundantes, se pervirtieron hasta el punto de constituir un muro de separación entre los israelitas y todos los demás pueblos, lo cual privó a esos pueblos de las bendiciones que Dios había ordenado a Israel comunicar al mundo.

Al mismo tiempo, por sus pecados los judíos se estaban separando ellos mismos de Dios. Eran incapaces de discernir el profundo significado espiritual de su servicio simbólico. Dominados por un sentimiento de justicia propia, confiaban en sus propias obras, en los sacrificios y los ritos mismos, en vez de confiar en los méritos de Aquel a quien señalaban todas esas ceremonias. De este modo, "ignorando la justicia de Dios, y procurando establecer la suya propia" (Romanos 10: 3), se encerraron en un formalismo egoísta. Careciendo del Espíritu y de la gracia de Dios, procuraron suplir esta falta mediante una rigurosa observancia de las ceremonias y los ritos religiosos. Sin conformarse con los ritos que Dios mismo había ordenado, hicieron más pesados los mandamientos divinos con innumerables exigencias propias. Cuanto más se alejaban de Dios más rigurosos se volvían en la observancia de esas formas.

Con todas estas minuciosas y pesadas exigencias, en la práctica resultaba imposible que el pueblo guardase la ley. Los grandes principios de justicia presentados en el Decálogo y las gloriosas verdades reveladas en el servicio simbólico se oscurecían por igual, sepultados bajo una masa de tradiciones y estatutos humanos. Los que deseaban realmente servir a Dios y procuraban observar toda la ley según lo ordenado por los sacerdotes y príncipes, gemían bajo una carga pesadísima.

Aunque el pueblo de Israel deseaba como nación el advenimiento del Mesías, estaba tan separado de Dios en su corazón y en su vida que no podía tener un concepto correcto del carácter ni de la misión del Redentor prometido. En vez de desear la redención del pecado, así como la gloria y la paz de la santidad, su corazón anhelaba obtener liberación de sus enemigos nacionales y recobrar el poder mundanal. Esperaba al Mesías como conquistador que quebrase todo yugo y exaltase a Israel para que dominara a todas las naciones. Así había logrado Satanás preparar el corazón del pueblo para que rechazase al Salvador cuando apareciera. El orgullo que había en el corazón de ese pueblo y sus falsos conceptos acerca del carácter y la misión del Mesías les impedirían pesar con sinceridad las evidencias de su carácter como tal.

Durante más de mil años el pueblo judío había aguardado la venida del Salvador prometido. Sus esperanzas más halagüeñas se habían basado en ese acontecimiento. Durante mil años, en cantos y profecías, en los ritos del templo y en las oraciones familiares, se había reverenciado su nombre; y sin embargo, cuando vino no le reconocieron como el Mesías a quien tanto habían esperado. "A lo suyo vino, y los suyos no le recibieron" (S. Juan 1: 11). Para sus corazones amantes del mundo, el Amado del cielo fue "como raíz de tierra seca". A sus ojos no hubo "parecer en él, ni hermosura"; no discernieron en él belleza que hiciese que lo desearan (Isaías 53: 2).

Toda la vida de Jesús de Nazaret entre el pueblo judío fue un reproche para el egoísmo que este pueblo reveló al no querer reconocer los justos derechos del Dueño de la viña que se les había dado para cultivar. Odiaron su ejemplo de veracidad y piedad; y cuando llegó la prueba final, que significaba obedecer para tener la vida eterna o desobedecer y merecer la muerte eterna, rechazaron al Santo de Israel y se hicieron responsables de su crucifixión en el Calvario.

En la parábola de la viña que presentó hacia el final de su ministerio en esta tierra, Cristo llamó la atención de los maestros judíos a las ricas bendiciones concedidas a Israel, y les mostró en ellas el derecho que Dios tenía a que le obedeciesen. Les presentó claramente la gloria del propósito de Dios que ellos podrían haber cumplido por su obediencia. Descorriendo el velo que ocultaba lo futuro, reveló cómo, al no cumplir ese propósito, toda la nación perdía su bendición y se acarreaba la ruina.

Dijo Cristo: "Hubo un hombre, padre de familia, el cual plantó una viña, la cercó de vallado, cavó en ella un lagar, edificó una torre, y la arrendó a unos labradores, y se fue

Los judíos sellaron su propia condenación cuando instigaron la crucifixión del Santo de Israel sobre el Calvario.

lejos" (S. Mateo 21: 33).

El Salvador se refería a "la viña de Jehová de los ejércitos", que siglos antes el profeta Isaías había declarado que era "la casa de Israel" (Isaías 5: 7).

"Y cuando se acercó el tiempo de los frutos —continuó diciendo Cristo, el dueño de la viña—, envió sus siervos a los labradores, para que recibiesen sus frutos. Mas los labradores, tomando a los siervos, a uno golpearon, a otro mataron, y otro apedrearon. Envió de nuevo otros siervos, más que los primeros; e hicieron con ellos de la misma manera. Finalmente les envió su hijo, diciendo: Tendrán respeto a mi hijo. Mas los labradores, cuando vieron al hijo, dijeron entre sí: Este es el heredero; venid, matémosle, y apoderémonos de su heredad. Y tomándole, le echaron fuera de la viña, y le mataron".

Habiendo descrito ante los sacerdotes el acto culminante de su maldad, Cristo les preguntó: "Cuando venga, pues, el señor de la viña, ¿qué hará a aquellos labradores?" Los sacerdotes habían estado siguiendo la narración con profundo interés; y sin considerar la relación que con ellos tenía el asunto, se unieron al pueblo para contestar: "A los malos destruirá sin misericordia, y arrendará su viña a otros labradores, que le paguen el fruto a su tiempo".

Sin darse cuenta de ello, habían pronunciado su propia condenación. Jesús los miró, y bajo esa mirada escrutadora comprendieron que leía los secretos de su corazones. Su divinidad fulguró delante de ellos con poder inconfundible. Se vieron retratados en los labradores, e involuntariamente exclamaron: ¡No lo permita Dios!

Con solemnidad y pesar, Cristo preguntó: "¿Nunca leísteis en las Escrituras: La piedra que desecharon los edificadores, ha venido a ser cabeza del ángulo. El Señor ha hecho esto, y es cosa maravillosa a nuestros ojos? Por tanto os digo, que el reino de Dios será quitado de vosotros, y será dado a gente que produzca los frutos de él. Y el que cayere sobre esta piedra será quebrantado; y sobre quien ella cayere, le desmenuzará" (S. Mateo 21: 34-44).

Si el pueblo le hubiese recibido, Cristo habría evitado a la nación judía su condenación. Pero la envidia y los celos la hicieron implacable. Sus hijos decidieron no recibir a Jesús de Nazaret como el Mesías. Rechazaron la Luz del mundo y desde ese momento su vida quedó rodeada de tinieblas como de medianoche. La suerte predicha cayó sobre la nación judía. Sus propias fieras pasiones, irrefrenadas, obraron su ruina. En su ira ciega se destruyeron unos a otros. Su orgullo rebelde y obstinado atrajo sobre ellos la ira de sus conquistadores romanos. Jerusalén fue destruida, el templo reducido a ruinas, y su sitio arado... Los hijos de Judá perecieron de las maneras más horribles. Millones fueron vendidos para servir como esclavos en tierras paganas.

Lo que Dios quiso hacer en favor del mundo por Israel, la nación escogida, lo realizará finalmente mediante su iglesia que está en la tierra hoy. Ya arrendó "su viña a otros labradores", a saber, a su pueblo guardador del pacto, que le dará fielmente "el fruto a su tiempo". Nunca ha carecido el Señor en esta tierra de representantes fieles que consideraron como suyos los intereses de él. Estos testigos de Dios se cuentan entre el Israel espiritual, y se cumplirán en su favor todas las promesas del pacto que hizo Jehová con su pueblo en la antigüedad.

Hoy la iglesia de Dios tiene libertad para llevar a cabo el plan divino para la salvación de la humanidad perdida. Durante muchos siglos el pueblo de Dios sufrió la restricción de sus libertades. Se prohibía predicar el Evangelio en su pureza, y se imponían las penas más severas a quienes osaran desobeder los mandatos de los hombres. En consecuencia, la gran viña moral del Señor quedó casi completamente desocupada. El pueblo se veía privado de la luz que dimana de la Palabra de Dios. Las tinieblas del error y de la superstición amenazaban con borrar todo conocimiento de la verdadera religión. La iglesia de Dios en la tierra se hallaba tan ciertamente en cautiverio durante ese largo plazo de implacable persecución, como estuvieron los hijos de Israel cautivos en Babilonia durante el destierro.

Pero, gracias a Dios, su iglesia no está ya en servidumbre. Al Israel espiritual han sido devueltos los privilegios que fueron concedidos al pueblo de Dios cuando se le libertó de Babilonia. En todas partes de la tierra, hombres y mujeres están respondiendo al mensaje enviado por el cielo, acerca del cual Juan el revelador profetizó que sería proclamado antes del segundo advenimiento de Cristo: "Temed a Dios, y dadle gloria, porque la hora de su juicio ha llegado" (Apocalipsis 14: 7).

Las huestes del mal no tienen ya poder para mantener cautiva a la iglesia, porque "ha caído, ha caído Babilonia, la gran ciudad", que "ha hecho beber a todas las naciones del vino del furor de su fornicación"; y al Israel espiritual se da este mensaje: "Salid de ella, pueblo mío, para que no seáis partícipes de sus pecados, ni recibáis parte de sus plagas" (Apocalipsis 14: 8; 18: 4). Así como los cautivos desterrados escucharon el mensaje' "Huid de en medio de Babilonia" (Jeremías 51: 6), y fueron devueltos a la tierra prometida, los que hoy temen a Dios prestan atención a la orden de retirarse de la Babilonia espiritual, y pronto se destacarán como trofeos de la gracia divina en la tierra hecha nueva, la Canaán celestial.

En los días de Malaquías, los impenitentes preguntaban en son de burla: "¿Dónde está el Dios de justicia?" Y recibieron la solemne respuesta: "Vendrá súbitamente a su templo el Señor…, el ángel del pacto… ¿Y quién podrá soportar el tiempo de su venida? ¿o quién podrá estar en pie cuando él se manifieste? Porque él es como fuego purificador, y como jabón de lavadores. Y se sentará para afinar y limpiar la plata; porque limpiará a los hijos de Leví, los afinará como a oro y como a plata, y traerán a Jehová ofrenda

en justicia. Y será grata a Jehová la ofrenda de Judá y de Jerusalén, como en los días pasados, y como en los años antiguos" (Malaquías 2: 17; 3: 1-4).

Cuando estaba por aparecer el Mesías prometido, éste fue el mensaje del precursor de Cristo: Arrepentíos, publicanos y pecadores; arrepentíos, fariseos y saduceos, "porque el reino de los cielos se ha acercado" (S. Mateo 3: 2).

Hoy, con el espíritu y poder de Elías y de Juan el Bautista, los mensajeros enviados por Dios recuerdan a un mundo destinado al juicio los acontecimientos solemnes que pronto han de suceder en relación con las horas finales del tiempo de gracia y la aparición de Cristo Jesús como Rey de reyes y Señor de señores. Pronto será juzgado cada uno por lo que haya hecho por medio del cuerpo. La hora del juicio ha llegado, y a los miembros de su iglesia en la tierra incumbe la solemne responsabilidad de dar aviso a los que están, por así decirlo, en la misma orilla de la ruina eterna. A todo ser humano que quiera escuchar en este vasto mundo, deben presentarse claramente los principios que están en juego en la gran controversia que se desarrolla, pues de ellos dependen los destinos de toda la humanidad.

En estas horas finales del tiempo de gracia concedido a los hijos de los hombres, cuando falta tan poco para que la suerte de cada alma sea decidida para siempre, el Señor del cielo y de la tierra espera que su iglesia se levante a trabajar como nunca antes. Los que han sido libertados en Cristo por un conocimiento de la verdad preciosa son considerados por el Señor Jesús como sus escogidos, favorecidos por sobre todos los demás en la tierra; y él espera de ellos que manifiesten las alabanzas de Aquel que los llamó de las tinieblas a su luz admirable. Las bendiciones tan liberalmente concedidas deben ser comunicadas a otros. La buena nueva de la salvación debe ir a toda nación, tribu, lengua y pueblo.

En las visiones de los profetas antiguos se representaba al Señor de gloria como otorgando luz especial a su iglesia en los días de tinieblas e incredulidad que preceden a su segunda venida. Como Sol de justicia iba a levantarse sobre su iglesia, para traer "salvación" "en sus alas" (Malaquías 4: 2). Y de todo verdadero discípulo debe irradiar una influencia que difunda vida, valor, auxilio y verdadera sanidad.

La venida de Cristo se producirá en el momento más oscuro de la historia de esta tierra. Los días de Noé y de Lot representan la condición del mundo precisamente antes de que venga el Hijo del hombre. Apuntando hacia este tiempo, las Escrituras declaran que Satanás obrará con potencia y "con todo engaño de iniquidad" (2 Tesalonicenses 2: 9, 10). Su obra queda claramente revelada por el aumento acelerado de las tinieblas, los múltiples errores, herejías y engaños de estos postreros días. No sólo está Satanás llevando cautivo al mundo, sino que sus seducciones están invadiendo a las iglesias que profesan ser de nuestro Señor Jesucristo. La gran apostasía se desarrollará en tinieblas tan densas como las de medianoche. Para el pueblo de Dios será una noche de prueba, de llanto y de persecución por causa de la verdad. Pero de esa noche de tinieblas resplandecerá la luz de Dios.

El "mandó que de las tinieblas resplandeciese la luz" (2 Corintios 4: 6). Cuando "la tierra estaba desordenada y vacía, y las tinieblas estaban sobre la faz del abismo,... el Espíritu de Dios se movía sobre la faz de las aguas. Y dijo Dios: Sea la luz; y fue la luz" (Génesis 1: 2, 3). Así también en la noche de tinieblas espirituales dice Dios: "Sea la luz". Ordena a su pueblo: "Levántate, resplandece; porque ha venido tu luz, y la gloria de Jehová ha nacido sobre ti" (Isaías 60: 1).

Dice la Escritura: "He aquí que tinieblas cubrirán la tierra, y oscuridad las naciones; mas sobre ti amanecerá Jehová, y sobre ti será vista su gloria" (vers. 2). Cristo, manifestación de la gloria del Padre, vino al mundo para ser su luz. Vino para representar a Dios ante los hombres, y de él fue escrito que Dios le "ungió con el Espíritu Santo y con poder..., y anduvo haciendo bienes" (Hechos 10: 38). En la sinagoga de Nazaret dijo: "El Espíritu del Señor está sobre mí, por cuanto me ha ungido para dar buenas nuevas a los pobres; me ha enviado a sanar a los quebrantados de corazón; a pregonar libertad a los cautivos, y vista a los ciegos; a poner en libertad a los oprimidos; a predicar el año agradable del Señor" (S. Lucas 4: 18, 19). Tal fue la obra que encargó a sus discípulos que hiciesen. Les dijo: "Vosotros sois la luz del mundo... Así alumbre vuestra luz delante de los hombres, para que vean vuestras buenas obras y glorifiquen a vuestro Padre que está en los cielos" (S. Mateo 5: 14, 16).

Esta es la obra que el profeta Isaías describe cuando dice: "¿No es que partas tu pan con el hambriento, y a los pobres errantes albergues en casa; que cuando veas al desnudo, lo cubras, y no te escondas de tu hermano? Entonces nacerá tu luz como el alba, y tu salvación se dejará ver pronto e irá tu justicia delante de ti, y la gloria de Jehová será tu retaguardia" (Isaías 58: 7, 8).

Así, en la noche de tinieblas espirituales, la gloria de Dios debe resplandecer mediante la obra que hace su iglesia al levantar al abatido y al consolar a los que lloran.

En todo nuestro derredor se oye el llanto de un mundo afligido. Por todos lados hay menesterosos y angustiados. Nos incumbe aliviar y suavizar las asperezas y miserias de la vida. Sólo el amor de Cristo puede satisfacer las necesidades del alma. Si Cristo mora en nosotros, nuestro corazón rebosará de simpatía divina. Los manantiales sellados, de amor ferviente como el de Cristo se abrirán.

Son muchos los que han quedado sin esperanza. Devolvámosles la alegría. Muchos se han desanimado. Dirijámosles palabras de aliento. Oremos por ellos. Hay quienes necesitan el pan de vida. Leámosles la Palabra de Dios. Muchos tienen el alma aquejada por una enfermedad que ningún bálsamo ni médico puede curar. Roguemos por estas almas. Llevémoslas a Jesús. Digámosles que en Galaad hay bálsamo y Médico.

La luz es una bendición universal que derrama sus tesoros sobre un mundo ingrato, profano y desmoralizado. Lo mismo hace la luz del Sol de justicia. Toda la tierra, que está rodeada por las tinieblas del pecado, de la tristeza y del dolor, debe ser iluminada por el conocimiento del amor de Dios. Ninguna secta, categoría ni clase de personas debe ser excluida de la luz que resplandece del trono celestial.

El mensaje de esperanza y misericordia debe ser proclamado hasta los últimos confines de la tierra. Todo aquel que quiera puede extender la mano, asirse de la fortaleza de

Dios, reconciliarse con él y obtener paz. Ya no deben quedar los paganos envueltos en la oscuridad de medianoche. La lobreguez debe desaparecer ante los brillantes rayos del Sol de justicia.

Cristo ha tomado toda medida necesaria para que su iglesia sea un cuerpo transformado, iluminado por la Luz del mundo, en posesión de la gloria de Emanuel. El se propone que todo cristiano esté rodeado de una atmósfera espiritual de luz y de paz. Desea que revelemos su gozo en nuestra vida.

"Levántate, resplandece; porque ha venido tu luz, y la gloria de Jehová ha nacido sobre ti" (Isaías 60: 1). Cristo viene con poder y grande gloria. Viene con su propia gloria, y con la del Padre. Y le acompañarán los santos ángeles. Mientras todo el mundo esté sumido en tinieblas, habrá luz en toda morada de los santos. Percibirán la primera vislumbre de su segunda aparición. Una luz sin sombra brillará de su resplandor, y Cristo el Redentor será admirado por todos los que le sirvieron. Mientras huyen los impíos, los que siguieron a Cristo se regocijarán en su presencia.

Entonces los redimidos de entre los hombres recibirán la herencia que se les prometió. Así obtendrá un cumplimiento literal el propósito de Dios para con Israel. El hombre no puede impedir que se cumpla la voluntad de Dios. Aun en medio de las manifestaciones del mal, los propósitos de Dios han estado avanzando constantemente hacia su realización. Así sucedió con la casa de Israel durante toda la historia de la monarquía dividida; y así sucede hoy con el Israel espiritual.

Mirando a través de los siglos, al tiempo de esta restauración de Israel en la tierra hecha nueva, el vidente de Patmos testificó:

"Miré, y he aquí una gran multitud, la cual nadie podía contar, de todas naciones y tribus y pueblos y lenguas, que estaban delante del trono y en la presencia del Cordero, vestidos de ropas blancas, y con palmas en las manos; y clamaban a gran voz, diciendo: La salvación pertenece a nuestro Dios que está sentado en el trono, y al Cordero.

"Y todos los ángeles estaban en pie alrededor del trono, y de los ancianos y de los cuatro seres vivientes; y se postraron sobre sus rostros delante del trono, y adoraron a Dios, diciendo: Amén. La bendición y la gloria y la sabiduría y la acción de gracias y la honra y el poder y la fortaleza, sean a nuestro Dios por los siglos de los siglos.

"Y oí como la voz de una gran multitud, como el estruendo de muchas aguas, y como la voz de grandes truenos, que decía: ¡Aleluya, porque el Señor nuestro Dios Todopoderoso reina! Gocémonos y alegrémonos y démosle gloria". "El es Señor de señores y Rey de reyes; y los que están con él son llamados y elegidos y fieles" (Apocalipsis 7: 9-12; 19: 6, 7; 17: 14).

Y tu pueblo, todos ellos
serán justos,
para siempre
heredarán la tierra;
renuevos de mi plantío,
obra de mis manos,
para glori   ficarme.

Isaías 60:21

CAPITULO 60

Visiones de la Gloria Futura

EN LOS días más sombríos de su largo conflicto con el mal, le fueron dadas a la iglesia de Dios revelaciones del propósito eterno de Jehová. Se permitió a sus hijos que mirasen más allá de las pruebas presentes hacia los triunfos futuros, al tiempo cuando, habiendo terminado la lucha, los redimidos entrarán en posesión de la tierra prometida. Estas visiones de gloria futura, cuyas escenas fueron descritas por la mano de Dios, deben ser apreciadas por su iglesia hoy, cuando se está acercando rápidamente el fin de la controversia secular y se han de cumplir en toda su plenitud las bendiciones prometidas.

Muchos fueron los mensajes de consuelo dados a la iglesia por los profetas antiguos. "Consolaos, consolaos, pueblo mío" (Isaías 40: 1), fue la recomendación de Dios transmitida por Isaías, acompañada por visiones admirables que han inspirado esperanza y gozo a los creyentes a través de

En medio de los días de conflicto, las promesas de Dios, como brillante antorcha, han animado a los creyentes hacia la victoria.

745

los siglos que siguieron. Despreciados, perseguidos y abandonados por los hombres, los hijos de Dios en toda época han sido, sin embargo sostenidos por sus seguras promesas. Por la fe han mirado hacia adelante, al tiempo en que él cumplirá a su iglesia esta promesa: "Haré que seas una gloria eterna, el gozo de todos los siglos" (Isaías 60: 15).

Con frecuencia la iglesia militante fue llamada a sufrir pruebas y aflicción, porque ella no ha de triunfar sin pasar por un severo conflicto. "Pan de congoja y agua de angustia" (Isaías 30: 20), son la suerte común de todos; pero nadie que ponga su confianza en el Poderoso para libertar quedará completamente derrotado. "Ahora, así dice Jehová, Creador tuyo, oh Jacob, y Formador tuyo, oh Israel: No temas, porque yo te redimí; te puse nombre, mío eres tú. Cuando pases por las aguas, yo estaré contigo; y si por los ríos, no te anegarán. Cuando pases por el fuego, no te quemarás, ni la llama arderá en ti. Porque yo Jehová, Dios tuyo, ... soy tu Salvador; a Egipto he dado por tu rescate, a Etiopía y a Seba por ti. Porque a mis ojos fuiste de grande estima, fuiste honorable, y yo te amé; daré, pues, hombres por ti, y naciones por tu vida" (Isaías 43: 1-4).

Hay perdón en Dios; hay aceptación plena y libre por los méritos de Jesús, nuestro Señor crucificado y resucitado. Isaías oyó al Señor declarar a sus escogidos: "Yo, yo soy el que borro tus rebeliones por amor de mí mismo, y no me acordaré de tus pecados. Hazme recordar, entremos en juicio juntamente; habla tú para justificarte... Y conocerás que yo Jehová soy el Salvador tuyo y Redentor tuyo, el Fuerte de Jacob" (vers. 25, 26; 60: 16).

Declaró el profeta: "Quitará la afrenta de su pueblo..., y

les llamarán Pueblo Santo, Redimidos de Jehová". El se ha propuesto darles "gloria en lugar de ceniza, óleo de gozo en lugar de luto, manto de alegría en lugar del espíritu angustiado; y serán llamados árboles de justicia, plantío de Jehová, para gloria suya" (Isaías 25: 8; 62: 12; 61: 3).

"Despierta, despierta, vístete de poder, oh Sión;
vístete tu ropa hermosa, oh Jerusalén, ciudad santa;
porque nunca más vendrá a ti
    incircunciso ni inmundo.

Sacúdete del polvo;
levántate y siéntate, Jerusalén;
suelta las ataduras de tu cuello,
cautiva hija de Sión".

"Pobrecita, fatigada con tempestad, sin consuelo;
he aquí que yo cimentaré tus piedras sobre
    carbunclo,
y sobre zafiros te fundaré.

Tus ventanas pondré de piedras preciosas,
tus puertas de piedras de carbunclo,
y toda tu muralla de piedras preciosas.

Y todos tus hijos serán enseñados por Jehová;
y se multiplicará la paz de tus hijos.

Con justicia serás adornada; estarás lejos de
    opresión,
porque no temerás,
y de temor, porque no se acercará a ti.

> Si alguno conspirare contra ti, lo hará sin mí;
> el que contra ti conspirare, delante de ti caerá...
>
> Ninguna arma forjada contra ti prosperará,
> y condenarás toda lengua que se levante contra ti en
>   juicio.
> Esta es la herencia de los siervos de Jehová,
> y su salvación de mí vendrá, dijo Jehová"
>   (Isaías 25: 8; 62: 12; 61: 3; 52: 1, 2; 54: 11-17).

La iglesia entrará en su conflicto final revestida con la armadura de la justicia de Cristo: "Hermosa como la luna, esclarecida como el sol, imponente como ejércitos en orden" (Cantares 6: 10); saldrá a todo el mundo, vencedora y para vencer.

La hora más sombría de la lucha que sostendrá la iglesia con las potencias del mal, es la que precederá inmediatamente al día de su liberación final. Pero nadie que confíe en Dios necesita temer, porque si bien "el ímpetu de los violentos es como turbión contra el muro", Dios será para su iglesia "refugio contra el turbión" (Isaías 25: 4).

La liberación en aquel día está prometida solamente a los justos. "Los pecadores se asombraron en Sión, espanto sobrecogió a los hipócritas. ¿Quién de nosotros morará con el fuego consumidor? ¿Quién de nosotros habitará con las llamas eternas? El que camina en justicia y habla lo recto; el que aborrece la ganancia de violencias, el que sacude sus manos para no recibir cohecho, el que tapa sus oídos para no oír propuestas sanguinarias; el que cierra sus ojos para no ver cosa mala; éste habitará en las alturas; fortaleza de rocas será su lugar de refugio; se le dará su pan, y sus aguas serán seguras" (Isaías 33: 14-16).

La palabra que dirige el Señor a sus fieles es ésta: "Anda, pueblo mío, entra en tus aposentos, cierra tras ti tus puertas; escóndete un poquito, por un momento, en tanto que pasa la indignación. Porque he aquí que Jehová sale de su lugar para castigar al morador de la tierra por su maldad contra él" (Isaías 26: 20, 21).

En visiones del gran día de juicio, los mensajeros inspirados de Jehová obtuvieron vislumbres de la consternación que sobrecogerá a los que no estén preparados para encontrarse con su Señor en paz.

"He aquí que Jehová vacía la tierra y la desnuda, y trastorna su faz, y hace esparcir a sus moradores... Porque traspasaron las leyes, falsearon el derecho, quebrantaron el pacto sempiterno. Por esta causa la maldición consumió la tierra, y sus moradores fueron asolados... Cesó el regocijo de los panderos, se acabó el estruendo de los que se alegran, cesó la alegría del arpa" (Isaías 24: 1-8).

"¡Ay del día! porque cercano está el día de Jehová, y vendrá como destrucción por el Todopoderoso... El grano se pudrió debajo de los terrones, los graneros fueron asolados, los alfolíes destruidos; porque se secó el trigo. ¡Cómo gimieron las bestias! ¡cuán turbados anduvieron los hatos de los bueyes, porque no tuvieron pastos! También fueron asolados los rebaños de las ovejas... La vid está seca, y pereció la higuera; el granado también, la palmera y el manzano; todos los árboles del campo se secaron, ... se extinguió el gozo de los hijos de los hombres" (Joel 1: 15-18, 12).

Al ver las desolaciones que ocurrirán durante las escenas finales de la historia de la tierra, Jeremías exclama:

"Me duelen las fibras de mi corazón; mi corazón se agita dentro de mí; no callaré; porque sonido de trompeta has oído, oh alma mía, pregón de guerra. Quebrantamiento sobre quebrantamiento es anunciado; porque toda la tierra es destruida" (Jeremías 4: 19, 20).

E Isaías declara acerca del día de la venganza de Dios: "La altivez del hombre será abatida. y la soberbia de los hombres será humillada; y solo Jehová será exaltado en aquel día. Y quitará totalmente los ídolos… Aquel día arrojará el hombre a los topos y murciélagos sus ídolos de plata y sus ídolos de oro, que le hicieron para que adorase, y se meterá en las hendiduras de las rocas y en las cavernas de las peñas, por la presencia formidable de Jehová, y por el resplandor de su majestad, cuando se levante para castigar la tierra" (Isaías 2: 17-21).

Acerca de aquellos tiempos de transición, cuando el orgullo del hombre será humillado, Jeremías testifica: "Miré a la tierra, y he aquí que estaba asolada y vacía; y a los cielos, y no había en ellos luz. Miré a los montes, y he aquí que temblaban, y todos los collados fueron destruidos. Miré, y no había hombre, y todas las aves del cielo se habían ido. Miré, y he aquí el campo fértil era un desierto, y todas sus ciudades eran asoladas". "¡Ah, cuán grande es aquel día! tanto, que no hay otro semejante a él; tiempo de angustia para Jacob; pero de ella será librado" (Jeremías 4: 23-26; 30: 7).

El día de la ira para los enemigos de Dios es el día de la liberación final para su iglesia. El profeta declara:

"Fortaleced las manos cansadas,
afirmad las rodillas endebles.

Decid a los de corazón apocado:
Esforzaos, no temáis;
he aquí que vuestro Dios viene con retribución,
con pago; Dios mismo vendrá, y os salvará"

(Isaías 35: 3, 4).

"Destruirá a la muerte para siempre; y enjugará Jehová el Señor toda lágrima de todos los rostros; y quitará la afrenta de su pueblo de toda la tierra; porque Jehová lo ha dicho" (Isaías 35: 3, 4; 25: 8). Y mientras el profeta contempla al Señor de gloria que desciende del cielo, con todos los santos ángeles, para congregar a la iglesia remanente de entre las naciones de la tierra, oye a los que le esperan clamar al unísono con gozo triunfante:

"He aquí, éste es nuestro Dios,
le hemos esperado,
y nos salvará;
éste es Jehová
a quien hemos esperado,
nos gozaremos
y nos alegraremos en su salvación"

(Isaías 25: 9).

Se oye la voz del Hijo de Dios llamando a los santos que duermen, y al contemplarlos saliendo de la cárcel de la muerte, el profeta exclama: "Tus muertos vivirán; sus cadáveres resucitarán. ¡Despertad y cantad, moradores del polvo! porque tu rocío es cual rocío de hortalizas, y la tierra dará sus muertos".

"Entonces los ojos de los ciegos serán abiertos,
y los oídos de los sordos se abrirán.
Entonces el cojo saltará como un ciervo,

751

y cantará la lengua del mudo"

(Isaías 26: 19; 35: 5, 6).

En sus visiones el profeta ve a los que triunfaron sobre el pecado y el sepulcro felices en la presencia de su Hacedor, conversando libremente con él como el hombre conversaba con Dios en el principio. El Señor los invita así: "Mas os gozaréis y os elegraréis para siempre en las cosas que yo he creado; porque he aquí que yo traigo a Jerusalén alegría, y a su pueblo gozo. Y me alegraré con Jerusalén, y me gozaré con mi pueblo; y nunca más se oirán en ella voz de lloro, ni voz de clamor". "No dirá el morador: Estoy enfermo; al pueblo que more en ella le será perdonada la iniquidad" (Isaías 65: 18, 19; 33: 24).

"Porque aguas serán cavadas en el desierto,
y torrentes en la soledad.
El lugar seco se convertirá en estanque,
y el secadal en manaderos de aguas".

"En lugar de la zarza crecerá ciprés,
y en lugar de la ortiga crecerá arrayán".

"Y habrá allí calzada y camino,
y será llamado Camino de Santidad;
no pasará inmundo por él,
sino que él mismo estará con ellos;
el que anduviere en este camino,
por torpe que sea, no se extraviará".

"Hablad al corazón de Jerusalén; decidle a voces que su tiempo es ya cumplido, que su pecado es perdonado; que doble ha recibido de la mano de Jehová por todos sus peca-

Muchas de las promesas hechas al antiguo Israel se cumplirán en la tierra nueva al Israel espiritual de todos los tiempos.

753

dos" (Isaías 35: 6, 7; 55: 13; 35: 8; 40: 2).

Mientras el profeta contempla a los redimidos morando en la ciudad de Dios, libres del pecado y de todos los rastros de la maldición, exclama arrobado: "Alegraos con Jerusalén, y gozaos con ella, todos los que la amáis; llenaos con ella de gozo".

"Nunca más se oirá en tu tierra violencia,
destrucción ni quebrantamiento en tu territorio,
sino que a tus muros llamarás Salvación,
y a tus puertas Alabanza.

El sol nunca más te servirá de luz para el día,
ni el resplandor de la luna te alumbrará,
sino que Jehová te será por luz perpetua,
y el Dios tuyo por tu gloria.

No se pondrá jamás tu sol,
ni menguará tu luna;
porque Jehová te será por luz perpetua,
y los días de tu luto serán acabados.

Y tu pueblo, todos ellos serán justos,
para siempre heredarán la tierra;
renuevos de mi plantío,
obra de mis manos, para glorificarme"
(Isaías 66: 10; 60: 18-21).

El profeta percibe allí sonido de música y de canto, cual no ha sido escuchado por oído mortal alguno ni concebido por mente humana alguna, a no ser en visiones de Dios. "Y los redimidos de Jehová volverán, y vendrán a Sión con alegría; y gozo perpetuo será sobre sus cabezas; y tendrán gozo y alegría, y huirán la tristeza y el gemido". "Se hallará en ella alegría y gozo, alabanza y voces de canto". "Y cantores y tañedores en ella". "Estos alzarán su voz, cantarán gozosos por la grandeza de Jehová" (Isaías 35: 10; 51: 3; Salmo 87: 7; Isaías 24: 14).

En la tierra renovada, los redimidos participarán en las ocupaciones y los placeres que daban felicidad a Adán y Eva... Se vivirá la existencia del Edén, en huertos y campos. "Edificarán casas, y morarán en ellas; plantarán viñas, y comerán el fruto de ellas. No edificarán para que otro habite, ni plantarán para que otro coma; porque según los días de los árboles serán los días de mi pueblo, y mis escogidos disfrutarán la obra de sus manos" (Isaías 65: 21, 22).

Allí toda facultad será desarrollada, toda capacidad aumentada. Las mayores empresas podrán llevarse a cabo, satisfacerse las aspiraciones más sublimes, realizarse las más encumbradas ambiciones. Y sin embargo surgirán nuevas alturas que superar, nuevas maravillas que admirar, nuevas verdades que comprender, nuevos objetos de estudio que agucen las facultades del espíritu, del alma y del cuerpo.

Los profetas a quienes fueron reveladas estas grandiosas escenas anhelaron comprender todo su significado. "Inquirieron y diligentemente indagaron acerca de esta salvación, escudriñando qué persona y qué tiempo indicaba el Espíritu de Cristo que estaba en ellos... A éstos se les reveló que no para sí mismos, sino para nosotros, administraban las cosas que ahora os son anunciadas" (1 S. Pedro 1: 10-12).

A nosotros que estamos a punto de ver su cumplimiento, ¡de cuánto significado, de cuán vivo interés, son estas descripciones de las cosas por venir, acontecimientos por los cuales, desde que nuestros primeros padres dieron la espalda al Edén, los hijos de Dios han estado velando y aguardando, anhelando y orando!

Compañeros de peregrinación: estamos todavía entre las sombras y la agitación de las actividades terrenales; pero pronto aparecerá nuestro Salvador para traer liberación y descanso. Contemplemos por la fe el bienaventurado más allá, tal como lo describió la mano de Dios. El que murió por los pecados del mundo está abriendo de par en par las puertas del Paraíso a todos los que creen en él. Pronto habrá terminado la batalla y se habrá ganado la victoria. Pronto veremos a Aquel en quien se cifran nuestras esperanzas de vida eterna. En su presencia las pruebas y los sufrimientos de esta vida resultarán insignificantes. De lo que existió antes "no habrá memoria, ni más vendrá al pensamiento". "No perdáis, pues, vuestra confianza, que tiene grande galardón; porque os es necesaria la paciencia para que habiendo hecho la voluntad de Dios, obtengáis la promesa. Porque aún un poquito, y el que ha de venir vendrá, y no tardará". "Israel será salvo … con salvación eterna; no os avergonzaréis ni os afrentaréis, por todos los siglos" (Isaías 65: 17; Hebreos 10: 35-37; Isaías 45: 17).

Alcemos los ojos y dejemos que nuestra fe aumente de continuo. Dejemos que esta fe nos guíe a lo largo de la senda estrecha que ha de llevarnos por las puertas de la ciudad al gran más allá, al amplio e ilimitado futuro de gloria que espera a los redimidos. "Por tanto, hermanos, tened paciencia hasta la venida del Señor. Mirad cómo el labrador espera el precioso fruto de la tierra, aguardando con paciencia hasta que reciba la lluvia temprana y tardía. Tened también vosotros paciencia, y afirmad vuestros corazones; porque la venida del Señor se acerca" (Santiago 5: 7, 8).

Las naciones de los salvos no conocerán otra ley que la del cielo. Todos constituirán una familia feliz y unida, ataviada con las vestiduras de alabanza y agradecimiento. Al presenciar la escena, las estrellas de la mañana cantarán juntas, y los hijos de los hombres aclamarán de gozo, mientras Dios y Cristo se unirán para proclamar: No habrá más pecado ni muerte.

"Y de mes en mes, y de día de reposo* en día de reposo* vendrán todos a adorar delante de mí, dijo Jehová". "Y se manifestará la gloria de Jehová, y toda carne juntamente la verá". "Jehová el Señor hará brotar justicia y alabanza delante de todas las naciones". "En aquel día Jehová de los ejércitos será por corona de gloria y diadema de hermosura al remanente de su pueblo".

"Ciertamente consolará Jehová a Sión; consolará todas sus soledades, y cambiará su desierto en paraíso, y su soledad en huerto de Jehová". "La gloria del Líbano le será dada, la hermosura del Carmelo y de Sarón". "Nunca más te llamarán Desamparada, ni tu tierra se dirá más Desolada; sino que serás llamada Hefzi-bá [*mi deleite está en ella*], y tu tierra, Beula [*Desposada*]... Y como el gozo del esposo con la esposa, así se gozará contigo el Dios tuyo" (Isaías 66: 23; 40: 5; 61: 11; 28: 5; 51: 3; 35: 2; 62: 4, 5).

---

*"Aquí equivale a *sábado*". Nota de la versión Reina-Valera 1960.

Indice de Referencias Bíblicas

GENESIS

1:2, 3	740
2:1-3	180
3:15 . 701, 706,	723
6:7	306
12:2 11,	725
12:2, 3	378
12:3	704
13:10, 12	233
18:18	378
22:18	378
28:16, 17	43
49:8-10	705

EXODO

3:5	43
7:5	379
9:16	378
19:5, 8	302
19:6	435
20:3	643
20:4, 5	98
22:25	668
24:3, 7	302
25:8	59
28:36	602
29:45, 46	593
31:13, 17	185
31:13-17	180
32:11	12
32:26	146
33:14	320
34:6, 7 305,	320

35:21	59
35:30-35	60
36:1	60

LEVITICO

26:21, 33	438

NUMEROS

14:12, 17-21	321
15:30	312
24:17	705
36:7	206

DEUTERONOMIO

4:1-6, 9, 15, 16, 19, 23 303,	304
4:6 23, 81,	511
4:26-28	304
4:29	585
4:30, 31	341
5:12	181
6:1	305
7:2-4	585
7:6	14
8:19	305
10:12, 13	333
11:10-17	134
11:18, 19	135
14:2	585
15:7, 8, 11	668

17:17, 18-20	48
18:15, 18	705
23:19	668
26:17-19	14
28:12	132
28:15, 23, 24	134
28:64-67	585
30:19	402
31:6	402
31:12, 13	475
32:1-4, 7-10 . 403,	404
32:9-12	12
32:15-21, 23, 24, 28-31, 34, 35	405
32:47	511

JOSUE

1:8	475
2:11	379
6:26	234
8:35	475

1 SAMUEL

2:30	493

2 SAMUEL

12:7	140
12:25	47
23:3, 4	20
23:4	709

1 REYES

3:1	49
3:5-14	23
3:7	42
3:16-28	54
3:28	25
4:21, 24, 25	47
4:29-31	25
4:32, 33	27
5:17	29
6:7	31
8:29	64
8:33, 34	342, 367
8:42, 43, 60	64
8:59, 60	367
8:61	54
9:16	49
9:26, 28	70
10:1-3	65
10:4-9	66
10:11	70
10:26	52
11:4, 5	53
11:7	53
11:9, 10	73
11:11, 12, 14-28	75
11:28, 31, 43	85
11:33-35	86
12:9	87
12:12-14, 16	88
12:15, 18, 21-24	89
12:28, 31, 32	99
13:2	411
13:2-6	75, 76
13:7-9	102
13:18-26	103
13:33, 34	104
14:15, 16	104, 105
15:11	191
15:29, 30	107
16:25	112
16:31-33	112, 113
16:34	234
18:4	124
18:21	188
19:1-7	363
19:9-18	167
19:14, 18	189
19:16	219
19:18	230
19:20, 21	222
21:25, 26	113
22:8	194
22:16, 17, 29, 36	194, 195
22:43, 46	191, 192
22:52-54	208

2 REYES

2:1-11	231
2:12-15	232
2:19-22	235
2:23, 24	242
3:2, 3	213
6:1, 2, 5-7	267, 268
6; 7	261-271
7:5-16	266
8:24, 27	214, 215
9:6-8	215
10:11, 19, 28	216
11:12	216
11:14, 18	216, 218
13:14	268
13:15-19	270
15:18-20, 24, 28, 29	297
15:34, 35	313
16:3	331
16:5	335
16:7	336
17:7, 11, 14-16, 20, 23	300
18:5-7	346
18:6, 7	699
18:12	300
18:19, 20	362
19:1	363
19:3, 4, 6, 7, 10-13	363, 365
19:15-19	365
19:20-34	368, 369

20:2, 3	347
20:4-6	349
20:8-11	349
21:11, 14	390
21:16	390
21:21, 22	391
22:2	392
22:13, 15-17, 19, 20	408, 409
23:2, 3	410
23:20, 24	411
23:15-18, 22	412
23:25, 26	413
24:2, 13, 15, 16	447
25:1	461

1 CRONICAS

5:26	297
16:35	202
29:1	32
29:5	60

2 CRONICAS

1:1	25
1:2	22
1:7-12	23
1:15	50
1:16	52
2:7, 14	61
2:13, 14	29
4:2, 17	31
4:19, 21	31
5:5, 7	33
5:12-14	33, 34
6:1-6, 13	34, 35
6:7	64
6:14-42	37
6:33	67
7:1	342
7:1-5, 8, 10	39
7:11	32
7:12-18, 20, 22	39-41
7:13, 14	125

7:14	342
8:4, 18	70
9:1, 2	65
9:3-6, 23	66
9:23	41
9:28	52
10:1	85
10:3-7	87
11:5, 11, 12, 16, 17	90
12:1	91
12:2-5	92
12:6-12, 14, 16	92, 93
13:20	104
14:2-11	108, 109
14:12, 13	110
15:1, 2, 7	110
15:8-12, 15	110
16:7-10, 12	112
16:9	386
17:3-7	192
17:7-10, 12-19	192, 193
18:1, 4-6	193, 194
18:3	195
19:2, 3, 4	195
19:4-11	197
20:1, 2	198
20:3-13	199
20:14-21	201
20:17, 22-24, 27, 28	202
20:29, 30	203
21:6, 11	213
21:12-19	214
22:3, 4	215
22:10, 12	216
23:8, 12	216
23:16, 21	218
26:15, 16, 18	311, 312
28:2, 3	331
28:10, 15	670
28:19, 22, 23	336
29:5, 11	339
29:6, 10	339
29:8	334
29:24, 29, 36	340

30:5-13	298
30:10-12, 21, 22	343
30:26, 27	345
31:1, 20, 21	346
32:3, 5, 6	359
32:7, 8	357
32:8	359
32:20	363
32:21	369
32:25, 31	353, 354
32:26	354
33:9	389
33:10-13	391
33:22-24	391
34:3-7	406
35:24, 25	413
36:12, 13	456
36:14	458
36:19-21	470

ESDRAS

1:1-4	574
1:5	618
1:5-11	576
2:64-70	576
3:1-6	577
3:11, 12	578
3:12, 13	579
4:1-3	584
4:4, 5	588
4:4, 23	612
5:2	595
5:5	596
6:3-5	574
6:7-10, 12	597
6:14-17, 19	614
7:6, 10	626, 627, 641
7:9-15, 20, 23-26	629
7:27, 28	630
7:28	633
8:15	631
8:16	633
8:17, 22	633
8:21, 23-25, 28, 29	634, 635

8:31	635
8:34-36	637
9:1, 2	638
9:3, 4	639
9:5	42
9:6-15	640
10:1-5	640, 641
10:3	642

NEHEMIAS

1:9	648
4:9	681
13:18	183

ESTER

3:6, 8	619
4:3, 14	620
4:16	620
8:14, 17	621
9:2, 16	621
10:3	621

JOB

3:3	161
6:2, 8-10	161, 163
7:11, 15, 16	163
11:15-20	163
13:15, 16	163
19:25	271
19:25-27	163
28:10	274
38:1	164

SALMOS

3:8	277
9:20	438
15:5	81
17:15	271
19:7	642
19:8	81

22:16-18 713
22:27 380
33:12-14 44
33:13 274
34:3 68
37:29 702
46:1 347
46:1-11 203
48:10, 11, 14 203
49:15 271
51:7 326
65:5, 8-13 132
68:31 380
69:20, 21 712
69:30 68
71:5, 6, 9, 12,
  18 348
72 .... 20, 21
72:4 707
72:18, 19 322
76 .... 370, 371
76:10 560
77:13, 14 44
78:7 387
80 .... 366, 367
82:1, 3, 4 198
83 200
86:12 68
86:15 320
87:7 755
88:2, 3 348
91:9, 10 523
95:3, 6 42
96:3 321
99:1-5 34
102:15, 18-22 ... 380
103:19 44
104:5-9 132
104:10-15, 24-28 . 132
105:2, 3 581
105:26, 27 12
105:44, 45 117
106:9 12
107:1, 2, 9 581
107:10, 13, 14,
  20 281

111:9 43
111:10 28
112:4 387
116:15 271
126:1-3 576
144:12 31
146:3 614
146:5 387

PROVERBIOS

3:13-18 28
4:7 28
8:13 28
8:31 212
10:22 57
14:12 54
14:32 271
14:34 512
15:7 28
16:12 512
19:5 257
20:28 512
21:27 330
28:4 681

ECLESIASTES

2:4-18 74
5:8 .... 67, 77
8:11-13 78
9:3 77
9:18 83
10:1, 5, 6 83
10:16 330
11:7-10 79
12:1-7 80
12:9-12, 13, 14 ... 78

CANTARES

4:15 239
6:10 748

ISAIAS

1:5, 6, 16-18 ... 323
1:9 331
1:10-12 330
2:8, 9, 11, 12 .. 314
2:11 186
2:17-21 750
3:1-4, 8, 12 331
3:14, 15 ...,.... 314
3:16, 18-23 314
4:2, 3 610
5:1, 2 13
5:3-7 15
5:7 .... 13, 734
5:8 314
5:11, 12, 22 314
6:3 315, 318, 321, 381
6:5, 7-11 316
6:7 322
6:12-13 317
7:2, 4-7, 9 . 335, 336
7:14, 15 715
8:10, 13, 14 337
8:22 ...... 382, 701
9:1, 2 383
9:2 709
9:6, 7 709
10:1, 2 314
10:5 ...... 300, 357
10:10, 11 360
10:20 308
10:24-27 354
11:1, 2-5, 10 ... 715
11:9 381
11:10-12 386
12:1-6 327
12:6 ...... 359, 599
13:11, 19-22 547
14:23 547
14:24-28 358
17:7, 8 326
24:1-6 552
24:1-8 749
24:14 755
25:1 723

25:4, 8 748	44:4, 5 381	59:16 713
25:7 381	44:21, 22 327	60:1, 2 740
25:8 751	44:22 325	60:1-4, 10, 11 ... 385
25:9 751	44:24 723	60:15 746
26:19 753	44:28 568	60:16 746
26:20, 21 749	45:1-3 567	60:18-21 754
26:21 286	45:4-6, 13 573	61:1, 2 710
27:2, 3, 6 17	45:5 512	61:3 748
27:5 ...... 333, 605	45:7, 12 723	61:4 699
27:6 725	45:13 568	61:11 757
28:5 757	45:17 756	62:4, 5 757
28:10 332	45:22 385	62:12 748
29:18, 19, 24 717	45:24 175	63:9 320
30:15 614	46:13 716	63:10 593
30:20 746	47:1-15 549	64:4, 5 259
30:28-32 375	48:9, 11 325	65:17 756
31:6 341	49:6-10 710	65:18, 19 753
33:6 81	49:6, 8, 9, 12 ... 383	65:21, 22 755
33:14-16 749	49:24, 25 387	66:10 754
33:17, 21, 22 326, 327	50:10 259	66:12 384
33:24 753	51:3 ...... 755, 757	66:19 384
35:2 ...... 321, 757	52:1, 2 748	66:23 757
35:3, 4 751	52:5 360	
35:5, 6 753	52:6 381	**JEREMIAS**
35:6-8, 10 .. 754, 755	52:7 384	
36:13-22 .... 362, 363	52:10 382	1:5-8, 17-19 415
37:38 370	52:14 707	1:9, 10 417
38:1 347	53:1-9 712	1:14, 16 417
38:10-20 351	53:2 732	2:21 15
39:2 353	53:3, 4, 7 707	3:12-14, 19, 22 . 418
39:3-8 354	53:10-12 713	3:22-25 418
40:1 745	54:2, 3 384	4:3, 14 420
40:2 754	54:11-17 748	4:19, 20 .... 553, 750
40:5 ...... 710, 757	55:1-5 716	4:23-26 750
40:9, 25, 26 . 323, 324	55:3, 6, 7 325	5:3 423
40:9-11 717	55:7 82	6:16 419
40:15-17 185	55:13 754	6:27 428
40:27-31 324	56:3, 6-8 382	6:29, 30 418
41:10, 13, 14 324	56:6, 7 40	7:2-7 421
42:1-4 ...... 713, 714	57:15 322	7:23, 24, 28 422, 423
42:5 323	57:18, 19 323	8:5, 7 423
42:4, 6-9, 21 714, 715	58:7, 8 741	9:1, 2 428
42:16, 17 387	58:10, 11 ... 130, 334	9:9 423
43:1-4, 25, 26 ... 746	58:12 ..... 699, 700	9:23, 24 68
43:2 524	58:12-14 700	9:24 421
43:21 510	59:1, 2 330	10:6, 7, 10, 11 ... 94

10:12-16 95
10:23, 24 429
11:2 477
11:6 422
14:19, 21 472
15:1, 2 423
15:20, 21 428
17:24, 25 420
19 440
20:7, 10, 11, 13 . 428
20:9 441
22:13-19 . . . . 438, 439
23:3-6 436
23:7, 8 436
23:11 458
25:2, 3 439
25:5 325
25:8-11 439
25:12 569
25:29 459
26:4-6 424
26:9, 11 425
26:12-15, 18,
    19 . . . . . . 426, 427
27:2, 3, 7 451
27:8-11 452
28:2-4, 9 . . . 453, 454
28:9, 11, 13-17 . . 454
29:5-8 . . . . . . 449, 450
29:10-14 569
30:7 . . . . . . 553, 750
30:7, 18 553
30:10, 11, 17 483
30:11 484
31:1, 7-9 483
31:10-34 485
31:12 417
31:15-17 245
32:14, 15 478
32:17-23 480
32:24-44 . . . . 480, 481
33:1-14 483
35:6, 12-14 433
35:14-19 434
36:2-4, 7, 9 . 441, 442
36:3, 23-26 443

36:28, 32 446
36:30, 31 445
37:9, 10 462
37:15 463
37:17-21 464
38:2, 3 464
38:6, 15,
    16-20 . . . . 466, 467
39:11, 12 470
43:2-7 471
44:28 471
50:23-25, 33, 34,
    46 546
51:6 737
51:8, 41,
    56-58 . . . . 546, 547
51:9, 14, 31, 32 . 545
51:59 455
52:16 471

LAMENTACIONES

1:1-5 473
2:1-4, 13 473
3:14 428
3:18, 22-26 429
3:22 . . . . . 332, 348
3:22, 40 471
5:1-3, 7, 8, 17,
    19-21 473

EZEQUIEL

1:4, 26 550
8:10-16 . . . . 456, 458
8:17, 18 458
10:8 550
12:21-28 459
12:22 721
17:15-18 460
17:22, 23 618
18:23, 31, 32 125
20:12, 16, 19, 20 181
20:37 510
21:3, 5-7, 31 461

21:25-27 460
22:8, 31 181
26:7 527
28:7 528
29:3, 6 463
30:25 463
31:3-9 371
31:10-16, 18   374, 375
33:11 . 101, 125, 333

DANIEL

1:9 563
2:21 512
2:38, 44, 45, 47   515
4:27 512
4:31 547
6:10 42
7:28 569
8:13, 14, 26, 27   570
9:1, 4-9, 16-19,
    25 570-572
9:2 570
9:3, 4 571
9:4-19, 25 572
9:24, 25, 27   718, 719
10:13 588
11:1 572
12:4, 9, 10, 13 . . 564

OSEAS

1:10 301
2:14-17 308
2:18-23 308
3:4, 5 307
4:1, 2 306
4:1, 6-9 290
4:16 290
4:17 295
5:7 287
5:11, 13 289
6:1-3 292
6:3 709
6:4 293

6:5-7 290
7:1, 10 293
7:9, 11 289
8:3 289
8:4 287
8:5, 6 295
8:12 305
9:7 295
9:9 291
9:17 289
10:1 15
10:5, 6 295
10:12 291
10:13-15 289
11:1 320
11:3 305
11:7 290
12:1 289
12:7 289
13:9, 10 292
13:14 245
14:1, 2 291
14:4 82
14:4-9 292

JOEL

1:12, 15-18 749
2:12-17 646

AMOS

3:15 296
4:12 296
5:4, 5, 14, 15 . . 293
5:10, 12 291
7:10 293
7:11, 17 296
7:12, 13, 17 296
9:5, 8-10 296
9:13-15 309

JONAS

1:1, 2 274

1:3-5 . . . . . 274, 275
1:7-2:9 . . . . 276, 277
3:1-4 . . . . . 277, 278
3:3 273
3:5-9, 10 278
4:1-11 . . . . 279, 280

MIQUEAS

2:10 325
3:10, 11 . . . 329, 330
4:8 702
4:10-12 553
5:2 718
6:1-5 332
6:6-8 333
7:2, 4 331
7:7-9 . . . . . 341, 386

NAHUM

1:3-6 373
1:7, 8 375
2:10, 11 373
3:1, 19 273
3:1-5 372

HABACUC

1:2-4, 7 393
1:12 394
2:1-4 394
2:3, 4 395
2:20 . . . . . . 45, 395
3:3-6, 13, 17-19 396

SOFONIAS

1:14-16 397
1:17, 18 397
2:1-3 399
2:14 374
2:15 373
3:14-17, 19, 20 . 399

HAGEO

1:2 591
1:4-12 592
1:12-14 . . . 592, 593
2:4 593
2:4, 19, 23 . 595, 596
2:7 717
2:7, 9 615

ZACARIAS

1:12-21 . . . . 598, 599
1:13 601
2:1-5 599
2:6-9 618
3:1-3 601
3:4 . . . . . , ... 605
3:4, 5, 7, 8   602, 603
3:7 . . . . 602, 605
3:8 610
4:1-7, 11-14 612
4:7 612
4:7, 9 613
6:12, 13 716
7:9, 10 . . . . . . , 726
8:3, 7, 8 726
8:12, 13, 16 726
9:12 387
10:11 375
13:1 716
13:7 712

MALAQUIAS

1:1, 9, 11 . . 727, 728
2:5, 9 728
2:17 738
3:1-4 738
3:7 728
3:7-12 729
4:2 . . . . . . 709, 739

S. MATEO

2:6 718

3:2 738
4:10 644
4:19 63
5:13 236
5:14, 16 740
5:17-19 183
5:45 235
6:9, 13 67
6:24 56
7:12 673
8:20 71
10:41, 42 130
12:40, 41 281
12:41 278
15:8, 9 45
15:31 67
16:18 613
17:20 613
19:16, 21, 22 224
21:33 734
21:34-44 735
22:36-40 334
24:6, 7 552
24:44 286
25:23 141

S. MARCOS

1:15 719
8:36, 37 282
9:23 156
14:7 673

S. LUCAS

3:7 139
4:18, 19 740
4:27 258
6:38 239
9:13 249
9:35 231
10:27 81
19:14 139
21:16 606
22:31, 32 176

22:41 42
24:32 645

S. JUAN

1:9 386
1:11 732
1:23 710
4:23 45
6:37 326
8:56 704
11:25 646
17:1, 4, 25, 26 . . . 68

HECHOS

8:4 719
9:40 42
10:38 740
16:30 444
17:24-27 510
17:24-28 44
18:9, 10 285

ROMANOS

7:12 11
8:31 665
10:3 730
10:20 377
12:1 498

1 CORINTIOS

3:12 31
10:11 177
15:51, 52 231

2 CORINTIOS

4:4 702
4:6 739
6:17, 18 56
12:9, 10 . . . . 165, 395

GALATAS

4:4, 5 722
6:10 673

EFESIOS

1:6 322
1:14 702
2:7 322
2:20, 21 32
3:14 42
5:11 258
5:27 498
6:12 498

FILIPENSES

2:7 722
2:13 496
2:15 189

COLOSENSES

2:9 615

1 TESALONICENSES

4:16, 17 247

2 TESALONICENSES

2:9, 10 739

1 TIMOTEO

3:16 615
6:10 671

2 TIMOTEO

2:15 221

4:2 141

HEBREOS

2:14 723
6:17 164
8:2 706
9:9, 23 706
10:35-37 756
11:6 156
11:13 719
11:31 379
11:33, 34 156
11:36-38 390
12:15 84
13:2 130

SANTIAGO

1:5 24

1:10 565
5:1, 3-6 672
5:7, 8 757
5:17 156

1 PEDRO

1:10-12 755
1:23 474

1 JUAN

1:1, 3 226
3:2 723
5:14, 15 156

APOCALIPSIS

1:3 564
1:18 245
2:10 82
4:11 68
7:9-12 743
12:10 603
12:17 622
13:16 189
14:4, 5 610
14:5 258
14:6, 7, 12 309
14:7, 8 736
14:7-10 187
17:14 743
18:2, 4, 5 188
18:4 736
19:6, 7 743
21:27 82

Indice General Alfabético

ABDIAS, 124, 136, 137.

Abed-nego, 489, 519-525.

Abnegación, 490-493.

Abrahán, llamamiento de, 11; promesas del pacto con, incluían a todos, 378-380; propósito de Dios al elegirlo, 236.

Abstinencia, 490-493.

Abusos, de los servicios del templo, 692.

Acab, caída de la casa de, 205-218; Elías ante, 117-124; en el Carmelo, 143-158; muerte de, 195; reinado de, 112-115; relaciones de, con Josafat, 191-194.

Acaz, reinado de, 329-337.

Acusador, Satanás es el, 601-610.

Adoram, 89.

Advenimiento, *véase* Segunda venida.

Aflicción, lecciones de la, 92-95, 620-623, 663-665.

Ahava, río, 634.

Ahías, mensaje de, 85, 107.

Aholiab, descendientes de, 60-62.

Alabanza, 370, 371; tributada a Dios, por Ezequías, 339-341.

Alianza, con el mundo, los cristianos deben evitarla, 585-588; de Egipto y Judá, 461, 462; de Israel con Egipto y Asiria, 289, 290; de Judá y Asiria, 336, 337; de los samaritanos y los infieles de Judá, 694-697; entre Judá e Israel, 193-195; Judá no hizo, con otras naciones, 583-586.

Alta crítica, 170, 171.

Altar, de Bet-el, 411, 412; del Señor, restablecido en Jerusalén, 576, 577.

Altares, de Jehová y Baal, en el Carmelo, 143-153.

Amán, conspiración de, 619-621.

Amarías, 197.

Ambiciones y pasiones de los hombres, Dios predomina sobre las, 510.

Amón, reinado de, 391.

Amonestación, acerca de la rebelión contra el rey de Babilonia, 451-453; a Judá, acerca de su condenación inminente, 458-460.

Amós, profecías de, 289-301.

Anales, de la historia humana, la Palabra de Dios descorre el velo de los, 510, 511.

Ananías, joven hebreo, 488, 489.

Anatot, herencia de Jeremías en, 478, 479.

Angel, destructor, 369; visión de Josué y del, 600, 610.

Angeles, celestiales, 145; de la visión que tuvo Ezequiel, 549-552; ministerio de los, 161, 165, 171, 176, 264, 316, 587, 605, 609, 621; siempre presentes, como nube de testigos, 141.

Angeles, tres, *véase* Mensajes.

Apostasía, 81, 82; castigo de la, 91-93, 290, 291, 296, 297, 301, 334-337; de Israel, causas de la, 638; no era universal, 169-171; de los israelitas, 14-17; de Roboam, 90-93; de Salomón, 47-57, 73-75, 498; desarrollo gradual de la, 304, 305; en Judá, 691-700; en los postreros días, 177-188; esfuerzos de Satanás, para hacerla universal, 707, 708; hasta el fin del tiempo, 81-83; nacional, 107-115; *véase* Males.

Arbol, los asirios comparados a un, 371-375; sueño del, dado a Nabucodonosor, 528-532.

Arca, sagrada, escondida, 462.

Arioc, 502.

Artajerjes I, 622.

Artajerjes Longímano, decreto de, en 457 a. C., 625, 628-630; providencias que acompañaron su reinado, 625.

Arrepentimiento, de Judá, por obra de las reformas de Esdras y Nehemías, 640-642, 691-697; de Israel, inducido por los castigos, 317; única esperanza cifrada en el, 125; de Nabucodonosor, 534, 535; de Salomón, 75, 76, 83; la falta de, causa de ruina segura, 425; llamamiento al, 324-326; dirigido a Nabucodonosor, 531-535; verdadero, 77, 444, 445, 608.

Asa, fe de, 108, 109; muerte de, 112; oración de, 109; reinado de, 108.

Asiria, alianza de, con Israel, 289; con Judá, 336; ascenso y caída de, 371-375; cautiverio en, 287-301; Israel librado de, 357-375.

Asirios, blasfeman contra Dios, 360-365; causan temores a Judá, 335, 336; invaden a Judá, 346.

Asociaciones con los paganos, males de las, 693-696.

Aspenaz, 488.

Astoret o Astarté, culto de, 53, 54, 85, 143-153, 233, 290.

Asuero, 617-623.

Atalía, 193; muerte de, 216, 218.

Autoridad, de Dios, defendida en el Carmelo, 153; debe ser mantenida, 242; ejercida por Eliseo, 241, 242.

Azarías, el sumo sacerdote, 311.

Azarías, joven hebreo en Babilonia, 488, 489.

BAAL, culto a, 290; profetas de, en el Carmelo, 143-153.

Baal-zebub, 208-211.

Baasa, 107.

Babilonia, ascenso de, 431; caída de, predicha, 544-549; consejos en cuanto a, 448,

459, 460; embajadores de, 347-356; espiritual, caída de la, 187; gloria y poder de, 527-530; Judá llevado cautivo a, 461-473; Manasés deportado a, 390, 391.

Babilónico, imperio, 527-530.

Babilonios, embajadores, 351-355.

Balaam, profecía de, 705.

Baruc, 442, 445, 478.

Beel-zebú, *véase* Baal-zebub.

Belsasar, desperdició sus oportunidades, 537-539, 543; festín de, 538-546; muerte de, 545; reinado de, 537-546.

Beltsasar, *véase* Daniel.

Ben-adad, 251.

Bendiciones, de los tiempos venideros, 307-309, 739.

Bet-el, altar de, 98, 411, 412; centro de culto, 98, 411, 412; escuela de los profetas en, 228, 230; varón de Dios en, 102.

Bezaleel, descendientes de, 60-62.

Biblia, *véase* Escrituras.

Blasfemia contra Dios, por los asirios, 360-365.

Bondad de Dios, debemos hablar de la, 355.

Borrachos, *véase* Embriaguez.

CALAMIDAD, la misericordia de Dios revelada en la, 261, 262.

Caldeo, reino, *véase* Babilonia.

Caldeos, sabios, 488, 489, 492, 493, 530, 531, 540.

Cambises, 588, 590, 591.

Camino, por el cual Dios lleva a sus hijos, 596.

Cántico, *véase* Himno.

Cantos, y música en la tierra nueva, 754.

Carácter, edificación del, sobre fundamentos sólidos, 417-419; el de Jehová, 319-327; resultado de la disciplina propia, 493-499.

Cárcel, Jeremías en la, 461-471.

Carmelo, 143-153.

Carta abierta, de Sambalat a Nehemías, 676.

Cartas, de los asirios a Ezequías, 363, 365; obtenidas por Nehemías, 652, 655.

Casa, de Acab, caída de la, 205-218; de David, 40, 88, 89; de Ezequías, 353-355; de Israel, propósito de Dios para con la, 725-743.

Casamiento, con los paganos, males del, 86, 678, 684, 691-697, 730.

Castigos, del cielo, mezclados con misericordia, 338-346; en los postreros días, 284-286; evitados por reformas, 338-346; finales pronunciados contra Judá, 444; influencia de los, para infundir humildad, 343; pendientes sobre Judá, 392, 393; propósito de Dios en los, 317, 318; terminados por el ministerio de Elías, 154-157; *véase* Juicios.

Casualidad, el éxito no depende de la, 494.

Cautiverio, asirio, 287-301; babilónico, 461-473; liberación final del, 308, 309, 397, 398; terminaría a los setenta años, 572.

Cautivos, hebreos, en Babilonia, 487-499.

Cedro, los asirios comparados con un, 371-375.

Centro de culto, en Bet-el, 98; en Dan, 98.

Cepa, la, buena, despreciada, 16.

Cielo, dispuesto a perdonar y a salvar, 475, 476.

Ciencia y educación, pueden desviar, 211.

Ciro, 538, 545, 572, 573, 576; decreto de, para la reedificación de Jerusalén, 573; el propósito de Dios cumplido por, 573, 574, 576; profecía concerniente a, 567, 568; sitio de Babilonia por, 567-569.

Ciudad de Dios, 282.

Ciudades, advertencias que deben darse en las, 284-286; impiedad de las, 236, 237, 282, 286; los fieles que están en las, deben ser advertidos de los castigos inminentes, 285, 286.

Codicia, 62; de Giezi, 256-258.

Comercio, durante el reinado de Salomón, 39, 51, 52, 69.

Compasión, de Dios, 305, 320, 326; debe manifestarse hacia los pobres, 726; hacia los que yerran, 293.

Conciencia, libertad de, 523, 524.

Condenación, inminente, para el reino de Judá, 431-447, 458-460; predicha para los falsos profetas, 450.

Confianza en Dios, ejemplos de, 357-375; según fue enseñada a Elías en el monte Horeb, 167-176.

Consagración, 80-82; de Eliseo, 221-226; en los siervos de Dios, resultados de la, 171; todos son llamados a la, 224-226.

Consejeros, de Roboam, 87, 88; de Salomón en su juventud, 21-23.

Consejos de Jeremías a Sedequías, 463-468.

Conspiración, de Amán, 619, 620.

Controversia, entre Cristo y Satanás, 145, 146, 706-709, 722, 723; se repite por cada alma rescatada del mal, 602, 603; entre los ángeles buenos y los malos, 587-589.

Cooperación, con el cielo, es esencial, 494-499; con las providencias de Dios, 268, 269.

Corona, sería quitada a Judá, 460.

Cortesía, de los que siguen a Cristo, 243.

Creador, 94, 248, 351-510; ensalzamiento del, 323, 324; por Salomón, 41, 65, 66; obras del, interés de Salomón en las, 27.

Crímenes, *véase* Impiedad.

Crisis, el mundo al borde de una, estupenda, 551, 552; en la historia de Israel, 143-155.

Cristo, como instructor de Israel, 13; en el horno ardiente, 520, 521; frente a la ley, 183; fundamento de la iglesia de Dios, 613; gozo de, al salvar pecadores, 172, 176; justicia de, imputada a Israel, 602-610; ministerio terrenal de, 740; no hace acepción de personas, 379; profecías referentes a, *véase* Profecía; poder de, para hacer milagros, 248, 249; referencia de, a Nínive, 281, 282.

Crítica, *véase* Alta crítica.

Culto a los ídolos, 98; establecimiento de falsas formas de, 97-100; restauración del verdadero, 683-689.

Cumplimiento de la profecía, 304, 305, 342, 411-413, 453, 454, 544-549, 551-553, 567, 568, 709-714, 731, 732.

CHACALES, en las ruinas de Babilonia, 547.

Chascos, 160-165.

DAN, centro de culto en, 98; descendientes de, 60.

Daniel, 487-565; estudiaba las profecías, 569-571; oración de, 571, 572; visiones de, 569, 570; y Apocalipsis, deben estudiarse cuidadosamente, 564; profecías de, 564.

Darío el Medo, 538; proclamación de, 561; reinado de, 555-565.

Darío Histaspes, 591, 619; decreto de, 596, 597, 617.

David, solicitud de, por Salomón, 19-22; trono de, 40.

Debilidad, del hombre, según le fue revelada a Elías en Horeb, 167-176; y cobardía manifestadas por Sedequías, 463-470.

Decreto, de Artajerjes Longímano, 625, 627-631; de Ciro, para reedificar a Jerusalén, 573, 574; de Darío el Medo, 556-561; de Darío Histaspes, para la reedificación del templo, 596, 597; de Nabucodonosor, 523; del falso Esmerdis, 590; segundo, para el regreso de los desterrados, 617.

Dedicación, del segundo templo, 614; del templo de Salomón, 32-39; oración de Salomón en la, 342.

Depresión, después de victorias espirituales, 159-165.

Desaliento, causa de, 600-610; Dios cuida a los que son afectados por el, 167-176; los desterrados asaltados por el, después de su regreso, 588-591; remedio para el, 163-165.

Desastres, *véase* Calamidad.

Designios de Dios, acerca del destino de las naciones, 510, 549-551.

Desobediencia, frutos de la, 290-301, 578.

Despilfarro, durante el reinado de Salomón, 86-88.

Desterrados, aflicción de los, después de su regreso, 647, 648; oportunidades de los, para hacer obra de evangelización, 382; privilegios concedidos a los, en el cautiverio, 630-632; regreso de los, bajo Esdras, 625-635; bajo Zorobabel, 567-581; su falta, al no responder a las providencias de Dios, 618-620.

Deuteronomio, consejos dados en, 419; profecías registradas en, 402-405.

Devoción, de Esdras y Nehemías, 682, 697.

Día del Señor, 749-753; profecía acerca del, 737, 738.

Días postreros, castigos que caerán en los, 397, 399; desprecio de la ley de Dios en los, 178-188; el sábado y la reforma relativa a él, en los, 700; enemistad de Satanás en los, 738, 739; incredulidad prevaleciente en los, 644, 645; males existentes en los,

177, 178, 184-187, 282, 283, 642-646, 671-673; ministerio de los ángeles en los, 609, 610; persecución del pueblo de Dios en los, 524, 525, 605-610, 622, 623; profecía concerniente a los, 551-553; renovación del pacto de Dios en los, 308; reformas espirituales en, 699, 700.

Diezmos y ofrendas, 729, 730.

Dificultades soportadas por Nehemías y sus compañeros, 633, 664; trabajando bajo, 663, 664.

Dios, adorado en representaciones visibles, 98; autoridad de, defendida en el monte Carmelo, 153; carácter de, 319-327; compasión de, 305, 319-327, 449-451; designios de, acerca de los paganos, 379-387; dispuesto a perdonar, 341, 608, 746-748; gobierna las naciones, 510-513, 547-551; honor de, defendido ante los asirios, 370; invitación misericordiosa de, a los impenitentes, 290-301; ira de, 284-286; juicios de, en los postreros días, 284-286, 397, 399; justicia de, 435; ley de, despreciada, 178-187, 641-644; longanimidad de, hacia los transgresores, 15-17, 282-284, 421, 435, 608; misericordia de, 293, 435, 578, 593; nos dirige por el mejor camino para nuestro bien, 596; pacto de, inalterable, 187; propósito de, al desterrar a Judá, 380-382; en las pruebas, 381, 382, 483, 596, 597, 612, 613; revelado a Nabucodonosor, 505-509; reconocido por los paganos, 278-280, 521-525, 534, 560-562; revelación de, a Elías en Oreb, 168-171; santuario de su pueblo, 337; su nombre ensalzado, 278, 279, 324, 523, 535, 561; su trato con los hombres, 443-445; con los paganos, 189, 278, 281, 282; tiene sus escogidos en todos los lugares oscuros de la tierra, 188, 189.

Dirección, de nuestra vida, por Dios, 596.

Divinidad, *véase* Dios.

Dominio propio, valor del, 496-498.

Donativos, solicitación de, para el progreso de la causa de Dios, 653.

Dotán, Eliseo en, 263.

Duda, la, 169, 170.

Dura, llanura de, 518, 524.

ECLESIASTES, 77, 78, 83.

Ecrón, dios de, 208-211, *véase* Baal-zebub

Edad Media, 736.

Edificadores, de la muralla, en Jerusalén, 655-665.

Educación, de los notables hebreos, 490; en la corte de Babilonia, 488-494; familiar, de Eliseo, 219-224; valor y poder de la, 220, 251, 252, 437.

Efraín, 289-295; extravíos de, 305, 345, 346.

Egipcios, reconocimiento de Dios por los, 379.

Egipto, 528; alianza de, con Israel, 289; con Judá, 461-464.

Ela, 108.

Elí, pecado de, 424.

Elías, 116-170, 206, 232; ante Acab, 117, 119, 135-143; denuncia a Ocozías, de Israel, 208-211; ejemplo de los santos trasladados, 231; en el Carmelo, 143-153; en el espíritu y el poder de, 177-189, 738; en el monte Horeb, 167-176; en la viña de

Nabot, 205-207; huye de Jezabel, 158-165; se le une Eliseo, 222, 224; traslación de, 230-232; victoria de, seguida de desaliento, 154-165.

Eliasib, 691.

Eliseo, atraído a su misión, 219-232; carácter de, 241, 242; combinó la obra de sanar y la de enseñar, 247; fe de, 222, 268, 269; final del ministerio de, 261-271; muerte de, 270, 271; preparación de, 220, 225-228; profeta de paz, 241-245; y la sunamita, 243-245; y las escuelas de los profetas, 247.

Embajadores, de Babilonia, 347-356; enviados a Sedequías, 451-453.

Embriaguez, 291, 314, 538.

Enemigos de Israel, 655-665, 675-682.

Energía y determinación de Nehemías, 658-665, 669-671, 693-698.

Ensalzamiento propio, de Ezequías, 351-354; de Nabucodonosor, 527-533.

Entendimiento, de Salomón, 22-28.

Equivocaciones, pasadas por alto, 49, 50.

Errores, aprovechamiento de los, para bien, 49, 50.

Esar-hadón, 370.

Escepticismo, 187; *véase* Incredulidad.

Escrituras, 48, 474-478, 641, 642; importancia de su estudio, 646; poder de las, para amoldar la vida, 626-630; porciones proféticas de las, 341; son una guía segura, 437, 438.

Escuelas de los profetas, Elías y su obra en favor de las, 228-231; y Eliseo, 267.

Esdras, 625-642, 683-689; enseña la ley, 640-642, 683-689; fe de, 627, 628, 633-640; oración de, 639, 640; preparación de, para servir a Dios, 625-627; reformas realizadas bajo la dirección de, 636-646.

Esperanza, de Israel, 701-723; esencial para un servicio perfecto, 163, 164; mensaje de, dirigido a Ezequías, 349; para los paganos, 377-387.

Espiritismo, en los tiempos de Josías, 410, 411; formas modernas del 210-214.

Espíritu, de Dios, en la tierra, 381, 385-387; obra del, 611-615.

Espíritu Santo, influencia del, 168, 169, 171, 434; ministerio del, 332, 682; suplica a los pecadores, 332, 333.

Espirituales, tinieblas, a través de los siglos, 708, 709; en los postreros días, 740, 741.

Establecimiento de falsas formas de culto, 97-100.

Estadista, Daniel como, 562-564.

Estatua, *véase* Imagen.

Ester, 617-623.

Eufrates, 545.

Evangélico, mandato, 172.

Evangelio, el mundo necesita el, 236, 239; proclamación mundial del, 13.

Extorsión, reproches contra la, 667, 673.

Extranjeros, los, deberán contarse como miembros de Israel, 382.

Ezequías, confianza de, en Dios durante la invasión asiria, 357-370; enfermedad de, 347-350; invitación de, a las diez tribus para que asistieran a la Pascua, 297, 298; oración de, 347, 348, 365-367; reinado de, 338-371.

Ezequiel, ministerio de, bajo Sedequías, 456-463; profanación del templo revelada a, 456-458; visión de, a orillas del río Quebar, 176, 549-551.

Ezión-geber, 70.

FACULTADES, físicas, deben sujetarse a obedecer las leyes de Dios, 496-498.

Familias, responsabilidad de las, en cuanto a difundir la verdad, 172.

Faraón, hija de, esposa de Salomón, 49.

Fe, la, 248, 249, 688, 689; andar por la, 175; de Elías, 155, 156; se necesita hoy, 154-156; de Esdras, en la obra de Dios,626-628, 634, 635; de Ezequías, 365-367; de Jeremías, 472; de Judá durante el reinado de Josafat, 197-203; de la sunamita, recompensada, 245; de Naamán, honrada por Cristo, 258; del pueblo de Dios al acercarse el fin, 756, 757; desaparecerá de los corazones de los hombres en los postreros días, 177-179; es lo que más necesita la iglesia hoy, 178, 249; falta de, al reconstruir el templo, 578-581; en Jonás, 274, 279; poder de la, 612-614; pruebas de la, 128, 253, 255, 474-476; recalcada por Habacuc, 394-396; victorias obtenidas por la, 155, 156, 161, 163, 164; y obras, poder de, 164, 165, 652, 653, 697.

Festín, de Belsasar, 537-545.

Fidelidad, la, en cosas pequeñas, 220-224, 496, 497; recompensa de la, 563, 564.

Fiesta, de las cabañas (tabernáculos), 39, 685, 686; observada por los desterrados al regresar, 577; de las trompetas, 683.

Fin del mundo, profecía de Sofonías acerca del, 397, 399.

Firmeza en los mensajeros de Dios, 101-103.

Formalismo, de los judíos, 730, 731.

Formas falsas de culto, establecimiento de, 97-100.

Fortuna, 70; *véase* Riquezas.

GABAONITAS, 379.

Gabriel, misión de, ante Ciro, 588, 590; para con Daniel, 572; para con Darío, 572.

Gedalías, 470.

Gentiles, *véase* Paganos.

Gesem, 655.

Giezi, 244, 245, 256, 257.

Gilgal, escuela de los profetas en, 228, 230; milagros en, 247, 248.

Gloria de Dios, la, su carácter, 321; revelada a Isaías, 311-318.

Gloria, del segundo templo, 614, 615; futura, visiones de la, 745-757.

Gobernantes, consejos para los, 19-22; impíos, de Judá, 329-332; prudentes, 198, 199.

Gran conflicto entre Cristo y Satanás, 706-710; última fase del, 622, 623, 644, 645.

Grandeza, verdadera, 572-535.

Grecia, 549; caída de, 565.

HAGEO, mensajes de, 591-596; profecía de, acerca del segundo templo, 614, 615.

Hananías, falso profeta, 453-455.

Hazael, azote de Israel, 169, 170, 261.

Hiel, 234.

Higos, remedio para la enfermedad de Ezequías, 349.

Hilcías, 402.

Himno, de alabanza, en la fiesta de las cabañas, 686; de gratitud, por Ezequías, 349-351; de liberación, cuando venga Cristo, 751; nuevo, 610.

Hiram, 61-63.

Historia de cómo Dios trató a Israel, revela su carácter, 80-82; de las naciones, cumple la profecía, 511-513; Dios predomina en la, 508-513, 565; su verdadera comprensión, 512, 513, 565; repetida en los postreros tiempos, 177-179.

Hombre, debilidad del, cuando obra solo, 167-176.

Hombres, de valor, 141, 146, 496, 497; rebelión de los, contra la ley de Dios en nuestra época, 184-189.

Honores, otorgados por confiar en Dios, 21, 23, 494-499.

Horeb, monte de, 167; Elías en el, 164, 165, 167.

Horno, ardiente, 515-524.

Hospitalidad, de la sunamita, recompensada, 242-245.

Hulda, la profetisa, 407-410.

Humildad, senda que conduce a los honores, 23-25.

IDOLATRIA, amonestación contra la, desde el principio, 303, 304; difusión de la, en tiempos de Isaías, 314; en Judá durante el reinado de Manasés, 389-392; en nuestro tiempo, 177-181, 187-189; esfuerzos de Josías para limpiar su tierra de toda, 410; resultado de la apostasía de Jeroboam, 290, 291.

Idolos, contraste con el Dios viviente, 94, 95; destrucción de los, 345; suprimidos por Josías, 405-408.

Iglesia, conflicto final de la, 748, 749; cumple el propósito de Dios, 736-739; de Dios, fundada en Cristo, 613, 614; esperanza de la, 602-604, 701-723; evangelización del mundo por la, 379, 380, 384, 385; gran necesidad de la, hoy, 249; ministerio de la, en los postreros días, 740-743; remanente, pruebas de la, 605-610; responsabilidad de la, en cuanto a ganar almas, 172, 173, 266, 267, 738-742; triunfo final de la, 396, 397, 399, 745-757; verdadera, 44, 45, 188, 189, 266-268, 384, 385, 482, 483.

Imagen, del sueño de Nabucodonosor, 504, 507; en la llanura de Dura, 515-524.

Impiedad de las ciudades, 282-286.

Incredulidad, de algunos cuando se reconstruía el templo, 578, 579; en la época actual, 170; moderna, 177, 185, 186; prevalece en los postreros días, 177, 642, 643.

Influencia, 77, 83, 84; de la religión de Cristo en la vida, 236, 237, 239; de trabajar con Cristo, 236; del mal hacer, 62, 91; nuestra, es una responsabilidad, 355; poder de la, 86, 236, 237.

Injusticia, 290, 672, 673.

Instructores (maestros), sacerdotes, 192.

Intemperancia, 538; resultados de la, 490-492.

Interpretación, de la escritura en la pared, 541-545; de los sueños de Nabucodonosor, 504, 507-510, 528-532.

Isaías, llamamiento de, 311-318; martirio de, 390; mensajes de, a Ezequías, 348-350; al mundo pagano, 275-280; profecías de, 699, 700, 708-710, 716, 717; reformas de los postreros días, profetizadas por, 699, 700; súplicas de, 341, 342; testimonio de, acerca de los paganos, 371; visión que tuvo del carácter de Dios, 322-327.

Israel, al ser dedicado el templo, 32, 33, 37, 38; alianza de, con Egipto y Asiria, 289; cómo fue tratado por Dios, 319, 320, 402-405, 590-595, 601, 602, 618, 619; como luz del mundo, 26, 27; crisis en la historia de, en el Carmelo, 143-157; decadencia y caída de, 297, 298, 300, 330, 331; destruido por falta de conocimiento, 302-309; el verdadero, abarca todas las nacionalidades, 188, 189; espiritual, 188, 189; extensión máxima de su reino, 69; la casa de, 725-743; leyes agrarias de, 667, 668; oportunidades de, para evangelizar el mundo, 379-381; propósito de Dios para, fue siempre el mismo, 618; reforma en, 228; ruina de, por la apostasía, 104, 105; *véase* Diez tribus.

Israelitas, como depositarios de la ley de Dios, 12; como nación escogida, 12-14; longanimidad de Dios hacia, 16, 17; no cumplió el propósito de Dios, 14-16; *véase* Israel; Judá; Judíos; Diez tribus.

JACOB, esperanza de, 702.

Jeconías, también llamado Joaquín, 447; hijo de Joacim, 447.

Jehová, 34, 35, 43-45; carácter de, 319-327; morada de, 35.

Jehú, profeta, 195.

Jehú, rey de Israel, 169, 215.

Jehudí, en la corte de Joacim, 442.

Jeremías, como testigo valiente de la verdad, 415, 416; encarcelamiento de, 441; lamentaciones de, 471-473; ministerio de, 416-429; parábolas de, 432, 433, 440, 478, 479; perseguido, 426-429; predicación de, en el templo, 421; preparación y llamamiento de, 415-418.

Jericó, escuela de los profetas en, 234; fortaleza pagana, 233, 234; maldición pronunciada contra, 234; milagro realizado en, 234-238.

Jerjes el Grande, 617, 618.

Jeroboam, 85-89, 97-105.

Jeroboam II, reinado de, 296.

Jerusalén, asediada por los sirios, 335; condenación inminente de, 408; escogida por Dios, 35; ruinas de, 647, 648, 656-658, 683; sitiada por Nabucodonosor, 431-447.

Jezabel, 112-114, 120-125, 158-160; intrigas de, 205-218; muerte de, 215; profecía contra, 208.

Jezreel, 308, 309; profecía de los últimos días acerca de, 157, 158.

Joacim, reinado de, 420, 431, 432.

Joaquín, hijo de Joacim, 447.

Joas, de Israel, probado, 268-271; de Judá, coronación de, 216, 218; escondido por esposa de Joiada, 216.

Job, triunfo de, 161, 163.

Joiada, 216.

Jonadab, 432, 433.

Jonás, enviado a Nínive, 274; falta de fe de, 274.

Jonatán, el escriba, 464.

Joram, de Israel, 213-215, 262; de Judá, 193, 213, 214.

Jordán, milagros realizados en el, 232, 255, 267, 268; valle del, 233.

Josafat, oración de, 198-200; reinado de, 192-203.

Josías, leyó el libro de la ley a Judá, 409, 410; muerte de, 412, 413; primera parte del reinado de, 391-399.

Josué, mensaje alentador dirigido a, 592-599; visión de, y del ángel, 600, 610.

Jotam, 313.

Jóvenes, los, dependen de Dios para obtener sabiduría, 19-28; hebreos, en la corte de Babilonia, 487-499; sus nuevos nombres, 489; lecciones para los, en lo que experimentó Daniel, 495-499; preparados para servir, por siervos de Dios que tienen experiencia, 225-228.

Judá, bendiciones pronunciadas sobre, 704; como trató Dios a, 440-444; llevado cautivo a Babilonia, 461-473; no reconoció la providencia de Dios, 579-581; profecía contra, 434; reino de, mientras lo gobernaba Josafat, 191-203; residuo de, 574-581; respuesta de, a los mensajes de los profetas, 594-596; traición de los nobles de, 677-680.

Judíos, no respondieron a las providencias de Dios, 631; rechazaron a Cristo, 734, 735; regreso de los, bajo Esdras, 630-635; bajo Zorobabel, 567-581; véase Israel.

Juicio, del cielo, mezclado con misericordia, 262, 296-301, 452, 471, 472; véase Castigos; Juicios.

Juicios, evitados por una reforma, 338-346; pronunciados, contra el ejército asirio, 368, 369; contra el apóstata Israel, 289, 296-301; contra el apóstata Judá, 334-337; contra Joacim, 438-446; quitados por la obra de Elías, 154-157; véase Castigos.

Justicia, atributo divino, 331; de Dios, 332; perversión de la, 313, 314, 389.

Justicia, de Cristo, acreditada a Israel, 602-610; por las obras, 730-732; recompensas de la, 609, 726.

Justos, recompensa de los, 750-757.

LAICOS, miembros, misioneros en su patria y en el extranjero, 172.

Lealtad, de los hebreos cautivos en Babilonia, 488-493; de los hebreos en la llanura de Dura, 517-525; de los hijos de Dios en los postreros días, 524, 525.

Lección, del amor al dinero, 671, 672; de cooperación con las providencias de Dios, 268, 269; de Daniel y su liberación, 565; de fe y aliento, 688, 689; de firmeza en el servicio de Dios, 680-682; de humildad aprendida por la aflicción, 91-95; de la historia de las naciones, 371-375; de lo experimentado por los judíos en tiempo de Ester, 622, 623; de previsión y acción resuelta, 650-652; de trabajo, 697, 698; de valor en tiempo de desaliento, 663-665; del pecado de Giezi, 257-259; del saneamiento de las aguas de Jericó, 234-239; del potaje, 247, 248; objetiva, de la calabacera, 280.

Leones, Daniel en el foso de los, 555-565.

Lepra, Giezi, atacado por la, 257; Naamán, sanado de su, 253, 255.

Leproso, Naamán el, 251-259.

Levitas, 628-633.

Ley de Dios, 47, 642, 643, 683-689; cambio de la, 177-186; despreciada en los postreros días, 177-188; enemistad de Satanás contra la, 177-187; exaltada por Cristo, 183; los israelitas fueron depositarios de la, 12; naturaleza de la, 319-327; penalidad por transgredirla, 306-309; resultados de violarla, 184-186; una señal orientadora, 179.

Ley, Esdras enseñaba la, 641, 642; libro de la, 401-413.

Líbano, 368.

Liberación, día de, para todas las gentes, se acerca, 385-387; falsos conceptos acerca del, 730, 731; espiritual, 605-610; final, del pueblo de Dios, 399, 525, 553, 605-610; himno de, cuando venga Cristo, 753; promesas de, 436, 481-483, 569, 701-723; *véase* Libramiento.

Libertador, llegada de un, 701-723; llevaría los pecados de la humanidad, 710-714; promesa de un, enseñada en los servicios del templo, 705, 706.

Libertinaje, 290, 291.

Libramiento, de Daniel del foso de los leones, 560-563; de Israel, en Egipto, 12; de mano de los sirios, 264-266; de los hebreos, del horno ardiente, 520-525; de los judíos, de Asiria, 357-375; de sus enemigos durante el reinado de Josafat, 198-203; en Medo-Persia, 621.

Libro de la ley, 401-413, 437, 474-476, 683-689.

Libros del cielo, oportunidades descuidadas anotadas en los, 659.

Longanimidad de Dios, 282-285, 333, 334, 436; con Israel, 14-16; límites de la, 283-286, 435; *véase* Dios; Jehová.

LLAMAMIENTO, de Eliseo, 219-232; de Isaías, 311-318; de Jeremías, 417.

MALAQUIAS, profecía de, acerca del día del Señor, 737, 738; profecías de, acerca del castigo de Israel, 727-729.

Males (apostasía), durante el reinado de Sedequías, 456, 457, 459; en Judá durante el reinado de Manasés, 389; en los postreros días, 178, 179, 185, 186, 282, 642, 671-673; en tiempos de Isaías, 314-316; de Malaquías, 727; causados por la desobediencia, 303-308; reprensión contra los, 138-141, 187, 188.

Manahem, reinado de, 296.

Manasés, conversión de, 390; reinado de, 390-399; tierra de, 298, 343.

Mardoqueo, 619-623.

Matanías (Sedequías), 447.

Médicos, de tendencias espiritistas, 211, 212.

Medo-Persia, 549; caída de, 565; por qué fue destruida, 512.

Medos y persas, 545; toma de Babilonia por los, 546.

Melsar, 492.

Mensaje, acerca de la condenación de Babilonia, 544-549; de Jonás para Nínive, 273-281; para nuestra época, 187-189.

Mensajeros, de verdad, 172-174, 709; *véase* Profecía; Profetas.

Mensajes, de Hageo y Zacarías, 591-599; de juicio, *véase* Castigos; Juicios.

Mensajes, de los tres ángeles de Apocalipsis, 14, 187-189.

Merodac-baladán, 351.

Mesac, 489.

Mesías, advenimiento del, 382; falsos conceptos acerca del, 730-732; profecía acerca del, y de restauración, 701, 702.

Micaías, profeta, 194, 195.

Mies, la producida por nuestros actos, se multiplica, 84.

Miqueas, profecías de, 329, 331, 341; profetizó la restauración, 702.

Milagros, cien hombres alimentados en Gilgal, 247; desciende fuego sobre el Carmelo, 152; el aceite no se acabó, 128, 129; el hacha que flotó, 268; Elías alimentado en el desierto, 165; en la dedicación del templo, 37; la mano de Jeroboam, paralizada, 100; la sombra retrocedió en el cuadrante, 349; los sirios heridos con ceguera, 264; Naamán sanado de la lepra, 253, 255; resurrección del hijo de la sunamita, 244, 245; del hijo de la viuda, 129; saneamiento, de las aguas en Jericó, 233-239; del potaje envenenado, 247, 248; separación de las aguas, del Jordán, 232.

Milcom, ídolo, 53; *véase* Moloc.

Ministros, los, deben preparar obreros, 224-228; responsabilidad de los, 140, 141.

Misael, 489.

Misericordia de Dios, 290-301, 305, 319-327, 355, 435, 452, 453, 578, 593, 598, 606-610; en el castigo, 444; hacia Judá, 471, 472.

Misionera, la niña hebrea como, 251-255.

Misioneros, en tierras paganas, 384-387.

Misiones, como cumplimiento de la profecía, 384-387; modernas, 321.

Moisés, comparado con Elías, 173, 174; consejos de, para Israel, 302-305, 333, 402-405; escritos de, 475, 477; instrucciones de, acerca de los pobres, 667, 668; profecía de, concerniente al Mesías, 704, 705; súplica de, en favor de Israel, 320-322.

Moloc, 53, 85; *véase* Milcom.

Monte Moriah, 31, 32, 53; bosquecillos e ídolos frente al, 53.

Mundo, la unión con el, debe evitarse, 680-682; los creyentes no deben seguir al, 586; necesita el Evangelio, 236-239.

Música, al ser dedicado el templo de Salomón, 33, 34; y cantos en la tierra nueva, 754.

NAAMAN, 251-259.

Nabot, 205-208.

Nabucodonosor, 487-535; gloria y poder de, 527-530; reconoce a Dios como supremo, 509, 521, 523, 534, 535.

Nabuzaradán, 470.

Naciones, exaltadas por la justicia, 512, 513; historia de las, cumple las profecías, 511-513; Dios predomina en las, 509-513; lecciones que enseña la historia de las, 371-375, 565; una comprensión correcta de la historia de las, 565; propósito de Dios para las, 549.

Nadab, 107.

Nahúm, acusaciones de, contra Nínive, 372-375.

Naturaleza, culto a la, 290-292; interés de Salomón en la, 27; la obediencia a las leyes de la, reporta bendición, 494.

Naves de Salomón, 70.

Negocios, hombres de, Daniel como modelo para los, 562, 563.

Nehemías, energía y determinación de, 658, 659; hombre oportuno, 647-653; métodos prudentes de, 656-665; reforma realizada bajo su dirección, 181, 183.

Nínive, 273-286; arrepentimiento de, 278; dioses de, 371, 372; impiedad de, 273, 274; llamada al arrepentimiento, 278; suerte de, 371-374.

Ninivitas, apostasía de los, 346; Cristo se refirió a los, 281, 282.

Niña hebrea, en la casa de Naamán, 251-253.

Nuevo pacto, 485.

OBED, 670.

Obediencia, bendiciones de la, 433, 434, 436, 493-499, 602-605; la prosperidad, fruto de la, 729, 730; de Salomón, durante la primera parte de su reinado, 26; recompensas de la, 178, 179, 494-499, 563, 565, 725; se la aprende por la aflicción, 484; vivir en la, 13, 291, 292, 302-309, 402, 403.

Obras, para obtener justicia, 730-732.

Ocozías, de Israel, reinado de, 208-211; de Judá, 214-216.

Ofir, 70.

Ofrendas, 729.

Omri, fundador de Samaria, 108, 112.

Ono, llanura de, 675.

Oportunidad descuidada, 87-89.

Oportunidades, 69-72; de arrepentirse, Sedequías tuvo, 466, 467; de honrar a Dios delante de los paganos, aprovechadas por Esdras, 635; descuidadas por Belsasar, 537, 538, 543; por Giezi, 256, 257; desperdiciadas, se registran en el cielo, 659; el éxito depende del uso dado a las, 494, 495; hay que vigilar para ver las, 682.

Oportuno, hombre, 647-653.

Oposición, 696; abierta, menos peligrosa que la enemistad secreta, 680; de Cristo contra Satanás, 706-708; de los paganos contra Israel, 655-665, 675-682; frente a la reprensión, 445.

Opresión, 290, 291, 314; amonestación contra la, 726; de los pobres, 667-673; en Judá, 389.

Oración, acompañada de poder, 697; actitud apropiada en la, 42; de Daniel, 502, 570, 571; de Elías, 155, 156; de Esdras, 639, 640; de Ezequías, por ser librado de Asiria, 363-371; de Jeremías, 479, 480; de Jonás, 276, 277; no fue escuchada, 275; de los desterrados para ser librados de Amán, 620; de Nehemías, 647-651; de Salomón al ser dedicado el templo, 34-37, 342; fidelidad de Daniel en la, 447, 448; hecha con fe, 154-157.

Organización, de los judíos para la reedificación de Jerusalén, 658-665; Esdras reconoce el valor de la, 634, 635.

Orgías, 314, 538, 539.

Orgullo (soberbia), 293, 314; de Asiria, humillado, 357-375; de Belsasar, castigado, 543; de Nabucodonosor, reprendido, 527-535; manifestado por Ezequías, 353, 354; por causa de la prosperidad, 47, 48, 59.

Oseas, profecías de, 287-301.

Ostentación, 314, 580.

PACIENCIA, de Dios, se agotará, 283-285; de los siervos de Dios, 446; mientras los hijos de Dios aguardan, 756, 757.

Pacto, con Abrahán, incluía a los paganos, 377-381; de Dios, 40, 599, 727, 728; eterno, 164; inalterable, 164; la prosperidad depende de serle fiel, 586; presentado por Jeremías, 422; promesa del, para el Israel espiritual, 735, 736; se aplica al mundo entero, 377-380; renovado en los postreros tiempos, 308; de Israel con Dios, 686, 687; de Josías y los dirigentes de Judá, 410, 411; de Judá con Dios, violado, 479; de los desterrados, a su regreso, 640, 641; Mensajero del, 722.

Padres, responsabilidad de los, 251, 252.

Paganas, tierras, 188, 189.

Paganismo, triunfo pasajero del, 336, 337.

Paganos, 30, 31, 40, 64; compasión de Dios hacia los, 11, 12; contemplarán a Dios, 319-326; el día de su liberación se acerca, 385-387; enemistad de los, hacia los judíos, 655-665; esperanza para los, 377-387; ganados para Dios bajo Eliseo, 266; intrigas de los, 675-682; los creyentes deben ensalzar el nombre de Dios entre los, 324; los fieles reunidos de entre los, 189; males debido al casamiento con los, 86, 679-682, 691-696, 730; oprobio de los judíos entre los, 657; reconocimiento de Dios por los, 278-282; véase Testimonio de Nabucodonosor; trato providencial de Dios con los, 188, 189, 278, 279; véase Extranjeros.

Palabra de Dios, 698; véase Escrituras.

Parábola, de la viña, 13-17; la de Asiria, comparada a un cedro, 371-375.

Parábolas, de Jeremías, 432, 440, 477, 478.

Pascua, fiesta de la, celebrada, durante el reinado de Ezequías, 342-346; durante el reinado de Josías, 412, 413.

Pasiones, deben ser controladas, 498; el juego y contrajuego de las, superado por la voluntad de Dios, 510.

Patriarcas, los, 702, 704, 705.

Paz, Eliseo, profeta de, 241-249.

Pecado, barrera contra el, quebrantada, 290, 291; confesión del, 365-367, 371; por Daniel, 571; por Nehemías, 648; Dios lo perdona, 746-748; eliminado por la gracia divina, 322, 323; resultados del, 75, 76, 238; separa a los hombres de su Dios, 238, 330, 331.

Pecadores, cómo trata Dios a los, 331-333; poder divino para los, 323-327.

Peka, reinado de, 297, 335.

Pekaía, reinado de, 297.

Pequeñas, cosas, fidelidad en las, 220-225, 496, 497; prepara para prestar mayor servicio, 226.

781

Perdón, del pecado, otorgado por Dios, 341, 577, 746-748.

Período profético, 717-719.

Persecución, del profeta de Dios, 426-429; del pueblo de Dios en los postreros días, 524, 525.

Perspicacia de Nehemías, 675-682.

Piedad verdadera, 188, 189, 333.

Plan de salvación, el, 701-723; abarca todo, 386, 387; cómo lo esbozó de nuevo el profeta Oseas, 290-292; cómo se relacionaba con el cautiverio de las diez tribus de Israel, 300, 301; fue asegurado para siempre, 722, 723; triunfo final del, 17.

Pobres, actitud de los cristianos hacia los, 673; opresión de los, 314.

Poder, divino, para los pecadores, 323-326.

Poligamia, 50, 52, 53.

Preparación, cómo la imparte Dios, 612, 613; de Eliseo, 219-225; de Esdras, 625-627; de los jóvenes hebreos en la corte de Babilonia, 487-494; de los obreros, por hombres de responsabilidad, 226; *véase* Educación.

Presunción de Uzías, 311-313.

Principios buenos, triunfo de los, sobre la tentación, 487-499; expuestos en Proverbios, 27.

Profecía, 48; acerca, de Ciro, 567, 568; de la liberación de Judá, 436; de los cuatro grandes imperios mundiales, 504-507, 549; contra, el altar de Bet-el, 99, 100; Jezabel, 208; cumplida en Cristo, 731, 732; cumplimiento de la, 304, 341, 411-413, 453, 548-553, 567, 712, 731, 732; Daniel estudió la, 569-571; de Hageo, acerca del segundo templo, 615; de Balaam, 705; de David, concerniente a Cristo, 712; de Isaías, concerniente a Cristo, 709-714; de la caída de Babilonia, 544-549; de la condenación inminente que amenazaba a Judá, 458-460; de la gloria futura para Israel, 307, 308; de la restauración de Judá, 478, 479; de las persecuciones que vendrán en los postreros días, 622, 623; de Malaquías, acerca del día del Señor, 739; del cautiverio babilónico, 353-355; falsa, de Hananías, 435, 454.

Profecías, de Daniel y del Apocalipsis, deben estudiarse cuidadosamente, 564, 565; del libro de Deuteronomio, 401-405; de un despertamiento espiritual para nuestra época, 383-387.

Profetas de Dios, amonestaciones y exhortaciones de los, durante el reinado de Manasés, 390-392; como mensajeros de misericordia, 16, 93-95; cooperación de los, con los que reedificaban el templo, 583-599; enviados a Judá, 433, 434; mensajes de los, no fueron escuchados, 305, 306; misión de los, restaurar, 304, 305; por su medio se daba a conocer el eterno propósito de Dios, 474; pruebas de su veracidad, 453, 454; súplicas de los, 331, 332.

Profetas, falsos, 194, 448-456.

Profético, período, 717-722.

Promesas, acerca del segundo templo, 595; cumplimiento de las, 342, 524, 525; de Dios, al antiguo Israel, 392, 394; de liberación, 436; de misericordias devueltas a Judá, 598, 599; de un Libertador, 701-723; del pacto, son de aplicación mundial, 377-387; del triunfo final, 745-759; divinas, 334; Nehemías se aferra a las, de Dios, 648, 649.

Propósito, de Dios, al desterrar a Judá, 381, 382; dado a conocer por medio de sus profetas, 474; en los castigos, 261; para Israel, 379, 618, 633; para la humanidad, 11, 12, 17, 378; revelado, a Nabucodonosor, 508-510; tiene que cumplirse, 553; fervoroso, de los jóvenes hebreos, 491-499; de Nehemías, 655-665; para reconstruir a Jerusalén, 647-653.

Prosperidad, fruto de la obediencia, 725, 730; peligros de la, 47-57, 527-535; se obtiene por el reconocimiento de los principios justos, 27.

Proverbios, libro de los, 27.

Providencias de Dios, 379, 621, 622, 629, 632; confirmación de la fe por medio de las 387; durante, el reinado de Artajerjes Longímano, 625; el reinado de Ezequías, 346; en la reedificación del templo, 596; extrañas, hicieron revivir la fe de Jonás, 274-277; hay que velar para discernirlas, 682; los desterrados no respondieron a las, 618, 619; no fueron reconocidas mientras se reconstruía el templo, 578-580.

Prueba, de gratitud, de parte de Ezequías, 353; de la fe de Eliseo, 222; de lealtad, en la llanura de Dura, 518-525; de los jóvenes hebreos en la corte de Babilonia, 488-493; el sábado es una, 188.

Pruebas, propósito de Dios en las, 484, 595, 612.

Pul, o Tiglat-pileser, 296, 297.

QUEBAR, visión de Ezequiel a orillas del, 549-551.

Quemos, 53.

Querit, arroyo de, Elías en el, 120, 127.

Querubines, visión de los, dada a Ezequiel, 594, 595; revela que Dios dirige los asuntos de las naciones, 176, 549, 550.

RAHAB, 379.

Ramot de Galaad, batalla de, 195.

Reavivamiento, en el estudio de las Escrituras, 641; espiritual, bajo Esdras, 636-646.

Rebelión, amonestación dada a Judá contra la, 451; de los reyes judíos contra Babilonia, 432, 446, 455, 459, 460.

Recabitas, 432-435; bendición pronunciada sobre los, 434.

Recompensa de los justos, 750-757.

Redención, verdades del plan de, enseñadas por los servicios del templo, 705-707.

Redimidos, gozos de los, 756, 757.

Reforma, bajo Asa, 108-110; bajo Elías y Eliseo, 228, 261-263; bajo Esdras y Nehemías, 689-700; bajo Ezequías, 338-346; después de la muerte de Atalía, 218; obra de las Escrituras en una, 477; oportunidad para hacerla, en tiempo de Elías, 154, 160.

Reformadores, los, 646; necesidad de ellos y de su obra, hoy, 642-644, 697, 698.

Reina, Ester, 617-623; madre, 540.

Reino, de Dios, carácter universal del, 14, 509; de Israel, división del, 85-94; extensión del, 69; de Judá, 89; *véase* Israel; Judá.

Religión, influencia de la, en la vida, 238, 239.

Remanente, de Dios, en los postreros días, 605-610, 622, 623, 699; de Israel, profecía de los últimos días concerniente al, 307-309; de Judá, 317, 340, 368, 369; regreso del, 574-581.

Reproches, contra la extorsión, 667-673; contra la opresión, por el profeta Obed, 670; dirigidos a Belsasar, por Daniel, 543, 544; a Satanás, por Cristo, 604-606; contra el mal, 187, 206-208; severos, voz de, 136-141.

Resín, rey de Siria, 335.

Resolución, de Daniel, 487-496; de Nehemías, 651-653, 696-698; falta de, en Sedequías, 466-468.

Responsabilidades, hombres cargados de, 24-27.

Restauración, al fin, 482-485, 742, 743, 745, 753-757; de las aguas de Jericó, 233, 234; de las defensas de Jerusalén, 655-665; de toda institución divina, en el tiempo del fin, 700; del culto de Dios en Jerusalén, 683-689; espiritual, se realizará en los postreros días, 699; promesa de, para Judá, 435, 436, 481-483; profecías de, 306, 307, 417, 418.

Resurrección, cuando venga Cristo por segunda vez, 751; promesa de la, 245, 247.

Reverencia, 42-45; en la juventud, 242-244.

Ridículo, contra Jeremías, 428.

Riquezas de Salomón, 23-27.

Roboam, 85-93; apostasía de, 93.

Rollo, el, inspirado, 442-446; quemado por el impío rey Joacim, 442, 443.

Roma, 549, 565.

SABADO, cambio con respecto al, 179-185; es el verdadero día de reposo, 179-186; reforma del, bajo Nehemías, 687, 692-695, 699, 700; es una señal, 179-186; orientadora, cambiada, 179, 180; un motivo de prueba en los últimos días, 188; una señal, 179-186; instrucciones dadas por Jeremías acerca del, 419, 420; violación del, en tiempos de Nehemías, 181, 183.

Sabiduría, preferida por Salomón, 21-28; humana, se la ensalza indebidamente, 178, 186, 187; no reemplaza la obediencia, 49.

Sacerdocio, miembros del, restablecidos por decreto de Artajerjes Longímano, 628, 629.

Sacerdotes instructores, 192.

Sagradas Escrituras, enseñadas, bajo el gobierno de Josafat, 191-193; reavivamiento de la espiritualidad por su estudio, 642; véase Escrituras.

Salarios, elevados, pagados a los constructores del templo, 61, 62; contraste con la abnegación manifestada al construir el tabernáculo, 59.

Salomón, apostasía de, 47-57, 73, 74, 695; arrepentimiento de, 74-84; gobierno de, 47-57; humildad de, 40; oración de, al dedicar el templo, 34-37, 342; preparación y coronación de, 19-22; proverbios de, 27.

Salvación, para todo aquel que cree, 383; véase Plan de salvación.

Samaria, caída de, 296-301.

Samaritanos, los, 583; adversarios de Judá y Benjamín, 584-591, 596.

Sanbalat, 655, 660, 675-677.

Sarepta, la viuda de, 127-130; su fe recompensada, 129.

Secanías, 640.

Sedequías o Matanías, 447; muerte de, 468; reinado de, 448, 451, 455-470.

Segunda venida de Cristo, 285, 286; entonces serán trasladados los santos, 231.

Segundo templo, edificación del, 583-599.

Semaías, 89.

Senaquerib, 360, 367, 369.

Señal, dada a Ezequías, 349; la invasión de Babilonia, como, 567.

Señales, de los tiempos, 551, 552; de la verdad, los misioneros comparados con, 385.

Sequía, 36, 39, 590; de tres años y medio, en tiempo de Elías, 125-165.

Servicios, del templo, abusos de los, corregidos por Nehemías, 692; enseñaban las verdades de la redención, 705, 706; restablecidos en Jerusalén, 577; sostenimiento de los, 687, 688.

Shekina, o gloria de Dios, brillaba sobre el propiciatorio, 13, 17 (nota).

Símbolo, de las dos olivas, 611, 612; de los dos tubos de oro, 611.

Símbolos, y mensajes, de Ezequiel, 458-460, 549, 550.

Sinaí, promulgación de la ley desde el, 643.

Sinar, 432.

Sinim, de la tierra de, 383.

Sirios, sitio de Samaria por los, 265.

Sisac, de Egipto, 91.

Sitio, de Babilonia, 537-546; de Jerusalén, por los asirios, 360-370; por los babilonios, 437, 461, 480; de Samaria, por los asirios, 298, 300; por los sirios, 265.

Sociedad, males que afectan a la, 236; *véase* Ciudades.

Sodoma, 306.

Sofonías, profecías de, 397, 399; referentes a Nínive, 372-374.

Sostén propio, obra de, para los laicos, 172, 173.

Sumisión a Babilonia, aconsejada por Jeremías, 448-460.

TABERNACULO, construcción del, 59; transferencia del antiguo, al templo, 33

Tecoa, 201.

Tecoítas, grandes de los, 659.

Temperancia, ejemplo de Daniel y sus compañeros, 488-494.

Templo de Salomón, 29-45; contaminación del, durante el reinado de Sedequías, 456-459; dedicación del, 32-39; destrucción del, por los caldeos, 469, 470; restauración de sus servicios bajo Ezequías, 338-342; sus puertas fueron cerradas, 336; visión de Isaías en el, 315, 316.

Templo, segundo, construcción del, 583-599; gloria del, 614, 615; profanación del, por Tobías, 691; promesa hecha concerniente al, 595, 615; vasos sagrados destinados al, 634, 635.

Teosofía, 211.

Ternura, compasiva de Dios, hacia la humanidad, 165; manifestada por los gobernantes, 20, 22.

Testigos de Dios, en tiempos de apostasía, 389; en tierras paganas, 487-499, 515-525.

Testimonio, de Pablo, en cuanto a Dios, 377; de Nabucodonosor, 509, 521, 523, 534, 535.

Tiara, Judá tendría que deponer la, 460.

Tierra nueva, la, 753-756; música y cantos en la, 754; ocupaciones en la, 755, 756.

Tiglat-pileser, o Pul, 296, 297, 336.

Tigris, 273, 351.

Tinieblas, espirituales, a través de los siglos, 708-710; en los postreros días, 740-742.

Tiro, ciudad de, 528.

Tobías, 655, 691, 692.

Tráfico de bebidas alcohólicas, el, legalizado, 186.

Transgresión, castigo de la, 287-309; resultados de la, 59-72.

Tres años de sequía, 117-127, 135, 136.

Tribunales, establecidos por Josafat, 195, 197.

Tribus, diez, castigo de las, por su audaz apostasía, 293-297, 300; suerte de las, 300, 301; *véase* Israel.

Trono de David, 40, 93.

USURA, amonestación contra la, 667-671.

Uzías, presunción de, 311, 312; reinado de, 311-318.

VALOR, de Daniel, frente a la muerte, 557-560; de los siervos de Dios, 446; de Nehemías, 676-678; en tiempos de desaliento, 663-665; esencial para un servicio perfecto, 164; hombres de, 140, 146; se necesitan, 496, 497; moral, falta de, en Sedequías, 466-468.

Venida, *véase* Segunda venida.

Verdad, difusión de la, 172, 173; en busca de la, 385-387; para hoy, 187; pervertida, 515-518; triunfo final de la, 186-189, 681, 682.

Vigía santo, invisible, 462, 537-553.

Viñedo de Nabot, 205-208, 228; del Señor, 11-17; parábola del, 732-736.

Violencia, aumento de la, 185, 186; en Israel, 287; en Judá, 389.

Visión, de Ezequiel, 176; de Isaías en el templo, 315, 316; de Salomón, al ser dedicado el templo, 37-40; de Zacarías, 598-610.

Visiones de Daniel, 568-570.

ZABULON, 298, 343.

Zacarías, mensaje de, dirigido a Judá, 591-599; profecía de, concerniente a Cristo, 712, 715, 716; suplica a los desterrados que regresen, 618; visión de, acerca de la obra de Zorobabel, 611-615; visiones de, 598, 599.

Zebadías, 197.

Zimri, 108.

Zorobabel, visión referente a la obra de, 611-615.

¿Ha ESTIMULADO su pensamiento el contenido de este libro?

Publicaciones Interamericanas se complace en ofrecerle dos servicios gratuitos y sin compromiso:

• Información sobre otros títulos de nuestra amplia selección de obras edificantes.

• Un Curso Bíblico por Correspondencia, para profundizar el estudio de las Escrituras.

Para obtener uno de estos servicios, o ambos, llene y envíe por correo el cupón a nuestra dirección:

Publicaciones Interamericanas
División Hispana de la Pacific Press Publishing Association
  • P. O. Box 7000, Boise, Idaho 83707, EE. UU. de N. A.
  • Apartado 86, 67500 Montemorelos, Nuevo León, México

-- Corte por esta línea --

PUBLICACIONES INTERAMERICANAS
Estimados señores:
Tengan a bien hacerme llegar, gratuitamente y sin compromiso de mi parte, los siguientes materiales:
(Marque)

☐ Información sobre otras publicaciones de su sello editorial

☐ El Curso Bíblico por Correspondencia

NOMBRE _____

DOMICILIO _____

CIUDAD _____ ESTADO (o Provincia) _____

ZONA POSTAL (Zip Code) _____

PAIS _____

(Si no desea recortar esta página, bastará con que nos envíe una copia fotostática del cupón o, a falta de ésta, la información que se solicita.)